# MANUAL CLÍNICO DE TERAPIA COGNITIVO CONDUCTUAL CON MINDFULNESS INTEGRADO

## Guía paso a paso para terapeutas

BRUNO A. CAYOUN
SARAH E. FRANCIS
ALICE G. SHIRES

# MANUAL CLÍNICO DE TERAPIA COGNITIVO CONDUCTUAL CON MINDFULNESS INTEGRADO

## Guía paso a paso para terapeutas

BIBLIOTECA DE PSICOLOGÍA
Desclée De Brouwer

Título de la edición original:
THE CLINICAL HANDBOOK OF MINDFULNESS-INTEGRATED COGNITIVE BEHAVIOR THERAPY
A Step-by-Step Guide for Therapists


**Traducción: Fernando Montesinos Pons**


Henao, 6 – 48009 Bilbao
www.edesclee.com
info@edesclee.com

Facebook: EditorialDesclee
Twitter: @EdDesclee



Printed in Spain
ISBN: 978-84-330-3123-5
Depósito Legal: BI-01686-2020
Impresión: Grafo, S.A. - Basauri

*Dormí y soñé que la vida era alegría.*
*Desperté y vi que la vida era servicio.*
*Serví y comprendí que el servicio era alegría.*

—Rabindranath Tagore

# Índice

Sobre los autores .... 15
Abreviaturas .... 17
Prólogo .... 19
Agradecimientos .... 23
Introducción .... 25

**PARTE I**
**El enfoque, la teoría y la validación de la TCCMi**

1. Principios de la TCCMi .... 33
   Definición y propósito del mindfulness .... 34
   Origen y evolución .... 37
   Principios básicos .... 41
   Estructura y contenido de la TCCMi: las cuatro etapas .... 49

2. Marcos teóricos y resultados empíricos .... 67
   El Modelo de Coemergencia de Refuerzo: un fundamento para la TCCMi .... 69
   Evidencia empírica .... 84

3. Prepararse para la implementación .... 93
   Importancia del compromiso .... 93
   Actitudes útiles .... 97

Aplicación del programa ... 103
Adecuación del cliente y contraindicaciones ... 105
Práctica y ética profesionales ... 106
Recursos ... 109

## PARTE II
## Aplicación paso a paso

Sesión 1: El contrato terapéutico y el compromiso con el cuidado de uno mismo ... 115
Redactar un «contrato terapéutico» ... 116
Disposición al cambio ... 119
Tres maneras de aprender ... 121
Importancia de la neuroplasticidad ... 127
La práctica de esta semana ... 128
Aplicación con clientes individuales ... 131
Aplicación con grupos ... 136
Preguntas más frecuentes ... 142

Sesión 2: Regular la atención a través de la conciencia plena de la respiración ... 159
Introducción ... 159
Comprobar la disposición del cliente ... 160
Propósito de la conciencia plena de la respiración ... 162
Configuración de la práctica ... 162
Diferenciar la conciencia plena [mindfulness] de la atención... 172
Normalizar los pensamientos intrusivos ... 173
Aplicación con clientes individuales ... 181
Aplicación con grupos ... 186
Preguntas más frecuentes ... 192

Sesión 3: Comprender y regular las emociones ... 209
Introducción ... 209
Comprobar la disposición del cliente ... 210
La conciencia plena de las sensaciones corporales ... 211
El principal propósito del aprendizaje del escáner corporal . 214

Implicaciones de los efectos de la coemergencia . . . . . . . . . . . 217
Explicar el modelo de coemergencia de refuerzo . . . . . . . . . . 221
Explicación experiencial del modelo de coemergencia . . . . . . 223
Ejemplo de uso del Diario de Hábitos Reactivos . . . . . . . . . . . 225
La conciencia plena de la sensación corporal a través del «escáner corporal» . . . . . . . . . . . . . . . . . . . . . . . . . . . . . 227
Aplicación con clientes individuales . . . . . . . . . . . . . . . . . . . 230
Aplicación con grupos . . . . . . . . . . . . . . . . . . . . . . . . . . . . . 233
Preguntas más frecuentes . . . . . . . . . . . . . . . . . . . . . . . . . . 236

Sesión 4: Práctica aplicada y transferencia de habilidades. . . . . . 255

Introducción . . . . . . . . . . . . . . . . . . . . . . . . . . . . . . . . . . . . 255
Comprobar la disposición del cliente . . . . . . . . . . . . . . . . . . . 256
Aumentar la eficacia de la práctica . . . . . . . . . . . . . . . . . . . . 258
Efectos del escáner corporal en el desarrollo de la introspección . . . . . . . . . . . . . . . . . . . . . . . . . . . . . . . . 265
Aplicar la práctica y registrar la ecuanimidad. . . . . . . . . . . . . 267
Aplicación con clientes individuales . . . . . . . . . . . . . . . . . . . 271
Aplicación con grupos . . . . . . . . . . . . . . . . . . . . . . . . . . . . . 274
Preguntas más frecuentes . . . . . . . . . . . . . . . . . . . . . . . . . . 277

Sesión 5: Integrar el mindfulness y los métodos conductuales . . 299

Introducción . . . . . . . . . . . . . . . . . . . . . . . . . . . . . . . . . . . . 299
Comprobar la disposición del cliente . . . . . . . . . . . . . . . . . . . 300
Escáner avanzado: escáner simétrico . . . . . . . . . . . . . . . . . . . 303
Integrar el mindfulness con las habilidades de la exposición . . . . . . . . . . . . . . . . . . . . . . . . . . . . . . . . . . 305
Aplicación con clientes individuales . . . . . . . . . . . . . . . . . . . 320
Aplicación con grupos . . . . . . . . . . . . . . . . . . . . . . . . . . . . . 323
Preguntas más frecuentes . . . . . . . . . . . . . . . . . . . . . . . . . . 327

Sesión 6: Generalizar la confianza en uno mismo y la autoeficacia . . . . . . . . . . . . . . . . . . . . . . . . . . . . . . . . . . . 345

Introducción . . . . . . . . . . . . . . . . . . . . . . . . . . . . . . . . . . . . 345
Comprobar la disposición del cliente . . . . . . . . . . . . . . . . . . . 346
Escáner avanzado: barrido parcial . . . . . . . . . . . . . . . . . . . . 348

Ampliar la integración del mindfulness y la exposición: exposición bipolar y en vivo . . . 353
Aplicación con clientes individuales . . . 358
Aplicación con grupos . . . 361
Preguntas más frecuentes . . . 365

Sesión 7: Desarrollar la introspección interpersonal . . . 381
Introducción . . . 381
Comprobar la disposición del cliente . . . 382
Escáner avanzado: barrido en masa . . . 383
Integrar el mindfulness con las habilidades interpersonales . 389
Autoría experiencial . . . 392
Aplicación con clientes individuales . . . 400
Aplicación con grupos . . . 402
Preguntas más frecuentes . . . 405

Sesión 8: Habilidades de comunicación conscientes . . . 421
Introducción . . . 421
Comprobar la disposición del cliente . . . 422
Escáner avanzado: escáner transversal . . . 423
Comunicación asertiva . . . 426
Asertividad consciente . . . 431
Asertividad consciente y el modelo de coemergencia . . . 436
Aplicación con clientes individuales . . . 437
Aplicación con grupos . . . 440
Preguntas más frecuentes . . . 442

Sesión 9: Cultivar la compasión y la conexión . . . 453
Introducción . . . 453
Comprobar la disposición del cliente . . . 454
Escáner avanzado: barrido en profundidad . . . 456
Cultivar la conexión interpersonal y la compasión . . . 457
Meditación de la bondad amorosa . . . 464
Fundamentar la compasión en la conducta ética . . . 469
Practicar los cinco desafíos éticos . . . 472
Aplicación con clientes individuales . . . 476

Aplicación con grupos . . . . . . . . . . . . . . . . . . . . . . . . . . . . . . . . . 478
Preguntas más frecuentes . . . . . . . . . . . . . . . . . . . . . . . . . . . . . 481

Sesión 10: Promover el bienestar y dejar atrás el sufrimiento . . . 493
Introducción . . . . . . . . . . . . . . . . . . . . . . . . . . . . . . . . . . . . . . . . 493
Comprobar el progreso del cliente . . . . . . . . . . . . . . . . . . . . . . . 494
Evaluar los resultados . . . . . . . . . . . . . . . . . . . . . . . . . . . . . . . . 496
Favorecer el crecimiento personal: diez factores de maduración. . . . . . . . . . . . . . . . . . . . . . . . . . . . . . . . . . . . . 500
Mantenimiento de la práctica del mindfulness . . . . . . . . . . . . 501
Aplicación con clientes individuales . . . . . . . . . . . . . . . . . . . . . 506
Aplicación con grupos . . . . . . . . . . . . . . . . . . . . . . . . . . . . . . . . . 507

## PARTE III
## Resúmenes y guiones de la TCCMi

Apéndice 1: Resúmenes del contenido semanal. . . . . . . . . . . . . . 517
Sesión 1: Resumen del contenido semanal – individuos . . . . . 517
Sesión 1: Resumen del contenido semanal – grupos . . . . . . . . 518
Sesión 2: Resumen del contenido semanal – individuos . . . . . 520
Sesión 2: Resumen del contenido semanal – grupos . . . . . . . . 521
Sesión 3: Resumen del contenido semanal – individuos . . . . . 522
Sesión 3: Resumen del contenido semanal – grupos . . . . . . . . 523
Sesión 4: Resumen del contenido semanal – individuos . . . . . 524
Sesión 4: Resumen del contenido semanal – grupos . . . . . . . . 525
Sesión 5: Resumen del contenido semanal – individuos . . . . . 526
Sesión 5: Resumen del contenido semanal – grupos . . . . . . . . 527
Sesión 6: Resumen del contenido semanal – individuos . . . . . 528
Sesión 6: Resumen del contenido semanal – grupos . . . . . . . . 529
Sesión 7: Resumen del contenido semanal – individuos . . . . . 530
Sesión 7: Resumen del contenido semanal – grupos . . . . . . . . 531
Sesión 8: Resumen del contenido semanal – individuos . . . . . 532
Sesión 8: Resumen del contenido semanal – grupos . . . . . . . . 533
Sesión 9: Resumen del contenido semanal – individuos . . . . . 534
Sesión 9: Resumen del contenido semanal – grupos . . . . . . . . 535
Sesión 10: Resumen del contenido semanal – individuos . . . . 536
Sesión 10: Resumen del contenido semanal – grupos . . . . . . . 537

Apéndice 2: Guiones de las instrucciones de audio para los terapeutas . . . . . . . . . . 539
Directrices para los terapeutas . . . . . . . . . . 539
Introducción general . . . . . . . . . . 540
Razón de ser del entrenamiento del mindfulness . . . . . . . . . . 540
Guion de la introducción de la Relajación Muscular Progresiva (sesión 1) . . . . . . . . . . 544
Guion de la Relajación Muscular Progresiva (sesión 1) . . . . . . 545
Guion de la introducción de la conciencia plena de la respiración (sesión 2) . . . . . . . . . . 547
Guion de la conciencia plena de la respiración (sesión 2) . . . . 548
Guion de la introducción al escáner corporal parte por parte (sesión 3) . . . . . . . . . . 551
Guion del escáner corporal parte por parte (sesión 3) . . . . . . 552
Guion – Apartarse de las instrucciones de audio (sesión 4) . . 557
Guion de la introducción al escáner avanzado (sesión 5) . . . . 558
Guion del escáner simétrico (sesión 5) . . . . . . . . . . 559
Guion de la introducción al barrido parcial (sesión 6) . . . . . . 560
Guion del barrido parcial (sesión 6) . . . . . . . . . . 561
Guion de la introducción al barrido en masa (sesión 7) . . . . . 562
Guion del barrido en masa (sesión 7) . . . . . . . . . . 563
Guion de la introducción al escáner transversal (sesión 8). . . 564
Guion del escáner transversal (sesión 8). . . . . . . . . . 565
Nota sobre la sesión 9. . . . . . . . . . 567
Guion de la introducción a la meditación de la bondad amorosa (sesión 9). . . . . . . . . . 567
Guion de la meditación de la bondad amorosa (sesión 9). . . . 568

Índice de términos . . . . . . . . . . 571

# Sobre los autores

**Bruno Cayoun** es psicólogo clínico y el principal desarrollador de la Terapia Cognitivo Conductual con *Mindfulness* integrado (TCCMi), que tanto él como sus compañeros llevan enseñando a profesionales de la salud mental desde 2003. También es el fundador y director del MiCBT Institute, un proveedor líder de servicios de desarrollo profesional y de formación en TCCMi para servicios de salud mental y asociaciones profesionales a nivel internacional. El doctor Cayoun tiene una consulta clínica privada en Hobart, Australia, y lleva a cabo investigaciones sobre el *mindfulness* en el MiCBT Institute y en colaboración con universidades de diferentes países. Ha practicado la meditación *mindfulness* según la tradición *Vipassana* birmana de Ledi Sayadaw, de U Bah Kin y de S. N. Goenka, y ha participado en formaciones intensivas en Francia, Nepal, India y Australia desde 1989. Es el autor de numerosos artículos y libros de investigación, entre los que se incluyen: *Terapia cognitivo-conductual con mindfulness integrado: principios y práctica* (ed. orig: *Mindfulness-integrated CBT: Principles and Practice*, Wiley, 2011; trad. esp: Desclée De Brouwer, Bilbao 2013) y *Mindfulness-integrated CBT for Well-Being and Personal Growth: Four Steps to Enhance Inner Calm, Self-Confidence and Relationships* (Wiley, 2015).

**Sarah Francis** es una psicóloga titulada formada en diferentes terapias basadas en el *mindfulness*. Está especializada en la Terapia Cognitivo Conductual con *Mindfulness* integrado (TCCMi) y lleva implementándola desde 2006. Además de su trabajo en psicología clínica, Sarah ha trabajado en varios contextos profesionales entre los que se incluyen la educación, los recursos humanos y la consultoría empresarial. Es la autora de *Workplace Communication: A Teacher's Guide* (Pitman, 1993), coordinadora del Melbourne MiCBT Interest and Research Group y formadora sénior de los profesionales de la salud que enseñan por mediación del MiCBT Institute. Entre sus intereses en materia de investigación se incluyen la medición de la conciencia plena y la eficacia diferencial de la TCCMi y del tratamiento normal en clientes con una variedad de trastornos de la salud mental, labor que lleva a cabo en la Monash University.

**Alice G. Shires** es psicóloga clínica, directora de la Clínica Psicológica y profesora asociada en la Escuela Superior de Salud, Universidad Tecnológica de Sídney (UTS). Asimismo, fue miembro del Consejo Fundador de la Australian Clinical Psychology Association. Alice es profesora, formadora y supervisora de psicólogos clínicos, y ha trabajado en servicios de salud mental intensivos y especializados en el Reino Unido. Ha desarrollado un interés en el *mindfulness* y en su integración con las terapias cognitiva y conductual, y ha creado una clínica de investigación sobre el *mindfulness* integrado en la UTS. Su investigación incluye la eficacia de la TCCMi en el dolor crónico, el proceso de supervisión y evaluación de competencias en la psicología clínica, y la inclusión de la práctica del *mindfulness* en el proceso formativo de la psicología clínica. Alice es una profesora experimentada de la TCCMi para profesionales de la salud mental y supervisa a profesionales clínicos durante el transcurso de su formación en la TCCMi.

# Abreviaturas

| | |
|---|---|
| CPFM | Córtex Prefrontal Medial |
| IBM | Intervenciones Basadas en *Mindfulness* |
| MIET | Tarea de Exposición Interoceptiva basada en Mindfulness (por sus siglas en inglés, Mindfulness-based Interoceptive Exposure Task) |
| MISS | Escala de Firma Interoceptiva Basada en el Mindfulness (por sus siglas en inglés, Mindfulness-based Interoceptive Signature Scale) |
| PCA | Prueba Controlada Aleatorizada |
| REBAP | Reducción del Estrés Basada en la Atención Plena |
| RMP | Relajación Muscular Progresiva |
| RND | Red Neuronal por Defecto |
| SUDS | Escala de Unidades Subjetivas de Malestar (por sus siglas en inglés, Subjective Units of Distress Scale) |
| TAG | Trastorno de Ansiedad Generalizada |
| TCBAP | Terapia Cognitiva Basada en la Atención Plena |
| TCCMi | Terapia Cognitivo Conductual con *Mindfulness* integrado |
| TDAH | Trastorno por Déficit de Atención e Hiperactividad |
| TEPT | Trastorno por Estrés Postraumático |
| TOC | Trastorno Obsesivo Compulsivo |
| TREC | Terapia Racional Emotiva Conductual |

# Prólogo

*Descubre la paz y la armonía reales dentro de ti mismo, y estas desbordarán de manera natural para beneficiar a los demás.*

—S. N. Goenka

Como profesionales clínicos, buscamos continuamente mejores prácticas que ayuden a nuestros clientes a disminuir su sufrimiento. Comenzamos tomando conciencia de la certeza de que la reducción del sufrimiento *es* posible. La Terapia Cognitivo Conductual con *Mindfulness* integrado (TCCMi) nos apoya en el proceso subsiguiente de hacer que se manifieste un cambio significativo en los clientes. Y ello lo consigue a través de la hábil integración de la ecuanimidad cultivada en la práctica de la meditación y de las técnicas de exposición basadas en la terapia cognitivo conductual. Los autores de este manual nos acompañan paso a paso a través de las cuatro etapas de la TCCMi, anticipando los desafíos y proporcionando estrategias y consejos demostrables a fin de optimizar el desarrollo de habilidades.

Conocí a Bruno porque ambos estábamos implicados en la búsqueda de una mayor precisión y competencia en la práctica de la meditación y con la obtención de una mayor claridad en los marcos teóricos subyacentes, mientras intentábamos optimizar el rigor y la eficacia de las intervenciones basadas en el *mindfulness*. Alice, Bruno y Sarah aportan décadas de conocimiento clínico en toda la gama de trastornos de salud mental contenida en esta guía práctica. Integran su experiencia de meditación personal dentro de la tradición *Theravada Vipassana* birmana de U Bah Kin con un enfoque terapéutico estructurado que puede adaptarse a una amplia variedad de casos clínicos. La integridad de los autores y la incorporación de los conocimientos adquiridos por medio de la meditación impregnan con lucidez tanto las explicaciones del marco teórico de la TCC-Mi como los ejemplos clínicos asociados; esto ayuda a que el profesional clínico fusione lo personal y lo experiencial con lo interpersonal y lo clínico.

Esta guía constituye un recurso esencial para los terapeutas, ya que proporciona un enfoque accesible y estructurado para aplicar los principios de la TCCMi a contextos individuales y grupales. Muestra la manera de ayudar a los clientes a detectar objetivos del tratamiento claros, entre ellos los cambios de conducta específicos, y a crear conciencia de los beneficios que experimentarán y que servirán para establecer y mantener una práctica de la meditación que se lleva a cabo dos veces al día. El marco teórico que sustenta la TCCMi enfatiza que son las reacciones automáticas al tono hedónico de las sensaciones que coemergen en el cuerpo, alimentadas por la identificación con la experiencia, las que, en gran medida, dirigen los síntomas y los comportamientos habituales de los clientes. Los terapeutas verán que cada etapa del proceso terapéutico presenta una justificación sorprendentemente clara, y encontrarán en este manual algunos métodos sugeridos para adaptar el protocolo de tratamiento en función de la necesidad y del progreso clínico.

Uno de los desafíos al que nos enfrentamos una y otra vez como profesionales clínicos es la selección y la aplicación hábil de los componentes más apropiados del *mindfulness* para satisfacer las necesidades inmediatas del cliente en la sala de terapia. El contenido de este libro, elaborado cuidadosamente por Alice, Bruno y Sarah, aborda esta cuestión y delinea de manera clara los vínculos que existen entre las diferentes facetas del *mindfulness* y sus efectos clínicos. Por ejemplo, los autores explican *cómo* la práctica de la conciencia plena de la respiración desarrolla la conciencia metacognitiva, que, a su vez, se generaliza en la vida diaria, lo que da lugar a una disminución de las rumiaciones. También ponen ejemplos de maneras efectivas de explicar estos mecanismos a los clientes, lo que constituye una fuente adicional de motivación para su práctica diaria del *mindfulness*.

A lo largo del libro se presta una atención considerable a la resolución de situaciones clínicas específicas, ilustradas por medio de historias clínicas. En previsión de los desafíos a los que nuestros clientes pueden enfrentarse en su TCC y en las prácticas de la meditación –por ejemplo, una dificultad para aceptar sensaciones corporales desagradables o para manejar ciertos pensamientos intrusivos–, los autores recomiendan determinadas modificaciones de la práctica. Al proporcionar un marco terapéutico exhaustivo, aunque adaptable, tanto durante la sesión como en casa, y, al mismo tiempo, al explicar con claridad la razón de ser de la progresión de la práctica tal y como se enseña en la TCCMi, este manual permite que el profesional clínico adapte el tratamiento a cada caso clínico.

De haber tenido este manual cuando implementé la TCC por primera vez –con cierta impaciencia, he de decir–, me habría ahorrado mucho tiempo a la hora de determinar el modo de resumir sucintamente a los clientes el propósito de cada práctica y la manera de unir el *mindfulness* y los componentes de la TCC. Y, lo que es más importante, este manual nos faculta a llevar los conocimientos adquiridos en nuestra práctica personal del *mindfulness* a la relación terapéutica, equipando a nuestros clientes con las habilidades necesarias no solo para reducir su propio sufrimiento, sino también para expresar su potencial pleno y único.

Andrea Grabovac, doctor en medicina,
miembro del Royal College of Physicians of Canada
Vancouver, Canadá, 2018

# Agradecimientos

Queremos expresar nuestra gratitud a las enseñanzas tradicionales que hemos recibido, así como a los maestros de la meditación Vipassana que nos han inspirado y enseñado, y que constituyen la base sobre la que se ha desarrollado este programa. Agradecemos a Gabrielle Cayoun su ayuda a la hora de elaborar las figuras del libro, y a Karen Cayoun y al Dr. Glenn Bilsborrow haber revisado los borradores. También queremos darles las gracias a nuestros compañeros y a nuestros antiguos clientes por habernos dado permiso para incluir sus experiencias en el libro, así como a todo el equipo de Wiley por su paciencia y su apoyo. Asimismo, nos gustaría expresar nuestra gratitud a todos los investigadores del *mindfulness* que se esfuerzan por mantenerse fieles a la enseñanza original del *mindfulness*, que ofrecen un valioso apoyo al ámbito clínico y que contribuyen a la comprensión moderna de este antiguo enfoque que tiene por objeto el cultivo del bienestar.

# Introducción

*Y la facultad de traer de vuelta voluntariamente una atención vagabunda, una y otra vez, es la esencia misma del juicio, del carácter y de la voluntad [...]. Toda educación que mejore esta facultad será la educación* par excellence. *Empero, es más fácil definir este ideal que dar recomendaciones prácticas para producirlo.*

—William James, 1890[1]

A medida que profundizamos en nuestro trabajo terapéutico, dirigimos progresivamente nuestro interés hacia los métodos que mejor se adaptan a nuestra personalidad y a nuestra actitud general ante la vida porque nos sentimos más a gusto con ellos. Adicionalmente, a medida que crecemos como seres humanos y que, con el paso del tiempo, nos volvemos más sabios, escogemos aquellas herramientas terapéuticas que consideramos verdaderamente saludables. Una mente más sabia se ve más atraída por las herramientas que promueven la sabiduría, como es el caso del *mindfulness*. Dado que el *mindfulness* es el arte de ser objetivo con respecto a la subjetividad, muchos terapeutas de diferentes disciplinas deciden emplear las intervenciones basadas en el *mindfulness* como su conjunto de herramientas principal.

1. W. James, *The principles of psychology*, Holt, Nueva York 1890 (trad. esp.: *Principios de psicología*, Fondo de Cultura Económico, México D. F. 1981).

En los últimos 15 años se ha producido a lo largo y ancho del mundo un aumento del interés y de las peticiones de formación en terapias basadas en el *mindfulness*. Entre los enfoques más citados que incluyen la meditación *mindfulness* está la Reducción del Estrés Basada en la Atención Plena (REBAP)[2] y la Terapia Cognitiva Basada en la Atención Plena (TCBAP)[3], pero hay muchos otros. Algunos de estos enfoques están asociados a una segunda generación de intervenciones basadas en el *mindfulness*, en parte porque preservan habilidades que tradicionalmente habían sido esenciales para la práctica del *mindfulness*, como la formación de la ética y la compasión, y requieren una educación y una orientación prolongadas[4]. Entre las intervenciones de segunda generación basadas en el *mindfulness* se incluyen el Manejo de los Síntomas Basado en la Atención Plena [Mindfulness-Based Symptoms Management][5], el Entrenamiento en la Atención Consciente [Meditation Awareness Training][6], el Apoyo del Comportamiento Positivo Basado en la Atención Plena [Mindfulness-Based Positive Behavior Support][7], la Autocompasión Consciente [Mindful Self-Compassion][8], la Terapia

2. J. Kabat-Zinn, *Full catastrophe living: Using the wisdom of your body and mind to face stress, pain, and illness* (ed. rev.), Random House, Nueva York 2014 (trad. esp.: *Vivir con plenitud las crisis: cómo utilizar la sabiduría del cuerpo y de la mente para enfrentarnos al estrés, el dolor y la enfermedad*, Kairós, Barcelona 2016).
3. Z. V. Segal, J. M. G. Williams y J. D. Teasdale, *Mindfulness-based cognitive therapy for depression: A new approach to preventing relapse*, Guilford, Nueva York 2002 (trad. esp.: *MBCT. Terapia cognitiva basada en el mindfulness para la depresión*, Kairós, Barcelona 2018).
4. Para una descripción detallada, véase W. Van Gordon, E. Shonin, E. y M. Griffiths, «Towards a second generation of mindfulness-based interventions»: *Australian & New Zealand Journal of Psychiatry*, 49 (2015), 591-592. doi:10.1177/0004867415577437
5. L. Monteiro y F. Musten, *Mindfulness starts here: An eight-week guide to skillful living*, Friesen Press, Victoria, CB, Canadá 2013.
6. E. Shonin, W. Van Gordon, T. Dunn, N. Singh y M. Griffiths, «Meditation awareness training (MAT) for work-related well-being and job performance: A randomized controlled trial»: *International Journal of Mental Health and Addiction*, 12 (2014), 806-823.
7. N. Singh, G. Lancioni, A. Winton, B. Karazsia, R. Myers, L. Latham y J. Singh, «Mindfulness-Based Positive Behavior Support (MBPBS) for mothers of adolescents with autism spectrum disorder: Effects on adolescents' behavior and parental stress»: *Mindfulness*, 5 (2014), 646-657.
8. K. D. Neff y C. K. Germer, «A pilot study and randomized controlled trial of the mindful self-compassion program»: *Journal of Clinical Psychology*, 69 (2013), 28-44. doi:10.1002/jclp.21923

Centrada en la Compasión [Compassion Focused Therapy][9] y el Entrenamiento en el Cultivo de la Compasión [Compassion Cultivation Training][10].

La Terapia Cognitivo Conductual con *Mindfulness* integrado o TCCMi contribuye de manera importante a este campo en crecimiento. Pese a la existencia de algún solapamiento inevitable con otros programas del *mindfulness*, la TCCMi difiere en varias áreas clave, que analizaremos en los capítulos 1 y 2. Esta terapia ofrece un conjunto práctico de técnicas basadas en la evidencia procedentes de la práctica del *mindfulness* de la tradición *Vipassana* birmana de Ledi Sayadaw[11], de U Bah Kin[12] y de Goenka[13], y los principios de la Terapia Cognitivo Conductual (TCC) para tratar una amplia gama de trastornos psicológicos. Su creciente popularidad puede atribuirse a su capacidad novedosa para abordar tanto las crisis como las enfermedades crónicas, así como para ayudar a evitar las recaídas.

Este libro refleja 17 años de esfuerzos por desarrollar, implementar, investigar y enseñar la TCCMi como un enfoque transdiagnóstico eficaz para abordar una amplia gama de enfermedades, incluidas aquellas con una comorbilidad compleja. Hemos escrito este libro para ofrecer a los terapeutas una guía de confianza que les informe y les ayude en sus aplicaciones –tanto individuales como grupales– de este enfoque único en una amplia gama de trastornos. Se han publicado ya dos libros sobre la materia. Uno de ellos, centrado en la base científica y los mecanismos de acción de la TCCMi, se dirigió a

9. P. Gilbert, *The compassionate mind: A new approach to life's challenges*, New Harbinger, Oakland, CA 2009 (trad. esp.: *La mente compasiva: una nueva forma de enfrentarse a los desafíos vitales*, Eleftheria, Barcelona 2018).

10. H. Jazaieri, K. McGonigal, T. Jinpa, J. R. Doty, J. J. Gross y P. R. Goldin, «A randomized controlled trial of compassion cultivation training: Effects on mindfulness, affect, and emotion regulation»: *Motivation and Emotion*, 38 (2014), 23-35. doi:10.1007/s11031-013-9368-z

11. L. Sayadaw, *Manuals of Dhamma*, Vipassana Research Publication, Onalaska, WA 1965/1999.

12. S. T. S. U Ba Khin, *The essentials of Buddha Dhamma*, Buddhist Publication Society, Kandy, Sri Lanka 1995-2011.

13. S. N. Goenka, *The discourse summaries*, Vipassana Research Publications, Onalaska, WA 2000.

los profesionales[14]. El otro[15] se escribió a modo de autoimplementación paso a paso para ayudar a los clientes en la terapia, y le dio la oportunidad al gran público de usar la TCCMi para fomentar el bienestar y el crecimiento personal. Desde su publicación, los dos libros se han traducido ya a varios idiomas y siguen empleándose ampliamente. Sin embargo, hasta ahora no existía ninguna guía exhaustiva que ayudara a los terapeutas en entornos clínicos. Este libro se ha escrito para colmar esta laguna y para proporcionar una implementación detallada, semana a semana, de la TCCMi.

Cuando nuestro editor nos sugirió que escribiésemos un manual para terapeutas, nos pareció importante que el libro sirviera a los terapeutas de la mejor manera posible, así que realizamos una encuesta a 233 profesionales clínicos que sabíamos que empleaban o que estaban interesados en emplear la TCCMi como su enfoque principal de la terapia, para sondear el formato que preferían. Alrededor del 15% preferían un libro escrito únicamente para profesionales clínicos, la amplia mayoría (74%) dijeron estar a favor de un manual para profesionales clínicos que incluyera también información para los clientes, y al 11% les dio lo mismo. Seguimos a la mayoría, lo que nos condujo a este libro, que sirve de orientación tanto para el terapeuta como para sus clientes. Esto se debe a que no todos los clientes son capaces o están dispuestos a leer o pueden permitirse la guía de autoimplementación[16] –aunque la recomendamos encarecidamente, dado que ha demostrado ser un excelente recurso para clientes que están sometiéndose a la TCCMi–.

La parte 1 de este libro contiene tres capítulos que le proporcionarán información importante sobre la TCCMi, y en ella se incluyen una explicación clara de sus orígenes y su evolución, su estructura y su contenido, los fundamentos científicos y la evidencia empírica. La parte 2 del libro contiene diez capítulos, denominados «sesiones»,

14. B. A. Cayoun, *Mindfulness-integrated CBT: Principles and practice*, Wiley, Chichester, UK 2011 (trad. esp.: *TCC con mindfulness integrado. Principios y práctica*, Desclée De Brouwer, Bilbao 2013).
15. B. A. Cayoun, *Mindfulness-integrated CBT for well-being and personal growth: Four steps to enhance inner calm, self-confidence and relationships*, Wiley, Chichester, UK 2015.
16. Ibíd.

que se ajustan a la aplicación del programa de diez sesiones. Esta parte del libro, que usa un estilo sencillo, familiar y atractivo para así implicar a los clientes en el programa, le guiará a través de todo el programa. Sus clientes aprenderán sobre sí mismos de tres maneras complementarias: a través de la psicoeducación, cuestionándose sus propios puntos de vista, y por medio de su propia experiencia. Este manual clínico contiene una orientación precisa para cada sesión, y en él se incluyen sugerencias sobre la forma de superar dificultades comunes, además de hojas de trabajo y documentos que pueden servir de ayuda a los clientes mientras avanzan por el programa. Con este libro, tanto usted como sus clientes pueden acceder de manera gratuita a todo el conjunto de instrucciones de audio para la práctica del *mindfulness*, unas instrucciones que pueden reproducirse en línea o descargarse en formato MP3 en inglés (www.wiley.com/go/Cayoun/Mindfulness-integrated). El apéndice 2 contiene los guiones de estas instrucciones, traducidas al español, que incluyen métodos básicos y más avanzados proporcionados por el primer autor, un meditador de *Vipassana* experimentado y un maestro del *mindfulness*.

Como habrá advertido, hay referencias ocasionales a la psicología budista y, algunas veces, al Buda histórico. Esta inclusión se debe simplemente a una buena práctica de escritura y a una buena ética. Sería de esperar que unos autores responsables incluyeran las fuentes de su información, sobre todo cuando los fenómenos y los métodos que analizan están bien establecidos y documentados. Si bien puede que algunos autores de libros relacionados con el *mindfulness* no den a conocer la fuente de las enseñanzas que analizan, nos sentimos agradecidos por haber recibido esta rica fuente de conocimiento y por estar obligados por una práctica académica buena y ética. Sin embargo, eso no hace de este libro una obra «budista», ni tampoco hace de la TCCMi una terapia «budista». Independientemente del lugar, de la cultura o del período en que se originen los marcos psicológicos, «la psicología es la ciencia de la vida mental, tanto en sus fenómenos como en sus condiciones»[17]. Desde nuestro punto de vis-

17. W. James, *The principles of psychology*, op. cit., 1 (trad. esp.: 5).

ta, 2 + 2 = 4 para budistas, cristianos o ateos. Siempre y cuando la información se valide, no discriminamos entre culturas, y somos transparentes con respecto a su fuente y a su sentido original. Esperamos que estas referencias ocasionales a la psicología budista sean percibidas teniendo en cuenta nuestra intención y sean una fuente útil y enriquecedora de información adicional.

## Referencias adicionales

HART, W., *The art of living: Vipassana meditation as taught by S. N. Goenka*, Harper Collins, Nueva York, NY 1987 (trad. esp.: *La Vipassana*, Edaf, Madrid 1994).

# I El enfoque, la teoría y la validación de la TCCMi

# 1 Principios de la TCCMi

*El verdadero viaje de descubrimiento no consiste en buscar nuevos paisajes, sino en tener nuevos ojos.*

—Marcel Proust, 1923[1]

Este capítulo describe los orígenes y la evolución de la Terapia Cognitivo Conductual con *Mindfulness* integrado (TCCMi), así como los principios centrales y la base teórica de este enfoque transdiagnóstico integrado. Asimismo, el capítulo analiza cómo podemos conceptualizar el «sufrimiento» de un modo que guíe nuestra actitud y nuestro enfoque para usar la TCCMi de forma productiva. También proporciona una breve descripción de las cuatro etapas de la TCCMi, e incluye los mecanismos terapéuticos y las evidencias procedentes de la investigación que la apoyan. Comencemos describiendo nuestra definición operacional del *mindfulness* para asegurarnos de que el término empleado en relación con la TCCMi se comprende de manera precisa.

1. M. Proust, *Remembrance of things past: La Prisonnière* (vol. 5), Gallimard, París 1923 (trad. esp.: *En busca del tiempo perdido. La prisionera* [vol. 5], Alianza, Madrid 2011).

## Definición y propósito del *mindfulness*

### *Orígenes y confusiones habituales*

La palabra *mindfulness* tiene un doble significado en la lengua inglesa. El *Oxford English Dictionary* en línea define el *mindfulness* en su significado común fuera del contexto meditativo como «la cualidad o el estado de ser consciente o de tener conocimiento de algo». Como podrá imaginar, esta definición conduce a toda clase de malinterpretaciones del término cuando tratamos de aplicarla a la enseñanza budista del *mindfulness*. En la psicología occidental actual, el *mindfulness* se ha convertido progresivamente en un término genérico relacionado con la atención sostenida intencionada en el momento presente. Esta comprensión no solo resulta inexacta, sino que también confunde a las personas que se inician en la práctica del *mindfulness*. Por ejemplo, un gato que permanece sentado atentamente frente a una ratonera, listo para saltar sobre su presa, mantiene la atención momento a momento; sin embargo, no es un gato consciente [*mindful*]. De manera similar, un francotirador que presta una atención intencionada en el momento presente y que, siguiendo órdenes y sin emitir juicio alguno, se prepara para matar a alguien, está atento pero no es consciente. Por desgracia, esta malinterpretación inicial del constructo engendra una escasa validez del mismo tanto en las herramientas de medición del *mindfulness* como en los estudios que las emplean; en cualquier caso, el análisis de estos temas queda fuera del alcance de este capítulo.

En el contexto psicológico budista, el término «*mindfulness*» es una traducción del término pali *sati*. El pali era la lengua común que se usaba en el norte de la India en tiempos de Buda, hace más de 25 siglos. *Sati* ha sido interpretado por diferentes maestros monásticos y laicos como «conciencia»[2], como «atención plena o conciencia»[3] y

---

2. S. N. Goenka, *The discourse summaries: Talks from a ten-day course in Vipassana meditation condensed by William Hart*, Vipassana Research Publications, Onalaska, WA 2000, 135.
3. Narada Mahathera, *The Buddha and his teachings*, Buddhist Publication Society, Kandi, Sri Lanka 1988$^3$, 183; W. Rahula, *What the Buddha taught* (ed. rev.), Grove Press, Nueva York 1974, 48 (trad. esp.: *Lo que el Buda enseñó*, RBA coleccionables, Barcelona 2006).

como «recordar o tener en cuenta»[4]. El académico budista británico Rupert Gethin explica que *sati* debe entenderse como aquello que nos permite ser conscientes de toda la gama y el alcance de los fenómenos –como una conciencia de los fenómenos y de su valor relativo– y que es, por consiguiente, lo que ocasiona que el practicante del *mindfulness* «recuerde» que cualquier experiencia existe en relación con una amplia variedad de experiencias que pueden ser hábiles o inhábiles, saludables o no saludables, éticas o no éticas[5]. El propósito tradicional de la práctica del *mindfulness*, dado su origen en la enseñanza budista, consiste en desarrollar la sabiduría y en reducir el sufrimiento.

A diferencia de algunos de los modelos de enseñanza occidentales actuales, el enfoque tradicional enseña el *mindfulness* como una cualidad de la mente que debe cultivarse en todos los niveles de la experiencia. En particular, implica desarrollar nuestras habilidades de la conciencia plena [*mindfulness*] en cuatro modalidades para que esta penetre en todos los ámbitos del funcionamiento. Este enfoque abarca «la conciencia plena [*mindfulness*] constante con respecto al cuerpo (*káyánupassaná*), a los sentimientos (*vedanánupassaná*), a los pensamientos (*cittánupassaná*) y a los objetos mentales (*dhammánupassaná*)»[6]. Tenga en cuenta que «sentimiento» (*vedana*) significa «interocepción» y el tono hedónico agradable, desagradable o neutral asociado, y que a menudo de usa indistintamente con «sensaciones corporales» en la literatura[7]. De ahí que *vedana* tenga más que ver con «sentir» (el verbo) que con «sentimientos» (el sustantivo). Aunque no hace falta explicarles este detalle a los clientes, es conveniente que los terapeutas conozcan el propósito original de la práctica del *mindfulness* y que comprendan de manera clara la definición de *mindfulness*, ya que algunos clientes preguntarán por ello.

4. T. W. Rhys Davids, *Buddhist Suttras*, Clarendon Press, Oxford 1881, 107; R. Sharf, «Mindfulness and Mindlessness in Early Chan»: *Philosophy East and West*, 64 (2014), 942. doi:10.1353/pew.2014.0074
5. R. M. L. Gethin, *The Buddhist path to awakening: A study of the Bodhi-Pakkhiȳa Dhammā. BRILL's Indological Library*, 7, Brill, Leiden y Nueva York 1992.
6. Narada Mahathera, *The Buddha and his teachings*, op. cit., 182.
7. P. ej., W. Rahula, *What the Buddha taught*, op. cit., 48.

En particular, es importante que los clientes comprendan las diferencias entre la atención, la conciencia y la conciencia plena [*mindfulness*]. En resumen, entendemos que la atención es el esfuerzo mental que dirige la conciencia a un objeto o a un estímulo, y la conciencia es la acción de la comprensión consciente del objeto. Aunque la conciencia plena [*mindfulness*] requiere tanto un esfuerzo de la atención como una conciencia de lo que está sucediendo en el momento presente, debe estar libre de todo prejuicio –como el que nos guste o nos disguste aquello a lo que prestamos atención– y de la propensión a desear el objeto o a molestarse por su causa. El gato atento del ejemplo anterior ansía que aparezca el ratón, y el francotirador puede estar resentido con el objetivo o desear un disparo certero. La meditación *mindfulness* debe entenderse como un entrenamiento en la atención *imparcial* a nuestra experiencia continua, evitando toda interpretación personal o toda interferencia con el objeto observado. Por consiguiente, el *mindfulness* debe incluir un sentido de desapego del objeto al que prestamos atención y una no identificación con este objeto.

Por esa razón, la práctica del *mindfulness* debe ir acompañada de la ecuanimidad (*upekkha* en pali), que es *un estado mental neutral, equilibrado y de desapego que no está exaltado ni deprimido, lo que permite una actitud no reactiva con independencia del tipo de experiencia con que se encuentre*. Los investigadores están empezando a expresar la importancia de la ecuanimidad en la práctica del *mindfulness*[8]. La práctica del *mindfulness* requiere neutralidad mental, lo que nos permite investigar de forma segura, de manera objetiva y con una curiosidad sana. Por lo tanto, para emplear el término *mindfulness* con exactitud este debe entenderse como una herramienta, *no como un objetivo*. A medida que adquirimos progresivamente la capacidad de estabilizar la atención, nuestra observación se vuelve más profunda y advertimos que todas las cosas cambian, incluidos nuestros pensamientos, nuestras emociones, nuestro cuerpo físico y todo el mundo que nos rodea –nada permanece invariable, ni siquiera lo que denominamos «el yo»–. Por consiguiente, el *mindfulness* es

8. P. ej., G. Desbordes, T. Gard, E. A. Hoge, B. K. Hölzel, C. Kerr, S. W. Lazar, D. R. Vago, «Moving beyond mindfulness: Defining equanimity as an outcome measure in meditation and contemplative research»: *Mindfulness*, 6 (2015), 356-372. doi:10.1007/s12671-013-0269-8

una herramienta tanto para la autoinvestigación como para la «autodesensibilización» a través de la exposición directa a lo que denominamos «yo», «mi» o «mío», al tiempo que evita el refuerzo de un sentido del yo, como estudiaremos en el siguiente capítulo y revisaremos en la parte 2, cuando implementemos las etapas de la TCCMi.

### *Definición operacional*

La mayoría de maestros coinciden en que la práctica del *mindfulness* requiere prestar atención a nuestra experiencia presente, sin añadir o sustraer ningún aspecto de ella, evitando al mismo tiempo los juicios sesgados, la reactividad y la identificación con ella. Cuando recopilamos la esencia de las descripciones tradicionales y modernas del *mindfulness*, podemos decir que un estado mental consciente es *una conciencia metacognitiva y sensorial elevada del momento presente, libre de reactividad, de valores personales sesgados y de una evaluación autorreferencial.* La formación en la meditación *mindfulness* requiere *una atención sostenida deliberada a los procesos sensoriales y cognitivos con una aceptación incondicional de la experiencia.* Esto precisa de un esfuerzo deliberado para inhibir las reacciones que hemos aprendido (anhelo y aversión) y para desarrollar una objetividad, una aceptación y un desapego mayores con cada experiencia.

La TCCMi aplica la práctica del *mindfulness* en la tradición Vipassana del linaje de los maestros birmanos Ledi Sayadaw, Saya Tetgyi, Sayagyi U Ba Khin y, más adelante, S. N. Goenka. Por ello, la TCCMi puede definirse como *una integración teóricamente congruente y técnicamente complementaria de la práctica del* mindfulness *tradicional y la TCC, lo que proporciona un enfoque transdiagnóstico que permite abordar el malestar emocional en una amplia gama de trastornos.*

## Origen y evolución

La TCCMi, que originalmente, y hasta 2005, recibió el nombre de Terapia Cognitiva Basada en la Atención Plena (TCBAP), fue conceptualizada inicialmente entre 1989 y 1997 y desarrollada por el primer autor de este libro entre 2001 y 2003 para abordar una gama de síntomas psiquiátricos de moderados a severos[9]. Más tarde se puso a prueba en diversos contextos clínicos y comunitarios[10] y se modificó progresivamente hasta 2010, lo que condujo a la primera publicación de un exhaustivo libro sobre los principios y la práctica de la TCCMi[11]. Desde entonces, el enfoque de la TCCMi se ha estudiado en una variedad de trastornos, de grupos de edad y de contextos, como analizaremos en el próximo capítulo, y a pesar de la amplia gama de aplicaciones solo han sido necesarios unos mínimos ajustes. La formación clínica en la TCCMi también se ha realizado a través de la supervisión de numerosos terapeutas que realizan cursos en diferentes países desde 2003.

En contraste con un número cada vez mayor de intervenciones basadas en *mindfulness* (IBM) en los últimos 20 años, la TCCMi no provenía del enfoque de la Reducción del Estrés Basada en la Atención Plena (REBAP) de Jon Kabat-Zinn[12], que por aquel entonces no era muy conocido fuera de América. En lugar de integrar una adaptación existente de la enseñanza original del *mindfulness*, la TCCMi se integró de manera independiente por los mecanismos centrales subyacentes a las terapias cognitiva y conductual[13] y a la meditación

9. B. A. Cayoun, «Advances in mindfulness training integration: Towards a nondualistic Cognitive Behaviour Therapy»: *Newsletter of the Australian Psychological Society*, 2 (2003), 6-10.
10. P. ej., B. A. Cayoun, V. Sauvage y M. Van Impe, «A non-diagnosis-specific application of Mindfulness-based Cognitive-Behaviour Therapy: A pilot study»: *Annual report to The Hobart Clinic*, Rokeby, TAS, Australia 2004 (disponible en el primer autor, véase también B. A. Cayoun, *Mindfulness-integrated CBT: Principles and practice*, Wiley, Chichester, UK 2011 [trad. esp.: *TCC con mindfulness integrado. Principios y práctica*, Desclée De Brouwer, Bilbao 2013] para un resumen de los efectos transdiagnósticos); M. Lindsay, *Mindfulness-integrated Cognitive Behaviour Therapy: A pilot program for developing Mindfulness-based self-efficacy and self-compassion for people with type 2 diabetes mellitus*. Tesis de maestría no publicada, Universidad de Auckland, Nueva Zelanda 2007.
11. B. A. Cayoun, *Mindfulness-integrated CBT: Principles and practice*, op. cit.
12. J. Kabat-Zinn, *Full catastrophe living: The program of the Stress-Reduction Clinic at the University of Massachusetts Medical Center*, Delta, Nueva York 1990.
13. D. H. Barlow, *Anxiety and its disorders: The nature and treatment of anxiety and panic*, Guilford Press, Nueva York 2002$^2$; A. T. Beck, *Cognitive therapy and the emotional disorders*, International University Press, Nueva York 1976 (trad. esp.: *Terapia cognitiva de los trastornos de la personalidad*, Ediciones Paidós Ibérica, Barcelona 2005); K. Hawton, P. M. Salkovskis, J. Kirk y D. M. Clark (eds.) *Cognitive Behaviour Therapy for psychiatric problems: A practical guide*, Oxford University Press, Nueva York 1989.

*Vipassana* tradicional (introspectiva), enseñada en el norte de la India hace más de 2.500 años por Siddhartha Gautama, más conocido como Buda histórico, que también fue príncipe de Sakya, provincia situada en el actual sur de Nepal. Esto no significa que la TCCMi sea un enfoque «budista». Simplemente aprovecha la profunda sabiduría fenomenológica que los primeros maestros del *mindfulness* describieron en su enfoque de la psicología humana, a la que de ahora en adelante denominaremos «psicología budista».

Para la mayoría de terapeutas inspirados en el *mindfulness*, lo que hace que la historia del Buda sea interesante es que rechazó un enfoque teísta (religión hindú) y abrazó una perspectiva psicológica con el objetivo de reducir el sufrimiento humano. La singularidad de este enfoque era doble: él solo creía en fenómenos verificables y que se podían replicar, y solo enseñaba métodos sistemáticamente aplicables que demostraban ser eficaces a la hora de reducir el sufrimiento humano. Por supuesto, y a diferencia de hoy, la única manera de reunir pruebas era a través de la experiencia directa de los fenómenos. Por consiguiente, los métodos que enseñó se transmitieron a través de la ciencia de la fenomenología, que es el estudio de la conciencia y de los objetos de la experiencia directa de las personas a través de la introspección.

Los primeros pioneros de la psicología occidental eran también conocidos como «introspeccionistas». Al igual que con el enfoque del Buda de la psicología, usaron la introspección para examinar la naturaleza de la conciencia y los fenómenos experienciales. Uno de los padres de la psicología occidental, el introspeccionista William James, alcanzó una comprensión muy similar a la formulada por el Buda 2.400 años antes. Algunas de las comprensiones que, sorprendentemente, resultan más similares y que podemos encontrar en el trascendental libro de James, *Principios de la psicología*[14] –y que todavía hoy se citan con frecuencia–, son que «el YO de un hombre es la suma total de todo lo que puede llamar suyo», y que «el pensamiento siempre está en constante cambio». Estas comprensiones fenomenológicas

14. W. JAMES, *The principles of psychology*, Holt, Nueva York 1890 (trad. esp.: *Principios de psicología*, Fondo de Cultura Económico, México D. F. 1981).

no se limitan a la psicología budista y a las psicologías occidentales modernas, ya que muchos filósofos griegos hicieron observaciones similares, especialmente Heráclito, cuya doctrina fundamental era que todo se encuentra en estado de flujo y que el cambio perpetuo constituye la naturaleza fundamental de la vida. Esta comprensión no solo la comparten los maestros tradicionales del *mindfulness*, sino que también es una característica importante de la experiencia humana que la práctica del *mindfulness* nos ayuda a comprender y a aceptar.

Cabe señalar que la Terapia Racional Emotiva Conductual (TREC) de Albert Ellis se ha asociado con frecuencia a ciertos elementos de la filosofía budista, en parte debido a su énfasis habitual en la autoaceptación incondicional. Ellis escribió que el enfoque del Buda y de otros filósofos antiguos, que afirmaba que «las personas se alteran no por las cosas en sí, sino por su visión de las cosas», se convirtió en la base de la TREC[15]. En los primeros días de la TCCMi (entonces llamada TCBAP), Henry Whitfield, en Reino Unido, escribió a uno de nosotros (BC) y valoró de manera muy positiva la combinación de los elementos básicos de la TCCMi con la TREC, lo que derivó en un modelo de terapia híbrido que combinaba estos dos enfoques[16]. La TREC de Whitfield basada en el *mindfulness* parece ser ya una práctica común entre los terapeutas de la TREC[17].

Durante los últimos 17 años, el crecimiento de la TCCMi ha sido constante; sin embargo, este crecimiento se ha controlado de forma deliberada y con atención, y ello porque esta terapia se desarrolló inicialmente con fines clínicos, lo que necesariamente impone restricciones sobre quién puede usarla y con quién puede hacerlo. Nuestra comprensión de la ética profesional y nuestra prudencia

---

15. A. Ellis y W. Dryden, *The practice of rational emotive behavior therapy*, Springer, Nueva York 1997², 2 (trad. esp.: *Práctica de la terapia racional emotiva*, Desclée De Brouwer, Bilbao 1994).
16. H. J. Whitfield, «Towards case-specific applications of mindfulness-based cognitive behavioural therapies: A mindfulness-based rational emotive behaviour therapy»: *Counselling Psychology Quarterly*, 19 (2006), 205-217.
17. D. David, J. L. Steven, L. S. Das, «Self-acceptance in Buddhism and psychotherapy», en M. E. Bernard (Ed.), *The strength of self-acceptance: Theory, practice and research*, Springer, Cham 2013. doi: 10.1007/978-1-4614-6806-6_2

con los criterios de inclusión de la formación del terapeuta hicieron que la investigación y la difusión generales de la TCCMi fueran más lentas que las IBM basadas en la TCBAP, que históricamente habían sido más transigentes a este respecto. Un punto importante del código ético de los psicólogos occidentales consiste en abstenerse de enseñar métodos terapéuticos a personas que carecen de la experiencia profesional que les permitiría usarlos de una manera segura y adecuada. Hemos sido conscientes en todo momento de la importancia de limitar el acceso a los cursos de formación de la TCCMi únicamente a aquellos profesionales clínicos que tengan la cualificación profesional y la experiencia apropiadas. También hemos vigilado cuidadosamente sus niveles de competencia al usar la TCCMi en entornos clínicos.

Los primeros 10 años de investigación tras la fase inicial de la TCCMi incluyeron una mayoría de tesis de investigación convincentes que, sin embargo, no vieron la luz. Antes de que se publicara el primer libro sobre la TCCMi[18], rechazamos varios estudios sobre este terapia cuyos investigadores no habían recibido una formación formal en ella, estudios que corrían el riesgo de tener una validez de la implementación deficiente y una baja representatividad. La investigación de la TCCMi está floreciendo ahora, incluidos los equipos en India e Irán, que han estado explorando laboriosamente los efectos de la TCCMi en una amplia gama de afecciones, brindando algunas indicaciones de su eficacia transcultural.

## Principios básicos

### *Enfoque del aprendizaje*

Aprender de otra persona puede resultar interesante, pero se basa en la confianza que tengamos en su conocimiento y en su experiencia y tiene como límites las creencias del sujeto en la opinión o el conocimiento de otra persona. Nuestro compromiso personal en el proceso de aprendizaje resulta mínimo. En el contexto de la terapia, ello implicaría practicar los métodos terapéuticos que hemos estado

18. B. A. Cayoun, *Mindfulness-integrated CBT: Principles and practice*, op. cit.

enseñando sin cuestionarnos su validez, únicamente porque confiamos en nuestro maestro. Las personas que se forman para ser maestras del *mindfulness* no son inmunes a este enfoque del aprendizaje exclusivamente devocional. Lo mismo ocurre con los clientes, algunos de los cuales podrían participar en una intervención basada en *mindfulness* porque un amigo, un hermano o un médico en quien confían así se lo ha sugerido.

El pensamiento crítico, por otra parte, requiere una mayor implicación personal en el proceso de aprendizaje. Nos cuestionamos, verificamos la evidencia que subyace bajo la validez asumida de un fenómeno y, finalmente, decidimos por nosotros mismos sobre la base de nuestros descubrimientos. En el contexto de la terapia, verificamos si la razón de ser de un enfoque tiene sentido, tal vez comprobamos las pruebas en la bibliografía, y planteamos preguntas con una mente abierta y una racionalidad saludable. Este proceso de aprendizaje requiere un mayor compromiso personal que el hecho de confiar en la fe y en los rumores. Sin embargo, la evidencia procedente de la investigación de hoy se invalida fácilmente mañana. Los nuevos descubrimientos cancelan los anteriores, y lo que pensábamos que tuvo sentido durante algún tiempo debe ponerse en tela de juicio; esta es la naturaleza de la ciencia y su evolución. Lo mismo sucede con los clientes a largo plazo, a algunos de los cuales se les podría haber dicho hace 15 años que cierto enfoque terapéutico era el tratamiento «de oro» basado en la evidencia, y a los que ahora se les dice que se ha ido demostrando progresivamente que otros métodos de tratamiento que hace 15 años carecían de respaldo investigativo resultan ahora más eficaces que el tratamiento «de oro» original.

En contraste con la creencia y el pensamiento crítico, la experiencia directa es, con mucho, el enfoque del aprendizaje que requiere un mayor compromiso personal, sobre todo cuando aprendemos sobre nosotros mismos. Durante el aprendizaje experiencial, lo que sucede en el momento presente es innegablemente fáctico para una persona; no es hipotético ni está basado en la experiencia de los demás. La práctica de la meditación es el método más profundo y fiable para aprender sobre los fenómenos personales, incluida la experiencia de nuestro sentido del yo. Por esta razón principal, los terapeutas que aprenden sobre la TCCMi tienen la obligación de meditar. Por muy útil que pueda resultar una guía manualizada, no bastará para implementar con éxito la TCCMi. Sin una experiencia personal sobre lo que les estamos enseñando a nuestros clientes resultará muy difícil comprender sus experiencias durante la meditación y guiarles de manera precisa. Una vez más, lo mismo ocurre con los clientes, muchos de los cuales se sienten deprimidos o ansiosos porque no han tenido la oportunidad de experimentar directamente un cambio rápido en sus síntomas al advertir la naturaleza efímera de la experiencia, incluida la del dolor profundo o la de los síntomas de pánico. El alivio que sienten los clientes cuando se sientan tranquilamente, cuando observan objetivamente y aceptan la experiencia de manera ecuánime les enseña acerca de la verdadera naturaleza de su problema.

### *Enfoque de la terapia*

Las terapias psicológicas se han clasificado en diferentes grupos de enfoques[19]. Entre ellos, el enfoque de los «factores comunes» propone que la eficacia de los diferentes enfoques de la terapia y el *counseling* es posible gracias a factores que resultan inherentes en todas las terapias basadas en pruebas[20]. Entre estos factores se incluyen la relación terapéutica, la empatía y las habilidades de la escucha activa, pero el factor que parece estar presente de forma inequívoca en las terapias efectivas es el aprendizaje[21]. Se ha propuesto que el *mindfulness* sea también un factor común en los diferentes enfoques terapéuticos. Martin[22] ha sugerido que el *mindfulness* es un «proceso psicoterapéutico central», por considerar que el desarrollo del *mindfulness* promueve el acceso a nuevas perspectivas y el abandono del conjunto de respuestas habituales, entre ellas el comportamiento y

19. G. Corey, *Theory and practice of counselling and psychotherapy*, Brooks/Cole, Belmont, CA 1991[4].
20. J. Dollard y N. E. Miller, *Personality and psychotherapy: An analysis in terms of learning, thinking, and culture. McGraw-Hill publications in psychology*, McGraw-Hill, Nueva York 1950.
21. W. W. Tryon y G. S. Tryon, «No ownership of common factors»: *American Psychologist*, 66 (2011), 151-152. doi:10.1037/a0021056
22. J. R. Martin, «Mindfulness: A proposed common factor»: *Journal of Psychotherapy Integration*, 7 (1997), 291.

los pensamientos automáticos. El enfoque terapéutico del «eclecticismo técnico»[23] selecciona técnicas convenientes de diversos enfoques, entre las que se incluyen las habilidades del *mindfulness*, en función de la percepción del terapeuta sobre las necesidades de los clientes. Este enfoque está limitado, de manera inevitable, por los conocimientos del cliente y del terapeuta sobre los orígenes y el mantenimiento de los síntomas. El enfoque terapéutico de la «integración teórica»[24] tiene por objeto reunir diversos sistemas teóricos bajo un marco metateórico mayor.

La TCCMi usa un enfoque de «integración teórica» que incorpora los factores comunes más fundamentales, incluidos el aprendizaje, la aceptación, la conciencia de uno mismo, el abandono del conjunto de respuestas habituales, y la relación terapéutica. Este enfoque se basa en un marco metateórico multidisciplinario que integra los elementos esenciales de la psicología budista y de la psicología occidental en una intervención manualizada paso a paso. De forma específica, la TCCMi teje con firmeza la teoría del aprendizaje a través del modelo de coemergencia de refuerzo[25], de las técnicas cognitivas y de exposición, de la neurociencia afectiva y social, de la ley natural de la impermanencia y sus efectos en el sentido de uno mismo, del *mindfulness*, de la ecuanimidad y de los componentes existenciales por medio de la teoría del no-yo experimentada directamente durante la práctica del *mindfulness*.

Una de las ventajas de trabajar con una intervención clínica basada en una teoría establecida es que operamos desde una comprensión clara de los mecanismos de acción. De este modo, podemos comprender y resolver con mayor facilidad las dificultades con que nos encontramos habitualmente en la práctica clínica. Por ejemplo, si la teoría que integramos en nuestro modelo terapéutico es la teoría del aprendizaje (condicionamiento operante[26]), podemos conceptualizar

23. P. ej., A. A. Lazarus y L. E. Beutler, «On technical eclectism»: *Journal of Counselling and Development*, 71 (1993), 381-385.
24. J. C. Norcross y M. R. Goldfried, *Handbook of psychotherapy integration*, Oxford University Press, Nueva York 2005².
25. B. A. Cayoun, *Mindfulness-integrated CBT: Principles and practice*, op. cit.
26. B. F. Skinner, *Science and human behavior*, Collier-Macmillan, Londres 1953 (trad. esp.: *Ciencia y conducta humana*, Ediciones Martínez Roca, Madrid 1986).

fácilmente un comportamiento inútil y comprender los factores de mantenimiento o de refuerzo que están en juego, con independencia de las técnicas que se empleen en la terapia. Por el contrario, una orientación ecléctica tiende a fomentar el uso de cualquier método potencialmente útil de «nuestra caja de herramientas». Lo malo de esto es que se crea una dependencia excesiva de los descubrimientos empíricos, y que hay una escasa comprensión de cómo funcionan los mecanismos subyacentes de la acción para alterar el comportamiento. Esto puede dar lugar a una falta de profundidad y de base en la ciencia que subyace a un modelo terapéutico.

La noción de la integración teórica se presta para fomentar un enfoque científico-práctico de la terapia. El hecho de que el enfoque se base en la teoría evita también que las futuras modificaciones comprometan su eficacia, dado que cualquier adaptación del modelo (p. ej., para niños) debe ajustarse al marco teórico subyacente. Como examinaremos en el siguiente capítulo, el marco teórico central de la TCCMi es el modelo de coemergencia de refuerzo[27], que es una extensión neurofenomenológica del condicionamiento operante. Si bien la TCCMi se construye a partir de una estrecha integración del *mindfulness* y la TCC, el nivel de integración varía en función del nivel de experiencia. Tras muchos años proporcionando formación profesional, observamos que, al principio, los terapeutas tienden a yuxtaponer la TCC y los métodos del *mindfulness* y a percibirlos como dos sistemas diferentes, y que luego, a medida que aumenta su experiencia, los integran y los perciben como diferentes métodos del mismo sistema.

### *Enfoque de la sintomatología*

A los clientes no les resulta sencillo comprender que nuestras dificultades mentales y emocionales no solo surgen del *interior* de nuestra mente, sino también a causa de nuestra *actitud* hacia nuestra mente. Como describiremos con cierto detalle en el siguiente

27. B. A. Cayoun, *Mindfulness-integrated CBT: Principles and practice*, op. cit.; B. A. Cayoun y A. Shires, *Co-emergence reinforcement: A proposed transdiagnostic mechanism in emotional disorders and their remediation through mindfulness and cognitive-behavioral interventions*. Manuscrito presentado para su publicación.

capítulo, cuando les damos una importancia personal a los pensamientos, aunque sea de manera subconsciente, hay sensaciones corporales que surgen conjuntamente con ellos, intensificándose rápidamente para producir una emoción, con independencia del trastorno. La práctica del *mindfulness* desarrolla una mejor comprensión de estos y de otros procesos mentales, de tal modo que los mecanismos de la cognición, y no solo su contenido, pueden verse alterados. El *mindfulness* se ha enseñado durante los últimos 2.500 años con el objetivo de desarrollar la sabiduría necesaria para percibir, comprender y abandonar nuestra tendencia a mantener el sufrimiento, así como para promover una sensación de bienestar. Es posible que esta descripción difiera de lo que su cliente pueda haber leído previamente acerca del *mindfulness*.

Una de las necesidades fundamentales de los seres humanos es la de crecer y evolucionar. Las personas, guiadas sin saberlo por el sufrimiento, sienten la necesidad de cambiar para mejor. Cuando evitamos el malestar, nos perdemos las enseñanzas inherentes al sufrimiento. Los terapeutas son, fundamentalmente, estudiantes del sufrimiento. Examinan sus múltiples facetas y sus consecuencias, y finalmente aprenden lo suficiente de él para desarrollar medios de reducir sus efectos desagradables. Por «sufrimiento» queremos decir *una experiencia que lleva –o mantiene– a la insatisfacción o a la reactividad emocional después de una expectativa no cumplida*. La psicología budista proporciona una comprensión profunda del sufrimiento que apoya la aplicación de una intervención transdiagnóstica. Nos ayuda a comprender los factores del sufrimiento comunes a todos los trastornos emocionales, así como en la insatisfacción de la vida en general. El sufrimiento humano puede dividirse en tres tipos: (1) sufrimiento común, como el dolor físico y la enfermedad; (2) los efectos del cambio; y (3) los efectos del condicionamiento[28]. Naturalmente, estos tres tipos interactúan continuamente y no pueden separarse en realidad, pero la forma en que las personas aprenden y condicionan su mente es, con diferencia, el

28. B. Bodhi, *The connected discourses of the Buddha: A translation of the Samyutta Nikaya*, Wisdom Publications, Boston 2000 (existen dos traducciones parciales al español: *El sutra de Benarés: el primer discurso del Buddha*, Kairós, Barcelona 2014; *Suttas del Samyutta Nikaya*, Península, Barcelona 2000).

tipo más complejo de comprender y la principal razón por la que acuden a un terapeuta.

Para demostrar que la intervención es congruente con el problema desde un punto de vista teórico, resulta útil llevar a la práctica el sufrimiento condicionado en términos conductuales dentro del marco teórico de la TCCMi. El *factor precipitante* (el desencadenante) del sufrimiento es el hecho de que las cosas cambian todo el tiempo, afectando a todos los aspectos de nuestra vida; esto incluye el sentido de uno mismo, a causa del apego a nuestros puntos de vista, a nuestros sentidos, a nuestro cuerpo y a nuestras posesiones. El *factor de refuerzo* del sufrimiento es nuestra reactividad. Debido a nuestros apegos, reaccionamos con deseo ante las cosas que no tenemos y queremos, y reaccionamos con aversión frente a las cosas que no queremos y tenemos. Como explicaremos a través del modelo de refuerzo en el capítulo 2, nuestro comportamiento reactivo se ve reforzado de manera positiva cuando obtenemos lo que anhelamos, y se ve reforzado de manera negativa cuando aquello que nos molesta disminuye. Nuestra mente condicionada está extremadamente limitada por este hábito mental continuo, aunque subconsciente. Por ende, nuestra falta de conciencia de estos fenómenos constituye el principal *factor de mantenimiento* del sufrimiento, porque nos impide comprender estos mecanismos subyacentes y corregir nuestros hábitos de manera acorde.

Por consiguiente, son los *mecanismos* del sufrimiento, más que sus síntomas, los que constituyen el objetivo transdiagnóstico de la TCCMi. Hacemos uso de estos mecanismos como herramienta para el crecimiento, y no solo como «terapia», como explicaremos en la parte 2 del libro. Basándonos en la idea de que la falta de conciencia puede sustituirse por la introspección, el hecho de desarrollar esta introspección nos permite dejar atrás los factores del sufrimiento. Por lo que sabemos, el *mindfulness* es la herramienta más productiva que un terapeuta puede ofrecer a sus clientes para desarrollar esta clase de introspección. Durante los últimos 25 siglos, el propósito principal del cultivo del *mindfulness* por medio de la larga serie de maestros tradicionales, incluidos los nuestros, ha sido el de desarrollar la introspección y la sabiduría a fin de aliviar el sufrimiento de las personas de toda clase de cultura y condición social.

### *Enfoque de la comorbilidad*

Ha quedado claro que los principios fundamentales del *mindfulness* pueden usarse con una amplia gama de síntomas y afecciones[29]. La TCCMi fue desarrollada con fines clínicos como un enfoque transdiagnóstico, en parte para abordar el problema de la comorbilidad –entre el 60% y el 85% de los casos clínicos contienen uno o más trastornos comórbidos, lo que hace que las terapias específicas para un diagnóstico no sean óptimas–. Las intervenciones transdiagnósticas se han desarrollado recientemente usando la exposición como el principal mecanismo de acción, y son cada vez más atractivas para los profesionales clínicos en general porque pueden abordar la comorbilidad con mayor facilidad.

Por ejemplo, una terapia convencional que se considera eficaz para tratar el diagnóstico de la depresión no necesariamente será tan útil cuando los síntomas depresivos vayan acompañados de síntomas de pánico o de TOC. Por lo general, y por lo que respecta a los trastornos de la ansiedad más comunes, la TCC transdiagnóstica muestra resultados equivalentes o superiores a la TCC convencional basada en pruebas y específica para un diagnóstico[30]; además, tiende a presentar una tasa de abandono más baja[31], y la magnitud de sus consecuencias no se ve afectada por la comorbilidad[32]. Las intervenciones transdiagnósticas resultan también muy útiles para abordar los obstáculos a la difusión de los tratamientos probados. Por consiguiente, el hecho de usar un único protocolo en lugar de múltiples protocolos específicos para un trastorno puede ser un modo

29. S. Keng, M. J. Smoski y C. J. Robins, «Effects of mindfulness on psychological health: A review of empirical studies»: *Clinical Psychology Review*, 31 (2011), 1041-1056. doi:10.1016/j.cpr.2011.04.006
30. P. J. Norton y T. L. Barrera, «Transdiagnostic versus diagnosis-specific CBT for anxiety disorders: A preliminary randomized controlled non-inferiority trial»: *Depression and Anxiety*, 29 (2012), 874-882. doi:10.1002/da.21974
31. D. H. Barlow, T. J. Farchione, J. R. Bullis, M. W. Gallagher, H. Murray-Latin, S. Sauer-Zavala, ... y C. Cassiello-Robbins, «The unified protocol for transdiagnostic treatment of emotional disorders compared with diagnosis-specific protocols for anxiety disorders: A randomized clinical trial»: *JAMA Psychiatry*, 74 (2017), 875-884. doi:10.1001/jamapsychiatry.2017.2164
32. S. B. Pearl y P. J. Norton, «Transdiagnostic versus diagnosis specific cognitive behavioural therapies for anxiety: A meta-analysis»: *Journal of Anxiety Disorders*, 46 (2017), 11-24. doi:10.1016/j.janxdis.2016.07.004

más efectivo de tratar los trastornos emocionales más comunes, y, con toda certeza, resulta más sencillo de enseñar y de aprender.

Los estudios controlados aleatorizados muestran que es posible abordar la crisis y la comorbilidad con la TCCMi cuando los clientes se comprometen a practicar el *mindfulness* con suficiente frecuencia, duración y precisión, y a integrar las habilidades de la TCC, incluso en las culturas no occidentales[33]. En el capítulo 2 se ofrece una breve reseña de los resultados del estudio de la TCCMi.

## Estructura y contenido de la TCCMi: las cuatro etapas

La TCCMi enseña el *mindfulness* de acuerdo con el establecimiento original cuádruple del *mindfulness*[34], que incluye la conciencia plena [*mindfulness*] del cuerpo (postura y movimiento / actividad física), de las sensaciones corporales (incluidas las asociadas con las emociones) de los estados mentales (incluidos los asociados con los estados emocionales) y del contenido mental (pensamientos, imágenes, etc.)[35]. Por supuesto, la TCCMi no se presenta a los clientes como un

33. S. Bahrani, F. Zargar, G. Yousef-Ipour y H. Akbari, «The effectiveness of mindfulness-integrated cognitive behavior therapy on depression, anxiety, and stress in females with multiple sclerosis: A single blind randomized controlled trial»: *Iranian Red Crescent Medical Journal*, e44566 (2017). doi:10.5812/ircmj.44566; R. Yazdanimehr, A. Omidi, Z. Sadat y H. Akbari, «The effect of mindfulness-integrated cognitive behavior therapy on depression and anxiety among pregnant women: a randomized clinical trial»: *Journal of Caring Sciences*, 5 (2016), 195-204. doi:10.15171/jcs.2016.021
34. *Sutta Mahasatipatthana*; para su traducción, véase M. Walshe, *The long discourses of the Buddha: A translation of the Digha Nikaya*, Wisdom Publications, Boston 2012 (existe traducción española: *El camino de la iluminación: nueve suttas del Digha Nikâya*, RBA, Barcelona 2002).
35. A. Brahm, *Mindfulness, bliss, and beyond: A meditator's handbook*, Wisdom Publications, Boston, MA 2006; W. Hart, *The art of living: Vipassana meditation as taught by S. N. Goenka*, Harper Collins, Nueva York 1987 (trad. esp.: *La Vipassana*, Edaf, Madrid 1994); véanse también Bhikkhu Thanissaro, «Maha-satipatthana Sutta: The great frame of reference (DN 22), translated from Pali by the autor»: *Access to Insight* (2011), consultado en línea en http://www.accesstoinsight.org/tipitaka/dn/dn.22.0.than.html (consultado el 20 de enero de 2018), para una traducción del *Sutta Satipatthana*, y S. N. Goenka, *Discourses on Satipatthana Sutta*, Vipassana Research Institute, Igatpuri, India 1990, consultado en línea en http://www.vridhamma.org/Printversion/Discourses-on-Satipatthana-Sutta (consultado el 7 de febrero de 2018).

«enfoque budista», y esta información está pensada para que el lector, el terapeuta, conozca los componentes de la TCCMi y sus orígenes.

La TCCMi consta de cuatro etapas de aprendizaje agrupadas en fases de «interiorización» y de «exteriorización» que hacen posible un cambio a nivel sistémico. Las etapas están diseñadas para desarrollar las habilidades cognitivas, conductuales y del *mindfulness* en los principales ámbitos de funcionamiento: intrapersonal («etapa personal»), situacional («etapa de exposición»), interpersonal («etapa interpersonal»), y transpersonal («etapa empática»), denominadas comúnmente etapas 1, 2, 3 y 4, respectivamente. Por lo general, las etapas se ofrecen de manera jerárquica, aunque el programa puede aplicarse de una manera más flexible cuando resulta necesario. El propósito de esta integración jerárquica consiste, en primer lugar, en enseñar a los clientes a interiorizar la atención para regular la atención y la emoción, y, a continuación, en exteriorizar estas habilidades a los contextos en los que su trastorno psicológico se ve desencadenado o se mantiene.

Como examinaremos en el capítulo 3, la TCCMi se usa en la terapia individual y grupal con una eficacia clínica equivalente[36] y, por lo general, requiere entre ocho y doce sesiones para un tratamiento eficaz de la mayoría de trastornos emocionales y conductuales, pero al menos precisa el doble de tiempo para trastornos de la personalidad moderadamente severos –si bien no existen estudios controlados que confirmen la duración ideal del programa y la eficacia a largo plazo de la TCCMi para los trastornos de la personalidad–. Examinemos ahora las etapas con cierto detalle. La figura 1.1 resume las cuatro etapas de la TCCMi en un formato típico de 10 sesiones, que constituye también el modelo de aplicación a través del cual le guiaremos en la parte 2 de este libro. Advierta que esta programación es solo una indicación aproximada de la aplicación convencional. Cada etapa puede prorrogarse durante más tiempo, en función de las necesidades y de los requisitos del cliente para avanzar a la siguiente etapa.

36. L. Roubos, R. Hawkins y B. A. Cayoun, *A comparison of group-enhanced and individual implementations of Mindfulness-integrated Cognitive Behaviour Therapy (MiCBT): An effectiveness study*. Disertación de maestría no publicada, James Cook University, Cairns, Australia 2011.

| | Habilidades de interiorización | Habilidades de exteriorización | | |
|---|---|---|---|---|
| | **Etapa 1**<br>*Etapa personal* | **Etapa 2**<br>*Etapa de exposición* | **Etapa 3**<br>*Etapa interpersonal* | **Etapa 4**<br>*Etapa empática* |
| Tarea conductual | Práctica del *mindfulness* para niveles profundos de conciencia metacognitiva e interoceptiva; aceptación de la impermanencia y ausencia de ego de los fenómenos; mayor ecuanimidad y sentido de autoeficacia; énfasis en el compromiso con la práctica. | Procedimientos de exposición: «exposición bipolar» (visualizaciones guiadas con exposición interoceptiva a los objetivos de la SUDS mientras nos mantenemos ecuánimes) seguida de una exposición en vivo aplicando la ecuanimidad. | «Autoría experiencial» (exposición interpersonal para impedir la evitación y los conflictos interpersonales); no reaccionar frente a las reacciones de los demás (ver el sufrimiento); asertividad. | Conciencia de los límites éticos y compromiso con la ética; compasión por uno mismo y por los demás; prevención de recaídas; mantenimiento de los logros. |
| Tipo meditativo | *Sesión 1*–Relajación muscular progresiva (14 minutos, dos veces al día).<br>*Sesión 2*–Conciencia plena de la respiración (30 minutos, dos veces al día de aquí en adelante).<br>*Sesión 3*–Escáner unilateral del cuerpo parte por parte.<br>*Sesión 4*–Escáner unilateral del cuerpo sin audio y práctica aplicada. | *Sesión 5*–Escáner bilateral del cuerpo para implicar a redes somatosensoriales más amplias de forma simétrica y rápida; práctica de la exposición bipolar durante 11 minutos después de la meditación de 30 minutos.<br>*Sesión 6*–Barrido parcial pasando la atención de manera continua para «fluir» a través del cuerpo mientras evitamos el deseo de experimentar sensaciones agradables; práctica de la exposición bipolar durante 11 minutos tras la meditación de 30 minutos. | *Sesión 7*–Barrido en masa con «libre circulación» a través de todo el cuerpo en una sola pasada mientras nos mantenemos ecuánimes con placer.<br>*Sesión 8*–Escáner transversal al pasar la atención transversalmente a través del cuerpo para sentir el interior del mismo con ecuanimidad. | *Sesión 9*–Barrido en profundidad pasando la atención con un flujo libre vertical por el interior del cuerpo con ecuanimidad; meditación de la bondad amorosa durante 8 minutos; práctica consciente de cinco preceptos éticos.<br>*Sesión 10*–Práctica de mantenimiento (una vez al día durante 45 minutos): 10 minutos de conciencia plena de la respiración, 25 minutos de escáner corporal y 10 minutos de bondad amorosa; revisión del programa. |

**Figura 1.1.** El modelo de cuatro etapas de la Terapia Cognitivo Conductual con *Mindfulness* integrado[37].

37. Adaptación de B. A. CAYOUN, *Mindfulness-integrated CBT: Principles and practice*, op. cit.

*Etapa 1: Etapa personal: Regulación de la atención y las emociones*

En la etapa 1, la formación de la meditación *mindfulness* se enseña para interiorizar la atención de un modo que reduzca la reactividad emocional y promueva niveles profundos de conciencia y de aceptación de la experiencia. Se hace hincapié en el contexto interno de la experiencia para dotar a los clientes de un mayor sentido de autocontrol y de autoeficacia a la hora de manejar los pensamientos y las emociones antes de abordar las dificultades de la vida a causa de las cuales están buscando una terapia.

Después de la evaluación de admisión estándar y del acuerdo contractual sobre los objetivos terapéuticos (descritos en la sesión 1; véase la parte 2 del libro), los clientes comienzan con la práctica de la relajación muscular progresiva (RMP) y con la conciencia plena de la postura corporal y del movimiento. Además de su potencial efecto relajante, la RMP proporciona una sensación inicial de autocontrol tranquilizadora sobre la tensión muscular relacionada con el estrés, lo que contribuye a fortalecer el esfuerzo inicial del cliente para comprometerse con una práctica diaria. Sin embargo, en la mayoría de casos la RMP solo se emplea durante la primera semana como una medida preparatoria. Esto se debe a que los clientes pueden usar involuntariamente la relajación como medio para evitar la experiencia, algo que resulta incompatible con los objetivos y las características del *mindfulness* basadas en la aceptación. La conciencia plena [*mindfulness*] del cuerpo (la postura y los movimientos) en las acciones cotidianas introduce la noción de la conciencia del momento presente, lo que constituye una introducción relativamente sencilla a los principios y la práctica del *mindfulness*, en el sentido generalmente empleado en otras integraciones, como sucede con la Terapia Dialéctico Conductual[38].

Después se les enseña a los clientes a practicar la conciencia plena de la respiración (descrita en la sesión 2) durante un período de tiempo de entre una y dos semanas, y un escáner del cuerpo básico (unilateral) durante las dos siguientes semanas (descrito en la sesión

---

38. M. M. Linehan, *Cognitive-behavioral treatment of borderline personality disorder*, Guilford Press, Nueva York 1993 (trad. esp.: *Manual de tratamiento de los trastornos de personalidad límite*, Ediciones Paidós Ibérica, Barcelona 2003).

3 y en la sesión 4). Las personas que emplean estos métodos muestran una mayor capacidad para detectar y soportar la angustia, lo que conduce de manera progresiva a la reorganización del cerebro en unas pocas semanas, tanto en la materia gris[39] como en la blanca[40]. La mayor eficacia de las redes de autorregulación producidas por la neuroplasticidad proporciona un aparato biológico inestimable para facilitar la regulación de la emoción durante las tareas de exposición implementadas en las siguientes etapas (etapas de la exposición e interpersonal).

Por ejemplo, la investigación de la imagenología mediante la IRM funcional demuestra que la conciencia plena de la respiración puede producir una reducción generalizada en la respuesta de la amígdala a los estímulos emocionales que se mantiene en los estados no meditativos[41]. La IRM anatómica muestra también una rápida disminución del volumen de la materia gris de la amígdala basolateral derecha durante un programa convencional de REBAP de ocho semanas[42]. El énfasis puesto en la interocepción como locus de refuerzo ubica los métodos de escáner corporal en el núcleo de la práctica de la TCCMi dos veces al día. Esto se debe, en parte, a que la conciencia interoceptiva y la aceptación resultan fundamentales para el enfoque Vipassana de la práctica del *mindfulness*[43], y en parte porque los últimos 15 años de ciencia afectiva y cognitiva han demostrado con suficiente fiabilidad que las personas con trastornos emocionales tienen una

---

39. B. K. Holzel, J. Carmody, M. Vangel, C. Congleton, S. M. Yerramsetti, T. Gard y S. W. Lazar, «Mindfulness practice leads to increases in regional brain grey matter density»: *Psychiatry Research*, 191 (2011), 36-43.
40. Y. Tang, Q. Lu, M. Fan, Y. Yang y M. I. Posner, «Mechanisms of white matter changes induced by meditation»: *PNAS*, 109 (2012), 10570-10574.
41. G. Desbordes, L. T. Negi, T. W. W. Pace, B. A. Wallace, C. L. Raison, E. L. Schwartz, «Effects of mindful-attention and compassion meditation training on amígdala response to emotional stimuli in an ordinary, non-meditative state»: *Frontiers in Human Neuroscience*, 6 (2012). doi:10.3389/fnhum.2012.00292
42. B. K. Holzel, J. Carmody, K. C. Evans, E. A. Hoge, J. A. Dusek, L. Morgan, y S. W. Lazar, «Stress reduction correlates with structural changes in the amygdala»: *Social Cognitive and Affective Neuroscience*, 5 (2010), 11–17.
43. W. Hart, *The art of living: Vipassana meditation as taught by S. N. Goenka*, op. cit.; C. E. Kerr, M. D. Sachet, S. W. Lazar, C. I. Moore, S. R. Jones, «Mindfulness starts with the body: Somatosensory attention and top-down modulation of cortical alpha rhythms in mindfulness meditation»: *Frontiers in Neuroscience*, 12 (2013). doi: 10.3389/fnhum.2013.00012

capacidad interoceptiva disminuida; i. e., una capacidad reducida para experimentar sensaciones corporales comunes[44]. El esfuerzo por reducir el hábito de identificarse con la experiencia momento a momento entrena a los clientes para procesar la información de un modo menos autorreferencial y más objetivo[45], como examinaremos en el siguiente capítulo.

Para maximizar la eficacia de la formación, los clientes aprenden a adherirse a tres principios fundamentales de la práctica: una *frecuencia suficiente* (por lo general dos veces al día), una *duración suficiente* (habitualmente 30 minutos por sesión) y una *precisión suficiente* de la práctica (esfuerzo consciente por reducir la identificación con las experiencias que surgen y la reacción frente a ellas). La investigación de la TCCMi demuestra que el cliente que se adhiere a este protocolo se beneficia en mayor medida[46]. Los dos primeros principios permiten el tercero, que aumenta de manera específica la ecuanimidad al reducir la necesidad de reaccionar con deseo o aversión, y ello con independencia del tipo de experiencia. La generalización de la conciencia y la aceptación de los pensamientos y las sensaciones corporales en situaciones cotidianas se produce como consecuencia espontánea de la neuroplasticidad.

Además, se enseña a los clientes a aplicar la ecuanimidad en la vida cotidiana. Aprenden a supervisar sus sensaciones físicas de manera continua en situaciones cotidianas y a detectar los patrones típicos de las sensaciones experimentadas durante acontecimientos estresantes mientras aumentan su capacidad para evitar respuestas aprendidas (i. e., a través de una mayor ecuanimidad). De ahí que la conciencia interoceptiva, desarrollada durante la práctica de la

44. S. S. Khalsa, R. Adolphs, O. G. Cameron, H. D. Critchley, P. W. Davenport, J. S. Feinstein, ... y participantes de la Interoception Summit 2016, «Interoception and mental health: A roadmap»: *Biological Psychiatry: Cognitive Neuroscience and Neuroimaging* (2017). doi:10.1016/j.bpsc.2017.12.004

45. N. A. S. Farb, A. K. Anderson, H. Mayberg, J. Bean, D. McKeon y Z. V. Segal, «Minding one's emotions: Mindfulness training alters the neural expression of sadness»: *Emotion*, 10 (2010), 25-33.

46. P. ej., J. Scott-Hamilton y N. S. Schutte, «The role of adherence in the effects of a mindfulness intervention for competitive athletes: Changes in mindfulness, flow, pessimism and anxiety»: *Journal of Clinical Sport Psychology*, 10 (2016), 99–117. doi:10.1123/jcsp.2015-0020

meditación formal, se convierta en un medio hábil para evitar el refuerzo de los hábitos reactivos poco útiles en la vida cotidiana. En el capítulo 2 trataremos la teoría en que se basa la TCCMi, la relevancia crucial de la interocepción y las razones para observar («escanear») el cuerpo durante la meditación *mindfulness* a fin de desarrollar la ecuanimidad.

La etapa 1 requiere entre 3 y 5 semanas (por lo general, 4 semanas), dependiendo de los factores personales y clínicos, como la severidad de los síntomas y la adherencia al tratamiento. La normalización y la psicoeducación sobre las posibles dificultades iniciales de la práctica del *mindfulness* son importantes en esta primera etapa, dificultades que se analizan en las cuatro primeras sesiones en la parte 2 del libro. La finalización de la etapa 1 está determinada en gran medida por una conciencia interoceptiva y una ecuanimidad mayores durante la práctica, y por un mejor sentido de autocontrol en la vida cotidiana. Los clientes deben haber desarrollado una capacidad fiable para aceptar y «permanecer con» (exponerse a) la mayor parte de los tipos de sensaciones corporales con cierta ecuanimidad (i. e., la tendencia a evitar las experiencias aversivas se reduce considerablemente). Por consiguiente, se invita a los clientes a comenzar la etapa 2 tan pronto como pueden experimentar sensaciones aproximadamente en el 80% del cuerpo. También comienzan a aprender maneras más eficientes (más rápidas y más globales) de escanear el cuerpo, como así lo ha enseñado la tradición *Vipassana* birmana, y desarrollan una capacidad para detectar señales de malestar con cierta rapidez. La aplicación detallada se encuentra en las sesiones 3 y 4 del libro.

### *Etapa 2: Etapa de exposición: Regulación conductual*

El hecho de meditar bien, incluso durante largos períodos de tiempo, no se traduce necesariamente en un cambio conductual cuando los hábitos de evitación están bien establecidos[47]. Por ejemplo, los clientes ansiosos o evitativos desde el punto de vista social podrían descubrir que el aislamiento personal que se produce al sentarse con

47. Véase T., TONEATTO Y L. NGUYEN, «Does mindfulness meditation improve anxiety and mood symptoms? A review of the controlled research»: *Canadian Journal of Psychiatry* (2007), 52, 260-266, para una revisión de la investigación controlada.

los ojos cerrados sobre un cojín puede resultarles aliviador, o incluso agradable, pero que en sí mismo no puede dar lugar a una transferencia de habilidades que les permita enfrentarse a sus temores en contextos sociales. La etapa 2 es la primera etapa de «exteriorización», una etapa en la que la atención se dirige parcialmente al exterior para regular el comportamiento aplicando las habilidades de la etapa 1 (conciencia interoceptiva y ecuanimidad) en contextos de evitación. Los clientes aprenden a permanecer «ecuánimes» con los objetivos externos para extinguir su evitación condicionada de las situaciones estresantes. Por consiguiente, las habilidades del *mindfulness* están ahora al servicio de la TCC, y las habilidades de la TCC se emplean para extender las habilidades del *mindfulness* en contextos de evitación.

Existe la evidencia neurológica de que la meditación *mindfulness* produce en los principiantes una regulación decreciente de la amígdala izquierda durante el procesamiento emocional[48], y que la adquisición progresiva de habilidades del *mindfulness* provoca una desactivación de las áreas del cerebro asociadas al procesamiento autorreferencial denominadas «red neuronal por defecto» (córtex medial prefrontal y córtex cingulado posterior) en todas las emociones inducidas[49]. La mayor capacidad de una persona para desactivar la red neuronal por defecto (i. e., no tomarse las cosas como algo personal) depende de su habilidad para no identificarse con la experiencia, lo que a su vez aumenta su capacidad para extinguir una respuesta aprendida. Estos descubrimientos se ajustan al método de exposición basado en imágenes denominado «exposición bipolar», que es el primer procedimiento que se emplea con los clientes durante la etapa 2. En este contexto, el término «bipolar» significa dos polos extremos; no tiene nada que ver con la depresión bipolar. La exposición bipolar es una técnica específica de la TCCMi basada en

48. N. A. S. Farb, A. K. Anderson, H. Mayberg, J. Bean, D. McKeon y Z. V. Segal, «Minding one's emotions: Mindfulness training alters the neural expression of sadness», op. cit.; B. K. Holzel, J. Carmody, K. C. Evans, E. A. Hoge, J. A. Dusek, L. Morgan, y S. W. Lazar, «Stress reduction correlates with structural changes in the amygdala», op. cit.

49. V. A. Taylor, J. Grant, V. Daneault, G. Scavone, E. Breton, S. Roffe-Vidal y M. Beauregard, «Impact of mindfulness on the neural responses to emotional pictures in experienced and beginner meditators»: *Neuroimage*, 57 (2011), 1524–1533.

la desensibilización interoceptiva que tiene una duración aproximada de 11 minutos. Se lleva a cabo después de cada práctica de la meditación *mindfulness* de 30 minutos durante dos días (i. e., cuatro veces), antes de comenzar la exposición en vivo.

Una vez que el cliente ha identificado un conjunto de situaciones evitadas variadas y las ha enumerado jerárquicamente en función de las unidades subjetivas de ansiedad (porcentaje), comienza la práctica de la exposición bipolar. Esta consiste en imaginar los peores escenarios que podrían producirse cuando tiene lugar una exposición en vivo mientras nos mantenemos ecuánimes; a continuación se repite el proceso con los mejores escenarios. Este tipo de exposición se describe detalladamente en la parte 2 del libro (sesión 5 y sesión 6). Al considerarse que la interocepción (experimentar sensaciones corporales) es el locus de refuerzo en la TCCMi[50], la exposición se aplica a las sensaciones corporales que surgen al mismo tiempo que los escenarios imaginarios desagradables y agradables. Como resultado de ello, la exposición bipolar ayuda a reducir la intensidad de la aversión y el deseo aprendidos antes de que comience la exposición en vivo. La exposición que tiene por objeto neutralizar las expectativas negativas, así como las positivas, resulta importante para desarrollar la ecuanimidad, con independencia del resultado –por consiguiente, exposición «bipolar»–.

Por lo general, la etapa 2 se implementa durante dos o tres semanas en una lista de situaciones evitadas, en función de las necesidades del cliente y de su compromiso. Dado que la exposición se dirige también a las sensaciones corporales durante la exposición en vivo, el aumento de la tolerancia a la angustia se traslada a múltiples situaciones no relacionadas que, por lo general, llevarían a cierta evitación. Este fenómeno de generalización y todo el proceso se explican detalladamente en la sesión 5 y en la sesión 6. Por tanto, la etapa 2 hace que la exposición no sea específica del contexto. Ayuda a generalizar la confianza en uno mismo y, como se pone de relieve en el

---

50. B. A. Cayoun, *Mindfulness-integrated CBT: Principles and practice*, op. cit.; B. A. Cayoun y A. Shires, *Co-emergence reinforcement: A proposed transdiagnostic mechanism in emotional disorders and their remediation through mindfulness and cognitive-behavioral interventions*, op. cit.

enfoque de la Terapia de Aceptación y Compromiso[51], ayuda a que los clientes sigan sus valiosas orientaciones.

### *Etapa 3: Etapa interpersonal: Regulación interpersonal*

Para que un enfoque terapéutico sea transdiagnóstico, ha de abordar dinámicas interpersonales. Hay indicios de que el volumen de la amígdala se correlaciona con el tamaño y la complejidad de las redes sociales en los adultos, y esta asociación no parece estar presente en otras estructuras subcorticales[52]. Las investigaciones sobre la neuroplasticidad también dan muestras de que los niños acogidos en instituciones que tuvieron experiencias angustiosas durante la primera infancia y que fueron adoptados más o menos a los 15 meses de edad mostraron un mayor volumen de la amígdala y un menor volumen en el hipocampo y en el córtex prefrontal ocho años después[53]. Esto demuestra que la exposición a las influencias sociales aversivas conduce a desarrollar una configuración cerebral más reactiva desde el punto de vista emocional. Además, la neuroplasticidad impulsada socialmente puede ser un factor importante para el desarrollo de la personalidad en la infancia que puede persistir en la edad adulta.

Aunque algunos clientes necesitarán más habilidades interpersonales que otros, por lo general la red social de los clientes con enfermedades crónicas o con trastornos de la personalidad se ve afectada de manera negativa por los síntomas de los clientes. Entre estos se incluyen el aislamiento social y otros comportamientos evitativos, un bajo estado de ánimo, la falta de motivación, la agitación y la reactividad, la ansiedad y las conductas adictivas. La sensación de desconexión durante un episodio de trastorno emocional y después del mismo puede ser un factor de mantenimiento de la conducta desadaptativa, como el abuso de sustancias, y a menudo precipita las

---

51. S. C. Hayes, K. D. Strosahl y K. G. Wilson, *Acceptance and commitment therapy*, The Guilford Press, Nueva York 1999 (trad. esp.: *Terapia de aceptación y compromiso: proceso y práctica del cambio consciente [mindfulness]*, Desclée De Brouwer, Bilbao 2014).
52. K. C. Bickart, C. I. Wright, R. J. Dautoff, B. C. Dickerson y L. Feldman Barrett, «Amygdala volume and social network size in humans»: *Nature Neuroscience*,14 (2011), 163–164.
53. R. J., Davidson y B. S. McEwen, «Social influences on neuroplasticity: Stress and interventions to promote well-being»: *Nature Neuroscience*, 15 (2012), 689-695.

recaídas. Además, la falta de inteligencia social de los clientes[54] también puede ser un factor precipitante de las crisis. Como escuchamos a menudo en la práctica clínica, los límites interpersonales deficientes, la búsqueda de reconocimiento en el contexto erróneo o de manera destructiva, el hecho de reforzar la culpa sobre las necesidades o los derechos de uno mismo, o el empleo de un estilo de comunicación pasivo/agresivo suelen contribuyen a las dificultades interpersonales del cliente. Por consiguiente, la siguiente etapa de la TCCMi emplea las habilidades del *mindfulness* para cultivar una introspección interpersonal y una regulación interpersonal.

La etapa 3 de la TCCMi requiere exteriorizar la atención consciente hacia los demás al dividir el foco de atención entre el yo y los otros. En la primera semana de la etapa 3, los clientes aprenden una habilidad interpersonal basada en el *mindfulness* denominada «autoría experiencial», que usa una forma de exposición para comprender y aceptar las maneras que tienen las otras personas de comunicarse y de reaccionar. Los clientes aprenden a inhibir sus juicios basados en valores al considerar las experiencias emocionales de los demás sin prejuicios y al no reaccionar frente a la reactividad de los demás. Los clientes aplican las habilidades de las etapas 1 y 2 durante la comunicación con los demás, sabiendo que la reactividad emocional de las otras personas depende de su falta de conciencia y de su carencia de habilidades a la hora de manejar las sensaciones corporales. Estudios recientes sobre la conducta y el cerebro demuestran que la experiencia de las sensaciones corporales activa un comportamiento de acercamiento-evitación con independencia de lo que podamos estar pensando de manera consciente[55]. Los clientes aprenden a «ver el sufrimiento» en los demás, más que a juzgarles por sus reacciones.

54. D. Goleman, *Social intelligence: The new science of human relationships*, Bantam Dell, Nueva York 2006 (trad. esp.: *Inteligencia social: la nueva ciencia de las relaciones humanas*, Kairós, Barcelona 2006).

55. R. Krieglmeyer, R. Deutch, J. De Houwer y R. De Raedt, «Being moved: Valence activates approach-avoidance behavior independent of evaluation and approach-avoidance intentions»: *Psychological Science*, 21 (2010), 607-613. doi:10.1177/0956797610365131; M. M. Rogers-Carter, J. A. Varela, K. B. Grobbons, A. F. Pierce, M. T. McGoey, M. Ritchey y J. P. Christianson, «Insular cortex mediates approach and avoidance responses to social affective stimuli»: *Nature Neuroscience* (2018). doi:10.1038/s41593-018-0071-y

En la segunda semana de la etapa 3 (y tal vez en la tercera), los clientes aprenden a combinar la comunicación asertiva con la autoría experiencial y las habilidades del *mindfulness* en tantas situaciones como les resulta posible (como mínimo dos). Hay más probabilidades de que el cliente desarrolle la conciencia de los límites interpersonales y las habilidades de la asertividad si es capaz de contener su propia excitación y de dar tiempo para que la reactividad del otro se propague. Por consiguiente, las habilidades del *mindfulness* están, una vez más, al servicio de la TCC. En la sesión 7 y en la sesión 8 explicamos con detalle el procedimiento de la etapa 3.

### *Etapa 4: Etapa empática: Introspección transpersonal y evitación de las recaídas*

Una de las experiencias más habituales que comparten los clientes que padecen un trastorno emocional, conductual o de la personalidad es la sensación de separación con respecto a los demás: se sienten juzgados, eludidos, rechazados o no queridos por los demás (o tienen miedo de que les ocurra) o no tienen ningún interés en conectar con los demás y quieren evitarlos. En ocasiones, esto se asocia a una sensación de falta de propósito. El resultado de esta desconexión es una supuesta falta de bienestar y una mayor probabilidad de que se produzcan recaídas. La etapa 4 de la TCCMi extiende las habilidades de la etapa 3 a una conciencia más global de cómo podemos superar la perpetuación del sufrimiento innecesario e influir los unos en los otros para así mejorar. La etapa 4 promueve la autoaceptación y la compasión, lo que ayuda a los clientes a reducir su tendencia a identificarse en exceso con sus experiencias y a aumentar su capacidad para aceptar sus presuntos defectos y su angustia. Al hacer esto, la etapa 4 contribuye a la prevención de las recaídas. Al normalizar el sufrimiento y considerarlo una condición humana, más que un defecto personal o una desgracia, los clientes aprenden a minimizar los juicios inútiles sobre sí mismos y sobre los demás y desarrollan una sensación de conexión consigo mismos y con las otras personas. Y lo hacen produciendo estados mentales saludables y agradables, como la bondad y la compasión, en vez de centrarse de manera exclusiva en disminuir las emociones destructivas.

Existen evidencias conductuales y neurológicas de que la compasión puede aprenderse por medio de la práctica de la meditación[56]. También hay pruebas de que el hecho de que los clientes se vuelvan más compasivos les ayuda a ser más resilientes cuando se ven expuestos a los agentes estresantes habituales[57]. En particular, los clientes que aprenden a adoptar una perspectiva más autocompasiva parecen ser más capaces de reconocer su papel en los acontecimientos negativos sin sentirse abrumados por sus emociones, y pueden atenuar con mayor facilidad sus reacciones[58]. Esta etapa de la TCCMi enseña habilidades empáticas basadas en la experiencia corporal y en un respeto auténtico por los límites éticos en las acciones cotidianas.

La etapa 4 de la TCCMi suele aplicarse durante un período aproximado de dos semanas. En la primera semana, a los clientes se les presenta la meditación de la «bondad amorosa» (*metta bhavana* en pali), que se enseña como una parte de la práctica del *mindfulness* desde que el *mindfulness* ha sido una característica de las enseñanzas budistas[59]. Esta meditación combina un conjunto de afirmaciones positivas simples que se emparejan con las sensaciones corporales agradables producidas por los métodos de observación corporal avanzados para crear o mejorar la compasión por uno mismo y por los demás. Esto incluye (pero no se limita a) producir pensamientos de aceptación mientras se emparejan las sensaciones corporales agradables con recuerdos de personas con las que los clientes podrían haber tenido algún conflicto o con las que esperan

---

56. P. ej., H. Jazaieri, Geshe Thupten Jinpa, K. McGonigal, E. L. Rosenberg, J. Finkelstein, E. Simon-Thomas y P. R. Goldin, «Enhancing compassion: A randomized controlled trial of a compassion cultivation training program»: *Journal of Happiness Studies* (2002). doi:10.1007/s10902-012-9373-z; A. Lutz, J. Brefczynski-Lewis, T. Johnstone y R. J. Davidson, «Regulation of the neural circuitry of emotion by compassion meditation: Effects of meditative practice»: *PLoS ONE*, 3 (2008), e1897.
57. K. D. Neff, K. L. Kirkpatrick y S. S. Rude, «Self-compassion and adaptive psychological functioning»: *Journal of Research in Personality*, 41 (2007), 139–154.
58. M. R. Leary, E. B. Tate, C. E. Adams, A. Batts Allen y J. Hancock, «Self-compassion and reactions to unpleasant self-relevant events: The implications of treating oneself kindly»: *Journal of Personality and Social Psychology*, 92 (2007), 887-904.
59. W. Hart, *The art of living: Vipassana meditation as taught by S. N. Goenka*, op. cit.; S. Salzberg, *Loving-kindness: The revolutionary art of happiness*, Shambala, Boston, MA 1995 (trad. esp.: *Amor incondicional*, Edaf, Madrid 1997).

tenerlo en un futuro, a modo de método contracondicionante. La práctica dura aproximadamente ocho minutos y se realiza al final de cada sesión de meditación *mindfulness*. Hutcherson, Seppala y Gross demostraron que unos pocos minutos de meditación de la bondad amorosa pueden aumentar la sensación de conexión social de una persona tanto a nivel explícito como implícito, lo que puede ayudar a reducir el aislamiento social[60]. La implementación y la práctica de la meditación de la bondad amorosa se explican en la sesión 9.

Además, en las enseñanzas tradicionales del *mindfulness*, el hecho de seguir la práctica del *mindfulness* sin comprometerse inicialmente con una conducta ética es, sencillamente, inconcebible. Es erróneo desde el punto de vista teórico e infructuoso desde el punto de vista técnico[61]. De hecho, en el contexto de la terapia, las acciones perjudiciales para uno mismo o para los demás tienden a mantener o a reforzar un trastorno psicológico existente y son contraproducentes en la terapia. Habida cuenta de ello, la segunda semana de la etapa 4 les enseña a los clientes a materializar su sentido de conexión y de empatía con las otras personas, haciendo que se esfuercen para evitar dañarse a sí mismos y a los demás. Tenga en cuenta que esto se hace a partir de la compasión, que no se basa en la cultura, en el deber religioso o en la culpa. Mientras que la empatía implica sentir las emociones de otras personas e imaginar lo que podrían estar pensando o sintiendo, la compasión implica «*la voluntad de expandirse uno mismo con el propósito de minimizar el sufrimiento de uno mismo o del otro*»[62]. La compasión puede experimentarse a través de una *intención* auténtica y una tendencia a la acción, o a través de una *acción* completa si la intención resulta lo suficientemente intensa. Otros desarrolladores de programas, como nuestros compañeros los doctores Lynette Monteiro y Frank Musten, de la Ottawa

60. C. A. Hutcherson, E. M. Seppala y J. J. Gross, «Loving kindness meditation increases social connectedness»: *Emotion*, 8 (2008), 720-724.
61. Véase B. A. Cayoun, «The purpose, mechanisms, and benefits of cultivating ethics in Mindfulness-integrated Cognitive Behavior Therapy», en L. M. Monteiro, J. Compson y F. Musten (Eds.), *Practitioner's guide to ethics and Mindfulness-Based Interventions*, Springer, Cham 2017, 163-192. doi:10.1007/978-3-319-64924-5_7, para un análisis exhaustivo.
62. Ibíd., 177.

Mindfulness Clinic, hicieron de la formación ética basada en el *mindfulness* y de la compasión la esencia de su programa[63].

En la TCCMi, los clientes desarrollan la compasión «fundamentando» su empatía por los demás en la conciencia ética, realizando acciones éticas y evitando las no éticas durante toda una semana a modo de experimento conductual. De manera específica, se les pide a los clientes que presten especial atención a su motivación en las acciones cotidianas para evitar intenciones y acciones dañinas hacia sí mismos y hacia los demás, incluidos actos básicos como el uso de un lenguaje engañoso y dañino y el hecho de tomar lo que no ha sido dado, de intoxicar, de llevar a cabo actos sexuales dañinos y de quitar la vida (p. ej., matar insectos). Estos se presentan como experimentos y como un medio de educación, más que como un protocolo moral dogmático. A los clientes se les pide que observen las sensaciones corporales que surgen al mismo tiempo que las intenciones dañinas que preceden a las acciones dañinas, que examinen la naturaleza de las sensaciones, que inhiban la respuesta aprendida (deseo o aversión), que dejen pasar las sensaciones en sí mismas, y que reconozcan que su esfuerzo consciente ha logrado evitar el daño. Este procedimiento se explica con cierto detalle en la sesión 9.

También se pide a los clientes que lleven un registro de este esfuerzo y de cómo se sienten consigo mismos, así como del tipo de influencia que este esfuerzo puede haber tenido en su entorno. A medida que los clientes aprenden a generar pensamientos útiles y llevan a cabo acciones valiosas a partir de la compasión, interiorizan poco a poco su locus de autoestima. Dado que existe una menor dependencia de los factores externos para sentirse dignos y para merecer la aceptación de los demás, la probabilidad de recaída es menor. Los profesionales clínicos suelen informar que los clientes toman decisiones con respecto a cambios significativos en su vida durante la etapa 4, y a menudo mencionan que ahora valoran más su vida y su felicidad. Por consiguiente, la probabilidad de recaída se reduce todavía más.

63. L. Monteiro y F. Musten, *Mindfulness starts here: An eight-week guide to skillful living*, Friesen Press, BC, Canadá 2013.

### *Estructura de las etapas*

Hay evidencias que sugieren que la ordenación de las cuatro etapas en su formato actual constituye una ventaja. Por ejemplo, una investigación electroencefalográfica de la asimetría prefrontal alfa en clientes anteriormente deprimidos demostró que las respuestas al tipo de meditación (conciencia plena de la respiración y bondad amorosa) estaban moderadas por el grado de rumiación negativa[64]. Aunque ambas formas de la práctica de la meditación tuvieron efectos beneficiosos en la asimetría prefrontal alfa, las personas con una alta rumiación negativa tendieron a responder a la conciencia de la respiración (que se enseña en la etapa 1 de la TCCMi), pero no a la meditación de la bondad amorosa (que se enseña en la etapa 4), mientras que quienes presentaron una baja rumiación negativa mostraron el patrón opuesto. Otro estudio, en esta ocasión con meditadores principiantes, demostró que los participantes que practicaron la conciencia plena de la respiración informaron de una mayor habilidad para no identificarse con los pensamientos emergentes en relación con la meditación de la bondad amorosa[65]. Además, las personas que practicaron la bondad amorosa mostraron más pensamientos repetitivos y más reacciones negativas que los que practicaron la conciencia plena de la respiración.

Ambos estudios respaldan la idea de que los clientes que rumian necesitan desarrollar, en primer lugar, habilidades para abordar los pensamientos inútiles antes de poder beneficiarse de la producción de pensamientos más útiles –por ejemplo, los generados por la meditación de la bondad amorosa–. Dado que la mayoría de clientes que vemos en la práctica clínica rumian, el programa de la TCCMi sitúa la conciencia de la respiración en primer lugar y la meditación de la bondad amorosa a continuación, una vez que se han desarrollado medios hábiles para abordar los pensamientos rumiativos y otros

64. T. Barnhofer, T. Chittka, H. Nightingale, C. Visser y C. Crane, «State effects of two forms of meditation on prefrontal EEG asymmetry in previously depressed individuals»: *Mindfulness* (2010). doi:10.1007/s12671-010-0004-7

65. G. Feldman, J. Greeson y J. Senville, «Differential effects of mindful breathing, progressive muscle relaxation, and loving-kindness meditation on decentering and negative reactions to repetitive thoughts»: *Behaviour Research and Therapy*, 48 (2010), 1002-1011.

pensamientos inútiles. Aunque el posicionamiento secuencial de las habilidades de la TCC en las etapas se basa en su nivel de complejidad (las habilidades de la etapa 2 resultan menos complejas de aprender que las habilidades de la etapa 3), este orden de implementación no se ha investigado de manera específica.

Proponemos que la conceptualización de cuatro etapas de la TCCMi tiene dos ventajas significativas: (1) permite una aplicación sistémica del *mindfulness* y de los métodos de la TCC, y (2) facilita una aplicación transdiagnóstica que ayuda a abordar la comorbilidad. Es más probable que este amplio desarrollo y esta aplicación de las habilidades se dirijan a los diversos factores que contribuyen al trastorno del cliente, en todos los dominios de la vida y la sintomatología.

# 2 Marcos teóricos y resultados empíricos

*Si nos imaginamos una emoción intensa y tratamos entonces de abstraer de nuestra consciencia de ella todas las sensaciones de sus síntomas corporales característicos, nos encontramos con que no nos queda nada, no hay un «ingrediente mental» a partir del cual pueda constituirse la emoción, de modo que todo lo que queda es un estado de percepción intelectual, frío y neutro.*

—William James, 1884[1]

Este capítulo describe el modelo de coemergencia de refuerzo, que constituye la principal base teórica de la Terapia Cognitivo Conductual con *Mindfulness* integrado (TCCMi). Contextualizamos este marco teórico subyacente dentro de la esfera clínica para enfatizar la importancia de enfocar el tratamiento en la experiencia presente y para demostrar que el hecho de hacerlo produce una mayor validez ecológica y un mayor beneficio clínico que la mera contemplación de los orígenes de la psicopatología a fin de entenderla mejor. El capítulo también proporciona un resumen de las evidencias empíricas que respaldan las aplicaciones clínicas y subclínicas de la TCCMi en una serie de trastornos.

En los últimos 20 años se ha registrado un extraordinario crecimiento exponencial en las publicaciones sobre la investigación del

1. W. James, «What is an emotion?»: *Mind*, 9 (1884), 188-205. doi: 10.1037/10735-001 (trad. esp: «¿Qué es una emoción?»: *Estudios de psicología*, 21 [1985], 57-73).

*mindfulness*, y de ello dan prueba los más de 3000 estudios que han visto la luz, como muestra la figura 2.1. Durante este breve período de tiempo, se han venido realizando estudios sobre el *mindfulness* en numerosos ámbitos de la vida: los procesos emocionales, la salud general y mental en diferentes grupos de edad, el manejo del dolor, el sueño, la memoria y el deterioro cognitivo relacionado con la edad, la personalidad y la actitud, las habilidades parentales y los problemas de apego, la competencia en la enseñanza y en el aprendizaje, el mapeo cerebral y la neuroplasticidad, el ADN y los contextos laborales y organizativos. La lista es demasiado extensa y las referencias son demasiado numerosas para mencionarlas aquí. Este entusiasmo por la investigación y por la aplicación del *mindfulness* no se debe a un único factor o a una única persona. Más bien parece que los rápidos avances tecnológicos nos permiten relacionarnos científicamente con lo que puede haber estado en gestación durante un tiempo. Algunos autores se refieren a ello como «la revolución del *mindfulness*»[2].

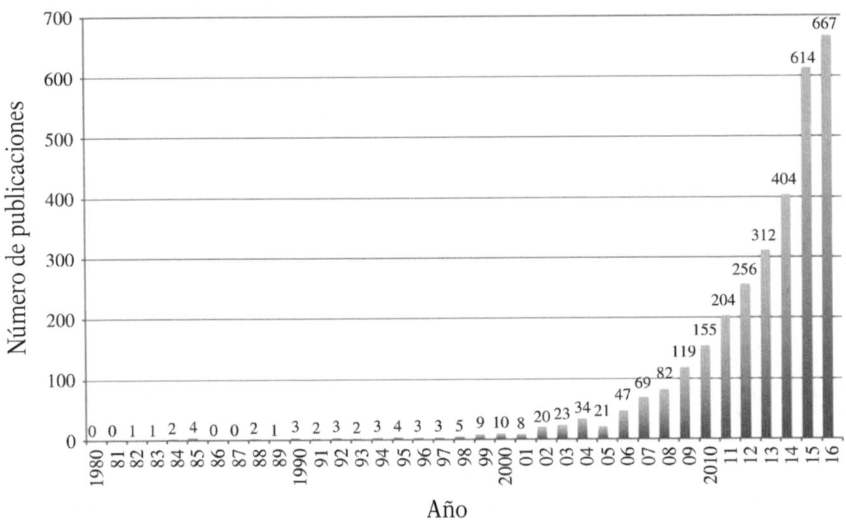


**Figura 2.1.** Tasa de crecimiento exponencial de las investigaciones del *mindfulness* en los últimos 20 años (Fuente: © American Mindfulness Research Association. Reproducida con permiso).

2. B. Boyce, *The mindfulness revolution*, Shambhala, Boston 2011.

## El Modelo de Coemergencia de Refuerzo: un fundamento para la TCCMi

El modelo de coemergencia de refuerzo[3] es una conceptualización integradora del procesamiento interactivo de la cognición, la emoción y el comportamiento. Enfatiza la neurofenomenología de la experiencia al integrar los elementos de la neurociencia cognitiva y afectiva, la teoría de aprendizaje, la teoría de los esquemas y los «cinco agregados» (*pancakkhandha* en pali), que son los componentes esenciales del procesamiento de la información de la experiencia humana en la psicología budista[4].

### *Mecanismo básico*

El modelo de coemergencia de refuerzo se presenta brevemente aquí por medio de los cuatro componentes funcionales genéricos[5]. Los componentes funcionales genéricos del modelo están representados en la figura 2.2.

### *Estímulo*

Los estímulos se generan a nivel interno en forma de sensaciones corporales, pensamientos e imágenes o sonidos que proceden de la

---

3. B. A. CAYOUN, *Mindfulness-integrated CBT: Principles and practice*, Wiley, Chichester, UK 2011 (trad. esp.: *TCC con mindfulness integrado. Principios y práctica*, Desclée De Brouwer, Bilbao 2013); B. A. CAYOUN, «The purpose, mechanisms, and benefits of cultivating ethics in Mindfulness-integrated Cognitive Behavior Therapy», en L. M. Monteiro, J. Compson y F. Musten (Eds.), *Practitioner's guide to ethics and Mindfulness-Based Interventions*, Springer, Cham 2017, 163-192. doi:10.1007/978-3-319-64924-5_7; B. A. CAYOUN Y A. SHIRES, *Co-emergence reinforcement: A proposed transdiagnostic mechanism in emotional disorders and their remediation through mindfulness and cognitive-behavioral interventions*. Manuscrito presentado para su publicación.
4. Véase B. BODHI, *The connected discourses of the Buddha: A translation of the Samyutta Nikaya*, Wisdom Publications, Boston 2000 (existen dos traducciones parciales al español: *El sutra de Benarés: el primer discurso del Buddha*, Kairós, Barcelona 2014; *Suttas del Samyutta Nikaya*, Península, Barcelona 2000), para una traducción fácilmente legible de las enseñanzas originales (*Khandhasamyiutta*).
5. Véase B. A. CAYOUN, *Mindfulness-integrated CBT: Principles and practice*, op. cit. para una descripción detallada; asimismo, B. A. CAYOUN Y A. SHIRES, *Co-emergence reinforcement: A proposed transdiagnostic mechanism in emotional disorders and their remediation through mindfulness and cognitive-behavioral interventions*, op. cit.

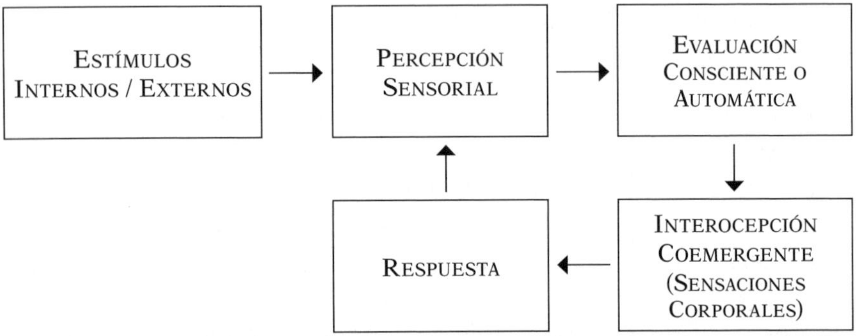


**Figura 2.2.** El modelo de coemergencia de refuerzo en un estado de equilibrio en el procesamiento de la información[6].

imaginación o de la memoria. También se generan a nivel externo por medio del ambiente. Son, básicamente, todo lo que entra en contacto con nuestros sentidos.

*Percepción sensorial*

Cuando se produce el estímulo, este activa nuestra percepción. Experimentamos los estímulos a través de la escucha, del olfato, de la vista, del gusto y de contacto cuando se originan en el ambiente exterior, y como sensaciones corporales, pensamientos, imágenes o sonidos de la imaginación o la memoria cuando tienen su origen en las experiencias interiores.

*Evaluación*

Cuando se percibe el estímulo, tenemos que darle sentido a la información. El componente «Evaluación» filtra la información sensorial de manera espontánea, un proceso que con frecuencia se produce de manera subconsciente cuando la categorización de un estímulo se ha aprendido y este se ha vuelto «automático». Los procesos evaluativos se llevan a cabo sobre un *continuum* de relevancia personal, en el que la persona percibe los estímulos como más o menos relevantes e importantes. En un extremo del *continuum*, la información recibe un tratamiento más objetivo, neutral y menos

6. Adaptación de B. A. Cayoun, *Mindfulness-integrated CBT: Principles and practice*, op. cit.

importante de manera personal (p. ej., pensar que 3 más 2 es igual a 5, o ver pasar un taxi cuando no necesitamos uno). Por el contrario, en el otro extremo del *continuum*, la información se evalúa como si fuera cada vez más relevante para nuestro sentido del yo (p. ej., los valores, las necesidades, las creencias o los modelos esquemáticos, los recuerdos autobiográficos, las expectativas, los rasgos de la personalidad y la cultura propios; ver pasar un taxi cuando realmente queríamos tomar uno para no llegar tarde) y contiene juicios personales, como lo que nos gusta y lo que no. La activación de filtros de relevancia autorreferencial implica a menudo pensamientos o expresiones que incluyen pronombres y determinantes como «yo», «mi», «mí», «nuestro», así como «tú», «tu», «tuyo», y «suyo» cuando se hacen comparaciones con las otras personas o con sus atributos. El procesamiento autorreferencial está asociado con la activación de caminos cerebrales que forman la Red Neuronal por Defecto (RND), con la activación del córtex prefrontal medial (CPFM), del córtex cingulado posterior y del córtex parietal lateral[7]. Algunos han llamado a este sistema neuronal la «red del *yo*»[8]. Cuanto más nos tomemos las cosas como algo personal, mayor será la activación en esta red, lo que conducirá a una activación del tercer componente: la interocepción.

### *Interocepción coemergente*

La interocepción es la capacidad de experimentar sensaciones en el cuerpo[9]. El importante papel de la interocepción en el procesamiento de la emoción está ahora bien consolidado[10]. La interocepción resultó fundamental para las teorías de William James, reconocido

7. R. Buckner, J. Andrews-Hanna y D. Schacter, «The brain's default network: Anatomy, function, and relevance to disease»: *Annals of the New York Academy of Sciences*, 1124 (2008), 1-38; M. D. Fox, A. Snyder, J. Vincent, M. Corbetta, D. Van Essen y M. E. Raichle, «The human brain is intrinsically organized into dynamic, anticorrelated functional networks»: *PNAS*, 102 (2005), 9673-9678.
8. J. Schwartz y R. Gladding, *You are not your brain: The 4-step solution for changing bad habits, ending unhealthy thinking and taking control of your life*, Penguin, Nueva York 2011.
9. A. Craig, «How do you feel? Interoception: The sense of the physiological condition in the body»: *Nature Reviews Neuroscience*, 3 (2002), 655-666.
10. V. Menon y L. Q. Uddin, «Saliency, switching, attention and control: a network model of insula function»: *Brain Structure and Function*, 214 (2010), 655-667. doi:10.1007/s00429-010-0262-0

como el padre de la psicología americana. James publicó un importante artículo en 1884 en el que explicaba que las emociones dependen de la interocepción[11]. Según sus propias palabras:

> Si los estados corporales no siguieran a la percepción, esta última poseería una conformación totalmente cognitiva, pálida, incolora, carente de calor emocional. Entonces podríamos ver el oso y juzgar que lo mejor es correr, recibir la ofensa y considerar que lo correcto es golpear, pero no podríamos *sentirnos* realmente asustados o iracundos (p. 190; trad. esp.: 59).

Como propuso James, el modelo de coemergencia sugiere también que si se suprimieran o se eliminaran las sensaciones corporales, por ejemplo durante un estado disociativo, no habría ninguna experiencia emocional –vemos esto con nuestros clientes en la terapia–. Esto se ha atribuido a un mecanismo de supervivencia que ayuda a abordar las presuntas amenazas inminentes de una manera más efectiva[12].

Además de la interocepción, algunos estudios del cerebro sugieren que existen otros factores que contribuyen a moderar la experiencia emocional[13]. Sin embargo, los teóricos de la emoción y los neurocientíficos afectivos coinciden en que la teoría de James es difícil de refutar[14]. Nosotros proponemos que una falta de diferenciación entre la activación *fisiológica* y la *interoceptiva* puede explicar algunas incoherencias en los estudios de la emoción que examina la teoría de James. Mientras que la activación fisiológica puede detectarse por medio de una medición de los sistemas viscerales[15] y no siempre se refleja en la conciencia de una experiencia emocional[16]

11. W. James, «What is an emotion?», op. cit.
12. J. Suls y B. Fletcher, «The relative efficacy of avoidant and nonavoidant coping strategies: A meta-analysis»: *Health Psychology*, 4 (1985), 249-288.
13. T. Dalgleish, «The emotional brain»: *Nature Reviews Neuroscience*, 5 (2004), 583–589. doi:10.1038/nrn1432. PMID 15208700
14. P. ej., M. S. George, Z. Nahas, D. E. Bohning, F. A. Kozel, B. Anderson, J. H. Chae, y C. Mu, «Vagus nerve stimulation therapy: A research update»: *Neurology*, 59 (2002), (6 suplemento 4): S56–S61. doi:10.1212/WNL.59.6 supl 4.S56
15. L. A. Houghton, E. L. Calvert, N. A. Jackson, P. Cooper y P. J. Worthwell, «Visceral sensation and emotion: a study using hipnosis»: *Gut*, 51 (2002), 701–704. doi:10.1136/gut.51.5.701
16. P. ej., E. L. Johnsen, D. Tranel, S. Lutgendorf y R. Adolphs, «A neuroanatomical dissociation for emotion induced by music»: *International Journal of Psychophysiology*, 72 (2009), 24–33. doi:10.1016/j.ijpsycho.2008.03.011

–como en los casos de somatización–, la activación interoceptiva se observa mejor a través de la activación del córtex insular, que se ha visto que activa las neuronas cada vez que se produce una emoción[17]. El córtex insular resulta fundamental para la detección de las emociones y el mapeo de las respuestas fisiológicas frente a las emociones, y transmite la información a otras áreas del cerebro[18]. A causa de los diferentes niveles de la conciencia interoceptiva, la activación visceral no siempre equivale a la reactividad emocional. Dicho con otras palabras, no *sentimos* la activación cerebral de la interocepción relacionada con la emoción de forma sistemática, y, por consiguiente, puede que no reaccionemos emocionalmente cuando la señal visceral no alcanza el umbral de nuestra conciencia. Esta comprensión, compartida por otros autores, reexamina los modos más precisos de abordar los trastornos emocionales, como la depresión[19].

Esto es importante en los enfoques de la meditación *mindfulness* en los que el hecho de observar («escanear») el cuerpo sirve para incrementar la conciencia interoceptiva de señales muy sutiles, ya que esa habilidad nos ayuda a detectar señales tempranas de un trastorno emocional. Jeff Greeson y sus compañeros demostraron que cuanto más conscientes somos, más capaces somos de separar la reactividad fisiológica de la emocional[20]. En el modelo de coemergencia, compatible con la acumulación de descubrimientos en la

---

17. A. K. Seth y H. D. Critchley, «Extending predictive processing to the body: Emotion as interoceptive inference»: *Behavioral and Brain Sciences*, 36 (2013), 227–228. doi:10.1017/S0140525X12002270; L. Q. Uddin, «Salience processing and insular cortical function and dysfunction»: *Nature Reviews Neuroscience* (2014). doi:10.1038/nrn3857
18. A. Lutz, J. Brefczynski-Lewis, T. Johnstone y R. J. Davidson, «Regulation of the neural circuitry of emotion by compassion meditation: Effects of meditative practice»: *PLoS ONE*, 3 (2008), e1897.
19. L. F. Barrett, *How emotions are made: The secret life of the brain*, Macmillan, Londres 2017 (trad. esp.: La vida secreta del cerebro: cómo se construyen las emociones, Ediciones Paidós Ibérica, Barcelona 2018); S. S. Khalsa, R. Adolphs, O. G. Cameron, H. D. Critchley, P. W. Davenport, J. S. Feinstein, ... y participantes de la Interoception Summit 2016, «Interoception and mental health: A roadmap»: *Biological Psychiatry: Cognitive Neuroscience and Neuroimaging* (2017). doi:10.1016/j.bpsc.2017.12.004
20. G. Feldman, J. Lavallee, K. Gildawie J. M. Greeson, «Dispositional mindfulness uncouples physiological and emotional reactivity to a laboratory stressor and emotional reactivity to executive functioning lapses in daily life»: *Mindfulness*, 6 (2015). doi:10.1007/s12671-015-0487-3

investigación de la emoción[21], la interocepción es el sustrato experiencial de la experiencia emocional. Las sensaciones corporales son la piedra angular de todas las emociones[22].

El hecho de que las evaluaciones autorreferenciales «coemerjan» de manera simultánea con la interocepción resulta fundamental para el modelo. El término «coemergencia» hace referencia a la experiencia de que el pensamiento y el sentimiento se producen simultáneamente, si bien puede haber un retraso de la activación neuronal breve y a menudo indistinguible entre las dos funciones. Ciertos estudios de las bases neurobiológicas de la emoción aportan pruebas en apoyo de la afirmación de que la evaluación autorreferencial y la interocepción se combinan para guiar el comportamiento[23]. Tanto si una evaluación es lenta y consciente como si es rápida y subconsciente, los caminos en el CPFM asociados con el procesamiento autorreferencial estimulan las sensaciones corporales por medio de la activación de la ínsula, tal y como se refleja neurológicamente en pacientes con dolor crónico[24] y con depresión[25].

---

21. P. ej., S. N. Garfinkel y H. D. Critchley, «Interoception, emotion and brain: new insights link internal physiology to social behavior. Commentary on: "Anterior insular cortex mediates bodily sensibility and social anxiety" by Terasawa et al. (2012)»: *Social Cognitive and Affective Neuroscience*, 8 (2012), 231-234. doi:10.1093/scan/nss140; A. K. Seth, «Interoceptive inference, emotion, and the embodied self»: *Trends in Cognitive Sciences*, 17 (2013), 565-573. doi:10.1016/j.tics.2013.09.007
22. L. F. Barrett, «Valence is a basic building block of emotional life»: *Journal of Research in Personality*, 40 (2006), 35-55. doi:10.1016/j.jrp.2005.08.006
23. A. J. Gerber, J. Posner, D. Gorman, T. Colibazzi, S. Yu, Z. Wang et al., «An affective circumplex model of neural systems subserving valence, arousal, and cognitive overlay during the appraisal of emotional faces»: *Neuropsychologia*, 46 (2008), 2129–2139. doi:10.1016/j.neuropsychologia.2008.02.032; R. D. Lane, E. M. Reiman, B. Axelrod, L. Yun, A. Holmes y G. E. Schwartz, «Neural correlates of emotional awareness: Evidence of an interaction between emotion and attention in the anterior cingulate cortex»: *Journal of Cognitive Neuroscience*, 10 (1998), 525-535.
24. T. Gard, B. Hölzel, A. T. Sack, H. Hempel, S. W. Lazar, D. Vaitl y U. Ott, «Pain attenuation through mindfulness is associated with decreased cognitive control and increased sensory processing in the brain»: *Cerebral Cortex*, 191 (2011), 36–43. doi:10.1093/cercor/bhr352; J. A. Grant, J. Courtemanche y P. Rainville, «A non-evaluative mental stance and decoupling of executive and pain-related cortices predicts low pain sensitivity in Zen meditators»: *Pain*, 152 (2011), 150-156; A. R. Mansour, M. A. Farmer, M. N. Baliki y A. V. Apkarian, «Chronic pain: The role of learning and brain plasticity»: *Restorative Neurology and Neuroscience*, 32 (2014), 129-139. doi:10.3233/RNN-139003
25. N. A. S. Farb, Z. V. Segal, H. Mayberg, J. Bean, D. McKeon, Z. Fatima y A. K. Anderson, «Attending to the present: Mindfulness meditation reveals distinct

Tenga en cuenta que las sensaciones corporales que no son coemergentes también se producen directamente a través de la percepción sensorial debido a experiencias comunes (p. ej., *feedback* cenestésico durante los movimientos, la digestión y el dolor) y no son la consecuencia de la «Evaluación», sino que pertenecen al componente «Estímulo». Esto incluye casos en los que el estímulo es un recuerdo emocional que todavía no se ha reconocido conscientemente ni se ha evaluado. Sin embargo, la evaluación automática de esas sensaciones corporales puede conducir a sensaciones corporales («coemergentes») adicionales, que se activan después por medio de las vías corticolímbicas[26]. Por ejemplo, al caminar descalzo sobre una roca afilada («Estímulo»), podríamos sentir fácilmente un dolor agudo en el área del pie que ha entrado en contacto con la roca («Percepción sensorial»). Esta experiencia del dolor únicamente está causada por un estímulo externo. Sin embargo, a medida que el *feedback* nociceptivo al cerebro («Percepción sensorial») desencadena una percepción automática del daño («Evaluación subconsciente»), las sensaciones corporales coemergentes desagradables, que nada tienen que ver con la piel que ha entrado en contacto con la roca, surgen en otras partes del cuerpo. Esta experiencia interoceptiva coemergente es el material emocional necesario para desencadenar una respuesta (examinar rápidamente el posible daño en la piel, etc.), como analizaremos detalladamente a continuación. Esto también quiere decir que cualquier recuerdo importante desde el punto de vista personal que se tenga desde la primera infancia se ha codificado y almacenado con una experiencia corporal[27].

---

neural modes of self-reference»: *Social Cognitive and Affective Neuroscience*, 2 (2007), 313-322; N. A. S. Farb, A. K. Anderson, H. Mayberg, J. Bean, D. Mckeon y Z. V. Segal, «Minding one's emotion: Mindfulness training alters the neural expression of sadness»: *Emotion*, 10 (2010), 25-33.

26. N. A. S. Farb, Z. V. Segal y A. K. Anderson, «Attentional modulation of primary Interoceptive and exteroceptive cortices»: *Cerebral Cortex*, 23 (2013), 114-126. doi:10.1093/cercor/bhr385; S. Zhang, W. Wu, G. Huang, Z. Liu, S. Guo, J. Yang y K. Wang, «Resting-state connectivity in the default mode network and insula during experimental low back pain»: *Neural Regeneration Research*, 9 (2014), 135-142. doi:10.4103/1673-5374.125341; F. Zeidan y D. R. Vago, «Mindfulness meditation-based pain relief: A mechanistic account»: *Annals of the New York Academy of Sciences*, 1373 (2016), 114-127. doi:10.1111/nyas.13153

27. B. A. Cayoun y A. Shires, *Co-emergence reinforcement: A proposed transdiagnostic mechanism in emotional disorders and their remediation through mindfulness and cognitive-behavioral interventions*, op. cit.

El modelo de coemergencia da por sentado que la evaluación autorreferencial coemerge de manera espontánea con la interocepción de dos maneras: cuanto más se evalúa un estímulo como importante desde el punto de vista personal (asociado al «yo», al «me» y al «mío»), más intensas son las sensaciones corporales coemergentes. De manera similar, cuanto más se evalúa un estímulo como molesto, más desagradables son las sensaciones corporales coemergentes. Esta experiencia diaria fácilmente observable está respaldada por estudios de IRMf sobre el modo en que la motivación da forma a la inferencia interoceptiva[28].

*Reacción*

Una vez que nuestra evaluación (consciente o automática) de una situación ha producido una experiencia corporal, se acelera la reacción. La reacción dependerá de la intensidad (prominencia) y del tipo (tono hedónico agradable, desagradable o neutral) de las sensaciones corporales. A menos que una persona se haya formado en la práctica de la ecuanimidad, la probabilidad de que se produzca una reacción depende de la intensidad interoceptiva. Las sensaciones corporales más intensas desencadenan reacciones más fuertes. Advierta que la «disociación» es también una reacción, dado que es una evitación experiencial. Además, el tipo de reacción depende del tono hedónico (la experiencia agradable, desagradable o neutral que acompaña a la sensación). Las sensaciones agradables lo suficientemente intensas conducen a reacciones de anhelo, como una búsqueda constante de recompensas, y las sensaciones desagradables lo suficientemente intensas provocan reacciones aversivas, como el comportamiento evitativo. Por consiguiente, el modelo avanza que las personas reaccionan a causa del tono hedónico de las sensaciones corporales, que es la consecuencia de la evaluación autorreferencial; *no reaccionan al estímulo o a su evaluación*. Una vez que se ha producido la reacción, se convierte en el estímulo del siguiente ciclo. Si la sensación agradable aumenta o se mantiene debido a la reacción,

28. Véase N. A. S. Farb, J. Daubenmier, C. J. Price, T. Gard, C. Kerr, B. D. Dunn et al., «Interoception, contemplative practice, and health»: *Frontiers in Psychology*, 6 (2015), 763. doi:10.3389/fpsyg.2015.00763, a modo de revisión.

esta se refuerza de manera positiva. Si la sensación desagradable disminuye o se elimina a causa de la reacción, esta se refuerza de manera negativa. La comprensión de que *la reacción de una persona se ve reforzada por su propio anhelo o por su propia aversión* es universalmente aplicable y no está limitada a un trastorno específico; es un fenómeno transdiagnóstico. Es importante señalar que el modelo sugiere que el locus de refuerzo es la interocepción (sensaciones corporales). Consecuentemente, tiene importantes consecuencias tanto para nuestra concepción original del condicionamiento operante[29] como para las intervenciones terapéuticas.

### *Sistema en desequilibrio y psicopatología*

Durante las experiencias estresantes, bien a causa del anhelo o de la aversión, tiene lugar un estado de desequilibrio entre estos cuatro componentes del procesamiento de la información. La atención se suprime de nuestros sentidos («Percepción sensorial» e «Interocepción coemergente») y se reasigna para evaluar la situación y reaccionar («Evaluación» y «Reacción»). Esta formulación cuenta con el respaldo de varios estudios de imágenes, que

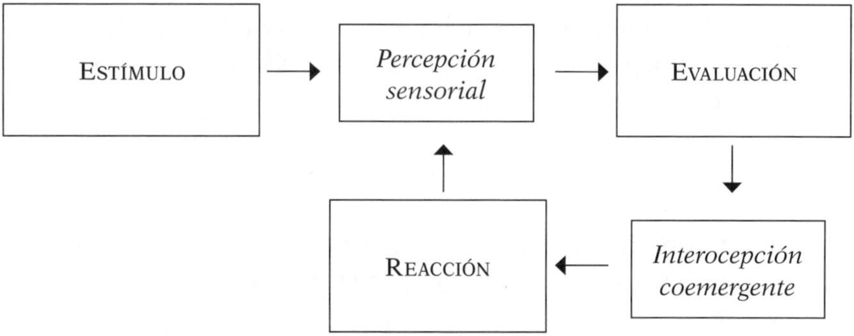


**Figura 2.3.** El modelo de coemergencia de refuerzo en un estado de desequilibrio en el procesamiento de la información[30].

29. B. F. Skinner, *Science and human behavior*, Collier-Macmillan, Londres 1953 (trad. esp.: *Ciencia y conducta humana*, Ediciones Martínez Roca, Madrid 1986).
30. Adaptación de B. A. Cayoun, *Mindfulness-integrated CBT: Principles and practice*, op. cit.

muestran la sobreactivación de «una red neuronal cognitivamente evaluativa que responde al desafío de la emoción, acompañada de la desactivación simultánea de una red experiencial centrada en lo viscerosomático»[31]. La figura 2.3 muestra un estado de desequilibrio en el sistema que se refleja gráficamente a través del tamaño desproporcionado de los cuadros que representan cada etapa del modelo.

Desde la perspectiva de la supervivencia, este estado de desequilibrio permite una rápida evaluación (aprendida) de las amenazas potenciales y una reacción defensiva (aprendida). A su vez, el aumento de la reactividad impide el acceso pleno de la atención a la percepción sensorial. Los estudios que respaldan este efecto muestran que cuanto más altos son nuestros niveles de estrés, menos capaces somos de procesar la información sensorial básica, y las emociones negativas de alta excitación limitan el alcance de la capacidad de atender[32]. La precisión reducida de las capacidades perceptuales lleva a una dependencia excesiva de las ideas, como los esquemas («Evaluación»). Por ejemplo, en presencia de un estímulo ambiguo, nuestra representación mental del estímulo reemplaza a la percepción más objetiva del estímulo real. Como consecuencia de ello, nuestra experiencia del estímulo se basa en las representaciones mentales almacenadas en la memoria, y «lo que es» se ve reemplazado por «lo que parece», y a menudo por «lo que me parece *a mí*». Si bien esta evaluación basada en el esquema produce de manera espontánea sensaciones corporales coemergentes, apenas les prestamos atención y reaccionamos de forma inmediata, y tenemos la impresión de que esas sensaciones se ven desencadenadas por el estímulo y son una percepción precisa de él. Cuando este sesgo de la atención se mantiene o se repite con cierta frecuencia con el paso

31. N. A. S. Farb, Z. V. Segal, H. Mayberg, J. Bean, D. McKeon, Z. Fatima y A. K. Anderson, «Attending to the present: Mindfulness meditation reveals distinct neural modes of self-reference», op. cit., 31.

32. R. S. Friedman y J. Forster, «Implicit affective cues and attentional tuning: An integrative review»: *Psychological Bulletin*, 136 (2010), 875-893. doi:10.1037/a0020495 doi:10.3389/fnhum.2013.00012; I. Posserud, P. Agerforz, R. Ekman, E. S. Bjornsson, H. Abrahamsson y M. Simren, «Altered visceral perceptual and neuroendocrine response in patients with irritable bowel syndrome during mental stress»: *Gut*, 53 (2004), 1102-1108. doi:10.1136/gut.2003.017962

del tiempo, la activación asociada de las estructuras neuronales en las redes frontolímbicas (incluidos el CPFM, la ínsula y la amígdala) se fortalece y favorece las actitudes excesivamente críticas («Evaluación exagerada») y excesivamente reactivas («Reacción exagerada»), en detrimento de la objetividad («Percepción sensorial mermada») y de la conciencia interoceptiva («Interocepción coemergente mermada»). Como resultado de ello, el estado de desequilibrio se convierte poco a poco en nuestra «nueva normalidad» –el nuevo estado estable del sistema–.

Asimismo, el deterioro de la función de la ínsula en todos los trastornos emocionales ha ayudado recientemente a identificar una capacidad mermada para la interocepción, sobre todo cuando la afección es crónica[33]. Por ejemplo, Lackner y Fresco[34] investigaron la importancia relativa de la conciencia interoceptiva en el malestar emocional de 82 estudiantes universitarios. Sus resultados demostraron que los niveles más altos de depresión y de malestar relacionado con la ansiedad se asociaban a altos niveles de rumiación negativa y a una baja conciencia interoceptiva, mientras que unos bajos niveles de rumiación negativa junto con una alta conciencia interoceptiva se asociaban a bajos niveles de depresión y de malestar relacionado con la ansiedad. Aunque el estado de desequilibrio incidental entre los cuatro componentes es una forma habitual de responder a los agentes estresantes habituales de la vida cotidiana, el desequilibrio puede aprenderse y expresarse también conductualmente de maneras que los profesionales clínicos atribuyen a los trastornos de la salud o a rasgos de la personalidad problemáticos.

---

33. S. S. Khalsa, R. Adolphs, O. G. Cameron, H. D. Critchley, P. W. Davenport, J. S. Feinstein, ... y participantes de la Interoception Summit 2016, «Interoception and mental health: A roadmap», op. cit.; N. A. S. Farb, A. K. Anderson, H. Mayberg, J. Bean, D. McKeon y Z. V. Segal, «Minding one's emotions: Mindfulness training alters the neural expression of sadness», op. cit.; N. A. S. Farb, J. Daubenmier, C. J. Price, T. Gard, C. Kerr, B. D. Dunn et al., «Interoception, contemplative practice, and health», op. cit.
34. R. J. Lackner y D. M. Fresco, «Interaction effect of brooding rumination and interoceptive awareness on depression and anxiety symptoms»: *Behaviour Research and Therapy*, 85 (2016), 43–52. doi.org/10.1016/j.brat.2016.08.007

### *Recrear el equilibrio en el sistema*

La práctica del *mindfulness* permite restablecer el sistema a un estado de equilibrio. Las pruebas sugieren que al aprender a prestar atención de una manera más objetiva a todas las sensaciones corporales y a todos los pensamientos coemergentes, al mismo tiempo que minimizamos la «Evaluación» y la «Reacción», disponemos de una mayor atención para la «Percepción sensorial» y para la «Interocepción»[35]. Esto crea un mayor equilibrio entre los componentes (como se refleja en la figura 2.2). La práctica de volver a prestar atención de manera continua y ecuánime a nuestra experiencia actual permite evaluar una situación de manera más «objetiva» o «realista» y termina con las respuestas condicionadas[36]. Por consiguiente, se considera que la ecuanimidad es el principal mecanismo de cambio activo en la TCCMi porque aborda el locus de refuerzo–interocepción.

### *Fundamento de la TCCMi*

Dado que el desequilibrio aprendido es un hecho transdiagnóstico en los trastornos de salud mental crónicos, tiene sentido que la terapia se valga de un método para desacondicionar lo que mantiene el desequilibrio y recrear un estado psicoemocional flexible que pueda recuperarse rápidamente de los modos de funcionamiento esquemáticos y reactivos. Además, dado que el comportamiento condicionado se establece por la intensidad y la calidad de las sensaciones corporales, el hecho de aprender a tomar una mayor conciencia de cómo pensamos («Evaluación») y a ser más ecuánimes

35. C. E. Kerr, M. D. Sacchet, S. W. Lazar, C. I. Moore y S. R. Jones, «Mindfulness starts with the body: somatosensory attention and top-down modulation of cortical alpha rhythms in mindfulness meditation»: *Frontiers of Human Neuroscience*, 7 (2013), 12.
36. B. K. Hölzel, S. W. Lazar, T. Gard, Z. Schuman-Olivier, D. R. Vago y U. Ött, «How does mindfulness meditation work? Proposing mechanisms of action from a conceptual and neural perspective»: *Perspectives on Psychological Science*, 6 (2011), 537-559; B. K. Hölzel, V. Brunsch, T. Gard, D. N. Greve, K. Koch, C. Sorg et al., «Mindfulness-Based Stress Reduction, fear conditioning, and the uncinate fasciculus: A pilot study»: *Frontiers in Behavioral Neuroscience*, 10 (2016), 124. doi:10.3389/fnbeh2016.00124

con el modo en que eso nos hace sentir espontáneamente («Interocepción») disminuye nuestra necesidad de reaccionar con anhelo y aversión[37]. Es más, se ha demostrado conductual y neurológicamente que la práctica prolongada del *mindfulness* reduce el énfasis en la «Evaluación» y en la «Reacción» y que aumenta el énfasis en la «Percepción sensorial» y en la «Interocepción», haciendo que seamos menos críticos y reactivos y más objetivos con respecto a lo que experimentamos en el momento presente[38].

Esta comprensión de cómo la práctica del *mindfulness* desacondiciona nuestros hábitos reactivos y recrea un estado de equilibrio entre los cuatro componentes es el principio teórico que guía las cuatro etapas de la TCCMi. Se ha propuesto que la TCCMi es eficaz en una gama de trastornos porque aborda el problema del desequilibrio sistémico, el factor común en los trastornos emocionales, *antes de* tratar de modificar el comportamiento[39]. Así pues, el fundamento teórico que sustenta la TCCMi es que emplea la meditación *mindfulness* para abordar el desequilibrio aprendido y restablecer las funciones ejecutivas óptimas, las regulaciones de la emoción y la introspección, y que además integra las habilidades del *mindfulness* con la Terapia Cognitivo Conductual (TCC) para aplicar y mantener un estado de equilibrio en los principales ámbitos de la vida y, en

37. B. K. Hölzel, J. Carmody, K. C. Evans, E. A. Hoge, J. A. Dusek, L. Morgan, ...y S. W. Lazar, «Stress reduction correlates with structural changes in the amygdala»: *Social Cognitive and Affective Neuroscience*, 5 (2010), 11-17; B. K. Hölzel, S. W. Lazar, T. Gard, Z. Schuman-Olivier, D. R. Vago y U. Ött, «How does mindfulness meditation work? Proposing mechanisms of action from a conceptual and neural perspective», op. cit.

38. J. A. Brewer, P. D. Worhunskya, J. R. Gray, Y. Tang, J. Weberd y H. Kobera, «Meditation experience is associated with differences in default mode network activity and connectivity»: *Proceedings of the National Academy of Sciences USA* (2011). doi:10.1073/pnas.1112029108; N. A. S. Farb, A. K. Anderson, H. Mayberg, J. Bean, D. McKeon y Z. V. Segal, «Minding one's emotions: Mindfulness training alters the neural expression of sadness», op. cit.; R. E. Ingram, R. A. Atchley y Z. V. Segal, *Vulnerability to depression: From cognitive neuroscience to prevention and treatment*, Guilford Press, Nueva York 2011; V. A. Taylor, J. Grant, V. Daneault, G. Scavone, E. Breton, S. Roffe-Vidal, ...y M. Beauregard, «Impact of mindfulness on the neural responses to emotional pictures in experienced and beginner meditators»: *NeuroImage*, 57 (2011), 1524-1533; F. Zeidan y D. R. Vago, «Mindfulness meditation-based pain relief: A mechanistic account», op. cit.

39. B. A. Cayoun, *Mindfulness-integrated CBT: Principles and practice*, op. cit.

particular, en contextos en los que se ha establecido el desequilibrio. Como describimos en el capítulo 1, comenzamos el programa de la TCCMi con cuatro semanas de meditación *mindfulness antes de* introducir e integrar las tareas de exposición.

### *Relación con la orientación psicoterapéutica*

Se ha señalado que «*los terapeutas y los enfoques terapéuticos que nos dividen actualmente difieren solo en cuanto a lo que debe aprenderse y a cómo se debe obtenerse*»[40] (cursiva en el original), y que, por consiguiente, «esto hace que el aprendizaje y la memoria sean básicos para nuestra ciencia y profesión, y debería motivarnos a buscar mecanismos que subyazcan en todas las intervenciones psicológicas efectivas[41]. En cuanto al modelo de coemergencia, puesto que la reactividad emocional depende de la medida en que nos identificamos con las sensaciones corporales, en presencia o en ausencia de un trastorno, la identificación con las sensaciones corporales y la reacción a las mismas es un factor común que subyace en el sufrimiento. Por consiguiente, *la desensibilización interoceptiva a través de la ecuanimidad (aprender a no reaccionar a las sensaciones coemergentes) es un factor transterapéutico.*

### *Importancia de la coherencia teórica y clínica*

Un factor importante que diferencia las distintas terapias es la elección del enfoque con respecto al desarrollo cronológico de los síntomas. En la TCCMi, si bien se considera que el pasado es una importante fuente de información que permite comprender las dificultades actuales, la intervención se centra en la experiencia presente. Esto es así porque, a pesar de que nos preocupamos por nuestro pasado, nuestras dificultades para hacer frente a la experiencia existen en el presente. Esto no siempre resulta tan sencillo como parece cuando se trata del trabajo clínico. Esto puede deberse en parte a la

40. W. W. TRYON, «Learning as core of psychological science and clinical practice»: *The Behavior Therapist*, 33 (2010), 10-11.
41. W. W. TRYON Y G. S. TRYON, «No ownership of common factors»: *American Psychologist*, 66 (2011), 151–152. doi:10.1037/a0021056

educación clínica pasada y en parte a nuestra capacidad para empatizar. En la TCCMi, los antecedentes sintomáticos y conductuales resultan útiles para conceptualizar el caso y para comprender la causa y los efectos del proceso de aprendizaje que ha tenido lugar desde que comenzaron los problemas. El hecho de comprender el pasado constituye también un importante medio para generar empatía en el terapeuta y para evaluar el proceso, la pertinencia y la seguridad de la intervención. Sin embargo, la mera comprensión del pasado no aborda de manera directa las dificultades actuales del cliente. Aunque consideramos que las cuestiones psicodinámicas sí tienen importancia, el enfoque principal se centra en recrear un estado de equilibrio y en evitar «perderse en la narración».

Por ejemplo, una de nuestras clientas, una mujer traumatizada a la que violaron hace 18 años, no podía desprenderse de sus recuerdos traumáticos ni de los pensamientos relacionados. En los últimos 11 años había acudido a numerosos terapeutas y había sido tratada de diferentes maneras para la depresión y el trastorno por consumo de alcohol, pero ninguna de las modalidades terapéuticas le había servido de ayuda. Algunos de esos terapeutas trataron de ayudarle a comprender lo que le había sucedido y a reconocer que los recuerdos pertenecían al pasado y que lo más sensato era dejar de rumiar. Otros intentaron enseñarle a perdonar el pasado y a ser bondadosa consigo misma. Otra terapia probó incluso una forma de exposición a su recuerdo, una exposición a la que reaccionó fuertemente y que solo consiguió que abandonara el tratamiento. El programa de la TCCMi le enseñó que había mantenido un estado de desequilibrio durante años y que el hecho de fomentar un sistema nervioso menos reactivo era más importante para la recuperación que lo que en un principio había desencadenado su desregulación. Fue capaz de darse cuenta de que lo único que quería era no rumiar sus pensamientos intrusivos, dormir sin tener que recurrir al alcohol, estar cerca de otros hombres sin desconfiar de ellos, y mantener una relación íntima con su pareja sin disociarse. En resumidas cuentas, solo deseaba estar calmada en el presente, pero su necesidad de validar lo que había sucedido y de justificar lo que había acontecido a continuación atrajo a sus terapeutas a su pasado. La descripción de la lógica (véase la sesión 3) resultó fundamental para impedir que sintiera que su pasado había sido invalidado, y fue capaz de comprender el concepto y las consecuencias de mantener un estado de desequilibrio. Tan solo necesitó cuatro meses y tres sesiones de seguimiento mensuales adicionales para desaprender los hábitos inútiles a pesar de su depresión comórbida, de su dolor crónico y de su automedicación con alcohol. Tras completar el tratamiento, dejó de pensar en su pasado doloroso y fue capaz de percibir los recuerdos relacionados con el trauma como meros recuerdos. Solamente bebía pequeñas cantidades de alcohol cuando estaba con otras personas, su sueño mejoró considerablemente y pudo disfrutar de la intimidad sexual con su pareja.

### *El enfoque científico-practicante*

Uno de los puntos fuertes de la TCCMi es que garantiza la coherencia del enfoque clínico con la teoría. Uno de los muchos elementos comunes entre la TCC y la psicología budista es la dependencia de las evidencias probadas para la aplicación de los métodos de modificación de la conducta. El enfoque previsto para desarrollar y aplicar la TCCMi sigue esta perspectiva, al hacer uso de herramientas específicas para recopilar información clínica a lo largo del programa, como explicaremos en la parte 2 del libro.

## Evidencia empírica

Resumimos ahora algunos de los resultados de las investigaciones sobre la TCCMi en particular, si bien no todos los estudios pueden examinarse dentro del ámbito de aplicación de este capítulo. Comenzamos examinando un enfoque típico para recrear un estado de equilibrio en la TCCMi; para ello nos valdremos de un estudio sobre el dolor crónico llevado a cabo por Cayoun, Simmons y Shires[42] como ejemplo del desaprendizaje inmediato y duradero de un estado

42. B. A. Cayoun, A. Simmons y A. Shires, «Immediate and lasting chronic pain reduction following a brief self-implemented mindfulness-based interoceptive exposure task: A pilot study»: *Mindfulness* (2017). 1-13. doi:10.1007/s12671-017-0823-x

de desequilibrio establecido. Los participantes de este estudio habían tenido diferentes tipos de dolor crónico –de moderado a severo– entre los últimos seis meses y veinte años, y la mayoría de ellos había experimentado, por lo menos en una ocasión, un trastorno comórbido (estado de ánimo, ansiedad o ambos). Se les pidió a todos ellos que practicaran la tarea de exposición interoceptiva basada en el *mindfulness* (MIET), que deriva de la TCCMi, empleada tanto para reducir la angustia como para regular la emoción[43]. La tarea requería que los participantes centraran su atención consciente durante 30 segundos (en dos ocasiones) en el centro del área más intensa de la sensación de dolor («Estímulo», en la figura 2.3) al tiempo que evitaban cualquier clase de juicio autorreferencial («Evaluación», en la figura 2.3) o cualquier tipo de reactividad («Reacción», en la figura 2.3), i. e., centrarse con ecuanimidad. En otras palabras, se les pidió que restablecieran un estado de equilibrio a pesar de su antiguo hábito de catastrofizar y de evitar la sensación de dolor.

Para minimizar la aparición automática de las evaluaciones autorrefenciales y evitar la identificación con la experiencia de dolor («Evaluación», en la figura 2.3), se les pidió a los participantes que examinaran las cualidades interoceptivas del dolor de una manera más objetiva («Percepción sensorial», en la figura 2.3), desde el punto de vista de las cuatro características interoceptivas: *masa, movimiento, temperatura* y *fluidez/cohesión*. Estas cuatro categorías representan las manifestaciones experienciales de los así denominados «cuatro elementos» de la vida física (tierra, aire, fuego y agua, respectivamente) en la psicología budista[44]. La revaluación de las sensaciones corporales intensas desde el punto de vista de estas características impersonales las separa del sentido de uno mismo y promueve una desidentificación con las sensaciones, unas sensaciones que, de otro modo, se clasificarían automáticamente

43. B. A. Cayoun, *Mindfulness-integrated CBT for well-being and personal growth: Four steps to enhance inner calm, self-confidence and relationships*, Wiley, Chichester, UK 2015.
44. S. Pa-Auk, *Mindfulness of breathing and four-elements meditation*, WAVE, Malasia 1998. Consultado en http://www.buddhanet.net/pdf_file/fourelements.pdf; véase también B. Bodhi, *The connected discourses of the Buddha: A translation of the Samyutta Nikaya*, op. cit., para una traducción exhaustiva.

como «dolorosas». Esto permite también reducir la excitación de las sensaciones adicionales que habitualmente coemergen con una evaluación negativa cuando se identifican con el dolor. Esta breve tarea de exposición interoceptiva dio lugar a una disminución inmediata y estadísticamente relevante de la severidad del dolor –se redujeron entre el 30% y el 50% varias mediciones estandarizadas del dolor–.

En cuanto al modelo de coemergencia, los participantes dejaron de prestar atención a los componentes evaluativos y reactivos exagerados y volvieron a ponerla en los componentes somatosensoriales mermados, y restauraron, en la medida de sus posibilidades, un estado de equilibrio. Tras esta sesión inicial con el investigador, se pidió a los participantes que intentaran usar esta tarea por su cuenta cada vez que se reactivara el dolor, y que puntuaran sistemáticamente los niveles de dolor antes y después de la exposición interoceptiva durante las dos semanas siguientes. Esto condujo a reducciones significativas en la ansiedad a causa del dolor ($p = .001$; $d = 0.96$), en la duración del dolor ($p = .01$; $d = 0.86$) y en la intensidad del dolor ($p < .001$; $d = 1.37$) después de cada exposición de 30 segundos. Estos efectos se mantuvieron, y algunos mejoraron aún más a los dos meses de seguimiento. También se observaron grandes reducciones en el malestar emocional (depresión, ansiedad y estrés) ($p < .001$; $d = 0.81$), pasando de una severidad clínica moderada en la preintervención a un rango (comunitario) normal a los dos meses de seguimiento. Una medición cualitativa demostró que los participantes consideraron altamente aceptable la tarea, y algunos de ellos redujeron el uso de analgésicos. Además, durante la intervención no participaron en ningún otro tratamiento psicoterapéutico ni en ninguna práctica de la meditación.

En una prueba controlada aleatorizada (PCA) que investigó los efectos de la MIET en el dolor inducido mediante una prueba de estimulación por frío en 100 estudiantes de posgrado[45], el grupo de la MIET informó de un umbral del dolor y de una tolerancia al dolor

45. A. Shires, L. Sharpe y T. Newton-John, *The relative efficacy of mindfulness versus distraction: the moderating role of attentional bias* (2018). Manuscrito presentado para su publicación.

significativamente mayor que los grupos de control ($p < .005$, $d = 1.06$) y distracción ($p < .005$, $d = 1.42$). Estos resultados demuestran que el esfuerzo por separarse de los componentes reactivo y evaluativo autorreferenciales habituales, si bien involucra a los componentes sensoriales/interoceptivos, resulta suficiente para disminuir la percepción de dolor bastante más que la distracción, que a menudo se emplea en la TCC convencional para hacer frente al dolor.

### *Otros estudios*

Dos estudios que investigaron los efectos de la TCCMi en el diabetes tipo 2 y los síntomas comórbidos mostraron resultados prometedores, proporcionando evidencias de que el programa de la TCCMi podía ser útil para apoyar a la gente con diabetes. En un estudio cuasiexperimental[46], los participantes fueron asignados o bien un grupo de la TCCMi o bien un grupo de asistencia convencional. En comparación con el grupo de asistencia convencional, el grupo de la TCCMi experimentó una reducción mayor y clínicamente significativa de la glucosa en sangre, mayores aumentos en la conciencia plena, en la autoeficacia basada en el *mindfulness*, en la autocompasión, en la autoeficacia en relación con la diabetes y en las conductas de cuidado de la propia diabetes, como la dieta y el ejercicio. Además, la mayor frecuencia de la práctica del *mindfulness* en casa se asoció a unas mayores reducciones de la glucosa en sangre. Los participantes de la TCCMi informaron también de una reducción general de la discapacidad global, y un aumento de la capacidad para manejar los síntomas. El otro estudio fue una reciente prueba controlada aleatorizada que examinó los efectos de la TCCMi y del tratamiento habitual (TH) para la depresión, la adherencia al tratamiento y el control de la glucosa en sangre[47]. Los resultados mostraron una disminución significativa de la depresión

46. M. Lindsay, *Mindfulness-integrated Cognitive Behaviour Therapy: A pilot program for developing Mindfulness-based self-efficacy and self-compassion for people with type 2 diabetes mellitus*. Tesis de maestría no publicada, Universidad de Auckland, Nueva Zelanda 2007.
47. F. Sohrabi, A. Sohrabi, N. Shams-Alizadeh y Cayoun, B. A., *Effects of mindfulness-integrated cognitive-behavior therapy (MiCBT) on depression, adherence, and blood glucose control of patient with Type 2 Diabetes Mellitus*. Manuscrito presentado para su publicación.

y una mayor adherencia al tratamiento de la diabetes en el grupo de la TCCMi desde el momento anterior al tratamiento hasta el momento posterior, no habiendo diferencias en el grupo del TH. La reducción de la depresión y los logros en la adherencia al tratamiento se mantuvieron durante las seis semanas siguientes. También se produjo una reducción estadísticamente significativa del azúcar en sangre desde el momento anterior al tratamiento hasta el momento posterior únicamente en el grupo de la TCCMi, con una magnitud del efecto de media a grande ($p = .012$; $\eta_p^2 = .19$).

La TCCMi ha demostrado ser eficaz a la hora de tratar la ansiedad y la depresión en mujeres embarazadas. En una PCA que empleó una muestra por conveniencia de 80 mujeres embarazadas reclutadas en centros de atención primaria, las participantes fueron asignadas de manera aleatoria a un grupo de la TCCMi o a un grupo de control (servicios de atención prenatal rutinarios). Los datos del postratamiento mostraron una reducción significativa (en torno a un 50%) de la ansiedad y de la depresión en el grupo de la TCCMi, mientras que no se produjo ningún cambio en el grupo de control[48]. En otra prueba controlada aleatorizada, se compararon los efectos de la TCCMi en los síntomas comórbidos de la depresión, la ansiedad y el estrés en 56 mujeres con esclerosis múltiple con respecto a un grupo de control con el tratamiento habitual[49]. Los resultados mostraron una reducción considerable (de entre el 50% y el 63%) de las tres variables (depresión, ansiedad y estrés) desde el momento anterior al tratamiento hasta el momento posterior en el grupo de la TCCMi, pero ninguna en el grupo de control. Otro estudio examinó los efectos de la TCCMi en los síntomas del trastorno por estrés postraumático (TEPT) y del trastorno depresivo mayor en mujeres

48. R. Yazdanimehr, A. Omidi, Z. Sadat y H. Akbari, «The effect of mindfulness-integrated cognitive behavior therapy on depression and anxiety among pregnant women: a randomized clinical trial»: *Journal of Caring Sciences*, 5 (2016), 195-204. doi:10.15171/jcs.2016.021

49. S. Bahrani, F. Zargar, G. Yousef-Ipour y H. Akbari, «The effectiveness of mindfulness-integrated cognitive behavior therapy on depression, anxiety, and stress in females with multiple sclerosis: A single blind randomized controlled trial»: *Iranian Red Crescent Medical Journal* (2017) e44566. doi:10.5812/ircmj.44566

traumatizadas tras un accidente de coche[50]. Se reclutó a treinta participantes tres meses después de haber tenido el accidente y se les asignó de manera aleatoria a un grupo de la TCCMi de ocho semanas y a un grupo de control con el tratamiento habitual. Los participantes en el grupo de la TCCMi informaron en el postratamiento de una reducción significativamente mayor tanto en los síntomas del TEPT como en los del trastorno depresivo mayor con respecto al grupo de control, y los beneficios se mantuvieron durante los tres meses siguientes.

Un estudio investigó la eficacia diferencial de la TCCMi y la Terapia Racional Emocional Conductual (TREC) en la reducción de la procrastinación, del perfeccionismo y de la preocupación en estudiantes universitarios que habían sido remitidos a un centro de asesoramiento universitario[51]. Los participantes fueron asignados aleatoriamente a dos grupos experimentales (TCCMi y TREC). Se llevaron a cabo 13 sesiones de TCCMi y TREC, cada una de ellas con una duración de 150 minutos. Los resultados mostraron que los estudiantes del grupo de la TCCMi informaron de una reducción significativamente mayor en la procrastinación conductual, en la procrastinación en la toma de decisiones, en el perfeccionismo negativo y en la preocupación que los del grupo de la TREC, tanto en el postratamiento como tres meses después. No se encontraron diferencias en cuanto al perfeccionismo positivo. Ambos enfoques afectaron por igual al perfeccionismo positivo. También se ha demostrado que la TCCMi ayuda a reducir los síntomas del TOC. Los investigadores examinaron la eficacia de la TCCMi en 27 pacientes ambulatorios con obsesiones predominantes sin compulsiones manifiestas, que fueron reclutados en una clínica especializada en el TOC y en los servicios de terapia conductual de un hospital psiquiátrico de atención terciaria

50. M. Nazari-Kamal, R. Samouie y N. Ghaebi, *Effectiveness of MiCBT on post-traumatic stress disorder and major depression in women following a motor vehicle accident*. Manuscrito en preparación.

51. B. Farzinrad y M. Nazari-Kamal, *Comparison between Effectiveness of mindfulness integrated cognitive behavioral therapy (MiCBT) and rational emotional behavior therapy (REBT) on procrastination, perfectionism and worry in students*. Disertación doctoral, Tabtiz University of Medical Sciences, Irán 2013.

durante 14 meses[52]. Los resultados mostraron una reducción media en la severidad obsesiva del 56% en el postratamiento y del 63% a los tres meses de seguimiento en la medición de la *Yale-Brown Obsessive Compulsive Scale* (Y-BOCS)[53]. En total, el 67% de los participantes lograron la remisión (reducción del 55% en la puntuación de gravedad de la Y-BOCS) a los tres meses de seguimiento.

La TCCMi también se ha evaluado en el contexto del deporte. Por ejemplo, Scott-Hamilton, Schutte y Brown[54] estudiaron los efectos de la TCCMi en la ansiedad en el deporte, en el pesimismo y en la experiencia de flujo en 47 ciclistas profesionales. Los participantes fueron asignados aleatoriamente a los componentes del *mindfulness* del programa de ocho semanas de la TCCMi (con exclusión de los componentes conductuales), que incorporó el entrenamiento consciente con bicicletas de *spinning*, o a un grupo de control en lista de espera. Todos los participantes completaron las mediciones iniciales del *mindfulness*, del flujo, de la ansiedad propia del deporte y de las atribuciones pesimistas relacionadas con el deporte, así como las mediciones posteriores al ensayo. Los atletas del grupo de la TCCMi comunicaron mejoras significativamente mayores en cuanto a la conciencia plena y la experiencia de flujo que los atletas del grupo de control, así como una disminución considerablemente mayor en el pesimismo. Los cambios en la conciencia plena que experimentó el grupo TCCMi se correlacionaron de manera positiva con una mayor experiencia de flujo. En un segundo estudio que usó las mismas mediciones y la misma población atleta, Scott-Hamilton y Schutte[55]

---

52. A. Kumar, M. P. Sharma, J. C. Narayanaswamy, T. Kandavel y Y. C. J. Reddy, «Efficacy of mindfulness-integrated cognitive behavior therapy in patients with predominant obsessions»: *Indian Journal of Psychiatry*, 58 (2016), 366-371. doi:10.4103/0019-5545.196723
53. W. K. Goodman, L. H. Price, S. A. Rasmussen et al., «The Yale–Brown Obsessive–Compulsive Scale. I. Development, use, and reliability»: *Archives of General Psychiatry*, 46 (1989), 1006-1011. doi:10.1001/archpsyc.1989.01810110048007
54. J. Scott-Hamilton, N. S. Schutte y R. F. Brown, «Effects of a mindfulness intervention on sports-anxiety, pessimism, and flow in competitive cyclists»: *Applied Psychology: Health and Well-Being*, 8 (2016), 85–103. doi:10.1111/aphw.12063
55. J. Scott-Hamilton y N. S. Schutte, «The role of adherence in the effects of a mindfulness intervention on sports-anxiety, pessimism, and flow in competitive cyclists»: *Applied Psychology: Health and Well-Being*, 8 (2016), 85-103. doi:10.1111/aphw.12063

evaluaron el papel que podía desempeñar la adherencia a la práctica del *mindfulness* en los niveles de la conciencia plena, del flujo, de la ansiedad propia del deporte y de las atribuciones pesimistas relacionadas con el deporte en los atletas. Doce atletas participaron en un programa de la TCCMi de ocho semanas (solo componentes del *mindfulness*), que incorporó un enfoque del *mindfulness* al entrenamiento del movimiento. Los atletas con una alta adherencia a la práctica mostraron aumentos significativamente mayores en la conciencia plena y en los aspectos del flujo y disminuciones mucho mayores en el pesimismo y en la ansiedad en comparación con los atletas que exponían una baja adherencia. Los mayores aumentos en la conciencia plena desde el inicio hasta el posentrenamiento se asociaron a mayores aumentos en el flujo y a mayores disminuciones en el pesimismo. Los aumentos del flujo se asociaron a disminuciones de la ansiedad somática y del pesimismo.

Otros estudios han combinado habilidades específicas de la TCC-Mi que promueven el estado de equilibrio con otros métodos basados en la aceptación y en el *mindfulness*[56]. Un estudio de la TCCMi que comparaba la implementación individual con la grupal para abordar la depresión y la ansiedad constató que no había grandes diferencias entre ambos tipos de implementación. La TCCMi parece ser igual de efectiva cuando se lleva a cabo en individuos o en grupos[57].

Continuamente se están llevando a cabo investigaciones de la TCCMi tanto en poblaciones clínicas como no clínicas. Creemos que un importante paso adelante para la investigación del *mindfulness* consiste en evaluar la posible eficacia diferencial de las intervenciones basadas en *mindfulness* (IBM) existentes en una variedad de

56. P. ej., E. SENDEREY, «Mindfulness and group cognitive behavioural therapy to address problematic perfectionism»: *Athens Journal of Social Sciences*, 4 (2017), 49-66; J. SWAIN, K. HANCOCK, A. DIXON, S. KOO Y J. BOWMAN, «Acceptance and Commitment Therapy for anxious children and adolescents: study protocol for a randomized controlled trial»: *Trials*, 14 (2013), 1-12; H. WHITFIELD, «Towards case-specific applications of mindfulness-based cognitive behavioural therapies: A mindfulness-based rational emotive behaviour therapy»: *Counselling Psychology Quarterly*, 19 (2006), 205-217.

57. L. ROUBOS, *A comparison of group-enhanced and individual implementations of Mindfulness-integrated Cognitive Behaviour Therapy (MiCBT): An effectiveness study*. Disertación de maestría no publicada, James Cook University, Cairns, Australia 2011.

trastornos. Esto ayudaría a los profesionales clínicos a elegir los métodos de las IBM, ya que actualmente no está claro si están aprovechando todo el potencial de los componentes transterapéuticos del *mindfulness* en las IBM.

## Referencias adicionales

JAMES, W., *The principles of psychology*, Holt, Nueva York 1890 (trad. esp.: *Principios de psicología*, Fondo de Cultura Económico, México D. F. 1981).

# 3 Prepararse para la implementación

*El mayor obstáculo para la ignorancia no es la ignorancia, es la ilusión del conocimiento.*

—Daniel Boorstin, 1984[1]

Este capítulo le ayudará a preparar la implementación de la TCC-Mi. Analizamos la importancia del compromiso del cliente con la práctica diaria del *mindfulness* y cómo abordar una mala adherencia al tratamiento y una actitud del terapeuta que sea coherente con la TCCMi. También describimos el calendario de implementación tanto con grupos como con clientes individuales, y explicamos la manera de obtener y usar las instrucciones de audio para la práctica de la meditación *mindfulness*. Asimismo, examinamos las situaciones clínicas en las que el uso de la TCCMi está contraindicado.

## Importancia del compromiso

### *La adherencia del terapeuta*

Uno de los desafíos recurrentes de las intervenciones manualizadas es la mala adherencia del terapeuta al protocolo del método.

1. Daniel J. Boorstin, citado por Edward Bond en «The 6 o'clock scholar: Librarian of Congress Daniel Boorstin and his love affair with books by Carol Krucoff»: *The Washington Post*, 29 de enero de 1984.

Esto da lugar a diferentes problemas que afectan tanto a la eficacia como a la difusión de resultados en la bibliografía existente sobre la investigación. A menudo se observan incoherencias en los estudios de los resultados porque el investigador clínico no ha recibido formación en el enfoque investigado y depende en exceso del manual de implementación. En el caso de las intervenciones basadas en mindfulness (IBM), esto es especialmente importante porque el método implementado es experiencial y, por consiguiente, no puede aprenderse debidamente de un manual –uno *tiene que mantener una práctica precisa* para comprenderla–. Es importante que los terapeutas que empleen la TCCMi se adhieran al protocolo basado en la evidencia y obtengan una formación adecuada. Únicamente podemos confiar en la eficacia de la TCCMi si se cumplen estas dos condiciones. Estos son estándares en todos los enfoques terapéuticos y no se limitan al TCCMi.

### *La adherencia del cliente*

Con las terapias cognitiva y conductual, los deberes constituyen una parte importante del tratamiento. En la mayoría de IBM, la práctica del *mindfulness* en casa constituye *el* mecanismo de cambio más importante. Para lograr su eficacia transdiagnóstica, la TCCMi requiere tanto unos ejercicios basados en la exposición como una meditación *mindfulness*. Como dijimos en el capítulo 2, una importante consecuencia de la meditación *mindfulness* está relacionada con sus efectos beneficiosos en el cerebro, efectos que pueden ser beneficiosos a largo plazo en caso de mantenerse la práctica[2]. Esto incluye la neuroplasticidad en áreas asociadas con la conciencia de uno mismo, la regulación de la atención y la regulación de la emoción. Por destacada que sea, esta clase de reorganización cerebral no se produce, y no puede mantenerse, sin un compromiso con la práctica. El cerebro forma parte del cuerpo y

2. N. A. S. Farb, J. Daubenmier, C. J. Price, T. Gard, C. Kerr, B. D. Dunn, ... y W. E. Mehling, «Interoception, contemplative practice, and health»: *Frontiers in Psychology*, 6 (2015), 763. doi:10.3389/fpsyg.2015.00763; B. K. Hölzel, S. W. Lazar, T. Gard, Z. Schuman-Olivier, D. R. Vago y U. Ött, «How does mindfulness meditation work? Proposing mechanisms of action from a conceptual and neural perspective»: *Perspectives on Psychological Science*, 6 (2011), 537-559.

obedece a las mismas reglas: si lo ejercitamos se pondrá en forma, y si no lo hacemos no estará en forma –y cuando el cerebro no está en forma, tampoco lo está la mente–.

Hay pruebas de que la cantidad y la precisión de la práctica están relacionadas neurobiológica y conductualmente con el beneficio. Por ejemplo, Britta Hölzel y sus compañeros descubrieron un volumen de la materia gris significativamente mayor en las áreas cerebrales esperadas de los meditadores *mindfulness* (*Vipassana*) en comparación con los no meditadores, y la cantidad de la práctica predijo la diferencia[3]. Scott-Hamilton y Schutte[4] implementaron la TCCMi en atletas profesionales con ansiedad (ciclistas) y descubrieron también que los que se adhirieron al protocolo de la TCCMi de 30 minutos, dos veces al día, de la manera concreta enseñada en el programa, informaron de muchos más beneficios. Esta cantidad de práctica es necesaria para abordar las crisis y aprender el método con relativa celeridad de manera que los rápidos cambios positivos actúen como una recompensa que refuerce el compromiso. La *frecuencia*, la *duración* y la *precisión* de la práctica pueden compararse con las tres patas de un trípode; si una de ellas no contribuye lo bastante a sostener la estructura, esta pierde su equilibrio. Tenga en cuenta que una vez que los clientes han completado el programa, se les anima a practicar únicamente una vez al día, ya que es suficiente para mantener sus logros, para promover el bienestar y para evitar las recaídas.

Los clientes suelen basarse en cuatro experiencias principales y sus correspondientes factores motivacionales para comprometerse con la práctica diaria. El locus de compromiso puede ser interno o externo al cliente.

---

3. B. K. Hölzel, U. Ott, T. Gard, H. Hempel, M. Weygandt, K. Morgen, ... y D. Vait, «Investigation of mindfulness meditation practitioners with voxel-based morphometry»: *SCAN*, 3 (2008), 55-61. doi:10.1093/scan/nsm038
4. J. Scott–Hamilton y N. S. Schutte, «The role of adherence in the effects of a mindfulness intervention for competitive athletes: Changes in mindfulness, flow, pessimism and anxiety»: *Journal of Clinical Sport Psychology*, 10 (2016), 99-117. doi:10.1123/jcsp2015–0020

1. La confianza en la competencia personal del terapeuta y en su capacidad para comprender y aceptar al cliente. La relación es un factor importante para el compromiso diario.
2. La confianza en los orígenes y la eficacia probada del método. La psicoeducación y los elementos de compensación entre el coste y el beneficio son un factor importante para el compromiso diario.
3. La valoración del terapeuta. La confianza en el conocimiento, en la empatía y en la capacidad del terapeuta para valorar y reforzar el esfuerzo, así como la confianza en el terapeuta para la rendición de cuentas son un factor importante para el compromiso diario.
4. Niveles de sufrimiento. La disposición al cambio es un factor significativo para el compromiso diario.

### *Abordar la mala adherencia*

La adherencia a un enfoque terapéutico que requiere un trabajo experiencial en casa nunca resulta sencilla, y la primera cuestión que hay que abordar en las IBM que requieren una práctica diaria de la meditación suele ser el escaso compromiso. Aunque se aconseja que los terapeutas sigan el programa de la TCCMi de la manera más estricta posible y que cubran todas las tareas específicas de la formación en el orden presentado, en ciertas ocasiones el terapeuta tendrá que variar la aplicación del programa o retrasar el paso al siguiente conjunto de habilidades. Es posible que su cliente haya practicado lo suficiente pero siga siendo incapaz de sentir mucho en el cuerpo. En este caso, es importante analizar la precisión de su práctica, reduciendo sobre todo el tiempo que este permanece perdido en los pensamientos. Un enfoque útil consiste en analizar «los cinco obstáculos» comunes a todas las técnicas de la meditación (agitación, aversión, deseo, letargo/fatiga y duda), examinados en la sesión 2 de la parte 2 del libro. Esto ayudará a que tanto el cliente como el terapeuta normalicen los desafíos comunes que todos los practicantes encontrarán en algún momento. La parte 2 le ayudará a introducir a los clientes habilidades útiles que estos pueden emplear para abordar estos desafíos.

Si el problema es la falta de práctica, tal vez el lector desee hacer un análisis conductual de la jornada del cliente y detectar junto a él los posibles momentos en que puede llevarse a cabo la práctica. Por ejemplo, ¿podrían los clientes pasar menos tiempo en las redes sociales? ¿Podrían despertarse media hora antes? Acuérdese de no caer en la narración del cliente. Vea la evitación como lo que es (la evitación), al tiempo que se mantiene compasivo y no crítico. Para algunos clientes, hace siempre demasiado frío o demasiado calor, es demasiado pronto o demasiado tarde, tienen demasiada energía o no tienen la suficiente, la casa está demasiado ocupada, o están de viaje. La lista de razones que aducen para no practicar es extensa. La compasión no implica perder nuestra objetividad.

A fin de fomentar el compromiso con la práctica, puede ser útil revisar junto a su cliente por qué comenzó la terapia. Una vez redactado el contrato terapéutico (véase la sesión 1, en la parte 2), el hecho de echar un vistazo a los indicadores del éxito de dicho contrato es un medio útil de reavivar la adherencia en un momento posterior, si fuera necesario. Es más probable que el uso del diálogo socrático promueva una conversación empática y productiva (véase el ejemplo de la sesión 3).

## Actitudes útiles

### *Actitud hacia el resultado*

Los terapeutas experimentados suelen tener cuidado de no tomarse los resultados del cliente como algo personal, con independencia de que sean satisfactorios o no. Esto es todavía más importante en la TCCMi, porque un «fracaso» se considera, asimismo, una fuente de aprendizaje tanto para el terapeuta como para el cliente, un conjunto de causas y efectos que deben observarse de manera consciente. Seguimos siendo estudiantes con la «mente del principiante», como sugeriría la tradición zen. Un científico es, ante todo, un estudiante de lo que se está estudiando. De manera similar, el hecho de emplear el enfoque científico-practicante en la TCCMi requiere que observemos los fenómenos meramente como fenómenos, independientemente de si son éxitos o fracasos; estos tienen sus causas, unas condiciones en las que emergen, y tienen también sus efectos. Esto impide que nos sintamos excesivamente responsables del resultado y nos permite verlo como una oportunidad para detectar qué habilidades son necesarias.

Por ejemplo, un cliente con rasgos evitativos que no comenzó su práctica y que piensa en abandonar podría percibir esto como otro fracaso más en la terapia. En la TCCMi, les pedimos a los clientes que recuerden una situación en la que estuviesen preparados para practicar pero en la que decidieran no hacerlo, que examinen el contexto a través de imágenes guiadas, que recuerden el tipo de pensamientos y las sensaciones corporales que surgieron al mismo tiempo (véase capítulo 2), y que recuerden cómo la evitación alivió las sensaciones corporales desagradables. En pocas palabras, conceptualizamos el comportamiento, llevamos a cabo la exposición experiencial (interoceptiva) al malestar que quieren evitar los clientes –mediante su no práctica–, y lo intentamos de nuevo… ¡con una sonrisa! Con el paso del tiempo hemos observado claramente que la actitud de la gente hacia la meditación es similar a su actitud en la vida cotidiana; después de todo, tenemos las mismas conexiones cerebrales en ambos contextos. En consecuencia, el hecho de modelar la aceptación de los resultados del cliente brindará la oportunidad de trabajar de un modo más adaptable con la modificación del modelo, y enseñará también al cliente a no tomarse los fracasos como algo personal en la vida cotidiana.

Para ilustrar lo anterior, tomemos el ejemplo de un cliente de 27 años con un trastorno alimenticio y síntomas de ansiedad recurrentes, cuyo miedo al fracaso era un gran aliciente para su alto rendimiento en el deporte. Abusaba de la actividad física al mismo tiempo que restringía su ingesta de comida, para luego darse un atracón de comida rica en azúcares a fin de mantener su energía. A mitad de la terapia, su terapeuta y él revisaron el progreso que había logrado tomando como referencia su contrato terapéutico. Mientras revisaba los «problemas concretos» y los correspondientes «indicadores del éxito», el cliente comenzó a sentirse decepcionado por sus logros, hasta el punto de que no tardó en abandonar la terapia. La terapeuta era compasiva y técnicamente muy hábil, pero a menudo carecía de confianza en sí misma y se presionaba mucho. Al estar al frente de un equipo de terapia, sentía la presión de rendir, de tener éxito a nivel clínico y de guiar a los demás integrantes del equipo. El hecho de que el cliente abandonara la terapia desencadenó sus dudas en sí misma, lo que hizo que empezara a preocuparse por su reputación. Durante una sesión de supervisión con uno de nosotros, se hizo evidente que la actitud del cliente hacia los «logros» que había conseguido en la terapia era un reflejo de su actitud hacia sus logros en el deporte y a otras áreas de su vida. Ayudado por un esquema del fracaso, su hábito de juzgar su autoestima de acuerdo con su rendimiento resultó activado, y percibió su falta de cambio como una expresión de fracaso y de inutilidad. En este caso, el miedo al fracaso de la propia terapeuta se activó y se tomó el abandono de la terapia de su cliente como algo personal. Eso impidió que examinara los estándares implacables del cliente de manera precisa. En lugar de atribuir la decisión del cliente de abandonar la terapia a su vergüenza y a sus rasgos perfeccionistas y controladores, la terapeuta empezó a dudar de sus propias habilidades. Como analizamos en el capítulo 2, el hecho de tomarnos las cosas como algo personal activa la «red del yo» del cerebro, y lo que percibimos se filtra automáticamente a través de nuestro sentido de la propia identidad, incluidos nuestros valores. En el caso de esta terapeuta, el abandono de la terapia por parte del cliente activó estas áreas cerebrales autorreferenciales que le impedían percibir más información objetiva, como el propio temor del cliente al fracaso y a la evitación. Por consiguiente, cuanto más críticos somos con respecto a los resultados de la terapia, menos podemos ver los fenómenos objetivamente.

### *Actitud hacia los clientes*

Un buen maestro es, en primer lugar, un buen estudiante. En el contexto terapéutico del entrenamiento de las habilidades, el terapeuta no siempre tiene que saber las respuestas, aunque sí tiene que tratar de hacer las preguntas correctas, usando el cuestionamiento socrático siempre que resulte apropiado. Esto se aplica a la «enseñanza» de las habilidades del *mindfulness* a nuestros clientes, a quienes consideramos «estudiantes» más que «pacientes». Evidentemente, el hecho de trabajar en contextos clínicos supone emplear un estilo de comunicación que pueda identificarse por otros profesionales clínicos; por ello, al igual que en este libro, denominamos «clientes» a la gente que entrenamos. Sin embargo, los terapeutas de la TCCMi evitan patologizar a la gente porque son conscientes de que el marco teórico subyacente para la TCCMi es transdiagnóstico y se aplica a todos los seres humanos (véase el modelo de coemergencia en el capítulo 2). Entendemos que numerosos trastornos de salud mental pueden abordarse fácilmente con la mejor conectividad cerebral producida por el esfuerzo de ser más conscientes y ecuánimes.

Otro aspecto importante que debemos considerar es la relación. Aunque la idea de desarrollar una buena relación con los clientes es de dominio público y puede requerirse para todos los sistemas terapéuticos, la relación cobra una mayor importancia cuando les encargamos a los clientes que hagan tareas que requieren cierto esfuerzo. Cuanto más exigentes resultan los deberes, más fuerte debe ser la alianza terapéutica y más ha de basarse en la confianza. Al principio, y con cierta frecuencia, los terapeutas nuevos en la TCCMi tratarán de recordar todo lo que necesitan abarcar en cada sesión, haciendo todo lo posible por adherirse al protocolo de implementación semanal. Aunque esto es importante, más importante es, sin duda, que los clientes se sientan escuchados, comprendidos y aceptados.

Por consiguiente, las habilidades para escuchar activamente, la consideración positiva incondicional y la empatía deben acompañar a la naturaleza estructurada de esta implementación manualizada. Recomendamos que el terapeuta comience cada sesión preguntándole al cliente cómo le ha ido la semana, escuchando con empatía y mostrando un interés y un cuidado auténticos durante 15 o 20 minutos, o incluso más tiempo en caso de que se ha producido una crisis. Esto le brinda la oportunidad al cliente de compartir cómo le ha ido y de sentirse escuchado. Tras ese período podemos centrarnos en los deberes y en la psicoeducación. En una terapia grupal no podemos emplear esta cantidad de tiempo para cada persona, pero es importante preguntarle a cada participante cómo está y cómo le ha ido la semana.

## *Respuesta a los clientes que «han hecho* mindfulness»

Dada la popularidad exponencial de las IBM y de las instrucciones de audio que podemos consultar en Internet, un número cada vez mayor de clientes que pedirán ayuda al terapeuta le dirán que ya han probado el entrenamiento del *mindfulness*. Es importante aclarar lo que han hecho en realidad, cuándo, durante cuánto tiempo y quién fue su maestro, si es que han tenido uno. Cuando el terapeuta investiga un poco más allá del estándar «oh, es maravilloso; ¿sentiste que te resultó beneficioso?», a menudo se ve sorprendido por la escasa comprensión de los clientes, por la poca práctica y las pocas habilidades que han aprendido. ¿Cómo sabemos esto? Simplemente porque la mayoría de las personas (aunque no todas) que acuden a la terapia aduciendo que no pueden hacer frente a los agentes estresantes de su vida lo hacen porque todo lo que han aprendido ha sido o se ha vuelto insuficiente para abordar sus preocupaciones actuales. La mayor parte de ellas siguen tomándose los problemas de una manera demasiado personal, y su ecuanimidad no se ha desarrollado lo suficiente para proporcionarles la resiliencia que necesitan. Este escenario, que por lo general se repite, está extraído de un intercambio reciente con un nuevo cliente del primer autor durante la primera sesión (T = terapeuta, C = cliente):

T: He leído la remisión de su médica, y dice que podríamos encajar bien porque ha practicado el *mindfulness* con anterioridad. ¿Es eso cierto?

C: Sí, un amigo me habló de usted, le he buscado en Internet, y cuando he visto que hace terapia con *mindfulness*, le he pedido a mi doctora que me remitiera a usted.

T: Me interesa mucho escuchar su experiencia sobre el *mindfulness*. ¿Puede decirme qué aprendió y dónde lo hizo?

C: En diferentes lugares... He leído sobre el tema y he probado algunas de las cosas que se dicen en Internet.

T: ¿Le sugirió alguien que lo hiciera?

C: Sí, mi otra terapeuta dijo que sería bueno que probara el *mindfulness*, y me habló de una aplicación que puede descargarse por Internet; de hecho, algunas de las técnicas me resultaron de ayuda.

T: Suena bien. ¿Puede decirme lo que hizo exactamente?

C: Claro. Cada vez que me estresaba, escuchaba las instrucciones, centraba mi atención en la respiración y me calmaba rápidamente. Hay también otra técnica en la que tienes que tumbarte, sentir todo el cuerpo y relajarte, pero no la practico muy a menudo porque cada vez que la intento me quedo dormido y tengo pensamientos desagradables.

T: Sí, entiendo. ¿Hace usted algo más en su práctica del *mindfulness*?

C: Sí, siempre que puedo trato de dedicar unos minutos por la mañana a meditar sobre mi respiración.

T: Vale, ¿puede decirme más o menos cuántos minutos dedica a esta práctica a lo largo de la semana?

C: Principalmente la uso cuando estoy estresado, durante 5 o 10 minutos, en ocasiones tres o cuatro veces por semana.

T: La remisión de su doctora dice que experimenta una depresión y una ansiedad severas, e incluso ataques de pánico; ¿es eso cierto?

C: Sí, he estado deprimido y me he sentido ansioso durante muchos años, y he probado tantos medicamentos que ya no sé que hacer ahora.

T: ¿Está diciendo que el *mindfulness* que practicó no resolvió el problema?

C: Bueno, ayudó a reducir mi estrés, pero no solucionó mi depresión ni mi preocupación.

T: Puede que me equivoque, pero parece que la manera en que ha aprendido y empleado el *mindfulness* se encaminaba más a la relajación que a cambiar hábitos, razón por la que creo que no ha resultado tan productivo como usted esperaba.

C: No sabía que existiera otra manera de practicar...

T: El modo en que la gente aprende el *mindfulness* aquí es muy diferente, y resulta ciertamente efectivo con la depresión y la ansiedad en general, pero es necesario comprometerse a practicar lo suficiente y de manera precisa. Podemos examinar esto en nuestra próxima sesión, la semana que viene, una vez que hayamos acordado cuáles son sus objetivos...

En el caso anterior, el cliente intentó una práctica del «*mindfulness*» basada exclusivamente en la confianza en su médica, sin verificar ni cuestionar el propósito, la autenticidad y la validez del método. La doctora no había recibido formación en la meditación *mindfulness* y, por consiguiente, no fue capaz de examinar de manera crítica la validez de los métodos. El cliente, que usó una aplicación en línea sin contar con ningún tipo de asistencia durante la implementación, percibió y empleó los métodos como instrucciones para la relajación. Las consecuencias de estas cuestiones pueden resultar significativas cuando un principiante en el *mindfulness* tiene niveles clínicos de sintomatología. En el caso en cuestión, el cliente empezó a tener la impresión de que el *mindfulness* era un método de relajación y de que el hecho de sentir el cuerpo era una amenaza potencial a causa de los pensamientos intrusivos. Así pues, el hecho de evitar sentir el cuerpo pudo haber reforzado la evitación general de los pensamientos, lo que fortaleció el mantenimiento de los síntomas. Sin embargo, el intento y la disposición del cliente a aprender deben valorarse y reconocerse como un primer paso, más que como un fracaso. Aunque el tipo del *mindfulness* que aprendió no produjo los resultados que esperaba, el cliente se muestra receptivo a aprender la TCCMi y motivado a comprometerse plenamente con el programa. Creemos que es provechoso mostrar cierta gratitud hacia lo que pueden parecer intentos fallidos. También viene bien proporcionar información básica a los profesionales clínicos que nos remiten a sus clientes sobre lo que consideramos que es un enfoque útil basado en el *mindfulness*.

## Aplicación del programa

### *Aplicación individual y grupal*

La TCCMi puede implementarse en una terapia grupal o individual; recomendamos usar la aplicación grupal con clientes que experimenten síntomas menos severos. Como norma general, cuanto más severos son los síntomas, más apropiada resulta la aplicación individual. Los clientes con ansiedad social y con trastornos de la personalidad evitativos obtendrán mejores resultados en la terapia individualizada. Es probable que los clientes que presentan un historial traumático y con los que el terapeuta decide emplear la TCCMi se beneficien en mayor medida de las sesiones individuales que de las grupales, sobre todo si su trauma incluye rasgos sociales o interpersonales y su confianza en la gente es baja. Es mejor tomar estas decisiones caso a caso, basándose en el propio juicio clínico del terapeuta.

### *Organización del programa*

Tanto las sesiones grupales como las individuales se aplican mejor semanalmente, al menos durante las primeras cinco sesiones, que requieren un mayor apoyo, mientras las habilidades aprendidas son nuevas y los clientes todavía necesitan un apoyo importante y un medio externo para la rendición de cuentas. Después de haber implementado la primera mitad del programa, podemos ser un poco más flexibles y ampliar la separación entre sesiones a dos semanas –evitando, eso sí, brechas mayores, o el compromiso con la práctica diaria decrecerá–. La TCCMi puede aplicarse en un programa de entre ocho y doce semanas, en función del propósito del cliente y de sus síntomas. Por lo general, si bien ocho sesiones bastarán para los clientes con síntomas leves o remitentes, los clientes más complejos precisarán más sesiones.

Recomendamos una implementación genérica de diez sesiones, como describimos en la parte 2 del libro y en el libro que dedicamos a la figura del cliente[5]. Aunque este es un período relativamente breve para una aplicación transdiagnóstica, en la que a menudo se requiere una intervención en situaciones de crisis, un protocolo de diez sesiones proporciona una flexibilidad suficiente en caso de que se produzcan pequeños retrasos y otras alteraciones. En ocasiones, el programa aplicado de manera individual con clientes complejos requerirá más tiempo, razón por la que recomendamos una serie de sesiones de seguimiento seis meses después del tratamiento.

Para la aplicación individual, resulta apropiada una sesión de terapia estándar de entre 50 y 60 minutos. Aunque pueden llevarse a cabo sesiones más cortas, no las recomendamos, especialmente en la primera mitad del programa. Para la aplicación grupal bastan, por lo general, entre 90 y 120 minutos, en función del número de participantes y de los posibles formularios de evaluación adicionales en el contexto de la investigación. Recomendamos que, en el caso de la implementación grupal, no haya más de 15 participantes. La parte 2 del libro proporcionará instrucciones específicas.

---

5. B. A. Cayoun, *Mindfulness-integrated CBT for well-being and personal growth: Four steps to enhance inner calm, self-confidence and relationships*, Wiley, Chichester, UK 2015.

## Adecuación del cliente y contraindicaciones

A pesar de la naturaleza transdiagnóstica de la TCCMi, es preciso tomar ciertas precauciones para evitar el riesgo de sufrir daños. La TCCMi funciona principalmente aumentando la conciencia experiencial y disminuyendo la reactividad emocional en la mayoría de trastornos –aunque se necesita una mayor investigación para examinar la amplitud de su aplicabilidad y su eficacia–. Como norma, cuando los síntomas de un cliente son demasiado intensos no se recomienda la aplicación TCCMi (ni las IBM en general). En particular, está contraindicada cuando el cliente presenta un estado maniaco, psicótico o de delirio, o extremadamente ansioso o deprimido.

Una de las razones de estas exclusiones es que cuanto más severos son los síntomas, menos clientes pueden comprender o practicar las habilidades de manera precisa. En particular, es probable que falte la ecuanimidad, lo que conduce a una alta probabilidad de refuerzo de las respuestas en vez de una inhibición de las respuestas y una desensibilización. Esto incluye períodos de pensamiento rumiativo continuo. En este caso, la meditación imprecisa puede causar daño. Sin embargo, si la angustia intensa se debe, por ejemplo, a un trastorno de pánico o a un trastorno por estrés postraumático, la TCCMi proporciona un método denominado «tarea de exposición interoceptiva basada en *mindfulness*» (MIET, por sus siglas en inglés, «Mindfulness-based Interoceptive Exposure Task»), que se emplea para enseñar a los clientes la manera de reducir la angustia rápidamente, con independencia de que esta se deba a las emociones intensas o al dolor físico[6]. La aplicación de la MIET requiere únicamente entre tres y cinco minutos, y es un método de desensibilización interoceptiva efectivo que puede usarse con clientes angustiados *antes* de comenzar la práctica del *mindfulness*. En la sesión 4 (parte 2 del libro) se proporciona una explicación y un ejemplo de la aplicación de la MIET. Cuando un cliente ha aprendido a aplicar la ecuanimidad mediante el uso de la MIET durante las experiencias angustiantes,

6. B. A. Cayoun, A. Simmons y A. Shires, «Immediate and lasting pain reduction following a brief self-implemented mindfulness-based interoceptive exposure task: a pilot study»: *Mindfulness* (2017), 1-13. doi:10.1007/s12671-017-0823-x

es más probable que lleve a cabo la práctica del *mindfulness* de una manera segura y confiada. Esto se debe a que la disminución de los síntomas a través de la propia ecuanimidad aumenta el sentido propio de autoeficacia.

### *TCCMi para niños*

Por lo general, el protocolo adulto descrito en este libro no es adecuado para niños. Sí se cuenta ya con experiencia clínica, si bien no cuenta todavía con suficientes datos empíricos, de que este protocolo resulta también adecuado para los adolescentes más jóvenes. Para los niños, habida cuenta de su cerebro en desarrollo y de su capacidad limitada para el pensamiento abstracto, el modelo debe modificarse. Aunque ya existe un protocolo genérico infantil para los componentes de la meditación de la TCCMi[7], este no incluye el resto del programa. Los miembros del equipo de investigación de la TCCMi trabajan actualmente en la publicación del programa completo para niños, que esperamos esté disponible en forma de manual en 2020. También sugerimos que los adultos que experimenten síntomas pronunciados de Trastorno por Déficit de Atención e Hiperactividad (TDAH) comiencen el programa de la TCCMi usando el protocolo infantil antes de aplicar el programa adulto estándar descrito en este manual.

## Práctica y ética profesionales

### *Práctica profesional*

Aunque este manual de implementación es una buena guía, no puede aportar el conocimiento experiencial que necesitan los terapeutas de las IBM. La propia práctica de la meditación *mindfulness* del terapeuta es un elemento esencial para la implementación exitosa de la TCCMi con los clientes. Si está usando esta guía, es probable

7. B. A. Cayoun, *A protocol for mindfulness training in children with behavioral difficulties*. Manuscrito no publicado disponible en el MiCBT Institute, Hobart, Australia 2012; L. Winney, B. A. Cayoun y A. Shires, *Effects of mindfulness practice on child and parent anxiety: A multiple baseline study*. Manuscrito presentado para su publicación.

que ya haya recibido cierta formación académica sobre la TCCMi, lo que asegurará su comprensión experiencial de cada etapa del enfoque. También habrá establecido su propia práctica de la meditación *Vipassana*, coherente con los métodos de la TCCMi. Esto garantizará la comprensión experiencial de la práctica, que difiere de las técnicas meditativas basadas en la REBAP. Esto significa que usted tiene una experiencia directa de la meditación *mindfulness*, de modo que cuando su cliente encuentre dificultades en su práctica estará en mejores condiciones de asistirle, basándose en la experiencia de haber pasado (la mayoría de las veces) por dificultades similares en su propia práctica.

Si no ha tenido la oportunidad de formarse en la TCCMi, le recomendamos encarecidamente que lo haga, dado que en los últimos 15 años hemos podido observar las diferencias de resultados entre los terapeutas que se han formado y los que no lo han hecho. Aunque el hecho de haber recibido formación en otra IBM constituye un activo, no puede sustituir a la práctica de la TCCMi. Esto reviste particular importancia si está interesado en trabajar con clientes en situación de crisis o con una cronicidad y una comorbilidad complejas. Puede encontrar información sobre la formación en la página web del MiCBT Institute: www.mindfulness.net.au

### *Ética profesional*

Cuando aquello que se ha enseñado como meditación *mindfulness* se malinterpreta y no se maneja de la manera correcta puede hacer daño, algo que sucede en la mayoría de las terapias. Además, si la persona que implementa la TCCMi con clientes que tienen un trastorno de la salud mental no es un profesional de la salud mental cualificado, hay más probabilidades de que surjan efectos adversos. Un efecto deficiente típico de la práctica del *mindfulness* con clientes de salud mental es la omisión de una evaluación inicial estándar, que incluye un análisis de los antecedentes y una evaluación de los factores precipitante, de refuerzo, de mantenimiento y de aquellos que contribuyen a los síntomas del cliente. Esta no es solo la práctica estándar en las terapias basadas en pruebas, sino que también es importante para evaluar el mejor enfoque para una intervención *mindfulness*.

Por ejemplo, suponga que el coordinador de un grupo de *mindfulness* no es consciente de la experiencia pasada sin resolver de una mujer que fue víctima de un abuso sexual por parte de varios hombres a los que no conocía. Existe una alta probabilidad de que el contexto en el que se le pide que practique –sentarse con los ojos cerrados y permanecer inmóvil entre hombres extraños– desencadene sus recuerdos traumáticos. Un análisis cuidadoso de los antecedentes permitirá al terapeuta evitar esta clase de situación y sugerir sesiones individuales, en vez de grupales. Si el coordinador no ha recibido formación en trastornos de la salud mental, es probable que tanto el reconocimiento como el manejo de los síntomas brillen por su ausencia o resulten inapropiados. Es probable que esto provoque, asimismo, que la clienta abandone el programa, que permanezca con sus síntomas sin tratar durante algún tiempo, o que desarrolle una impresión inexacta de la práctica del *mindfulness*.

Las experiencias aversivas y los medios hábiles para comprender y abordar estas experiencias han sido bien documentados a lo largo de 25 siglos de enseñanzas tradicionales de la meditación *mindfulness*, desde el punto de vista de las consecuencias que se derivan de progresar a través de «etapas de introspección» más profundas[8]. Si bien hay más probabilidades de que el malestar grave ocurra en situaciones de retiro, donde la intensidad de la práctica aumenta, estos efectos pueden producirse mientras las personas reciben IBM que no conllevan un retiro[9]. Aunque cabe esperar que el malestar surja durante la práctica del *mindfulness* (dado que es un enfoque de exposición metacognitivo e interoceptivo), a un coordinador sin la suficiente formación clínica podría resultarle difícil evaluar el tipo, la severidad y las posibles consecuencias de

8. P. ej., A. BRAHM, *Mindfulness, bliss, and beyond: A meditator's handbook*, Wisdom Publications, Boston, MA 2006; A. GRABOVAC, «The stages of insight: Clinical relevance for mindfulness-based interventions»: *Mindfulness*, 6 (2015), 589-600. doi:10.1007/s12671-014-0294-2
9. N. T. VAN DAM, M. K. VAN VUGT, D. R. VAGO, L. SCHMALZ, C. D. SARON, A. OLENDZKI, ... Y D. E. MEYER, «Mind the Hype: A critical evaluation and prescriptive agenda for research on mindfulness and meditation»: *Perspectives on Psychological Science* (2017), 1-26. doi:10.1177/1745691617709589

los nuevos síntomas. También podría resultarle difícil evaluar si algunos de los síntomas se deben al buen uso de la práctica o a un uso indebido de la misma. Por ejemplo, los coordinadores sin una suficiente cualificación clínica podrían no captar las señales del comienzo temprano de la hipomanía, y ello por la sola razón de que el cliente les habla de «experiencias maravillosas», sobre todo si no comprenden ese trastorno o si no analizaron los antecedentes del cliente. En consecuencia, el coordinador no será capaz de investigar la materia de manera precisa mediante la evaluación de la posible aparición de síntomas o actitudes inusuales en la vida diaria –como el aumento de la impulsividad, el comportamiento imprudente o el insomnio– y optará por una solución segura. Aunque los formadores hacen todo lo posible por mejorar la formación y la implementación de los protocolos[10], es poco probable que los coordinadores no clínicos tengan acceso a la misma formación.

Si bien la TCCMi puede ser autoimplementada o facilitada por alguien que no sea profesional clínico con miras al crecimiento personal y al bienestar[11], nos gustaría enfatizar que solo los profesionales de la salud mental cualificados deberían implementar la TCCMi con personas que presenten un trastorno de salud mental.

## Recursos

Este libro viene acompañado de un repertorio de recursos, entre los que se incluyen formularios para controlar la adherencia a la práctica y el beneficio que esta produce en los clientes, documentos que proporcionan a los clientes la psicoeducación relevante semana a semana, resúmenes para una revisión rápida del contenido de la sesión (apéndice 1); un acceso gratuito en línea a todo el conjunto de instrucciones de audio en inglés para la práctica del *mindfulness*,

10. P. ej., A. GRABOVAC Y E. BURRELL, «Standardizing training in mindfulness-based interventions in Canadian psychiatry postgraduate programs: A competency-based framework»: *Academic Psychiatry* (2017), 1-7. doi:10.1007/s40596-017-0721-5

11. Véase B. A. CAYOUN, *Mindfulness-integrated CBT for well-being and personal growth: Four steps to enhance inner calm, self-confidence and relationships*, op. cit., para una guía de autoimplementación.

descargables en formato MP3, y los guiones de estas instrucciones de audio traducidas al español (apéndice 2).

Ofrecemos los guiones de las instrucciones en formato audio por dos razones. La primera de ellas es para facilitar su traducción a otros idiomas. La segunda es porque, una vez que el lector se haya familiarizado con estos métodos, tal vez prefiera guiar a sus clientes con su propia voz en las sesiones grupales. El hecho de hacer uso de los guiones durante los primeros días de implementación le ayudará a evitar alteraciones accidentales de la enseñanza original, sobre todo si previamente ha recibido formación para guiar a los clientes mediante otras intervenciones basadas en el *mindfulness*, cuyas instrucciones pueden variar enormemente.

Los clientes pueden acceder a la página de recursos en línea y descargar las propias instrucciones en formato audio en inglés. Esto favorecerá la continuidad del programa cuando los clientes o los terapeutas no estén disponibles todas las semanas.

Las instrucciones en formato audio, enumeradas a continuación, pueden descargarse de manera gratuita en este enlace: http://clinicalhandbook.mindfulness.net.au/audio

Etapa 1

1. Introducción general.mp3
2. Fundamento de la formación.mp3
3. Introducción a la RMP.mp3
4. Relajación Muscular Progresiva.mp3
5. Introducción a la conciencia plena de la respiración.mp3
6. Conciencia plena de la respiración.mp3
7. Introducción al escáner corporal.mp3
8. Escáner corporal.mp3

Apartarse de las instrucciones.mp3

Etapas 2, 3, 4

9. Introducción al escáner avanzado.mp3
10. Escáner simétrico.mp3
11. Introducción al barrido parcial.mp3
12. Barrido parcial.mp3

13. Introducción al barrido en masa.mp3
14. Barrido en masa.mp3
15. Introducción al escáner transversal.mp3
16. Escáner transversal.mp3
17. Introducción a la bondad amorosa.mp3
18. Bondad amorosa.mp3
19. Práctica de mantenimiento.mp3

*Términos de uso de las pistas de audio*

Este libro incluye una licencia para usar todas las instrucciones de la TCCMi en formato audio con sus clientes. Téngase en cuenta que reconoce el derecho a reproducir en línea y a descargar los ficheros de audio únicamente para uso privado y profesional por parte de usted y de sus clientes. Por ejemplo, *tanto usted como sus clientes pueden*, para su uso privado, copiar las grabaciones en un dispositivo (p. ej., iPod / teléfono móvil / tableta / reproductor de MP3), y copiar los archivos en un disco compacto para reproducirlo en estéreo. *Esta licencia está limitada a usted, el propietario del libro, y a sus propios clientes*. Esta licencia no le da derecho a vender, regalar, distribuir, reproducir públicamente o transmitir copias privadas, a hacer copias privadas de una grabación ilegítima (p. ej., de un disco compacto grabado o de archivos *peer-to-peer*), o a compartir copias privadas en línea. La carga o la distribución de los archivos por Internet sin permiso del propietario del derecho de autor (doctor Bruno Cayoun) infringirá el derecho de autor. Gracias por respetar este uso condicional.

## Referencias adicionales

BAHRANI, S., ZARGAR, F., YOUSEF-IPOUR, G. Y AKBARI, H., «The effectiveness of mindfulness-integrated cognitive behavior therapy on depression, anxiety, and stress in females with multiple sclerosis: A single blind randomized controlled trial»: *Iranian Red Crescent Medical Journal* (2017), e44566, doi:10.5812/ircmj.44566

BODHI, B., *The connected discourses of the Buddha: A translation of the Samyutta Nikaya*, Wisdom Publications, Boston 2000 (existen dos traducciones parciales al español: *El sutra de Benarés: el primer discurso del Buddha*, Kairós, Barcelona 2014; *Suttas del Samyutta Nikaya*, Península, Barcelona 2000).

Farb, N. A. S., Anderson, A., Ravindran, A., Hawley, L., Irving, J., Mancuso, E., ... y Segal, Z. V., «Prevention of relapse/recurrence in Major Depressive Disorder with either Mindfulness-Based Cognitive Therapy or Cognitive Therapy»: *Journal of Consulting and Clinical Psychology* (2017). doi:10.1037/ccp0000266

Kuyken, W., Hayes, R., Barrett, B., Byng, R., Dalgleish, T., Kessler, D., ... y Byford, S., «Effectiveness and cost-effectiveness of mindfulness-based cognitive therapy compared with maintenance antidepressant treatment in the prevention of depressive relapse or recurrence (PREVENT): a randomised controlled trial»: *The Lancet*, 386 (2015), 63-73. doi:10.1016/S0140–6736(14)62222–4

Teasdale, J. D., Segal, Z. V., Williams, J. M. G., et al., «Prevention of relapse/ recurrence in major depression by Mindfulness-based cognitive therapy»: *Journal of Consulting and Clinical Psychology*, 68 (2000), 615-623.

Walsh, M., Dukkhata Sutta: Suffering (SN 45.165). Access to Insight (BCBS Edition) (2009). Consultado en http://www.accesstoinsight.org/tipitaka/sn/sn45/sn45.165.wlsh.html

Yazdanimehr, R., Omidi, A., Sadat, Z. y Akbari, H., «The effect of mindfulness-integrated cognitive behavior therapy on depression and anxiety among pregnant women: a randomized clinical trial»: *Journal of Caring Sciences*, 5 (2016), 195–204. doi:10.15171/jcs.2016.021

# Aplicación paso a paso

# Sesión 1: El contrato terapéutico y el compromiso con el cuidado de uno mismo

*A menos que cambies cómo eres,*
*siempre tendrás lo que has tenido.*

—Jim Rohn, 2010[1]

En este capítulo le ayudaremos a introducir la estructura del programa de la TCCMi en su conjunto y analizaremos la razón de ser de su uso. También le guiaremos para que hable con sus clientes sobre la necesidad de que se comprometan con una práctica diaria de *mindfulness* para así obtener unos beneficios duraderos. Este capítulo contextualiza el programa e incluye una revisión de los modos de conocer el mundo a lo largo de nuestra vida. Describimos los motivos que fundamentan la redacción de un contrato terapéutico con indicadores del éxito y el hecho de enseñarles a los clientes un método de relajación pre*mindfulness* y la práctica de la conciencia plena del cuerpo, que habrán de emplearse a lo largo del día. Sus clientes aprenderán sobre la neuroplasticidad y la importancia de comprometerse a mantener una práctica dos veces por día a fin de lograr los indicadores del éxito.

1. J. Rohn, *The treasury of quotes*, Success Books, Lake Dallas, TX 2010.

## Redactar un «contrato terapéutico»

### *Razón de ser*

Como sucede con la mayor parte de las intervenciones terapéuticas basadas en pruebas, los profesionales clínicos empiezan el tratamiento con la TCCMi completando una evaluación inicial. La explicación de cómo llevar a cabo una evaluación inicial, que constituye una habilidad clínica básica, queda fuera del alcance de esta guía clínica más especializada. Por ello, limitaremos nuestra descripción a lo que, por lo general, viene después de la evaluación inicial en una intervención cognitivo-conductual: el contrato terapéutico. El contrato terapéutico es un componente importante de la alianza terapéutica[2], e incluye tres tipos de acuerdos: un acuerdo sobre los objetivos de la terapia, un acuerdo sobre las tareas que se esperan, y el vínculo o la relación terapéutica[3]. Estos acuerdos resultan relevantes y fundamentales en todas las intervenciones terapéuticas, con independencia de que incluyan componentes del *mindfulness* o no[4].

Por eso, ya sea durante el primer encuentro o, con mayor frecuencia, durante el siguiente, es importante hablar de la redacción de un «contrato terapéutico». Presénteselo al cliente como una guía que ayudará a dirigir las decisiones y las acciones terapéuticas durante las próximas semanas. También ayudará a determinar si las expectativas del cliente son realistas en el contexto de la terapia. Explíquele a su cliente que el «contrato terapéutico» consta de tres partes principales: 1) un acuerdo sobre los problemas o las situaciones que deben abordarse, un acuerdo sobre los indicadores del éxito, y un

2. BACP, *Good practice in action 055 Fact sheet resource: Making the therapeutic agreement in the counselling professions*, British Association for Counselling and Psychotherapy, Leicestershire, UK 2016. Consultado el 2 de mayo de 2018 en http://www.bacp.co.uk/ethical_framework/documents/GPiA055.pdf; CENTER FOR SUBSTANCE ABUSE TREATMENT, *Brief interventions and brief therapies for substance abuse. Treatment improvement protocol (TIP). Series No. 34. HHS Publication No. (SMA) 12-3952*, Substance Abuse and Mental Health Services Administration, Rockville, MD 1999.
3. E. S. BORDIN, «The generalizability of the psychoanalytic concept of the working alliance»: *Psychotherapy: Theory, Research & Practice*, 16 (1979), 252.
4. L. E. BEUTLER, «The empirically supported treatments movement: A scientist-practitioner's response»: *Clinical Psychology: Science and Practice*, 11 (2004), 225–229. doi:10.1093/clipsy.bph076

acuerdo sobre los medios para lograr estos indicadores; 2) el modelo terapéutico; y 3) la razón por la que se elige.

Descríbale al cliente que los problemas pueden usarse como herramientas y que podemos aprender a beneficiarnos de las habilidades que desarrollamos *a causa* de los mismos. La razón para usar «los problemas como herramientas» a fin de desarrollar habilidades es que las habilidades solo pueden aprenderse en tanto en cuanto son necesarias. Los problemas se presentan allí donde las habilidades son necesarias pero están ausentes. Si vemos los problemas como meros reflejos de las habilidades necesarias, nos sentiremos menos angustiados, tendremos menos probabilidades de percibir los fracasos personales y podremos mantener un cierto nivel de creatividad y de confianza en nuestras capacidades. Explíquele que durante este programa usaremos los problemas para desarrollar importantes habilidades que no podrían haberse adquirido sin ellos, y que estas habilidades beneficiarán al cliente a largo plazo.

### *Situaciones y problemas concretos*

Pídale a su cliente que piense honestamente qué le gustaría cambiar. Ayúdele a encontrar, al menos, tres cosas (o más, si es posible) que le gustaría cambiar y enumérelas en la sección «Problemas concretos», en el formulario del contrato terapéutico («Contrato terapéutico: expectativas del programa», en el documento 1.2[5]). Los problemas concretos pueden ser cuestiones tales como la sobrealimentación, la preocupación crónica, la depresión, la escasa motivación, el dolor crónico, los desacuerdos en la relación, el mal control de la ira con los niños, la carencia de autoestima, la soledad, la evitación del cambio y de las nuevas experiencias, la aversión a los riesgos y los síntomas de la ansiedad. Es importante no cambiar la formulación de los clientes. Si dicen: «He perdido el control con los niños», podemos escribir: «Pierde el control con los niños», pero no: «Mal control de la ira». Esto es así porque, cuando revisamos los progresos en una etapa posterior, a los clientes les resultará más sencillo recordar sus problemas concretos si ellos mismos los redactaron usando su propia terminología.

5. Los documentos se encuentran al final de cada capítulo.

El mismo principio se aplica a la redacción de los indicadores del éxito, que analizaremos en la siguiente sección.

Ayude a su cliente a comprender que los problemas concretos han de ser cuestiones personales, como la falta de habilidad, la autogestión deficiente, la adicción, etc. No solamente son cuestiones externas, como: «Mi pareja me intimida», o: «Mi compañero de trabajo es demasiado competitivo», o: «Mi jefe desafía los límites y me da demasiado trabajo», porque los clientes no pueden cambiar lo que los demás son o hacen. Ayude a que su cliente reformule estas cuestiones reconociendo *su* propio sufrimiento, *su* comportamiento y *sus* limitaciones. Por ejemplo: «Tengo miedo de mi pareja», o: «Dejo que mi pareja lo controle todo». De manera similar, su cliente podría decir: «Dejo que la competitividad en el trabajo de mi compañero me afecte», o: «Me siento demasiado ansioso cuando hablo con mi jefe de la carga de trabajo». Cuando se formula de esta manera, el cambio por parte de los clientes se vuelve factible.

### *Indicadores del éxito*

A continuación, deberá ayudar a su cliente a encontrar, como mínimo, un «indicador del éxito» (preferiblemente más de uno) para cada uno de los problemas concretos y anotarlo en la sección «Indicadores del éxito». Tendrá que ayudar a su cliente a ser preciso. Si el problema concreto es la «falta de asertividad», será necesaria una mayor precisión. Esto se debe a que el cliente puede ser relativamente asertivo en un contexto –en el trabajo, por ejemplo–, pero no en otro –en casa–. Tal vez desee examinar estos ejemplos con su cliente. Si el problema concreto de un hombre de mediana edad es que experimenta una sensación de impotencia en casa con sus hijos adolescentes, un posible indicador del éxito podría ser el de conseguir establecer mejores límites y decir «no» de manera tranquila, con menos culpa o ansiedad –o sin ellas–. El uso de los indicadores del éxito para medir el progreso resulta mucho más sencillo y más fiable cuando los indicadores son específicos.

Además, si el cliente está convencido de que la única manera de resolver su sensación de negligencia emocional en el matrimonio es que su pareja le quiera más, podría proponer un indicador del éxito tal como, por ejemplo: «Me sentiré amado por él», o: «Ella pasará más tiempo conmigo». En ese caso, usted puede aclarar que, dado que el problema es sentirse insatisfecho a nivel emocional y tener dificultades para hacer frente a una sensación de abandono cuando la pareja está fuera, un posible indicador del éxito podría ser: «Sentirme satisfecho a nivel emocional», o: «Ser capaz de afrontar la soledad tranquilamente». Esto evitará el establecimiento de expectativas poco realistas y ayudará a que el cliente asuma una mayor responsabilidad de su experiencia.

## Disposición al cambio

Después de haber identificado unos objetivos y unas mediciones del éxito claros, es importante examinar la disposición de los clientes al cambio (documento 1.3). ¿Están preparados para comprometerse a cambiar a una vida más pacífica, armoniosa y satisfactoria? Si la respuesta es sí, tendrán que dedicar tiempo y esfuerzo a lograr estos indicadores del éxito. Pregúnteles si estarían dispuestos a dedicar media hora por la mañana y media hora por la tarde a fin de lograr sus indicadores del éxito. Pregúnteles cuánto vale su bienestar: «¿Vale, por lo menos, una veinticuatroava parte (un cuatro por ciento) de tu tiempo de cada día?». Analice el uso del tiempo con su cliente. El tiempo puede ser tan precioso que incluso la promesa del bienestar puede resultar insuficiente. Mucha gente dirige su tiempo y su esfuerzo hacia el exterior, a servir o a prestar atención a los demás. Aunque ello puede hacer que se sientan generosos, responsables y valiosos como amigos, como padres o como empleados, tienden a descuidar sus propias necesidades en el proceso. Vale la pena que lo discuta con su cliente. Examine también qué hábitos improductivos podrían estar haciéndole perder el tiempo, como las redes sociales u otras actividades lúdicas, aunque pueda estar muy apegado a ellas.

El hecho de continuar destacando la importancia de la gestión del tiempo durante el transcurso del tratamiento resulta útil. Convendría que coincidiese con el cliente en que la mayoría de nosotros diría que probablemente no *tiene* tiempo, porque cuando tenemos tiempo lo ocupamos con alguna actividad o con otra persona, lo que nos da la impresión de que nunca tenemos tiempo, salvo para las actividades que nos resultan gratificantes enseguida. Como está introduciendo una nueva actividad y su cliente no tiene prueba alguna en esta etapa temprana de que la práctica del *mindfulness* resulta tan gratificante, no es muy probable que piense que dispone de una hora al día para practicarlo. Tendrá que discutir con sus clientes sobre la necesidad de *hacer* tiempo. Hacer tiempo para ellos mismos es necesario para cuidarse y es también un regalo para las demás personas, por el hecho de que su bienestar beneficiará a los demás, dado que compartimos nuestras experiencias con los otros –para bien o para mal–.

Ayude a su cliente a ver que, con algo de creatividad y de buena voluntad, descubrirá que es relativamente sencillo hacer tiempo para el cuidado de uno mismo despertándose 30 minutos antes por la mañana y liberando otros 30 minutos por la tarde o por la noche. Los resultados de este esfuerzo serán exponenciales. También puede tomarse un momento para asegurarle a su cliente que los muchos terapeutas que enseñan la TCCMi consideran que el programa sirve de ayuda a la mayor parte de los problemas, y que se requiere un triple esfuerzo: una *frecuencia* suficiente de la práctica (dos veces al día), una *duración* suficiente (30 minutos por sesión) y una *precisión* suficiente (conforme a la guía de este libro y a las instrucciones en formato audio). Ha quedado demostrado que este triple esfuerzo marca una diferencia notable en la eficacia terapéutica de la TCCMi[6].

### *Compromiso*

Stephen Hayes y sus compañeros realizaron un estudio en la década de 1980 para detectar los mecanismos responsables de los efectos del «autorrefuerzo» observados en dos experimentos consecutivos[7].

6. J. Scott-Hamilton y N. S. Schutte, «The role of adherence in the effects of a mindfulness intervention for competitive athletes: Changes in mindfulness, flow, pessimism and anxiety»: *Journal of Clinical Sport Psychology*, 10 (2016), 99-117. doi: 10.1123/jcsp.2015-0020
7. S. C. Hayes, I. Rosenfarb, E. Wulfert, E. Munt, R. D. Zettle y Z. Korn, «Self-reinforcement effects: An artifact of social standard setting?»: *Journal of Applied Behavioral Analysis*, 18 (1985), 201–214. doi: 10.1901/jaba.1985.18-201

En el experimento 1, tomando como base una tarea de estudio, los procedimientos de autorrefuerzo no funcionaron cuando eran privados (i. e., cuando los demás no eran conscientes de los objetivos o de las contingencias), pero sí lo hicieron cuando eran públicos. Los resultados demostraron que la fijación pública de objetivos era el elemento crítico decisivo en la capacidad de la gente para comprometerse con una tarea. En el experimento 2, el establecimiento de objetivos por sí solo fue efectivo al modificar los comportamientos de estudio de las personas con dificultades significativas para estudiar durante un largo período, pero solo cuando los otros conocían los objetivos. En general, estos dos experimentos demostraron que el compromiso con las tareas difíciles es más factible cuando dejamos que los demás conozcan nuestros objetivos y nuestro compromiso con ellas. Esto explica en parte por qué resulta importante tener un contrato terapéutico claro entre cliente y terapeuta en el que puedan revisarse los indicadores del éxito. Adicionalmente, el hecho de pedirles a los clientes que muestren sus problemas concretos y sus indicadores del éxito por lo menos a una persona en quien confíen y a la que valoren resulta de utilidad.

## Tres maneras de aprender

Explique a sus clientes que la recuperación a largo plazo y el bienestar duradero requieren una mejor comprensión de nosotros mismos y de los demás. Dado que aprendemos de nosotros mismos de diferentes maneras, algunas más fructíferas que otras, esta sección describe las tres maneras complementarias de adquirir ese autoconocimiento según las enseñanzas Theravada, a partir de las cuales se originó la práctica del *mindfulness*. Según este enfoque, adquirimos autoconocimiento a través de las opiniones de los demás (creencias y fe en lo que dicen las otras personas), a través de nuestras propias opiniones (evaluación intelectual y pensamiento crítico) y a través de la autoobservación (experiencia directa de los fenómenos). El documento 1.4 facilitará la comprensión de estos métodos de aprendizaje por parte del cliente.

### *Creencias y fe*

Nuestras opiniones se adquieren a menudo al escuchar repetidamente e interiorizar las opiniones de los demás. El hecho de identificarnos progresivamente con nuestras opiniones adquiridas da forma, de manera inevitable, a la configuración neural de los caminos cerebrales correspondientes. La investigación neurocientífica muestra repetidamente que las áreas prefrontales del cerebro participan en este proceso, sobre todo cuando la información que aprendemos está relacionada con nosotros mismos y con cualquier cosa con la que nos identifiquemos, incluida nuestra visión de la realidad[8]. El hecho de identificarnos repetidamente con el mundo tal y como se nos presenta configura de manera subconsciente la persona que somos. Más tarde descubrimos que, en la mayoría de los casos, gran parte de la información que recibimos de nuestros padres, de nuestros maestros y de otras personas resulta ser incorrecta. Esto se debe a que siempre estamos aprendiendo nueva información que determina continuamente nuestra comprensión del mundo.

Sin embargo, este aprendizaje devocional es un importante modo de aprender, incluso en la edad adulta. Por ejemplo, confiar en un médico podría salvar nuestra vida, confiar en un psicólogo podría salvar nuestro matrimonio, confiar en un abogado podría lograr que se haga justicia en nuestros conflictos, confiar en las promesas de un político podría originar un cambio social beneficioso, y confiar en un científico respetado puede dirigir nuestra investigación hacia grandes descubrimientos. No obstante, las creencias ciegas pueden retrasar, o incluso evitar, el desarrollo de la evaluación crítica y del pensamiento racional; seguimos siendo incapaces de cuestionar las presunciones de una manera lógica, poniendo en peligro nuestra capacidad para convertirnos en pensadores independientes. Expliquémosles a los clientes que una buena manera de aprender sobre nosotros mismos requiere que nos cuestionemos, que investiguemos y que evaluemos la información de que disponemos.

---

8. N. A. S. Farb, J. Daubenmier, C. J. Price, T. Gard, C. Kerr, B. D. Dunn, et al., «Interoception, contemplative practice, and health»: *Frontiers in Psychology*, 6 (2015), 763. doi:10.3389/fpsyg.2015.00763

### *Evaluación intelectual*

Explíquele a su cliente que, cuando pasamos de la infancia a la adolescencia, nuestra fisiología cerebral produce cambios rápidos que favorecen el desarrollo de la independencia intelectual. Aunque en ocasiones esto puede revestir la forma de una actitud rebelde, refleja nuestra capacidad para cuestionarnos, discrepar y crear una comprensión más independiente de la realidad, tal y como la vemos. Cuando comenzamos a pensar de forma crítica, nos comprometemos de una manera más activa en la experiencia de aprendizaje. Sin embargo, una de las limitaciones de la dependencia excesiva de la evaluación intelectual es que la mayoría de descubrimientos científicos cambian con el tiempo. Las nuevas tecnologías científicas pueden alterar de un modo significativo lo que previamente se aceptaba como un hecho científico.

A pesar de la mayor capacidad para examinar y cuestionar la información sobre nosotros mismos y sobre el mundo en el que vivimos, este aspecto del aprendizaje no parece aportarnos nunca tranquilidad y alegría. El hecho de ser filósofos o científicos, esto es, de ser personas con una gran capacidad para el pensamiento crítico, no se traduce en una mayor felicidad con respecto a los demás. La fe que tenemos en nuestras propias opiniones y en las de los demás también puede ser una trampa. De hecho, a menudo les recordamos a los clientes que se encuentran enredados en argumentos poco útiles que «estar en lo cierto no nos hace felices». Volveremos a esta idea en la sesión 7 del programa, cuando analicemos los elementos de la etapa interpersonal (etapa 3) de la TCCMi.

### *Experiencia directa*

Explíquele ahora al cliente que el hecho de poder contar una experiencia de primera mano nos permite acceder a la información de un modo fundamentado e innegable. Nos involucra plenamente en la experiencia de aprendizaje y nos aporta una sensación de saber aquello en lo que podemos confiar. Es lo que marca la diferencia entre la inteligencia y la sabiduría. Sin embargo, si bien la experiencia directa es la manera más fiable de aprender, lo que hagamos con ella depende de la precisión y la profundidad de nuestra comprensión. Aunque el aprendizaje experiencial es el medio más fiable para adquirir un autoconocimiento más preciso, debe equilibrarse con los otros dos vehículos de aprendizaje: el conocimiento útil de los otros, que todavía tenemos que aprender (p. ej., leer acerca de lo que es una fobia) y nuestra capacidad para dar sentido a la experiencia de un modo preciso (p. ej., cuestionarnos si realmente moriríamos caminando o conduciendo por esta carretera). Podemos ver que nuestra experiencia directa debe equilibrarse con un grado de fe en los maestros en quienes confiamos y con un grado de escepticismo saludable.

Aunque estos modos de adquirir autoconocimiento resultan útiles por separado, todavía lo son más cuando se integran. El programa de la TCCMi está estructurado de un modo que combina estos métodos de aprendizaje de una manera integrada. Una revisión reciente de la bibliografía existente sobre la investigación ha demostrado que el *mindfulness* aumenta el autoconocimiento de la personalidad, de las emociones, de los pensamientos, del comportamiento y de la capacidad para sentir cómo se perciben las otras personas a sí mismas[9]. Después de haber examinado los tres métodos de adquirir conocimiento, es hora de introducir las cuatro etapas de la TCC-Mi y la razón de ser de cada una de ellas.

### *Explicar las cuatro etapas del programa de la TCCMi*

El cliente o los participantes del grupo podrían haber llegado a la primera sesión con algunas ideas sobre qué es un programa del *mindfulness*, según lo que hayan leído o escuchado al respecto. Tal vez deba tomarse unos minutos para sugerir que dejen de lado cualquier preconcepción y se abran al aprendizaje de la TCCMi, un programa que integra las psicologías oriental y occidental a fin de facilitar cambios profundos en nuestras acciones y en el modo en que nos comprendemos a nosotros mismos y a los demás. Es importante que las personas que están llevando a cabo una práctica de la meditación la suspendan mientras dure el programa de la TCCMi,

9. E. N. Carlson, «Overcoming the barriers to self-knowledge: Mindfulness as a path to seeing yourself as you really are»: *Perspective on Psychological Science*, 8 (2013), 173–186.

para evitar una posible confusión con otros enfoques. La descripción de la TCCMi que usted haga como terapeuta debe transmitir su enfoque sistémico, abordando los factores de cambio intrapersonal (etapa 1), situacional (etapa 2), interpersonal (etapa 3) y transpersonal (etapa 4). A continuación figura un resumen de cada etapa.

### *Etapa 1: Etapa personal*

Explíquele de manera sencilla a su cliente que el programa de la TCCMi está estructurado en dos grandes partes. Le sugerimos que use una pizarra o lápiz y papel en el que pueda dibujar una figura con forma de escalera, como en el documento 1.5. A algunos clientes les resulta muy útil recurrir a una ayuda visual. Revise el capítulo 1 si le ayuda a recordar la razón precisa de cada etapa. En pocas palabras, el primer conjunto de habilidades (etapa 1) requiere centrar la atención en nuestras experiencias internas a fin de desarrollar importantes habilidades personales. El segundo conjunto de habilidades (etapas 2, 3 y 4) requiere centrar la atención de manera simultánea en nuestras experiencias internas y externas para así desarrollar importantes habilidades relacionales. Deberá estar seguro de que los clientes conceptualizan la TCCMi de manera correcta, en lo referente a su enfoque sistémico y a su eficacia transdiagnóstica (véase el capítulo 1 para más detalles).

Explíquele a su cliente que las habilidades del *mindfulness* que aprenderá durante la etapa 1 se asimilan, por lo general, en un período de aproximadamente cuatro semanas. Estas habilidades le ayudarán a reducir su tendencia a distraerse y a quedar atrapado en pensamientos poco útiles. A los clientes les beneficiará saber que sus nuevas habilidades les ayudarán a prestar una mejor atención y a permanecer en el presente. Asimismo, desarrollarán una mejor comprensión de sus emociones y una sensación de control sobre su reactividad emocional. El sueño, la productividad del trabajo y las habilidades generales de afrontamiento suelen mejorar. Un resultado típico de la etapa 1 es la adquisición de un sentido de autocontrol sobre los pensamientos y las emociones.

### *Etapa 2: Etapa de exposición*

A continuación, explíquele a su paciente que una vez que se han desarrollado estas valiosas habilidades intrapersonales, pueden usarse y aplicarse en la segunda parte del programa, la etapa 2, etapa en la que pueden continuar abordando los problemas concretos sin resolver que identificaron al inicio del programa. Este es un aspecto importante que debe mencionarse, ya que ayuda a los clientes a percibir las diferentes habilidades aprendidas durante el programa como un enfoque terapéutico coherente e integrado para abordar sus principales problemas. Explíquele que el principal objetivo de la etapa 2 consiste en enseñarles a los clientes a reducir la evitación que crea ansiedad y que les impide avanzar hacia sus metas o vivir de acuerdo con sus valores (saludables). El hecho de superar estos hábitos evitativos desarrolla una confianza en uno mismo en diferentes ámbitos de la vida, permitiendo que los clientes disfruten de las situaciones que podrían haber evitado en detrimento propio o en detrimento de los demás.

### *Etapa 3: Etapa interpersonal*

Explíquele ahora a su cliente que al final de la etapa 2 habrá adquirido las suficientes habilidades para comenzar la etapa 3, en la que las habilidades de exposición se aplican a situaciones difíciles con otras personas. Los clientes suelen interesarse mucho cuando les decimos que la etapa 1 les enseñó a no reaccionar a sus propios pensamientos y emociones, y que ahora la etapa 3 les enseñará a aplicar estas habilidades con los demás; ahora aprenderán a no reaccionar a la reactividad de los demás. Adquirirán habilidades interpersonales competentes, como la comunicación asertiva basada en *mindfulness* y la introspección interpersonal, que aumenta la paciencia y la tolerancia en las interacciones difíciles. El hecho de aprender estas habilidades interpersonales mejora la autenticidad y la amabilidad en nuestras relaciones.

### *Etapa 4: Etapa empática*

Explíquele a su cliente que la etapa 3 promueve de manera natural una transición a la etapa 4, en la que la gente aprende a ser más amable consigo misma y con los demás. Aprenderá a seguir siendo objetivo con respecto a la verdadera naturaleza de su insatisfacción y de su reactividad. También resulta útil preguntar: «¿Le gustaría aprender a desarrollar compasión en vez de reaccionar ante la reactividad de los demás?». ¡No muchos responderán con un no! Explíquele también al cliente que los problemas concretos que existían antes de comenzar el programa serán más fáciles de tratar durante la etapa 4, y que la compasión y la bondad se desarrollarán lo suficiente como para que las personas se sientan más interconectadas entre ellas. Tomamos una mayor conciencia cuando estamos a punto de realizar una acción que puede resultar dañina para nosotros mismos o para otra persona y podemos evitarla sin ninguna clase de esfuerzo. A su vez, esto aumenta nuestro sentido de autoestima y disminuye la probabilidad de las recaídas.

## Importancia de la neuroplasticidad

A menudo observamos que algunos clientes viven profundas transformaciones en sus vidas a medida que adquieren las habilidades a través de las cuatro etapas del programa. Sin embargo, le recordamos que esto depende en gran medida del éxito de estas tres condiciones: la *frecuencia*, la *duración* y la *precisión* de la práctica del *mindfulness* de su cliente. Son condiciones importantes para que se produzcan los cambios cerebrales, y para que se produzcan en vías específicas. Es importante que los clientes escuchen esto de usted, para que no empiecen a suponer que la disciplina requerida en la TCCMi proviene de un intento de aferrarse a las tradiciones budistas, ya que este no es el caso. Únicamente sabemos a partir de la investigación[10] y de las experiencias personales y profesionales a lo largo de los años[11] que este triple esfuerzo resulta importante para que se produzca una neuroplasticidad útil.

---

10. P. ej., J. Scott-Hamilton y N. S. Schutte, «The role of adherence in the effects of a mindfulness intervention for competitive athletes: Changes in mindfulness, flow, pessimism and anxiety», op. cit.
11. B. A. Cayoun, *Mindfulness-integrated CBT for well-being and personal growth: Four steps to enhance inner calm, self-confidence and relationships*, Wiley, Chichester, UK 2015.

¿Por qué la neuroplasticidad? Recurriendo a una analogía informática, esto es así porque, del mismo modo que no se puede instalar fácilmente un *software* nuevo y más sofisticado en un *hardware* antiguo, tampoco se puede aprender a pensar de manera diferente usando el antiguo sustrato neuronal que mantiene las creencias disfuncionales. Esto es especialmente importante con los trastornos crónicos y con los rasgos de la personalidad disfuncionales. Aunque en un principio puede parecer que practicar dos veces por día es mucho pedir, el hecho de recordarles a los clientes que «no podemos negociar con el cerebro, (que) no podemos tratar con la naturaleza» tiende a ayudarles a poner el requisito del compromiso en el contexto adecuado. En ocasiones, el uso de la analogía de «llevar a nuestro cerebro al gimnasio todos los días» también puede facilitar la comprensión.

## La práctica de esta semana

### *Relajación Muscular Progresiva (RMP)*

Cuando comenzamos la práctica del *mindfulness*, es una buena idea comenzar con una tarea que pueda lograrse con cierta facilidad, aunque el mero hecho de hacer tiempo para ella puede constituir todo un verdadero desafío para las personas que no valoran lo suficiente el cuidado personal. Si la tarea resulta «sencilla» y gratificante, el esfuerzo de hacer tiempo para ella parecerá más aceptable. Además, comenzar la práctica del *mindfulness* sin haber desarrollado las habilidades de la relajación puede ser demasiado difícil para las personas con altos niveles de estrés y de agitación motora.

La reducción del estrés mediante la práctica de la RMP ha quedado bien demostrada desde la década de 1920 gracias al trabajo del médico americano Edmund Jacobson. Su inclusión en la psicología clínica fue promovida por su libro *Progressive Relaxation*[12], de 1938, que popularizó la RMP, también denominada relajación jacobsoniana, entre los psicólogos. En las primeras décadas de su aplicación, el uso de la RMP duraba aproximadamente dos horas, y requería que el practicante tensara y relajara cada parte del cuerpo, comenzando

12. E. Jacobson, *Progressive relaxation*, University of Chicago Press, Chicago 1938.

por cada dedo del pie. Como puede imaginar, hoy en día resultaría poco práctico llevar a cabo esta práctica en nuestras ocupadas vidas. Por fortuna, el método fue revisado en la década de 1970 y los terapeutas conductuales redujeron de manera significativa su duración a aproximadamente 20 minutos sin que se produjera una pérdida de eficacia[13]. Desde el trascendental libro del cardiólogo americano Herbert Benson, *The Relaxation Response*[14], la RMP se ha convertido en una parte esencial para abordar el estrés y la ansiedad en la psicología, sobre todo en la terapia conductual. Existen evidencias empíricas de su efectividad como técnica independiente a corto plazo para abordar el malestar asociado con el estrés, la tensión muscular, los dolores de cabeza y la ansiedad[15].

Esta semana introducimos la práctica diaria de la relajación muscular progresiva (RMP). Los clientes pueden sentarse cómodamente en un sillón o en un sofá, pero dígales que eviten tumbarse o, de lo contrario, es muy probable que se sientan demasiado somnolientos para beneficiarse del proceso de aprendizaje. Necesitamos aprender a relajarnos mientras permanecemos alerta. La práctica de la RMP requiere que los clientes tensen y relajen 16 grupos musculares en 14 minutos. Al tensar un grupo muscular durante unos pocos segundos, el cliente siente la experiencia de la tensión muscular y, a continuación, «libera» la tensión creada de manera inmediata. El terapeuta le pide después al cliente que sienta los efectos de la relajación del grupo muscular, especialmente la diferencia entre tensión y relajación, durante unos cuantos segundos. El cliente realiza el mismo ejercicio con los subsiguientes grupos musculares por todo el cuerpo.

El motivo por el que este enfoque se incluye en la TCCMi es que nuestra capacidad progresiva para reconocer la diferencia entre la tensión y la relajación durante la práctica se transfiere a las situaciones tensas y estresantes de nuestra vida cotidiana. Estamos en mejores condiciones de reconocer el inicio temprano de una respuesta al

---

13. D. A. Bernstein y T. D. Borkovec, *Progressive relaxation training: A manual for the helping professions*, Research Press, Champaign, IL 1973.
14. H. Benson, *The relaxation response*, Harper Collins, Nueva York 1975/2001.
15. S. A. Hayes-Skelton, L. Roemer, S. M. Orsillo y T. D. Borkovec, «A Contemporary view of applied relaxation in generalized anxiety disorder»: *Cognitive Behaviour Therapy*, 42 (2013), 292-303.

estrés a través de la tensión muscular y, de esta manera, podemos abordarla (por medio de la relajación) antes de lo normal, cuando todavía puede controlarse. Aprendemos una «*respuesta de relajación*», como diría el doctor Benson[16]. Hemos observado tres beneficios derivados del uso de la RMP al principio de la TCCMi: (1) crea un foco de atención en la experiencia del momento presente mientras relaja y restablece la conexión entre la mente y el cuerpo; (2) entrena a los clientes para que, de una manera suave y agradable, hagan tiempo para practicar dos veces por día y sean recompensados con la relajación; y (3) es un acto de cuidado personal importante y fácil de practicar que aumenta la sensación temprana de autoeficacia a la hora de hacer frente al estrés.

Pídales a sus clientes que elijan una habitación tranquila en la que nadie pueda molestarles durante aproximadamente 25 minutos (esto es, la duración total de las pistas de audio 1 a 4) durante los dos próximos días, y después durante 15 minutos (únicamente la pista de audio 4) durante los siguientes días. Tendrán que llevar ropa suelta para sentirse cómodos. Es mejor que empiecen cuanto antes, pero en primer lugar tienen que organizar su tiempo. Como ya sabrá por experiencia propia, no *tenemos tiempo* para practicar, simplemente porque tan pronto como disponemos de algo de tiempo lo llenamos con alguna actividad. Por consiguiente, necesitamos recordarle al cliente que *haga tiempo,* algo que no siempre resulta sencillo, por lo que la organización de la programación puede resultar útil. Quizás podría decirle a su pareja o a la persona con la que vive que estará ocupado o que no estará disponible en ciertos momentos del día. Es importante que reorganice su programa y que haga tiempo para practicar dos veces al día. Esto podría implicar poner el despertador 30 minutos antes por la mañana a partir de ahora, y decidir a qué hora de la tarde o de la noche le conviene más la segunda práctica.

### *Conciencia plena del cuerpo*

Esta semana, además de dedicar 14 minutos, dos veces al día, a la práctica de la RMP, se le pide al cliente que practique la «conciencia

16. H. Benson, *The relaxation response*, op. cit.

del cuerpo». No precisa mucho tiempo y solo requiere que sea consciente de su postura y sus movimientos a lo largo del día. Los clientes tienen que hacer todo lo posible para llevar su atención al momento presente en cada actividad, usando su postura corporal o su movimiento como un ancla para la atención. Aunque no parece muy meditativo, este es un método poderoso si se mantiene durante el día, todos los días –incluso por la noche si está despierto–.

Un estudio inicial de Ellen Langer demostró que el simple hecho de prestar especial atención a nuestras actividades cotidianas, en lugar de funcionar con el «piloto automático», puede mejorar la salud y extender la longevidad[17]. Por encima de todo, prestar atención a lo que estamos haciendo en el momento presente evita que rumiemos sobre el pasado y que nos preocupemos por el futuro. El hecho de recordarles a los clientes que el presente es la única realidad en la que viven les resulta beneficioso; el pasado se ha ido, nunca regresará, y el futuro no existe todavía. En otras palabras, el presente es el único lugar en el que podemos estar. La idea inicial de la conciencia del momento presente se materializa en la vida cotidiana con un enfoque muy sencillo que incluso los niños pueden aplicar. Sin embargo, su cliente necesita que le recuerde que el hecho de seguir siendo consciente de la postura y del movimiento a lo largo del día (y de la noche cuando no está durmiendo) requiere un esfuerzo mucho mayor que el que puede parecer a simple vista, por lo que necesitará asumir un compromiso firme de que llevará a cabo esta tarea. Este será el primer paso hacia la adquisición progresiva de las grandes habilidades del *mindfulness*.

## Aplicación con clientes individuales

### *Objetivo de la sesión*

La sesión 1 introduce la TCCMi y tiene por objeto establecer el compromiso con la práctica diaria. La primera sesión proporciona una comprensión básica de los principios del *mindfulness* y un sentido de la orientación para los participantes. En esta sesión vamos a

17. E. J. LANGER, *Mindfulness*, Addison-Wesley, Nueva York 1989 (trad. esp.: *Mindfulness: la conciencia plena*, Ediciones Paidós Ibérica, Barcelona 2007).

cubrir más material que en las siguientes, así que es importante que supervise de manera cuidadosa el ritmo de la implementación.

### *Reconocer y establecer los objetivos*

Haga que su cliente reconozca sus objetivos y que los ponga por escrito. ¿Por qué ha acudido a terapia? ¿Qué cuestiones o problemas desearía abordar? Asegúrese de que tiene claro aquello que quiere cambiar. Examine los tipos de problemas que tendrá por objetivo. Acuérdese de guiar a su cliente para que detecte *sus* problemas, no los de los demás. Por ejemplo: «Me gustaría cambiar mi manera de reaccionar cuando discuto con mi pareja», y no: «Quiero que mi pareja discuta menos».

Ayude a su cliente a ser claro sobre sus indicadores del éxito. Explore cómo sabrá si ha logrado sus objetivos. ¿Cómo sabrá cuándo ha tenido éxito? ¿Cuáles serán sus indicadores objetivos, la prueba de que un objetivo se ha logrado con éxito? Tendrá que tomar nota de los problemas concretos del cliente y de los indicadores del éxito para las futuras revisiones del progreso.

### *Explique las tres formas de aprendizaje e introduzca el aprendizaje experiencial*

Describa las tres formas complementarias de aprender sobre nosotros mismos: a través de las opiniones de los demás (creencias y valores), a través de nuestras opiniones (evaluación intelectual), y a través de nuestra propia observación (experiencia directa). Explique que aunque el aprendizaje a partir de la experiencia directa es la forma más fiable de llegar a conocernos a nosotros mismos, ha de equilibrarse con los otros modos de aprendizaje. Esto requiere que nos cuestionemos, que investiguemos y que evaluemos la información de que disponemos. Este programa ofrecerá la oportunidad de aprender a través de los tres modos complementarios.

### *Introduzca el* mindfulness

Introduzca brevemente el concepto del *mindfulness* y, a continuación, presente la siguiente definición a efectos de la TCCMi:

> *El* mindfulness *es un estado mental que se experimenta como una mayor conciencia del momento presente, libre de todo juicio, de toda reactividad y de toda identificación con la experiencia.*

Explique que el *mindfulness* facilita la capacidad de deshacernos de la reactividad emocional. Resulta especialmente importante explicar la diferencia entre el *mindfulness* y la atención (tal vez le resulte útil revisar la explicación en la parte 1). El documento 1.1 le proporcionará a su cliente una explicación sencilla.

### *Describa la estructura del programa de la TCCMi*

Explique que la práctica del *mindfulness* y la TCC son enfoques probados que la TCCMi integra en un sistema terapéutico para abordar tanto el contenido cognitivo como el procesamiento de la información (tanto el pensamiento como la manera en que lo procesamos). La TCCMi usa técnicas basadas en la evidencia que se agrupan de una manera única para ayudar a poner solución a una gran variedad de problemas que causan angustia psicológica. Explique que el programa de la TCCMi consta de cuatro etapas y que usted y su cliente probablemente trabajarán juntos a lo largo de diez sesiones durante un período de entre ocho y doce semanas. Describa brevemente la razón de ser de cada etapa:

- La etapa 1 enseña a regular adónde va la atención, lo que sucede en la mente, y cómo aprender a deshacernos de los pensamientos y las emociones poco útiles. En esta etapa, los ejercicios permiten que desarrollemos profundos niveles de introspección y de ecuanimidad, ya que nos damos cuenta de que no debemos reaccionar a cada pensamiento y a cada sentimiento que surge.
- La etapa 2 aplica estas habilidades «internas» de autorregulación a las dificultades que el cliente tiende a evitar a causa de los sentimientos de malestar asociados.
- La etapa 3 hace uso de las habilidades de las etapas 1 y 2 para desarrollar una mejor comprensión interpersonal y unas mejores habilidades de comunicación frente a las situaciones

tensas, y enseña habilidades que hacen posible que dejemos de reaccionar ante la reactividad de los demás.

- La etapa 4 enseña la compasión, incluido el ser amable con uno mismo y con los demás, aumentando así una sensación de cuidado y de conexión con la gente y mejorando la base que nos permite prevenir las recaídas.

### *Introduzca la necesidad de la práctica regular*

La introducción de la TCCMi requiere que el lector, en calidad de terapeuta, sea capaz de ayudar a motivar al cliente para que se comprometa a llevar a cabo una cantidad significativa de práctica del *mindfulness* –dos prácticas diarias de media hora de duración–. Por lo general, será necesario hacer ajustes en la programación. Si tiene experiencia en el uso del diálogo socrático como parte de la formación de la TCC, este es un buen momento para hacer uso de ella. Puede ayudar al cliente a revaluar su supuesta falta de tiempo para la práctica y otras creencias erróneas o poco útiles que podrían contribuir a la aparición de limitaciones tempranas. El documento 1.6 está diseñado para informar también a su cliente.

Explique los requisitos de la práctica (30 minutos, dos veces al día) y ofrézcale una buena razón para justificar la cantidad de práctica necesaria para crear nuevos circuitos neuronales. Dese cuenta de que esta semana requiere un menor tiempo de práctica, dado que esta versión de la RMP tan solo dura 14 minutos. El hecho de usar la analogía del entrenamiento físico en el gimnasio podría resultar de ayuda. Haga hincapié en que el cliente no tiene que comprometerse durante semanas o meses, sino aceptar el compromiso total durante una semana y ver qué tipo de beneficios se derivan de este compromiso inicial. En ocasiones, el hecho de pedirles a los clientes que se comprometan durante una semana ayuda a evitar el miedo al fracaso. También puede tranquilizar a los clientes y mejorar su sensación de control y de capacidad de elección. Pida a los participantes que piensen cuándo podrían practicar y si pueden encontrar un lugar tranquilo y adecuado en donde hacerlo.

### *Introduzca la Relajación Muscular Progresiva (RMP)*

Tras haber proporcionado algunas informaciones básicas sobre el programa, introduzca el primero de los ejercicios: la relajación muscular progresiva (RMP). Explique que la RMP se emplea en la TCCMi porque crea un foco de atención en la experiencia del momento presente al tiempo que relaja y restablece la conexión entre la mente y el cuerpo. El hecho de introducir la RMP al comienzo del programa ayuda a que los clientes establezcan una rutina de práctica que, para la mayoría de las personas, no resulta demasiado desafiante (use el documento 1.7). Aclare que la RMP no es una práctica del *minfulness per se* –la práctica del *mindfulness* comenzará la próxima semana, con la conciencia plena de la respiración–.

### *Introduzca la conciencia plena del cuerpo*

Explíquele a su cliente que, además de la práctica diaria de la RMP, tendrá que prestar atención a los movimientos de su cuerpo y a su postura sin juzgarlos, tan a menudo y tanto como sea posible durante las horas que esté despierto. El motivo de ello es que, dado que la mayor parte de problemas de salud mental se desencadenan, se mantienen o empeoran cuando permitimos que nuestra mente deambule por el pasado y el futuro, el hecho de mantenerse en el presente reduce la angustia. Seguiremos usando el cuerpo «como un gancho» para mantener la atención en el momento presente. Explíquele al cliente que ser conscientes de la postura y los movimientos a medida que los llevamos a cabo nos mantiene en el presente y constituye el primer paso para evitar los pensamientos poco útiles. Su cliente también debería practicar la conciencia de la postura y del movimiento cuando esté a punto de dormirse y cuando se levante de la cama.

### *Explique los deberes*

Distribuya los documentos, incluido el «Registro diario de la Relajación Muscular Progresiva» (documento 1.9). Explique la utilidad de poner por escrito la práctica y de llevar el formulario a la siguiente sesión. Le sugerimos que use los documentos como parte de su material didáctico, ya que mejoran la adherencia a la estructura del programa. Es importante fomentar el compromiso y la responsabilidad. El cliente ha de hacer lo siguiente:

- Escuchar las pistas de audio introductorias (1, 2 y 3), así como las instrucciones de audio de la etapa 1 sobre la RMP (pista de audio 4). Los clientes suelen considerar que la lógica de la pista de audio 2 resulta muy útil; sin embargo, no tienen que escuchar las tres pistas de audio introductorias más de dos veces.
- Practicar la RMP *dos veces* cada día usando la pista de audio 4. Asegúrese de que los clientes comprenden que deben practicar la RMP de 14 minutos solo *una vez* por sesión esta semana. La práctica de 30 minutos empieza la próxima semana.
- Practicar la conciencia plena del cuerpo.
- Leer los documentos relevantes.
- Rellenar todos los formularios de evaluación y de práctica (si es necesaria la recogida de datos).

## Aplicación con grupos

### *Objetivo de la sesión*

La sesión 1 introduce la TCCMi y tiene por objeto establecer el compromiso con la práctica diaria. La primera sesión proporciona una comprensión suficiente de los principios del *mindfulness* y un sentido de la orientación para los participantes. En esta sesión vamos a cubrir más material que en las siguientes, así que es importante que supervise de manera cuidadosa el ritmo de la implementación.

### *Materiales*

- Pizarra blanca y rotuladores.
- Instrucciones de audio (pistas de audio 1, 2, 3 y 4) y un ordenador o un reproductor de MP3 en el que poder escucharlas.
- Copias del «Registro diario de la Relajación Muscular Progresiva» (documento 1.9).

- Formularios de evaluación cuando haya que recoger datos.
- Lápiz y papel para los participantes.

### *Método de aplicación*

Coloque las sillas en círculo o con forma de ¾ de círculo. Esto ayuda a que todos los participantes pueden verse y oírse con facilidad, lo que, a su vez, facilitará la cohesión del grupo. Mantenga su disposición preferida cada semana durante todo el programa.

Explique la estructura general de las sesiones semanales en orden de aplicación: la práctica grupal, el *feedback* de los participantes sobre la semana anterior, el tema de la semana, la explicación de los deberes, los informes semanales de la práctica y la medición de los resultados (en caso de que recoja datos de medición). Enfatice la necesidad de cumplir estos tres compromisos principales:

1. Asistir a todas las sesiones.
2. Hacer los deberes (repita la idea de hacer tiempo más que la de intentar encontrar tiempo). Señale que el mayor beneficio del programa procederá de los deberes.
3. Compromiso de confidencialidad y respeto hacia los otros participantes del grupo.

### *Reconocer y establecer los objetivos*

Use la pizarra para establecer los objetivos. Comience con una lluvia de ideas y, a continuación, condense los objetivos que se solapen en objetivos más genéricos para que haya no menos de cinco y no más de quince.

- Pida a los participantes que escriban sus objetivos en una hoja de papel.
- Pregunte a cada miembro del grupo qué le gustaría cambiar/mejorar por mediación del programa y sume los apoyos a cada mejora que se proponga en la pizarra (p. ej., si un participante dice: «Quiero sentirme menos enfadado», pida a los demás

participantes que levanten la mano en caso de que compartan este mismo objetivo, cuente el total y anote el número en la pizarra junto al punto en cuestión).

- Anote la lista de objetivos y el número de participantes que apoyan cada uno de ellos en un cuaderno para poder hacer futuras comparaciones en la sesión 10.
- Recoja las hojas de los participantes.

### *Explique las tres formas de aprendizaje e introduzca el aprendizaje experiencial*

Describa las tres formas complementarias de aprender sobre nosotros mismos: a través de las opiniones de los demás (creencias y valores), a través de nuestras opiniones (evaluación intelectual), y a través de nuestra propia observación (experiencia directa). Explique que aunque el aprendizaje a partir de la experiencia directa es la forma más fiable de llegar a conocernos a nosotros mismos, ha de equilibrarse con los otros modos de aprendizaje. Esto requiere que nos cuestionemos, que investiguemos y que evaluemos la información de que disponemos. Este programa ofrecerá la oportunidad de aprender a través de los tres modos complementarios.

### *Introduzca el* mindfulness

Introduzca brevemente el concepto del *mindfulness*. Comience escribiendo una definición en la pizarra –puede preguntarles a los participantes cuál es su definición del *mindfulness*– y, a continuación, presente la siguiente definición a efectos de la TCCMi:

El *mindfulness* es un estado mental que se experimenta como una mayor conciencia del momento presente, libre de todo juicio, de toda reactividad y de toda identificación con la experiencia.

El *mindfulness* facilita la capacidad de deshacernos de la reactividad emocional. Resulta especialmente importante explicar la diferencia entre el *mindfulness* y la atención (tal vez le resulte útil revisar la explicación en la parte 1). El documento 1.1 proporcionará a los participantes una explicación sencilla.

### *Describa la estructura del programa de la TCCMi*

Explique que la práctica del *mindfulness* y la TCC son enfoques probados que la TCCMi integra en un sistema terapéutico para abordar tanto el contenido cognitivo como el procesamiento de la información (tanto el pensamiento como la manera en que lo procesamos). La TCCMi usa técnicas basadas en la evidencia agrupadas de una manera única para ayudar con una gran variedad de problemas que causan angustia psicológica. Explique que el programa de la TCCMi consta de cuatro etapas y que usted y su cliente probablemente trabajarán juntos a lo largo de diez sesiones durante un período de entre ocho y doce semanas. Describa brevemente la razón de ser de cada etapa:

- La etapa 1 enseña a regular dónde está la atención, lo que sucede en la mente, y cómo aprender a deshacernos de los pensamientos y las emociones poco útiles. En esta etapa, los ejercicios permiten que desarrollemos profundos niveles de introspección y de ecuanimidad, ya que nos damos cuenta de que no debemos reaccionar a cada pensamiento y sentimiento que surge.
- La etapa 2 aplica estas habilidades «internas» de autorregulación a las dificultades que el cliente tiende a evitar a causa de los sentimientos de malestar asociados.
- La etapa 3 hace uso de las habilidades de las etapas 1 y 2 para desarrollar una mejor comprensión interpersonal y unas mejores habilidades de comunicación frente a las situaciones tensas, y enseña habilidades que hacen posible que dejemos de reaccionar ante la reactividad de los demás.
- La etapa 4 enseña la compasión, incluido el ser amable con uno mismo y con los demás, aumentando así una sensación de cuidado y de conexión con la gente y mejorando la base que nos permite prevenir las recaídas.

### *Práctica grupal de la formación de esta semana (etapa 1): Relajación Muscular Progresiva (RMP)*

- Guíe al grupo a través de la RMP usando la pista de audio 4 de las instrucciones de audio de la etapa 1 o el guion de la RMP del apéndice 2.

- Explique brevemente la práctica y la razón de ser de la RMP en la primera semana.
- Explique cómo organizar la práctica en casa.
- Distribuya el «Registro Diario de la práctica de la Relajación Muscular Progresiva» (documento 1.9).

### *Introduzca la necesidad de la práctica regular*

La introducción de la TCCMi requiere que el lector, en calidad de terapeuta, sea capaz de ayudar a motivar a los clientes para que se comprometan a llevar a cabo una cantidad significativa de práctica del *mindfulness* –dos prácticas diarias de media hora de duración–. Por lo general, será necesario hacer ajustes en la programación. Si tiene experiencia en el uso del diálogo socrático como parte de la formación de la TCC, este es un buen momento para hacer uso de ella. Puede ayudar a los participantes a revaluar su supuesta falta de tiempo para la práctica y otras creencias erróneas o poco útiles que podrían contribuir a la aparición de limitaciones tempranas.

Explique los requisitos de la práctica (30 minutos, dos veces al día) y ofrezca una buena razón para justificar la cantidad de práctica necesaria para crear nuevos circuitos neuronales. Dese cuenta de que esta semana requiere un menor tiempo de práctica, dado que esta versión de la RMP tan solo dura 14 minutos. El hecho de usar la analogía del entrenamiento físico en el gimnasio podría resultar de ayuda. Haga hincapié en que los participantes no tienen que comprometerse durante semanas o meses, sino aceptar el compromiso total durante una semana y ver qué tipo de beneficios se derivan de este compromiso inicial. En ocasiones, el hecho de pedirles a los clientes que se comprometan durante una semana ayuda a evitar el miedo al fracaso. También puede tranquilizar a los clientes y mejorar su sensación de control y de capacidad de elección. Recuérdeles a los participantes que la próxima es una semana importante y que deberán hacer todo lo posible por asistir al grupo, incluso aunque se haya producido una crisis. Pídales que piensen cuándo podrían practicar y si pueden encontrar un lugar tranquilo y adecuado en donde hacerlo.

### *Introduzca la conciencia plena del cuerpo*

Explique a los participantes que, además de la práctica diaria de la RMP, tendrán que prestar atención a los movimientos de su cuerpo y a su postura sin juzgarlos, tan a menudo y tanto como sea posible durante las horas que estén despiertos. El motivo de ello es que, dado que la mayor parte de problemas de salud mental se desencadenan, se mantienen o empeoran cuando permitimos que nuestra mente deambule por el pasado y el futuro, el hecho de estar en el presente reduce la angustia. Seguiremos usando el cuerpo «como un gancho» para mantener la atención en el momento presente. Explique que ser consciente de la postura y los movimientos a medida que los llevamos a cabo nos mantiene en el presente y es el primer paso para evitar los pensamientos poco útiles. Los clientes también deberían practicar la conciencia de la postura y del movimiento cuando estén a punto de dormirse y cuando se levanten de la cama.

### *Explique los deberes*

Distribuya los documentos, incluido el «Registro diario de la Relajación Muscular Progresiva» (documento 1.9). Explique la utilidad de registrar la práctica y de llevar el formulario a la siguiente sesión. Le sugerimos que use los documentos como parte de su material didáctico, ya que mejoran la adherencia a la estructura del programa. Es importante fomentar el compromiso y la responsabilidad. Los participantes han de hacer lo siguiente:

- Escuchar las pistas de audio introductorias (1, 2 y 3), así como las instrucciones de audio de la etapa 1 sobre la RMP (pista de audio 4). Los participantes suelen considerar que la lógica de la pista de audio 2 resulta muy útil; sin embargo, no han de escuchar las tres pistas de audio introductorias más de dos veces.
- Practicar la RMP *dos veces* cada día usando la pista de audio 4. Asegúrese de que los clientes comprenden que deben practicar la RMP de 14 minutos solo *una vez* por sesión esta semana. La práctica de 30 minutos empieza la próxima semana.
- Practicar la conciencia plena del cuerpo.

- Leer los documentos.
- Rellenar todos los formularios de evaluación y de práctica (si es necesaria la recogida de datos).

## Preguntas más frecuentes

Esta sección aparece en este y en todos los demás capítulos para ayudar al lector a normalizar y a trabajar con los desafíos típicos que suelen aparecer en cada una de las etapas del programa. Incluye preguntas que los terapeutas plantean con cierta frecuencia durante las sesiones de supervisión, los cursos de formación y las clases magistrales. Estos intercambios se produjeron con un lenguaje sencillo y coloquial, razón por la cual esta sección preserva el mismo estilo familiar. Toda la información se ha desidentificado para mantener la confidencialidad.

Pregunta: Mi clienta dice que se siente ansiosa cuando lleva a cabo la práctica de la RMP. ¿Cómo puedo aconsejarla de la mejor manera posible?

Respuesta: La práctica de la RMP tiende a resultar gratificante para la mayoría de las personas. Sin embargo, hay ocasiones en que los clientes pueden encontrarla un tanto desafiante. Por ejemplo, las personas que padecen un dolor crónico severo han aprendido a evitar relajarse, pues consideran que ello les hace experimentar las sensaciones que han tratado de ignorar constantemente. Esto es comprensible, dado que las sensaciones de dolor parecen ser amenazas para la mayoría de las personas. La amenaza de resultar herido desencadena inmediatamente el mecanismo de defensa del cerebro, lo que puede producir cierta ansiedad; es por ello que, en consecuencia, reaccionamos con miedo y evitamos relajarnos.

Esto se aplica también a la experiencia de los recuerdos traumáticos. Para las personas que padecen un trastorno por estrés postraumático (TEPT), el hecho de relajarse puede posibilitar que, en ocasiones, los recuerdos intrusivos dolorosos lleguen a la conciencia, algo que normalmente suelen evitar estas personas. Aquellas que tengan síntomas severos de TEPT pueden tener la tentación de ver la televisión hasta bien entrada la noche, de trabajar demasiado y durante mucho tiempo, o de emborracharse regularmente. Y lo hacen para mantener la mente ocupada y distraída a fin de evitar pensamientos espantosos y las emociones que los acompañan.

Durante la RMP, uno de los miedos que pueden surgir es el de sentarse con los ojos cerrados, algo que podría experimentarse como una pérdida de control. Si su cliente experimenta esto, pídale que mantenga los ojos entreabiertos durante las primeras sesiones y que, poco a poco, y a medida que aumente su confianza, los vaya cerrando. Si padece un dolor severo o síntomas traumáticos, tanto en el miedo al dolor como en el miedo al miedo, la RMP puede dar lugar a un cierto grado de ansiedad producido por la relajación que puede manifestarse en forma de agitación motora, de hiperventilación y de náuseas. Pese a lo desagradables que puedan parecer, estos «efectos secundarios» de la relajación suelen resultar inofensivos, y el terapeuta puede animar al cliente para que continúe practicando, comenzando con los ojos abiertos, y quizá con su música relajante preferida de fondo. Hay otros casos en los que la relajación puede ser un poco desafiante al principio: por ejemplo, la intrusión de pensamientos rumiativos, la hiperactividad o la mera impaciencia; la relajación es una habilidad que debe practicarse antes de desarrollarse. Paradójicamente, aprender a relajarse requiere esfuerzo.

Pregunta: Mi cliente practicó otras formas de relajación en el pasado en las que se le sugería que se acostara. Quiere acostarse también en este método. ¿Es una buena idea?

Respuesta: Es mejor no acostarse principalmente por dos razones. La primera tiene que ver con la somnolencia y la necesidad de aprender a permanecer despierto mientras se está relajado, para así poder llevar esta capacidad a la vida cotidiana. La segunda razón tiene que ver con esta práctica en su conjunto. El uso de la TCCMi es solo el primer paso de este programa, que consiste en preparar el sistema nervioso para la conciencia plena [*mindfulness*] enseñándole a relajarse rápidamente. Esto permitirá que su cliente desarrolle rápidamente profundos estados de calma antes de comenzar la práctica del *mindfulness* la próxima semana. En otras palabras, al mismo tiempo que su cliente se beneficia durante esta semana de 14 minutos de práctica de la relajación tranquila y eficiente, por la mañana y por la tarde, le está preparando para la formación de la próxima semana, que aprovechará su capacidad para permanecer alerta y atento y, al mismo tiempo, profundamente relajado. Si un cliente experimenta somnolencia y no puede establecer ni mantener un cierto nivel de alerta durante la RMP, como suele ocurrir en el caso de las prácticas de la relajación que se llevan a cabo mientras se está acostado, es probable que la semana siguiente vuelva a experimentar somnolencia, cuando dé comienzo la conciencia plena de la respiración. Por eso resulta tan importante la postura. Sentarse ayudará al cliente a mantener un estado mental despierto durante la práctica.

Pregunta: Mi clienta padece un dolor crónico severo en ambas rodillas y en la parte inferior de la espalda. ¿Cómo le digo que debe practicar cuando llega a esas partes?

Respuesta: Únicamente debe tener mucho cuidado con esas partes del cuerpo cuando las instrucciones le piden que tense y libere esos músculos. Si presenta lesiones en esas partes del cuerpo, podría *estirarlas* con delicadeza en lugar de *contraer* los músculos. Además, cuando las instrucciones digan: «Relaja ahora esta parte» o: «Deshazte ahora de la tensión de tu…», pídale a la clienta que haga todo lo posible para relajar esa parte del cuerpo de una vez, al instante, *soltando* cualquier contracción muscular que se haya producido al seguir las instrucciones de contraer o de estirar. Sin embargo, debido a que su clienta padece un dolor severo en las rodillas, no debería soltar las piernas directamente en el suelo cuando las instrucciones así lo indiquen; debería depositarlas con mucho cuidado. Lo mismo sucede con la parte inferior de su espalda cuando se le pide que arquee la espalda –ha de hacerlo siempre con delicadeza–.

Pregunta: Mi cliente está muy ocupado; viaja mucho y tiene problemas para sacar tiempo para la práctica. Me pregunta si puede practicar una sola vez al día en vez de dos. ¿Qué piensa al respecto?

Respuesta: La bibliografía existente sobre la investigación muestra que cuanto más practicamos, mejores son los resultados, así que es más probable que su cliente obtenga un mayor beneficio si practica más. Lo mucho que practique depende, en última instancia, de él mismo, pero usted ha de ser transparente en cuanto a la relación que existe entre la duración de la práctica y los resultados. Decirle lo que quiere oír no le resultará de ayuda. Dado que está involucrado en este programa y espera beneficiarse de él, ¿por qué no le ayudamos a reorganizar sus actividades para que su necesidad esencial de bienestar no ocupe el último lugar? El cliente podría comprometerse a priorizar las necesidades de los demás, a menudo movido por un sentido del deber o de la compasión, pero esta formación es una oportunidad para que mejore su cuidado personal. Podría ser útil recurrir al cuestionamiento socrático, en caso de que usted haya recibido formación al respecto. En ocasiones, el cliente dice que estará de vacaciones o en una conferencia y que no estará en condiciones de comprometerse con la práctica. Puede preguntarle: «¿Y dónde dormirá?». Él podría responder: «En una habitación de hotel», o: «En casa de mi hermana». Y usted puede responderle a continuación: «¿Qué le impide tener una silla en la habitación, despertarse antes que los demás, ponerse unos auriculares y hacer la práctica por la mañana?». De la misma manera, podría sugerirle un enfoque similar por la noche.

También puede programar las tareas junto a él, preguntándole a qué hora se despierta y se levanta, cuánto dura el desayuno, etc., y ayudándole a programar tiempo para la práctica. En ocasiones, los adultos necesitan la clase de asistencia que por lo general ofreceríamos a niños desorganizados. En cualquier caso, reprima su propia actitud crítica y su reactividad frente a la evitación o la resistencia. ¡Es sorprendente lo que puede hacer un enfoque amable y compasivo (pero asertivo)!

**Documento 1.1.**
**¿Qué es el *mindfulness*?**

El *mindfulness* implica prestar atención a lo que está sucediendo en el momento presente, ahora mismo, sin tratar de cambiar nada. El término «*mindfulness*» es una traducción de la palabra *sati* en pali, que quiere decir conciencia. Algunos la han traducido como «recuerdo», porque para ser consciente de lo que está pasando en el momento presente debemos acordarnos de hacerlo. *Mindfulness* hace referencia a un modo de advertir todas las cosas en las que se involucra la mente (incluidos la visión, la escucha, el olfato, el tacto, el gusto, las sensaciones corporales, los pensamientos y la sensación de las cosas) de un modo calmado y no crítico, sin necesidad de cambiar las cosas o de reaccionar emocionalmente. Esto quiere decir que el *mindfulness* involucra a la «ecuanimidad», que es la capacidad de permanecer calmados y no reactivos, sea cual sea nuestra experiencia. Es otra manera de decir «mantén la calma».

**Documento 1.2.**
**Contrato terapéutico: expectativas del programa**

Al finalizar el programa, habrá ciertas cosas que le gustaría que hubieran mejorado o cambiado. Especifique cuáles; –¿cómo sabrá que estas cosas han cambiado?–.

| *Problemas concretos* | *Sabré que este cambio ha sido real y satisfactorio porque...* |
|---|---|
| *1* | |
| *2* | |
| *3* | |
| *4* | |
| *5* | |
| *6* | |

Firmado: (cliente) ........................

Firmado: (terapeuta) .................. Fecha: ........................

**Documento 1.3.**
**Disposición al cambio y necesidad de esforzarse**

¿Está preparado para dedicar tiempo y esfuerzo a lograr sus indicadores del éxito? ¿Está preparado para dedicar media hora de su tiempo por la mañana y otra media hora por la noche? ¿Cuánto vale su bienestar? ¿Vale, por lo menos, una veinticuatroava parte de su tiempo de cada día?

El hecho de ganarse la vida y de satisfacer las expectativas de la familia y de los amigos requiere tiempo. Están esas actividades poco útiles a las que nos aferramos y que requieren tiempo. También podría estar dedicando gran parte de su tiempo a ocuparse de las necesidades de los demás, algo que podría hacer que se sintiese generoso y responsable; sin embargo, podría descuidar fácilmente sus propias necesidades durante el proceso si no hiciese algo de tiempo para practicar lo que realmente le beneficia. Hacer tiempo para uno mismo es un regalo para los demás y para usted mismo, porque el hecho de estar menos estresado, menos ansioso o menos deprimido beneficia también al resto de personas.

Con un poco de creatividad y de esfuerzo será capaz de darle prioridad al tiempo para el cuidado personal, quizás levantándose media hora antes y liberando algo de tiempo por la tarde o por la noche. La frecuencia, la duración y lo bien que lleve a cabo la práctica resulta de gran importancia. Recuerde que está a punto de crear conexiones cerebrales nuevas y muy saludables y que, al igual que cuando aprendemos cualquier habilidad, requieren práctica. ¿Recuerda cuánto tiempo le llevó aprender a conducir, por ejemplo? Tuvo que practicar frecuentemente y bien, y durante bastante tiempo tuvo que hacerlo bajo la supervisión de un instructor experimentado. ¡Esto exigió una gran cantidad de esfuerzo! Por lo tanto, y solo para aclarar las cosas, la *frecuencia* de la práctica es de dos veces al día, la *duración* es de 30 minutos (salvo los últimos cinco días de la semana 1, en los que la práctica dura 14 minutos), y la *precisión* se consigue al seguir las instrucciones de las pistas de audio proporcionadas por el terapeuta. Este compromiso producirá los cambios en su cerebro que darán lugar a beneficios a largo plazo.

**Documento 1.4.**
**Tres formas de aprendizaje**

Existen muchas maneras de aprender sobre nosotros mismos. He aquí las tres más importantes:

1. *Creer*: Alguien puede «decirle» cómo son las cosas. Hemos aprendido gran parte de lo que sabemos por medio de nuestros padres, de nuestros maestros o de otras personas a las que consideramos expertas.
2. *Racionalizar*: Podemos emplear nuestra propia capacidad para resolver problemas a fin de «solucionarlos». Los físicos han averiguado una gran cantidad de información sobre los planetas y las estrellas pese a no haberlos «experimentado». A medida que maduramos, mejora nuestra capacidad para solucionar las cosas usando lo que hemos aprendido y nuestras propias habilidades para resolver los problemas. Podemos aprender cosas que tal vez no seamos capaces de experimentar de primera mano.
3. *Experimentar*: Aprendizaje basado en nuestra experiencia real. La experiencia de primera mano es la manera más fiable de aprender, dado que nuestra propia experiencia de algo es la única evidencia real que tenemos de algo. Se vuelve cierto para nosotros.

El hecho de darle sentido a nuestra experiencia es muy importante. La experiencia directa de que un perro nos muerda nos proporciona una evidencia fiable de que duele: ahora bien, por sí sola, esta experiencia podría llevar a un miedo de por vida a los perros, a menos que alguien nos explicara que no todos los perros muerden. De manera similar, experimentar un aterrizaje difícil en un avión puede generar un miedo a volar, a menos que aprendamos que la probabilidad de que esto vuelva a suceder en el futuro es muy baja. Por consiguiente, lo más útil es usar estos tres tipos de aprendizaje de manera conjunta, de tal modo que al creer a otras personas que tienen más experiencia que nosotros (alguien que pueda explicarnos que la mayoría de los perros no muerden, por ejemplo) y al usar nuestra mente lógica podamos darle sentido a nuestra experiencia para que no comencemos a evitar situaciones (acariciarlos, por ejemplo). Este programa le proporcionará, por medio de los ejercicios prácticos, la experiencia directa de su potencial para una vida más armoniosa, y su terapeuta le ayudará a darle sentido a esa experiencia.

**Documento 1.5.**
**Estructura del programa: las cuatro etapas**

El programa de la TCCMi consta de cuatro etapas:

Etapa 1: En esta etapa, aprenderá a centrar la atención *internamente* y a observar los acontecimientos internos, como los pensamientos, las sensaciones en su cuerpo y la clase de estados mentales que experimenta. Las habilidades del *mindfulness* le ayudarán a manejar sus hábitos de pensamiento y su reactividad emocional. En la primera etapa de este programa aprenderá cuatro habilidades que le resultarán de utilidad:

1. Relajar su cuerpo.
2. Mantener su mente en el momento presente por medio de los movimientos y la postura.
3. Prestar atención a su modo de pensar y evitar los pensamientos poco útiles.
4. Prestar atención a las sensaciones corporales que forman sus emociones y reducir la reactividad emocional.

Una vez que haya desarrollado estas habilidades (por lo general en un período aproximado de cuatro semanas) avanzaremos a la etapa 2.

Etapa 2: En esta etapa, al ser más consciente y estar «a cargo» de sus pensamientos y sus emociones, será capaz de prestar atención *externamente*, de desafiar las situaciones o los acontecimientos externos de una manera más constructiva. Acabará con la costumbre de evitar –por ejemplo, evitar socializar o asumir riesgos saludables–. Aprenderá habilidades avanzadas del escáner corporal y modos de manejar el malestar emocional con mayor facilidad (técnicas de exposición).

Etapa 3: En esta etapa, empleará las habilidades de las etapas 1 y 2 para abordar situaciones desagradables con otras personas, incluidas aquellas que podría estar evitando por miedo a su propia reacción o a la de los demás. Al aplicar el *mindfulness* y las técnicas de exposición a estas situaciones interpersonales, estará en condiciones de tolerar su malestar emocional y, al mismo tiempo, las reacciones de las otras personas. Desarrollará una manera consciente de ser más asertivo al tiempo que permanece no reactivo. Ver la negatividad y las reacciones emocionales de la gente en su verdadera dimensión es ver su sufrimiento. Por eso a menudo denominamos a esta etapa «el arte de ver el sufrimiento».

Etapa 4: En esta etapa, ampliará su ámbito de actuación todavía más, y aprenderá el modo en que la empatía, la compasión, los valores personales y la ética mejoran y mantienen su bienestar emocional. Ahora que sabemos cómo y por qué nos comportamos del modo en que lo hicimos cuando estábamos angustiados, podemos comprender que a los demás les sucede algo muy similar. Sin embargo, puede que ellos no tengan la comprensión que sí tendrá usted en esta etapa del programa de la TCC-Mi, de tal manera que aprenderá a ser bondadoso y empático. También comenzamos a entender que el hecho de minimizar el daño a uno mismo y a los demás es bueno para nuestro bienestar.

**Documento 1.6.**
**Por qué es importante desarrollar una práctica regular**

El programa de la TCCMi consta, por lo general, de una media de diez sesiones, separadas aproximadamente por una semana, aunque su terapeuta y usted pueden adaptarlo en función de sus necesidades. Está diseñado para favorecer la práctica entre las diferentes sesiones. Para lograr el progreso que desea, tendrá que comprometerse a llevar a cabo dos sesiones de 30 minutos cada día, salvo los cinco últimos días de la semana 1, en los que solo hacen falta dos sesiones de 14 minutos para la práctica de la relajación muscular progresiva. El hecho de practicar menos de dos sesiones de 30 minutos cada día puede evitar que complete el programa en las diez sesiones que recomendamos, lo que disminuirá su capacidad para alcanzar sus metas.

La mayoría de programas efectivos del *mindfulness* recurren a una práctica regular en casa, porque es así como creamos conexiones saludables en el interior del cerebro de un modo que puede ayudarnos a manejar los pensamientos y las emociones de una manera más hábil. Esto recibe el nombre de «neuroplasticidad». Las sesiones demasiado cortas no nos darán la oportunidad de desarrollar y fortalecer los circuitos neuronales. Las investigaciones han demostrado que una rutina de dos sesiones diarias de 30 minutos cada una parece ideal para obtener unas ventajas rápidas en las cuatro etapas de este programa. Puede que al comenzar la práctica necesite algo de tiempo para calmar la mente, y en ocasiones podría descubrir que durante la parte final de la misma ya no está tan centrado. Esto es normal y cambia con el tiempo, a medida que el cerebro establece nuevas conexiones para llevar a cabo las tareas. Es un poco como llevar el cerebro al gimnasio dos veces por día.

En ciertas ocasiones, su terapeuta podría sugerirle una variación en la cantidad de prácticas o en el tiempo programado para cada una de ellas. Su terapeuta trabajará junto a usted en el establecimiento de la práctica y le apoyará cuando aparezcan obstáculos o dificultades en medio del camino.

### Dificultades habituales con el compromiso

*«Necesito dormir más»*

A ciertas personas les preocupa el sueño y creen que no pueden practicar por la mañana debido a sus necesidades de sueño. Desarrollamos toda clase de creencias sobre cuánto necesitamos dormir o sobre lo que podría suceder si durmiésemos un poco menos. Recuerde que es muy probable que los beneficios de la práctica del *mindfulness* superen los efectos derivados de dormir 30 minutos menos por la mañana. Esto es así porque la gente suele tener un sueño mucho más profundo cuando practica la meditación *mindfulness*, y la mayor profundidad del sueño es tan importante como la duración del mismo (si no más). En otras palabras, la calidad es tan importante como la cantidad. El programa nos ayuda a cuestionarnos las cosas que nos impiden hacer lo que valoramos en nuestras vidas, y el temor de no dormir lo suficiente podría ser un buen temor para poner a prueba. ¡Pregúntese si estaría dispuesto a perder algo de sueño si tuviese que coger un avión a Hawái a primera hora de la mañana!

*Estar demasiado ocupado para practicar*

A menudo sentimos que estamos demasiado ocupados para sacar tiempo para cuidarnos o para tomar medidas encaminadas a que se produzca un cambio positivo –un cambio que sería beneficioso para nosotros mismos y para quienes nos rodean–. Este programa le obliga a programar un valioso tiempo de práctica para *usted mismo*. Su terapeuta trabajará junto a usted para solucionar la cuestión de la priorización del tiempo. La creencia de que no tiene tiempo para practicar no es más que una oportunidad para desafiar esa creencia, porque al fin y al cabo no es más que eso. Pregúntese honestamente si estaría dispuesto a hacer tiempo para practicar la meditación 30 minutos dos veces al día si le pagaran 1.000 € por cada sesión, o si la práctica le salvara de una enfermedad mortal. ¿Sacaría tiempo? En caso afirmativo, lo que le impide comprometer ese tiempo es la escasa motivación, no las limitaciones temporales. Esto nos lleva al siguiente obstáculo habitual.

*Sentirse culpable*

Puede que ya esté cuidando de usted mismo y esté dedicando tiempo al yoga, al ejercicio físico o a las actividades creativas. De ser así, podría creer que el hecho de dedicarle tiempo a la meditación *mindfulness* sería abusivo porque ocuparía gran parte del tiempo que debería dedicarle al trabajo o a estar con su familia. Tenga en cuenta que su bienestar mental también requiere atención, y que el hecho de sentirse mejor como consecuencia de la práctica del *mindfulness* también beneficiará a los demás. Recuerde por qué decidió comenzar el programa. Cuando a la gente se le pregunta por qué quiere cambiar en realidad, a menudo responden que desean reducir alguna forma de sufrimiento. Cuando les preguntamos qué ocurriría en caso de que *no* consiguiesen reducir su preocupación, su dolor emocional o sus hábitos poco útiles, a menudo dicen: «Afectaría de mala manera a la gente que me rodea, y no quiero que esto afecte a mi familia». Esto se debe a que la mayoría de las personas sienten compasión por la gente que aman. Una vez que se han comprometido a practicar dos veces al día, informan de los muchos beneficios que su compromiso ha aportado a sus amigos y a su familia.

## Documento 1.7.
## Relajación muscular progresiva y conciencia plena del cuerpo

*Relajación para prepararse para la práctica del* mindfulness

Para la mayoría de la gente, cuando experimentamos angustia emocional somos menos capaces de sentir la emoción (las sensaciones en el cuerpo) porque somos reactivos y estamos «en nuestra cabeza», por así decirlo. Cuando estamos calmados y tranquilos, prestamos atención a lo que sucede en nuestro cuerpo con mayor facilidad. En la TCCMi usamos la relajación muscular progresiva, o RMP, porque nos ayuda a ser conscientes de nuestro cuerpo y a relajar la tensión. La RMP ha demostrado ser efectiva como técnica de relajación y para aliviar el estrés desde la década de 1930. Esta práctica también le prepara para la práctica diaria regular, para que la semana que viene sea capaz de comprometerse con la práctica del *mindfulness* de 30 minutos dos veces al día.

*Práctica de la relajación muscular progresiva*

Con la RMP, aprendemos a contraer y a relajar 16 grupos musculares. Aprenderá a sentir la tensión muscular y a deshacerse de ella de un modo que le ayudará a sentirse más arraigado, presente y comprometido con el cuidado personal diario como preparación para los ejercicios de la semana que viene. Hay instrucciones de audio que le ayudarán cuando empiece con la práctica. Las pistas de audio de esta semana son la 1, la 2 y la 3 a modo de introducción y de explicación, y luego la pista de audio 4 para guiar el ejercicio de la RMP. Cuando haya escuchado las pistas de audio 1, 2, 3 y 4 un par de veces podrá limitarse a usar la pista 4 durante el resto de la semana. Anote cuánto practica en el formulario del «Registro diario de la Relajación Muscular Progresiva» (documento 1.9) y lléveselo al terapeuta en la próxima sesión.

*Práctica de la conciencia plena del cuerpo*

Para la mayor parte de las personas, y no solo para las que acuden a la terapia, estar en el momento presente resulta complicado. Si tenemos una mente dispersa y distraída, podemos rumiar fácilmente sobre el pasado o preocuparnos por el futuro. En este ejercicio aprenderá a mantener su mente en el presente, usando su propio cuerpo como un «ancla» o un «gancho» para su atención en el momento presente. Aprenderá a mantener la concentración al advertir su postura corporal y sus movimientos mientras camina, mientras corre, mientras permanece sentado, acostado o de pie.

En la medida de lo posible, preste atención a sus movimientos y a su postura todos los días de la semana. Aplique este esfuerzo, asimismo, en el momento de acostarse. Duérmase con la conciencia de que su cuerpo está tumbado, sintiendo su peso y la presión sobre el colchón. Concéntrese en el cuerpo con interés y curiosidad, sin juzgarlo. Evite ver el cuerpo como hermoso o feo, o de cualquier otra manera. Limítese a *observarlo* como lo que es: un cuerpo, una parte de la naturaleza. Cuando observamos el cuerpo de verdad, permanecemos en el momento presente y nos alejamos un poco más de los pensamientos inútiles repetitivos. Este es un comienzo importante en el desarrollo de las habilidades para vivir en el presente.

Asimismo, acuérdese de prestar atención a todo lo que hace a lo largo del día, a fin de experimentar las cosas tal y como son en el presente. Estará en mejores condiciones de advertir los detalles del rostro de un amigo y de responder de manera adecuada, de percibir las formas de las semillas del interior de una manzana con interés o el sabor de una comida conocida con satisfacción, etc.

## Documento 1.8.
## Pistas de audio para el programa de la TCCMi

Tenga el favor de emplear las pistas de audio enumeradas a continuación siguiendo las instrucciones de su terapeuta. Puede descargar estas instrucciones de audio a través del siguiente enlace: http://clinicalhandbook.mindfulness.net.au/audio

Etapa 1

1 Introducción general.mp3
2 Fundamento de la formación.mp3
3 Introducción a la RMP.mp3
4 Relajación Muscular Progresiva.mp3
5 Introducción a la conciencia plena de la respiración.mp3
6 Conciencia plena de la respiración.mp3
7 Introducción al escáner corporal.mp3
8 Escáner corporal.mp3
– Apartarse de las instrucciones.mp3

Etapas 2, 3, 4

9 Introducción al escáner avanzado.mp3
10 Escáner simétrico.mp3
11 Introducción al barrido parcial.mp3
12 Barrido parcial.mp3
13 Introducción al barrido en masa.mp3
14 Barrido en masa.mp3
15 Introducción al escáner transversal.mp3
16 Escáner transversal.mp3
17 Introducción a la bondad amorosa.mp3
18 Bondad amorosa.mp3
19 Práctica de mantenimiento.mp3

### Términos de uso de las pistas de audio

Esta licencia le da derecho a reproducir en línea y a descargar los ficheros de audio únicamente para uso privado y profesional por parte de usted y de sus clientes. Por ejemplo, *usted puede*, para su uso privado, copiar las grabaciones en su iPod / iPhone / iPad o reproductor de MP3, y copiar los archivos en un disco compacto para reproducirlo en estéreo. *Esta licencia está limitada a usted*. Esta licencia no le da derecho a vender, regalar, distribuir, reproducir públicamente o transmitir copias privadas, a hacer copias privadas de una grabación ilegítima (p. ej., de un disco compacto grabado o de archivos *peer-to-peer*), o a compartir copias privadas en línea. La carga o la distribución de los archivos por Internet sin permiso del propietario del derecho de autor (doctor Bruno Cayoun) infringirá el derecho de autor.

## Documento 1.9.
## Registro diario de la Relajación Muscular Progresiva

| Día | Fecha | Mañana *(rodee con un círculo)* | Duración | Calificación de la eficacia en % *¿Cómo de relajante ha sido?* | Noche *(rodee con un círculo)* | Duración | Calificación de la eficacia en % *¿Cómo de relajante ha sido?* |
|---|---|---|---|---|---|---|---|
| Lunes | | He practicado Sí / No | | | He practicado Sí / No | | |
| Martes | | He practicado Sí / No | | | He practicado Sí / No | | |
| Miércoles | | He practicado Sí / No | | | He practicado Sí / No | | |
| Jueves | | He practicado Sí / No | | | He practicado Sí / No | | |
| Viernes | | He practicado Sí / No | | | He practicado Sí / No | | |
| Sábado | | He practicado Sí / No | | | He practicado Sí / No | | |
| Domingo | | He practicado Sí / No | | | He practicado Sí / No | | |

## Referencias adicionales

CAYOUN, B. A., *Mindfulness-integrated CBT: Principles and practice*, Wiley, Chichester, UK 2011 (trad. esp.: *TCC con mindfulness integrado. Principios y práctica*, Desclée De Brouwer, Bilbao 2013).

# Sesión 2: Regular la atención a través de la conciencia plena de la respiración

*La paciencia y el tiempo hacen más que la fuerza y la violencia.*

—Jean de la Fontaine, 1668[1]

## Introducción

La sesión de esta semana se centra en el desarrollo de las habilidades de la regulación de la atención a través de la práctica de la conciencia plena de la respiración (*anapanasati* en pali), y aborda las dificultades potenciales para cumplir una planificación regular de la práctica. Este capítulo introduce la práctica y el propósito de la conciencia plena de la respiración, que constituye el primer método meditativo empleado en la TCCMi. Este método le proporciona al terapeuta orientación en la práctica de sus clientes de la conciencia plena de la respiración, una práctica que les ayudará a comprender de manera más profunda sus propios estados mentales y el modo en que estos afectan a las emociones y al comportamiento. A medida que los clientes se vuelvan menos críticos, menos reactivos y se relacionen de una manera más objetiva con sus pensamientos, se verán también menos afectados por ellos. Los clientes aprenderán a advertir y a deshacerse de los pensamientos poco útiles –los pensamientos

1. J. La Fontaine, *Fables, Book 2 Fable 11* (1668). Consultado el 1 de octubre de 2020 en http://www.gutenberg.org/ebooks/50316

inquietantes, rumiativos o catastróficos– y, en lugar de ello, a alimentar los pensamientos útiles.

## Comprobar la disposición del cliente

Si está siguiendo el protocolo de aplicación estándar, esta es la segunda semana de formación de sus clientes. Tiene que comprobar si están comprometidos con la práctica de la relajación muscular progresiva (RMP) dos veces al día. En caso afirmativo, pregúnteles si se han beneficiado de ella. Aunque la mayor parte de las personas se benefician de la RMP, muchas de ellas pueden verse desafiadas por la práctica porque su mente permanece distraída, o incluso agitada, cuando tensan y relajan los músculos. Esto ocurre, en particular, cuando la persona está acostumbrada a estimularse mucho con las actividades diarias, como trabajar, estudiar o preocuparse por las cosas. Muchas personas dicen que no pueden dejar de pensar, lo que quiere decir que pueden estar *apegadas* a los pensamientos, del mismo modo que alguien está apegado a otro estímulo sensorial. De la misma manera que una persona puede ser adicta al azúcar, se puede ser adicto a pensar. A pesar de los beneficios bien documentados de la relajación, no es fácil aprender cuándo hemos quedado atrapados en los pensamientos. Sin unas habilidades específicas, puede resultar difícil separarse de los pensamientos no queridos. Eso es, precisamente, lo que su cliente aprenderá a hacer esta semana, a menos que tengamos que retrasar el siguiente paso.

### *Retrasar el siguiente paso*

Si su cliente ha tenido dificultades para establecer una práctica diaria o ha descubierto que la propia RMP ha suscitado dificultades considerables, tendrá que trabajar junto a él para determinar la causa de estas, para permitir que avance sin sentir que ha fracasado. En ciertas ocasiones, los clientes experimentan una ansiedad inducida por la relajación. Es más probable que esto ocurra en personas que presenten antecedentes recientes o síntomas activos de trauma. A medida que se relajan y que disminuye el umbral de su conciencia, toman una mayor conciencia de lo que es subconsciente de forma intermitente. Comienzan a recordar las cosas que habitualmente tratan de evitar. Esto también se aplica a algunas personas con dolor crónico. Aunque sientan el profundo deseo de relajar su cuerpo atormentado, relajarse también significa sentir más. En ambos tipos de casos, a la gente le molesta lo que siente y a menudo hace todo lo posible por evitarlo, ya sea mediante la medicación, la distracción o la intoxicación. Tal vez se sientan un poco ansiosos cuando comiencen a relajarse. Para empezar, pueden practicar la RMP con los ojos abiertos, si es que eso les resulta de ayuda. En caso de necesitarlo, el hecho de que omitan algunas partes del cuerpo no resulta perjudicial, dado que no solo estamos empleando la RMP para relajarnos –sino también para comprometernos con una práctica diaria de un modo que resulte coherente con el *mindfulness*–, y, en última instancia, no estamos tratando de alcanzar un estado de relajación. La aceptación de las limitaciones del cliente es una prioridad.

Cuando surja un problema con el establecimiento de una rutina de la práctica diaria, deberá ayudar a su cliente a comprometerse nuevamente y, a continuación, repetir la práctica de la última semana antes de avanzar a la práctica de la conciencia plena de la respiración. Es importante que sus clientes sean capaces de establecer una práctica antes de seguir adelante.

Si sus clientes han sido capaces de mantener una práctica regular, es el momento de introducir la conciencia plena de la respiración. Dado que la conciencia plena de la respiración es un requisito previo para el siguiente paso del programa, sus clientes también tendrán que comprometerse con una práctica diaria de la conciencia plena de la respiración. Sin un compromiso firme, la mejoría clínica será lenta, lo que puede contribuir a una escasa motivación para continuar con el programa y a que algunos clientes lo abandonen en último término. Es más probable que se produzca un compromiso con la tarea si los clientes se beneficiaron de la tarea anterior, lo que refuerza positivamente la probabilidad de que se esfuercen y confíen en la práctica. Reiteramos la importancia del compromiso con la práctica porque los beneficios *dependen* de la práctica.

## Propósito de la conciencia plena de la respiración

Esta semana, sus clientes comenzarán a desarrollar las habilidades del *mindfulness* por medio de la respiración. Aprenderán a practicar la conciencia plena de la respiración para permanecer centrados en el momento presente, momento a momento, al tiempo que aprenden a inhibir su propensión a tomar parte en los pensamientos que emergen de manera espontánea en el conocimiento consciente. Esta es una tarea de concentración que calma la mente progresivamente y que proporciona la fuerza mental necesaria para evitar pensar demasiado[2]. Los clientes aprenden a observar la respiración natural a fin de anclar su atención al aspecto interoceptivo de la respiración mientras se ven expuestos a esos pensamientos intrusivos y evitan las reacciones habituales a esos pensamientos. Desarrollan cierto control sobre su respuesta a los pensamientos intrusivos. Esta práctica de la atención usa una función ya existente (la respiración) que es una parte natural de la experiencia actual del momento presente del cliente. Su cliente advertirá progresivamente que la mente es de todo menos tranquila, y que de un momento al siguiente vagará por el pasado o el futuro, pero que rara vez permanecerá en la realidad que está teniendo lugar en el presente. La supervisión de estos patrones mentales sin comprometerse con ellos o reaccionar ante ellos calma y estabiliza la mente progresivamente[3]. Se ha comprobado que este método reduce, por sí solo, la rumiación negativa en clientes anteriormente deprimidos[4].

## Configuración de la práctica

### *Entorno y material*

Antes de comenzar, es importante preparar un entorno favorable para la práctica. El contexto debe ser propicio cuando los clientes

2. J. Kabat-Zinn, *Full catastrophe living, revised edition: How to cope with stress, pain and illness using mindfulness meditation*, Hachette, Londres, UK 2013.
3. W. Hart, *The art of living: Vipassana meditation as taught by S. N. Goenka*, Harper Collins, Nueva York 1987 (trad. esp.: *La Vipassana*, Edaf, Madrid 1994).
4. T. Barnhofer, T. Chittka, H. Nightingale, C. Visser y C. Crane, «State effects of two forms of meditation on prefrontal EEG asymmetry in previously depressed individuals»: *Mindfulness* (2010). doi: 10.1007/s12671-010-0004-7

son nuevos en la práctica. El mejor entorno para la práctica de la meditación *mindfulness* es uno con la mínima cantidad de estimulación posible –dentro de una habitación tranquila–. Examine dónde y cuándo será capaz su cliente de practicar dos veces al día. Cuando comience a desarrollar las habilidades de la práctica querremos limitar las distracciones en la medida de lo posible para así minimizar la estimulación sensorial externa. Más adelante, cuando su cliente adquiera cierta pericia podrá practicar en cualquier parte, pero esta es una habilidad que tarda tiempo en desarrollarse. Esto quiere decir que, por el momento, su cliente necesitará disminuir los estímulos visuales, auditivos, olfativos, táctiles o los relacionados con el gusto, el movimiento del cuerpo y el pensamiento voluntario. Si el entorno nos estimula en exceso, nuestra atención pasará del objeto de la práctica a los estímulos externos –a los sonidos y el tacto, por ejemplo–, en lugar de centrarse internamente en las sensaciones de la respiración. En otras palabras, el entorno externo puede crear estímulos [*inputs*] sensoriales que nos impiden prestar atención a los resultados [*outputs*], como el surgimiento de pensamientos y sensaciones corporales, que suelen aparecer durante la práctica.

Examine lo anterior con su cliente, incluida la elección de una habitación tranquila en la que no pueda ser molestado durante 30 minutos por la mañana y 30 minutos por la noche. Algunas personas creen que necesitan algún lugar especial para la meditación. Esto puede crear, en ciertas ocasiones, limitaciones en su práctica. Algunos clientes dirán que no practicaron o que no pudieron practicar porque los niños estaban jugando en la habitación contigua o porque su pareja estaba haciendo algo en la habitación destinada a la práctica de la meditación. Si este es el caso de su cliente, puede ser útil recordarle que puede practicar en cualquier lugar razonablemente tranquilo. Si tiene la costumbre de practicar sentado en una silla, puede poner una silla de la cocina en su dormitorio y practicar ahí.

Su cliente tendrá que escuchar las instrucciones de audio en un reproductor de MP3, en un teléfono móvil o en un reproductor de discos compactos (en caso de que haya decidido copiar las pistas de audio en un disco compacto). La temperatura de la habitación es importante, sobre todo al comienzo del programa. El hecho de que la temperatura no sea ni muy baja ni muy alta resultará de ayuda. Un calor excesivo puede hacer que su cliente se duerma, mientras que el frío excesivo crea agitación. El nivel de ruido puede convertirse en un problema si su cliente no ha adquirido todavía las habilidades de la ecuanimidad, que pueden ayudar a evitar la reactividad. También es importante tomar en consideración la luz. El hecho de atenuar las luces puede ser útil, pero es mejor practicar con algo de luz que hacerlo a ciegas, dado que una habitación poco iluminada o muy oscura puede provocar somnolencia.

### *Estados físicos y mentales*

Cuanto menos comamos antes de la práctica, mejor. Por la noche, es preferible practicar antes de cenar o mucho después de haberlo hecho, si no es demasiado tarde. Practicar después de una comida y con el estómago lleno no resulta sencillo. La digestión agota nuestras energías y la mayoría de las personas sienten somnolencia.

Si su cliente consume sustancias tóxicas, entre ellas alcohol durante la cena, asegúrese de que no lo haga *antes* de la práctica. Se ha demostrado que el alcohol, la marihuana y otras sustancias tóxicas desinhiben las áreas prefrontales del cerebro necesarias para el tipo de esfuerzo mental que se requiere en la práctica de la meditación. Como resultado de ello, su cliente no será capaz de controlar su respuesta a lo que surja en la mente[5]. Después de haber practicado las habilidades del *mindfulness* durante 30 minutos, es probable que en un momento posterior del día necesiten menos sustancias que de costumbre, sobre todo si las toman para relajarse o para dormir.

### *Postura*

Es importante explicar que practicamos con los ojos cerrados para reducir al mínimo las distracciones ocasionadas por los estímulos

5. P. ej., K. Suchotzki, G. Crombez, E. Debey, K. van Oorsouw y B. Verschuere, «In vino veritas? Alcohol, response inhibition and lying»: *Alcohol and Alcoholism*, 50 (2015), 74-81. doi:10.1093/alcalc/agu079; A. Smith, R. Zunini, C. Anderson, C. Longo, I. Cameron, M. Hogan y P. Fried, «Impact of marijuana on response inhibition: an fMRI study in young adults»: *Journal of Behavioral and Brain Science*, 3 (2011), 124–133. doi:10.4236/jbbs.2011.13017

externos y para centrarnos mejor en la experiencia interna. Puede que a algunos clientes les suponga un problema cerrar los ojos por temor a agitarse o a ponerse ansiosos debido a un trauma pasado o a un miedo a perder el control. El terapeuta tiene diferentes maneras de abordar esto con su cliente. Podría ser útil que este último entrecerrase los ojos y que dirigiese su mirada hacia el suelo, para así no ver más de dos metros y medio por delante de sus rodillas. A medida que su cliente comience a sentirse más seguro y más cómodo podrá realizar esfuerzos progresivos y cerrar un poco más los ojos en cada sesión.

A diferencia de la cómoda postura sentada empleada durante la RMP, la postura que emplearemos de aquí en adelante para la práctica del *mindfulness* implica mantener el cuello y la espalda rectos y no apoyarse en nada. Las rodillas del cliente deberían colocarse por debajo de sus glúteos. Esto abrirá el ángulo entre el torso y las caderas, permitiendo que el cliente se siente erguido de una manera segura sin que se acumule tensión en la parte inferior de la espalda. De igual manera, esta postura recta le mantendrá más alerta y atento pese a la falta de estimulación externa. La figura 1 de la sesión 2 contiene dos posturas sentadas cómodas: una en una silla y otra en el suelo.

La práctica puede llevarse a cabo sentado sobre una silla o sobre el cojín grueso en el suelo. Si su cliente se decanta por la silla, asegúrese de que no se apoya contra el respaldo. Si se sienta en el suelo, compruebe que no se apoya contra nada –por ejemplo, una cama, un sofá o una pared–. El hecho de que las rodillas entren en contacto con el suelo mantendrá la espalda en una posición vertical con facilidad, sin que por ello se agote su cliente. Ahora bien, esta última postura no siempre resulta sencilla mientras practicamos. Su cliente podría optar por trabajar en ello y llegar a esa postura de manera progresiva, o simplemente sentarse en una silla. No hay ninguna necesidad de usar una postura complicada o dolorosa en la práctica del *mindfulness*. El hecho de crear dolor intencionalmente puede convertirse en una gran distracción de la tarea actual. Es importante que tenga esto presente si su cliente tiene antecedentes traumáticos o practica *asana yoga* y tiene cierta tendencia a forzar el cuerpo. En ese caso, forzar el cuerpo puede ser un medio para evitar cualquier otra cosa que podría surgir en la conciencia del cliente si se limitara a

**Sesión 2, figura 1.** Ejemplos de posturas sentadas en una silla y en el suelo

relajarse en una postura erguida y cómoda. Asegúrese de que su cliente no pasa al otro extremo y se acuesta en el suelo, ¡o la práctica de la meditación no tardará en convertirse en una sesión de ronquidos!

### *Ropa*

Su cliente tendrá que vestir ropa cómoda tanto si decide sentarse en una silla como si prefiere hacerlo en el suelo. En este último caso, su cliente se beneficiará al colocar una manta gruesa o un tapete sobre el suelo que esté debajo de sus pies y sus rodillas, y al poner encima un cojín grueso para sentarse. Los meditadores suelen colocar un chal o una manta sobre sus hombros por el frío que pueden llegar a sentir al permanecer quietos durante algún tiempo. El hecho de cubrir la parte inferior de la espalda y las piernas puede hacer que la práctica resulte más agradable.

### ***Práctica de la conciencia plena de la respiración***

La práctica de la conciencia plena de la respiración se realiza con los ojos cerrados, mientras permanecemos en una postura erguida

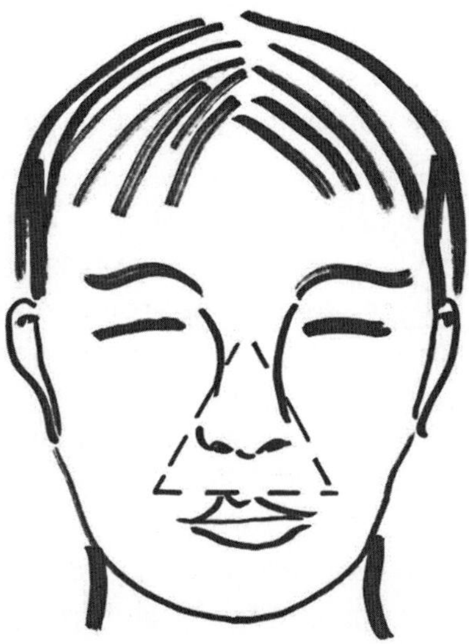

**Sesión 2, figura 2.** Foco de atención para la conciencia plena de la respiración

cómoda. Comenzamos dedicando medio minuto a relajar el cuerpo, pero en esta ocasión sin tensar ni relajar los músculos, algo que ya hicimos la semana pasada. Tan solo estamos haciendo un rápido «escáner» a través del cuerpo para desprendernos de cualquier posible tensión. Esto se asemeja a un ejercicio muy rápido de la RMP, pero sin la parte de tensar el cuerpo. No hacemos esto para crear cierta aversión a la tensión, sino únicamente para hacer que todo resulte más sencillo para la gente que se encuentra agitada y que es muy nueva en la meditación. Las instrucciones de audio que acompañan a este libro proporcionan la orientación necesaria para la práctica.

La práctica de la conciencia plena de la respiración comienza con la mente calmada, con la atención centrada, en la medida de lo posible, en la entrada de las fosas nasales. El cliente ha de llevar su atención a una pequeña área triangular de la cara que cubre toda el área de las fosas nasales; tiene que centrarse fundamentalmente en cómo la respiración entra y sale de las fosas nasales, lo que ocasiona un cambio de temperatura y una fricción en las paredes interiores de las fosas, en los anillos exteriores de las fosas nasales y en el área que se encuentra justo por debajo de estas, encima del labio superior. La figura 2 de la sesión 2 ilustra el área a la que hay que limitar el foco de atención durante la conciencia plena de la respiración.

Su cliente ha de aprender a mantener el foco principal de su atención en las sensaciones de la respiración que se producen en las fosas nasales. Cuando entren en su conciencia otros posibles objetos de su atención –los sonidos, las sensaciones prominentes en otras áreas del cuerpo o el contenido del pensamiento relacionado con sus preocupaciones recientes o habituales, por ejemplo–, se le animará a seguir prestando atención a las sensaciones asociadas con una respiración normal, natural y no controlada. Si el cliente experimenta una respiración agitada (p. ej., rápida, profunda o desagradable), se le guiará para que se limite a presenciar y a aceptar la experiencia de la agitación, y se le pedirá que haga todo lo posible por permanecer con una actitud no reactiva y de calma mental. Si no logra alcanzar esta calma mental, se le pedirá que centre su atención en observar la respiración, y no en sus pensamientos, y que advierta cómo los pensamientos pueden resolverse al centrarse en la respiración sin desear que las cosas sean diferentes y aceptando la experiencia presente. El hecho de tratar de cambiar los aspectos de la respiración puede producirse a causa de una reacción negativa a la experiencia de la respiración, lo que puede provocar una mayor agitación. Por otra parte, la aceptación de que la respiración es demasiado rápida o profunda permite que la mente comience a relajarse. Tras unos días de práctica, puede que el cliente tome conciencia de las sensaciones sutiles en su cara y alrededor de la misma –por ejemplo, cierta sensación de picor que no conseguía explicar–. Tal vez tenga que tranquilizar a su cliente normalizando esta experiencia y diciéndole que es normal sentirse así, y que debe advertir esas sensaciones sin darles importancia, reconociendo que en un principio pueden experimentarse como molestas. Lo mismo sucede con las sensaciones experimentadas en cualquier otra parte del cuerpo mientras supervisamos la respiración.

Explíquele a su cliente que no es aconsejable usar las imágenes o cualquier técnica de verbalización, pese a que pueda haberlas usado anteriormente. El *mindfulness* es *siempre* una práctica de observar nuestra experiencia de la realidad *tal y como es*, tal y como se manifiesta momento a momento. En ocasiones se emplean técnicas de visualización y mantras para asistir a los principiantes, sobre todo cuando el foco de la práctica es el aspecto de la meditación relacionado con la concentración. Sin embargo, y dado que la conciencia plena de la respiración (una práctica de concentración) no es nuestra práctica final, el hecho de recurrir a visualizaciones o a imágenes se convertirá en un obstáculo en las próximas semanas.

### *Habilidades que podrá aprender su cliente*

Puede que las habilidades que aprenda su cliente no le resulten familiares, pero se comprenden bien en la ciencia psicológica occidental, donde se consideran habilidades «de las funciones ejecutivas»[6]. Son funciones mentales esenciales que usamos para «gobernar» nuestras vidas a diario[7]. Por ejemplo, *la primera habilidad* que desarrollará el cliente es la «conciencia metacognitiva», esto es, la capacidad de ser consciente de la presencia y del tipo de pensamientos que están presentes en la conciencia. Aprenderá a desarrollar esta habilidad con la conciencia plena de la respiración manteniendo su atención en un foco seleccionado (la respiración) durante períodos de tiempo cada vez más prolongados. Esta constituye, por sí sola, una gran herramienta para centrarse en las actividades cotidianas.

*Una segunda habilidad* que adquirirá su cliente gracias a la conciencia plena de la respiración es la capacidad de observar los pensamientos que emergen de manera espontánea en la conciencia sin identificarse con ellos. De hecho, su cliente no elige tener estos pensamientos específicos. Más adelante ofreceremos una explicación para la aparición dinámica de pensamientos, cuando analicemos los modos de normalizar los pensamientos intrusivos. El hecho de usar esta explicación ayudará a que su cliente se sienta más cómodo con los recuerdos dolorosos que puedan emerger durante la práctica.

---

6. B. A. Cayoun, *Mindfulness-integrated CBT: Principles and practice*, Wiley, Chichester, UK 2011 (trad. esp.: *TCC con mindfulness integrado. Principios y práctica*, Desclée De Brouwer, Bilbao 2013); R. Chambers, C. Lo y N. B. Allen, «The impact of intensive mindfulness training on executive cognition, cognitive style, and affect»: *Cognitive Therapy and Research*, 32 (2008), 303-22.
7. B. A. Cayoun, *The dynamics of bimanual coordination in ADHD: Processing speed, inhibition and cognitive flexibility*, Lambert Academic Publishing, Saarbrücken 2010.

En la práctica oriental tradicional, el hecho de observar los pensamientos sin identificarse con su contenido y de abstenerse de usarlos para alimentar una narración sobre el yo es un modo de practicar la «ausencia de ego». Según la terminología occidental reciente, esto recibe el nombre de «descentramiento»[8]. El lector tendrá que ayudar a su cliente a comprender que los pensamientos son *solo* pensamientos, y que no existe ninguna necesidad de identificarse con ellos por el mero hecho de que los esté experimentando. El cliente desarrollará la capacidad de percibir los pensamientos como lo que son: únicamente pensamientos, acontecimientos mentales y nada más.

Observar la intromisión de los pensamientos requiere inhibir la reacción habitual de comprometerse a «pensar» los pensamientos. Por lo general, cuando un pensamiento entra en nuestra mente nos limitamos a acompañarlo, sin cuestionarnos si es o no es lo que queremos hacer o si el hecho de seguir pensándolo podría resultar útil o perjudicial, o incluso sin darnos cuenta de que no elegimos activamente pensar ese pensamiento. Sin la liberación mental que proporciona la práctica del *mindfulness*, seguimos siendo prisioneros de nuestra propia mente. La práctica de la conciencia plena de la respiración enseñará al cliente a ser más asertivo con su propia mente y a decirle «no» a los pensamientos.

Si consideramos la conciencia plena de la respiración desde un punto de vista conductual, esta consta en gran medida de la exposición (a los pensamientos y a otros estímulos) y de la prevención de la respuesta (inhibir la proliferación del pensamiento). Cuando se entiende de este modo (i. e., cuando se basa en una teoría sólida), los profesionales clínicos se sienten más seguros de lo que están haciendo y comprenden mejor los mecanismos de acción. Esto significa también que los profesionales clínicos están en mejores condiciones de evaluar el riesgo de los efectos adversos que se producen, como las abreacciones potenciales con recuerdos traumáticos espontáneos[9].

8. J. D. Teasdale, Z. V. Segal y J. M. G. Williams, «How does cognitive therapy prevent depressive relapse and why should attentional control (Mindfulness) training help?»: *Behaviour Research and Therapy*, 33 (1995), 25-39.

9. N. T. Van Dam, M. K. van Vugt, D. R. Vago, L. Schmalz, C. D. Saron, A. Olendzki, ... D. E. Meyer, «Mind the Hype: A critical evaluation and prescriptive agenda for research on mindfulness and meditation»: *Perspectives on Psychological Science* (2017), 1-26. doi:10.1177/1745691617709589

Por ejemplo, si el lector trabaja con clientes traumatizados que se han mantenido estables durante un tiempo pero tienen antecedentes de una fuerte reactividad emocional, dejarles practicar por su cuenta durante mucho tiempo no sería una buena idea. Si los clientes refuerzan las emociones intensas que surgen al mismo tiempo que los recuerdos dolorosos durante más de dos o tres semanas (i. e., *no* aplicando ecuanimidad a las sensaciones coemergentes), puede que experimenten fuertes reacciones, lo que aumenta la probabilidad de que abandonen la terapia. Para evitarlo, es importante ver cada semana o cada quince días a los clientes que han tenido una infancia traumática o compleja. Esto proporcionará suficientes oportunidades para aclarar las tareas, para resolver los problemas y para brindar valoración y apoyo –de ahí que en la parte 1 del libro recomendáramos enérgicamente una formación profesional precisa en la TCCMi y una supervisión por parte de instructores bien informados y experimentados–. En la sesión 6 examinaremos un modo útil de abordar los recuerdos traumáticos.

*Una tercera habilidad* desarrollada gracias a la práctica de la conciencia plena de la respiración es la capacidad de distanciarnos de los pensamientos y de volver a prestar atención a la tarea que teníamos entre manos, que en este caso es el foco en nuestra propia respiración. Esta tercera función ejecutiva recibe el nombre de cambio de atención. Tan pronto como el cliente reconoce que ha surgido un pensamiento en la mente, el próximo paso debería ser el de devolver la atención inmediatamente a las fosas nasales sin quedar atrapado en el pensamiento. Hacer esto en repetidas ocasiones y con cuidado aumentará su flexibilidad cognitiva, volviendo su mente también más paciente, tolerante y flexible en la vida cotidiana. Esto implica un fortalecimiento de las conexiones cerebrales necesarias para evitar que se produzca la antigua reacción y para elegir una nueva respuesta[10]. Por ende, estas habilidades permiten que abordemos el *proceso* del pensamiento, más que su *contenido* (el significado del pensamiento en sí mismo).

10. B. K. Hölzel, S. W. Lazar, T. Gard, Z. Schuman-Olivier, D. R. Vago y U. Ott, «How does mindfulness meditation work? Proposing mechanisms of action from a conceptual and neural perspective»: *Perspectives on Psychological Science*, 6(6) (2011), 537-559.

## Diferenciar la conciencia plena [*mindfulness*] de la atención

Para la mayoría de las personas que se inician en las terapias basadas en el *mindfulness*, el hecho de formar a los clientes para que se limiten a advertir la respiración momento a momento parece bastante sencillo, pero el problema está en los detalles. Conviene señalar que mientras que ser consciente requiere siempre estar atento, estar atento *per se* no implica ser consciente. Un par de analogías útiles que puede evocar con su cliente son la del gato frente a la ratonera –muy atento y preparado para dar caza al ratón– y la de un artista circense que camina por la cuerda floja. Uno está prestando una atención plena a su presa y alberga un fuerte deseo de cazarla (deseo), y el otro presta una atención plena a su equilibrio físico para evitar caer (aversión). En ambos casos, en los que estar completamente concentrado en el «aquí y ahora» resulta esencial, el estado mental implica deseo o aversión. En cambio, prestar atención de manera consciente requiere liberarse del deseo, de la aversión y de la identificación con los pensamientos y con otras experiencias que aparezcan de manera espontánea. Por consiguiente, durante la meditación debemos prestar atención a nuestra respiración, sin que se produzca un deseo por nuestra parte y sin aversión hacia los pensamientos no deseados que podrían entrometerse en el conocimiento consciente durante la práctica.

La confusión sobre qué constituye la conciencia plena [el *mindfulness*][11] suele aparecer cuando carecemos de un marco teórico sólido desde el que podamos comprender los constructos y los mecanismos de acción. Por ejemplo, si entendemos que las habilidades del *mindfulness* son *mecanismos de la atención que favorecen la exposición y la prevención de la respuesta*, entonces la atención constante resulta insuficiente[12]. Como sucede en todos los métodos de la

11. B. A. Cayoun, «The purpose, mechanisms, and benefits of cultivating ethics in Mindfulness-integrated Cognitive Behavior Therapy», en L. M. Monteiro, J. Compson y F. Musten (eds.), *Practitioner's guide to ethics and Mindfulness-Based Interventions*, Springer, Cham 2017; véase también N. T. Van Dam, M. K. van Vugt, D. R. Vago, L. Schmalz, C. D. Saron, A. Olendzki, ... D. E. Meyer, «Mind the Hype: A critical evaluation and prescriptive agenda for research on mindfulness and meditation», op. cit., a modo de revisión.
12. B. A. Cayoun, *Mindfulness-integrated CBT: Principles and practice*, op. cit.

terapia de exposición, hemos de evitar la reactividad –en este caso, en forma de deseo y aversión–. Esto es importante por dos razones. La primera de ellas está relacionada con los beneficios de la práctica. Si su cliente se esfuerza en permanecer atento pero sucumbe a una actitud ansiosa por las expectativas futuras o se ve sumido en el resentimiento cada vez que encuentra un recuerdo desagradable, no aprenderá a neutralizar la carga emocional vinculada al pensamiento (que emerge al mismo tiempo que este) y, en lugar de ello, reforzará los hábitos poco útiles[13].

La segunda razón está relacionada con los efectos potencialmente dañinos que se derivan del hecho de estar atento pero no ser consciente. Dado que es *muy probable* que en el transcurso de la práctica su cliente se acuerde de los acontecimientos estresantes, la falta de objetividad y de ecuanimidad hará posible la reacción aversiva aprendida. En otras palabras, si su cliente experimenta un recuerdo doloroso durante la práctica y no comprende de manera clara que los recuerdos no son más que combinaciones de pensamientos y de sensaciones coemergentes, de fenómenos físicos y mentales impersonales, les prestará atención de un modo que implica reaccionar con aversión (p. ej., evitación, rumias, etc.). En ese caso, la respuesta aprendida se ve reforzada en lugar de extinguirse. Por consiguiente, en nombre del *mindfulness*, una mala comprensión de los mecanismos de acción puede inducir a error a los clientes, lo que en ciertos casos puede ocasionar efectos adversos de la práctica del *mindfulness*. Es por eso que todo el capítulo 2 se ha dedicado al marco teórico subyacente de la TCCMi.

## Normalizar los pensamientos intrusivos

Uno de los primeros fenómenos con que nos encontramos durante la conciencia plena de la respiración es la aparición espontánea de pensamientos e imágenes. Cuando la gente empieza a practicar, estas imágenes y estos pensamientos se perciben como distracciones no deseadas, o incluso como acontecimientos frustrantes. Esta

13. B. A. Cayoun y A. Shires, *Co-emergence reinforcement: A proposed transdiagnostic mechanism in emotional disorders and their remediation through mindfulness and cognitive-behavioral interventions*. Manuscrito presentado para su publicación.

experiencia común debe normalizarse para evitar una percepción incorrecta de la incapacidad personal o del fracaso y, como consecuencia de ello, una disminución de la motivación. El mero hecho de decir: «Es normal, vuelve a centrarte en la respiración» es una sugerencia razonable, pero se basa en el «aprendizaje devocional», en la fe en el terapeuta, y no aprovecha lo bastante las tres modalidades de aprendizaje (devocional, crítico y experiencial). El hecho de ofrecer una explicación, aunque sea metafórica, puede involucrar al pensamiento crítico e impulsar los esfuerzos. A continuación se recogen los tres modos de normalizar los pensamientos intrusivos.

### *Método socrático*

El diálogo socrático –el enfoque de cuestionamiento que se usa a menudo en la TCC y un estilo de comunicación que el Buda usó aproximadamente 500 años antes de Sócrates– es siempre un buen aliado cuando se trata de normalizar las experiencias de los clientes. Dado que la TCCMi supone una estrecha integración del *mindfulness* y la TCC, el diálogo socrático suele emplearse durante todo el programa. Tanto si estamos examinando la reactividad de un cliente a los pensamientos intrusivos como si estamos haciendo lo propio con cualquier otra experiencia desagradable, esta es una interacción típica (T = terapeuta, C = cliente):

T: Es como si te preocuparan todos estos pensamientos que parecen interferir en lo que estás intentando hacer –esto es, centrarte en la respiración–. ¿Estoy en lo cierto?

C: Sí, al cabo de unos días se volvió muy frustrante, y por eso en los últimos tres días solo he sido capaz de practicar 15 minutos; pasado ese tiempo me distraigo demasiado y deja de tener sentido.

T: Entiendo perfectamente que eso puede resultar frustrante. Me pregunto cómo te las arreglas cuando te ves distraído por personas o tareas inesperadas que interfieren con lo que estás tratando de lograr en tu vida diaria. ¿Eres tolerante y flexible o sueles frustrarte con facilidad?

C: Sí, me siento frustrado. Odio cuando tratas de hacer algo y no puedes hacerlo porque surge algo o porque la gente requiere tu atención...

T: ¿Es posible que tu frustración al tratar de centrarte en la respiración y al verte distraído por los pensamientos esté desencadenando una reacción habitual en tu vida cotidiana?

C: Mmm..., eso parece, ¿no? No había pensado en ello.

T: Dado que el cerebro que usas para la meditación es el mismo que usas en las acciones cotidianas, ¿no tiene sentido que responda de una manera similar cuando piensas de una manera similar?

C: Sí, supongo que tiene sentido.

T: Nuestra personalidad y los caminos en el cerebro que mantienen nuestros hábitos no se modifican en esta primera etapa de tu formación, de modo que reaccionas en tu meditación del mismo modo que reaccionas en la vida diaria, y viceversa. ¿Te gustaría cambiar este hábito en tu vida diaria?

C: Sí, por supuesto, me gustaría conseguir que mi vida fuera más sencilla. De igual manera, estaría bien que la gente se sintiera más relajada a mi alrededor.

T: Estupendo. Ahora imagina que sigues entrenando a tu mente para que no sea tan reactiva, para que se mantenga más tranquila, más objetiva y más flexible cada vez que un pensamiento te distrae y evita que te centres en la respiración al meditar. ¿Crees que esto influiría en tu vida diaria?

C: Sí, posiblemente.

T: Eso es exactamente lo que observamos en este programa y en la investigación: dado que la práctica del *mindfulness* reconfigura el cerebro para que esté más centrado, asentado y para que sea más flexible, es algo que también experimentas en la vida diaria a medida que te vuelves más paciente y menos reactivo. Esto quiere decir que realmente *necesitamos* estos pensamientos intrusivos para desarrollar estas habilidades. Si no tenemos la oportunidad de aprender a manejar los pensamientos intrusivos de manera tranquila, sin identificarnos con ellos, no podremos desarrollar estas habilidades. ¿Ves por qué resulta útil tener estos pensamientos al comenzar la práctica?

C: Sí, supongo que son un poco como herramientas.

T: ¡Exacto! Es útil recordar que la manera en que meditas es el modo en que vives tu vida, y eso te ofrece la posibilidad de hacer cambios... ¿Estás dispuesto a llevar a cabo la práctica completa de 30 minutos por sesión a partir de ahora?

C: A buen seguro que lo intentaré. Ahora lo entiendo mejor...

Esta explicación puede ser suficiente, pero se reforzará si viene seguida de (o si es reemplazada por) la siguiente explicación.

### *Tres causas internas de los pensamientos intrusivos*

Existen contextos externos e internos en los que los pensamientos intrusivos surgen en el conocimiento consciente. Los contextos externos están integrados por todos los estímulos ambientales externos: lo que escuchamos, lo que vemos, lo que olemos, lo que saboreamos o lo que sentimos. La práctica en posición sentada minimiza esta estimulación externa, dado que se realiza con los ojos cerrados, en un lugar tranquilo y en una posición sentada y sin moverse. La práctica en el interior le resultará más sencilla al cliente porque reducirá la cantidad de estímulos externos. Sin embargo, los estímulos internos (pensamientos y sensaciones corporales) no dependen de ninguna fuente externa. Si nos fijamos, cada vez se vuelve más evidente que los pensamientos relacionados con los temas en los que hemos estado pensando reciente o frecuentemente tienden a emerger con mayor facilidad en la conciencia. Según la teoría de las redes neuronales[14], esto puede explicarse fácilmente en términos de la *fuerza* y la *profundidad* de la activación neuronal relacionada con estos pensamientos[15].

En esencia, el conjunto de neuronas que se requieren para procesar estos pensamientos recientes y frecuentes permanecen más activadas que las que se emplean para procesar los pensamientos más antiguos e infrecuentes. A medida que nos relajamos y nos centramos en la respiración, las redes neuronales con un mayor nivel de activación permiten que los pensamientos correspondientes alcancen el conocimiento consciente. Esto se demuestra mejor con la activación de la denominada «red neuronal por defecto», localizada en la línea media del córtex prefrontal. Ha quedado demostrado una y otra vez que esta parte del cerebro se activa cuando soñamos despiertos y cuando tenemos pensamientos relacionados con nosotros mismos,

---

14. J. L. McClelland, D. E. Rumelhart y The PDP Research Group, *Parallel distributed processing: Explorations in the microstructure of cognition* (Vol. 2), Bradford Books/MIT Press, Cambridge, MA 1986.
15. Véase B. A. Cayoun, *Mindfulness-integrated CBT: Principles and practice*, op. cit., para una explicación detallada.

como los recuerdos autobiográficos y la anticipación de las futuras interacciones con los demás; en efecto, los pensamientos típicos que experimentamos cuando empezamos a aprender la meditación[16]. Además, los pensamientos intrusivos espontáneos durante la práctica están determinados por la *profundidad* de su activación neuronal, i. e., la activación de las neuronas en el fondo de los caminos emocionales del cerebro. La consideración del modelo de coemergencia de refuerzo (véase el capítulo 2) muestra que el componente «Evaluación» causa una estimulación concomitante en el componente «Interocepción» (sensaciones corporales), y que la intensidad de las sensaciones está determinada por el grado del pensamiento crítico.

Es un poco más complicado, pero esta explicación nos ayuda a comprender y a normalizar lo que parecen ser pensamientos aleatorios y pensamientos que pueden provocar fuertes reacciones en los clientes. Durante la práctica de la meditación, dado que una de las tareas consiste en minimizar la producción de nuevos pensamientos, los pensamientos activados frecuente y recientemente tienen la oportunidad de entrometerse. Al inhibir la reacción a estos pensamientos, estos no se ven reforzados (o se ven reforzados solo mínimamente) porque la atención regresa de manera inmediata a la respiración. Esto atenúa la fuerza de activación de estas redes, debilitando así los pensamientos asociados. Es un *proceso de extinción* que permite que el material más antiguo aflore en la conciencia, y explica por qué la gente suele decir que ha revivido antiguos recuerdos durante la práctica de la meditación. Esto permite que los pensamientos se procesen nuevamente de un modo neutral, de una forma menos personal. Siegel ha denominado a este proceso «desacoplamiento»: separar los pensamientos de su aspecto emocional[17]. Sin embargo, el recuerdo

16. A. Doll, B. K. Hölzel, C. Bouckard, A. M. Wohlschlager y C. Sorg, «Mindfulness is associated with intrinsic functional connectivity between default mode and salience networks»: *Frontiers of Human Neuroscience*, 9 (2015), 461. doi:10.3389/fnhum.2015.00461; L. Xu, A. Vik, I. R. Groote, J. Lagopoulos, A. Holen, Ø. Ellingsen, et al., «Nondirective meditation activates default mode network and areas associated with memory retrieval and emotional processing»: *Frontiers in Human Neuroscience*, 8 (2014), 86. doi:10.3389/fnhum.2014.00086
17. R. D. Siegel, *The mindfulness solution: Everyday practices for everyday problems*, Guilford Press, Nueva York 2009 (trad. esp.: *La solución Mindfulness: prácticas cotidianas para problemas cotidianos*, Desclée De Brouwer, Bilbao 2011).

no parece verse afectado; de hecho, este puede mejorar cuando las sensaciones coemergentes se vuelven conscientes, mientras está ausente la reactividad emocional que por lo general se asocia al recuerdo. Es probable que los recuerdos que se asocian a sensaciones más intensas establezcan fuertes conexiones con los caminos emocionales y parezcan ser más resistentes a la extinción. Esto resulta ventajoso desde una perspectiva evolutiva, ya que significa que recordamos cosas que ocasionaron una gran reactividad emocional y que pudieron constituir una amenaza.

Cuando vivimos una experiencia que evoca alguna emoción, las sensaciones que subyacen a la emoción y al aspecto asociado de la memoria cognitiva se codifican y se almacenan juntas. Esto significa que cuando experimentamos sensaciones en el cuerpo que son lo bastante similares a las que experimentamos en algún momento pasado, estas pueden actuar como señales del recuerdo y provocar la recuperación del mismo. Por consiguiente, los pensamientos espontáneos que puedan parecer aleatorios durante la meditación podrían no tener nada de aleatorios –para cualquier acontecimiento debe haber una causa–. Advierta asimismo que las sensaciones desencadenadas por una experiencia emocional reciente pueden actuar como señales del recuerdo durante o entre las prácticas de la meditación. Esta explicación puede ayudar a que los clientes normalicen sus experiencias de los pensamientos intrusivos durante su práctica del *mindfulness*.

De lo anterior se desprende que el hecho de intentar suprimir los pensamientos resulta contraproducente, dado que estos se ven mantenidos por las sensaciones corporales. Por el contrario, el hecho de abordar las intrusiones de los pensamientos y las sensaciones corporales que emergen al mismo tiempo con ecuanimidad y de manera no reactiva apoya el proceso de extinción. Ha quedado demostrado que aunque la duración de la ansiedad puede reducirse durante la supresión, es probable que la ansiedad sea más severa y que ocurra con mayor frecuencia cuando se detiene la supresión del pensamiento[18]. En realidad, no resulta productivo «no pensar» un pensamiento

18. E. H. Koster, E. Rassin, G. Crombez y G. W. Näring, «The paradoxical effects of suppressing anxious thoughts during imminent threat»: *Behaviour Research and Therapy*, 41(9) (2003), 1113–1120.

que está emergiendo en la conciencia. Si a alguien se le pide que «intente no pensar en un oso blanco», lo primero que hará antes de intentar suprimir ese oso blanco es pensar en él. Este es un aspecto muy importante para el tratamiento de los trastornos de la ansiedad, unos trastornos en los que los pensamientos son fundamentales.

Tenga en cuenta que los efectos de la frecuencia, de la coemergencia y de lo reciente que haya sido la experiencia forman parte de un sistema dinámico interactivo de procesamiento cognitivo y no son mecanismos separados. Por ejemplo, la experiencia de ir caminando esta mañana al trabajo es más reciente que un accidente de coche que presenció ayer por la noche, pero es más probable que los pensamientos que lleguen a la conciencia en primer lugar al meditar esta noche sean los relacionados con el accidente, aunque sea menos reciente que el paseo de esta mañana. Esto se debe a que la carga emocional de estos pensamientos (las sensaciones corporales coemergentes) es mucho «más pesada» que la del paseo tranquilo de esta mañana. Si estas sensaciones coemergentes no han disminuido por completo desde el accidente (sobre todo si piensa en ello frecuentemente desde el accidente), entonces las sensaciones corporales actúan como señales del recuerdo. En otras palabras, la interocepción actúa como una variable que media entre los efectos de la frecuencia y de lo reciente que haya sido el suceso.

### *La metáfora del ayuno de la mente*

Algunos clientes no tienen la capacidad de asimilar la anterior explicación neurofenomenológica de los pensamientos intrusivos, ni siquiera cuando esta explicación se ofrece con términos muy sencillos. En este caso, sugerimos que el terapeuta ofrezca la «metáfora del ayuno» que figura a continuación, inspirada en los discursos de uno de nuestros maestros de la meditación Vipassana, S. N. Goenka[19]. Si decidimos perder peso, hemos de disminuir el aporte de energía que obtenemos de la comida o aumentar la producción de energía

19. S. N. GOENKA, *The discourse summaries: Talks from a ten-day course in Vipassana Meditation condensed by William Hart*, Vipashyana Vishodhan Vinyas, Bombay 1987.

(«quemar grasas») a través del esfuerzo físico, o ambos. Cuando nuestro cuerpo necesita más energía que la que proporciona nuestra comida, ha de encontrarla en las reservas de nuestro cuerpo –nuestra grasa acumulada–. Esa es la principal razón por la que perdemos peso. Este mismo razonamiento puede aplicarse a la mente. ¿Cuál es el aporte para la mente? Desde una perspectiva experiencial, los aportes mentales son, principalmente, los pensamientos y las imágenes. Cuando centramos nuestra atención en la respiración, no estamos centrándonos en los pensamientos; ni siquiera estamos pensando en la respiración. Sabemos que está ahí porque la sentimos. Por definición, no estamos creando nueva información mental. Metafóricamente hablando, la mente está «ayunando» y necesita acceder a sus reservas para continuar funcionando, y las reservas de la mente son nuestros recuerdos. Cuanto menos alimentamos a la mente con nuevos pensamientos, más recuerdos «consume».

Ciertamente, nuestra mente no está libre de pensamientos solamente porque decidamos no pensar. Esto se debe a que la mente siempre necesita información para procesar. Al igual que el cuerpo almacena excedentes de alimentos en forma de grasa, la mente almacena nuestra percepción de los acontecimientos como recuerdos. De este enorme banco de recuerdos pueden surgir millones de pensamientos –pensamientos sobre cosas que podemos recordar y sobre otras que no–. Al abstenernos de crear nueva información mental (pensamientos) durante la meditación *mindfulness*, permitiremos que se produzcan los resultados mentales. Un pensamiento, una imagen o incluso un sentimiento en el cuerpo pueden surgir en la mente.

Si no nos involucramos con los recuerdos –aunque no reconozcamos el pensamiento como un recuerdo– y nos limitamos a advertirlo a medida que surge, el valor que podamos haberle otorgado en el pasado se neutralizará, junto con las emociones asociadas a él. Si seguimos siendo observadores neutrales cada vez que surge un pensamiento, este dejará de influir en nuestra vida cotidiana actual y en nuestra vida futura. Cuantos más pensamientos reexperimentemos de un modo neutral, más nos liberaremos de nuestro pasado.

En ocasiones no queda claro si los pensamientos que surgen durante la práctica provienen del pasado. ¿Cómo sabemos que un pensamiento es un recuerdo cuando no podemos reconocerlo como tal? Imagínese abriendo uno de los cajones de su cocina y encontrando una cuchara en él. ¿Cómo puede estar ahí la cuchara a menos que la dejara en ese mismo sitio en el pasado? Los pensamientos son como cualquier otra cosa; no se pueden recuperar a menos que estuvieran ahí en un primer momento. Además, los pensamientos sobre los temas futuros que emergerán durante la meditación tan solo son recuerdos de pensamientos que tuvimos sobre el futuro. Por ejemplo, si esta mañana le preocupa el examen que tiene mañana, es posible que experimente algunos recuerdos de este miedo durante la práctica de esta noche. Durante la práctica vespertina, los pensamientos espontáneos sobre el mañana, el futuro, surgirán de la experiencia del ayer, el pasado. Lo mismo ocurre cuando tenemos pensamientos espontáneos en la cama, cuando tratamos de dormir.

## Aplicación con clientes individuales

### *Objetivo de la sesión*

La sesión 2 introduce la conciencia plena de la respiración y su razón de ser (desarrollar una conciencia metacognitiva, un control inhibitorio sobre los pensamientos intrusivos y sobre los desvíos de la atención) y proporciona una explicación detallada de las intrusiones de los pensamientos (efectos de la frecuencia, de la coemergencia y de lo reciente que haya sido la experiencia).

### *Revise los deberes y el progreso*

Agradezca las opiniones sobre los deberes de la semana pasada y aclare las cuestiones a medida que surjan. Pregúntele a su cliente cómo le ha ido la semana en general. ¿Ha advertido algo diferente esta semana? Reconozca, valore y valide los pequeños cambios. Esto ayudará a reforzar su práctica. Aliente al cliente a hacer todo tipo de preguntas y aclare cualquier aspecto de la práctica cuando sea necesario.

### *Profundice la motivación*

Los clientes deprimidos y ansiosos suelen experimentar un miedo al fracaso, lo que hace que parezca difícil comprometerse con cualquier tarea nueva. Las expectativas basadas en la terapia pueden convertirse en una nueva fuente de ansiedad y en una razón para abandonarla. Si los clientes han tenido dificultades para comprometerse con la práctica regular, puede que deseen recurrir al cuestionamiento socrático: «Si te dieran las habilidades necesarias para cambiar tu estado, ¿las usarías?, o: «De cero a cien, ¿cuánto estarías dispuesto a cambiar, siendo cero nada en absoluto y cien completamente?». En caso de ser inferior al 100%, esclarezca los motivos de ello, entre los que se podrían incluir las dudas en uno mismo, el miedo al fracaso y una baja motivación. Desafíe sus puntos de vista mediante el diálogo socrático: «Puede sonar un poco extraño, pero ¿podrías decirme por qué querrías cambiar?». Si el terapeuta sigue insistiendo con: «... ¿y cuál sería el propósito de eso?» o con una pregunta similar, los clientes podrían decir en algún momento: «No quiero transmitirles la depresión (o la ansiedad, etc.) a mis hijos», o: «No quiero que mi pareja sufra». Llegados a este punto, recalque que una razón para que los clientes lleven a cabo este programa es la compasión: «¿Has advertido lo compasivo que puedes ser? Gran parte de lo que te motiva a hacer todos estos esfuerzos es tu compasión y tu amor por tus hijos o por tu familia (por ejemplo), ¿te has dado cuenta de ello?».

Pregunte: «¿Qué puede pasar si no cambias?». Haga hincapié en el «coste» (hacer deberes en casa), y mencione que en ocasiones resulta complicado mantenerse al día con la práctica. Recalque la necesidad de comprometerse: «¿Cuándo estarías dispuesto a emplear 30 minutos por la mañana y 30 minutos por la tarde en tu terapia? ¿Y dónde llevarías a cabo la práctica?».

### *Proporcione la razón de ser de la conciencia plena de la respiración*

Preséntele al cliente la razón de ser de la práctica de la conciencia plena de la respiración. El siguiente es un ejercicio experiencial que emplea la «tarea del dedo» para presentar la razón de ser de los deberes del cliente. También puede usarse a modo de explicación *ad hoc* para la intrusión de pensamientos durante la práctica si la información que contiene no se ha examinado antes de implementar los ejercicios de la conciencia plena de la respiración que el cliente debe hacer en casa.

> Antes de comenzar la práctica de la conciencia plena de la respiración de esta semana, intentémoslo juntos durante unos minutos y asegurémonos de que lo comprendes, de manera que puedas practicarlo en casa con total confianza. En primer lugar, siéntate con tu cuello y tu espalda erguidos, y coloca las palmas de tus manos sobre los muslos. Ahora cierra los ojos y centra toda tu atención en la entrada de tus fosas nasales mientras respiras de manera natural, sin controlar tu respiración. Limítate a sentir la respiración a medida que esta pasa naturalmente por tus fosas nasales. Del mismo modo, trata de sentir el contacto de la respiración en las paredes interiores, en los anillos externos de las fosas nasales y en la pequeña área que se encuentra justo por debajo de estas, encima del labio superior, y presta atención a esta parte con paciencia y atención durante un minuto, hasta que te dé nuevas instrucciones...

Espere en silencio durante unos treinta segundos permitiendo que el cliente experimente algunos pensamientos intrusivos.

> ¡Fantástico! Mantén los ojos cerrados y, tan pronto como adviertas que un pensamiento aparece inesperadamente en tu mente, levanta ligeramente el dedo índice de tu mano dominante, manteniendo la muñeca en el muslo. Mantén el dedo levantado hasta que seas capaz de llevar la atención de vuelta a tus fosas nasales y, a continuación, deja que vuelva a descansar sobre la rodilla. Haz esto con cada pensamiento que surja en tu mente mientras te limitas a supervisar tu respiración. Puede que tengas que repetir este gesto muchas veces en los próximos minutos. Esto no supone ningún problema ni refleja una falta de habilidad. Lo que realmente importa es que captes cada pensamiento a medida que surja, que liberes la atención del pensamiento con calma y paciencia, y que redirijas la atención a la respiración lo antes posible. Da lo mejor de ti durante los próximos minutos, y acuérdate de usar tu dedo índice para ayudarme a entender qué pensamientos estás teniendo... Ten en cuenta, asimismo,

> que un sonido no es un pensamiento. Los sonidos de los pájaros o de los coches del exterior no son pensamientos a menos que pienses en ellos –por ejemplo, en lo bien que suenan o en lo ruidosos que son–. Así que no levantes tu dedo si oyes algo y *no* piensas en ello. Levántalo únicamente si estás pensando en los sonidos que oyes. Lleva a cabo esta práctica durante los próximos minutos.

Observe la actitud del cliente, su lenguaje corporal y la frecuencia de la intrusión de sus pensamientos durante aproximadamente un minuto. En ciertas ocasiones, algunos clientes tienen pocas intrusiones de pensamientos, si es que tienen alguna. Si el lector cree que el cliente muestra cierta deseabilidad social (i. e., trata de impresionar), sobre todo si ha meditado o si ha practicado yoga con anterioridad, aclárele con delicadeza lo que usted está tratando de hacer y reformule la tarea en términos de ver la «capacidad de atrapar los pensamientos que emergen». En otras ocasiones, el cliente puede estar tan atrapado en una corriente de pensamientos que podría no darse cuenta de que está involucrado de manera activa en el proceso de reflexión. Un ejemplo típico de esto es una preocupación por su postura o por su apariencia mientras practica con los ojos cerrados. Aunque esto implica una evaluación continua de cómo se presenta frente a usted, sobre todo si tiene ansiedad social, la gente nueva en la conciencia plena de la respiración presumirá, por lo general, que este tipo de pensamientos no cuentan como pensamientos intrusivos. Pídale ahora al cliente que abra los ojos y que analice su experiencia.

> ¿Has advertido lo agitada que está la mente? Tratamos de mantener nuestra atención de manera tranquila y silenciosa en la respiración, pero nuestras mentes no nos dejan. No hay descanso aquí, solo ajetreo y agitación. ¿Has visto lo similar que resulta cuando tratas de relajarte en casa? A menos que tomemos una copa, que veamos la televisión, que leamos un libro o que recurramos a otras distracciones, no es fácil desconectar y liberar nuestra mente de los pensamientos, sobre todo de los negativos… ¿no es así?... Permíteme que te dé algunas explicaciones observando lo que sucede cuando procesamos la información…

Ahora es un buen momento para explicar que la conciencia plena de la respiración es un método que entrena tres funciones ejecutivas.

> Cuando practicamos la conciencia plena de la respiración, nos entrenamos para mantener nuestra atención en el flujo natural de la respiración. La primera habilidad que desarrollamos es la «conciencia metacognitiva», que nos permite detectar pensamientos intrusivos y verlos como lo que son: únicamente pensamientos, únicamente acontecimientos mentales. Esto nos ayuda a seguir siendo observadores más objetivos y a no suponer que *somos* el pensamiento. Esta es una habilidad muy importante porque nos da la opción de responder de la manera en que elijamos, en lugar de reaccionar de manera automática. La segunda habilidad es la de evitar la reacción habitual al pensamiento, que consiste en pensarlo. Aprendemos a no comprometernos con el pensamiento. Esto recibe el nombre de «inhibición de la respuesta». Básicamente, significa que asumimos el control de nuestra respuesta. La tercera habilidad consiste en volver a centrar nuestra atención en el objetivo de la atención: la respiración en la entrada de las fosas nasales. Para practicar esto, desconectamos la atención del pensamiento y la reasignamos sistemáticamente de vuelta a la respiración, y lo hacemos de manera suave, con paciencia y sin frustrarnos. Por medio de este continuo esfuerzo de liberar y desviar la atención desarrollamos una «flexibilidad cognitiva». Estas son las tres habilidades mentales principales que nos permiten ser conscientes de que pensamos las cosas en exceso cuando rumiamos, dejar de hacerlo y volver a centrar nuestra atención en lo que es importante.

Ofrézcale ahora al cliente una comprensión teórica sobre la naturaleza de los pensamientos que surgen en la conciencia. Descríbale las causas internas de los pensamientos intrusivos y su extinción. Explique y normalice la tendencia a distraerse durante la práctica usando la «metáfora del ayuno», como se presenta en el texto principal. Además, o de manera alternativa, puede completar su explicación de los pensamientos intrusivos exponiendo muy brevemente cómo los pensamientos compiten para acceder al conocimiento consciente de acuerdo con su *frecuencia*, de lo *reciente* que haya sido la experiencia y de la *profundidad* de la activación en las redes neuronales.

### *Introduzca el ejercicio de la conciencia plena de la respiración*

Puede encontrar el ejercicio de la conciencia plena de la respiración en la pista de audio 6. Realice una breve práctica con su cliente. Esto le permitirá comprobar el modo en que este está practicando y si mantiene una postura adecuada. También puede comprobar su comprensión de la «divagación mental» y el pensamiento intrusivo.

### *Explique los deberes*

- Retirar la RMP y comenzar la práctica de la conciencia plena de la respiración. Las instrucciones de audio se encuentran en la pista 6, y la introducción en la pista 5. Explíquele a su cliente que la pista de audio tiene una duración de 20 minutos y que tendrá que seguir practicándola por su cuenta, en silencio, durante otros 10 minutos para completar la práctica de 30 minutos. Recalque la necesidad de practicar *dos veces* al día y de esforzarse por comprometerse.
- Fomentar la práctica aplicada en la vida cotidiana, una práctica en la que su cliente permanezca consciente de la respiración y del tipo de pensamientos que entren en la mente, en la que deje de lado los pensamientos poco útiles y en la que reconozca y aliente los que son útiles. Mencione que los hábitos reactivos duraderos solo cambiarán en caso de que la práctica sea suficiente; cuanto más practiquemos, mejor.
- Leer los documentos 2.1, 2.2 y 2.3.
- Rellenar el «Registro diario de la Práctica de la Meditación *Mindfulness*» (documento 2.4).

## Aplicación con grupos

### *Objetivo de la sesión*

La sesión 2 introduce la conciencia plena de la respiración y su razón de ser (desarrollar una conciencia metacognitiva, un control inhibitorio sobre los pensamientos intrusivos y sobre los desvíos de la atención) y proporciona una explicación detallada de las intrusiones de los pensamientos (efectos de la frecuencia, de la coemergencia y de lo reciente que haya sido la experiencia).

### *Materiales*

- Pizarra blanca y rotuladores.
- Equipo de audio para las instrucciones de audio.
- Documentos: 2.2 (Consejos para la práctica), 2.3 (Deberes), y 2.4 (Registro diario de la Práctica de la Meditación *Mindfulness*).

### *Revise los deberes y el progreso*

Los miembros del grupo comparten su experiencia con la práctica. Agradezca las opiniones sobre los deberes de la semana pasada y aclare las cuestiones a medida que surjan. Pregúnteles a los participantes cómo les ha ido la semana en general. ¿Han advertido algo diferente esta semana? Reconozca, valore y valide los pequeños cambios. Esto ayudará a reforzar su práctica. Aliente a los participantes a hacer todo tipo de preguntas y aclare cualquier aspecto de la práctica cuando sea necesario.

### *Profundice la motivación*

Los clientes deprimidos y ansiosos suelen experimentar un miedo al fracaso, lo que hace que parezca difícil comprometerse con cualquier tarea nueva. Las expectativas basadas en la terapia pueden convertirse en una nueva fuente de ansiedad y en una razón para abandonarla. Si los clientes han tenido dificultades para comprometerse con la práctica regular, puede que desee recurrir al cuestionamiento socrático: «Si te dieran las habilidades necesarias para cambiar tu estado, ¿las usarías?, o: «De cero a cien, ¿cuánto estarías dispuesto a cambiar, siendo cero nada en absoluto y cien completamente?». En caso de ser inferior al 100%, esclarezca los motivos de ello, entre los que se podrían incluir las dudas en uno mismo, el miedo al fracaso y una baja motivación. Desafíe sus puntos de vista mediante el diálogo socrático: «Puede sonar un poco extraño, pero ¿podrías decirme por qué querrías cambiar?». Si el terapeuta sigue insistiendo con: «... ¿y cuál sería el propósito de eso?» o con una pregunta similar, los clientes podrían decir en algún momento: «No quiero transmitirles la depresión (o la ansiedad, etc.) a mis hijos», o: «No quiero que mi pareja sufra». Llegados a este punto, recalque que una razón para que los clientes lleven a cabo este programa es la compasión: «¿Habéis advertido lo compasivos que podéis ser? Gran parte de lo que os motiva a hacer todos estos esfuerzos es vuestra compasión y vuestro amor por vuestros hijos o por vuestra familia (por ejemplo), ¿os habéis dado cuenta de ello?».

Pregunte: «¿Qué puede pasar si no cambiáis?». Haga hincapié en el «coste» (hacer deberes en casa), y mencione que en ocasiones resulta complicado mantenerse al día con la práctica. Recalque la necesidad de comprometerse: «¿Cuándo estaríais dispuestos a emplear 30 minutos por la mañana y 30 minutos por la tarde en vuestra terapia? ¿Y dónde llevaríais a cabo la práctica?».

### *Proporcione la razón de ser de la conciencia plena de la respiración*

Preséntteles a los clientes la razón de ser de la conciencia plena de la respiración. El siguiente es un ejercicio experiencial que emplea la «tarea del dedo» para presentar la razón de ser de los deberes. También puede usarse a modo de explicación *ad hoc* para la intrusión de pensamientos durante la práctica si la información que contiene no se ha examinado antes de implementar los ejercicios de la conciencia plena de la respiración que los clientes deben hacer en casa.

> Antes de comenzar la práctica de la conciencia plena de la respiración de esta semana, intentémoslo juntos durante unos minutos y asegurémonos de que lo comprendéis, de manera que podáis practicarlo en casa con total confianza. En primer lugar, sentaos con el cuello y la espalda erguidos, y colocad las palmas de las manos sobre los muslos. Cerrad ahora los ojos y centrad toda vuestra atención en la entrada de las fosas nasales mientras respiráis de manera natural, sin controlar vuestra respiración. Limitaos a sentir la respiración a medida que esta pasa naturalmente por vuestras fosas nasales. Del mismo modo, tratad de sentir el contacto de la respiración en las paredes interiores, en los anillos externos de las fosas nasales y en la pequeña área que se encuentra justo por debajo de estas, encima del labio superior, y prestad atención a esta parte con paciencia y atención durante un minuto, hasta que os dé nuevas instrucciones...

Espere en silencio durante unos treinta segundos permitiendo que los participantes experimenten algunos pensamientos intrusivos.

¡Fantástico! Mantened los ojos cerrados y, tan pronto como advirtáis que un pensamiento aparece inesperadamente en vuestra mente, levantad ligeramente el dedo índice de vuestra mano dominante, manteniendo la muñeca en el muslo. Mantened el dedo levantado hasta que seáis capaces de llevar la atención de vuelta a vuestras fosas nasales y, a continuación, dejad que vuelva a descansar sobre la rodilla. Haced esto con cada pensamiento que surja en vuestra mente mientras os limitáis a supervisar vuestra respiración. Puede que tengáis que repetir este gesto muchas veces en los próximos minutos. Esto no supone ningún problema ni refleja una falta de habilidad. Lo que realmente importa es que captéis cada pensamiento a medida que surja, que liberéis la atención del pensamiento con calma y paciencia, y que redirijáis la atención a la respiración lo antes posible. Dad lo mejor de vosotros durante los próximos minutos, y acordaos de usar el dedo índice para ayudarme a entender qué pensamientos estáis teniendo... Tened en cuenta, asimismo, que un sonido no es un pensamiento. Los sonidos de los pájaros o de los coches del exterior no son pensamientos a menos que penséis en ellos –por ejemplo, en lo bien que suenan o en lo ruidosos que son–. Así que no levantéis el dedo si oís algo y *no* pensáis en ello. Levantadlo únicamente si estáis pensando en los sonidos que oís. Llevad a cabo esta práctica durante los próximos minutos.

Observe la actitud de los participantes, su lenguaje corporal y la frecuencia de la intrusión de sus pensamientos durante aproximadamente un minuto. En ciertas ocasiones, algunas personas tienen pocas intrusiones de pensamientos, si es que tienen alguna. Si el lector cree que algunos participantes muestran cierta deseabilidad social (i. e., tratan de impresionar), sobre todo si han meditado o si han practicado yoga con anterioridad, acláreles con delicadeza lo que usted está tratando de hacer y reformule la tarea en términos de ver la «capacidad de atrapar los pensamientos que emergen». En otras ocasiones, una persona puede estar tan atrapada en una corriente de pensamientos que podría no darse cuenta de que está involucrada de manera activa en el proceso de reflexión. Un ejemplo típico de esto es una preocupación por su postura o por su apariencia mientras practica con los ojos cerrados. Aunque esto implica una evaluación continua de cómo se presentan frente a usted, sobre todo si tienen ansiedad social, la gente nueva en la conciencia plena de la respiración presumirá, por lo general, que este tipo de pensamientos no cuentan como pensamientos intrusivos. Pídales ahora a los participantes que abran los ojos y que analicen su experiencia.

> ¿Habéis advertido lo agitada que está la mente? Tratamos de mantener nuestra atención de manera tranquila y silenciosa en la respiración, pero nuestras mentes no nos dejan. No hay descanso aquí, solo ajetreo y agitación. ¿Habéis visto lo similar que resulta cuando tratáis de relajaros en casa? A menos que tomemos una copa, que veamos la televisión, que leamos un libro o que recurramos a otras distracciones, no es fácil desconectar y liberar nuestra mente de los pensamientos, sobre todo de los negativos… ¿no es así?... Permitidme que os dé algunas explicaciones observando lo que sucede cuando procesamos la información…

Ahora es un buen momento para explicar que la conciencia plena de la respiración es un método que entrena tres funciones ejecutivas.

> Cuando practicamos la conciencia plena de la respiración, nos entrenamos para mantener nuestra atención en el flujo natural de la respiración. La primera habilidad que desarrollamos es la «conciencia metacognitiva», que nos permite detectar pensamientos intrusivos y verlos como lo que son: únicamente pensamientos, únicamente acontecimientos mentales. Esto nos ayuda a seguir siendo observadores más objetivos y a no suponer que *somos* el pensamiento. Esta es una habilidad muy importante porque nos da la opción de responder de la manera en que elijamos, en lugar de reaccionar de manera automática. La segunda habilidad es la de evitar la reacción habitual al pensamiento, que consiste en pensarlo. Aprendemos a no comprometernos con el pensamiento. Esto recibe el nombre de «inhibición de la respuesta». Básicamente, significa que asumimos el control de nuestra respuesta. La tercera habilidad consiste en volver a centrar nuestra atención en el objetivo de la atención: la respiración en la entrada de las fosas nasales. Para practicar esto, desconectamos la atención del pensamiento y la reasignamos sistemáticamente de vuelta a la respiración, y lo hacemos de manera suave, con paciencia y sin frustrarnos. Por medio de este continuo esfuerzo de liberar y desviar la atención desarrollamos una «flexibilidad cognitiva». Estas son las tres habilidades mentales

principales que nos permiten ser conscientes de que pensamos las cosas en exceso cuando rumiamos, dejar de hacerlo y volver a centrar nuestra atención en lo que es importante.

Ofrézcales ahora a los participantes una comprensión teórica sobre la naturaleza de los pensamientos que surgen en la conciencia. Descríbales las causas internas de los pensamientos intrusivos y su extinción. Explique y normalice la tendencia a distraerse durante la práctica usando la «metáfora del ayuno», como se presenta en el texto principal. Además, o de manera alternativa, puede completar su explicación de los pensamientos intrusivos exponiendo muy brevemente cómo los pensamientos compiten para acceder al conocimiento consciente en función de su *frecuencia*, de lo *reciente* que haya sido la experiencia y de la *profundidad* de la activación en las redes neuronales.

### *Introduzca el ejercicio de la conciencia plena de la respiración*

Realice una breve práctica de la conciencia plena de la respiración con los participantes. Puede encontrar las instrucciones de audio en la pista 6. Vea también el guion en el apéndice 2. Esto le permitirá comprobar el modo en que están practicando los clientes y si mantienen una postura adecuada. También puede comprobar su comprensión de la «divagación mental» y el pensamiento intrusivo.

### *Explique los deberes*

- Retirar la RMP y comenzar la práctica de la conciencia plena de la respiración. Las instrucciones de audio se encuentran en la pista 6, y la introducción en la pista 5. Explíqueles a los participantes que la pista de audio tiene una duración de 20 minutos y que tendrán que seguir practicándola por su cuenta, en silencio, durante otros 10 minutos para completar la práctica de 30 minutos. Recalque la necesidad de practicar *dos veces* al día y de esforzarse por comprometerse.
- Fomentar la práctica aplicada en la vida cotidiana, en la que los participantes permanecen conscientes de la respiración y del tipo de pensamientos que entran en la mente, en la que

dejan de lado los pensamientos poco útiles y en la que reconocen y alientan los que son útiles. Mencione que los hábitos reactivos duraderos solo cambiarán en caso de que la práctica sea suficiente; cuanto más practiquemos, mejor.

- Leer los documentos 2.1, 2.2 y 2.3.
- Rellenar el «Registro diario de la Práctica de la Meditación *Mindfulness*» (documento 2.4).

## Preguntas más frecuentes

Pregunta: Mi clienta me dice que le encanta la práctica y escuchar las instrucciones de audio. ¡Le encanta el acento francés! Me ha preguntado si realmente tiene que hacer los últimos 10 minutos en silencio, de acuerdo con las instrucciones. ¿Puede limitarse a escuchar las instrucciones una vez más durante ese tiempo?

Respuesta: Parece que su clienta siente apego hacia la voz de las instrucciones. Esto se debe a que su juicio positivo sobre su experiencia crea sensaciones corporales agradables, sensaciones hacia las que siente apego, y luego reacciona con anhelo cuando practica en silencio y estas dejan de estar presentes. Esto puede ser difícil de entender al principio, pero lo que tanto le gusta a su clienta son sus propias sensaciones corporales. Es probable que, al practicar sin las instrucciones de audio, no experimente estas sensaciones, así que la práctica en silencio le resulta menos atractiva. Su clienta debe comprender que el apego es una trampa en la vida cotidiana, y que uno de los propósitos centrales de la TCCMi es cambiarlo. Cuando ya no está la voz (y, por consiguiente, tampoco están las sensaciones agradables), la ausencia de estas sensaciones agradables se experimenta como algo desagradable, lo que hace que reaccione con aversión. Una vez que vayamos adquiriendo más experiencia, la práctica deberá llevarse a cabo cada vez más en silencio. Esto desarrollará la capacidad de no reaccionar frente a las experiencias de anhelo de las sensaciones agradables, y esta capacidad se generalizará a una mayor capacidad de manejar los anhelos en la vida cotidiana.

Pregunta: Mi cliente dijo que detuvo la práctica de la conciencia plena de la respiración porque cuanto más trataba de mantener su atención en la respiración, más pensamientos se entrometían, de modo que estaba comenzando a sentirse frustrado. Decidió pasar a la técnica del escáner corporal y le gusta.

Respuesta: La conciencia plena de la respiración requiere una atención sostenida, una inhibición de la respuesta y un desplazamiento de la atención. Estas funciones ejecutivas suelen estar mermadas en los clientes que no pueden centrarse a causa de su trastorno y que, por consiguiente, tienen dificultades para practicar. Recuérdele a su cliente que cada vez que su atención se desvía a sus pensamientos, el objetivo de la práctica consiste en llevarla de vuelta suavemente a la respiración, de manera *ecuánime*, con paciencia y sin frustración. Este esfuerzo repetido es lo que desarrolla las tres habilidades ejecutivas. El hecho de avanzar en esta etapa al escáner corporal parece una evitación de las sensaciones corporales desagradables que surgen al mismo tiempo que los juicios negativos. Su cliente necesita que le recuerden que ha de ser amable consigo mismo, que ha de apreciar su esfuerzo y que ha de disfrutar la práctica, de modo que pueda desarrollar habilidades poderosas que le sirvan de mucho en la vida. Explíquele que lo que sucede durante la meditación es un reflejo de lo que sucede en la vida cotidiana. Si su cliente desarrolla paciencia y tolerancia con esta experiencia en la meditación, advertirá que la paciencia y la tolerancia también aumentarán en la vida cotidiana como consecuencia de los efectos de la neuroplasticidad.

Explíquele a su cliente que otra razón importante para desarrollar una práctica suficiente en la conciencia plena de la respiración es porque nos prepara para el siguiente conjunto de habilidades. El cliente tiene que desarrollar las habilidades que le permitan mantener la atención en la respiración, de modo que durante la exploración del cuerpo sea capaz de mantener su atención a las partes del cuerpo sin verse arrastrado incesantemente por los pensamientos intrusivos. Si, pese a la aparición de pensamientos, es capaz de mantener su atención de manera efectiva durante al menos 30 segundos, estará en mejores condiciones de experimentar las sensaciones corporales, lo que a su vez permitirá que se produzca una desensibilización efectiva. En otras palabras, las habilidades desarrolladas a través de la conciencia plena de la respiración son requisitos previos para un escáner corporal y una desensibilización interoceptiva efectivos.

Pregunta: Mi clienta sufre fuertes dolores en la cadera y en la parte inferior de la espalda durante la meditación. Teme que la práctica puede ser la causa de ello. Está empezando a sentir cierta aversión hacia la práctica porque el dolor permanece incluso después de adoptar una mejor postura.

Respuesta: Es maravilloso que su clienta haya seguido practicando a pesar de su malestar. Hace falta valentía y compromiso para ello, así que sería bueno que valorase su esfuerzo. Recuérdele que su práctica del *mindfulness* no es más que un modo de prestar atención a las experiencias ya existentes. No *crea* nada, ni siquiera dolor; tan solo nos permite sentir lo que ya está ahí. Si las sensaciones intensas son manejables, sugiérale que haga todo lo posible por estar presente mientras permanece calmada y sin juicios negativos, y que vuelva a prestar atención a la respiración cada vez que esta se desplace al área de la sensación intensa o a los pensamientos. Si la sensación de dolor es tan intensa que su clienta tiene dificultades para centrarse en la respiración, necesitará abordarla de manera más directa. Pídale que dirija su atención al área de la sensación corporal más intensa y que permanezca centrada en ella entre medio minuto y un minuto, advirtiendo con curiosidad, apertura mental y aceptación tantos detalles de la sensación como sean posibles. Pídale que perciba lo impermanentes que resultan las sensaciones cuando las observa objetivamente y no trata de deshacerse de ellas. Su clienta observará que las sensaciones permanecen durante un momento y que, a continuación, desaparecen por sí mismas, sin ninguna clase de intervención. Es importante que entienda lo que significa observar pacientemente y sin juzgar ni reaccionar hasta que estas sensaciones empiecen a cambiar. ¡Comprender intelectualmente y saber el modo de practicar pueden ser dos cosas muy diferente! Advierta que si su clienta percibe las sensaciones corporales como algo que forma parte de ella, sentirá que odia estas partes de sí misma. Recuérdele que ella no es *su* dolor; tan solo son sensaciones.

También puede explicarle que la meditación *mindfulness* se introdujo en América a finales de la década de 1970 como un método complementario al tratamiento médico para las personas que padecían dolor crónico, y que las investigaciones han demostrado que se ha usado para este propósito en muchos países desde entonces. Hemos realizado nuestros propios estudios que muestran una reducción sistemática del dolor tras solo 30 segundos de exposición interoceptiva a las sensaciones de dolor con ecuanimidad. Además, puede que su clienta quiera comprobar con su médico si hay algo que necesite atención médica o tratamiento, únicamente para su tranquilidad.

Pregunta: Mi cliente dice que no logra centrarse en la respiración. Afirma que su mente está lenta o adormilada, que pierde el rastro de lo que se supone que debe hacer. Puede distraerse fácilmente durante diez minutos cada vez y siente que está perdiendo el tiempo. Habitualmente es un hombre muy activo.

Respuesta: Esto se debe, por lo general, a que no estamos acostumbrados a permanecer relajados y en calma mientras estamos despiertos y alerta. Si a su cliente le gusta que le estimulen física o mentalmente, la reducción de la estimulación sensorial durante la práctica constituirá un marcado contraste que podría no aceptar con facilidad. Sin embargo, es importante aceptar la experiencia *tal y como es* y no volverse reactivo frente a ella. Todos los estados mentales son impermanentes. Recuérdele a su cliente que el hecho de mantener una curiosidad auténtica le ayudará a pasar más fácilmente, pero que requerirá un esfuerzo por mantenerse alerta, paciente y tolerante.

Pregunta: Mi clienta dice que al practicar se siente cansada. Tras cinco o diez minutos comienza a quedarse dormida, así que ha decidido tumbarse para llevar a cabo la práctica. ¿Hay algún problema?

Respuesta: Es muy habitual sentirse cansado y adormilado cuando comenzamos esta práctica. Incluso después de una buena noche de sueño podemos experimentar cierta pereza y somnolencia, pero acostarse solo aumentará su dificultad para mantenerse despierta. De hecho, puede constituir una barrera real para una práctica efectiva. Asegúrese de que su clienta dispone la habitación para que no haga demasiado calor ni sea demasiado oscura, y de que se siente en una posición erguida. El hecho de practicar con el estómago lleno, demasiado tarde o después de haber tomado un vaso de vino u otras sustancias tóxicas agravará el problema. Si ya se han abordado todos estos aspectos, sugiérale que respire con más fuerza durante aproximadamente un minuto. Esto hará que resulte más fácil detectar las sensaciones de la respiración al entrar en contacto con la piel. Su clienta podrá volver a respirar con normalidad cuando esté más despierta. Si la somnolencia persiste, podría practicar con los ojos ligeramente abiertos. A fin de evitar las distracciones visuales, debería abrir los ojos lo suficiente como para ver el suelo a no más de 2,5 metros por delante de las rodillas. Esto permitirá que entre algo de luz en sus ojos y que el cerebro se despierte, y le proporcionará un recordatorio visual de dónde está y de lo que está tratando de hacer sin distraerse demasiado. Sugiérale a su clienta que practique de este modo durante uno o dos minutos y que, a continuación, regrese a la práctica con los ojos cerrados. Con todo, si la práctica con los ojos abiertos no resulta de ayuda de manera inmediata y su clienta sigue sintiendo somnolencia, debería intentar practicar de pie durante algunos minutos cada vez. Si la somnolencia persiste incluso estando de pie, sugiérale que se lave la cara con agua fría o que camine durante un minuto o dos para despertarse. Anímela a persistir y recuérdele que la somnolencia también es impermanente.

Pregunta: Mi cliente dice que su mente va de un lado a otro, incluso después de practicar durante una semana entera la conciencia plena de la respiración. Afirma que piensa constantemente en el divorcio y en sus hijos, y que al cabo de unos pocos segundos experimenta ciertas dificultades para concentrarse. Prefiere la práctica de la RMP, ya que con ella estaba más presente y se distraía menos. ¿Debería regresar a la RMP durante algún tiempo?

Respuesta: Al practicar la conciencia plena de la respiración, su cliente ya no consigue desviar la atención de su carga y comienza a advertir que su mente está agitada y dispersa. No tiene estabilidad, no está tranquila, que es lo que está buscando al llevar a cabo esta práctica; quiere que las cosas sean diferentes a como son en la actualidad. Esto es, precisamente, lo que crea nuestros problemas en la vida. O bien no vemos las cosas tal y como son o bien no queremos que sean como son. Durante la práctica, tiene la oportunidad de cambiar este hábito de ofenderse por las experiencias desagradables que están presentes o de esperar las experiencias agradables que están ausentes.

Su cliente experimenta problemas relacionados con el divorcio y con el bienestar de sus hijos. Usted podría normalizar estas dificultades de su cliente para centrarse explicándole el «efecto de la frecuencia» que hemos analizado. Si ha estado pensando en el tema de la relación con cierta regularidad desde que empezaron los problemas conyugales, las células cerebrales que procesan el recuerdo de esta información se habrán activado con frecuencia y su conectividad seguirá siendo fuerte. La fuerza de la activación mantiene activo el recuerdo y hace que sea de fácil acceso. Debido a que la activación frecuente de estos pensamientos los mantiene por debajo de su umbral de conciencia, estos entran en la conciencia tan pronto como el cliente se relaja lo suficiente –este es un problema grave en el caso de trastornos tales como el TEPT, dado que los clientes recurren a métodos inadaptativos (como las sustancias tóxicas) para evitar que sus recuerdos dolorosos atraviesen su umbral de conciencia–.

Por consiguiente, puede asegurarle a su cliente que las dificultades que experimenta son normales y que forman parte de la práctica. Puede añadir que una de las cosas que tranquiliza a los niños es la capacidad de sus padres para demostrar una tranquilidad y una estabilidad emocional auténticas. Esto puede suceder con mayor facilidad si su cliente usa la agitación a modo de contexto de la práctica para permanecer calmado pese a tener pensamientos desafiantes. Pídale a su cliente que continúe practicando la conciencia plena de la respiración durante una semana más, pero en esta ocasión por su cuenta y en silencio, sin la grabación de las instrucciones de audio. Si los pensamientos son obsesivos o resultan abrumadores, el cliente deberá aplicar la «regla de los tres segundos», que consiste en limitar el tiempo de la distracción a tres segundos. En cuanto perciba el pensamiento persistente, el cliente cuenta hasta tres y se compromete a esforzarse por llevar su atención de vuelta a la respiración al cabo de esos tres segundos. Este método suele resultar de utilidad y se vuelve más fácil con la práctica.

El cliente tiene que practicar todo lo posible con paciencia, siendo tolerante con su experiencia y sin buscar ningún resultado concreto a corto plazo. De igual importancia es que distinga claramente el pensamiento del «yo». La tarea consiste en limitarse a observar cómo son las cosas en el momento presente a medida que las sensaciones físicas y los estados mentales se manifiestan mientras inspiramos y espiramos, sin identificarnos con ellos. El hecho de prestar atención a la respiración y no a otra cosa mantiene la mente estable, a pesar de la agitación subyacente. Cuanto antes haga esto su cliente, antes se tranquilizará su mente. También puede explicarle el efecto de la transferencia de habilidades de la neuroplasticidad: cuanto más entrene el cerebro para ser objetivo y menos reactivo con su experiencia meditativa, más fácil le será experimentar las cosas tal y como son en la vida diaria con más paciencia, aceptación y estabilidad mental.

Pregunta: Durante la práctica, mi clienta tiene algunos *flashbacks* de un recuerdo doloroso, se pone ansiosa y abandona la práctica. Me preguntó si poner música suave de fondo podría desviar su atención de ese recuerdo. ¿Qué piensa al respecto?

Respuesta: Esta es una oportunidad para examinar de qué está hecho ese recuerdo. Hay un pensamiento y su clienta puede haber advertido las sensaciones que lo acompañan en el cuerpo, que pueden ser más o menos intensas. El pensamiento en sí mismo no es aquello a lo que su clienta está reaccionando. Aunque el pensamiento podría incluir recuerdos de sonidos e imágenes, la emoción asociada con el recuerdo se experimenta a través de las sensaciones que coemergen en el cuerpo. La parte reactiva de la mente se emplea para reaccionar cuando las sensaciones corporales se vuelven intensas. Esto es algo que su clienta debe observar y comprender mejor durante la práctica. La práctica de examinar una experiencia *tal y como es* nos ayuda a aprender que no tenemos que tomarnos las cosas como algo personal, y al mismo tiempo evita que quedemos atrapados en ellas.

Cuando su clienta tiene un *flashback*, el mero hecho de convertir su experiencia de las sensaciones corporales coemergentes en el objeto de su observación, con curiosidad y apertura de mente, puede respaldar el surgimiento de un estado mental calmado. Por otra parte, la música de fondo la distraerá y evitará que observe plenamente este mecanismo, interfiriendo con este importante aprendizaje. Su atención pasará de la respiración a la música, dejando poco espacio para la desensibilización. La evitación empeorará las cosas, mientras que la exposición «la liberará».

Si la sensación coemergente se vuelve más intensa durante el proceso, conviene que se centre en ella en lugar de mantener la atención en la respiración. Pídale que preste atención al aspecto más intenso de las sensaciones y que estudie cuidadosamente sus características, como la temperatura, la pesadez, el movimiento o la solidez. ¿Es denso y sólido, o difuso y radiante? ¿Es templado, tibio o frío? ¿Es pesado o ligero? Pídale que permanezca calmada mientras presta atención a las sensaciones durante un tiempo. Su clienta ha de recordar que el acontecimiento real se produjo en el pasado, que nunca regresará, y que el único problema es su dificultad para manejar las consecuencias de estos pensamientos en el cuerpo –las sensaciones–.

Pregunta: Mi clienta dice que se aburre durante la práctica. Le pido que sea paciente, pero la paciencia no es uno de sus puntos fuertes. Me pregunto si existe algún modo de explicar el aburrimiento con el modelo de coemergencia. Creo que puede estar relacionado con ello.

Respuesta: El aburrimiento es una experiencia muy común cuando comenzamos la meditación *mindfulness*, y ello porque no estamos produciendo deliberadamente estimulación sensorial, una estimulación a la que nos sentimos tan apegados. Esto puede generar dudas con respecto a la práctica o sobre uno mismo. La práctica es solo una manera imparcial de prestar atención a lo que está sucediendo en nuestra experiencia momento a momento. En el caso de su clienta, se produjeron una serie de experiencias que ella calificó de aburridas. Esto demuestra que el mero hecho de sentarse tranquila es algo que no le gusta, porque sus expectativas no se han cumplido y porque, en vez de ello, tiene otras experiencias no deseadas. En su vida diaria, es probable que se observe el mismo hábito de aburrirse fácilmente en ausencia de estimulación. La práctica del *mindfulness* puede ayudarle a comprender la poca utilidad de este hábito. Por ejemplo, cuando evalúa una situación como aburrida, surge una sensación corporal desagradable, y esto es precisamente a lo que reacciona y lo que ha de evitar. Podría demostrarle cómo puede conceptualizarse esto por medio del modelo de coemergencia de refuerzo, usando el Diario de Hábitos Reactivos (documento 3.1).

## Documento 2.1.
## Dificultades típicas que nos encontramos en la práctica

### Demasiado cansado para practicar

Trastornos tales como el estrés, la ansiedad y la depresión pueden hacer que se sienta cansado, y en ocasiones la gente se queja de que no puede despertarse antes o de que está demasiado cansada para practicar por la noche. La práctica del *mindfulness* le ayudará a estar más calmado y a ser menos reactivo, y, por consiguiente, a hacer frente al estrés en su vida de una mejor manera, lo que reducirá su cansancio. Haga todo lo posible por practicar dos veces al día durante una semana, por la mañana y por la noche, ¡y verá lo lleno de energía que se siente!

### Demasiado ocupado para practicar

Todos nosotros sufrimos la presión del tiempo, pero si reflexiona sobre el modo en que emplea su tiempo es probable que descubra que hay actividades que podría cambiar o suprimir de su rutina diaria, aunque solo sea a corto plazo. ¿Cuánto tiempo pasa viendo la televisión o consultando las redes sociales? Redacte un plan para su día y trate de usar su tiempo de manera sabia. Elimine las pérdidas de tiempo y las actividades de baja prioridad. En ocasiones, seguimos rutinas que no resultan útiles o que incluso son obsesivas. Por ejemplo, podemos ser demasiado rígidos sobre la hora a la que nos levantamos o nos acostamos, o podemos pensar que si no seguimos nuestros hábitos y nuestros rituales habituales pasará algo malo. Usted ha decidido llevar a cabo el programa de la TCCMi porque quiere experimentar un cambio en su vida. Comience cambiando su rutina diaria y dedíquele tiempo a lo que es importante para usted y quizás para las personas a las que ama.

### Agitación

El hecho de malinterpretar las técnicas del *mindfulness* en las primeras etapas de la práctica suele conducir a cierta agitación, y a veces al deseo de detener de practicar. La agitación también puede producirse por otras razones. Por ejemplo, podemos experimentar agitación al irritarnos a causa del ruido de fondo, al frustrarnos como consecuencia de los pensamientos intrusivos, al considerar que la temperatura de la habitación es intolerable, al pensar que estamos perdiendo el tiempo o al sentirnos apurados. Además, a menudo interpretamos estas experiencias desagradables como un *sentimiento de aburrimiento,* olvidando que el *aburrimiento* tan solo es otro estado mental que puede observarse y aceptarse con interés y curiosidad cuando meditamos. Estamos reaccionando a las sensaciones corporales desagradables que producimos cuando juzgamos las situaciones de manera negativa. Es reconfortante saber que, tras algún tiempo de práctica precisa y suficiente (dos veces al día), nuestra aceptación mejora y nuestra agitación suele disminuir; ello se debe a que entrenamos a nuestra mente para que se calme.

### Perdido en los pensamientos

Cuando comenzamos la práctica del *mindfulness*, es habitual que nuestra atención siga distrayéndose a causa de los pensamientos. Con una práctica continuada y correcta del *mindfulness*, los pensamientos intrusivos disminuirán poco a poco y la gente sentirá que conserva el control de lo que está haciendo su mente. Si los pensamientos son abrumadores y no puede centrarse en la respiración, use la «regla de los tres segundos» –limitar el tiempo de distracción a tres segundos–. En cuanto tome conciencia de que un pensamiento ha entrado en la mente y que ya no está centrando su atención en las sensaciones de la respiración, cuente hasta tres lentamente, esforzándose de verdad en llevar la atención de vuelta a la respiración al cabo de esos tres segundos. Por lo general, esta técnica suele resultar de gran utilidad. Se asemeja un poco a la idea de llevar al gimnasio a la parte del cerebro que hace frente al control de la atención. Con práctica resulta cada vez más sencillo.

### Deseo y aversión

Durante la práctica, podemos quedar atrapados en recuerdos placenteros o en expectativas futuras. Por ejemplo, podríamos recordar una experiencia sexual o pensar en nuestra próxima fiesta o en los emocionantes planes de viaje. De manera similar, podemos recordar una experiencia dolorosa o anticipar una que podría suceder en el futuro. Independientemente de que sus pensamientos tengan que ver con experiencias agradables o desagradables, evite reaccionar al contenido de los pensamientos con deseo o aversión. Recuerde la tarea y vuelva a centrarse en el objeto en cuestión, que en la sesión 2 son las sensaciones asociadas a la respiración.

### Somnolencia

En ciertas ocasiones, a la gente le entra el sueño al practicar el *mindfulness* incluso después de una buena noche de sueño. Esto se debe, a veces, a la profunda relajación posterior al estrés. Dado que nuestro sistema nervioso no está acostumbrado a que los ojos permanezcan cerrados mientras se relaja profundamente, salvo cuando se va a dormir, en ocasiones nuestro cerebro actúa como si fuese la hora de dormir. Tenga en cuenta que la somnolencia también puede producirse cuando nos sentamos en una habitación en la que hace demasiado calor o que está demasiado oscura, cuando tenemos el estómago lleno después de una comida, o después de haber tomado una bebida alcohólica. Verifique el programa de las prácticas y el entorno en el que está practicando y haga ajustes razonables, como cambiar la temperatura de la habitación y comer o beber alcohol (si es necesario) únicamente *después* de la práctica. También podría considerar útil sentarse en un asiento más cómodo o modificar su postura, manteniendo erguidos el cuello y la espalda, con sus rodillas por debajo de la altura de sus glúteos, ya que esto ayuda a mantener la curva natural de la región lumbar. Si sigue teniendo sueño, intente respirar de manera suave y profunda durante aproximadamente un minuto, sintiendo cómo el aire entra en contacto con las fosas nasales. Si la somnolencia persiste, puede despertar su cerebro permitiendo que entre una pequeña cantidad de luz en sus ojos. En lugar de abrir los ojos por completo, abra los párpados lo justo para ver el suelo a no más de 2,5 metros por delante de las rodillas. Si esto resulta insuficiente para contrarrestar la somnolencia, trate de realizar la práctica de pie durante unos minutos. Si esto sigue siendo insuficiente, vaya a dar un paseo y lávese la cara con agua fría antes de regresar y de continuar con la práctica. ¡El hecho de que la somnolencia también sea impermanente resulta tranquilizador!

**Confusión y dudas**

Si se produce una mala interpretación de la razón por la que usamos el *mindfulness* –las instrucciones de la práctica, o ciertas dificultades que podamos tener durante la práctica, por ejemplo–, la gente puede experimentar ciertas dudas. Existen tres tipos de dudas: (1) dudas sobre la técnica del *mindfulness*; (2) dudas sobre la persona que la está instruyendo; y (3) dudas en uno mismo –dudas sobre la capacidad de uno mismo para llevar a cabo la práctica–. Asegúrese de examinar con su terapeuta cualquier duda que le pueda surgir. Es importante destacar que, si se compromete a practicar con diligencia durante toda la semana, los beneficios que obtendrá le ayudarán a superar sus dudas y le animarán a mantener su compromiso durante el resto de la práctica.

**Documento 2.2.**
**Consejos para la práctica**

Cuando empiece la práctica, conviene elegir un lugar específico para practicar y hacerlo a las mismas horas. Comenzará a asociar este lugar con la práctica, lo que hará que resulte más fácil mantener la práctica diaria.

El hecho de limitar el contacto con los estímulos sensoriales que podrían distraerle resulta útil. Esto supone minimizar la visión, la escucha, el olfato, el gusto, el contacto, el movimiento del cuerpo *y* el pensamiento voluntario. Si está sobreestimulado, su atención se dirigirá a los estímulos externos –por ejemplo, a los sonidos de las olas o a los pájaros, al roce del viento o al calor del sol sobre la piel–, en lugar de centrarse en las sensaciones asociadas a la respiración. Donde mejor se practica es en el interior, en una habitación tranquila. Más adelante, cuando haya adquirido más habilidades, será capaz de practicar en cualquier lugar sin distraerse demasiado.

Cuando comenzamos a practicar la meditación *mindfulness*, en ocasiones tenemos la impresión de que el mundo debería detenerse. Aunque sabemos que esta no es una petición realista, seguimos pensando que el teléfono no debería sonar, que los niños tendrían que estar en silencio, que la tarima no debería crujir y que los coches no tendrían que hacer tanto ruido en este momento del día. Cuando pensamos de esa manera, reaccionamos y nos ponemos tensos; sin embargo, gracias a la práctica desarrollamos una mayor habilidad para no reaccionar frente a los sonidos del entorno y para mantener la atención en la respiración. Los ruidos forman parte de la vida y podemos usarlos para aumentar nuestros niveles de tolerancia y de desapego.

A las mascotas les encanta el momento en que su dueño medita. Se sienten seguras y atraídas por la calma que transmiten sus dueños. Únicamente quieren acurrucarse a su lado y permanecer ahí durante el mayor tiempo posible. En caso de que tenga una mascota, meditar con un gato o un perro sobre el regazo puede resultar agradable, pero también puede distraerle de la tarea en cuestión, razón por la cual no lo recomendamos. Si su mascota es incapaz de alejarse de usted, es mejor que permanezca fuera de la habitación mientras usted medita. Aunque suene un poco duro, puede alejar a su mascota con suavidad, algo que le permitirá practicar de manera efectiva.

**Documento 2.3.**
**Deberes**

El compromiso con la práctica diaria durante toda la semana resulta de gran importancia. No ha de comprometerse durante semanas o meses. Más bien tiene que comprometerse de una manera plena durante esta semana y ver qué beneficios le aporta.

Estas son las cosas que ha de hacer esta semana:

- Practicar la conciencia plena de la respiración *dos veces* al día, escuchando las pistas de audio 5 y 6 de las instrucciones de audio. Haga el favor de rellenar el formulario de registro de la práctica (documento 2.4) y devuélvaselo al terapeuta en la siguiente sesión.
- Aplicar su práctica de la conciencia plena de la respiración en las actividades diarias. Esto quiere decir que tendrá que acordarse de ser consciente de la respiración y que tendrá que dejar ir los pensamientos que no desea tener cada vez que estos entren en la mente. Igualmente, intente reconocer si se trata de un pensamiento benigno o perjudicial. Un pensamiento perjudicial es aquel que le hace desear lo que quiere y no puede tener, u odiar lo que tiene y no quiere. Vea estos pensamientos como viejos hábitos de la mente y elija pensar en lo que decida pensar.
- Leer los documentos que le entregue el terapeuta.

### Documento 2.4.
### Registro diario de la Meditación *Mindfulness*

| Día | Fecha | Mañana *(rodee con un círculo)* | Duración | Calificación de la eficacia *Evalúe de 1 a 10 lo bien que ha advertido las distracciones y ha traído de vuelta su atención a la respiración. 1=nada bien; 10=extremadamente bien* | Noche *(rodee con un círculo)* | Duración | Calificación de la eficacia *Evalúe de 1 a 10 lo bien que ha advertido las distracciones y ha traído de vuelta su atención a la respiración. 1=nada bien; 10=extremadamente bien* |
|---|---|---|---|---|---|---|---|
| Lunes | | He practicado Sí / No | | | He practicado Sí / No | | |
| Martes | | He practicado Sí / No | | | He practicado Sí / No | | |
| Miércoles | | He practicado Sí / No | | | He practicado Sí / No | | |
| Jueves | | He practicado Sí / No | | | He practicado Sí / No | | |
| Viernes | | He practicado Sí / No | | | He practicado Sí / No | | |
| Sábado | | He practicado Sí / No | | | He practicado Sí / No | | |
| Domingo | | He practicado Sí / No | | | He practicado Sí / No | | |

## Referencias adicionales

CAYOUN, B. A., *Mindfulness-integrated CBT for well-being and personal growth: Four steps to enhance inner calm, self-confidence and relationships*, Wiley, Chichester, UK 2015.

SHAPIRO, N., *The complete fables of La Fontaine, Book III (Work from 1668)*, University of Illinois Press, Chicago 2007.

# Sesión 3: Comprender y regular las emociones

*Vivir tranquilamente pero no de manera temeraria; ser alegre sin ser escandaloso; ser valiente sin ser osado; mostrar confianza y una feliz resignación sin ser fatalista: esto es el arte de vivir.*

—Jean de la Fontaine, 1668

## Introducción

Este capítulo explica cómo pueden entenderse los mecanismos de la reactividad emocional usando el modelo de coemergencia de refuerzo (véase el capítulo 2), proporcionando así un argumento de peso para el entrenamiento de las habilidades del *mindfulness* a través de la ecuanimidad hacia las sensaciones corporales. Los beneficios de la conciencia plena [*mindfulness*] de las sensaciones corporales (*vedanánupassaná* en pali) se describen como los elementos centrales de la regulación de la emoción. Hasta ahora, su cliente ha aprendido a regular la atención. Ha llegado el momento de trabajar con las emociones de un modo más coherente con la experiencia directa de las emociones. Al cliente le quedará claro que el factor transformador de su práctica es la ecuanimidad, no la conciencia; en realidad, la conciencia acompañada de los pensamientos catastróficos puede hacer que las cosas empeoren. Por medio de la práctica del escáner corporal, el terapeuta le enseñará a su cliente a reconocer el inicio de las emociones y a neutralizar su respuesta aprendida, antes de que sea demasiado difícil manejar las emociones con habilidad, lo que lleva a la reactividad.

## Comprobar la disposición del cliente

Su cliente ha completado ahora la tercera semana de práctica del *mindfulness*. Compruebe cómo le ha ido la semana. ¿Se ha comprometido con la práctica durante 30 minutos dos veces al día? El compromiso es una habilidad que no está bien desarrollada en algunos clientes. Si su cliente ha sido incapaz de comprometerse con la práctica diaria, el diálogo socrático podría resultar productivo para aclarar las razones de ello. Si su cliente ha sido capaz de comprometerse con la práctica diaria, ¿se ha beneficiado de ello? ¿Puede mantener la atención en su respiración durante al menos medio minuto sin quedar atrapado en los pensamientos? Cuando surgen los pensamientos, ¿puede dejarlos ir con más rapidez que cuando empezó la práctica una semana antes? Si ha sido capaz de practicar de manera regular durante media hora dos veces al día, está listo para comenzar la práctica del «escáner corporal», que consiste en contemplar las sensaciones en todo el cuerpo de manera sistemática y con una actitud ecuánime.

### *Retrasar el siguiente paso*

La capacidad de mantener la atención y de inhibir las respuestas habituales es muy importante para la técnica del escáner corporal. Si el cliente tiene cierta tendencia a estar demasiado estresado, ansioso o agitado, lo normal es que tenga que practicar un poco más la conciencia plena de la respiración. Si el cliente está tan atrapado en los pensamientos que apenas permanece centrado en la respiración entre cinco y diez segundos, podría beneficiarse de la «regla de los tres segundos». Pídale que asuma el firme compromiso de regresar a la respiración tres segundos después de que haya surgido un pensamiento. El cliente descubrirá que puede advertir el surgimiento de un pensamiento; ahora bien, si espera más de tres segundos, la mente se involucra demasiado con el pensamiento y resulta más difícil retirar la atención del mismo y llevarla de vuelta a la respiración. Pídale a su cliente que continúe practicando la conciencia plena de la respiración durante algunos días más, o incluso durante toda una semana, sin las instrucciones de audio. Esto evitará que se centre en la voz del instructor, que se relaje demasiado o que le entre sueño.

### *Avanzar al siguiente paso*

Un buen indicador para decidir si el cliente puede avanzar al siguiente paso o no es la capacidad de mantener la atención durante aproximadamente 30 segundos. Esto se debe a que el siguiente ejercicio del *mindfulness* requerirá que su cliente sea capaz de permanecer centrado durante aproximadamente 30 segundos en áreas del cuerpo en las que no puede experimentar una sensación. Por consiguiente, necesita esta particular capacidad de la atención antes de avanzar al siguiente paso. Si la mente de su cliente está más calmada después de la práctica de la semana y este es capaz de mantener la atención en la respiración durante al menos medio minuto sin quedar atrapado en los pensamientos que surgen, proceda a enseñarle el siguiente ejercicio: el escáner corporal. El resto de este capítulo describe el escáner corporal con cierto detalle.

## La conciencia plena de las sensaciones corporales

Durante los últimos años, muchos colegas interesados en la psicología budista y formados en el enfoque del *mindfulness* se han preguntado por qué la TCCMi hace hincapié en el papel del desarrollo de la conciencia plena a través de las sensaciones corporales. Sería útil señalar que en varias enseñanzas («*suttas*»), el Buda recalcó claramente la importancia de la interocepción, la capacidad de experimentar sensaciones en el cuerpo, a fin de comprender y reducir el sufrimiento (p. ej., *sutta mahasatipatthana, sutta anapanasati, sutta kayagatasati* y *sutta rohitassa*[1]). La ciencia moderna también ha reconocido y puesto claramente de relieve la interocepción[2].

Su cliente podría haber percibido ya que cuando acalla y tranquiliza la mente, comienza a advertir una gama de experiencias que antes eran indetectables –pensamientos intrusivos, sonidos o sensaciones corporales–. Una de las habilidades importantes que se desarrolla durante la conciencia plena de la respiración es la capacidad de observar la relación entre la mente y el cuerpo. Cuando los practicantes tienen su propia experiencia de la interconexión mente-cuerpo, comienzan a comprender el modo en que los pensamientos y las emociones interactúan continuamente. Esto les lleva a una mejor capacidad para comprender de dónde provienen las emociones y cómo se manifiestan en forma de sensaciones en el cuerpo, coexistiendo con los pensamientos. Comienzan a comprender la noción de la coemergencia cada vez que se toman las cosas como algo personal o cada vez que evalúan que un estímulo es importante para ellos.

### *Las cuatro características de las sensaciones corporales*

La neurociencia afectiva demuestra con claridad que la interocepción desempeña un papel fundamental en el procesamiento de la información emocional[3]. Las investigaciones realizadas por varios autores respaldan la visión de las escuelas tradicionales orientales del *mindfulness* de que las sensaciones corporales son los componentes

1. W. Hart, *The art of living: Vipassana meditation as taught by S. N. Goenka*, Harper Collins, Nueva York 1987 (trad. esp.: *La Vipassana*, Edaf, Madrid 1994).
2. B. K. Hölzel, S. W. Lazar, T. Gard, Z. Schuman-Olivier, D. R. Vago y U. Ott, «How does mindfulness meditation work? Proposing mechanisms of action from a conceptual and neural perspective»: *Perspectives on Psychological Science*, 6 (2011), 537-559; C. E. Kerr, M. D. Sacchet, S. W. Lazar, C. I. Moore y S. R. Jones, «Mindfulness starts with the body: somatosensory attention and top-down modulation of cortical alpha rhythms in mindfulness meditation»: *Frontiers of Human Neuroscience*, 7 (2013), 12. doi:10.3389/fnhum.2013.00012
3. P. ej., B. D. Dunn, H. C. Galton, R. Morgan, D. Evans, C. Oliver, M. Meyer et al., «Listening to your heart: how interoception shapes emotion experience and intuitive decision making»: *Psychological Science*, 21 (2010), 1835–1844; N. A. S. Farb, J. Daubenmier, C. J. Price, T. Gard, C. Kerr, B. D. Dunn et al., «Interoception, contemplative practice, and health»: *Frontiers in Psychology*, 6 (2015), 763. doi:10.3389/fpsyg.2015.00763

básicos de las emociones[4]. La conceptualización, la medición y la enseñanza de las habilidades interoceptivas en el enfoque de la TCCMi[5] son el resultado de la integración de la neurociencia afectiva con la sabiduría ancestral de «los cuatro elementos» descritos en el gran discurso del Buda sobre los fundamentos del *mindfulness* (*Sutta Mahasatipatthana*[6]). En esta descripción, los cuatro elementos del universo físico son la tierra, el aire, el fuego y el agua, que experimentamos en el cuerpo por medio de sus concomitantes interoceptivos como una sensación de masa, de movimiento, de temperatura y de fluidez.

Además, estas cuatro características interoceptivas esenciales interactúan para producir una multitud de experiencias internas, entre ellas las emociones, en función del tipo de pensamiento evaluativo que generemos. La figura 1 de la sesión 3 muestra estas cuatro características de las sensaciones corporales ubicadas en cuatro dimensiones medibles usando escalas análogas visuales; esta es una manera conveniente de registrar las experiencias de su cliente después de la sesión 4.

La escala de la *masa* representa el *continuum* completo de la experiencia de la masa, desde las sensaciones más ligeras (que suelen acompañar a la alegría) a las sensaciones más pesadas (que suelen acompañar a la tristeza). La escala del *movimiento* representa el *continuum* completo de la experiencia oscilatoria, desde las sensaciones más tranquilas (que suelen acompañar a la calma o a ciertas sensaciones de dolor) a las sensaciones más agitadas (que suelen acompañar a un picor o a estados de alta excitación, como una mayor frecuencia cardiaca o «mariposas en el estómago»). La escala de la *temperatura*

4. L. F. Barrett, «Valence is a basic building block of emotional life»: *Journal of Research in Personality*, 40 (2006), 35-55. doi:10.1016/j.jrp.2005.08.006; O. Pollatos, K. Gramann y R. Schandry, «Neural systems connecting interoceptive awareness and feelings»: *Human Brain Mapping*, 28 (2007), 9-18. doi:10.1002/hbm.20258; A. K. Seth y H. D. Critchley, «Extending predictive processing to the body: emotion as interoceptive inference»: *Behavioral Brain Science*, 36 (2013), 227-228.
5. B. A. Cayoun, *Mindfulness-integrated CBT: Principles and practice*, Wiley-Blackwell, Chichester, UK 2011 (trad. esp.: *TCC con mindfulness integrado. Principios y práctica*, Desclée De Brouwer, Bilbao 2013).
6. M. Walshe, *The long discourses of the Buddha: A translation of the Digha Nikaya*, Wisdom Publications, Boston 2012 (existe traducción española: *El camino de la iluminación: nueve suttas del Digha Nikâya*, RBA, Barcelona 2002).

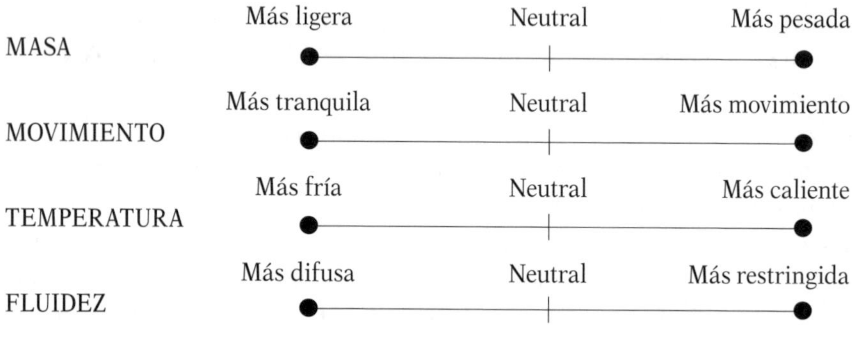


**Sesión 3, figura 1.** Las cuatro características básicas de la interocepción

representa el *continuum* completo de la experiencia de la temperatura, desde las sensaciones de frío (que suelen acompañar a la fatiga o al miedo) a las sensaciones de calor (que suelen acompañar a la ira). La escala de la *fluidez* representa el *continuum* completo de la experiencia de la cohesión/solidez, desde las sensaciones más difusas, holgadas y fluidas (que suelen acompañar a la tranquilidad o a estados disociativos) a las sensaciones más restringidas y densas (que suelen acompañar a la ansiedad y al miedo). Las sensaciones corporales suelen emerger en la conciencia, en la que predominan una o dos de estas características, y en ocasiones tres. Cada emoción se caracteriza por su propia «firma» típica en el cuerpo. Hablaremos más de esto en la sesión 4, la próxima semana, cuando le enseñemos al cliente a reconocer y a medir su conciencia interoceptiva y su capacidad para permanecer ecuánime con las cuatro características de la interocepción.

## El principal propósito del aprendizaje del escáner corporal

### *El escáner corporal como un método de exposición interoceptivo generalizado*

La práctica de esta semana implica aprender a inspeccionar el cuerpo en pequeñas áreas (de entre 2 y 3 pulgadas o 5 y 8 centímetros de diámetro) de la cabeza a los pies, mientras observamos y aceptamos la experiencia, de conformidad con las instrucciones de audio para el escáner corporal unilateral parte por parte. Al igual que la semana pasada, la práctica debería llevarse a cabo dos veces al día durante media hora. Los clientes aprenden a prestar atención a cada parte del cuerpo, a sentirla (o a experimentar la ausencia inicial de sensaciones) y, a continuación, a desplazar su atención a la parte adyacente, en orden descendente y ascendente. Técnicamente hablando, se exponen continuamente a lo que sienten momento a momento al tiempo que previenen cualquier respuesta. Los métodos de la exposición y la prevención de la respuesta no son nuevos en la terapia conductual, sobre todo con el TOC[7] y el trastorno de pánico[8], pero suelen requerir que se dirija la atención al estímulo y a la respuesta conductual, en lugar de enfatizar la experiencia interna. Cuando requieren enfocarse en la interocepción, por ejemplo con ataques de pánico[9], no hay entrenamiento en ecuanimidad, que se define como «el acto consciente y deliberado de no reaccionar ante un suceso que se experimenta en el marco del propio cuerpo y los propios pensamientos como resultado de la observación libre de juicios»[10]. Resumiendo las descripciones tradicionales de los maestros laicos y monásticos, la ecuanimidad es también una actitud deliberada de no apego, no aversión y no engaño acompañada de un discernimiento claro que proporciona estabilidad emocional[11]. Cuando se perciben de manera objetiva (en términos de la interocepción) y con ecuanimidad, las emociones dejan de ser una fuente de preocupación. A medida que surgen, podemos advertir de qué están hechas en realidad, sin identificarnos con ellas ni interferir en ellas de ninguna manera. Nos limitamos a estudiarlas como partes de la

7. J. S. Abramowitz, «Variants of exposure and response prevention in the treatment of obsessive-compulsive disorder: A meta-analysis»: *Behavior Therapy*, 27 (1996), 583-600. doi:10.1016/S0005-7894(96)80045-1
8. M. G. Craske y D. H. Barlow, *Mastery of your anxiety and panic*, Oxford University Press, Nueva York 2007[4].
9. M. G. Craske y D. Barlow, «Panic disorder and agoraphobia», en D. Barlow (ed.), *Clinical handbook of psychological disorders: A step-by-step treatment manual*, The Guilford Press, Nueva York 1993/2008[2], 1–47.
10. B. A. Cayoun, *Mindfulness-integrated CBT: Principles and practice*, op. cit., 17 (trad. esp.: 46).
11. W. Hart, *The art of living: Vipassana meditation as taught by S. N. Goenka*, op. cit.; P. Pradhan, *Abhidharmasamuccaya*, Visva Bharati, Santiniketan 1950.

experiencia actual, y sabemos que cambiarán. La comprensión precisa de la práctica del *mindfulness*, como un conjunto de métodos de exposición, nos recuerda la importancia de que la gente que implementa las intervenciones basadas en el *mindfulness* en contextos de salud mental esté formada en el campo de la salud mental.

### *Sensaciones corporales y regulación emocional*

El terapeuta puede ilustrar junto con su cliente el rol de las sensaciones corporales en las emociones con tres emociones básicas: ira, miedo y tristeza. Pídale a su cliente que dedique unos instantes a recordar una experiencia de ira y pregúntele cómo sabe que *verdaderamente siente* ira. La mayoría de las personas describirán sensaciones muy intensas en el cuerpo, como agitación y una necesidad de moverse, rubor en la cara y cierta tensión muscular. Lo que estamos buscando son respuestas que describan las sensaciones corporales. Cuando alguien dice: «Rubor en la cara», puede que usted le pregunte: «Sí, ¿y cómo supo que su rostro estaba ruborizado?». De manera similar, si la persona dice: «Agitado», usted podría preguntarle: «¿Cómo sintió la agitación?». Advertirá que las personas con una menor conciencia emocional tenderán a describir su ira y otras emociones en lo que a comportamiento se refiere. Por ejemplo, cuando le pregunte a su cliente cómo sabe que está enfadado, este podría responder: «Porque doy un portazo», o: «Porque grito». El hecho de seguir usando un estilo de cuestionamiento socrático y de preguntarle qué *sintió* sin caer en la trampa de dirigir las respuestas de los clientes resulta útil.

De igual manera, utilice el mismo método con la ansiedad y el miedo. Pregúntele a su cliente cómo sabe que *verdaderamente está sintiendo* la experiencia de miedo o ansiedad cuando está asustado. Este podría describir que experimenta un cambio de temperatura, una opresión en el pecho o en otras áreas del cuerpo, incluido el abdomen, algo que la gente denomina en ocasiones «mariposas en el estómago». Poco a poco resultará más evidente que las sensaciones en el cuerpo son una parte esencial de la experiencia emocional. Lo mismo sucede con las otras emociones. Por ejemplo, con la experiencia de tristeza muchas personas describen cierta pesadez en el cuerpo (el sello distintivo de la tristeza) y presión alrededor de los ojos, opresión en la garganta y, en ocasiones, constricción en el pecho. La tristeza no puede experimentarse sin la existencia de sensaciones en el cuerpo. Lo mismo ocurre con toda la gama de experiencias emocionales, entre ellas el disgusto, la vergüenza, el odio, el amor, etcétera. Si no experimentamos sensaciones en el cuerpo durante una experiencia emocional, no podemos sentir la emoción. Esto puede deberse a un estado disociativo o a una falta de habilidad para sentir, como sucede en algunas psicopatologías[12]. Esto es común y en ocasiones útil para manejar el estrés o las amenazas inmediatas, pero puede ser patológico y convertirse en crónico si se refuerza.

Ahora puede explicarle a su cliente que dado que las sensaciones corporales son componentes esenciales de las emociones, el hecho de entrenar la mente para que sienta y acepte las sensaciones corporales da lugar a una mayor capacidad para aceptar las emociones y para angustiarse menos a causa de ellas. A medida que las sensaciones se vuelven aceptables, también lo hacen las emociones. El cliente ha de encontrarle sentido al hecho de que el escáner corporal con ecuanimidad produzca una regulación de la emoción al prevenir las reacciones habituales a las sensaciones corporales[13].

## Implicaciones de los efectos de la coemergencia

Tal vez recuerde de la sesión 2 nuestras explicaciones de los pensamientos intrusivos por medio de tres mecanismos internos –la frecuencia, la profundidad y lo reciente que haya sido la activación neuronal, siendo la profundidad responsable de la coemergencia de

12. P. ej., R. J. Lackner y D. M. Fresco, «Interaction effect of brooding rumination and interoceptive awareness on depression and anxiety symptoms»: *Behaviour Research and Therapy* (2016). doi: 10.1016/j.brat.2016.08.007

13. B. A. Cayoun, *Mindfulness-integrated CBT: Principles and practice*, op. cit.; G. Desbordes, T. Gard, E. A. Hoge, B. K. Hölzel, C. Kerr, S. W. Lazar, A. Olendzki y D. R. Vago, «Moving beyond Mindfulness: Defining equanimity as an outcome measure in meditation and contemplative research»: *Mindfulness* (2015). doi:10.1007/s12671-013-0269-8; B. K. Hölzel, S. W. Lazar, T. Gard, Z. Schuman-Olivier, D. R. Vago y U. Ott, «How does mindfulness meditation work? Proposing mechanisms of action from a conceptual and neural perspective», op. cit.

la cognición y de la interocepción–. Como explicamos por medio del modelo de coemergencia de refuerzo (véase el capítulo 2), la evaluación de una situación como importante desde el punto de vista personal activa el córtex prefrontal medial, que a su vez provoca la activación simultánea del córtex insular, lo que se traduce en la experiencia como una sensación corporal coemergente. Si la evaluación desencadena una sensación lo suficientemente intensa, la traduciremos como una emoción.

En la vida cotidiana, nuestra forma de pensar nos lleva a cómo nos sentimos, y desde nuestra primera infancia hemos almacenado millones de recuerdos de esta manera coemergente. A causa de la asociación de los pensamientos evaluativos y las sensaciones corporales, uno puede actuar como una señal del recuerdo para otro. El hecho de pensar en un acontecimiento doloroso en nuestro pasado desencadena fácilmente las sensaciones asociadas, y así sentimos el tono emocional del recuerdo. Podemos encontrar un buen ejemplo de este mecanismo en el TEPT, en el que la gente a menudo hace todo lo posible para evitar las sensaciones cuando vuelven a experimentar un recuerdo traumático. Y lo mismo sucede a la inversa. Del mismo modo que los pensamientos pueden actuar como señales del recuerdo para los recuerdos emocionales, sus sensaciones corporales asociadas también pueden actuar como señales del recuerdo[14]. Esto se aplica a todos los sentidos, y no solo a la interocepción. Los olores, los sonidos, las imágenes y los sabores también pueden actuar como señales del recuerdo.

Si practica la meditación *mindfulness*, tal vez le resulte obvio que una sensación en el cuerpo pueda desencadenar recuerdos, tanto si somos conscientes de ello como si no. Si la sensación que experimentamos en este momento es suficientemente similar a alguna pasada, la sensación actual puede desencadenar este recuerdo, por muy antiguo que este sea. En otras palabras, el cuerpo actúa como un depósito de recuerdos, algunos más emocionales que otros. Hemos propuesto que el propósito de esta configuración es evitar la descom-

---

14. B. A. Cayoun y A. Shires, *Co-emergence reinforcement: A proposed transdiagnostic mechanism in emotional disorders and their remediation through mindfulness and cognitive-behavioral interventions*. Manuscrito presentado para su publicación.

posición de los recuerdos que hemos juzgado como importantes[15]. Entre estos se incluyen recuerdos de situaciones que amenazan o promueven la supervivencia.

*Relevancia clínica*

Cuando es tenida en cuenta en la terapia, la comprensión de la codificación coemergente y de la recuperación del recuerdo pueden explicar gran parte de los datos comunicados por los clientes. Por ejemplo, puede explicar muchos pensamientos intrusivos que parecen surgir aleatoriamente durante la práctica, durante los ensueños o durante la relajación. También puede explicar los elementos del refuerzo y las recaídas. Por ejemplo, si dos acontecimientos diferentes y separados cronológicamente se almacenan en la memoria con una emoción similar, el más reciente de ellos podrá desencadenar recuerdos del más antiguo si las sensaciones corporales son suficientemente similares para actuar a modo de señales del recuerdo. Por ejemplo, una clienta de 32 años con un rasgo dependiente estaba llorando a su abuela, que terminaba de fallecer a causa de un paro cardíaco. Algunos días después, se sorprendió al volver a experimentar elementos del duelo que no guardaban ninguna relación con la muerte de su abuela. Dijo: «El dolor de haber perdido mi matrimonio hace tres años parece haber vuelto desde que mi abuela murió». Al preguntarle, dijo que había sentido una «firma interoceptiva» similar en ambas situaciones de pérdida. Explicó que tanto su exmarido como su abuela habían sido las únicas personas que le habían apoyado realmente, y que cuando ambos partieron experimentó un sentido de pérdida y unas emociones similares. Dijo que su práctica del *mindfulness* le ayudó a hacer frente a estas emociones y a evitar sumirse en una depresión mayor.

*Relevancia en los sueños*

Es probable que se apliquen los mismos principios a los sueños, sobre todo porque una de las funciones del sueños es consolidar los

15. Ibíd.

recuerdos[16]. Por ejemplo, si tiene calor mientras sueña, las sensaciones corporales de calor podrían afectar al contenido del sueño de diferentes maneras. Estas sensaciones podrían o bien desencadenar recuerdos de acontecimientos reales durante los cuales hubiese sentido calor en el pasado, o bien producir un escenario irrealista asociado con la experiencia actual, como caminar bajo el sol por el Sahara. Aunque los clientes tienden a informar de un mejor sueño en esta etapa de su práctica, a menudo escuchamos que sus sueños pueden ser inusualmente vívidos o «extraños». Si recuerda nuestro análisis sobre los pensamientos intrusivos de la sesión 2, los dos siguientes ejemplos reflejan la profundidad de la activación neuronal durante los sueños y el consecuente efecto de la coemergencia. En el caso de los sueños, los recuerdos suelen parecer símbolos que difieren en función del contexto de la emoción.

Una mujer joven con Trastorno de Ansiedad Generalizada soñó recientemente que se quedaba paralizada mientras dormía, que sentía una gran presión en su pecho y su garganta, y que alguien la arrastraba fuera de la cama. Esto le sucedió años atrás, en una época en la que el hecho de levantarse y de afrontar el día le provocaba ansias. Un día, su exnovio la sacó de la cama a la fuerza, insistiendo en que debía hacer frente al día, en lugar de evitarlo. La clienta dijo haber tenido ese sueño después de un día en el que se había sentido muy estresada y desesperada en el trabajo. Las sensaciones corporales que sintió en el sueño fueron similares a las que había experimentado cuando su exnovio la sacó de la cama.

Un hombre de 53 años con depresión crónica, casado y con tres hijos, afirmó ser un soñador lúcido y soñar más desde que había comenzado el escáner corporal. También soñaba con serpientes y se despertaba más cansado. Se preguntaba por qué sus sueños estaban tan teñidos por el miedo si su práctica de la meditación iba tan bien y resultaba tan beneficiosa. Creía profundamente en la fe cristiana. Al preguntarle, contó que las serpientes de sus sueños simbolizaban al diablo. Asimismo, reveló que a menudo recurría a la pornografía para masturbarse por la noche antes de dormir y que se sentía cul-

16. J. D. Payne y L. Nadel, «Sleep, dreams, and memory consolidation: The role of the stress hormone cortisol»: *Learning and Memory*, 11 (2004), 671–678.

pable por ello, pues lo asociaba a un rasgo impío. Se dio cuenta de que las sensaciones corporales que sentía durante los sueños y las que sentía al compartir su culpa eran muy similares. Tal vez su mayor sensibilidad interoceptiva le permitiera experimentar que estas sensaciones seguían resonando en su sueño, que más tarde coemergieron con pensamientos evaluativos que resultan congruentes con su conceptualización del diablo y la culpa.

## Explicar el modelo de coemergencia de refuerzo

Resulta útil explicar el modelo de coemergencia de refuerzo en esta etapa de la práctica, como describimos en el capítulo 2, porque sirve como un fundamento teórico sólido para el escáner del cuerpo. Esta semana, su cliente comenzará a aprender el modo de recrear el equilibrio entre los cuatro componentes del procesamiento de la información –«Percepción sensorial», «Evaluación», «Sensación corporal» y «Reacción»– a fin de volverse menos crítico y menos reactivo, así como más objetivo y más presente con las experiencias en el cuerpo. Para esto, el cliente entrenará para tomar conciencia y disminuir la actividad en las funciones de la «Evaluación» y la «Reacción» de la mente, así como para incrementar la conciencia y la actividad en las funciones de la «Percepción sensorial» y de la «Sensación corporal». El hecho de tomar una mayor conciencia de las sensaciones corporales y de ser menos reactivo a ellas ayudará a crear un equilibrio mental y a evitar el ciclo habitual de reactividad emocional.

Sugerimos ahora una explicación breve, sencilla y muy conversacional que puede ofrecerles a los clientes. Ya explicamos este mecanismo con todo detalle en la parte 1 (capítulo 2). Comience con el modelo en un estado de equilibrio (figura 2.2). Una buena manera de abordarlo es emplear el Diario de Hábitos Reactivos (documento 3.1) a modo de ayuda visual:

> Percibimos todas las situaciones con nuestros sentidos y automáticamente las evaluamos para darles sentido. Este proceso puede ser subconsciente e inmediato, o podríamos pensar en ello de manera consciente y tomarnos nuestro tiempo. Lo que no sospechamos es que cuando juzgamos que una situación es relativamente impor-

tante para nosotros, esta produce de manera inmediata algunos cambios en el cuerpo. Podemos decir que la evaluación o el juicio «coemergen» con las sensaciones corporales; coemergencia significa que dos cosas suceden al mismo tiempo. Si evaluamos la situación como aceptable o agradable, la sensación corporal será agradable, pero si evaluamos la situación con cierta negatividad, la sensación será desagradable. Algunas sensaciones pueden ser muy intensas y otras muy débiles, así que no podemos sentirlas todas, sobre todo si no hemos sido entrenados para ello. ¿Se ha dado cuenta de que cuando algo resulta muy importante para usted experimenta sensaciones más fuertes en el cuerpo que cuando no es importante? Por ejemplo, si alguien que realmente le importa le llamase y le dijera que acaba de sufrir un terrible accidente y que necesita su ayuda, ¿cómo se sentiría su cuerpo?... El siguiente paso es la reacción. Resulta interesante, porque a menudo creemos que nuestra reacción ante las situaciones se produce fuera de nosotros o por cosas como el dolor o los pensamientos poco útiles. Cuando practicamos el *mindfulness*, poco a poco nos damos cuenta de que reaccionamos a la consecuencia de nuestros pensamientos en el cuerpo; reaccionamos a causa de las sensaciones corporales que coemergen con los pensamientos críticos. Lo que habitualmente predice si alguien reaccionará o no es la intensidad de las sensaciones corporales. Cuanto más intensa es una sensación, más probabilidades hay de que reaccionemos, o bien queriendo deshacernos de ella si resulta desagradable, o bien queriendo mantenerla e incrementarle si es agradable. Debemos comprender algo muy importante, y es que si nuestra reacción consiste en deshacernos de una sensación desagradable o en incrementar una agradable, imagine lo que haremos en el futuro: repetiremos el mismo comportamiento de desear las sensaciones agradables y de evitar las desagradables. Es así como aprendemos las cosas de manera instintiva, pero también podemos modificar nuestra costumbre de reaccionar a través del entrenamiento. ¿Tiene esto sentido hasta ahora?

Ahora puede enseñarle al cliente el modelo en un estado de desequilibrio (como en la figura 2.3) y explicarle lo siguiente de una manera atractiva:

Estos cuatro componentes pueden desequilibrarse si continuamos siendo críticos y reactivos durante demasiado tiempo; este desequilibrio puede definir nuestro modo de comportarnos e incluso el sentido de quiénes somos. Es así como formamos hábitos poco útiles, que a su vez pueden hacer que nuestra vida sea muy desagradable y poco gratificante. Así que necesitamos disminuir la cantidad de evaluación y de reacción y prestar atención allí donde hace falta, esto es, a la percepción sensorial y a la interocepción, lo que significa experimentar las sensaciones en el cuerpo. Esto recrea el equilibrio en la forma en que procesamos la información, y nos sentimos menos críticos y menos reactivos a medida que avanzamos. Las investigaciones muestran que si aprendemos a hacer esto durante algún tiempo, nuestro cerebro comienza a conectarse de esa manera y se nos hace mucho más fácil dejar de lado los pensamientos inútiles y las reacciones emocionales. Básicamente, se vuelve más sencillo cambiar los malos hábitos. ¿Cree que esto puede resultar útil en su caso, teniendo en cuenta aquello que está deseando cambiar?

## Explicación experiencial del modelo de coemergencia

Comprender experiencialmente el modo en que las sensaciones corporales coemergen con la cognición resulta de ayuda con la enseñanza de la «lógica» de la TCCMi, lo que fomenta la confianza, el compromiso y la motivación para la terapia del cliente. Esto también promueve un sentido de la orientación en la terapia, lo que ayuda a los clientes a comprometerse con el tratamiento a pesar de las dificultades iniciales con que se encuentran habitualmente. A continuación figura un diálogo entre un cliente (C) y un terapeuta (T) en la primera sesión de la terapia, justo después de que el cliente haya descrito su principal dolencia. En esta situación resulta útil explicar la lógica, dado que el cliente se presenta con una alta excitación (ira). El cliente afirmó sentirse muy enfadado con su hijo adolescente, que tenía una actitud desafiante, no hacía los deberes y no limpiaba su habitación.

### *Ejemplo de planteamiento de la lógica*

(T = terapeuta, C = cliente)

T: ¿Qué sientes cuando piensas en la situación con tu hijo?
C: Me siento mal, muy enfadado.
T: ¿Cómo sabes que te sientes enfadado?

C: ¡Pues porque lo siento! Es horrible.
T: ¿Cómo sabes que es horrible? ¿Lo sientes ahora?
C: Sí, un poco.
T: ¿Dónde lo sientes ahora?
C: En mi pecho.
T: Entonces, ¿estás experimentando la ira en el pecho como una sensación física fuerte?
C: Sí, es bastante fuerte.
T: Cierra los ojos y muéstrame cuánto espacio ocupa.
C: Mide unos diez centímetros y tiene una forma alargada.
T: Esa sensación, ¿es caliente o fría? ¿Se mueve o está quieta? ¿Tiene algún peso? ¿Es pesada o ligera? Obsérvala de manera cuidadosa y objetiva, como un científico.
C: Es caliente y pesada.
T: ¿Experimentas alguna otra sensación en el cuerpo?
C: Sí, ahora siento tensión en mis hombros y mi cara está caliente.
T: Observa las sensaciones en el área del pecho. ¿Son igual que antes?
C: No, ahora no son tan fuertes.
T: Entonces, ¿la sensación que experimentabas en el pecho está cambiando?
C: Sí, ya no parece tan fuerte.
T: Por lo general, ¿cómo reaccionas cuando experimentas esas sensaciones en el cuerpo?
C: Me limito a dar portazos o a gritarle a alguien.
T: ¿Cuánto sueles tardar en calmarte?
C: Normalmente poco tiempo si me desahogo, pero algo más si no lo hago.
T: Entonces, ¿cómo te sientes ahora?
C: Ahora me siento bien.
T: ¿Ha desaparecido la ira?
C: Sí, casi.
T: Eso está bien. Entonces, ¿estás diciendo que la ira ha desaparecido casi por completo sin necesidad de desahogarte?
C: Sí, así es.

La creencia de que es necesario desahogar la ira para sentirse aliviado fue desafiada con éxito.

## Ejemplo de uso del Diario de Hábitos Reactivos

T: Desde la perspectiva de la TCCMi, estas son las etapas en las que procesamos la información (*señalando los componentes de la hoja de trabajo del modelo del Diario de Hábitos Reactivos*). Antes dijiste que cuando tu hijo adopta una actitud rebelde te enfadas mucho.

C: Sí.

T: ¿Recuerdas la última vez que te enfadaste con tu hijo?

C: Ayer mismo.

T: ¿Qué hizo para que te enfadaras? Trata de ser lo más concreto posible.

C: Le pedí que me ayudara a fregar los platos, me ignoró y siguió jugando con el iPad.

T: De acuerdo (*mostrando el primer componente, «Situación» o «Estímulo»*). De modo que podemos escribir: «Le pedí a mi hijo que fregara los platos». La segunda etapa es la «Percepción»; se trata de los sentidos que usas para percibir la información. Esta etapa nos permite percibir lo que está sucediendo en nuestro interior y fuera de nosotros. En este caso, observaste que hubo una falta de respuesta por parte de tu hijo (*señalando el componente «Evaluación»*).

T: Entonces, ¿cómo interpretaste lo que estaba haciendo tu hijo?

C: Pensaba que no me respetaba o que no le importaba ayudarme.

T: De acuerdo, vamos a escribir esto en la casilla «Evaluación» (*usando la técnica de la «flecha descendente»*).

T: ¿Qué significó para ti que no te respetara?

C: Era como si no le importaran las otras personas.

T: Si eso fuera cierto, ¿qué significaría para ti?

C: Que mi hijo no es una buena persona.

T: Y en caso de ser así, ¿qué significaría eso para ti?

C: Que no he sido un buen padre (*avanza ahora a la casilla «Interocepción / sensaciones corporales»*).

T: Entonces, ¿cómo te sentiste cuando pensaste que no eras un buen padre? (*el cliente aprende sobre su responsabilidad de sentir lo que sintió*).

C: Me enfadé mucho.

T: De acuerdo, ¿y cómo supiste que lo que sentías era enfado?

C: Podía sentirlo en mi cuerpo.

T: ¿Así que tu emoción estaba en tu propio cuerpo? (*esto proporciona una buena razón para emplear el escáner corporal como un método de regulación emocional*).

C: Sí.

T: Bien... entonces ¿qué tipo de sensación era?

C: Sentí calor por todas partes y noté los latidos del corazón.

T: De acuerdo, entonces podemos escribir esto en la última casilla, que representa la etapa de la «Interocepción». Vamos a escribir «temperatura» para el calor y «movimiento» para los latidos del corazón. Así que reaccionamos para tratar de sentirnos mejor, ¿no es así? ¿Cómo trataste de sentirte mejor en esa situación?

C: Grité a mi hijo.

T: ¿Funcionó?

C: Un poco, pero luego me sentí mal y seguí pensando en ello durante el resto del día.

T: Escribamos esto en la última casilla, la etapa de «Reacción». Y si funcionó aunque fuera un poco, ¿qué crees que harás la próxima vez que ocurra?

C: Supongo que haré lo mismo... es lo que hago cuando ya no puedo más.

T: Sí, y esto recibe el nombre de «refuerzo». Si una reacción nos ayuda a reducir el malestar o a aumentar el placer, seguimos utilizándola y termina por convertirse en un hábito, en una respuesta aprendida. ¿Te gustaría aprender a cambiar este hábito?

C: Sí, suena bien.

T: Bien, veamos lo que tenemos que hacer. ¿Puedes ver cómo tu interpretación ha originado tu experiencia? Cuando te sentías tan mal, reaccionabas gritando, estallabas de rabia durante diez minutos. Es importante comprender que no reaccionaste a la situación, porque todavía no era una experiencia; tampoco reaccionaste a tu interpretación, porque tampoco es una experiencia. ¿Puedes ver que, en realidad, reaccionaste a las sensaciones corporales desagradables? Reaccionaste a la experiencia desagradable en tu cuerpo, y las sensaciones fueron creadas por tus pensamientos sobre el acontecimiento.

*(En el formulario, dibuja un círculo sobre la casilla de «Evaluación» y otro sobre la casilla de «Reacción», y un círculo más pequeño dentro de las casillas de «Percepción» y de «Sensación corporal»).*

Al practicar el *mindfulness*, nuestro objetivo consiste en restablecer un equilibrio en el modo en que procesamos la información. Aprendemos a ser más objetivos. La tarea consiste en aumentar nuestra objetividad y nuestra capacidad de experimentar sensaciones (*«Percepción» y «Sensación corporal»*) y disminuir nuestras reacciones y nuestros pensamientos negativos (*«Evaluación» y «Reacción»*). Esta es la primera etapa de la TCCMi. Tendrás que practicar a diario para cambiar los hábitos. En la etapa 2, analizaremos con mayor detalle situaciones más específicas. Comencemos aprendiendo ahora la habilidad de la conciencia plena para reducir la reactividad.

## La conciencia plena de la sensación corporal a través del «escáner corporal»

Resulta útil explicar la conexión entre la conciencia plena de la respiración y la práctica del escáner corporal. Por medio de la conciencia plena de la respiración aprendemos a desidentificarnos de los pensamientos y a deshacernos de ellos. *Regulamos* la atención. Aprendemos a llevar la atención de vuelta a la respiración más rápidamente y somos capaces de dirigir la atención allí donde queremos. Esto recibe el nombre de «regulación de la atención». Ahora es el momento de regular la emoción usando los mismos principios, pero aplicados a las sensaciones corporales.

Las sensaciones corporales son «solo sensaciones» que experimentamos en el cuerpo, y la facultad de sentirlas se denomina técnicamente «interocepción». Nuestra conciencia interoceptiva nos permite experimentar las sensaciones en el cuerpo. El escáner corporal implica prestar una atención cuidadosa y objetiva (imparcial) a las sensaciones corporales limitándonos a advertir «qué se siente». A menudo escuchará instrucciones que dicen: «Limítate a observar», que significan: «Limítate a sentir», en lugar de ver o imaginar.

Las instrucciones de audio para el escáner corporal pueden encontrarse en las pistas de audio 7 y 8. La práctica comienza en la parte superior de la cabeza, desde la cual examinamos todo el cuerpo hasta las puntas de los dedos del pie; a continuación volvemos a la parte superior de la cabeza, también de manera vertical, con mucha paciencia y ecuanimidad. A fin de facilitar que el cliente recuerde el procedimiento, el documento 3.2 incluye una figura que representa la dirección de la atención y el tamaño aproximado de los campos de la atención durante el escáner. Los clientes aprenderán a *sentir, aceptar* y *desplazarse* de manera continua parte por parte sin evitar ningún punto concreto ni aferrarse a él. Del mismo modo que podemos sentir, aceptar y dejar ir las sensaciones corporales, podemos hacer lo mismo cuando experimentamos una emoción. Nos movemos de manera vertical, en lugar de hacerlo de lado a lado, para facilitar los métodos subsiguientes, más avanzados, que requieren desplazar la atención en un «flujo» rápido y continuo.

Hay sensaciones por todo el cuerpo, pero nuestra mente no es lo suficientemente aguda como para experimentarlas todas. Una de las razones de ello es la falta de vigilancia. Otra es la diferencia en la inervación cerebral responsable de la percepción de las sensaciones en las diferentes partes del cuerpo. Por ejemplo, la parte superior de la cabeza está mucho menos inervada que la parte inferior de la cara. Esto cambia una vez que iniciamos la práctica del escáner corporal, y ello porque la práctica diaria permite que esas conexiones neuronales aumenten en número y fuerza[17]. Por esta razón es importante practicar de manera suficiente y precisa. Cuando las sensaciones no puedan experimentarse en un determinado punto, las instrucciones de audio le pedirán a su cliente que permanezca en el «espacio vacío» durante 10 segundos y que, a continuación, avance a la siguiente parte de manera paciente y sin ninguna reacción. En la práctica de la próxima siguiente, los clientes permanecerán centrados en el espacio vacío hasta 30 segundos antes de avanzar.

El objetivo de la práctica de esta semana consiste en que seamos capaces de desarrollar la ecuanimidad (y no la reactividad) con

---

17. A. Cebolla, L. Galiana, D. Campos, A. Oliver, J. Soler, M. Demarzo, ..., J. Garcia-Campayo, «How does mindfulness work? Exploring a theoretical model using samples of meditators and non-meditators»: *Mindfulness* (2017). doi:10.1007/s12671-017-0826-7; R. A. Gotink, R. Meijboom, M. W. Vernooij, M. Smits y M. M. G. Hunink, «8-week mindfulness-based stress reduction induces brain changes similar to traditional long-term meditation practice – A systematic review»: *Brain and Cognition*, 108 (2016), 32–41. doi:10.1016/j.bandc.2016.07.001

todas las sensaciones corporales, independientemente de que estas sean agradables, desagradables o neutrales, de tal modo que nuestra observación imparcial nos deje percibir la impermanencia y la impersonalidad de todas las experiencias. En las enseñanzas tradicionales, la ecuanimidad es el equilibrio y la neutralidad de la mente que evita que nos identifiquemos con las experiencias que van surgiendo. En un estado ecuánime, la mente se mantiene firme en permanecer no reactiva a pesar de su contacto con una experiencia intensa. De manera específica, no reacciona con deseo cuando la experiencia es agradable o con aversión cuando la experiencia es desagradable. No podemos ser conscientes a menos que seamos ecuánimes y no podemos ser ecuánimes a menos que seamos conscientes. Ser ecuánime significa tener la capacidad de ser sensato, paciente y no reactivo. La ecuanimidad nos permite deshacernos de los juicios y de la reactividad emocional, neutralizando los hábitos reactivos.

### *Recordatorio sobre la mezcla de las técnicas*

El término «escáner corporal» fue introducido originalmente por John Kabat-Zinn a principios de la década de 1980[18], y desde entonces se ha empleado en numerosos modelos de la práctica del *mindfulness*. Como resultado de ello, algunas personas pueden suponer fácilmente que el método del escáner corporal que el terapeuta les está enseñando es el mismo que el método de exploración corporal que pueden haber aprendido en otro lugar, y adoptar la misma modalidad de práctica. Para algunas personas, esto puede dificultar el desarrollo de las habilidades de la TCCMi, dado que los distintos métodos tienen diferentes énfasis y difieren en su capacidad para enseñar la ecuanimidad y la no identificación con el objeto de la exposición. El hecho de mezclar las técnicas del *mindfulness* también puede crear confusión, e incluso resultar dañina, si el cliente (o incluso el terapeuta) no comprende que este es un método de exposición y que pueden surgir experiencias dolorosas. Consideramos pru-

18. J. KABAT-ZINN, «An outpatient program in behavioral medicine for chronic pain clients based on the practice of mindfulness meditation: Theoretical considerations and preliminary results»: *General Hospital Psychiatry*, 4 (1982), 33-42.

dente pedirle al cliente que se limite a seguir las instrucciones de audio proporcionadas en este libro. Cada enfoque del escáner corporal tiene su propio propósito, así que les recomendamos a los clientes que, mientras estén participando en el programa, dejen de lado los otros enfoques. Los clientes podrán escoger el método que les resulte más beneficioso una vez que hayan completado el programa.

## Aplicación con clientes individuales

### *Objetivo de la sesión*

La sesión 3 introduce el escáner corporal y la razón para desarrollar la conciencia interoceptiva y la ecuanimidad, y proporciona una explicación detallada del modelo de coemergencia usando el Diario de Hábitos Reactivos (documento 3.1).

### *Revise los deberes y el progreso*

Aclare cualquier problema que haya podido surgir, en caso de ser necesario. Cuando el cliente no haya hecho los deberes o estén incompletos, permanezca ecuánime al tiempo que explica la noción de la priorización. Explíquele que la gente suele hacer en primer lugar aquello que le resultará más gratificante o menos desagradable, razón por la que priorizamos las actividades del modo en que lo hacemos. Use el diálogo socrático u otros métodos de cuestionamiento útiles en caso necesario. Examine las posibles dificultades, entre ellas el dolor, la agitación, el deseo y la aversión, la somnolencia y las dudas.

### *Proporcione la razón de ser del escáner corporal*

1. Explíquele al cliente el modelo de coemergencia de refuerzo básico por medio del Diario de Hábitos Reactivos (documento 3.1). Pídale que cierre los ojos y que recuerde una situación desafiante reciente, y póngala por escrito en la casilla superior izquierda («Situación / Estímulo»). Pregúntele cómo supo que se estaba produciendo la situación (a través del oído, la vista,

etc.) sin guiarlo, y póngalo por escrito en la casilla de «Percepción sensorial», modelando el guion descrito en el texto principal. Explore ahora las implicaciones personales en la situación empleando el cuestionamiento socrático y la técnica de la «flecha descendente» para obtener los componentes de la «Evaluación» («Si eso fuera cierto, ¿qué significaría para ti?»). A continuación, pregúntele al cliente cómo le haría sentir esta interpretación («¿Cómo te sientes al pensar de esa manera?»). Investigue las sensaciones corporales coemergentes que siente su cliente a medida que describe su punto de vista y realice una breve exposición a las sensaciones predominantes, guiándole a través de las cuatro características de las sensaciones corporales. Haga series de 30 segundos y guíele para que disminuya su excitación por medio de la ecuanimidad. Una vez que el porcentaje de excitación (Unidades Subjetivas de Angustia) se haya reducido mediante la exposición interoceptiva, pregúntele a su cliente por la reacción que experimentó ante esta situación («¿Qué hiciste para sentirte mejor?»). Demuestre cómo se produce el refuerzo negativo cuando el modo de afrontamiento (escrito en la casilla de «Reacción») proporciona un alivio de las sensaciones desagradables.
2. Explique la omnipresencia del cambio o la *impermanencia* en todos los aspectos de la vida, y enfatice la necesidad de seguir siendo conscientes de la impermanencia durante la práctica, sobre todo con las experiencias muy agradables o muy desagradables: todo pasa.
3. Examine la ecuanimidad, su papel en el desarrollo de la aceptación experiencial, incluida la aceptación de uno mismo. Explique que dado que nos identificamos con los pensamientos y las emociones, la autoaceptación comienza con la aceptación de nuestros propios pensamientos y nuestras sensaciones corporales.
4. Explique que el entrenamiento en la conciencia plena de las sensaciones a través del escáner corporal diario ayuda a regular la emoción.

### *Introduzca las cuatro características de las sensaciones corporales*

Examine el *continuum* hedónico con los tres principales modos de experimentar las sensaciones corporales (agradable, desagradable y neutral) y con las cuatro características básicas de las sensaciones corporales (masa, movimiento, temperatura y fluidez). Descríbalas mientras muestra la figura 1 de la sesión 3, o dibuje cada *continuum* en una libreta o en la pizarra.

### *Explique los deberes*

- Esta semana, los deberes consisten en llevar a cabo el escáner corporal unilateral parte por parte. Explíquele a su cliente que este método resultará más productivo si la atención interoceptiva se dirige verticalmente, en vez de lado a lado, dado que las técnicas del escáner corporal más avanzadas requerirán un continuo «flujo» de atención descendente y ascendente, un flujo que no se presta a ser escaneado de manera horizontal.
- Las instrucciones de audio se encuentran en la pista de audio 8, y la breve introducción en la pista de audio 7. Pídale a su cliente que practique dos veces al día y que registre su práctica todos los días en el documento 3.4.
- Leer el documento 3.2.
- Rellenar el Diario de Hábitos Reactivos (documento 3.1) cuando experimente un acontecimiento estresante.

Rellene el Indicador de Conciencia Interoceptiva (documento 3.3) valiéndose de un subrayador o de un lápiz de color (de manera que todavía pueda ver el área imprimida) para registrar los puntos exactos en los que su cliente experimenta las sensaciones. Complete el Registro Diario de la Práctica de la Meditación *Mindfulness* (documento 3.4).

### *Retrasar el siguiente paso*

Los clientes que no logren centrarse en la respiración durante al menos treinta segundos sin verse arrastrados por sus pensamientos deberían dedicar un poco más de tiempo a la práctica de la conciencia plena de la respiración, aunque *sin* recurrir a las instrucciones de audio. Por lo general bastarán dos o tres días de práctica comprometida, pero algunos clientes podrían necesitar practicar durante otra semana completa la conciencia plena de la respiración antes de ser capaces de concentrarse en otra parte del cuerpo con cierta estabilidad mental.

## Aplicación con grupos

### *Objetivo de la sesión*

La sesión 3 introduce el escáner corporal y la razón para desarrollar la conciencia interoceptiva y la ecuanimidad, y proporciona una explicación detallada del modelo de coemergencia usando el Diario de Hábitos Reactivos (documento 3.1).

### *Materiales*

Pizarra, etapa 1 en formato MP3 y reproductor de MP3, formularios del Indicador de Conciencia Interoceptiva y del Registro Diario de la Práctica de la Meditación *Mindfulness* (documentos 3.3 y 3.4).

### *Revise los deberes y el progreso*

Aclare cualquier problema que haya podido surgir, en caso de ser necesario. Cuando los clientes no hayan hecho los deberes o estén incompletos, permanezca ecuánime al tiempo que explica la noción de la priorización. Explique que la gente suele hacer en primer lugar aquello que le resultará más gratificante o menos desagradable, razón por la que priorizamos las actividades del modo en que lo hacemos. Use el diálogo socrático u otros métodos de cuestionamiento útiles en caso necesario. Examine las posibles dificultades, entre ellas el dolor, la agitación, el deseo y la aversión, la somnolencia y las dudas, usando los ejemplos de aquellos participantes del grupo que estén dispuestos a presentar voluntariamente su experiencia.

### *Proporcione la razón de ser del escáner corporal*

1. Escriba en la pizarra los cinco componentes del modelo de coemergencia (consulte el Diario de Hábitos Reactivos [documento 3.1]). Explique los principios en la pizarra e ilustre los cinco componentes con una experiencia real que haya tenido alguno de los participantes esta semana. Pídale a alguien que presente un acontecimiento estresante que haya experimentado esta última semana. Intente que no emplee un acontecimiento demasiado estresante o, de lo contrario, terminará haciendo una terapia individual durante la sesión de grupo –de manera alternativa, use alguno de sus propios ejemplos–. Escriba la situación desafiante en la casilla superior izquierda («Estímulo»). Pídale que cierre los ojos y que recuerde la situación desafiante reciente, y escríbala en la casilla superior izquierda («Situación / Estímulo»). Pregúntele cómo supo que se estaba produciendo la situación (a través del oído, la vista, etc.) sin guiarlo, y póngalo por escrito en la casilla de «Percepción sensorial», modelando el guion descrito en el texto principal. Explore ahora las implicaciones personales en la situación empleando el cuestionamiento socrático y la técnica de la «flecha descendente» para obtener los componentes de la «Evaluación» («Si eso fuera cierto, ¿qué significaría para ti?»). A continuación, pregúnteles a los cliente cómo les haría sentir esta interpretación («¿Cómo te sientes al pensar de esa manera?»). Investigue las sensaciones corporales que sienten sus clientes a medida que describen sus puntos de vista y realice una breve exposición a las sensaciones predominantes, guiándoles a través de las cuatro características de las sensaciones corporales. Haga series de 30 segundos y guíeles para disminuir su excitación por medio de la ecuanimidad. Una vez que el porcentaje de excitación (Unidades Subjetivas de Angustia) se haya reducido mediante la exposición interoceptiva, pregúnteles a sus clientes por su reacción ante esta situación («¿Qué hiciste para sentirte mejor?»). Demuestre cómo se produce el refuerzo negativo cuando el modo de afrontamien-

to (escrito en la casilla de «Reacción») proporciona un alivio de las sensaciones desagradables.

2. Explique la omnipresencia del cambio o la *impermanencia* en todos los aspectos de la vida, y enfatice la necesidad de seguir siendo conscientes de la impermanencia durante la práctica, sobre todo con las experiencias muy agradables o muy desagradables: todo pasa.
3. Examine la ecuanimidad, su papel en el desarrollo de la aceptación experiencial, incluida la aceptación de uno mismo. Explique que dado que nos identificamos con los pensamientos y las emociones, la autoaceptación comienza con la aceptación de nuestros propios pensamientos y de nuestras sensaciones corporales.
4. Explique que el entrenamiento en la conciencia plena de las sensaciones a través del escáner corporal diario ayuda a regular la emoción.

### *La práctica durante el período de sesiones*

Dirija una práctica en grupo del escáner corporal parte por parte valiéndose de la pista de audio 8 del MP3. Si prefiere usar el guion, puede encontrarla en el apéndice 2. Explíqueles a los participantes que este método resultará más productivo si la atención interoceptiva se dirige verticalmente, en vez de lado a lado, dado que las técnicas del escáner corporal más avanzadas requerirán un continuo «flujo» de atención descendente y ascendente, un flujo que no se presta a ser escaneado de manera horizontal (documento 3.3). Introduzca el Indicador de Conciencia Interoceptiva (documento 3.3) y pídales a los clientes que usen un subrayador o un lápiz de color (de manera que todavía puedan ver el área imprimida) para registrar los puntos exactos en los que experimentan las sensaciones.

### *Explique los deberes*

- Esta semana, los deberes consisten en llevar a cabo el escáner corporal unilateral parte por parte. Explíqueles a los participantes que este método resultará más productivo si la atención interoceptiva se dirige verticalmente, en vez de lado a lado, dado que las técnicas del escáner corporal más avanzadas requerirán un continuo «flujo» de atención descendente y ascendente, un flujo que no se presta a ser escaneado de manera horizontal.

- Las instrucciones de audio se encuentran en la pista de audio 8, y la breve introducción en la pista de audio 7. Pídales a los participantes que practiquen dos veces al día y que registren su práctica diaria (documento 3.4).
- Leer el documento 3.2.
- Rellenar el Diario de Hábitos Reactivos (documento 3.1) cuando experimenten un acontecimiento estresante.
- Rellenar el Indicador de Conciencia Interoceptiva (documento 3.3) valiéndose de un subrayador o de un lápiz de color (de manera que todavía pueda verse el área imprimida) para registrar los puntos exactos en los que pueden experimentar las sensaciones.
- Completar el Registro Diario de la Práctica de la Meditación *Mindfulness* (documento 3.4).

### *Retrasar el siguiente paso*

Los clientes que no logren centrarse en la respiración durante al menos treinta segundos sin verse arrastrados por sus pensamientos deberían dedicar un poco más de tiempo a la práctica de la conciencia plena de la respiración, pero *sin* recurrir a las instrucciones de audio. Por lo general bastarán dos o tres días de práctica comprometida, pero algunos clientes podrían necesitar practicar durante otra semana completa la conciencia plena de la respiración antes de ser capaces de concentrarse en otra parte del cuerpo con cierta estabilidad mental.

## Preguntas más frecuentes

Pregunta: ¿Cómo puedo explicarle a mi cliente que es importante escanear el cuerpo en un orden concreto?

Respuesta: El hecho de seguir un orden es importante por tres razones. La primera de ellas está relacionada con la memoria procedimental. Su cliente podría olvidar algunas partes del cuerpo si no avanza en un orden sistemático. Ya que la mente se distrae con tanta facilidad, las instrucciones de audio están diseñadas para guiar a la gente en un orden sistemático a través de cada parte del cuerpo, de modo que sean capaces de mantener ese orden cuando estén preparadas para practicar sin necesidad de instrucciones.

La segunda razón para llevar a cabo el escáner en un orden coherente está relacionada con la negligencia no intencionada. Si no seguimos un orden sistemático a la hora de escanear el cuerpo, es posible que descuidemos ciertas áreas, que evitemos partes del cuerpo que son difíciles o desagradables de sentir. Nuestra atención se dirigirá, en cambio, a las áreas del cuerpo en que las sensaciones son obvias y fáciles de sentir. Al perder la oportunidad de practicar la detección de las sensaciones sutiles en todas las áreas del cuerpo por igual, limitamos nuestra habilidad para desarrollar la capacidad de sentir las primeras señales de cambio en el cuerpo, como las primeras etapas de la aparición de las emociones. Tratar de experimentar sensaciones muy sutiles en cada área del cuerpo produce el esfuerzo necesario para desarrollar vías cerebrales que todavía no están lo suficientemente conectadas en la ínsula y en el córtex somatosensorial, el lugar en el que experimentamos las sensaciones corporales.

La tercera razón para escanear en este orden sistemático es facilitar los métodos de escáner que pronto le enseñará a su cliente. El escáner unilateral parte por parte es el primer y más básico método de escáner corporal y únicamente se usa durante dos semanas. Los métodos más avanzados nos obligan a «barrer» nuestra atención con un solo movimiento a través de todo el cuerpo muy rápidamente –con el tiempo terminamos haciéndolo a la velocidad de nuestra respiración–. El único modo de poder hacer esto es entrenando nuestra atención para que escanee de manera descendente y ascendente de forma sistemática. Por consiguiente, es importante que la dirección del escáner de los clientes sea, en la medida de lo posible, vertical y no horizontal. Sin embargo, no pasa nada si los clientes inspeccionan pequeñas partes del cuerpo en un orden ligeramente diferente –por ejemplo, pequeñas partes de la cara u otras formas del cuerpo que sean difíciles de inspeccionar de manera vertical–.

Pregunta: Mi clienta está algo confundida por la velocidad del escáner. ¿Cuánto tiempo debería tardar en escanear todo el cuerpo?

Respuesta: Cuando nos servimos de las instrucciones de audio, el tiempo del ciclo del escáner está predeterminado por la duración de la pista de audio, que ronda los 30 minutos. Esta semana, su clienta necesita inspeccionar el cuerpo una vez, desde la parte superior de la cabeza a las puntas de los dedos de los pies, y desde las puntas de los dedos de los pies a la parte superior de la cabeza. Esto constituye un ciclo del escáner corporal. La próxima semana practicará sin las instrucciones de audio, de modo que será capaz de desplazar su atención a través del cuerpo a su propio ritmo, completando fácilmente dos o tres ciclos en cada sesión de 30 minutos, sin omitir demasiadas partes del cuerpo.

Pregunta: Mi cliente dice que no puede sentir ninguna sensación corporal, pero no parece haberse disociado. ¿Es esto posible? ¿De qué manera puedo ayudarle mejor?

Respuesta: Es habitual que las personas crean que no pueden experimentar sensaciones corporales porque esperan que estas sensaciones sean algo especial, porque perciben que nada especial sucede, aparte de algunos picores y de ciertos dolores molestos. Sin embargo, este método les enseña a prestar atención a las sensaciones comunes, ordinarias y cotidianas. Como su cliente escuchó en las instrucciones de audio, *cualquier cosa que sienta* es una sensación corporal. Podría experimentar una sensación de temperatura –calor o frío en alguna parte del cuerpo–, sensaciones asociadas al movimiento –como un picor o el latido del corazón–, o una sensación de pesadez o ligereza –por ejemplo, pesadez en el cuello y en la espalda ocasionada por la fatiga–.

Las sensaciones también pueden estar relacionadas con la experiencia de la densidad y la solidez –por ejemplo, sentir cierta constricción en algunas partes del cuerpo–. Por ejemplo, su cliente podría experimentar una opresión en el pecho o en el estómago en caso de estar ansioso. Lo opuesto de la solidez y la densidad sería experimentar sensaciones muy difusas y «fluidas» en algunas partes del cuerpo, donde podría haber una sensación de expansión más que de contracción.

Todas estas son sensaciones corporales ordinarias. Lo último que queremos es buscar algo especial. Si su cliente busca algo que no puede encontrar, crea una expectativa poco realista, algo que no resulta beneficioso. Practicamos para *observar* nuestras experiencias en el cuerpo *tal y como son*. Esto quiere decir que si su cliente no es capaz de sentir una parte concreta del cuerpo, tiene que *aceptar* que no puede experimentar sensaciones en esa parte en ese momento, comprendiendo que esto también cambiará.

Cuando su cliente no pueda experimentar una sensación en un área concreta, debe permanecer centrado en ese espacio vacío durante aproximadamente 10 segundos en esta primera etapa, y, a continuación, avanzar a la siguiente parte con paciencia, tolerancia y ecuanimidad, como en las instrucciones de audio. A partir de la próxima semana será capaz de permanecer centrado en los espacios vacíos con cierta facilidad hasta 30 segundos antes de avanzar a la siguiente parte, porque su mente habrá entrenado lo suficiente como para mantener la atención y no perderse en los pensamientos. Su cliente también debe recordar que, si bien el hecho de experimentar sensaciones resulta importante, su actitud hacia la práctica lo es todavía más, dado que afecta al modo en que se conectan ciertas áreas del cerebro. Si sigue siendo paciente y tolerante cuando no obtenga aquello que desee durante la práctica, tendrá la misma actitud fuera de la misma. Esto se debe a que el cerebro que usa para la meditación es también el cerebro que usa en la vida cotidiana. El modo en que lo conecte durante la práctica es el modo en que se formará para la práctica cotidiana.

Pregunta: Mi clienta me dice que, por mucho que lo intenta, no logra sentir un área concreta de su cuerpo, así que cree que no es capaz de hacerlo. ¿Cómo puedo ayudarla a superar esto?

Respuesta: En primer lugar valoraría el duro trabajo que está haciendo y, a continuación, le explicaría que también ha de trabajar con ecuanimidad. De lo contrario, su actitud reforzará su creencia de que no es lo bastante buena, ni siquiera para la terapia. Su clienta tiene que comprender la manera de mantener estable su mente y firmemente anclada en la observación objetiva, y no ha de tomarse sus experiencias como algo personal. Tan solo tiene que presenciarlas. Pídale que se limite a *advertir* que algunas partes pueden sentirse y que otras no pueden sentirse en esta etapa. Esto no tiene nada que ver con ella como persona. En ciertas ocasiones, esforzarse demasiado puede empeorar el problema, puesto que lleva a la activación involuntaria de los caminos emocionales en detrimento de la activación sensorial, en lugares que nos permiten experimentar las sensaciones corporales. Como resultado de ello, cuanto más lo intentamos, menos sentimos. ¿Acaso cree que esta ha sido la experiencia de su clienta? Le preguntaría si eso también refleja su actitud en la vida; ¿se esfuerza demasiado y se toma el fracaso a la hora de alcanzar sus metas como algo personal? Esta clase de reflexión suele tocar la fibra sensible de la gente.

También es importante saber que las personas con ansiedad o estrés crónicos suelen evitar las sensaciones viscerales típicamente desagradables en las áreas del abdomen y el pecho. Cuando esta evitación interoceptiva se establece durante un tiempo, puede hacer que las áreas del abdomen o del pecho sean difíciles de sentir. Esto también es habitual en el dolor crónico, en el que se ha detectado de manera constante una disminución del volumen de la materia gris en hasta ocho áreas del cerebro, incluido el córtex insular, que nos permite experimentar sensaciones. También en los problemas de salud mental parece haber disminuido la conectividad a la ínsula, presumiblemente porque este es el modo en que suprimimos las emociones dolorosas –i. e., no sintiendo las sensaciones corporales–. Por ello, el hecho de sentir la parte frontal del torso puede llevar un poco más de tiempo en el caso de ciertas personas.

Los clientes dirán a menudo que son incapaces de sentir una parte del cuerpo en el momento en que la escanean, pero la sentirán tan pronto como desplacen su atención a otra parte del cuerpo. El hecho de normalizar este fenómeno común y de pedirles a los clientes que lo adviertan de manera ecuánime es útil. A los profesionales clínicos les resultará beneficioso y un buen ejercicio de modelación decir que no pueden explicar todos los fenómenos, incluido este, y que está bien limitarse a observar y aprender de ellos con interés. Recuérdele a su cliente que no tome parte en este fenómeno, que no se identifique con él, y que tarde o temprano las cosas cambiarán. Un aspecto importante de la práctica del *mindfulness* es *observar* pacientemente cómo se produce el cambio.

Pregunta: Mi cliente dice sentirse agitado al practicar, y eso que no experimenta agitación en otros momentos del día o en otras situaciones actuales en su vida, y se pregunta si es normal. No sé muy bien cómo explicárselo.

Respuesta: La agitación es muy común cuando empezamos la práctica, y va y viene incluso cuando tenemos cierta experiencia con la meditación, dependiendo de varios factores. Uno es lo que ha sucedido recientemente en la vida cotidiana. Otro son nuestras anticipaciones recientes o frecuentes de lo que podría suceder en el futuro. La agitación también puede producirse a causa de sensaciones corporales no conscientes, aunque estresantes, o a causa de la anticipación subconsciente del sentimiento de malestar. El «parámetro de control» es la ecuanimidad. Cuando la agitación persiste y nuestra ecuanimidad no está lo suficientemente desarrollada para superarla, consideramos que es uno de los «cinco obstáculos» para la práctica. Sin embargo, esta es también una oportunidad para observar cuidadosamente en qué parte del cuerpo se encuentran las sensaciones asociadas con la agitación y para practicar la exposición interoceptiva con ellas.

Para esto, el cliente necesita mantener su atención mientras permanece calmado y ecuánime durante un minuto o dos. Tiene que estudiar aquello que advierte con curiosidad y un interés auténtico, teniendo en cuenta que ninguna sensación está aquí para quedarse para siempre; todas las sensaciones son impermanentes, al igual que todo lo demás. El hecho de tener presente que la experiencia es *solo* una experiencia y no algo que le define le resultará de ayuda. Como aprenderá de una manera más activa la semana que viene, podría centrarse en las cuatro características de las sensaciones (masa, temperatura, movimiento y fluidez). Esto le ayudará a no tomarse las cosas como algo personal. Si examina su experiencia de manera objetiva y ecuánime, es probable que su agitación disminuya rápidamente y permita el surgimiento de algo más, a menudo una sensación de calma o incluso de somnolencia.

Pregunta: Mi clienta practicó anteriormente el escáner corporal con otro terapeuta y dice que prefiere tumbarse durante la práctica, como este le enseñó. Dice que es más relajante. ¿Podría hacerlo también en la TCCMi?

Respuesta: Sin duda podemos cultivar el *mindfulness* en todas las posturas y durante todas las actividades físicas. De hecho, también lo haremos en la TCCMi, como parte de la aplicación de nuestras habilidades meditativas en la vida diaria. Sin embargo, es importante que su clienta practique sentada, porque la posición tumbada podría contribuir a una ligera somnolencia, incluso si no siente sueño de manera manifiesta. También nos hemos dado cuenta de que la gente confunde relajación con *mindfulness*. Es comprensible que la gente prefiera y escoja un método más relajante que uno que requiera exponerse a algo que en ocasiones resulta bastante desagradable. La TCCMi incluye la relajación (RMP) únicamente durante la primera semana de entrenamiento, y rápidamente pasa a la exposición con vistas a la desensibilización. El objetivo consiste en desarrollar la ecuanimidad, la introspección y la resiliencia, no la relajación. ¿Por qué no la relajación? Porque podemos recurrir a la relajación alegando que el hecho de sentirnos incómodos nos resulta molesto. Esto incluye el temor a los síntomas de la ansiedad, que irónicamente pueden llevar a ataques de pánico en toda regla. ¡Querer relajarnos lejos de las sensaciones desagradables es una respuesta aversiva! En efecto, aunque esperamos relajarnos, lo que en realidad estamos practicando es la evitación interoceptiva. Esto no quiere decir que la relajación no sea beneficiosa; lo será siempre que no tenga como objetivo «deshacerse del estrés» –lo que constituye una aversión hacia las sensaciones desagradables–.

A menos que su clienta padezca una enfermedad grave que le impida sentarse con la espalda y el cuello relativamente erguidos y alineados, el hecho de adoptar una postura sentada le resultará beneficioso. Explíquele que, al no estar aún acostumbrada a permanecer alerta y profundamente relajada al mismo tiempo, el hecho de estar acostada hará que no esté lo suficientemente alerta y que, por consiguiente, no sea capaz de observar acontecimientos sutiles en el cuerpo, o contribuirá a que se pierda en los pensamientos e impedirá que vuelva a centrarse en las sensaciones corporales rápidamente. Además, los días que se sienta más cansada se sentirá innecesariamente adormecida para practicar. Si está demasiado cansada para practicar sentada, podría descansar un poco antes de realizar la práctica. Podría tumbarse durante 5 o 10 minutos, descansar y, a continuación, sentarse para practicar.

Hasta el momento no se han realizado estudios que demuestren que tumbarse produce mejores resultados que permanecer sentado o de pie, ni tampoco se ha demostrado empíricamente que la postura sentada sea más eficaz. Todo lo que tenemos es nuestra experiencia personal y clínica a lo largo de los años, así como la orientación de nuestros propios maestros monásticos y seculares de la meditación, que nos enseñaron de la misma manera que los meditadores del *mindfulness* llevan practicando desde hace aproximadamente 2.500 años. Sugerimos que la práctica sentada producirá los mejores y más rápidos resultados, incluso si al principio su clienta tiene ciertas dificultades.

Pregunta: Mi cliente afirma padecer un ligero dolor de cabeza cuando escanea su cuerpo y se pregunta si podría deberse a un esfuerzo excesivo por su parte. También dice que está escaneando el cuerpo con sus ojos y que eso le cansa.

Respuesta: El seguimiento visual de adónde se dirige nuestra atención es muy común cuando comenzamos esta práctica, y puede desembocar en un dolor de cabeza. El cerebro suele ser más hábil usando la visión que la interocepción, y ello se debe a que en la vida cotidiana usamos mucho más nuestra percepción visual que nuestra percepción sensorial. No es de extrañar que «ver» o visualizar resulte más sencillo y más familiar que sentir. Al cerebro también se le da muy bien resolver problemas. Lo que no podemos hacer con la modalidad sensorial podemos tratar de hacerlo con otra modalidad. Nuestro cerebro trata de adaptarse automáticamente y «ver» lo que no puede sentir. Esto se asemeja a una persona ciega que usa su percepción auditiva para compensar la falta de vista.

Es importante normalizar la experiencia. Asegúrele a su cliente que el seguimiento visual no es malo ni peligroso, pero anímele a evitarlo en la medida de lo posible. Con práctica, su mayor capacidad para sentir reemplazará el hábito de intentar ver. Enséñele a que sus ojos descansen en una posición fija y haga todo lo posible por prestar atención a las partes del cuerpo que está escaneando sin hacer uso de los ojos. Esto mejorará con el tiempo.

Pregunta: ¿Cómo puedo ayudar mejor a mi clienta cuando dice que su mente todavía está demasiado dispersa para centrarse en el cuerpo y quiere continuar practicando la conciencia plena de la respiración?

Respuesta: Normalice la experiencia de su clienta. Ella solo debe esforzarse por inhibir su respuesta habitual a los pensamientos teniendo la firme determinación de volver a centrar su atención en la parte del cuerpo que está escaneando tres segundos después de que surja un pensamiento. Esto recibe el nombre de «regla de los tres segundos». Tendemos a ser conscientes de un pensamiento que se entromete en la conciencia tan pronto como sucede, y es fácil comenzar a «pensar» en él activamente si no nos distanciamos de él inmediatamente. Recuérdele a su clienta que es más probable que se vea atrapada en pensamientos que tienen sensaciones coemergentes que sobresalen. Esto se debe a que solemos reaccionar involuntariamente a las sensaciones corporales que coemergen con los pensamientos, más que al pensamiento en sí mismo (i. e., el aspecto cognitivo del pensamiento). Si un pensamiento se vuelve demasiado persistente, como sucede en la gente con TOC, pídale a su clienta que detecte cuál es la sensación más intensa en el cuerpo y que permanezca centrada en ella de manera ecuánime, dividiéndola en las cuatro características básicas –masa, temperatura, movimiento y fluidez–. Una vez que se haya producido esta exposición interoceptiva al componente emocional del pensamiento durante un máximo de un minuto, es probable que este pensamiento sea menos «difícil» y menos obsesivo. Dese cuenta de que algunos pensamientos emergerán porque estamos escaneando el cuerpo. Esto es lo que significa la coemergencia; es un proceso tanto descendente *como* ascendente.

Pregunta: A mi cliente le enseñaron que el *mindfulness* consiste únicamente en estar en el momento presente sin hacer juicios. ¿Cómo sugiere que responda?

Respuesta: El *mindfulness*, como así lo consideramos en la TCC-Mi, es una herramienta mental que nos ayuda a investigar nuestra experiencia en el momento presente. No practicamos únicamente para «ser conscientes». La usamos como herramienta para ver las cosas del modo en que verdaderamente son y para desacondicionar la mente de los hábitos que promueven el sufrimiento. Al emplear esta herramienta, podemos discernir qué pensamientos, emociones o acciones son saludables y cuáles no lo son. No solo se trata de permanecer en el momento presente. El *mindfulness* entraña una observación directa y la comprensión experiencial profunda de que experiencias como el dolor y el placer solo son temporales. A través de la observación cuidadosa de nuestra propia experiencia determinamos que el hecho de identificarnos, por ejemplo, con el placer, lleva al apego, que conduce al anhelo cuando el placer ya no está presente, que a su vez da lugar a la tristeza.

La *práctica acertada del* mindfulness *promueve la ecuanimidad*, lo que reduce la tendencia a identificarnos con la experiencia. Por supuesto, el hecho de fomentar un sentido del yo al identificarnos con nuestra experiencia refuerza el deseo y la aversión, que son hábitos que mantienen los comportamientos poco saludables y causan sufrimiento. La ecuanimidad es la actitud que permite prevenir el deseo y la aversión, lo que facilita nuestra conciencia de estar en el momento presente. Con ecuanimidad, resulta sencillo dejar ir la alegría cuando pasa y permitir la insatisfacción cuando llega. La vida se vuelve más fácil cuando hemos aprendido a aceptarla tal y como se presenta, en el momento presente.

## Documento 3.1.
## Diario de Hábitos Reactivos

Complete las casillas cada vez que se encuentre con una situación que evoque una experiencia emocional o estresante.

ESTÍMULOS INTERNOS / EXTERNOS
¿Qué sucedió en realidad?

→

PERCEPCIÓN SENSORIAL
¿Cómo supo que esto estaba sucediendo?

→

EVALUACIÓN
¿Qué significó para usted?
... y, de ser cierto,
¿qué supondría esto para usted?
Repita lo anterior hasta que el «yo» cobre mayor importancia.

↓

SENSACIÓN CORPORAL
¿Cómo se sintió al pensar de esta manera?

←

REACCIÓN / RESPUESTA
¿Qué hizo para sentirse mejor?

↑

FECHA DEL SUCESO: ______

HORA DEL SUCESO: ______

INTENSIDAD DE LA ANGUSTIA: Entonces, el ___ %

INTENSIDAD DE LA ANGUSTIA: Ahora, el ___ %

NOMBRE: ______

EN TERAPIA DESDE (fecha): ______

## Documento 3.2.
## Escáner corporal: comprender los sentimientos y la ecuanimidad

Cuando tenemos pensamientos sobre algo que creemos que es importante para nosotros, ese algo crea de manera automática ciertas sensaciones dentro del cuerpo, y cuando las sensaciones son intensas, las percibimos como sentimientos o emociones. Por ejemplo, si el lector tiene el pensamiento de que es un fracasado, advertirá cierto malestar dentro del cuerpo. Se producen ciertos cambios, incluso cambios pequeños a los que normalmente no prestamos atención –por ejemplo, la temperatura de la piel y la frecuencia cardíaca, o simplemente algún movimiento en el estómago–. Aunque no seamos conscientes de ellos, esos cambios afectan al modo en que sentimos y reaccionamos.

Cuando tenemos un pensamiento negativo o aterrador, junto al mismo surgen sensaciones (sentimientos) desagradables –por ejemplo, un movimiento cálido y turbulento en el estómago–. Puede que reaccionemos a estas sensaciones tratando de evitarlas. Podríamos tomar una bebida alcohólica o un café, fumar, comer o incluso salir a correr. Es posible que estas acciones enmascaren las sensaciones y proporcionar cierto alivio a corto plazo, pero pueden convertirse en un problema más adelante. Comenzamos a advertir esta conexión entre los pensamientos y los sentimientos a medida que desarrollamos nuestra práctica del *mindfulness*. También comprendemos que el hecho de prestar atención a las sensaciones corporales nos permite tomar conciencia de las emociones y manejarlas con mayor celeridad y habilidad tan pronto como surgen.

La práctica de esta semana implica permanecer quieto y concentrado como hasta ahora, pero en esta ocasión centrará la atención en el cuerpo en vez de hacerlo en la respiración. Esto le enseñará a detectar las sensaciones corporales mientras escanea el cuerpo. Será consciente de las sensaciones en el cuerpo. Centre su atención en el cuerpo, de un modo sistemático, desde la parte superior de la cabeza hasta los dedos de los pies, tomando cada vez pequeñas áreas (2 o 3 pulgadas o 7 u 8 centímetros). El dibujo de la figura 2 de la sesión 3 muestra pequeños círculos que representan el tamaño de los puntos de atención cuando escaneamos el cuerpo. En el área del torso puede verse que la dirección de la atención es vertical, no horizontal. La pista de audio 8 de las instrucciones de audio le guiará con esta práctica.

En el momento en que advierta una sensación, avance al área siguiente y repita el mismo proceso de una parte a otra. Esto recibe el nombre de «escáner corporal parte por parte». Si no advierte las sensaciones en un determinado punto, permanezca ahí durante diez segundos aproximadamente y, a continuación, avance al siguiente punto. Cuando no sea capaz de experimentar una sensación, acéptelo. Después de todo, también es una experiencia. Es la *realidad* que experimenta en esta ocasión, en esta parte del cuerpo. Aprenderá a aceptar la realidad tal y como se presenta, momento a momento.

El escáner corporal nos ayuda a tomar conciencia de la relación íntima entre el pensamiento y el sentimiento. Aprendemos a inspeccionar todo el cuerpo parte por parte, advirtiendo las sensaciones que surgen sin juzgarlas, de manera neutral. Comenzamos a darnos cuenta de que las sensaciones van y vienen constantemente. Aprendemos sobre la conexión entre las sensaciones corporales y los cambios sutiles en la emoción. Lo que llamamos emoción es el resultado del pensamiento y de las sensaciones corporales que emergen al mismo tiempo. Por ejemplo, con ira podríamos pensar: «Ella no debería haberme hablado de ese modo» y, acto seguido, percibir sensaciones cálidas, densas o pesadas o movimiento y agitación en el cuerpo. Llamamos a este sentimiento «ira», y podríamos decir: «Estoy enfadado» e incluso reaccionar gritando o hablando de manera enérgica.

**Sesión 3, figura 2** El dibujo muestra el tamaño y la dirección de la atención en el escáner unilateral parte por parte.

Con práctica, podría advertir que desea más sensaciones agradables y menos desagradables. Si tomamos conciencia de que la aceptación de las sensaciones corporales es una parte clave para sentir alivio de las emociones, podemos limitarnos a observar las sensaciones y a esperar que cambien sin tener que *hacer* nada. Esto nos permite tener un control mucho mayor de nuestras respuestas a las emociones. A medida que somos conscientes del cuerpo, tomamos una mayor conciencia de las sensaciones, de las emociones y de las respuestas y somos capaces de responder de manera diferente. Desarrollamos «ecuanimidad». La ecuanimidad es la capacidad de mantener el equilibrio de nuestra mente al no reaccionar a las sensaciones corporales y al no tomarnos las cosas como algo personal, y constituye el objetivo de nuestra práctica de aquí en adelante. Recuerde que ser consciente le informa, mientras que ser ecuánime le transforma.

## Documento 3.3.
## Indicador de Conciencia Intericeptiva

Nombre: ........................... Edad: ......... Sexo: ............ Fecha: ..................

Fecha en la que comenzó el entrenamiento: .....................

Técnicas de escáner empleadas esta semana: .....................

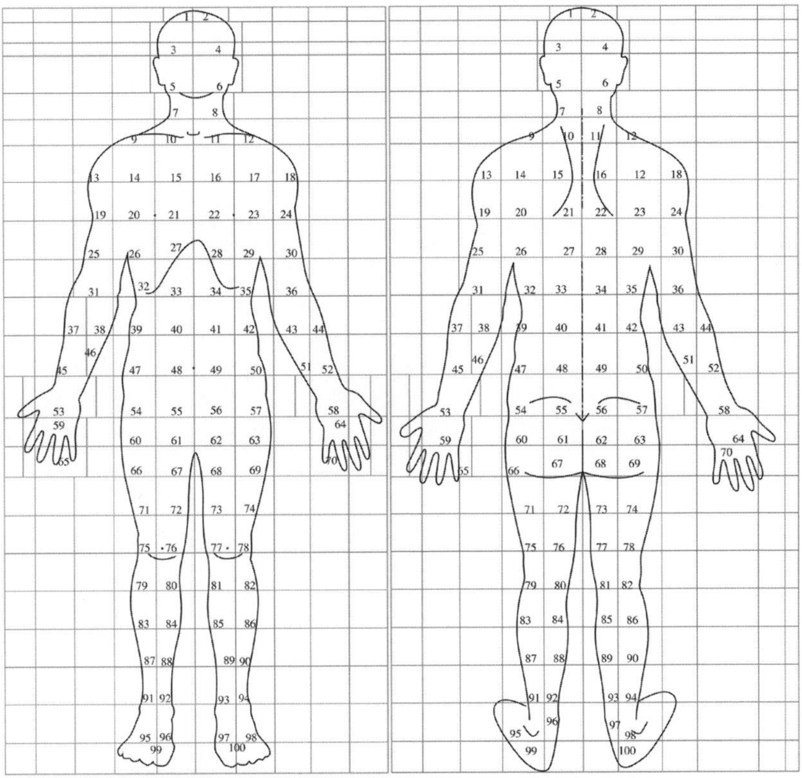

DELANTE DETRÁS

Coloree las partes de la silueta en las que puede experimentar cualquier clase de sensación corporal. Trate de no pasar demasiado tiempo coloreando las partes. No pasa nada si sobrepasa ligeramente el borde de la silueta.

**Resultados**

Hay 100 casillas numeradas (con forma cuadrada y rectangular) en el interior de la silueta o cruzando el contorno de la misma. Para calcular el porcentaje de conciencia interoceptiva, cuente en número total de casillas que ha coloreado. Una casilla numerada se cuenta como válida si al menos la mitad de la superficie que queda dentro de la silueta está coloreada.

Conciencia interoceptiva total = (% detrás + % delante / 2) = ........... %

## Documento 3.4.
## Registro diario de la Práctica de la Meditación *Mindfulness*

| Día | Fecha | Mañana *(rodee con un círculo)* | Duración | Calificación de la eficacia *Evalúe de 1 a 10 lo bien que ha advertido las distracciones y ha traído de vuelta su atención a la respiración o al cuerpo. 1=nada bien; 10=extremadamente bien* | Noche *(rodee con un círculo)* | Duración | Calificación de la eficacia *Evalúe de 1 a 10 lo bien que ha advertido las distracciones y ha traído de vuelta su atención a la respiración o al cuerpo. 1=nada bien; 10=extremadamente bien* |
|---|---|---|---|---|---|---|---|
| Lunes | | He practicado Sí / No | | | He practicado Sí / No | | |
| Martes | | He practicado Sí / No | | | He practicado Sí / No | | |
| Miércoles | | He practicado Sí / No | | | He practicado Sí / No | | |
| Jueves | | He practicado Sí / No | | | He practicado Sí / No | | |
| Viernes | | He practicado Sí / No | | | He practicado Sí / No | | |
| Sábado | | He practicado Sí / No | | | He practicado Sí / No | | |
| Domingo | | He practicado Sí / No | | | He practicado Sí / No | | |

## Referencias adicionales

SHAPIRO, N., *The complete fables of La Fontaine, (Work from 1668)*, University of Illinois Press, Chicago 2007.

# Sesión 4:
# Práctica aplicada y transferencia de habilidades

*Las emociones, igual que las olas,*
*no conservan mucho su forma individual.*

—Henry Ward Beecher, 1871[1]

## Introducción

Este capítulo guía a los terapeutas para que ayuden a sus clientes a comprender el rol y la práctica de la ecuanimidad y a desarrollar la conciencia de las cuatro características de las sensaciones corporales. Describe la importancia de centrarse en estas cuatro características interoceptivas como una estrategia de regulación de la emoción que evita la sobreidentificación y la reacción excesiva ante una experiencia angustiosa. Se introducirá al cliente a la práctica aplicada de la ecuanimidad como un medio para reducir la angustia tanto dentro como fuera de la práctica en posición sentada. Los clientes comprenderán que la conciencia solo *informa* la respuesta, mientras que la ecuanimidad la *transforma*. Su cliente practicará esta semana sin instrucciones de audio, lo que profundizará su enfoque, su comprensión y sus habilidades. La práctica de esta semana requiere sentarse

1. H. W. Beecher, *The Sermons of Henry Ward Beecher in Plymouth Church*, J. B. Ford, Brooklyn 1871.

con una «firme determinación» (*Adhitthana* en pali), que en este contexto significa, en esencia, practicar con el firme compromiso de mantenerse ecuánime, i. e., no reaccionar ni identificarse con las experiencias que surjan en la conciencia al tiempo que se permanece inmóvil. Hacer esto mientras la atención pasa de forma sistemática por todo el cuerpo, parte por parte, da lugar a un mayor desarrollo de la ecuanimidad.

## Comprobar la disposición del cliente

Su cliente ha completado la primera semana de práctica de la conciencia plena de las sensaciones corporales. Es importante que compruebe su progreso. ¿Ha sido capaz de practicar durante 30 minutos, dos veces al día? ¿Pensó que la práctica le resultaba beneficiosa? Compruebe si puede experimentar sensaciones en algunas partes del cuerpo. ¿Estuvo menos reactivo esta semana? Por ejemplo, ¿podría advertir las sensaciones corporales, tanto las agradables como las desagradables, sin reaccionar con deseo o aversión? ¿Podría permanecer ecuánime en caso de no notar las sensaciones en algunas áreas? Si prefería practicar sin las instrucciones de audio, probablemente significa que fue capaz de recordar las instrucciones y manejar los pensamientos intrusivos que pueden resultar desafiantes cuando se practica en silencio.

En caso de que su cliente no haya practicado todo lo necesario, pídale que vuelva a comprometerse, que comience de nuevo la práctica sin echarse la culpa y con un nuevo compromiso. Es útil recordarles a los clientes que el hecho de aprender a ser amables consigo mismos es importante cuando están aprendiendo estas nuevas habilidades. Use el cuestionamiento socrático para aclarar aquello que podría haber supuesto un obstáculo para su práctica: en ciertas ocasiones, no hablar de ello puede mantener un problema que es sencillo de abordar. Permanecer abierto, no crítico y empático puede traer consigo un momento «ajá», circunstancia en la que resulta más sencillo que el cliente conciba un recompromiso.

### *Retrasar el siguiente paso*

Si su cliente practica a diario pero sigue quedando atrapado en los pensamientos o no puede experimentar muchas sensaciones corporales, tal vez debería dedicar algunos días más a la conciencia plena de la respiración, hasta que su mente esté más calmada y se haya asentado un poco más en la respiración. Cuando esto ocurra puede pasar a la práctica del escáner corporal con instrucciones de audio durante unos días y, a continuación, a la práctica del escáner corporal sin instrucciones de audio. En ciertas ocasiones los clientes necesitarán otra semana entera con la práctica de la conciencia plena de la respiración (preferiblemente sin instrucciones) antes de reanudar la práctica del escáner corporal. Sin embargo, también es importante explicarles que no necesitan no tener pensamientos o sentir el cuerpo antes de comenzar a practicar en silencio. El hecho de advertir algunos espacios vacíos y de tener pensamientos intrusivos es una experiencia muy habitual y necesaria, y podemos valernos de estas experiencias para desarrollar la ecuanimidad y la comprensión sobre el funcionamiento de los sistemas cognitivo e interoceptivo.

Pídale a su cliente que complete el Indicador de Conciencia Interoceptiva (documento 3.3). Si es capaz de centrar su atención y de sentir al menos el 20% de la superficie del cuerpo, pregúntele si está en condiciones de practicar ahora sin instrucciones de audio. Si confía en poder hacerlo y recuerda con claridad las instrucciones, está preparado para avanzar al siguiente paso y para aumentar la eficacia de su práctica. Si, una vez comenzada la práctica en silencio, su cliente tiene dificultades para centrar su atención, tal vez convenga que empiece cada práctica con 10 minutos de conciencia plena de la respiración antes de continuar con 20 minutos de escáner corporal. Los primeros 10 minutos ayudarán a agudizar su mente para que pueda centrarse mejor al practicar el escáner corporal. Sin embargo, en esta etapa debería dedicarse todo el tiempo posible al escáner corporal, así que esta precaución solo debería aplicarse en caso de que los problemas para centrar la atención sean mayores que los que normalmente pueden esperarse en esta tarea.

## Aumentar la eficacia de la práctica

A los clientes les resulta beneficioso comprender la manera en que se puede reforzar la conciencia de las sensaciones del cuerpo y su ecuanimidad hacia ellas. También es importante que sean capaces de aplicar esta conciencia y esta ecuanimidad a las situaciones y a los acontecimientos cotidianos. La transferencia de estas nuevas habilidades a la vida diaria puede ser rápida en el caso de algunas personas y muy lenta en el caso de otras. Cuando introducimos la meditación *mindfulness* por nuestra cuenta con el único objetivo de lograr un crecimiento personal, disponemos de todo el tiempo del mundo para meditar, hasta que la neuroplasticidad complete una transferencia progresiva de las habilidades de la ecuanimidad en la vida cotidiana. Por el contrario, un contexto clínico requiere un cambio suficientemente rápido para producir y mantener el refuerzo de la práctica diaria. Conviene tener en mente que la práctica del *mindfulness* es un conjunto de tareas de exposición metacognitivas e interoceptivas que dista mucho de ser una actividad agradable. En consecuencia, necesitamos efectos gratificantes rápidos y sucesivos para mantener a los clientes comprometidos con la rutina de la práctica. Por ello, esta semana –y en preparación para la próxima– aprovechamos el desarrollo más efectivo de la ecuanimidad para lograr un cambio rápido y lo suficientemente sustancial en la vida cotidiana mediante la práctica en silencio, con una fuerte determinación.

### *Práctica en silencio*

Las instrucciones de audio tienen la importante finalidad de guiar a los clientes a medida que aprenden las habilidades básicas de una determinada tarea. Sin embargo, si se usan durante demasiado tiempo pueden ser intrusivas y convertirse en una fuente de interferencias. Por lo general, después de practicar con instrucciones durante una semana, la gente necesita una práctica en silencio. La práctica con instrucciones debería ayudar a aprender nueva información y a consolidarla durante aproximadamente una semana. En caso de mantenerse durante más tiempo, el hecho de escuchar las instrucciones interfiere con el aspecto más productivo de la práctica:

la neutralización del componente emocional de los pensamientos intrusivos –desensibilización–. Esto quiere decir que en realidad necesitamos que los pensamientos se inmiscuyan en la conciencia en esta primera etapa de la práctica. Si el lector recuerda la sesión 2, nuestro recuerdo de los acontecimientos dolorosos puede neutralizarse e incluso cambiarse al separar la respuesta de la amígdala (asociada a la interocepción visceral) del recuerdo[2].

Los pensamientos que surgirían fácilmente en la percepción consciente durante la práctica en silencio pueden permanecer «enmascarados» por el sonido y el significado de las instrucciones de audio. En la ciencia cognitiva, esto recibe el nombre de «interferencia estructural», que implica que dos o más estímulos congruentes desde el punto de vista de la modalidad (p. ej., dos pensamientos o dos imágenes procesados al mismo tiempo en la misma estructura cerebral) compiten por el acceso a la conciencia[3]. También es cierto que si las instrucciones le resultan aburridas a un cliente con TDAH o con TOC, por ejemplo, es probable que el estímulo generado internamente (p. ej., un pensamiento) se entrometa en la conciencia pese a escuchar las instrucciones de audio[4]. Sin embargo, para una persona cuya mente se ha visto calmada tras las dos últimas semanas de práctica, es probable que el estímulo generado a nivel externo (instrucciones de audio) distraiga la atención y evite que los pensamientos emerjan en la conciencia. Actúa un poco como un mantra. Un estímulo interfiere con el otro y evita su procesamiento. Hay diferentes teorías al respecto, pero, básicamente, el estímulo más fuerte / más ruidoso gana. Con un mantra o una voz relajante, la mente se asienta con facilidad. Este

2. A. Shires, L. Sharpe, J. Samson, B. Colagiuri y T. Newton-John, *The relative efficacy of mindfulness versus distraction: the moderating role of attentional bias*, 2017. Manuscrito presentado para su publicación; B. K. Hölzel, S. W. Lazar, T. Gard, Z. Schuman-Olivier, D. R. Vago y U. Ött, «How does mindfulness meditation work? Proposing mechanisms of action from a conceptual and neural perspective»: *Perspectives on Psychological Science*, 6 (2011), 537-559.
3. C. M. MacLeod, «Half a century of research on the Stroop effect: An integrative review»: *Psychological Bulletin*, 109 (1991), 163–203; C. D. Wickens, «Processing resources in attention», en R. Parasuraman y D. R. Davies (Eds.), *Varieties of Attention*, Academic Press, Londres 1984.
4. B. A. Cayoun, *The dynamics of bimanual coordination in ADHD: Processing speed, inhibition and cognitive flexibility*, Lambert Academic Publishing, Saarbrücken 2010.

es el propósito fundamental de usar un mantra en las técnicas de meditación de concentración, como la Meditación Trascendental. Esto estaría bien si nuestra respuesta fuera simplemente aprender a concentrarnos, pero no sirve bien a nuestro propósito de la exposición y la desensibilización. De hecho, algunos de sus clientes le preguntarán si pueden continuar practicando con las instrucciones de audio... ¡y eso no tiene nada que ver con el acento francés del doctor Cayoun! Además, unas instrucciones sobreaprendidas pueden actuar como una canción de cuna y hacer que nos durmamos. Por consiguiente, tendrá que explicarle a su cliente que debe practicar sin las instrucciones de audio esta semana, al mismo tiempo que permanece firmemente decidido a desarrollar la ecuanimidad.

Por supuesto, la práctica clínica rara vez resulta sencilla, y con frecuencia se necesita ser flexible y llevar a cabo ciertos ajustes. Los clientes con trastornos como el TDAH, el TOC o la hipomanía, y también aquellos que tienen pensamientos intrusivos generalizados, podrían tener más dificultades que los demás para concentrarse en el cuerpo sin la interferencia producida por las instrucciones de audio. Esto también es frecuente en las personas mayores con demencia temprana porque a menudo olvidan las instrucciones, incluso después de haberlas practicado 14 veces en la misma semana. En estos casos, puede ser útil que los clientes continúen usando las instrucciones algunos días más, una semana más o, en ciertas ocasiones, un poco más, en función de su capacidad progresiva para inhibir los pensamientos intrusivos.

### *Ecuanimidad a través de una firme determinación*

La práctica en silencio nos ayuda a reprocesar los pensamientos y las sensaciones corporales asociadas que surgen espontáneamente a partir de los recuerdos. Al evitar el pensamiento voluntario y al no vernos distraídos por las instrucciones, los pensamientos surgen de las redes de recuerdos, aunque no los reconozcamos como recuerdos. Recuerde que cada día procesamos al menos 20.000 pensamientos conscientes e inconscientes, lo que equivale a 500 millones de pensamientos a lo largo de la vida (algunos autores proponen tres veces esta cantidad), pero solo podemos acordarnos de unos cuantos.

Si el lector vuelve a pensar en las explicaciones de los pensamientos intrusivos que ofrecimos en las sesiones 2 y 3 recordará que escanear nuestro cuerpo es escanear a través de nuestro pasado. Esto se debe a que los acontecimientos que nos parecieron importantes en el pasado se codificaron y almacenaron en nuestra memoria con las correspondientes sensaciones corporales (coemergentes), y se recuerdan del mismo modo. Las sensaciones corporales experimentadas durante el escáner corporal pueden convertirse en señales de los recuerdos que se codificaron con una «sensación» similar; i. e., con un tono hedónico similar. Esta es la razón por la que los recuerdos traumáticos resultan tan angustiantes y por la que los clientes con TEPT suelen ser patológicamente evitativos. A medida que mejora su práctica, les queda claro que lo que están evitando son las sensaciones corporales. Al permanecer ecuánimes, permitimos que estas sensaciones se experimenten plenamente, si bien no creemos en sus recuerdos asociados. Al evitar los movimientos –por ejemplo, el cambio de postura–, reducimos al mínimo la posibilidad de distraernos a causa de las sensaciones asociadas con los recuerdos, y aumentamos las probabilidades de desensibilizarnos de los hábitos evitativos.

Sentarse sin moverse en absoluto también es importante en caso de que queramos comprender nuestra tendencia a reaccionar a las situaciones, aferrándonos a aquellas que nos resultan agradables y apartando las desagradables. Podemos advertir que todas las experiencias son impermanentes y, por consiguiente, impersonales. La mera observación de las sensaciones en constante cambio sin reaccionar ayuda a neutralizar los patrones de los hábitos reactivos y no solo las reacciones a las sensaciones actuales, sino a otras similares que surgen en la vida cotidiana. Por consiguiente, tendrá que pedirle a su cliente que se comprometa a permanecer lo más ecuánime posible durante la práctica en silencio, sentándose y permaneciendo completamente inmóvil mientras escanea el cuerpo –a excepción de la corrección postural en caso de somnolencia, los eructos, los bostezos, los estornudos, la tos o el tragar saliva, que no son reacciones que se deban al deseo o a la aversión–. Esto se denomina tradicionalmente «sentarse con una fuerte determinación»[5]. Rendirse a cualquier cosa que surja de una manera no emocional y aceptarla acelerará los resultados de la práctica. Su cliente aprenderá a *dar la bienvenida* a las experiencias desagradables sin identificarse con ellas.

### *Uso de la tarea de exposición interoceptiva basada en el* mindfulness *(MIET)*

A veces, los clientes afirman encontrarse con una sensación corporal intensa que requiere su atención, lo que les impide escanear otras partes del cuerpo. Esto no solo le sucede a la gente con dolor crónico, y no quiere decir que haya un problema en esa parte del cuerpo que deba preocuparnos. Sin embargo, dado que la gente tiende a catastrofizar el malestar, en ciertas ocasiones tendrá que explicarles a los clientes que la propia duración y precisión de la práctica reduce nuestro umbral de la conciencia, y lo que en condiciones normales apenas llegaría a nuestra percepción consciente se vuelve consciente[6]. Este aumento de la «relevancia interoceptiva»[7] nos transmite la impresión de que estamos experimentando una sensación intensa, una sensación que en ocasiones puede parecer incluso insoportable. Esto ocurre porque las mejoras en la conciencia interoceptiva a través del escáner corporal permiten la detección de sensaciones muy sutiles, como las señales tempranas de la angustia. Experimentar y abordar estas sensaciones de manera ecuánime antes de que se vuelvan incontrolables es una importante habilidad en la TCCMi. Es un poco como desarrollar una lente de aumento que nos ayuda a percibir el germen de las emociones. La gente a menudo se sorprende cuando la intensidad de la sensación desaparece poco después de abrir los ojos o de distraerse de otra manera.

---

5. W. Hart, *The art of living: Vipassana meditation as taught by S. N. Goenka*, Harper and Row, San Francisco, CA 1987 (trad. esp.: *La Vipassana*, Edaf, Madrid 1994).
6. B. A. Cayoun, *Mindfulness-integrated CBT: Principles and practice*, Wiley, Chichester, UK 2011 (trad. esp.: *TCC con mindfulness integrado. Principios y práctica*, Desclée De Brouwer, Bilbao 2013).
7. L. Q. Uddin, «Salience processing and insular cortical function and dysfunction»: *Nature Reviews Neuroscience* (2014). doi:10.1038/nrn3857

Si su cliente experimenta sensaciones muy intensas, puede recomendarle que centre su atención en el núcleo de la sensación. El cliente debería centrar su atención en ese punto, limitándose a observarlo y a examinarlo de manera detallada sin reaccionar frente a él, con ecuanimidad. Recuérdele a su cliente las cuatro características de las sensaciones y pídale que se centre en ellas: masa, temperatura, movimiento y fluidez (véase la sesión 3 para más detalles). Si su cliente puede ser ecuánime durante aproximadamente 30 segundos, es probable que la intensidad de la sensación se reduzca significativamente y le permita continuar escaneando el cuerpo. Si las sensaciones continúan requiriendo su atención, sugiérale que permanezca más tiempo centrado en ellas, hasta dos minutos, y que a continuación reanude el escáner sistemático de las otras partes del cuerpo.

Esta tarea tiene su origen en la meditación *Vipassana* tradicional[8] y se ha integrado específicamente en el modelo de la TCCMi desde su inicio en el año 2001 para formar a los clientes en la tolerancia a la angustia ante una crisis. Recientemente hemos denominado a este procedimiento tarea de exposición interoceptiva basada en el *mindfulness* (MIET, por su siglas en inglés, Mindfulness-based interoceptive exposure task) con el fin de facilitar la comunicación en la investigación y la difusión empíricas. Lo hemos estudiado como un método separado de aplicar la ecuanimidad en clientes con dolor crónico[9] y con un dolor inducido experimentalmente. Al usar la exposición interoceptiva basada en el *mindfulness*, el cliente está aprendiendo que puede enfrentarse a las sensaciones desagradables sin evitarlas ni sentir ansiedad, permaneciendo presente de manera paciente y calmada hasta que la intensidad se reduce al menos en parte. De esta manera, los obstáculos pueden convertirse en oportunidades para aprender.

8. S. N. Goenka, *The discourse summaries: Talks from a ten-day course in Vipassana Meditation condensed by William Hart*, Vipashyana Vishodhan Vinyas, Bombay 1987; W. Hart, *The art of living: Vipassana meditation as taught by S. N. Goenka*, op. cit.
9. B. Cayoun, A. Simmons y A. Shires, «Immediate and lasting chronic pain reduction following a brief self-implemented mindfulness-based interoceptive exposure task: A pilot study»: *Mindfulness* (2017), 1-13.

Cuando nos aburrimos o experimentamos un fuerte malestar durante la práctica cotidiana, parece que los minutos apenas avancen. Mantener la ecuanimidad a lo largo del tiempo ayuda a que los clientes gestionen mejor su práctica en posición sentada. Cuando permanecemos ecuánimes, tranquilos y presentes en la experiencia sin reaccionar ante ninguna sensación, el tiempo pasa más rápido y el cliente afirma que la práctica de media hora parece mucho más breve.

### *El ritmo del escáner*

Las instrucciones de audio se graban de un modo y a un ritmo que se adapta a la mayoría de las personas, pero algunas desarrollan una conciencia interoceptiva más rápido que otras. Retirar las instrucciones de audio le permitirá a su cliente avanzar a su propio ritmo. Resulta útil explicarles a los clientes que desplacen su atención más rápidamente a través de las partes del cuerpo que pueden sentir con mayor facilidad y que permanezcan más tiempo en aquellas que no pueden experimentar con claridad o que parecen desagradables. Esto impedirá que piensen obsesivamente en las sensaciones agradables y que eviten las desagradables. De este modo, los clientes desarrollan la capacidad de limitarse a experimentar la sensación, a aceptarla y a avanzar a la parte del cuerpo adyacente sin apegarse a ella.

Al no estar atado por las instrucciones de audio, el mayor ritmo del escáner corporal durante esta semana permitirá que, al final de la misma, su cliente recorra su cuerpo al menos dos veces (véanse los deberes al final de este capítulo), aumentando así la exposición a las sensaciones corporales y las oportunidades para desarrollar tanto la conciencia interoceptiva como la ecuanimidad. Cuando escaneamos el cuerpo más deprisa, hay menos probabilidades de que nos aferremos a las sensaciones y a los pensamientos o de que nos aburramos. Al final de la práctica de esta semana, los clientes suelen ser capaces de desplazar su atención descendente y ascendente a través de todo el cuerpo dos o tres veces en 30 minutos. Anime a su cliente a llevar a cabo entre dos y tres ciclos corporales, desde la parte superior de la cabeza hasta los dedos de los pies, y de vuelta a la parte superior de la cabeza.

## Efectos del escáner corporal en el desarrollo de la introspección

A medida que envejecemos, experimentamos cómo cambian las cosas, incluidos nuestro cuerpo, nuestras necesidades y nuestras relaciones, y nuestro nivel de introspección se desarrolla de manera natural. Ha quedado demostrado que el sentido que tienen las personas de sí mismas, el modo en que piensan en sí mismas, cambia con la edad[10]. A medida que crecemos, tendemos a apegarnos menos a los aspectos de la persona que creemos ser, incluso si se trata de cualidades que considerábamos muy importantes. Incluso nuestros valores cambian con el tiempo, sobre todo los que resultan poco saludables. Esto se refleja en afirmaciones como: «Antes me preocupaba mucho lo que pensaran de mí, pero en realidad ya no me importa», o: «En el pasado, era muy importante para mí que mi familia fuese a misa los domingos, pero ahora lo que más me importa es que sean buenas personas». A medida que nos suavizamos con la edad, contextualizamos los aspectos positivos y negativos de nosotros mismos con más flexibilidad y tenemos reglas menos rígidas sobre cómo deberíamos ver nuestro sentido del «yo».

Sin embargo, este proceso no suele estar exento de luchas, decepciones y pérdidas a lo largo del tiempo. El dolor emocional es un gran maestro, y su alivio una gran lección. En la ciencia conductual, el alivio del dolor recibe el nombre de *refuerzo negativo*. Finalmente llegamos a comprender que desarrollamos introspección en áreas de nuestra vida que carecían de ella, porque era ahí donde sufríamos.

Por fortuna, esta introspección puede desarrollarse por medio de la práctica del *mindfulness*. No tenemos que esperar al proceso de envejecimiento y perder oportunidades en la vida. A menudo oímos decir a nuestros clientes: «Me hubiera gustado aprender este método antes en mi vida», y: «¿Por qué no enseñan esto en la escuela?». Por suerte, poco a poco se está implementando la práctica del *mindfulness*

---

10. R. E. Ready, J. O. Carvalho y A. M. Akerstedt, «Evaluative organization of the self-concept in younger, midlife, and older adults»: *Research on Aging*, 34 (2012), 56–79.

en las escuelas[11]. La meditación *mindfulness* nos permite tener una actitud ecuánime tanto hacia las experiencias agradables como hacia las desagradables. Ello nos permite experimentar de primera mano la naturaleza efímera de nuestros pensamientos y de nuestras sensaciones. Dado que habitualmente nos identificamos con nuestros pensamientos y nuestras sensaciones, es posible advertir que estas «pequeñas partes del yo» van y vienen. En efecto, son impermanentes. Cuando el *mindfulness* se practica con precisión, no pasa mucho tiempo antes de que esta observación repetida resulte en una mejor flexibilidad cognitiva en la vida cotidiana. Nuestras decisiones y nuestras acciones se basan cada vez más en la información actual, más que en la reactividad pasada, en las creencias y en el apego a las personas que somos.

Si su cliente cuenta ya con la suficiente introspección como para comprender esta información, tal vez resulte útil explicarle estos mecanismos, aunque sea de una manera sencilla. El uso del diálogo socrático le ayudará a no parecer que está tratando de enseñar budismo, pues no es lo que estamos tratando de hacer. Cabe señalar que la comprensión de que todo se encuentra en un estado constante de cambio, en un flujo continuo, también fue dada a conocer por el filósofo griego Heráclito[12], que curiosamente vivió en el mismo período del Buda y murió solo tres años antes. Heráclito es más conocido por sus enseñanzas sobre la impermanencia, y sus filosofías y las del Buda superpuestas han sido una fuerte influencia en las terapias modernas, como la Terapia Cognitivo Conductual[13] y la Terapia Racional Emotiva Conductual[14].

11. K. Weare, *Evidence for the impact of mindfulness on children and young people. The Mindfulness in Schools Project* (2012). Consultado el 28 de abril de 2014 en https://mindfulnessinschools.org/wp-content/uploads/2013/02/MiSP-Research-Summary-2012.pdf
12. C. H. Khan, *Heraclitus: The art and thought of Heraclitus*, Cambridge University Press, Cambridge, UK 1981.
13. D. Robertson, *The philosophy of Cognitive-Behavioural Therapy (CBT): Stoic philosophy as rational and cognitive psychotherapy*, Karnac, Londres 2010.
14. M. Kwee y A. Ellis, «The Interface between Rational Emotive Behavior Therapy (REBT) and Zen»: *Journal of Rational-Emotive & Cognitive-Behavior Therapy*, 16 (1998), 5–43. doi:10.1023/A:1024946306870; A. Ellis, «The practice of rational-emotive therapy» (1979), en A. Ellis y J. M. Whiteley (eds.), *Theoretical and empirical foundations of rational-emotive therapy*, Brooks/Cole, Monterey, California 1982, 61–100.

## Aplicar la práctica y registrar la ecuanimidad

En la sesión 3, al describir el Diario de Hábitos Reactivos, le introdujo a su cliente las cuatro características de las sensaciones corporales. Esta semana le pedirá a su cliente que observe las experiencias emocionales por lo que respecta a las sensaciones usando la Escala de Firma Interoceptiva Basada en el *Mindfulness*[15] (MISS, por sus siglas en inglés, Mindfulness-based Interoceptive Signature Scale; documento 4.1), que es una escala analógica visual para medir el índice general de la ecuanimidad, como se muestra en la figura 1 de la sesión 4. La MISS ayudará a su cliente a medir cómo se siente en situaciones estresantes y a observar cómo se está desarrollando su ecuanimidad. Las cuatro características fundamentales de la interocepción son la masa, la temperatura, el movimiento y la fluidez. El lector puede usar el ejemplo de una experiencia emocional reciente que haya tenido su cliente para mostrarle la manera de usar el formulario de la MISS para registrar su experiencia de las cuatro características de las sensaciones corporales en las cuatro escalas. Esto le permitirá al terapeuta verificar el grado de comprensión de su cliente y resolver su implementación.

### *Procedimiento*

Pídale a su cliente que advierta en qué punto del cuerpo se ubica la sensación más intensa asociada con la experiencia emocional. A continuación, pídale que valore la intensidad de la sensación dibujando una marca en la escala de la intensidad («Intensidad antes»). Luego pídale que dibuje una marca en cada una de las cuatro escalas (las líneas) para indicar cómo experimenta las sensaciones. Por ejemplo, si la sensación más destacada se experimenta como pesada, su cliente deberá dibujar una marca en la parte final de la escala de la masa. Si experimenta una sensación de calor, tendrá que dibujar una marca en la parte final de la escala de la temperatura, etcétera.

---

15. B. A. Cayoun, *Mindfulness-integrated CBT: Principles and practice*, op. cit.

| Fecha: | Hora: | Breve descripción del acontecimiento: | |
|---|---|---|---|
| **Masa** | Más ligera | Neutral | Más pesada |
| **Temperatura** | Más fría | Neutral | Más caliente |
| **Movimiento** | Más tranquila | Neutral | Más movimiento |
| **Fluidez** | Más difusa | Neutral | Más restringida |
| *Intensidad antes* | Menos | | Más |
| *Intensidad después* | Menos | | Más |

**Sesión 4, figura 1.** Escala de Firma Interoceptiva Basada en el *Mindfulness* (MISS). Reproducido de Cayoun (2015).

Cuando haya marcado las cuatro escalas, pídale a su cliente que una los diferentes puntos de las cuatro primeras escalas con una línea continua; esto representa la dimensión cualitativa (el tono hedónico) de la angustia atribuida a la sensación. Pídale que se centre en la sensación sin juzgarla y de manera ecuánime durante 30 segundos (lo mejor es cronometrar el tiempo y hacerlo con los ojos cerrados durante la sesión) y que, una vez pasado ese tiempo, vuelva a dibujar las marcas en las cuatro primeras escalas. Pídale que, en esta ocasión, una las marcas con una línea discontinua; esta línea indica el nivel de cambio interoceptivo tras la tarea de exposición. Pídale que advierta también la intensidad de la sensación después de la exposición y que marque la última escala («Intensidad después») en consecuencia. Vea los siguientes ejemplos.

## *Medir el desarrollo de la ecuanimidad*

Este es un ejemplo de la representación de la ira en el caso de un hombre de mediana edad que marcó su experiencia interoceptiva en cada una de las escalas. Su calificación de la calidad de su experiencia de la ira se muestra en la línea continua de la figura 2 de la sesión 4. La línea discontinua representa cómo se experimentaban las sensaciones tras haberse centrado en las sensaciones de manera objetiva y ecuánime durante 30 segundos. El cliente pudo informar de un menor calor en las mejillas y en los brazos, y de una reducción de la agitación en el abdomen. También registró la diferencia en la intensidad anterior y posterior a la exposición con los puntos en cada subescala de la intensidad (las dos últimas líneas).

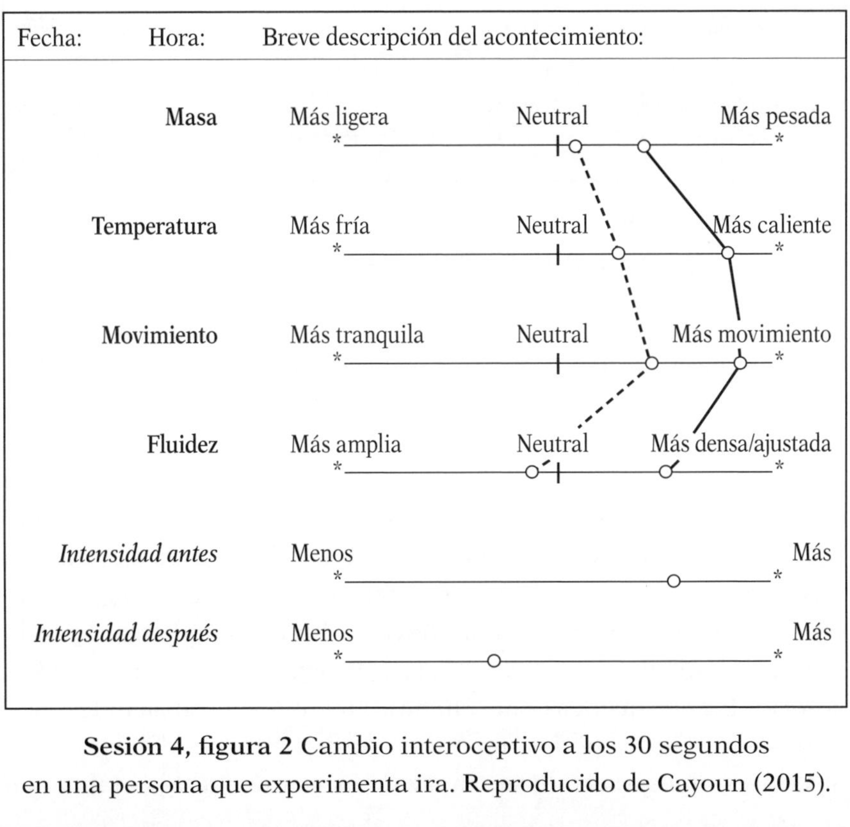


**Sesión 4, figura 2** Cambio interoceptivo a los 30 segundos en una persona que experimenta ira. Reproducido de Cayoun (2015).

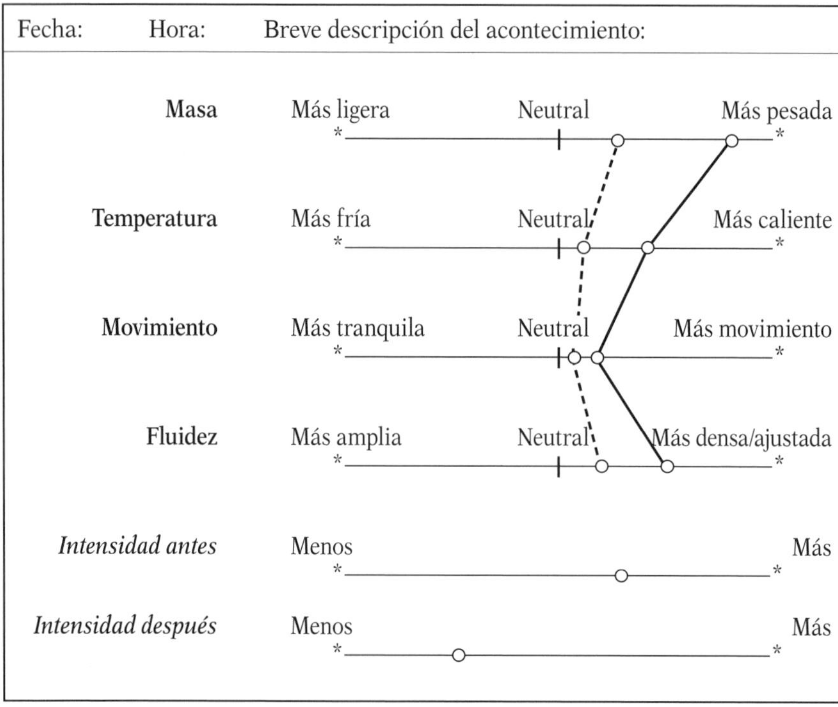


**Sesión 4, figura 3** Cambio interoceptivo a los 30 segundos en una persona que experimenta tristeza.

De manera similar, la figura 3 de la sesión 4 ilustra el ejemplo de la tristeza experimentada por una joven (el acontecimiento era el recuerdo de la muerte de su madre). Después de haber implementado esta tarea varios miles de veces en los últimos 18 años, hemos advertido patrones específicos de la emoción de la experiencia interoceptiva. Hemos observado que la ira tiende a representarse mediante una forma convexa, mientras que la tristeza suele representarse mediante una forma cóncava. La ansiedad tiene, por lo general, forma de «S». El cambio tras 30 segundos de exposición es notorio. En ciertas ocasiones, habitualmente con sensaciones muy intensas, el cliente podría tener que repetir la tarea de exposición dos o tres veces antes de ser capaz de experimentar el cambio con claridad. Si no comunica un cambio en la calidad o en la intensidad de la sensación más intensa, a menudo se debe a que ha estado pensando en el acontecimiento (p. ej., la muerte de su madre) o a que ha reaccionado a la sensación, en lugar de centrarse con ecuanimidad en las sensaciones reales que están surgiendo. El cliente tiene que adoptar una actitud objetiva y curiosa hacia las sensaciones; debe observar con interés.

La distancia entre los puntos en cada una de las cuatro líneas indica el cambio en los niveles de intensidad y proporciona una indicación del progreso en el desarrollo de la ecuanimidad. En medio de una experiencia estresante, las hormonas del estrés normalmente continuarían siendo liberadas. A medida que aplicamos la ecuanimidad hacia las sensaciones corporales, el impacto de las hormonas del estrés se disipa, como así lo demuestra la reducción de la intensidad en la escala. Por consiguiente, es probable que el alivio inmediato que se produce sea el resultado de la liberación instantánea de analgésicos en el cerebro, como las endorfinas, y/o la inhibición descendente de la información nociceptiva ascendente, como ocurre en la aplicación de la MIET con la experiencia de dolor[16].

## Aplicación con clientes individuales

### *Objetivo de la sesión*

Esta sesión cubre el desarrollo de la conciencia interoceptiva y la ecuanimidad y la aplicación de estas habilidades en la vida cotidiana. Asimismo, describe cómo aplicar la conciencia interoceptiva de las cuatro características de las sensaciones corporales con el fin de regular las emociones en situaciones estresantes. Esta semana, la práctica se lleva a cabo sin instrucciones de audio para así profundizar y fortalecer las habilidades del cliente.

---

16. B. Cayoun, A. Simmons y A. Shires, «Immediate and lasting chronic pain reduction following a brief self-implemented mindfulness-based interoceptive exposure task: A pilot study», op. cit.

### *Revise los deberes y el progreso*

Pídale a su cliente que complete el formulario del Registro Diario de la Práctica de la Meditación *Mindfulness* en caso de que aún no lo haya hecho. Use esta información para proporcionar *feedback*. Pídale a su cliente su opinión sobre los deberes de la semana pasada. Aclare las dudas en caso necesario. Permanezca ecuánime en caso de que su cliente no haya hecho los deberes, y recuérdele sus objetivos de la terapia y que los ejercicios son una parte necesaria del proceso de cambio. Recurra al diálogo socrático mientras mantiene una postura empática para verificar si experimenta dolor, agitación, dudas u otras experiencias aversivas que puedan obstaculizar su práctica, y proporcione una explicación normalizadora. Compruebe la disposición de su cliente a pasar al escáner sin instrucciones de audio usando el Indicador de Conciencia Interoceptiva. Retrase la práctica de esta semana algunos días en caso de que su cliente experimente sensaciones en menos del 20% de la superficie corporal.

### *Introduzca la práctica en silencio*

Explique el fundamento de la práctica en silencio, i. e., sin instrucciones de audio:

- Las instrucciones de audio resultan útiles para enseñar el modo de practicar los métodos, y pueden ayudar a reducir los pensamientos intrusivos abrumadores cuando la gente es nueva en la práctica. Sin embargo, tal y como sucede con los mantras, las instrucciones de audio también interfieren con la profundización de la práctica al producir una «interferencia estructural» (véase el texto principal).
- Cuando no hay instrucciones de audio, la práctica puede adaptarse al ritmo del cliente en función de sus habilidades de observación. Sugiera que al final de esta semana el cliente será capaz de escanear el cuerpo dos o tres veces, lo que le animará a seguir desplazando la atención.

### *Introduzca la inmovilidad*

Explíquele a su cliente que, de ahora en adelante, deberá practicar sin moverse en absoluto, en un estado de completa inmovilidad.

Esto aumentará la conciencia de las experiencias físicas sutiles, porque todas las sensaciones, incluido el malestar, se perciben con mayor facilidad cuando permanecemos completamente quietos. Es más probable que la práctica en silencio requiera un esfuerzo a la hora de aplicar la ecuanimidad con el malestar que surge, incluidos, entre otros, el dolor, la agitación o los pensamientos intrusivos. El hecho de quedarse quieto a pesar del malestar físico enseña a ser paciente, tolerante y a aceptar, más que a evitar. La ecuanimidad se profundizará y se generalizará en la mayoría de los tipos de sensaciones corporales. Sin embargo, su cliente puede enderezar su postura si percibe que está encorvándose. También puede permitir las reacciones autónomas que no están relacionadas con la evitación interoceptiva, como la tos, los estornudos, los bostezos, los eructos y el tragar saliva.

### *Exteriorizar y medir la ecuanimidad*

Recuérdele a su cliente las cuatro características básicas de las sensaciones corporales: masa, temperatura, movimiento y fluidez. Hable acerca del uso de la tarea de exposición interoceptiva basada en el *mindfulness* (MIET) como medio para aplicar la ecuanimidad y para regular las emociones en la vida diaria. Recurra al ejemplo de una emoción que su cliente haya experimentado recientemente. Introduzca la Escala de Firma Interoceptiva Basada en el *Mindfulness* (MISS) como un método para registrar la ecuanimidad aplicada.

### *Explique los deberes*

- *La práctica en posición sentada*. La práctica diaria del escáner (unilateral) parte por parte *sin* instrucciones de audio. Pídale a su cliente que practique con «fuerte determinación» sin moverse mientras permanece ecuánime, y que se comprometa a practicar dos veces al día. Los clientes que no pueden centrarse lo suficiente en el cuerpo podrían seguir necesitando las instrucciones de audio.
- *Práctica aplicada*. Explíquele a su cliente que el hecho de cultivar el *mindfulness* en la vida diaria es importante para volverse

consciente y ecuánime en todos los contextos de la vida, y no solo durante la meditación. Cuando prestamos una atención consciente a lo que estamos haciendo en el momento presente, experimentamos las cosas con mayor claridad. Esto incluye una conciencia de las sensaciones corporales anteriores y posteriores al sueño, que implica que nos tomamos nuestro tiempo para advertir las sensaciones corporales justo antes de dormirnos y nada más despertarnos. Pero, sobre todo, pídale al cliente que continúe siendo consciente de las sensaciones corporales y que sea ecuánime en la vida cotidiana durante esta semana.

- *Registrar la ecuanimidad aplicada*. Implemente la MIET usando la MISS (documento 4.1) al menos en cinco ocasiones durante la semana.
- Leer el documento 4.2 y rellenar el Registro Diario de la Práctica de la Meditación *Mindfulness* (documento 4.3).

## Aplicación con grupos

### *Objetivo de la sesión*

Esta sesión cubre el desarrollo de la conciencia y la ecuanimidad y la aplicación de estas habilidades en la vida cotidiana. Asimismo, describe cómo aplicar la conciencia de las cuatro características de las sensaciones corporales con el fin de regular las emociones en situaciones estresantes. Esta semana, la práctica se lleva a cabo sin instrucciones de audio para así profundizar y fortalecer las habilidades de los clientes.

### *Materiales*

Pizarra, etapa 1 en formato MP3 y reproductor de MP3, una copia para cada participante de los formularios de la MISS, del Indicador de Conciencia Interoceptiva, y del Registro Diario de la Práctica de la Meditación *Mindfulness*. Medidas de resultado en caso necesario.

### *La práctica durante el período de sesiones*

Dirija una práctica grupal del escáner corporal parte por parte. A menos que ya tenga experiencia tanto en la práctica como en las enseñanzas de este método, recomendamos que use las instrucciones de audio de la pista 8. Alternativamente, si aplica la práctica usted mismo, recuerde que sus participantes son nuevos en el método del escáner y que tendrá que ajustar la velocidad de las instrucciones según el guion del apéndice 2.

### *Revise los deberes y el progreso*

Pídales a los participantes que completen el formulario del Registro Diario de la Práctica de la Meditación *Mindfulness* en caso de que aún no lo hayan hecho. Use esta información para proporcionar *feedback*. Pídale al grupo su opinión sobre los deberes de la semana pasada. Aclare las dudas en caso necesario. Permanezca ecuánime en caso de que sus clientes no hayan hecho los deberes o estén incompletos, y recuérdeles sus objetivos de la terapia y que los ejercicios son una parte necesaria del proceso de cambio. Recurra al diálogo socrático mientras mantiene una postura empática para verificar si los participantes experimentan dolor, agitación, dudas u otras experiencias aversivas estándar que puedan obstaculizar su práctica, y proporcione una explicación normalizadora. Compruebe la disposición a pasar al escáner sin instrucciones de audio usando el Indicador de Conciencia Interoceptiva. Retrase la práctica de esta semana algunos días para quienes experimenten sensaciones en menos del 20% de la superficie corporal.

### *Introduzca la práctica en silencio*

Explique el fundamento de la práctica en silencio, i. e., sin instrucciones de audio:

- Las instrucciones de audio resultan útiles para enseñar el modo de practicar los métodos, y pueden ayudar a reducir los pensamientos intrusivos abrumadores cuando los clientes son nuevos en la práctica. Sin embargo, tal y como sucede con los mantras, las instrucciones de audio también interfieren con la profundización de la práctica al producir una «interferencia estructural» (véase el texto principal).

- Cuando no hay instrucciones de audio, la práctica puede adaptarse al ritmo de los clientes en función de sus habilidades de observación. Sugiera que al final de esta semana los participantes serán capaces de escanear el cuerpo dos o tres veces, lo que les animará a seguir desplazando la atención.

### *Introduzca la inmovilidad*

Explíqueles a los participantes que, de ahora en adelante, deberán practicar sin moverse en absoluto, en un estado de completa inmovilidad. Esto aumentará la conciencia de las experiencias físicas sutiles, porque todas las sensaciones, incluido el malestar, se perciben con mayor facilidad cuando permanecemos completamente quietos. Es más probable que la práctica en silencio requiera un esfuerzo a la hora de aplicar la ecuanimidad con el malestar que surge, incluidos, entre otros, el dolor, la agitación o los pensamientos intrusivos. El hecho de quedarse quieto a pesar del malestar físico enseña a ser paciente, tolerante y a aceptar, más que a evitar. La ecuanimidad se profundizará y se generalizará en la mayoría de los tipos de sensaciones corporales. Sin embargo, los participantes pueden enderezar su postura si perciben que están encorvándose, y permitir las reacciones autónomas que no están relacionadas con la evitación interoceptiva, como la tos, los estornudos, los bostezos, los eructos y el tragar saliva.

### *Exteriorizar y medir la ecuanimidad*

Recuérdele al grupo las cuatro características básicas de las sensaciones corporales: masa, temperatura, movimiento y fluidez. Use la pizarra para dibujar cada *continuum* y emplee un ejemplo de la emoción. Hable acerca del uso de la tarea de exposición interoceptiva basada en el *mindfulness* (MIET) como medio para aplicar la ecuanimidad y para regular las emociones en la vida diaria. Introduzca la Escala de Firma Interoceptiva Basada en el *Mindfulness* (MISS) como un método para registrar la ecuanimidad aplicada.

### *Explique los deberes*

- *La práctica en posición sentada.* La práctica diaria del escáner (unilateral) parte por parte *sin* instrucciones de audio. Pídale al grupo que practiquen con «fuerte determinación» sin moverse mientras permanecen ecuánimes, y que se comprometan a practicar dos veces al día. Los clientes que no pueden centrarse lo suficiente en el cuerpo podrían seguir necesitando las instrucciones de audio.
- *Práctica aplicada.* Explique que el hecho de cultivar el *mindfulness* en la vida diaria es importante para volverse consciente y ecuánime en todos los contextos de la vida, y no limite las habilidades que se utilizarán durante la meditación. Cuando prestamos una atención consciente a lo que estamos haciendo en el momento presente, experimentamos las cosas con mayor claridad. Esto incluye una conciencia de las sensaciones corporales anteriores y posteriores al sueño, que implica que nos tomamos nuestro tiempo para advertir las sensaciones corporales justo antes de dormirnos y nada más despertarnos. Pero, sobre todo, pídales a los participantes que continúen siendo conscientes de las sensaciones corporales y que sean ecuánimes en la vida cotidiana durante esta semana.
- *Registrar la ecuanimidad aplicada.* Implemente la MIET usando la MISS (documento 4.1) al menos en cinco ocasiones durante la semana.
- Leer el documento 4.2 y rellenar el Registro Diario de la Práctica de la Meditación *Mindfulness* (documento 4.3).

## Preguntas más frecuentes

Pregunta: Mi clienta afirma haber tenido una experiencia extracorpórea asombrosa. ¿Cómo debería hablar de esta experiencia con ella?

Respuesta: En primer lugar, normalice la experiencia. Esto es algo habitual en los practicantes más avanzados. Hay también varios testimonios de meditadores que afirman tener esta experiencia en los *suttas* (las enseñanzas del Buda). Ahora bien, sugiérale que trate esta experiencia como algo que, pese a lo interesante que pueda resultar, no deja de ser tan impermanente como las demás experiencias. Explíquele que el hecho de querer que esta experiencia vuelva a suceder (desearla) le causará sufrimiento, en primer lugar porque le distrae de la práctica real, y en segundo lugar porque no sucederá cuando ella quiera que suceda. Todas las experiencias son impermanentes, de modo que el hecho de aferrarse a ellas y quererlas una vez más ocasiona cierto malestar y cierto sufrimiento a las personas. Centrarnos en el pasado con deseo implica que nos perdemos lo que está sucediendo en el momento presente, reforzando así el hábito de desear lo que no tenemos, lo que a su vez mantiene el cerebro conectado al deseo. Por consiguiente, es mejor no exaltarse demasiado a causa de esta experiencia individual. Si esta experiencia vuelve a suceder, su clienta debe limitarse a observar lo que sucede con curiosidad, pero también con ecuanimidad. Si no vuelve a suceder, su clienta ha de limitarse a aceptar esta experiencia, comprendiendo que fue impermanente y que, si nunca vuelve a suceder, nunca nos perderemos lo que ocurre en el presente.

Sería prudente que su clienta compartiera esta experiencia solo con usted y, con el tiempo, con sus amigos de confianza. Esto es así porque esta experiencia podría ser invalidada por personas a las que no les resulten familiares los efectos avanzados de la meditación *mindfulness*, algo que podría dar lugar a una profunda decepción e incluso a una sensación de rechazo por parte de su clienta. También podría provocar que algunas personas quisiesen tener la misma experiencia y comenzasen a practicar la meditación *mindfulness* con una motivación improductiva, por deseo.

Pregunta: Mi cliente dice que durante la práctica parecen emerger antiguas preocupaciones. ¿Cómo puede suceder eso en esta etapa de su entrenamiento?

Respuesta: Puede que su cliente haya estado ansioso durante algún tiempo y las sensaciones viscerales emerjan al mismo tiempo que los pensamientos preocupantes. Alternativamente, puede que no haya estado ansioso pero que ciertas sensaciones hayan actuado como señales del recuerdo y hayan desencadenado los recuerdos de la preocupación. El hecho de reaccionar al proceso solo conseguirá reforzar su hábito reactivo. Recuérdele a su cliente que ya ha examinado junto a él el proceso en el que los pensamientos y las sensaciones corporales coemergen durante la práctica, y que es útil percibir este mecanismo fundamental. Esto ayudará a normalizar su experiencia, una experiencia que podría estar catastrofizando.

El siguiente desafío consiste en no involucrarse en el proceso, en no reaccionar a él. En lugar de ello, su cliente debe limitarse a observarlo con la mayor objetividad posible, sin identificarse con él. Permitir que lo que está sucediendo cambie por sí mismo, sin tratar de cambiarlo. Al practicar de un modo calmado y desapegado mientras escaneamos el cuerpo, advertimos un doble sentido: las sensaciones pueden desencadenarse a causa de los pensamientos, y los pensamientos a causa de las sensaciones. Por consiguiente, una disminución de la preocupación ocasiona una disminución en las sensaciones que surgen con los pensamientos, y con unas sensaciones menos intensas (que habitualmente coemergen con la preocupación) se producen también menos reacciones. El solo hecho de permanecer ecuánimes elimina toda la cadena de acontecimientos automáticos que conducen a la reactividad.

Si el hecho de centrarse en el escáner del cuerpo se vuelve muy difícil porque la mente de su cliente no puede asentarse, será mejor que practique la conciencia plena de la respiración durante varias sesiones, y posiblemente durante varios días. Su cliente también se beneficiará al usar la regla de los 3 segundos, descrita en la sesión 2, hasta que pueda centrarse mejor.

Pregunta: Mi clienta ha practicado el escáner corporal 13 veces esta semana (de las 14 posibles), pero afirma que todavía no es capaz de experimentar muchas sensaciones en algunas partes de su cuerpo, como en su abdomen y sus pantorrillas. A fin de intentar experimentarlas, ha estado visualizando e imaginándose estas partes. ¿Es este el mejor enfoque?

Respuesta: El hecho de necesitar más tiempo para experimentar las sensaciones por todo el cuerpo es algo muy habitual, y cuando no podemos sentir ciertas áreas del cuerpo visualizamos de manera casi automática la parte que somos incapaces de sentir. Si una función cerebral no satisface nuestras necesidades, habrá otra que venga al rescate, por así decirlo. Algunos grupos de células en el córtex insular y en el córtex somatosensorial todavía no han recibido la suficiente formación para conectarse entre sí, razón por la cual hay partes del cuerpo que siguen siendo difíciles de sentir mientras meditamos. Sin embargo, si nos acostumbramos a visualizar las partes del cuerpo, entrenaremos a nuestro cerebro para que conecte las células que nos permiten *ver* el cuerpo, en lugar de *sentirlo*. Nuestro propósito consiste en entrenarnos para *experimentar* las sensaciones corporales –inhibiendo el hábito de reaccionar– y desarrollar ecuanimidad hacia ellas, no solo concentrándonos en ellas (para lo cual la visualización sería un buen método).

La instrucción que debe proporcionarle a su clienta es que debe *limitarse a advertir* los espacios vacíos al llevar a cabo el escáner corporal, al mismo tiempo que evita que surja el deseo o la aversión. Pídale que preste atención al «espacio vacío» (ese punto en el que no puede experimentar sensaciones) durante aproximadamente 30 segundos antes de avanzar al siguiente punto, con una sonrisa, de manera paciente, y sin sentirse decepcionada o frustrada, aceptando que esa parte del cuerpo se encuentra así en ese momento, algo que, por otro lado, resulta impermanente. Con la suficiente práctica, es posible que sienta todo el cuerpo, excepto el pelo y la parte exterior de las uñas. El hecho de que su clienta no obtenga lo que espera cuando escanea el cuerpo representa una oportunidad para trabajar en su paciencia y en su ecuanimidad. Su clienta puede aprender a hacer lo mismo en la vida cotidiana, cuando no pueda obtener lo que quiere.

Pregunta: Mi cliente comunicó un fuerte dolor en su rodilla mientras practicaba. Se pregunta si el escáner corporal está empeorando la situación. ¿Cómo debería aconsejarle?

Respuesta: Cuando escaneamos el cuerpo no creamos dolor, únicamente lo advertimos. La práctica solo nos permite ver lo que ya existe. El escáner no causa el problema, porque el dolor que siente su cliente al practicar ya está ahí. El cliente es más consciente de él durante la práctica porque no se distrae y porque cada vez se vuelve más sensible a las experiencias sutiles en el cuerpo. Es como llevar gafas por primera vez. Ves las cosas de manera clara, tal y como son. Si su cliente no corría ningún riesgo antes de comenzar la práctica, tampoco lo correrá durante la misma, y esta práctica le resultará útil para normalizar su experiencia y para evitar la duda y la ansiedad. Sin embargo, si se pregunta si existe un problema real, siempre es una buena idea que consulte a su médico.

También es útil recordarle al cliente las cuatro características básicas de las sensaciones corporales e implementar la MIET después de practicar unos minutos juntos durante la próxima sesión. Necesita comprender que habida cuenta de que aquello que denominamos «dolor» es simplemente una sensación intensa, puede abordarse con ecuanimidad. Pídale que lleve su atención al centro de esta sensación intensa, con paciencia y ecuanimidad durante aproximadamente 30 segundos (entre siete y diez respiraciones). Mientras presta atención, puede detectar cuáles de las cuatro características básicas son predominantes. Su cliente tiene que prestar atención sin reaccionar y advertir qué sucede si permite verdaderamente que la experiencia sea del modo que es, en lugar de molestarse con ella y de desear que desaparezca. Recuérdele a su cliente que *observe y dé la bienvenida* a las cuatro características básicas (masa, movimiento, temperatura y fluidez) que componen la sensación intensa y que deje que esas características se limiten a «ser», aceptándolas de manera incondicional. Como hemos demostrado en nuestros estudios, y en consonancia con las observaciones rutinarias, estas sensaciones cambiarán debido a la inhibición inmediata de la señal nociceptiva y, posiblemente, a la secreción de opiáceos naturales en el cerebro, como las endorfinas. Si el dolor es extremo, sugiérale que se tome un descanso moviendo un poco la pierna o que pause brevemente la práctica y regrese a ella más tarde.

Si su cliente piensa que esta experiencia es personal y que afecta a la persona que es, tendrá dificultades para manejarla y se volverá reactivo. Si detesta el dolor de su rodilla, esta falta de ecuanimidad solo producirá hormonas del estrés, aumentando el estrés y la intolerancia al dolor. La ecuanimidad debe aplicarse a todos los hábitos reactivos, incluso a aquellos que parecen justificados. El simple reconocimiento de que «esto es *solo* un pensamiento» o de que «esto es *solo* una sensación» (p. ej., dolor) ayuda a minimizar la identificación con la experiencia sin tener que evitarla. Si su cliente aprende a aplicar un grado de ecuanimidad y se percata de que las sensaciones de dolor no forman parte de él, que surgen y que desaparecen con el tiempo, estará dándole un buen uso a las sensaciones dolorosas y no estará «malgastando» su sufrimiento.

Pregunta: Mi clienta afirma tener sueño y quedarse dormida durante el escáner corporal, además de tener sueños extraños y soñar despierta. ¿Qué consejo debería darle?

Respuesta: Las personas que comienzan a meditar con este método suelen comunicar cambios en los hábitos de sueño, y son muy comunes los sueños más intensos o más vívidos. Su clienta, que lleva escaneando su cuerpo una semana entera, ha tomado una mayor conciencia de las sensaciones corporales, incluidas aquellas asociadas con las emociones que podría haber tratado de suprimir. Los recuerdos asociados a algunas de las sensaciones experimentadas recientemente en la vida diaria y detectados durante el sueño están disponibles para su procesamiento tanto durante la meditación como durante el sueño. Esto se debe a que la práctica del *mindfulness* y el sueño son situaciones en las que la mente no está ocupada con las actividades cognitivas voluntarias y en las que tenemos un menor control (p. ej., reprimimos) de la emergencia espontánea de pensamientos.

Los cambios repentinos en el modo en que soñamos suelen ser señales de la estimulación del recuerdo o de un mayor acceso a las emociones actuales, y el tono emocional del sueño suele reflejar lo que sentimos durante el día. También puede reflejar lo que sentimos y reprimimos las semanas anteriores. Preguntarle a su clienta si ha sentido recientemente el mismo tipo de emociones en su vida diaria que en el sueño puede ser útil. De hecho, preguntar esto una vez que haya explicado el efecto de la coemergencia en los sueños (véase la sesión 2) puede dar lugar a una gran introspección y a un enorme beneficio terapéutico.

Comience normalizando la experiencia –explicando que las sensaciones que aparecen durante el sueño pueden emerger al mismo tiempo que los pensamientos, muchos de los cuales pueden ser interpretados de modos muy extraños en los sueños–. A continuación, ponga un ejemplo de este mecanismo para facilitar la comprensión por parte de su clienta. He aquí un ejemplo común de cómo puede presentarse esto de manera breve: «Si lleva preocupada todo el día por tener que hablar en la reunión de trabajo de mañana, escanear el cuerpo le permitirá experimentar las sensaciones corporales asociadas a esa ansiedad. Si las sensaciones siguen activadas al acostarse, una vez que esté dormida podrá soñar con cualquier cosa almacenada en la memoria durante su vida que implique experimentar este tipo de sensaciones, incluidos los escenarios infantiles o simbólicos. En su sueño podría estar desnuda en la calle, ser humillada en la escuela o incluso presentarse a un examen que tiene miedo de suspender. Esto depende en gran parte de sus creencias, o esquemas, como a menudo los denominamos». Siempre es mejor usar una de sus propias experiencias, en caso de que pueda recordar alguna. Después de presentar el mecanismo de este modo, puede motivar a su clienta y examinar posibles cuestiones que requieran su atención.

Pregunta: A uno de mis clientes con ansiedad generalizada le preocupa no quedarse dormido con tanta facilidad esta semana. ¿Es solamente una coincidencia o podría ser el efecto de la meditación? ¿Qué debería aconsejarle al respecto?

Respuesta: Parece existir una relación clara entre lo mucho que practicamos y la cantidad de sueño que necesitamos. Cuando tenemos mucha energía, no necesitamos dormir demasiado. La mayoría de las personas que practican con este programa afirman sentirse más relajadas en la vida cotidiana y tener más energía, aunque es más probable que este sea el caso de la gente que se ha comprometido a practicar dos veces por semana. A menudo las personas necesitan dormir menos también porque la calidad del sueño ha mejorado. En esta etapa del programa, muchas personas que padecían alteraciones del sueño pueden dormir toda la noche y están menos cansadas por la tarde, lo que puede retrasar levemente el inicio del sueño. Sin embargo, una mayor práctica puede tener el efecto opuesto en algunas personas. Estas dormirán más tiempo si habitualmente no duermen lo suficiente. En general, la práctica del *mindfulness* tiende a regular el sueño.

Sin embargo, las personas ansiosas mirarán con frecuencia el reloj y catastrofizarán la situación. La preocupación por no tener bastante sueño despertará las hormonas del estrés, en lugar de calmar la mente, lo que agravará la situación. También tendrán que reducir la actividad cognitiva, porque pensar de forma deliberada mantiene la mente despierta. En caso de que su cliente tenga alteraciones del sueño, tampoco recomendaría que le sugiera una actividad física nocturna, como a veces se recomienda en los manuales de higiene del sueño. Aunque la actividad física es una mejor opción que el hecho de rumiar y de preocuparse en la cama, sigue siendo una mala solución en comparación con permanecer en la cama y asentar la mente en la respiración.

Lo que sí puede resultarle útil al cliente es que aleje el reloj para así no ver la hora. Esto dificultará la comprobación y la preocupación. A continuación, podría practicar lo que denominamos «la respiración más sutil». Esto requiere centrar la atención con los ojos cerrados en el pequeño punto situado por debajo de las fosas nasales y por encima del labio superior, un punto no más ancho que el tamaño de la punta del dedo, y respirar muy suavemente de tal modo que podamos sentir el débil contacto de la respiración en este pequeño punto. A este descubrimiento lo denominamos umbral de conciencia interoceptiva. Una vez toma conciencia de las sensaciones sutiles, la mente tiende a asentarse. Creemos que hay dos razones principales para que esto suceda: en primer lugar, el control inhibitorio aplicado en un área muy pequeña ayuda a prevenir la activación de cualquier cosa que no sean las redes sensoriales limitadas, lo que resulta en una menor actividad en las áreas cognitivas del cerebro responsables de los pensamientos preocupantes (i. e., red neuronal por defecto y amígdala). En segundo lugar, la respiración sutil disminuye el ritmo cardiaco, lo que facilita la supresión de la actividad de la amígdala por el córtex prefrontal ventromedial. Esta técnica funciona en la mayoría de los casos, cuando se practica bien.

Pregunta: Mi clienta sigue sin tener claros los motivos para escanear el cuerpo. Parece haberse beneficiado de la conciencia plena de la respiración y entiende por qué es beneficioso mantener su mente en el momento presente, pero no le entusiasma el escáner corporal. En realidad no creo que pueda sentir demasiado. ¿Cómo debe proceder?

Respuesta: Existe lo que parece ser una pequeña diferencia entre estar atento en el presente y ser consciente, pero las consecuencias de no ver esta diferencia pueden ser enormes por lo que respecta a los resultados clínicos. Estar alerta y atento en el presente es solo el principio. La atención y la conciencia plena [el *mindfulness*] tienen objetivos, mecanismos y resultados diferentes. Ser consciente requiere estar presente, mientras que estar presente no requiere ser consciente. Si la conciencia plena tratara únicamente de estar en el presente, entonces podríamos estar completa y continuamente absortos en un comportamiento obsesivo, permaneciendo muy concentrados y en el momento presente. Esta clase de situación puede ocurrir en el caso de los clientes autistas y de quienes padecen un TOC. Sin conciencia plena, el mero hecho de estar en el momento presente también puede usarse como un contexto para dañarse a uno mismo o a los demás. Piense en alguien que espera detrás de un arbusto o a la vuelta de la esquina para atacar a alguien. Aunque esa persona permanece atenta deliberadamente, en el momento presente, está llena de juicios y de deseo o aversión. Piense también en un soldado traumatizado que sufre de hipervigilancia, en la que la atención se sitúa en el presente pero va acompañada de miedo.

La conciencia plena [el *mindfulness*] es mucho más que estar presente de otras maneras. Si bien es la capacidad de estar presente la que nos permite desarrollar las habilidades necesarias para ser conscientes, necesitamos desarrollar otras habilidades. Una vez que nuestra atención está en el momento presente, *entonces* podemos percibir nuestro estado mental, nuestro estado emocional y nuestro estado físico con mayor claridad. Al mantenernos ecuánimes, podemos observar lo que está sucediendo con cierto grado de objetividad e interés, y advertir la naturaleza impermanente de nuestra experiencia. Cuando aplicamos la conciencia plena a la vida diaria, podemos ser conscientes de nuestras motivaciones e intenciones, y cambiarlas si existe la probabilidad de que contribuyan a nuestro propio sufrimiento o al de otra persona.

En particular, su clienta necesita comprender el importante papel que juega la conciencia interoceptiva, tanto en la práctica del *mindfulness* como en la vida diaria. El hecho de experimentar las sensaciones corporales nos permite detectar las primeras señales de la angustia, antes de que comience la reactividad emocional. Debido a que las sensaciones corporales actúan como señales del recuerdo, escanear el cuerpo es también escanear el almacén de nuestros recuerdos. Muchos recuerdos se han deteriorado hasta el punto de que solo podemos experimentarlos a través de sus correspondientes sensaciones corporales, sin darnos cuenta de que aquello que se siente durante el escáner corporal puede formar parte de un recuerdo. La mayoría de las sensaciones que experimentamos ya están condicionadas a causa de las experiencias pasadas. Por consiguiente, cada vez que prevenimos una reacción habitual a una sensación particular neutralizamos la respuesta condicionada. A medida que se previenen las reacciones en todo el cuerpo durante el escáner corporal, los hábitos pasados se neutralizan. Esto supone la liberación de la reactividad emocional y de las opiniones y los valores poco útiles que la promueven. La conciencia plena de la respiración no puede ayudarnos por sí sola a lograr esto. Probablemente sea excesivo explicarle a su clienta los procesos de la *reconsolidación del recuerdo*, pero podría ser de utilidad que, como terapeuta, le eche un vistazo a la bibliografía, sobre todo a la labor pionera y continua de Karim Nader en la Universidad McGill[17]. Cuanto más sepa, más seguro estará al simplificar su explicación a los clientes, y sabrá que no está omitiendo lo que es importante.

Sin embargo, si la capacidad de su clienta para experimentar sensaciones es baja, podría ser útil disminuir el ritmo de aplicación. Una de las primeras cosas de las que debe asegurarse es que su clienta está practicando; trate de motivarla suavemente. También debe estar seguro de que su práctica es precisa. Sabemos que la frecuencia, la duración y la precisión de la práctica son la condición para el éxito de este enfoque, así que será lo primero que comprobemos antes de tomar la decisión de alterar la aplicación. También recomendamos que mida la conciencia interoceptiva de la clienta usando el formulario del Indicador de Conciencia Interoceptiva (véase la sesión 3). Si siente menos del 20% del cuerpo, es preferible que continúe practicando la conciencia plena de la respiración algunos días más (hasta una semana), asegurándose de que se compromete con la práctica *dos veces al día* y usando la regla de los tres segundos en caso necesario, antes de reanudar el escáner sin las instrucciones de audio.

Pregunta: Quiero ser capaz de explicarles de manera más clara a mis clientes la importancia de que no se identifiquen con su experiencia. ¿Puede ayudarme?

Respuesta: Esto es, en última instancia, algo que la gente aprende mejor durante la práctica y como resultado de ella. Advierten de manera progresiva que cuando se identifican con un pensamiento, surge una sensación corporal coemergente. Si se identifican con la sensación, aparece la reacción. Si, de igual manera, se identifican con la reacción, surgen nuevos pensamientos en forma de juicios y, por tanto, el ciclo de autorrefuerzo continúa. Nuestro sentido del yo, de quiénes somos –el así llamado ego–, se

17. P. ej., K. Nader y O. Hardt, «A single standard for memory: the case for reconsolidation»: *Nature Reviews Neuroscience*, 10 (2009), 224–234; K. Nader, G. E. Schafe y J. E. Le Doux, «Fear memories require protein synthesis in the amygdala for reconsolidation after retrieval»: *Nature*, 406 (2000), 722–726.

mantiene mediante este «ciclo de conversión». A medida que desarrollamos la conciencia plena y la ecuanimidad, se vuelve más claro que creamos y mantenemos un sentido del yo momento a momento, a través de nuestro apego a los diferentes aspectos de nuestro cuerpo y nuestra mente.

Más concretamente, nos identificamos con –y permanecemos apegados a– los cuatro componentes de la mente que denominamos «Percepción sensorial», «Evaluación», «Sensación corporal» y «Reacción», y al componente de la materia, el mundo físico, incluido nuestro cuerpo. Estos cinco componentes se examinaron por medio del modelo de coemergencia de refuerzo en la parte 1 del libro. Construimos, reforzamos y finalmente modificamos nuestro sentido del yo en todo momento identificándonos con nuestras experiencias del cuerpo –por ejemplo, los cinco sentidos a través de ciertos sabores, olores, imágenes, sonidos y sensaciones táctiles–. Nos identificamos con nuestros pensamientos, incluidos nuestras creencias, nuestra imaginación y los recuerdos de los acontecimientos que han dado forma a nuestras vidas. Nos identificamos con las emociones a través de las sensaciones que experimentamos en el cuerpo. También nos identificamos con nuestras acciones. Estas se asocian todavía más con las cosas mundanas, como una casa o un automóvil que identificamos como «mío», como una parte de «mí». Lo mismo sucede con las relaciones y la trayectoria profesional. Les damos un valor especial y nos apegamos a ellas. Cuanto más importantes necesitamos sentirnos, sobre todo si nuestro sentido de autoestima depende de ello, más necesita fortalecerse este «yo» a través de más asociaciones. Por consiguiente, nuestra necesidad de identificarnos con los cinco componentes arriba mencionados aumenta. Necesitamos más o mejores «cosas», más sensaciones, más pensamientos y más reacciones. Esta es la esencia de la vida materialista.

Los problemas surgen cuando la asociación entre estas cosas y nuestro sentido del yo se disocia, o cuando se produce una separación involuntaria entre ambos. Dado que nada es permanente, tendemos a creer que una parte del «yo» está perdida, lo que nos conduce a la pesadumbre y a la depresión y, en ocasiones, a la angustia extrema y a la reactividad, e incluso al suicidio. A fin de ilustrar esto, he aquí un ejemplo de un intercambio entre uno de los autores y uno de sus clientes, cuya prometedora carrera profesional terminó por desvanecerse, derivando en un trastorno de adaptación con las típicas rumias existenciales y, en última instancia, en una depresión mayor (la descripción del cliente se ha desidentificado):

[...] Realmente espero que estés fabulosamente bien. Quiero explorar tus pensamientos, ya que tú eres un hombre que conoce la maravillosa emoción de la pasión. ¿Cómo se adquiere y, es más, qué puede destruirla? ¿Pueden las personas negativas que tienen relación con el tema sobre el que alguien siente o sentía pasión provocar que alguien pierda su pasión? ¿Acumulamos pasión a propósito o es un estado de la mente tranquilo que se forma de manera natural? ¿Perdemos de manera natural un nivel de pasión? ¿Hay respuestas a estas cuestiones o a las convicciones que comúnmente se tienen sobre esto? ¿Cómo puedo acceder al aprendizaje si me siento desprovisto de lo que en algún momento fue un nivel significativo de pasión profesional? ¿O es mucho pedir saber más? [...]

Respuesta:

[...] A medida que envejecemos, la pasión suele dar lugar a la razón. Creo que esto se debe en parte a los cambios que se producen en el cerebro de manera natural (una reducción del volumen de la materia gris y un aumento del volumen de la materia blanca en varias áreas), y en parte debido a nuestra capacidad para aprender lo que funciona y lo que no, lo que duele y lo que tranquiliza. La primera creencia que debemos modificar es la de que la pasión es una emoción; no lo es. Es un agregado de componentes que incluye un pensamiento (a menudo un recuerdo), seguido inmediatamente de una sensación corporal muy agradable, que contribuye simultáneamente a una respuesta de deseo. Por consiguiente, la pasión puede experimentarse por cualquier cosa o por cualquier persona. La segunda creencia que debemos modificar es la de que «somos personas apasionadas» o no lo somos. Lo que da esta impresión es, únicamente, nuestra costumbre de identificarnos con las personas que somos. Desarrollamos una tremenda cantidad de apego hacia ese «yo» que hace que sea muy difícil cambiar con el tiempo a pesar de la llamada al ajuste por parte de la naturaleza (p. ej., miembros de la familia que esperan que cambiemos, oportunidades de trabajo que cambian, el propio cuerpo que no responde como solía hacerlo, etc.).

Lo que estás experimentando es una maravillosa oportunidad para dejar que las fuerzas naturales te guíen a través del inevitable viaje del cambio. Incluso la pasión te atrapa... y eso es lo que hizo. Por lo que entiendo de la vida, la mejor pasión, la más fiable y la más gratificante que uno puede recibir a largo plazo es la pasión por el cambio. Con esto no me refiero al cambio en el entorno, sino al cambio en nuestra mente y en nuestro corazón. Cuando te apasiona descubrir en «quién» te convertirás a continuación, no puedes aferrarte ni llorar por la persona que pensabas que eras. Aceptar el cambio es permanecer joven. Es un poco como un nuevo nacimiento con el que podemos emocionarnos. No hay más dolor en eso. Espero seguir percibiendo así la vida en el momento de la muerte, preparándome para el próximo episodio emocionante. Esta es, en efecto, una pasión sana, ya que no conduce al sufrimiento.

Es probable que la razón fundamental por la que su cliente solicita su asistencia tenga algo que ver con este principio. En caso de ser así, el hecho de comprender cómo el apego a un sentido del yo ilusorio crea sufrimiento resultaría de ayuda. Sin embargo, si le resulta difícil comprender este concepto en esta etapa, puede regresar a ella más tarde, a medida que su comprensión se profundice progresivamente a través de la práctica del *mindfulness*. Necesita comenzar a desidentificarse de su experiencia pensamiento a pensamiento, sensación a sensación, reacción a reacción. El beneficio derivado de esta práctica será el mejor maestro.

Pregunta: Cuando le pido a mi cliente que use la Escala de Firma Interoceptiva Basada en el *Mindfulness*, ¿cómo le indico que la complete si hay un problema en una reunión de trabajo o una situación en la que está a la vista de todo el mundo? ¿Debería completarla después?

Respuesta: Muchas situaciones no permitirán que los clientes completen fácilmente el formulario en medio de una situación angustiante. Entre los ejemplos comunes se encuentran las experiencias angustiantes que tienen lugar mientras vamos en coche o mientras interactuamos con la gente. Sin embargo, es importante que los clientes tengan siempre a su disposición un formulario MISS y un bolígrafo. Pídale a su cliente que tome una nota mental de cómo se experimentan las sensaciones en el cuerpo durante la situación angustiante por lo que respecta a las cuatro características interoceptivas tanto antes como después de aplicar la ecuanimidad durante 30 segundos, y pídale también que anote su experiencia en el formulario lo antes posible.

## Documento 4.1.
## Escala de Firma Interoceptiva Basada en el *Mindfulness* (MISS)

### Instrucciones

Use uno de los formularios en blanco que figuran a continuación para identificar su experiencia por lo que respecta a las sensaciones corporales de cada una de las siguientes cuatro categorías (*Masa, Temperatura, Movimiento, Fluidez*). Cuando experimente un acontecimiento angustiante, advierta las sensaciones corporales asociadas a él. A continuación, tan pronto como sea posible (durante este acontecimiento o poco después), represente la sensación más intensa en su cuerpo dibujando un pequeño punto en cada una de las cuatro líneas que representan las diferentes categorías de la sensación corporal. Una después los puntos con una línea continua. Tras centrarse en la sensación de un modo neutral y con aceptación durante medio minuto, dibuje otro punto en cada una de las cuatro categorías para representar cómo está experimentando ahora las sensaciones corporales. Una después esos puntos con otra línea (una *línea discontinua*) para así mostrar cualquier cambio que se haya producido. Registre también el cambio en la intensidad antes y después de esta exposición de 30 segundos dibujando un pequeño punto en las últimas dos líneas.

| Fecha: | Hora: | Breve descripción del acontecimiento: | |
|---|---|---|---|
| **Masa** | Más ligera<br>*———— | Neutral<br>—+— | Más pesada<br>————* |
| **Temperatura** | Más fría<br>*———— | Neutral<br>—+— | Más caliente<br>————* |
| **Movimiento** | Más tranquila<br>*———— | Neutral<br>—+— | Más movimiento<br>————* |
| **Fluidez** | Más difusa<br>*———— | Neutral<br>—+— | Más densa/ajustada<br>————* |
| *Intensidad antes* | Menos<br>*———— | ———— | Más<br>————* |
| *Intensidad después* | Menos<br>*———— | ———— | Más<br>————* |

Fecha: Hora: Breve descripción del acontecimiento:

| | | | |
|---|---|---|---|
| **Masa** | Más ligera | Neutral | Más pesada |
| | * | + | * |
| **Temperatura** | Más fría | Neutral | Más caliente |
| | * | + | * |
| **Movimiento** | Más tranquila | Neutral | Más movimiento |
| | * | + | * |
| **Fluidez** | Más difusa | Neutral | Más densa/ajustada |
| | * | + | * |
| *Intensidad antes* | Menos | | Más |
| | * | | * |
| *Intensidad después* | Menos | | Más |
| | * | | * |

Fecha: Hora: Breve descripción del acontecimiento:

| | | | |
|---|---|---|---|
| **Masa** | Más ligera | Neutral | Más pesada |
| | * | + | * |
| **Temperatura** | Más fría | Neutral | Más caliente |
| | * | + | * |
| **Movimiento** | Más tranquila | Neutral | Más movimiento |
| | * | + | * |
| **Fluidez** | Más difusa | Neutral | Más densa/ajustada |
| | * | + | * |
| *Intensidad antes* | Menos | | Más |
| | * | | * |
| *Intensidad después* | Menos | | Más |
| | * | | * |

## Documento 4.2.
## Práctica aplicada

### Extender sus habilidades y tener un mayor control de las emociones

Es hora de poner en práctica sus nuevas habilidades de un modo que le beneficie a usted y a las demás personas en la vida cotidiana. Esta semana se entrenará para permanecer consciente de sus sensaciones corporales en todas las situaciones cotidianas. Aplicará su ecuanimidad en el mayor número de situaciones estresantes posibles, de modo que su cerebro aprenderá a reconectar de un modo menos reactivo cuando se enfrente a situaciones desafiantes en el futuro. Esta es una importante habilidad que puede desarrollar ahora para así pasar al siguiente conjunto de habilidades en la etapa 2 de este programa.

### Práctica en silencio e inmovilidad

A continuación figura un resumen de los ejercicios de esta semana:

- Practique la meditación de 30 minutos tal y como hizo la semana pasada, aunque esta vez en silencio, sin instrucciones de audio, usando un temporizador. La mayoría de teléfonos móviles y de tabletas tienen uno.
- Escanee el cuerpo a su ritmo. Esto implica ir más rápido en los puntos en que pueda experimentar las sensaciones con facilidad, e ir más despacio allí donde no pueda. Cuando no pueda experimentar una sensación en un área particular, acuérdese de permanecer centrado en ese espacio vacío durante aproximadamente 30 segundos (más o menos siete respiraciones) y, a continuación, avance a la siguiente parte con mucha paciencia, con ecuanimidad. Al final de la semana trate de completar al menos dos ciclos corporales en cada práctica de 30 minutos. Como norma general, progresará a buen ritmo si inspecciona el cuerpo (de manera descendente y ascendente) entre dos y tres veces. Si por el momento no puede completar al menos dos ciclos, ello puede deberse a que tiene demasiado sueño o a que todavía se queda atrapado en los pensamientos durante mucho tiempo. Esto no es un problema. Revise los documentos de la sesión 2 y aplique las instrucciones hasta que pueda examinarlos con su terapeuta.
- De ahora en adelante, medite con la fuerte determinación de permanecer ecuánime y de no mover su cuerpo, salvo para toser, estornudar, bostezar, eructar, tragar saliva y enderezar su postura. Recuerde que, dado que usamos el mismo cerebro durante la práctica de la meditación y fuera de ella, lo que hace durante la meditación se reflejará en su práctica diaria. Cuanto menos reactivo se vuelva en un contexto, menos reactivo

será en el otro. Por consiguiente, cada malestar al que sonría durante la práctica constituye un poco de libertad frente a la angustia en su vida diaria.

**Práctica aplicada**

- Advierta en su vida diaria los detalles de sus experiencias, y tómese el tiempo necesario para reconocer las sensaciones corporales en la cama mientras se queda dormido y en el momento de despertarse.
  Mantenga la conciencia de las sensaciones corporales y la ecuanimidad durante todo el día.
- Cuando se sienta estresado o se emocione, use la «Escala de Firma Interoceptiva Basada en el *Mindfulness*» (documento 4.1) para registrar su experiencia de las sensaciones corporales antes y después de 30 segundos centrándose en ellas con ecuanimidad. Las instrucciones detalladas se encuentran en el documento 4.1. Si experimenta las sensaciones con todo detalle pero no le molestan y permanece «desapegado a nivel personal», es probable que la intensidad de la sensación disminuya en los primeros 30 segundos, especialmente si acepta plenamente la sensación que obtiene de las cuatro características. Necesitará al menos dos copias del documento 4.1.
- Para estar seguro de que tiene suficiente práctica, encuentre al menos cinco situaciones que sepa que serán moderadamente estresantes, y practique la ecuanimidad hacia las sensaciones de su cuerpo mientras se encuentre en esas situaciones, como le explicó su terapeuta y como así señala el documento 4.1.
- Asegúrese de que no es usted quien origina la situación estresante, dado que esto no sería adecuado. Use situaciones que sean desagradables pero manejables, aunque con ecuanimidad y con una comprensión de que todas las experiencias son impermanentes.

Documento 4.3.

Registro diario de la Práctica de la Meditación *Mindfulness*

| Día | Fecha | Mañana *(rodee con un círculo)* | Duración | Calificación de la eficacia *Evalúe de 1 a 10 lo bien que ha advertido las distracciones y ha traído de vuelta su atención al cuerpo. 1=nada bien; 10=extremadamente bien* | Noche *(rodee con un círculo)* | Duración | Calificación de la eficacia *Evalúe de 1 a 10 lo bien que ha advertido las distracciones y ha traído de vuelta su atención al cuerpo. 1=nada bien; 10=extremadamente bien* |
|---|---|---|---|---|---|---|---|
| Lunes | | He practicado Sí / No | | | He practicado Sí / No | | |
| Martes | | He practicado Sí / No | | | He practicado Sí / No | | |
| Miércoles | | He practicado Sí / No | | | He practicado Sí / No | | |
| Jueves | | He practicado Sí / No | | | He practicado Sí / No | | |
| Viernes | | He practicado Sí / No | | | He practicado Sí / No | | |
| Sábado | | He practicado Sí / No | | | He practicado Sí / No | | |
| Domingo | | He practicado Sí / No | | | He practicado Sí / No | | |

## Referencias adicionales

LAZAR, S. W., KERR, C. E., WASSERMAN R. H., GRAY, J. R., GREVE, D. N., TREADWAY M. T. ET AL., «Meditation experience is associated with increased cortical thickness»: *Neuroreport,* 16 (2005), 1893–1897.

# Sesión 5: Integrar el mindfulness y los métodos conductuales

*La acción parece seguir al sentimiento, pero, en realidad, la acción y el sentimiento van de la mano; y, al regular la acción, que está bajo el control más directo de la voluntad, podemos regular indirectamente el sentimiento, que no lo está.*

—William James, 1890

## Introducción

Este capítulo está diseñado para guiarle en la aplicación de la etapa 2 de la TCCMi, la «etapa de la exposición», dando por sentado que su cliente ha practicado regularmente y que su ecuanimidad está aumentando durante la práctica y en la vida cotidiana. Esta semana le enseñará la primera técnica avanzada del escáner corporal, el «escáner simétrico». Hasta ahora, con la etapa 1 de la TCCMi le ha estado enseñando a su cliente a desarrollar las habilidades de la conciencia metacognitiva e interoceptiva, así como la ecuanimidad, tanto durante la práctica de la meditación como en la vida cotidiana. Ha ayudado a que su cliente aprenda el modo de regular las emociones tomando conciencia de las sensaciones corporales de una manera no reactiva. La práctica del escáner corporal enseñó a su cliente el modo de extinguir su respuesta condicionada a los desencadenantes internos; su cliente aprendió a inhibir sus respuestas a los pensamientos y a las correspondientes sensaciones corporales a medida que escaneaba el cuerpo. Por consiguiente, su cliente ha estado aprendiendo a desensibilizarse ante las emociones poco útiles. Tras haber dedicado tiempo a centrarse inicialmente en su entorno interno de la sesión 1 a la sesión 3, en la sesión 4 comenzó a aplicar sus habilidades de regulación emocional a nivel externo. Ahora está preparado para aplicar sus habilidades en contextos externos con el fin de regular el comportamiento en situaciones desafiantes en las que la evitación podría ser el comportamiento habitual. En la etapa 2, su cliente comienza a emplear las habilidades del *mindfulness* para manejar sus temores y fomentar la confianza en sí mismo.

## Comprobar la disposición del cliente

Revise la práctica que llevó a cabo su cliente la semana pasada. ¿Practicó con regularidad? ¿Evitó algún aspecto de la práctica, como la práctica aplicada con la tarea de exposición interoceptiva basada en el *mindfulness* (MIET)? De ser así, tendrá que examinarlo con él y ayudarle a avanzar al siguiente paso, que todavía requiere un compromiso de practicar dos veces al día. Trate de usar el diálogo socrático tanto como le sea posible sin dejar de ser amable y empático, y reconozca cualquier esfuerzo que haya realizado su cliente hasta ahora, como explicamos anteriormente en el libro. En ocasiones, algunas personas experimentan cierta inseguridad si sienten que las cosas cambian muy deprisa. Recuerde que los clientes están deconstruyendo partes de su identidad reactiva y, por consiguiente, de su evitación experiencial; aunque esto resulta excitante y empoderante para la mayoría de ellos, otros podrían no estar familiarizados y sentirse inseguros.

¿Ha habido alguna crisis en el caso de su cliente? En ocasiones puede producirse una crisis en la vida cotidiana y puede ser mejor posponer la etapa 2 durante una semana aproximadamente, hasta que la crisis haya disminuido lo suficiente y el cliente haya recuperado cierto grado de ecuanimidad. ¿Sigue mejorando la ecuanimidad de su cliente en la vida cotidiana? ¿Está en mejores condiciones de aplicar la ecuanimidad durante las experiencias angustiantes en 30 segundos? En caso afirmativo, una de las dos observaciones siguientes sobre la Escala de Firma Interoceptiva Basada en el *Mindfulness* (MISS) debería ser evidente: (1) la «línea de recuperación» (línea discontinua) está cada vez más cerca del punto neutral en el medio de cada escala. Esta tendencia progresiva hacia el punto neutral (centro) de las escalas suele ser un reflejo del aumento de la ecuanimidad; (2) adicionalmente, o alternativamente, tras 30 segundos la línea de recuperación se aleja cada vez más de la «línea de la angustia» (línea continua), que se sitúa en el punto neutral. Siempre que la angustia sea significativa al principio y la distancia entre las dos líneas aumente con el tiempo, el cliente será cada vez más capaz de recuperarse de la angustia en 30 segundos. El mejor modo de cuantificar la ecuanimidad con la MISS es combinar ambos patrones de cambio y tomar en consideración la diferencia entre la intensidad previa y la posterior para obtener una impresión general.

Algunos clientes llevan bien la práctica meditativa formal pero encuentran motivos para no usar la MISS para registrar su información sobre la regulación emocional durante las posibles experiencias angustiantes de la última semana. En ese caso, no hay ninguna necesidad de retrasar el siguiente paso. Todavía están a tiempo de aplicar su práctica en la vida diaria usando la MISS mientras comienzan la etapa 2. Sin embargo, es importante verificar por qué no practicaron usando la MISS y asegurarse de que los clientes comprenden que la exposición interoceptiva en la vida cotidiana resultará de ayuda a la exposición en la etapa 2.

En síntesis, dado que las habilidades centrales necesarias para la exposición en la etapa 2 son la conciencia interoceptiva y la ecuanimidad, tenemos que estar seguros de que los clientes las están desarrollando. Si su cliente consigue experimentar sensaciones en aproximadamente un 80% del cuerpo, aun a pesar de estar experimentando pensamientos intrusivos, puede pasar al método del escáner corporal de esta semana –el escáner simétrico– valiéndose de las instrucciones de audio. De manera alternativa, podríamos tener que retrasar el siguiente paso durante un breve período de tiempo.

### *Retrasar el siguiente paso*

Si su cliente no siente demasiado su cuerpo o continúa reaccionando emocionalmente a los desencadenantes, tendremos que retrasar la etapa 2 durante una semana, más o menos, y comprometernos a trabajar un poco más para desarrollar la conciencia interoceptiva y la ecuanimidad. En caso necesario, tendremos que asegurarnos de que los clientes no se sientan unos fracasados, algo que resulta muy probable en aquellos cuyo sentido de la autoestima ya es bajo. Para evitar avergonzar al cliente, resulta fundamental que nosotros mismos normalicemos el proceso y permanezcamos ecuánimes. Sin embargo, esto no quiere decir que tengamos una actitud pasiva, y será necesaria una conversación franca.

Es posible que su cliente haya practicado regularmente y que, sin embargo, siga siendo incapaz de sentir demasiado en el cuerpo. En ese caso, use el formulario del Indicador de Conciencia Interoceptiva (documento 3.3) para calcular el porcentaje de conciencia interoceptiva durante la práctica. Si la conciencia interoceptiva de su cliente continúa manteniéndose significativamente por debajo del 80%, conviene retrasar el siguiente paso y examinar la precisión de su práctica, en particular reduciendo el tiempo que está perdido en sus pensamientos. Dado que esto suele deberse a un escaso control inhibitorio, el hecho de explicarle al cliente la manera de usar la «regla de los tres segundos» puede ser muy útil a la hora de combatir la distracción y de incrementar la concentración. Sin embargo, la escasa inhibición de la respuesta y las dificultades para mantener la atención pueden deberse a la fatiga y a otras barreras a la práctica. Por consiguiente, un enfoque útil consiste en analizar «los cinco obstáculos» comunes a todas las técnicas de meditación (agitación, aversión, deseo, somnolencia/fatiga y duda) y sus soluciones, como examinamos en el capítulo 2. Esto ayuda a que el cliente y el terapeuta normalicen los desafíos habituales con que todos nos encontramos en algún momento.

Debe asegurarse de que ninguno de estos obstáculos se convierta en un hábito y ayudar a que su cliente vuelva a comprometerse y a repetir la práctica del escáner unilateral parte por parte de la semana anterior al menos unos días antes de pasar al escáner bilateral, que se explica a continuación. Pídale a su cliente que continúe practicando el escáner unilateral parte por parte sin las instrucciones de audio y que practique la MIET sin la MISS (documento 4.1), como describimos en el capítulo anterior. Cuando pueda advertir sensaciones en aproximadamente el 80% del cuerpo, podrá pasar al método de esta semana y usar las instrucciones de audio del escáner simétrico.

## Escáner avanzado: escáner simétrico

### *Propósito del escáner avanzado en la TCCMi*

Los métodos de escáner avanzados se han enseñado tradicionalmente en la tradición *Vipassana* birmana de la práctica del *mindfulness*. En esta tradición, el propósito consiste en tomar conciencia del flujo constante e impersonal de la energía vibratoria: la realidad más sutil de nuestra mente y nuestro cuerpo y su impermanencia e insustancialidad. Esta tradición promueve un desapego suave de lo que por lo general identificamos como el sentido del yo. En la TCCMi, el propósito principal del escáner avanzado consiste en profundizar lo suficiente la conciencia interoceptiva como para detectar cambios sutiles en el cuerpo –especialmente señales sutiles de la angustia– al principio de la secuencia de una emoción, mientras aún son manejables. El hecho de tomar conciencia de las sensaciones antes de que se intensifiquen nos permite responder mucho más temprano, antes de vernos arrastrados por la creciente intensidad de la experiencia interoceptiva, evitando así la reacción emocional habitual.

A causa de la práctica diaria, las neuronas que procesan la información interoceptiva en el córtex insular y en el córtex somatosensorial están ahora lo suficientemente conectadas para permitir el acceso consciente a las sensaciones corporales sutiles. Los estudios que examinan la reorganización cerebral tras la práctica del *mindfulness* muestran evidencias de la neuroplasticidad en estas áreas cerebrales[1]. La reorganización del cerebro explica por qué podemos mantener la capacidad de experimentar las sensaciones corporales fuera del contexto meditativo sin haber escaneado el cuerpo. Esto puede resultarles un poco extraño a algunos clientes y ha de normalizarse y reconocerse –es útil explicarlo como un logro que no habría podido tener lugar sin el compromiso del cliente con la práctica frecuente y precisa–.

### *El método*

El primer método de escáner avanzado es el escáner simétrico, que es un entrenamiento en la atención interoceptiva bilateral. Su cliente se entrenará para seguir inspeccionando todo el cuerpo parte por parte, de la cabeza a los dedos de los pies y de los dedos de los pies a la cabeza, pero se centrará simultáneamente en ambos lados de la línea media del cuerpo, de forma simétrica. Con el escáner simétrico, las áreas de la ínsula en ambos hemisferios aprenden a trabajar juntas con la misma fuerza, permitiéndonos sentir lo que sucede a ambos lados del cuerpo de manera simultánea. La inspección de los dos lados del cuerpo a la vez requiere menos tiempo que la inspección que se lleva a cabo en un lado y en otro. Esto nos permite pasar nuestra atención imparcial a través de las mismas áreas del cuerpo con más frecuencia y entrenar la mente para que tome conciencia de más partes al mismo tiempo mientras evitamos la reactividad. Como resultado de ello, los caminos cerebrales para la conciencia interoceptiva se conectan con mayor rapidez a causa de la mayor frecuencia del escáner, aumentando la sensibilidad a los pequeños cambios en la sensación durante el contexto meditativo y fuera de él.

---

1. A. D. Craig, «Interoception: the sense of the physiological condition of the body»: *Current Opinion in Neurobiology*, 13 (2003), 500–505; N. A. S. Farb, Z. V. Segal y A. K. Anderson, «Attentional modulation of primary interoceptive and exteroceptive cortices»: *Cerebral Cortex*, 23 (2013), 114–126; S. W. Lazar, C. E. Kerr, R. H. Wasserman, J. R. Gray, D. N. Greve, M. T. Treadway ... et al., «Meditation experience is associated with increased cortical thickness»: *Neuroreport*, 16 (2005), 1893–1897; véase también, a modo de revision, Y. Tang, B. K. Hölzel y M. I. Posner, «The neuroscience of mindfulness meditation»: *Nature Reviews Neuroscience*, 16 (2015), 213–225. doi:10.1038/nrn3916

Durante la práctica, los clientes deberán permanecer ecuánimes cuando no puedan sentir ambos lados al mismo tiempo y, por lo general, habrá un «avance-retraso» entre los lados que escaneen. Normalice esto en términos de una «activación más fuerte» de algunas partes del cuerpo que de otras, mencionando también que esto cambiará con la práctica. A menudo hacen falta entre tres y cuatro días para que la gente sienta ambos lados del cuerpo de manera simétrica en la mayoría de partes. Asegúrese de que su cliente no catastrofiza sus dificultades iniciales. Necesita saber que esto es un entrenamiento y que no tiene por qué saber practicarlo antes de aprender a hacerlo, y que este es un proceso que requiere tiempo.

Las instrucciones de audio para esta práctica se encuentran en la pista de audio 10, y la introducción en la pista de audio 9. El escáner simétrico requerirá que su cliente continúe escaneando el cuerpo, parte por parte, escaneando puntos de atención de entre 2 y 3 pulgadas (entre 5 y 8 centímetros) de diámetro, comenzando por la parte superior de la cabeza, pero prestando atención a ambos lados del cuerpo al mismo tiempo. Las pistas de audio del escáner avanzado duran aproximadamente 15 minutos, y el cliente tendrá que practicar durante otros 15 minutos en silencio, sin instrucciones. Recuérdele a su cliente que cada sesión dura 30 minutos. Para que el cronometraje no suponga un problema, puede programar en el temporizador (p. ej., en su teléfono móvil o en su tableta si tiene uno) un total de 30 minutos y, acto seguido, reproducir las instrucciones de audio hasta el final, y continuar practicando en silencio hasta que el temporizador le haga saber que han pasado los 30 minutos. Pídale que registre la práctica diaria de esta semana como de costumbre, usando el documento 5.7.

## Integrar el *mindfulness* con las habilidades de la exposición

### *Abordar la evitación*

Mientras que el comportamiento evitativo es un mecanismo de supervivencia natural en la vida humana, la evitación disfuncional afecta a la vida. Naturalmente, tendemos a dar la bienvenida a las experiencias placenteras y seguras y a evitar las que resultan inseguras y desagradables. En ciertas ocasiones puede ser necesario evitar ciertas situaciones porque pueden ser angustiantes, pero la evitación de las experiencias desagradables se convierte en un problema en sí mismo. En última instancia, la evitación aprendida conduce a una sensación de pérdida, de fracaso y a un estado de ánimo deprimido. Los hábitos evitativos son comunes en la mayoría de los trastornos y pueden tener un efecto negativo en la gente y en las personas con las que viven y trabajan. Dado que la evitación también tiende a ser un factor de refuerzo o de mantenimiento en la mayoría de los trastornos de la salud mental, es vital que los clientes aprendan las habilidades necesarias para minimizar el comportamiento evitativo.

La evitación puede ir desde un comportamiento simple a uno extremadamente deteriorante. Puede que nos limitemos a evitar ciertas tareas rutinarias y otras actividades comunes al no considerarlas interesantes, aunque sean necesarias. El comportamiento evitativo también puede ser muy severo y basarse en miedos intensos. Sin embargo, esto no quiere decir que sea desadaptativo. Por ejemplo, un soldado que evita las balas mientras está en las trincheras podría salvar su vida, algo que resulta adaptativo. En cambio, la evitación desadaptativa menoscaba el funcionamiento normal. Cuando estos miedos se mantienen en el tiempo, la evitación severa se vuelve crónica y, a veces, se convierte en una parte tan importante de nosotros que la persona tiene dificultades para darse cuenta de que sus hábitos son evitativos. Vive de acuerdo con sus hábitos evitativos, y las decisiones a corto y a largo plazo a menudo se ven dictadas por ellos. Esto puede verse agravado por el uso disfuncional del alcohol y de otras drogas, que en la mayoría de las veces es un intento por evitar algunas experiencias.

De manera interesante, los hábitos evitativos también pueden impregnar la práctica del *mindfulness* si los clientes no reciben una orientación precisa por parte de un formador que esté familiarizado con lo que constituye la evitación. Por ejemplo, cuando están angustiados en la vida cotidiana, los clientes pueden disminuir su malestar centrándose en la respiración. A primera vista parece una buena idea; en efecto, es mejor que reaccionar de manera exagerada. Sin embargo, sobre la base de la teoría del aprendizaje y el modelo de coemergencia de refuerzo, se hace evidente que el cliente se distrae y deja de experimentar las sensaciones corporales desagradables asociadas con la situación angustiante. Está usando la *conciencia* de la respiración (no la *conciencia plena* [*mindfulness*] de la respiración) como medio de evitación interoceptiva. Esta puede ser una estrategia útil cuando los niveles de angustia son abrumadores, dado que la conciencia de las sensaciones coemergentes se agota durante los acontecimientos angustiantes (con arreglo al modelo en estado de desequilibrio en el capítulo 2[2]), pero sigue siendo una estrategia de afrontamiento que se basa en la distracción. En la TCCMi, le pedimos a la gente que detecte la sensación y la use como medio de exposición y desensibilización, del mismo modo que hizo su cliente la semana pasada.

Además, la meditación por sí sola puede mantener, o incluso reforzar, el comportamiento evitativo –la evitación social, por ejemplo–. Si ya ha tenido la oportunidad de usar un enfoque basado en el *mindfulness* con clientes que presentan ansiedad social y/o rasgos evitativos, ¡se habrá dado cuenta de que la meditación que hacen en casa a modo de deberes es el paraíso para ellos! A menudo siguen teniendo ansiedad social incluso después de meditar durante meses en retiros o en la soledad de una cueva. A menos que la exposición esté incluida, la mayoría de los problemas basados en la ansiedad permanecen sin resolver. Esto no solo se aplica a los trastornos de ansiedad. Los clientes deprimidos también pueden ser evitativos, especialmente de las interacciones sociales.

Ha llegado el momento de enseñarles a los clientes el modo de aplicar las técnicas que han aprendido hasta ahora a fin de ayudarles a regular su comportamiento en la vida cotidiana reduciendo la evitación. Esto mejorará su confianza y su sentido de autoeficacia. Durante las próximas dos semanas, usted les enseñará la manera de

2. Véase también R. S. Friedman y J. Forster, «Implicit affective cues and attentional tuning: An integrative review»: *Psychological Bulletin*, 136 (2010), 875–893. doi:10.1037/a0020495; C. Harshaw, «Interoceptive dysfunction: Toward an integrated framework for understanding somatic and affective disturbance in depression»: *Psychological Bulletin*, 141 (2015), 311–363. doi:10.1037/a0038101

aplicar sus habilidades del *mindfulness* para desafiar las situaciones externas que normalmente evitan, usando una combinación de técnicas de exposición imaginal y en vivo. En primer lugar, aprenderán a combinar las habilidades del *mindfulness* con la exposición imaginal e interoceptiva a través de un método denominado «exposición bipolar». En segundo lugar, aprenderán a combinar las habilidades del *mindfulness* con la exposición y la revaluación cognitiva para revertir el comportamiento evitativo y aumentar la confianza en sí mismos. Estas son las habilidades de exposición que constituyen la etapa 2 de la TCCMi.

Tras aproximadamente dos semanas, los clientes suelen descubrir que las situaciones que han estado evitando durante años resultan mucho más fáciles de abordar. La aplicación de las habilidades de exposición en la vida cotidiana aumentará su confianza para realizar un cambio efectivo en su comportamiento y desarrollará un sentido de autoeficacia. Estas habilidades les ayudarán a reducir la evitación, permitiéndoles actuar y disminuyendo la probabilidad de recaída.

### *Introducir la jerarquía de los comportamientos evitados*

Tras explicar la razón de ser de la exposición en la etapa 2 del programa, deberá ayudar a su cliente a desarrollar un registro de exposición jerárquica. Puede usar el formulario proporcionado en este capítulo (documento 5.4) y crear una lista de situaciones estresantes que su cliente tienda a evitar. En primer lugar, pídale a su cliente que ponga por escrito entre diez y doce acontecimientos o situaciones que podría estar evitando porque le resulten angustiantes. Algunos clientes tendrán dificultades con esta tarea, ya sea porque la evitación no concuerda con su carácter o porque está tan establecida que no pueden percibirla como tal. En este caso, use el cuestionamiento socrático para ayudar a que el cliente pueda encontrar al menos dos situaciones. Si no es capaz de encontrar las suficientes situaciones durante la sesión terapéutica, puede añadirlas a su lista en casa como parte de sus deberes de esta semana. El hecho de que el cliente pregunte a las personas más allegadas (padres, pareja, amigos, hijos) qué situaciones tiende a evitar puede ser útil. En ocasiones resulta sorprendente lo que los clientes pueden aprender limitándose a preguntar.

Pídale ahora a su cliente que asigne porcentajes de angustia a cada una de las situaciones o de los «puntos» enumerados. Su cliente ha de imaginarse con sinceridad la angustia que experimentaría si verdaderamente se encontrara en esa situación. En condiciones ideales, algunas experiencias deberían tener una calificación baja y otras una calificación alta. Asegúrese de que el cliente escoge una gama de situaciones con diferentes niveles de angustia.

A continuación, el cliente tiene que escoger cinco situaciones de diferentes niveles de angustia de su selección inicial. No debe enumerar cinco situaciones que presenten unos niveles de angustia igual de altos porque esto requeriría abordar las situaciones que crean una alta ansiedad sin haber aprendido las habilidades necesarias para manejarlas. De igual manera, pídale a su cliente que no trate de enumerar cinco situaciones que solo le ocasionarían un 15% de angustia, o incluso menos, dado que no ayudarían con las situaciones más desafiantes y puesto que no resultan lo suficientemente angustiantes para justificar su evitación. Aunque una situación con una baja puntuación puede resultar frustrante, y podríamos tratar de evitarla en la medida de lo posible, no produce mucha ansiedad cuando la llevamos a cabo. En los últimos 17 años hemos advertido que la gente tiende a evitar situaciones con una puntuación aproximada del 20% o el 25% de angustia, así que anime a su cliente a comenzar con un elemento que no cause mucha más angustia que esta. Los cinco puntos también deben ser situaciones que los clientes piensen que sería beneficioso abordar, y han de ser situaciones cuya exposición puedan organizar los clientes dentro de las próximas dos semanas.

A continuación, pídale al cliente que escriba estas situaciones en la Hoja de Registro de Exposición (documento 5.4) en orden ascendente de dificultad –desde la situación menos angustiante en la parte superior a la más angustiante en la parte inferior– y su cuantía de referencia («preexposición») de angustia de 1 a 100 en el espacio «%». La figura 1 de la sesión 5 muestra un ejemplo de diferentes elementos y de sus Unidades Subjetivas de Angustia.

**Hoja de Registro de Exposición – Escala de Unidades Subjetivas de Angustia (SUDS)**

Situación 1: _Dar una pequeña charla cuando unos amigos están de visita_

Fecha de la puntuación inicial: _10 de julio_ ¿Qué porcentaje de angustia le provocaría esta situación? _25%_
Fecha de la 2ª puntuación: __________ Porcentaje de angustia que provoca esta situación en usted: ___%
Fecha de la 3ª puntuación: __________ Porcentaje de angustia que provoca esta situación en usted: ___%
Fecha de la 4ª puntuación: __________ Porcentaje de angustia que provoca esta situación en usted: ___%

Situación 2: _Socializar en el trabajo_

Fecha de la puntuación inicial: _10 de julio_ ¿Qué porcentaje de angustia le provocaría esta situación? _40%_
Fecha de la 2ª puntuación: __________ Porcentaje de angustia que provoca esta situación en usted: ___%
Fecha de la 3ª puntuación: __________ Porcentaje de angustia que provoca esta situación en usted: ___%
Fecha de la 4ª puntuación: __________ Porcentaje de angustia que provoca esta situación en usted: ___%

Situación 3: _Ir al gimnasio_

Fecha de la puntuación inicial: _10 de julio_ ¿Qué porcentaje de angustia le provocaría esta situación? _65%_
Fecha de la 2ª puntuación: __________ Porcentaje de angustia que provoca esta situación en usted: ___%
Fecha de la 3ª puntuación: __________ Porcentaje de angustia que provoca esta situación en usted: ___%
Fecha de la 4ª puntuación: __________ Porcentaje de angustia que provoca esta situación en usted: ___%

Situación 4: _Hablar con alguien en el trabajo sobre el acoso_

Fecha de la puntuación inicial: _10 de julio_ ¿Qué porcentaje de angustia le provocaría esta situación? _80%_
Fecha de la 2ª puntuación: __________ Porcentaje de angustia que provoca esta situación en usted: ___%
Fecha de la 3ª puntuación: __________ Porcentaje de angustia que provoca esta situación en usted: ___%
Fecha de la 4ª puntuación: __________ Porcentaje de angustia que provoca esta situación en usted: ___%

Situación 5: _Ir al sótano y encontrarme arañas_

Fecha de la puntuación inicial: _10 de julio_ ¿Qué porcentaje de angustia le provocaría esta situación? _95%_
Fecha de la 2ª puntuación: __________ Porcentaje de angustia que provoca esta situación en usted: ___%
Fecha de la 3ª puntuación: __________ Porcentaje de angustia que provoca esta situación en usted: ___%
Fecha de la 4ª puntuación: __________ Porcentaje de angustia que provoca esta situación en usted: ___%

**Sesión 5, figura 1.** Ejemplo de objetivos de preexposición y sus correspondientes unidades subjetivas de angustia de referencia (%).

Dado que necesitamos comenzar a desarrollar poco a poco las habilidades necesarias y, a continuación, abordar progresivamente situaciones más desafiantes, el hecho de puntuar las situaciones es importante. Lo mejor sería que la situación 1 provocara en su cliente entre el 20% y el 35% de angustia; la situación 2, entre el 30% y el 50% de angustia; la situación 3, entre el 50% y el 70% de angustia; la situación 4, entre el 70% y el 80% de angustia; y la situación 5, entre el 80% y el 100% de angustia. Por supuesto, esta no deja de ser una guía aproximada. Advierta también que la «fecha» del formulario es la fecha en la que puntúa cada situación. La fecha de la preexposición es la fecha en la que el elemento y su porcentaje correspondiente de angustia se anotan en el formulario, *antes* de que comience la exposición. Las fechas subsiguientes son las fechas en las que se realizan las revisiones. Por lo general, el terapeuta revisa todas las puntuaciones de la lista durante las sesiones terapéuticas posteriores; sin embargo, también puede ser el propio cliente el que haga las revisiones con carácter semanal en caso de que pase mucho tiempo entre esta y la siguiente sesión terapéutica.

### *El método de exposición bipolar*

Una vez que su cliente cumplimenta el formulario con situaciones que le resultarían angustiantes, está listo para comenzar a usar la exposición bipolar. La exposición bipolar combina el *mindfulness* y las habilidades de la terapia conductual en un único método de desensibilización. Este es un método integrador desarrollado de manera específica para la TCCMi, y se denomina «bipolar» porque recurre a imágenes de extremos opuestos (dos polos) en el *continuum* de la angustia –imaginar el peor y el mejor escenario posibles que podrían producirse en una situación evitada mientras permanecemos ecuánimes–.

Quizás se pregunte cuál es la ventaja de que la exposición estándar (en vivo) preceda a la exposición imaginal, dado que la exposición en vivo también resulta eficaz. Al existir una equivalencia experiencial entre las imágenes y la estimulación en vivo, ambas producen sensaciones corporales con el mismo tipo de tono hedónico (sentimiento), aunque su intensidad puede diferir –las situaciones de la vida real suelen experimentarse de forma más intensa–.

Habida cuenta del grado de equivalencia experiencial entre los dos contextos, la disminución de la evitación de la firma del miedo en un contexto (imágenes) disminuye nuestra evitación de la misma firma del miedo en otros contextos (en vivo). Esto ofrece un acceso directo a la generalización de la desensibilización, como examinaremos y ejemplificaremos más adelante en este capítulo.

### *Implementar la exposición bipolar*

La exposición bipolar consiste en un ejercicio de tres pasos que dura aproximadamente 11 minutos y que se lleva a cabo inmediatamente después de cada práctica de la meditación *mindfulness* de 30 minutos. Requiere usar la imaginación para estimular diferentes escenarios con los que podríamos encontrarnos en cada una de las situaciones enumeradas, en cuatro sesiones sucesivas durante dos días, antes de hacer frente a la situación en la vida real. Explíquele a su cliente que tiene que mantener los ojos cerrados durante todo el procedimiento. Esto es lo que debe hacer de manera específica para ayudarle con cada situación que haya enumerado en el formulario. La figura 2 de la sesión 5 es una representación pictórica del ejercicio.

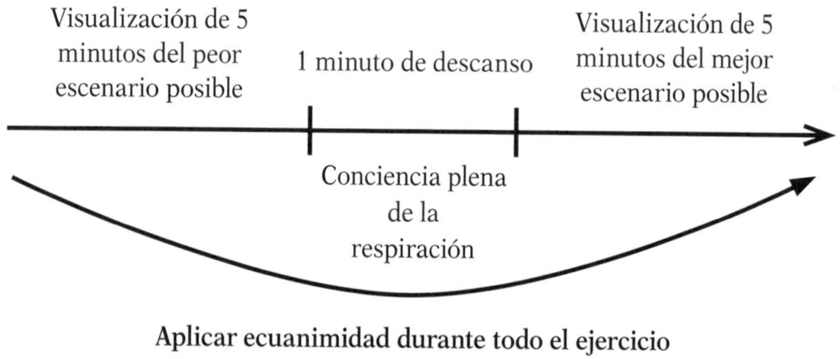


**Sesión 5, figura 2.** Representación del procedimiento de la exposición bipolar[3].

3. Adaptación de B. A. Cayoun, *Mindfulness-integrated CBT: Principles and practice*, Wiley, Chichester, UK 2011 (trad. esp.: *TCC con mindfulness integrado. Principios y práctica*, Desclée De Brouwer, Bilbao 2013).

1. Pídale a su cliente que comience con la primera situación de su lista. Debe permanecer sentado con los ojos cerrados. Enséñele a visualizar durante los primeros cinco minutos uno o varios de los *peores* escenarios que podrían producirse en caso de no evitar la situación. Al tiempo que visualiza y catastrofiza el acontecimiento, hace todo lo posible por permanecer ecuánime. Al imaginarse lo peor que podría suceder cuando, dos días más tarde, se produzca la situación, supervisa las sensaciones que estos pensamientos negativos crean en el cuerpo y hace todo lo posible por no reaccionar a ellas, tratando de no identificarse con ellas y percibiéndolas como lo que son: meras sensaciones impermanentes en el cuerpo. Recuérdele al cliente que las sensaciones están hechas de cuatro características: masa, temperatura, movimiento y fluidez. Cuando el cliente combina una experiencia desagradable con la ecuanimidad, el aspecto emocional de su angustia anticipada se neutraliza. Con práctica, su respuesta habitual deja de estar condicionada y se extingue, lo que le permite revaluar su autoeficacia.
2. A los cinco minutos, pídale a su cliente que lleve su atención a la entrada de las fosas nasales durante un minuto, reposando esta atención en la respiración mientras mantiene los ojos cerrados y deja que su mente se tranquilice y se relaje a medida que su respiración se asienta. Tenga en cuenta que más adelante, cuando pase a los elementos más angustiantes de la lista, es posible que su cliente necesite un descanso ligeramente superior a un minuto para recobrar un estado lo suficientemente relajado antes de pasar a la siguiente tarea. La duración de un minuto es solo una guía aproximada para los elementos menos angustiantes. Ahora bien, tenga en cuenta que un descanso de más de tres minutos puede alterar la inercia de la exposición.
3. Durante los últimos cinco minutos, pídale a su cliente que lleve su atención a la situación, una vez más con los ojos cerrados, pero en esta ocasión visualizando uno o varios de los *mejores* escenarios que podrían producirse de manera realista cuando el propio cliente se encuentre en esta situación en la vida real

dentro de dos días. Mientras su cliente visualiza y embellece la situación, pídale que haga todo lo posible por permanecer ecuánime. Es probable que al imaginar los mejores escenarios coemerjan algunas sensaciones corporales agradables. Pídale a su cliente que haga todo lo posible por no reaccionar a estas sensaciones, por muy agradables que sean. Algunas personas podrían quedar sorprendidas ante este procedimiento, llegando a preguntarse por qué no resulta útil querer y «atraer» estos escenarios agradables. El problema de esta visión es que se produce una preferencia por el resultado elegido, un resultado al que podríamos apegarnos. Tan pronto como lo hacemos, inadvertidamente, decidimos de manera automática que no preferimos, ni siquiera aceptamos, otro tipo de resultado. Nos sentimos ofendidos. Por consiguiente, si el resultado no es el que preferimos, repetimos el hábito de ofendernos por lo que tenemos y de desear lo que no tenemos. Con la exposición bipolar, también extinguimos el deseo de evitar la decepción si el resultado no se ajusta a nuestros deseos. Por lo tanto, sea agradable o desagradable, los clientes permanecen ecuánimes y desapegados de la experiencia. Una vez más, anime a su cliente a aplicar el *mindfulness* a la experiencia eliminando cualquier juicio personal con respecto a las sensaciones en el cuerpo, recordándole que las observe desde el punto de vista de sus cuatro características básicas (masa, movimiento, temperatura, fluidez). Aquí estamos neutralizando la respuesta del deseo, más que la respuesta aversiva.

Cabe señalar que, como las personas angustiadas suelen tener más pensamientos negativos que positivos, tienen más facilidad para experimentar sensaciones desagradables en los primeros cinco minutos del ejercicio que para experimentar sensaciones agradables en los últimos cinco minutos. El cerebro se ha usado para crear una conectividad entre estructuras que facilita ahora ciertos tipos de experiencias más que otras. Por ello, su cliente podría tener dificultades para pasar de los escenarios desagradables a los agradables en su primer intento. Esto es habitual, y el hecho de normalizar estas experiencias puede ser de utilidad –no pierda la ocasión de recordarle las consecuencias de los pensamientos negativos y la oportunidad única que tienen de cambiarlos–. Limítese a pedirle a su cliente que prolongue el período de descanso de uno a dos minutos. Esto le dará a su cliente algo más de tiempo para deshacerse de la carga emocional asociada a los escenarios desagradables mientras permanece con la respiración. Su cliente tendrá más tiempo para cambiar las emociones y experimentará sensaciones agradables con mayor facilidad en los últimos cinco minutos; por lo general, esto es posible en la tercera sesión. En cualquier caso, con independencia de que las sensaciones sean agradables o desagradables, su cliente debe limitarse a observar las sensaciones y su naturaleza impermanente mientras permanece ecuánime.

El hecho de emplear la exposición bipolar al final de cuatro sesiones consecutivas del escáner corporal hará que los caminos inhibitorios en el córtex prefrontal del cliente neutralicen la reactividad emocional, algo que resultará muy útil durante la situación real. Su cliente estará listo para lo que se conoce como «exposición en vivo». *In vivo* significa, en latín, «en la vida», es decir, en una situación de la vida real. Con la exposición bipolar, su cliente habrá entrenado su sistema nervioso para que permanezca ecuánime frente al tono emocional asociado a las expectativas temerosas. También obtendrá un sensación de previsibilidad y de seguridad.

### *Implementar la exposición en vivo*

Su cliente debe practicar la meditación *mindfulness* durante 30 minutos, seguida de inmediato de la exposición bipolar con la «situación 1» durante 11 minutos, dos veces al día durante dos días. Tras la cuarta práctica, pídale a su cliente que afronte la «situación 1» en la vida real y que tome conciencia de las cuatro características de las sensaciones corporales mientras permanece ecuánime, tal y como hizo durante la exposición bipolar. Siempre que sea éticamente aceptable y posible desde un punto de vista logístico, pídale a su cliente que continúe exponiéndose a la situación 1 con la mayor frecuencia posible, aunque ahora sin hacer uso de la exposición bipolar, hasta que su puntuación de la angustia baje hasta el 5% o menos. Por ejemplo, si la situación 1 de su lista es evitar ir al supermercado, pídale que vaya al supermercado lo más a menudo posible, hasta que ya no suponga un problema. Si la situación 1 consiste en evitar la presencia de un compañero de trabajo, sugiérale que haga todo lo posible por estar en presencia de esa persona a diario, aunque de manera breve, hasta que ello deje de producir las sensaciones corporales desagradables frente a las que el cliente suele reaccionar.

Después de aplicar la exposición bipolar a la situación 1 durante dos días, y mientras inicia la exposición en vivo a la situación 1, su cliente puede comenzar la exposición bipolar a la situación 2 después de cada práctica de la meditación. También puede pedirle a su cliente que revalúe el porcentaje de angustia creado ahora por cada una de las situaciones. De esta manera, una situación se aborda con las imágenes mientras que la anterior de la lista se experimenta en la vida real. Instruya a su cliente para que siga adelante con este método hasta que todas las situaciones enumeradas se hayan abordado y ninguna de ellas siga siendo una fuente de evitación. Dígale a su cliente que se tome el tiempo que necesite, pero trate de mantener la dinámica, ya que esto ayudará a mantener su progreso. Por lo general, los clientes pueden completar la exposición bipolar y la exposición en vivo de dos o tres elementos por semana. Por lo tanto, la duración estándar de la etapa 2 es de dos semanas, aunque debe haber cierta flexibilidad.

### *Generalización de la extinción del miedo*

Se espera que los resultados de la SUDS desciendan después de cada examen. Puede que le sorprenda a usted o a su cliente, pero esta disminución afecta también a los resultados de los elementos que todavía no se han visto expuestos a la exposición. Esto se debe a que los elementos enumerados en la hoja son solo las situaciones que desencadenan la evitación. En realidad, los clientes están tratando de evitar las sensaciones corporales asociadas a esos desencadenantes. Recuerde que el modelo de coemergencia de refuerzo muestra que reaccionamos a la interocepción coemergente, no a los estímulos.

**Paciente con Trastorno Depresivo Mayor y Trastorno de Ansiedad Generalizada**

Situación 1: *Tomar una copa los sábados por la noche*

| | | | | |
|---|---|---|---|---|
| Fecha de la puntuación inicial: | *16 de marzo* | Porcentaje de angustia: | *30%* | |
| Fecha de la 2ª puntuación: | *22 de marzo* | Porcentaje de angustia: | *20%* | Exposición hecha |
| Fecha de la 3ª puntuación: | *3 de abril* | Porcentaje de angustia: | *15%* | Exposición hecha |
| Fecha de la 4ª puntuación: | *12 de abril* | Porcentaje de angustia: | *5%* | Exposición hecha |

Situación 2: *Llevar a otras personas en el coche*

| | | | | |
|---|---|---|---|---|
| Fecha de la puntuación inicial: | *16 de marzo* | Porcentaje de angustia: | *40%* | |
| Fecha de la 2ª puntuación: | *22 de marzo* | Porcentaje de angustia: | *30%* | Exposición hecha |
| Fecha de la 3ª puntuación: | *3 de abril* | Porcentaje de angustia: | *15%* | Exposición hecha |
| Fecha de la 4ª puntuación: | *12 de abril* | Porcentaje de angustia: | *10%* | Exposición hecha |

Situación 3: *Reuniones familiares*

| | | | | |
|---|---|---|---|---|
| Fecha de la puntuación inicial: | *16 de marzo* | Porcentaje de angustia: | *70%* | |
| Fecha de la 2ª puntuación: | *22 de marzo* | Porcentaje de angustia: | *60%* | *No hecha la exposición* |
| Fecha de la 3ª puntuación: | *3 de abril* | Porcentaje de angustia: | *50%* | Exposición hecha |
| Fecha de la 4ª puntuación: | *12 de abril* | Porcentaje de angustia: | *25%* | Exposición hecha |

Situación 4: *Pedir una reducción de la jornada de trabajo*

| | | | | |
|---|---|---|---|---|
| Fecha de la puntuación inicial: | *16 de marzo* | Porcentaje de angustia: | *80%* | |
| Fecha de la 2ª puntuación: | *22 de marzo* | Porcentaje de angustia: | *60%* | *No hecha la exposición* |
| Fecha de la 3ª puntuación: | *3 de abril* | Porcentaje de angustia: | *30%* | Exposición hecha |
| Fecha de la 4ª puntuación: | *12 de abril* | Porcentaje de angustia: | *10%* | Exposición hecha |

Situación 5: *Impartir formación a grupos de personal en el trabajo*

| | | | | |
|---|---|---|---|---|
| Fecha de la puntuación inicial: | *16 de marzo* | Porcentaje de angustia: | *100%* | |
| Fecha de la 2ª puntuación: | *22 de marzo* | Porcentaje de angustia: | *100%* | *No hecha la exposición* |
| Fecha de la 3ª puntuación: | *3 de abril* | Porcentaje de angustia: | *75%* | *No hecha la exposición* |
| Fecha de la 4ª puntuación: | *12 de abril* | Porcentaje de angustia: | *45%* | *No hecha la exposición* |

**Sesión 5, figura 3.** Ejemplo de objetivos de exposición y sus correspondientes resultados de las unidades subjetivas de angustia (%) con y sin exposición a lo largo del tiempo. Tenga en cuenta que el cliente no tuvo la oportunidad de organizar la situación 5.

Durante la exposición bipolar, como explicábamos anteriormente, se produce una exposición a las sensaciones corporales desencadenadas por la visualización de los acontecimientos aversivos esperados sin que el cliente deje de ser ecuánime. Después de algunas pruebas tratando de asociar la ecuanimidad con la firma interoceptiva del miedo que sigue a la imaginación del estímulo aversivo, la experiencia de las cuatro características de las sensaciones corporales («firma interoceptiva») deja de estar condicionada. En otras palabras, tenemos menos miedo y evitamos menos el propio miedo. Esta profundización de la comprensión del condicionamiento operante nos permite entender que lo que evitamos es la sensación de miedo, no el desencadenante. Lo único que varía es la intensidad de las sensaciones, pero la firma es esencialmente la misma en la mayoría de las situaciones evitadas. Dado que evitamos situaciones que evocan la misma firma (del miedo), es probable que una disminución de la puntuación de los dos primeros elementos de la lista tenga una consecuencia beneficiosa en los elementos que todavía no se han visto sometidos a la exposición. Las figuras 3 y 4 de la sesión 5 exponen los resultados de clientes reales que demuestran este efecto. La figura 3 de la sesión 5 muestra el formulario de la SUDS de un cliente diagnosticado con un Trastorno Depresivo Mayor y con un Trastorno de Ansiedad Generalizada; por su parte, la figura 4 de la sesión 5 fue completada por un cliente diagnosticado con un Trastorno de la Personalidad Evitativo. Como puede ver, la generalización de la extinción del miedo no depende del trastorno o de la naturaleza del miedo.

En esencia, estamos reduciendo nuestro miedo a experimentar sensaciones relacionadas con el miedo, de modo que todos los temores deberían disminuir, incluidos aquellos que no se mencionan en el formulario. Simplemente nos volvemos menos temerosos y evitativos en general. De igual manera que la ansiedad puede generalizarse a múltiples contextos (como en el TAG), lo mismo puede ocurrir con su extinción. Podemos denominar a esto «generalización de la extinción del miedo». Por consiguiente, cuando la semana que viene revise las puntuaciones de los primeros elementos de su cliente, asegúrese de revisar los cinco elementos, puntuando tanto aquellos que recibieron exposición como aquellos que no.

**Paciente con Trastorno de la Personalidad Evitativo**

Situación 1: *Charlas sociales con gente que conozco*

| | | | |
|---|---|---|---|
| Fecha de la puntuación inicial: | *9 de junio* | Porcentaje de angustia: *40%* | |
| Fecha de la 2ª puntuación: | *17 de junio* | Porcentaje de angustia: *30%* | Exposición hecha |
| Fecha de la 3ª puntuación: | *25 de junio* | Porcentaje de angustia: *10%* | Exposición hecha |
| Fecha de la 4ª puntuación: | *19 de julio* | Porcentaje de angustia: *2%* | Exposición hecha |

Situación 2: *Besar a mi pareja*

| | | | |
|---|---|---|---|
| Fecha de la puntuación inicial: | *9 de junio* | Porcentaje de angustia: *50%* | |
| Fecha de la 2ª puntuación: | *17 de junio* | Porcentaje de angustia: *20%* | Exposición hecha |
| Fecha de la 3ª puntuación: | *25 de junio* | Porcentaje de angustia: *10%* | Exposición hecha |
| Fecha de la 4ª puntuación: | *19 de julio* | Porcentaje de angustia: *0%* | Exposición hecha |

Situación 3: *Conversaciones telefónicas*

| | | | |
|---|---|---|---|
| Fecha de la puntuación inicial: | *9 de junio* | Porcentaje de angustia: *70%* | |
| Fecha de la 2ª puntuación: | *17 de junio* | Porcentaje de angustia: *60%* | Exposición hecha |
| Fecha de la 3ª puntuación: | *25 de junio* | Porcentaje de angustia: *50%* | Exposición hecha |
| Fecha de la 4ª puntuación: | *19 de julio* | Porcentaje de angustia: *25%* | Exposición hecha |

Situación 4: *Pedirle ayuda a un amigo o a mi pareja*

| | | | |
|---|---|---|---|
| Fecha de la puntuación inicial: | *9 de junio* | Porcentaje de angustia: *80%* | |
| Fecha de la 2ª puntuación: | *17 de junio* | Porcentaje de angustia: *50%* | *No hecha la exposición* |
| Fecha de la 3ª puntuación: | *25 de junio* | Porcentaje de angustia: *20%* | Exposición hecha |
| Fecha de la 4ª puntuación: | *19 de julio* | Porcentaje de angustia: *5%* | Exposición hecha |

Situación 5: *Conversación con un extraño en actos sociales*

| | | | |
|---|---|---|---|
| Fecha de la puntuación inicial: | *9 de junio* | Porcentaje de angustia: *90%* | |
| Fecha de la 2ª puntuación: | *17 de junio* | Porcentaje de angustia: *65%* | *No hecha la exposición* |
| Fecha de la 3ª puntuación: | *25 de junio* | Porcentaje de angustia: *45%* | *No hecha la exposición* |
| Fecha de la 4ª puntuación: | *19 de julio* | Porcentaje de angustia: *25%* | Exposición hecha |

**Sesión 5, figura 4.** Ejemplo de objetivos de exposición y sus correspondientes resultados de las unidades subjetivas de angustia (%) con y sin exposición a lo largo del tiempo.

Advierta que aunque es probable que los clientes se sientan más seguros de sí mismos cada semana, aquellos que padezcan Trastorno de la Personalidad Evitativo y otros grupos de síntomas que incluyen una evitación pronunciada sentirán la tentación de abandonar la terapia en esta etapa. El hecho de hablar de ello abiertamente con los clientes resulta útil. Hágales saber que pueden reducir el ritmo del programa en caso necesario, pero que deben mantenerse firmes en su compromiso. Lo más importante es que sepan que no serán juzgados, sea cual sea el resultado.

## Aplicación con clientes individuales

### *Objetivo de la sesión*

El objetivo de esta sesión consiste en introducir la segunda etapa del programa de la TCCMi, que incluye los métodos de escáner avanzados para aumentar la conciencia de las primeras señales de la angustia y la integración de la terapia de exposición. Los clientes aprenden que el comportamiento evitativo se basa en la evitación de las sensaciones corporales desagradables, y el hecho de entrenarse a sí mismos para permanecer ecuánimes con estas sensaciones mientras están expuestos a los desencadenantes externos resulta de ayuda en el proceso de desensibilización y reduce la evitación. Mientras continúan desarrollando la conciencia interoceptiva, los clientes aprenden a comprender y a manejar la evitación y a aumentar la confianza en sí mismos.

### *Revise los deberes y el progreso*

Haga las revisiones habituales con su cliente: «¿Ha practicado dos veces al día?, etc.». Comente los deberes que le puso la semana pasada. Pídale que rellene el Indicador de Conciencia Interoceptiva, presentado en la sesión 3, que le dará una idea de cuánto ha mejorado su conciencia interoceptiva. Pídale que le enseñe la Escala de Firma Interoceptiva Basada en el *Mindfulness* (MISS) que le facilitó en la última sesión. Señale la mejor medición del progreso: disminución de la latencia de la angustia (la reducción en la duración habitual de la reactividad después de una situación estresante), visible en la

MISS como la cantidad de cambios cualitativos y cuantitativos en unos 30 segundos. Revise otras mejoras que puedan estar teniendo lugar (mejor sueño, etc.). El hecho de llevar estas mejoras a su atención es una manera de valorar el esfuerzo de los clientes y ayuda a que estos vean que la práctica está dando sus frutos. Examine las posibles dificultades en relación con la práctica.

### *Introduzca el escáner simétrico*

Explique la razón de ser del escáner avanzado: estos métodos aumentan la conciencia de las primeras señales de la angustia y la regulación emocional. Describa el escáner simétrico y explique que en este ejercicio estamos aprendiendo a prestar atención a áreas más grandes y entrenando ambos hemisferios para que trabajen juntos (documento 5.1), aumentando así la tasa de reorganización del cerebro.

### *Introduzca la exposición bipolar*

1. Recuérdele brevemente al cliente el modelo de coemergencia para justificar el modo en que está diseñada la etapa 2. Explique que, como el locus de refuerzo es la interocepción (solo reaccionamos a las sensaciones corporales, no a los desencadenantes), la desensibilización de las sensaciones corporales relacionadas con el miedo a través de la exposición bipolar contribuye a la exposición en vivo y minimiza su malestar.
2. Examine qué clase de situaciones tiende a evitar su cliente (véase la explicación en el documento 5.2). Pregúntele a su cliente si resultaría beneficioso que ya no evitara esas situaciones. Explíquele que el nuevo ejercicio de esta semana le ayudará a hacer frente a la evitación e incrementará enormemente su confianza en sí mismo. Pídale que piense en varias situaciones que le resulten angustiantes y que, por consiguiente, pueda evitar. Pídale que escriba en una hoja de papel una lista de entre diez y doce situaciones que evite normalmente para reducir su ansiedad.
3. Distribuya la Hoja de Registro de Exposición (documento 5.4). Una vez que su cliente haya escogido cinco situaciones, como se

explica en el documento 5.3, pídale que las ponga por escrito en el formulario en orden de dificultad, colocando la menos angustiante en primer lugar (en la parte superior de la página) y la más angustiante al final. Ayúdele en caso necesario. El hecho de compartir su propio comportamiento evitativo pasado, algo que usted resolvió gracias a este método, constituye una buena fuente de inspiración y motivación. Si decide hacerlo, le sugerimos que limite esta autorrevelación a algo que ya no esté evitando.

4. Explique la «equivalencia experiencial» entre las imágenes y la estimulación en vivo. Explique que ambas producen el mismo tipo de tono emocional (sensaciones corporales), por lo que volverse menos reactivo con un tipo de firma interoceptiva en una situación específica da lugar a una menor reactividad en otras situaciones –i. e., simplemente nos desensibilizamos del miedo por completo–.
5. Explique la exposición bipolar (documento 5.5). Para facilitar la comprensión de la tarea, puede resultar de utilidad dibujar el gráfico de la figura 2 de la sesión 5 en la pizarra mientras explica los principios del ejercicio. También puede entregarle al cliente una copia en papel de la figura, extraída del texto principal. Pídale a su cliente que elija los dos o tres primeros elementos de su lista de la SUDS para las tareas de exposición de esta semana. Usará la exposición bipolar para el primer elemento durante las primeras cuatro sesiones (dos días) y, a continuación, se expondrá al elemento en vivo. Comenzará a trabajar con el segundo elemento el tercer y el cuarto día y repetirá la tarea empleando la misma fórmula. Reitere el papel central de la ecuanimidad hacia las sensaciones corporales para lograr la desensibilización total.

### *Explique los deberes*

- Escáner simétrico durante 30 minutos dos veces al día (tenga en cuenta que las instrucciones de audio solo duran 20 minutos y que los clientes deben continuar practicando en silencio durante otros 10 minutos). El documento 5.1 recoge una explicación para su cliente.

- Explique los problemas asociados a la evitación (documento 5.2).
- Práctica aplicada de la ecuanimidad en la vida cotidiana.
- Exposición bipolar y en vivo a un mínimo de dos objetivos de la SUDS (documentos 5.3, 5.4 y 5.5).
- Leer los documentos.
- Rellenar los formularios de esta semana, incluido el Registro Diario de la Práctica de la Meditación *Mindfulness* (documento 5.7).

### *Retrasar el siguiente paso*

Si su cliente no puede experimentar sensaciones en aproximadamente el 80% del cuerpo, como se refleja en el Indicador de Conciencia Interoceptiva, es posible que tenga dificultades para sentir ambos lados del cuerpo al mismo tiempo, razón por la que debería retrasar el escáner simétrico algunos días. Debería centrarse en la respiración más o menos durante diez minutos antes de escanear el cuerpo de manera unilateral (como la semana pasada), *sin* usar las instrucciones de audio.

## Aplicación con grupos

### *Objetivo de la sesión*

El objetivo de esta sesión consiste en introducir la segunda etapa del programa de la TCCMi, que incluye los métodos de escáner avanzados para aumentar la conciencia de las primeras señales de la angustia y la integración de la terapia de exposición. Mientras continúan desarrollando la conciencia interoceptiva, los clientes aprenden a comprender y a manejar la evitación y a aumentar la confianza en sí mismos.

### *Materiales*

Pizarra blanca y rotuladores, grabación en formato MP3 del escáner simétrico, reproductor de MP3, Registro Diario de la Práctica del

*Mindfulness*, formulario de la SUDS (Hoja de Registro de Exposición), y formulario del Indicador de Conciencia Interoceptiva. Formularios de medición de resultados, en caso necesario.

### *La práctica durante el período de sesiones*

Dirija una práctica en grupo de 10 minutos del escáner corporal unilateral, parte por parte, práctica que los participantes llevaron a cabo la semana pasada. En esta ocasión, no guíe a los clientes por las diferentes partes del cuerpo. En lugar de ello, dé instrucciones breves y asertivas, tales como, por ejemplo: «Comience escaneando todo el cuerpo parte por parte y permanezca alerta, atento y ecuánime con independencia de lo que experimente...». Proporcione recordatorios intermitentes: «Permanezca consciente, atento y siga avanzando por todo el cuerpo...».

### *Revise los deberes y el progreso*

Haga las revisiones habituales con los participantes: «¿Cómo ha ido la semana?». Pídales a los clientes que rellenen el formulario del Registro Diario de la Práctica de la Meditación *Mindfulness* en caso de que todavía no lo hayan hecho. Use esta información para proporcionarles *feedback*. Pídales a los clientes que rellenen el Indicador de Conciencia Interoceptiva, presentado en la sesión 3, que les dará una idea de cuánto ha mejorado su conciencia interoceptiva. Pídales que le enseñen la Escala de Firma Interoceptiva Basada en el *Mindfulness* (MISS) que les facilitó en la última sesión. Señale la mejor medición del progreso: disminución de la latencia de la angustia (la reducción en la duración habitual de la reactividad después de un acontecimiento estresante), visible en la MISS como la cantidad de cambios cualitativos y cuantitativos en unos 30 segundos. Revise otras mejoras que puedan estar teniendo lugar (mejor sueño, etc.). El hecho de llevar estas mejoras a su atención es una manera de valorar el esfuerzo de los clientes y ayuda a que estos vean que la práctica está dando sus frutos. Examine las posibles dificultades en relación con la práctica.

### *Introduzca el escáner simétrico*

Explique la razón de ser del escáner avanzado: estos métodos aumentan la conciencia de las primeras señales de la angustia y la regulación emocional. Describa el escáner simétrico y explique que en este ejercicio estamos aprendiendo a prestar atención a áreas más grandes y entrenando ambos hemisferios para que trabajen juntos (documento 5.1), aumentando así la tasa de reorganización del cerebro. Presente una práctica grupal de entre 15 y 20 minutos usando las instrucciones de audio de la pista 10 o el guion del apéndice 2.

### *Introduzca la exposición bipolar*

1. Recuérdeles brevemente a los participantes del grupo el modelo de coemergencia para justificar el modo en que está diseñada la etapa 2. Explique que, como el locus de refuerzo es la interocepción (solo reaccionamos a las sensaciones corporales, no a los desencadenantes), la desensibilización de las sensaciones corporales relacionadas con el miedo a través de la exposición bipolar contribuye a la exposición en vivo y minimiza su malestar.
2. Examine qué clase de situaciones tienden a evitar sus clientes (véase la explicación en el documento 5.2). Pregúnteles a los participantes si resultaría beneficioso que ya no evitaran esas situaciones. Explíqueles que el nuevo ejercicio de esta semana les ayudará a hacer frente a la evitación e incrementará enormemente su confianza en sí mismos. Pídales que piensen en varias situaciones que les resulten angustiantes y que, por consiguiente, puedan evitar. Pídales que escriban en una hoja de papel una lista de entre diez y doce situaciones que eviten normalmente para reducir su ansiedad.
3. Distribuya la Hoja de Registro de Exposición (documento 5.4). Una vez que los participantes hayan escogido cinco situaciones, como se explica en el documento 5.3, pídales que las pongan por escrito en el formulario en orden de dificultad, colocando la menos angustiante en primer lugar (en la parte superior de la página) y la más angustiante al final. Ayúdeles

en caso necesario. El hecho de compartir su propio comportamiento evitativo pasado, algo que usted resolvió gracias a este método, constituye una buena fuente de inspiración y motivación. Si decide hacerlo, le sugerimos que limite esta autorrevelación a algo que ya no esté evitando. Una forma útil de animar a los participantes consiste en preguntarles: «De acuerdo, necesito un ejemplo de una situación evitada que crearía entre un 20% y un 30% de angustia». Pida sugerencias y póngalas por escrito en la pizarra. Esto también sirve para mostrar la manera de completar el documento 5.4. Dele las gracias al participante (o a los participantes) que haya realizado voluntariamente la autorrevelación y pase a los otros elementos del mismo modo: «Bien, ¿quién puede ofrecer ahora una situación que produciría entre el 35% y el 50% de angustia?», etcétera.

4. Explique la «equivalencia experiencial» entre las imágenes y la estimulación en vivo. Explique que ambas producen el mismo tipo de tono emocional (sensaciones corporales), por lo que volverse menos reactivo con un tipo de firma interoceptiva en una situación específica da lugar a una menor reactividad en otras situaciones –i. e., simplemente nos desensibilizamos del miedo por completo–.
5. Explique la exposición bipolar (documento 5.5). Para facilitar la comprensión de la tarea, puede resultar de utilidad dibujar el gráfico de la figura 2 de la sesión 5 en la pizarra mientras explica los principios del ejercicio. También puede entregarles a los participantes una copia en papel de la figura, extraída del texto principal. Pídales a los participantes que elijan los dos o tres primeros elementos de su lista de la SUDS para las tareas de exposición de esta semana. Usarán la exposición bipolar para el primer elemento durante las primeras cuatro sesiones (dos días) y, a continuación, se expondrán al elemento en vivo. Comenzarán a trabajar con el segundo elemento el tercer y el cuarto día y repetirán la tarea empleando la misma fórmula. Reitere el papel central de la ecuanimidad hacia las sensaciones corporales para lograr la desensibilización total.

### *Explique los deberes*

- Escáner simétrico durante 30 minutos dos veces al día (tenga en cuenta que las instrucciones de audio solo duran 20 minutos y que los clientes deben continuar practicando en silencio durante otros 10 minutos). El documento 5.1 recoge una explicación para su cliente.
- Explique los problemas asociados a la evitación (documento 5.2).
- Práctica aplicada de la ecuanimidad en la vida cotidiana.
- Exposición bipolar y en vivo a un mínimo de dos objetivos de la SUDS (documentos 5.3, 5.4 y 5.5).
- Leer los documentos.
- Rellenar los formularios de esta semana, incluido el Registro Diario de la Práctica de la Meditación *Mindfulness* (documento 5.7).

### *Retrasar el siguiente paso*

Los participantes que no puedan experimentar sensaciones en aproximadamente el 80% del cuerpo, como se refleja en el Indicador de Conciencia Interoceptiva, podrían tener dificultades para sentir ambos lados del cuerpo al mismo tiempo, razón por la que deberían retrasar el escáner simétrico algunos días. Deberían centrarse en la respiración más o menos durante diez minutos antes de escanear el cuerpo de manera unilateral (como la semana pasada), aunque *sin* usar las instrucciones de audio.

## Preguntas más frecuentes

Pregunta: No sé lo rápido que debería escanear mi cliente su cuerpo con el escáner simétrico. Algunos clientes pueden ir más rápido que otros y no sé si debería mantener el ritmo de la semana pasada.

Respuesta: Tal y como hizo la semana pasada, su cliente debería avanzar a su propio ritmo; ahora bien, asegúrese de que comprende la necesidad de esforzarse. Algunos siguen confundiendo la meditación con la relajación, de modo que no obtienen los beneficios que procuran la conciencia y la ecuanimidad a largo plazo. En caso de que haya algún área en el cuerpo en la que no pueda experimentar sensaciones, debería continuar escaneando todo el cuerpo de manera simétrica para completar el ciclo. Después de eso, su cliente vuelve a inspeccionar los espacios vacíos de uno en uno, permaneciendo ecuánime durante aproximadamente 30 segundos (hasta un minuto). Si su concentración es escasa, 15 segundos pueden ser un buen comienzo.

Pregunta: Al menos un tercio de mi grupo es incapaz de sentir ciertas partes del cuerpo de manera simétrica, pero gran parte de ellos puede sentir gran parte de su cuerpo con el escáner unilateral. ¿Qué les aconsejo que hagan?

Respuesta: Esto representa, por lo general, un pequeño retraso en el desarrollo de las habilidades de algunas personas, algo que resulta muy habitual. Lo único que debe hacer como terapeuta es normalizar este desafío explicando que el desarrollo de esta habilidad requiere cierto tiempo, porque el cerebro cambia con mucha rapidez entre los dos hemisferios y ahora lo estamos entrenando para que sienta ambos lados al mismo tiempo. Hace falta tiempo para que la ínsula (el lugar en el que experimentamos la mayoría de las sensaciones corporales) en ambos córtex se active en el mismo lugar y al mismo tiempo mientras entrenamos al cuerpo calloso para transmitir esa información entre los hemisferios sin confusión (o «interferencia neuronal», como la llamamos nosotros). Anime a los clientes a que continúen con al escáner simétrico unos días más, pero sin las instrucciones de audio, para que pueda mejorar su concentración.

Pregunta: Mi clienta no logra experimentar sensaciones en ciertas partes de su cuerpo pese a practicar dos veces al día. Todavía no estoy seguro, pero he advertido en ella algunas señales de un trauma pasado. ¿Podría haber desarrollado cierto nivel de disociación a las sensaciones porque esta fue una forma efectiva de hacer frente a algún tipo de trauma?

Respuesta: En efecto, la disociación es más común de lo que pensamos, y en ocasiones los clientes solo informan de su existencia en esta etapa –aunque normalmente la advertimos en un momento anterior del programa, al medir la conciencia interoceptiva en las dos sesiones anteriores–. En primer lugar verificaría que su clienta está practicando lo suficiente y de modo preciso. Esto significa practicar durante 30 minutos dos veces al día, con ecuanimidad y sin mezclar otras técnicas. Si su clienta ha quedado atrapada en sus pensamientos, es posible que haya recurrido a un método más sencillo que usara en el pasado. En ciertas ocasiones, algunos maestros insuficientemente informados modifican las enseñanzas originales para facilitarles las cosas a los clientes, si bien a costa de la eficacia. Algunos incluso introducen métodos que no están relacionados con el *mindfulness* (p. ej., mantras, visualizaciones o incluso música de fondo).

Una vez que hemos verificado esto, investigaría en primer lugar la naturaleza de la limitación. Si esta limitación está relacionada con el hecho de que la clienta esté demasiado atrapada en los pensamientos (escasa inhibición), enfatizaría que debe esforzarse. También le pediría que practicara la regla de los tres segundos (mencionada anteriormente en este libro). Si no es un problema de distracción, examinaría con ella si tiene miedo de sentir ciertas áreas del cuerpo, y si existen recuerdos significativos asociados a esas áreas. Practicaría brevemente con la clienta durante la sesión, asegurándome de que no se están evitando los espacios vacíos y, a continuación, me limitaría a normalizar la experiencia –en realidad, el hecho de no sentir es normal hasta que se produce la neuroplasticidad–.

Si el escáner del cuerpo da lugar a una abreacción o a un recuerdo doloroso, es importante ayudar a la clienta a que permanezca en esta área, centrándose en las cuatro características básicas de las sensaciones, de manera ecuánime, hasta que disminuya la intensidad, algo que le debería llevar entre 30 y 60 segundos en caso de desarrollarse el proceso correctamente. En otras palabras, la clienta practica la exposición para neutralizar su respuesta y, por consiguiente, revalúa su autoeficacia a la hora de regular las emociones. En este punto, si emergieran los recuerdos traumáticos, lo más importante es (1) examinarlos sin provocar ni contribuir a recuerdos construidos falsamente, (2), tratar las posibles estrategias habituales de la clienta para evitar el recuerdo o las emociones relacionadas, y (3) analizar la importancia de abordar el problema y la ocasión ideal de hacerlo mediante el uso de métodos de exposición bipolar y en vivo.

Pregunta: Tengo un cliente con ansiedad generalizada –aunque todavía presenta algunos síntomas del TOC– que dice que sigue quedándose atrapado en sus pensamientos cuando escanea el cuerpo y que solo puede practicar la conciencia plena de la respiración. ¿Qué hace usted cuando sucede esto?

Respuesta: Muchas personas, sobre todo aquellas que tienen el hábito de preocuparse con frecuencia, experimentan ciertas dificultades con sus pensamientos durante la meditación *mindfulness*. Uno también puede estar apegado al pensamiento de diferentes formas. La manera más útil de deshacernos de un pensamiento persistente, aunque en un principio parezca contraria al sentido común cuando no tenemos mucha experiencia con la meditación *mindfulness*, consiste en centrarnos en la sensación corporal que emerge al mismo tiempo. Si recuerda el modelo de coemergencia de refuerzo, los pensamientos relacionados con las materias que evaluamos como importantes se codifican y se almacenan en la memoria de un modo coemergente. Tendemos a no acordarnos del resto de nuestros recuerdos con facilidad. Esto quiere decir que los pensamientos que emergen en la conciencia durante la práctica van acompañados de sensaciones corporales. Si somos capaces de experimentar estas sensaciones destacadas asociadas con un pensamiento intrusivo y de permanecer ecuánimes, podemos neutralizar su emocionalidad. Cuando repetimos esta acción, esto tiene un efecto desensibilizante que modifica, o incluso impide, la «reconsolidación» del recuerdo. Esto «debilita» la capacidad del pensamiento de competir contra otros pensamientos con una coemergencia más prominente y reduce su intrusión. Esto se aplica al uso de la exposición con obsesiones en el TOC.

También resulta útil considerar cómo se mide el progreso en este caso, porque la evitación puede llevar a los clientes a decir que se sienten mejor, pero no les permitirá desarrollar las habilidades ni avanzar en el programa. Así como el progreso con ecuanimidad hacia las emociones está determinado por la duración de la reactividad, el progreso con ecuanimidad hacia los pensamientos está determinado por la duración de los pensamientos intrusivos. El progreso no queda reflejado ni por el tipo ni por la frecuencia de las emociones y los pensamientos. ¡Lo que importa es cuánto tardamos en volver a sonreír!

Pregunta: Mi clienta no encuentra nada que esté evitando. Es una persona socialmente activa y no parece evitar los desafíos de su vida. Tan solo está ansiosa.

Respuesta: El comportamiento evitativo puede encontrarse en muchas de las cosas que hacemos, y no se limita a las cosas que no hacemos. Si su clienta no puede encontrar situaciones que evite, pídale que se lo pregunte a su pareja, a sus hermanos, a su hijo, a su hija o a sus mejores amigos. Probablemente alguno de ellos le haga saber aquello que, según su opinión, podría estar evitando. Un ejemplo típico es la necesidad de tener cierto nivel de intoxicación (p. ej., con el alcohol) para poder socializar. En este caso, el cliente evita la ansiedad social y probablemente evitaría el contexto social si no fuera posible beber. En ocasiones, las meras justificaciones pueden enmascarar una evitación menor –un estudiante que procrastina a causa de un miedo al fracaso pero que en realidad piensa que tiene mucho tiempo para terminar su tarea; o un padre que va a recoger a su hijo a la escuela y espera en el coche mientras otros padres hablan felizmente entre ellos, que asume que no está interesado en esas personas, como una forma de enmascarar su incomodidad social–. El hecho de detectar el hábito de evitar la intimidad con la pareja también puede ser difícil para algunas personas. Por consiguiente, es importante explicar que el comportamiento evitativo también se refleja en las cosas que hacemos, no solo en las cosas que no hacemos.

A veces, un cliente decepcionado con un miembro de su familia evitará hablarle por miedo al conflicto. En este caso, es mejor reservar la exposición a esta clase de evitación hasta que lleguemos a la etapa 3 de la TCCMi, la etapa interpersonal, diseñada específicamente para abordar esta forma más complicada de evitación. Con independencia de que nos encontremos en la etapa 2 o en la etapa 3, hablar abiertamente de la evitación potencial, usando el método socrático con empatía, puede revelar mucho a nuestros clientes –incluso si se está evitando sacar tiempo para practicar la meditación *mindfulness* dos veces al día–. Sin embargo, puede haber casos muy inusuales en los que no pueda encontrarse una evitación situacional inútil. En estos supuestos, hemos de aceptarlos y limitar los deberes al escáner simétrico. Trataremos de volver a usar la exposición en la etapa 3.

Pregunta: Mi cliente afirma evitar muchas cosas de una categoría particular de la experiencia. ¿Debería escribir mi cliente una jerarquía de intensidad dentro de esa categoría particular de situaciones evitadas, o como terapeuta tendría que tratar de ayudarle a encontrar diferentes categorías de situaciones para su jerarquía?

Respuesta: Está bien tener varios elementos relacionados con la misma familia de problemas –por ejemplo, tres situaciones relacionadas con el TOC cada vez más intensas–, pero también es importante tener una variedad de situaciones. Esto se debe a que resulta más productivo para el desarrollo de la confianza en uno mismo experimentar alivio en diferentes clases de miedos. Mientas los clientes aprendan que todas las sensaciones son aceptables y manejables y permanezcan ecuánimes, cualquier cosa que utilicen para la exposición en el mundo exterior les resultará de ayuda. Incluso las personas con Trastorno de la Personalidad Evitativo evitan solamente las sensaciones corporales coemergentes. En realidad no evitan las situaciones externas; únicamente creen que lo hacen, y ello porque no son lo suficientemente conscientes de las sensaciones corporales asociadas sistemáticamente con su evaluación. Esto se debe a la coemergencia extremadamente rápida de estas dos funciones. Estos clientes asumen que las sensaciones viscerales son el resultado del contacto sensorial con el estímulo y no observan que son sensaciones corporales que coemergen con pensamientos de miedo; por ello, consecuentemente, evitan el estímulo para no sentir el malestar. Esto se aplica a todas las categorías de experiencias y a todos los trastornos. Su cliente debe aprender esto de usted, su terapeuta, y verificarlo más tarde a través de su propia experiencia de la meditación y la exposición.

## Documento 5.1.
## Escáner simétrico

¡Felicidades! Su compromiso le ha preparado lo suficiente para iniciar la práctica de los métodos de escáner avanzados. Este es un logro importante. El propósito principal del escáner avanzado consiste en entrenar su mente para que advierta cambios muy sutiles en el cuerpo, de modo que pueda alcanzar niveles de conciencia profundos y en más lugares al mismo tiempo. El objetivo consiste en tomar conciencia de las sensaciones tan pronto como surgen y cuando todavía son débiles, y tomar una decisión sobre el mejor modo de enfrentarse a ellas antes de que se conviertan en una emoción. Podrá lidiar mejor con las sensaciones *antes* de que se vuelvan tan fuertes que se vea arrastrado por la incomodidad. Cuanto más tarde en detectar las sensaciones corporales relacionadas con las emociones, más intensas se volverán y más complicado será evitar su reacción habitual. Esta es la razón principal por la que debemos comenzar a aprender el modo de detectar las primeras señales de la angustia esta semana, aprendiendo métodos más avanzados de inspeccionar el cuerpo.

El primer método avanzado recibe el nombre de «escáner simétrico». Tendrá que inspeccionar el cuerpo parte por parte, como ha estado haciendo hasta ahora, pero en esta ocasión observando *ambos lados del cuerpo* al mismo tiempo. Las instrucciones de audio de este ejercicio se encuentran en la pista de audio 10, y la introducción en la pista de audio 9. Las pistas correspondientes al escáner avanzado duran únicamente una media de 15 minutos, por lo que deberá practicar otros 15 minutos en silencio y sin instrucciones. Recuerde que cada sesión tiene que durar 30 minutos. Para que el cronometraje no suponga un problema, puede programar en el temporizador un total de 30 minutos, reproducir las instrucciones de audio hasta el final y, a continuación, continuar practicando en silencio hasta que el temporizador le haga saber que han pasado los 30 minutos. Use el formulario del Registro diario de la Práctica de la Meditación *Mindfulness* (documento 5.7) para registrar la práctica de esta semana.

Escanee todo el cuerpo simétricamente de arriba abajo, desde la cabeza hasta la punta de los dedos de los pies. Una vez que haya llegado a los dedos de los pies, regrese a la parte superior de la cabeza de la misma manera, simétricamente, y permanezca ecuánime (i. e., no preocupado) si no siente los dos lados al mismo tiempo.

Con el escáner simétrico, los dos hemisferios del cerebro son entrenados para trabajar juntos con la misma fuerza, lo que nos permite sentir lo que sucede en los dos lados del cuerpo al mismo tiempo. El hecho de escanear ambos lados al mismo tiempo hará que complete el escáner más rápido, porque pasará su atención por las mismas áreas con más frecuencia. Las vías cerebrales para las sensaciones estarán más conectadas, lo que le hará más sensible a los pequeños cambios. También será más consciente de su cuerpo en la vida cotidiana y advertirá la aparición de las sensaciones *antes* de que necesite reaccionar. Por ejemplo, estará en mejores condiciones de percibir las sensaciones de calor y de agitación a medida que se enfade y *antes* de comportarse de una manera inútil o perjudicial.

Permanezca ecuánime cuando no pueda sentir los dos lados de algunas partes del cuerpo al mismo tiempo. Recuerde que cuando empezamos a aprender este método de escáner, suele ser difícil sentir los dos lados de algunas partes del cuerpo al mismo tiempo. Por ejemplo, es difícil sentir ambas axilas al mismo tiempo. Esto crea un pequeño retraso en la experimentación de algunas partes, y nuestra atención quiere cambiar rápidamente de lado a lado. No pasa nada si dejamos que esto suceda, pero trate de seguir esforzándose para sentir cada vez más los dos lados del cuerpo al mismo tiempo. Esto se debe a que nuestro «cerebro sensible» (denominado ínsula) está mejor conectado en la actualidad en algunas partes del cuerpo que en otras; sin embargo, esto cambiará pronto gracias a la práctica. Por lo general hacen falta entre tres y cuatro días para que la gente sienta ambos lados del cuerpo simétricamente en la mayoría de los lugares. Evite preocuparse por las dificultades iniciales habituales, o su preocupación le impedirá sentir ambos lados, especialmente las sensaciones más sutiles. Recuerde que esto no es más que una formación y que no tiene que saber el modo de practicar antes de aprender a hacerlo, algo que requiere tiempo. Manténgase siempre ecuánime, y sea paciente y tolerante con usted mismo.

## Documento 5.2.
## La naturaleza de la evitación

La evitación es parte de la vida humana. Les damos la bienvenida a las experiencias agradables y seguras y evitamos las que nos resultan inseguras y desagradables. Esta es una característica de la supervivencia que encontramos en todos los animales. En determinadas ocasiones es necesario evitar algunas situaciones, porque pueden resultar angustiantes –por ejemplo, ver una película de miedo con los amigos si nos causa ansiedad, o evitar a ciertos amigos que se emborrachan porque se vuelven temerarios–, pero gran parte de nuestra evitación resulta inútil. A menudo empeora las cosas o crea nuevos problemas.

El comportamiento evitativo es muy habitual; por poner varios ejemplos, podríamos evitar ir de tiendas porque odiemos estar en lugares abarrotados, aplazar una tarea en el trabajo por miedo a cometer un error, y evitar poner fin a una relación por miedo a quedarnos solos otra vez. Podríamos mentir para evitar sentirnos avergonzados o recurrir al alcohol como una manera de evitar sentirnos incómodos en actos sociales. Podríamos prestar una atención excesiva a nuestra apariencia para evitar que nos critiquen. En ciertas ocasiones, el comportamiento evitativo puede ser más severo y hacer que tengamos miedo de salir de casa o de decirles a los demás que estamos en problemas y que necesitamos ayuda. Este tipo de evitación puede dar lugar a problemas de salud mental.

El hecho de evitar ciertas situaciones porque creemos que nos incomodarán también puede hacer que sintamos que nos estamos perdiendo experiencias y oportunidades en la vida. Evitar socializar con la gente puede aislarnos y hacer que nos sintamos deprimidos. A menos que desafiemos nuestro comportamiento de un modo hábil, la mayoría de hábitos de evitación tienden a volverse más fuertes y más difíciles de cambiar. Aprendemos a vivir de acuerdo con ellos y nos sentimos determinados por ellos. Pueden convertirse en parte de nuestra personalidad para que nos digamos a nosotros mismos: «Así es como soy» y dejemos de intentar cambiar.

Esta semana aprenderá un modo de reducir su evitación habitual disminuyendo la ansiedad asociada a ella. Este es un enfoque de «exposición» que usa las habilidades de percibir las sensaciones corporales y de aceptarlas, habilidades que ya ha aprendido durante la meditación. Este método nos ayuda a desensibilizarnos del propio miedo. No aprendemos a evitar las sensaciones de miedo porque el miedo esté hecho de sensaciones corporales que surgen y desaparecen. Estas sensaciones ya no serán amenazadoras y usted no tendrá que evitar las situaciones en las que las experimenta. Esto aumentará su confianza en sí mismo. Por supuesto, deberá mantener su compromiso con la práctica del *mindfulness* dos veces al día y continuar desarrollando su ecuanimidad mientras lleve a cabo el escáner.

## Documento 5.3.
## Instrucciones para la exposición bipolar

### Parte 1: Preparación (necesitará lápiz y papel)

Ahora que se ha vuelto más ecuánime frente a las sensaciones corporales, es hora de usar las nuevas habilidades que ha desarrollado para así reducir su hábito de evitar determinadas situaciones importantes.

- En primer lugar, redacte una lista de entre diez y doce acontecimientos o situaciones que evitará sin lugar a dudas o que evitaría si pudiera porque le resultan angustiantes.
- A continuación, evalúe lo angustiante que resultaría cada una de esas situaciones si se enfrentase a ellas ahora mismo. Puntúe los sentimientos angustiantes y las sensaciones corporales en una escala del 5% (nada angustiante) al 100% (la máxima angustia).
- Escoja después cinco situaciones de la lista que crea que, en caso de poder cambiar, podrían beneficiarle a usted o a los demás. Elija situaciones con diferentes niveles de angustia, de tal manera que no todas tengan un nivel de angustia del 80% o del 20%. La evitación de las labores cotidianas podría causar entre el 15% y el 20% de angustia (p. ej., limpiar el baño). Por lo general comenzamos a evitar las situaciones a causa de la ansiedad cuando nos ocasionan entre el 20% y el 25% de angustia, así que debería comenzar con una situación que le provoque, por lo menos, ese nivel de angustia. Una situación que le ocasione entre el 20% y el 35% de angustia estaría bien, porque en caso de poder evitarla lo hará, pero no resulta demasiado angustiante para empezar, y la tarea no le resultará demasiado difícil de llevar a cabo. Aprenderá a hacer frente a situaciones más desafiantes cuando haya desarrollado ciertas habilidades con las más sencillas. A título indicativo, lo mejor sería que la situación 1 le provocara entre el 20% y el 35% de angustia; la situación 2, entre el 30% y el 50% de angustia; la situación 3, entre el 50% y el 70% de angustia; la situación 4, entre el 70% y el 80% de angustia; y la situación 5, entre el 80% y el 100% de angustia. Recuerde, esto es solo a título indicativo.
- Escriba ahora las cinco situaciones en la línea horizontal de la Hoja de Registro de Exposición (documento 5.4). Por ejemplo: «Salir de casa». Comience con la situación menos angustiante en la sección: «Situación 1». Anote la fecha de hoy en la sección: «Fecha de la puntuación inicial» y el porcentaje de angustia correspondiente en el área «%», en función de lo angustiante que le resultaría llevar a cabo esta tarea ahora mismo. Como ya hemos comentado, este porcentaje debería oscilar entre el 20% y el 35%. Repita el proceso con la situación 2, en la que su nivel de angustia debería ser algo superior. A continuación anote las otras tres situaciones, con sus niveles asociados de angustia.

- No escriba nada en las tres líneas que se encuentran por debajo de la situación 1 (segunda, tercera y cuarta puntuación), porque es ahí donde anotará su progreso durante las tres sesiones siguientes con su terapeuta. Sin embargo, si no va a ver a su terapeuta durante las próximas semanas, puntúe su progreso semanalmente, por su cuenta, escribiendo la fecha de las revisiones y su nuevo porcentaje de angustia. Haga esto con las cinco situaciones cada vez que revise el progreso, incluso si todavía no ha llevado a cabo la exposición a algunas de ellas.

Ahora está listo para entrenarse para desarrollar la ecuanimidad con su primera situación evitada, al final de sus prácticas diarias del *mindfulness*. Tras 30 minutos de meditación *mindfulness*, practique la «exposición bipolar» según se explica a continuación. Lleve a cabo el procedimiento para la situación 1 después de cada práctica de la meditación, cuatro veces seguidas, esto es, dos veces al día durante dos días consecutivos.

**Parte 2: «Exposición bipolar»**

1. Complete la práctica de la meditación *mindfulness* de 30 minutos (escáner simétrico).
2. Comience el ejercicio de la exposición bipolar con la situación 1. Durante los primeros cinco minutos, cierre los ojos y visualice (imagine también el sonido, el sabor o el olor) lo *peor* que podría sucederle si se encontrase ahora en esa situación. Imagine diferentes escenarios desagradables para esa situación. Debe hacerlo sin reaccionar a las sensaciones coemergentes, permaneciendo ecuánime.
3. A los cinco minutos, descanse la mente durante aproximadamente un minuto practicando la conciencia plena de la respiración. Deshágase de la historia y limítese a centrarse en la respiración.
4. Después de un minuto, y durante los próximos cinco minutos, visualice lo *mejor* que podría sucederle si se encontrase ahora en esa situación, también mientras *permanece ecuánime*. En esta ocasión, trate de no reaccionar con apego a las sensaciones agradables que pueden coemeger con los escenarios agradables. Esto puede resultar difícil porque no estamos acostumbrados a desear experiencias agradables.
5. Tras cinco minutos, vuelva a descansar la mente durante un minuto practicando la conciencia plena de la respiración y abandone los escenarios, incluso si el hecho de imaginarlos resulta agradable.
6. Haga esto durante cuatro sesiones (dos sesiones por día si se comprometió a meditar dos veces el día) y, a continuación, siga las instrucciones de la parte 3, que figuran a continuación.

**Parte 3: «Exposición en vivo»: hacerlo en la vida real**

7. Ahora está listo para enfrentarse a la situación 1 en la vida real («*en vivo*»). Trate de no reaccionar (permanezca ecuánime) cuando lleve a cabo la tarea de la manera que pretende, sin evitarla, mientras hace todo lo posible por permanecer ecuánime con las sensaciones corporales coemergentes. Lea con cuidado y siga las instrucciones del documento 5.5 («Práctica de la exposición en vivo»).

## Documento 5.4.
## Hoja de Registro de Exposición:
## Escala de Unidades Subjetivas de Angustia (SUDS)

Escriba en una hoja de papel diez acontecimientos o situaciones que sean angustiantes y que es probable que esté evitando. A continuación, en el espacio de abajo, enumere cinco de ellas en orden ascendente de dificultad –colocando la más angustiante y la menos manejable en último lugar–. Escriba la fecha en la «Fecha de la puntuación inicial», y la cantidad de angustia que le provoca cada situación, en una escala del 1% al 100%. El resto de fechas y de puntuaciones se usarán una vez que se hayan detectado los problemas. Su terapeuta será el encargado de hacer las revisiones pertinentes en cada sesión.

Acuérdese de redactar una lista de entre diez y doce situaciones antes de seleccionar las cinco que incluirá en el siguiente formulario.

Situación 1: ________________________________

Fecha de la puntuación inicial: ________ ¿Qué porcentaje de angustia le provocaría esta situación? ___%

Fecha de la 2ª puntuación: __________ Porcentaje de angustia que provoca esta situación en usted: ___%

Fecha de la 3ª puntuación: __________ Porcentaje de angustia que provoca esta situación en usted: ___%

Fecha de la 4ª puntuación: __________ Porcentaje de angustia que provoca esta situación en usted: ___%

Situación 2: ________________________________

Fecha de la puntuación inicial: ________ ¿Qué porcentaje de angustia le provocaría esta situación? ___%

Fecha de la 2ª puntuación: __________ Porcentaje de angustia que provoca esta situación en usted: ___%

Fecha de la 3ª puntuación: __________ Porcentaje de angustia que provoca esta situación en usted: ___%

Fecha de la 4ª puntuación: __________ Porcentaje de angustia que provoca esta situación en usted: ___%

Situación 3: ________________________________

Fecha de la puntuación inicial: ________ ¿Qué porcentaje de angustia le provocaría esta situación? ___%

Fecha de la 2ª puntuación: __________ Porcentaje de angustia que provoca esta situación en usted: ___%

Fecha de la 3ª puntuación: __________ Porcentaje de angustia que provoca esta situación en usted: ___%

Fecha de la 4ª puntuación: __________ Porcentaje de angustia que provoca esta situación en usted: ___%

Situación 4: ________________________________

Fecha de la puntuación inicial: ________ ¿Qué porcentaje de angustia le provocaría esta situación? ___%

Fecha de la 2ª puntuación: __________ Porcentaje de angustia que provoca esta situación en usted: ___%

Fecha de la 3ª puntuación: __________ Porcentaje de angustia que provoca esta situación en usted: ___%

Fecha de la 4ª puntuación: __________ Porcentaje de angustia que provoca esta situación en usted: ___%

Situación 5: ________________________________

Fecha de la puntuación inicial: ________ ¿Qué porcentaje de angustia le provocaría esta situación? ___%

Fecha de la 2ª puntuación: __________ Porcentaje de angustia que provoca esta situación en usted: ___%

Fecha de la 3ª puntuación: __________ Porcentaje de angustia que provoca esta situación en usted: ___%

Fecha de la 4ª puntuación: __________ Porcentaje de angustia que provoca esta situación en usted: ___%

## Documento 5.5.
## Práctica de la exposición en vivo

Después de cuatro sesiones del ejercicio de la exposición bipolar, estará listo para la exposición a una situación de la vida real. Ahora que ha preparado su sistema nervioso para permanecer ecuánime ante las emociones asociadas a su miedo esperado, ha comenzado a manejar y a neutralizar su reactividad y estará más preparado para hacer frente a la situación en la vida real. Su práctica de la exposición bipolar ha entrenado a las vías de inhibición de su córtex prefrontal para que se activen en el contexto de la evitación, algo que le será útil en la situación real.

Si resulta práctico y ético, continúe encontrando ocasiones en las que podría estar en la situación 1 con la mayor frecuencia posible. Si la situación 1 de su formulario consiste en evitar ir al supermercado, trate de ir al supermercado lo más a menudo posible, hasta que ya no suponga un problema. Si la situación 1 consiste en evitar la presencia de un determinado compañero de trabajo por la mañana, tras su primera exposición en la vida real haga todo lo posible por estar en presencia de esa persona cada mañana, aunque de manera breve, hasta que su presencia deje de producir las sensaciones corporales desagradables frente a las que usted suele reaccionar.

Después de aplicar la exposición bipolar a la situación 1 durante dos días, comience la exposición de la vida real a la situación 1 el tercer día, al mismo tiempo que comienza la exposición bipolar a la situación 2 después de cada práctica de la meditación. Continúe la exposición bipolar a la situación 2 el tercer y el cuarto día (hasta hacer un total de cuatro prácticas de la exposición bipolar) antes de pasar a la exposición en la vida real el quinto día. Para ilustrar este próximo paso, usemos el ejemplo del miedo a socializar con amigos. Si esta fuera su situación 2, practicaría la exposición bipolar (solo imaginación) a esta situación durante cuatro sesiones. Además, estaría practicando la situación 1 en la vida real (yendo al supermercado) cada día o tantas veces como fuera posible. Como puede ver, una situación se aborda en su imaginación mientras la situación anterior de su lista se experimenta en la vida real. Continúe así hasta que todas las situaciones enumeradas se hayan abordado y ninguna de ellas siga siendo una fuente de evitación.

**Documento 5.6.**
**Deberes**

1. Practique el escáner corporal simétrico dos veces al día.
2. Use la exposición bipolar durante dos días solo para la situación 1 que puso por escrito en la Hoja de Registro de Exposición.

Después de llevar a cabo la exposición bipolar a la situación 1 durante dos días, comience a hacer frente a esa situación en la vida real con la mayor frecuencia posible –cada día si fuera necesario–, y comience a practicar la exposición bipolar (en la imaginación) con la situación 2 tras su práctica de la meditación de 30 minutos durante los dos días siguientes.

3. Después de las cuatro sesiones de exposición bipolar con la situación 2, comience a hacer frente a esa situación en la vida real también con la mayor frecuencia posible.
4. Entretanto, comience a usar la exposición bipolar con la situación 3 durante otros dos días. Durante ese tiempo, todavía estará haciendo frente a las situaciones 1 y 2 en la vida diaria. Esta semana debería ser capaz de trabajar en sus dos o tres primeras situaciones.

## Documento 5.7.
## Registro diario de la Práctica de la Meditación *Mindfulness*

| Día | Fecha | Mañana *(rodee con un círculo)* | Duración | Calificación de la eficacia *Evalúe de 1 a 10 lo bien que ha advertido las distracciones y ha traído de vuelta su atención al cuerpo. 1=nada bien; 10=extremadamente bien* | Noche *(rodee con un círculo)* | Duración | Calificación de la eficacia *Evalúe de 1 a 10 lo bien que ha advertido las distracciones y ha traído de vuelta su atención al cuerpo. 1=nada bien; 10=extremadamente bien* |
|---|---|---|---|---|---|---|---|
| Lunes | | He practicado Sí / No | | | He practicado Sí / No | | |
| Martes | | He practicado Sí / No | | | He practicado Sí / No | | |
| Miércoles | | He practicado Sí / No | | | He practicado Sí / No | | |
| Jueves | | He practicado Sí / No | | | He practicado Sí / No | | |
| Viernes | | He practicado Sí / No | | | He practicado Sí / No | | |
| Sábado | | He practicado Sí / No | | | He practicado Sí / No | | |
| Domingo | | He practicado Sí / No | | | He practicado Sí / No | | |

# Sesión 6:
# Generalizar la confianza en uno mismo y la autoeficacia

*Como es nuestra confianza, es nuestra capacidad.*

—William Hazlitt, 1837[1]

## Introducción

Este capítulo está diseñado para guiarle en la aplicación de la segunda parte de la etapa 2 de la TCCMi. El capítulo introduce el siguiente método de escáner avanzado, el «barrido parcial», en el que el cuerpo se escanea más rápidamente para así tomar conciencia de las sensaciones sutiles y fluidas. El capítulo también consolida el uso de las habilidades de exposición que su cliente comenzó a usar la semana pasada para aumentar y generalizar su confianza y su autoeficacia a la hora de hacer frente a los hábitos de la evitación. La práctica del escáner ha permitido detectar sensaciones más sutiles, y las técnicas de escáner más rápidas aumentarán ahora todavía más la conectividad en el córtex somatosensorial y en córtex insular. Con un escáner más rápido suele surgir la experiencia de sensaciones profundamente agradables y existe una gran probabilidad de que nos apeguemos a ellas y de que deseemos más. Esta sesión proporciona una buena oportunidad de examinar estos asuntos y de apoyar la

1. W. Hazlitt, *Characteristics, in the manner of Rochefoucauld's maxims*, Templeman, Londres 1837.

comprensión de su cliente de la ecuanimidad. Ser ecuánime frente a las sensaciones agradables y desagradables es igual de importante. Las técnicas de escáner más rápidas permiten que las redes neuronales más grandes se activen al mismo tiempo y que las oleadas sutiles de sensaciones puedan dar lugar a recuerdos que normalmente no son accesibles. Por consiguiente, este capítulo también formulará recomendaciones para abordar la posible aparición de recuerdos traumáticos en algunos clientes.

## Comprobar la disposición del cliente

Compruebe si su cliente ha sido capaz de mantener el compromiso con la práctica de 30 minutos dos veces al día. Compruebe también cómo ha ido la semana en general y mantenga una actitud paciente y empática, dado que es importante que los clientes no sientan que no les escuchamos o que son incapaces de compartir las preocupaciones personales que puedan haber surgido desde su última sesión con el terapeuta. Esto también mantendrá una buena relación. Aquellos que han logrado comprometerse con la práctica pueden afirmar sentirse más tranquilos debido a una disminución en la reactividad emocional. Si la práctica ha resultado insuficiente esta semana, examínelo con su cliente y pregúntele cómo planea aumentarla la próxima semana. Tal vez deba continuar con el escáner simétrico unos días más o toda una semana. Compruebe si su cliente es capaz de practicar los métodos de la exposición bipolar y en vivo con algunos de sus objetivos de exposición de la semana pasada. Examine en primer lugar su experiencia, reconociendo su esfuerzo y aclarando posibles materias ambiguas, y, a continuación, examine los elementos para la semana siguiente un poco más adelante en la sesión.

### *Retrasar el siguiente paso*

Su cliente estará listo para avanzar al siguiente paso («barrido parcial») cuando sea capaz de sentir aproximadamente el 80% del cuerpo más a menudo que no. Si no se ha dado todavía el caso, sugiérale que continúe con el escáner simétrico unos días más y que, más adelante, deje las instrucciones de audio, dado que esto le ayudará a centrarse en las sensaciones sin ninguna distracción. Como ocurre con todas las prácticas en la TCCMi, pídale a su cliente que adopte un enfoque no crítico con las sensaciones que surgen, que se limite a advertirlas y a aceptarlas, y que avance a la siguiente parte del cuerpo.

Por lo que respecta a las tareas de exposición, si su cliente no ha realizado una exposición a los elementos con baja puntuación de su lista de las unidades subjetivas de angustia (SUDS), tendrá que abordar estos elementos menos angustiantes antes de avanzar a los más angustiantes. Es habitual que los clientes incluyan objetivos de exposición que logísticamente resultan difíciles de abordar. Por ejemplo, es posible que un granjero con acrofobia que vive en una llanura lejos de la ciudad no haya tenido la oportunidad de acercarse a ella para llevar a cabo la exposición en vivo a las alturas (p. ej., subiendo a puentes, edificios, etc.). En este caso, podría recurrir a una exposición más realista desde el punto de vista logístico que tenga un porcentaje de angustia similar.

Además, es habitual que los clientes puntúen los elementos enumerados con un nivel inexacto de angustia. A menudo tratarán de incluir algunos elementos de exposición en su lista de acuerdo con la instrucción de que hay que seguir una jerarquía de niveles de angustia, lo que puede hacer que su calificación sea imprecisa. Por ejemplo, un cliente cuyas puntuaciones iniciales de los 10 o los 12 elementos de su lista preliminar oscilan entre el 50% y el 95% de angustia tendrá dificultades para completar los dos primeros elementos de la Hoja de Registro de Exposición, porque le animamos a que comience con un elemento que cause entre el 20% y el 30% de angustia. Por ello, y únicamente para cumplir con los requisitos del formulario, los clientes dirán que un elemento que en realidad les provoca el 50% de angustia les está ocasionando tan solo el 20%. Como resultado de ello, conscientemente o no, algunos clientes evitarán comenzar el procedimiento. Esto debe debatirse con el cliente para que puedan agregarse elementos más sencillos para facilitar la tarea.

A veces sucede lo contrario. En ciertas ocasiones, los clientes incluirán situaciones que antes de comenzar la práctica de la TCCMi constituían una fuente de evitación, pero que se han visto neutralizadas en gran medida por el nivel de ecuanimidad que desarrollaron durante la etapa 1. Por consiguiente, podrían asignar un porcentaje que ya no es relevante, lo que crea dificultades para visualizar los peores escenarios posibles y provoca una falta de activación. En esta situación, los clientes suelen comenzar la exposición con elementos con una puntuación inicial alta que en realidad deberían reducirse. No hay ninguna necesidad de retrasar el procedimiento, pero harán falta ciertos elementos adicionales para desarrollar las habilidades para generalizar el sentido de autoeficacia del cliente y para prepararle para la etapa 3, examinada en la siguiente sesión.

## Escáner avanzado: barrido parcial

El siguiente método de escáner avanzado es el «barrido parcial». Este método requiere inspeccionar los dos lados del cuerpo al mismo tiempo, pero en un flujo continuo de atención, en lugar de prestar atención a puntos separados parte por parte. Los clientes podrían experimentar sensaciones más sutiles al escanear el cuerpo. Esto se debe en parte a que el córtex somatosensorial y el córtex insular (las áreas del cerebro asociadas a la experimentación de las sensaciones corporales) han comenzado a tener una conexión más densa. Los clientes podrían decir que experimentan ciertas sensaciones de hormigueo agradables en partes enteras del cuerpo. Esto es completamente normal y es un indicio de que están trabajando de manera efectiva. A medida que se desarrolla la práctica, se produce una experiencia de fluidez de las sensaciones que quiere decir que las grandes redes del cerebro se activan de manera simultánea con muy poco esfuerzo. Aunque su cliente no experimente aún este tipo de sensación, esto cambiará, siempre y cuando practique lo suficiente y de manera precisa.

Advierta que el barrido puede desencadenar reacciones de deseo, ya que barrer a través de sensaciones muy sutiles, fluidas y difusas puede ser muy agradable. El barrido de la atención también puede imitar las emociones en forma de onda, como la tristeza, la ira o el placer. Las emociones almacenadas en la memoria que parecen olas de sensaciones pueden recordarse más fácilmente mediante técnicas de barrido. Sin embargo, puede que esos recuerdos no se recuperen de manera consciente. Se manifiestan como sensaciones corporales –por ejemplo, el hecho de tener calor o sentirnos agitados durante unos segundos o unos minutos sin comprender por qué–. Algunas personas podrían continuar experimentándolos en la vida cotidiana durante algún tiempo si careciesen de ecuanimidad durante su práctica, aunque es más probable que esto les suceda a personas con una tendencia a evitar las emociones.

Esto debe entenderse como una parte integral de la práctica. Tradicionalmente, estas y otras manifestaciones han formado parte de lo que se conoce como «etapas de introspección»[2]. Proporcionan el mejor medio de desensibilización espontánea porque surgen de manera natural, no forzada, y están lo suficientemente cerca de la «superficie» (nuestro umbral de conciencia), en el sentido de que son emociones que experimentamos o suprimimos a menudo. Estas manifestaciones pueden ser más intensas cuando la gente asiste a un retiro intensivo de meditación *Vipassana*, donde los meditadores practican aproximadamente 12 horas al día durante 10 días o más, pero no con el enfoque suave de la TCCMi.

Es importante que su cliente comprenda y sea consciente de que todas las experiencias son impermanentes y que no se apegue a ninguna de las que surgen durante la práctica. Su cliente debe limitarse a advertirlas sin ningún tipo de expectativas y sin identificarse con ellas. El hecho de barrer la atención a través del cuerpo con objetividad y ecuanimidad nos permite advertir las sensaciones agradables y desagradables por igual. Las primeras señales del deseo y la angustia pueden abordarse fácilmente con ecuanimidad, y su respuesta aprendida puede neutralizarse rápidamente. Esta práctica puede dar lugar a una disminución de la frecuencia y la duración de las emociones en la vida diaria, habida cuenta de la neuroplasticidad asociada a la ecuanimidad.

A veces la gente se sorprende al descubrir que les resulta más difícil permanecer ecuánimes con las sensaciones agradables que con

2. Para un examen exhaustivo para un examen exhaustive, éase A. Grabovac, «The stages of insight: Clinical relevance for mindfulness-based interventions»: *Mindfulness*, 6 (2015), 589–600. doi:10.1007/s12671-014-0294-2

las sensaciones desagradables. Recuérdele a su cliente que permanezca ecuánime ante todo tipo de experiencias con independencia de su naturaleza agradable o desagradable. Recuérdele que no se identifique con ellas aunque puedan evocar un recuerdo autobiográfico. Esto quiere decir que por muy agradable o desagradable que pueda ser una sensación, no le pertenece ni forma parte de él; tan solo es una experiencia impermanente que está sucediendo en el cuerpo y que está destinada a desaparecer. Recordarle esto a su cliente le ayudará a deshacerse del deseo y la aversión.

### *El método*

El método del escáner se describe con claridad en las instrucciones de audio de la pista 12. Pídale a su cliente que escuche la introducción de la pista de audio 11 antes de pasar a la pista 12. Con el barrido parcial comenzamos, como de costumbre, en la parte superior de la cabeza, y desplazamos nuestra atención en forma de «barrido» continuo por toda nuestra cabeza hasta el principio del cuello y la garganta, sintiendo tantas partes del rostro como seamos capaces al tiempo que desplazamos nuestra atención en sentido descendente. Si el cliente sigue sin poder sentir toda la cabeza, barremos las partes más pequeñas posibles (p. ej., el cuero cabelludo primero, luego la cara) y, a continuación, pasamos nuestra atención a las otras áreas parte por parte. Podemos proceder de la misma manera con el cuello y la garganta, luego con los hombros, los brazos y las manos de manera simétrica, descendiendo hasta las yemas de los dedos. A continuación pasamos al torso, a los glúteos y a las extremidades inferiores, tanto las piernas como los pies simétricamente –o de una en una para empezar en caso de que el barrido simétrico no sea posible–.

Al ser el torso un área tan grande, a menudo vamos paso a paso. Durante los dos primeros días, barremos en primer lugar la parte frontal del torso, empezando por la base de la garganta. Con un solo movimiento de la atención tratamos de sentir todo el pecho y las áreas del abdomen a medida que avanzamos en sentido descendente hacia la ingle. Más tarde comenzamos en la base del cuello y, con un solo movimiento de la atención, inspeccionamos las áreas inferiores y superiores de la espalda a medida que descendemos hacia los glúteos. Una vez que hemos escaneado toda la espalda, comenzamos desde las axilas y, con un solo movimiento de la atención, sentimos ambos lados del torso simultáneamente, a medida que la atención desciende hasta las caderas. La mayoría de las personas son capaces de completar satisfactoriamente estos barridos tras dos días de práctica (i. e., cuatro sesiones). Durante las siguientes cuatro sesiones (día 3 y día 4), podemos combinar las partes frontal y trasera del torso. Esto implica barrer el pecho y la parte superior de la espalda y, a continuación, hacer lo propio con el abdomen y la parte inferior de la espalda, simultáneamente. Los tres últimos días de la semana podemos combinar la parte frontal, la trasera y ambos lados del torso con un único flujo de la atención.

Cuando barremos las piernas, comenzamos desde la parte superior de los muslos y barremos lenta y progresivamente hacia los dedos de los pies con un único movimiento de la atención, sintiendo tantas partes como podamos por el camino. Una vez que alcanzamos la punta de los dedos de los pies, escaneamos el cuerpo en sentido ascendente hasta la parte superior de la cabeza, barriendo la atención por todo el cuerpo. Tratamos de completar tantos ciclos como nos es posible en cada práctica de 30 minutos. Es posible que, al aprender a practicar el barrido, nos saltemos varias partes del cuerpo, ya que desplazamos nuestra atención a través de áreas muy grandes del cuerpo. Es de esperar. Sin embargo, intentamos no interrumpir el flujo de la atención y advertimos qué partes nos hemos saltado; más tarde, tras dos o tres ciclos de barrido, las inspeccionamos de manera separada, parte por parte. Una vez que hemos examinado estas partes por separado, podemos reanudar el barrido durante algunos ciclos, y así sucesivamente.

### *Deseo y aversión*

Por ahora, su cliente ha cobrado cada vez más conciencia del deseo y la aversión en su práctica formal, así como en la vida diaria. Una de las razones por las que es difícil resistirse al deseo es que presumimos que se producirá una consecuencia deseable; por eso le damos un valor especial a las cosas que deseamos. Al principio nos gusta y nos apegamos a aquello que deseamos (y no tenemos), creyendo que es, o debería ser, una parte necesaria de las personas que somos, algo absolutamente necesario. Una vez que lo tenemos, queremos que sea permanente. No es de extrañar que se convierta en una gran causa de sufrimiento, y ello se debe a que todo cambia, incluso las cosas que más queremos, como el amor y el placer. Esta es una realidad que afecta a todo el mundo y que no se limita a la población clínica. Una persona que desea una relación íntima y que cree que no es una persona valiosa sin una pareja podría tener dificultades para romper la relación, aunque esta sea destructiva.

El manejo del deseo resulta más posible para el cliente mientras desarrolla su ecuanimidad. A medida que barre las diferentes partes del cuerpo, las sensaciones agradables se convierten en señales del recuerdo para los placeres del pasado. De igual manera que pueden recordarse las memorias desagradables, también pueden volver a emerger de forma espontánea acontecimientos pasados muy agradables, incluidas las experiencias sexuales y románticas pasadas. Si su cliente es ecuánime ante un tipo de sensación, esa sensación puede convertirse en una señal del recuerdo para sensaciones similares experimentadas en el pasado. Con las situaciones placenteras continúan surgiendo los antiguos deseos. Después de algunos días de barrido parcial, muchos clientes advierten la emergencia de deseos y afirman estar disfrutando de la práctica. Evidentemente, esta es un arma de doble filo, ya que podría significar que han «sucumbido a la tentación», por así decirlo. Aunque no esperamos que a los clientes les disguste la práctica, tenemos que estar seguros de que sean conscientes de que el hecho de aferrarse a las sensaciones agradables conduce a desearlas cuando están ausentes. El hecho de no poder disfrutar de la experiencia agradable en las siguientes prácticas también puede conducir a que los clientes se sientan decepcionados o crean que están retrocediendo. Es útil recordarles a los clientes que no se trata de retroceder, sino de que, al igual que los pensamientos, las sensaciones van y vienen.

Los clientes también tienen que comprender que el modo en que se comportan durante la meditación es el modo en que se comportarán en su vida diaria. Desear lo agradable y ofenderse ante lo desagradable durante la meditación solo aumentará su reactividad en la vida cotidiana. Tenga esto en mente y ayude a sus clientes a desapegarse del flujo agradable de las sutiles sensaciones de hormigueo con que se encuentran durante las técnicas de barrido, explicándoles que también surgen y desaparecen, y que son tan impermanentes como las sensaciones desagradables. Esta idea, sencilla pero profunda, puede cambiar la vida de una persona.

### *Una gota de sabiduría*

Aparte del método en sí, también es útil explicar brevemente el fundamento psicoeducacional general para abordar el deseo y no la aversión solamente. Los clientes se benefician al aprender que la aversión y el deseo son las dos caras de la misma moneda, por así decirlo. Cuando deseamos lo que queremos y no tenemos, nos resentimos. Una vez que nos resentimos, deseamos deshacernos del resentimiento. Por consiguiente, el deseo es el verdadero culpable de nuestras vidas. Esto no quiere decir que no debamos hacer cambios saludables. Nos estamos refiriendo aquí a la acción mental de desear para experimentar una oleada de sensaciones agradables o un alivio de las desagradables (i. e., refuerzo positivo o negativo). Cuanto menos deseamos, menos probabilidades tenemos de quedar decepcionados y resentidos cuando no obtenemos el objeto de deseo. Por consiguiente, la disminución de la propensión a desear lo que no tenemos disminuirá al mismo tiempo que la propensión a estar resentidos. Para un profesional clínico, esto podría parecer una gota de sabiduría en el océano de ignorancia en que se mueven algunos clientes, pero por lo general se acepta bien si se explica de un modo que esté de acuerdo con la mentalidad del cliente. Usar el diálogo socrático contribuirá a esto y evitará que el profesional clínico suene como si estuviera tratando de predicar.

## Ampliar la integración del *mindfulness* y la exposición: exposición bipolar y en vivo

### *Comprobar el progreso con las tareas de exposición*

Compruebe con su cliente cómo manejó las situaciones evitadas más sencillas (las dos o tres primeras) enumeradas en su Hoja de Registro de Exposición. Pregúntele si fue capaz de permanecer ecuánime con las sensaciones que surgieron cuando se imaginó el peor y el mejor escenario en períodos de cinco minutos. Pregúntele si fue capaz de hacer frente a la situación en la vida real y cómo le fue. Si la exposición fue bien, pídale a su cliente que empiece a abordar los elementos de la SUDS que evaluó como más desafiantes.

Antes de seguir adelante, es importante verificar que los clientes entienden realmente lo que estamos tratando de hacer con la exposición bipolar y que superan cualquier posible confusión. Una confusión habitual está relacionada con la elección de los escenarios para cada uno de los elementos enumerados en la Hoja de Registro de Exposición. Por ejemplo, la clienta de un colega cuya ansiedad social le impedía socializar se quejaba de sentirse sola. En su Hoja de Registro de Exposición enumeró ese elemento de la siguiente manera: «Me siento aislada cuando estoy sola en casa». Luego procedió a visualizar el peor y el mejor escenario cuando estaba sola en casa. Podría argumentarse que el hecho de no sentirse aislada cuando estaba sola en casa es un gran resultado, pero esta no era la cuestión que necesitaba abordar la clienta. Además, estar sola en casa *era* el comportamiento evitativo que impedía que se sintiera ansiosa y que no debía reforzarse. Estaba evitando socializar y conectar con la gente por temor al rechazo. Dado que la exposición en la etapa 2 consiste en abordar el comportamiento evitativo, la exposición a estar solo en casa no fue un elemento congruente con la tarea. En lugar de ello, el terapeuta redirigió el enfoque de manera precisa y finalmente realizó las tareas de exposición que permitieron que la clienta socializara. Como puede ver, el hecho de escribir los elementos en el formulario de manera precisa es importante, dado que puede evitar ejercicios improductivos.

Otra posible confusión está relacionada con la omisión de la desensibilización interoceptiva durante la visualización. Algunos clientes pueden perder toda una semana siguiendo la representación pictórica de la exposición bipolar (figura 2 de la sesión 5), experimentando estrés al visualizar los peores escenarios posibles y alivio al visualizar los mejores escenarios posibles, y concluir que el objetivo del ejercicio era pensar de manera positiva y sentirse seguro. En este método es fundamental que los clientes comprendan el propósito de la visualización. Si no les queda claro, explíqueles que la visualización solo sirve para desencadenar las sensaciones viscerales, y que el componente de la desensibilización es la consecuencia de aplicar la ecuanimidad a estas sensaciones corporales. La consecuencia de ello es una aceptación de la excitación y su consiguiente disminución en intensidad, que permite la capacidad progresiva de revaluar nuestra capacidad para hacer frente a las situaciones.

Además, algunas personas tienen problemas para visualizar escenarios. Si bien existen diferencias individuales que no pueden ignorarse, los expertos en procedimientos con imágenes postulan que si una situación imaginaria está lo suficientemente personalizada y es lo bastante realista, cualquiera puede usar las imágenes. Estos criterios pueden cumplirse en la TCCMi de dos maneras. En primer lugar, necesitamos estar seguros de que la situación evitada tiene un efecto lo bastante fuerte en el cliente y que el cliente está verdaderamente ansioso por enfrentarse a ella. Esto implica que hemos de asegurarnos de que el cliente no calificó el elemento correspondiente al alza –por ejemplo, asignándole el 30% de angustia cuando en realidad solo causa el 10%–. Esto daría lugar a imágenes fuertes y se traduciría en una excitación prácticamente inexistente. En segundo lugar, hemos de estar seguros de que se hace hincapié en la visualización de las sensaciones corporales asociadas con la situación, ya que estas personalizan fácilmente el acontecimiento que el cliente está tratando de provocar. Dado que las modalidades más sensoriales (tanto mente como cuerpo) participan en el procedimiento con imágenes, el cliente puede superar fácilmente su posible falta de capacidad de imaginación.

### *La evitación y la desensibilización pueden afectar a la personalidad*

Cualquier acontecimiento que ocasione cierto nivel de dolor o de malestar puede llevar a la evitación, que suele verse reforzada negativamente al reducir el malestar con una mayor evitación. Podemos generalizar fácilmente la evitación a otras situaciones estresantes o incómodas porque la naturaleza cualitativa (el tono hedónico) de la firma interoceptiva que subyace al miedo es similar en todas las situaciones evitadas; en su mayor parte cambia en intensidad. Si le pregunta a su cliente por la naturaleza de la sensación de vergüenza o de estrés, por ejemplo, este apuntará a las sensaciones corporales desagradables. Cuando siguen evitando las situaciones para impedir su malestar, los clientes comienzan a identificarse con este comportamiento evitativo y toman decisiones vitales en consecuencia. Podrían mantener su evitación justificándola con creencias como: «No soy una persona madrugadora», o: «No socializo porque no soy un juerguista». La evitación puede pasar a formar parte del sentido del yo del cliente.

Como examinábamos en la sesión 5, tiene sentido que, dado que podemos generalizar los comportamientos poco útiles, podamos hacer lo propio con los comportamientos útiles. Si el temor de sentir un determinado tipo de firma interoceptiva disminuye a causa de la ecuanimidad, entonces el temor de experimentar sensaciones similares también decrece en otras situaciones que provocan miedo. Como demuestra progresivamente el proceso de exposición en la etapa 2, la exposición interoceptiva desensibiliza la reacción con miedo, ira u otras emociones, y no se limita a las situaciones particulares. La ecuanimidad funciona en el núcleo de lo que mantiene la personalidad de uno y permite que uno cambie como persona. A medida que su cliente sigue adelante con la etapa 2, poco a poco *se vuelve* una persona menos evitativa y con más confianza.

### *Medir el progreso con la desensibilización*

Es importante que los clientes midan el progreso anotando cuánto ha disminuido su angustia. Este es, en sí mismo, un poderoso reforzador de su sentido de autoeficacia. También proporciona una idea de cómo se aplica la ecuanimidad en las situaciones evitadas. Pídale a su cliente que escriba la fecha de hoy en la «fecha de la 2ª puntuación» de cada una de las cinco situaciones en la Hoja de Registro de Exposición que completó la semana pasada. A continuación, pídale que vuelva a calificar el nivel de angustia que esperaría experimentar hoy en cada una de las cinco situaciones, aunque únicamente haya podido llevar a cabo la exposición con dos o tres de ellas. Pídale que escriba su porcentaje de angustia en la misma línea que la fecha de hoy y vea si ha habido algún cambio.

El nuevo porcentaje de angustia esperado suele ser inferior al de la semana anterior, en parte debido a la revaluación de la autoeficacia. Al advertir los clientes que pueden manejar mucho mejor sus sensaciones desagradables en ciertas situaciones, comienzan a revaluar su capacidad general de afrontamiento de las sensaciones en otras situaciones. Aquí, la revaluación cognitiva es un proceso «ascendente», más que «descendente». Sin embargo, en ciertas ocasiones los clientes evaluarán algunos elementos por encima del punto de referencia. Esto suele deberse a que al principio eran demasiado optimistas y asumían que la situación era mucho más fácil de abordar de lo que luego advirtieron. Esto no debería ser motivo de preocupación. Podemos explicarles esto a los clientes y reordenar el elemento del formulario en función de este nivel de angustia de referencia más realista. Esto permitirá que el cliente lleve a cabo la exposición a esta situación solo cuando esté listo para este nivel de intensidad.

### *Abordar los recuerdos traumáticos*

Sabemos que en ciertas ocasiones se suprimen los recuerdos en el trauma, y que las sensaciones corporales son un componente significativo de un recuerdo traumático con independencia de que el recuerdo esté disponible o no para el conocimiento consciente[3]. Si las sensaciones que surgen desencadenan recuerdos dolorosos, el hecho de ser capaz de permanecer calmado e impasible permite la desensibilización. Si esto ocurre (o, más bien, cuando esto ocurra), use el *Ejemplo de planteamiento de la lógica* examinado en la sesión 3, y, a continuación, válgase del Diario de Hábitos Reactivos (documento 3.1), como se ejemplifica en la sesión 3, para conceptualizar el comportamiento relacionado con el trauma.

En el caso de que un cliente esté atormentado por recuerdos traumáticos intrusivos que su nivel de ecuanimidad no pueda extinguir durante la semana, recomendamos que deje de escanear el cuerpo por completo y que se dedique a la práctica de la RMP (véase la

3. B. Van Der Kolk, *The body keeps the score*, Viking Penguin, Nueva York 2014 (trad. esp.: *El cuerpo lleva la cuenta: cerebro, mente y cuerpo en la superación del trauma*, Eleftheria, Barcelona 2015).

sesión 1), seguida de la meditación de la bondad amorosa (pista de audio 18, 8 minutos de duración, e introducción de la pista 17, 11 minutos de duración). Esto se debe a que el escáner es una exposición a las señales internas, algunas de las cuales posiblemente podrían mantener el recuerdo en la conciencia. El cliente deberá calmarse durante una o dos semanas, en función de la severidad de su nivel de angustia, antes de estar seguro de que puede reanudar suavemente (tal vez una vez al día) la conciencia plena de la respiración durante una semana, antes de retomar el escáner. Por supuesto, siempre debemos avanzar lentamente y con cautela, especialmente con los clientes con un trauma complejo y emociones desreguladas, pero la mayoría de los clientes suelen reducir su angustia al cabo de una semana o dos. Recuerde que la evidencia muestra que la exposición suele ser el mejor enfoque para abordar el trauma[4], y que lo último que queremos es volvernos evitativos. En última instancia, estas solo son recomendaciones genéricas. Al no existir un procedimiento igual para todos, ni siquiera para los modelos transdiagnósticos, el juicio clínico del terapeuta será la mejor guía para saber cómo programar los procedimientos.

## Aplicación con clientes individuales

### *Objetivo de la sesión*

El objetivo de esta sesión es introducir el siguiente método avanzado del escáner corporal: el método del «barrido parcial». Su cliente aprenderá a inspeccionar su cuerpo más rápidamente y a neutralizar sus emociones profundamente arraigadas. Esta sesión también revisa y consolida las habilidades de exposición para disminuir la evitación más generalizada y establecida, lo que resulta en un aumento de la autoestima y la autoeficacia. Los clientes logran una mejor comprensión del deseo y la aversión.

4. C. A. Courtois y J. D. Ford, *Treating complex traumatic stress disorders: Scientific foundations and therapeutic models*, Guilford Press, Nueva York 2009; E. B. Foa, T. M. Keane, M. J. Friedman y J. A. Cohen, *Effective treatments of PTSD: Practice guidelines from the International Society for Traumatic Stress Studies*, Guilford Press, Nueva York 2009[2].

### *Revise los deberes y el progreso*

Compruebe si su cliente ha sido capaz de mantener el compromiso de practicar 30 minutos dos veces al día. Si practicó de una manera comprometida y con la comprensión correcta, es probable que sea menos reactivo en la vida cotidiana. Cuando su cliente sea capaz de sentir aproximadamente el 80% del cuerpo la mayoría de las veces al escanear el cuerpo simétricamente, podrá avanzar el siguiente paso, el barrido parcial, usando las instrucciones de audio. Si ha practicado a diario pero no puede sentir demasiado, debería seguir realizando la práctica del escáner simétrico durante unos días más, sin las instrucciones de audio, antes de comenzar el barrido parcial. También tendrá que evaluar si su cliente fue capaz de llevar a cabo las tareas de exposición y proporcionar las aclaraciones necesarias. Pídale a su cliente que revalúe cada elemento de la Hoja de Registro de Exposición posterior a la exposición. Compruebe si las unidades subjetivas del estrés (SUDS) esperadas han disminuido desde la última semana. En caso afirmativo, su cliente estará ahora listo para abordar situaciones más significativas.

### *Introduzca el barrido parcial*

Explique la razón de ser del barrido parcial: (1) acelerar la neuroplasticidad interoceptiva, (2) aumentar la ecuanimidad hacia el deseo y hacia los patrones de reactividad emocional profundamente arraigados, y (3) prepararse para el siguiente método de escáner avanzado. Las instrucciones de audio para el barrido parcial se encuentran en la pista de audio 12 de la lista MP3, aunque su cliente deberá escuchar la breve introducción de la pista de audio 11 antes de la primera práctica. Al igual que en las semanas anteriores, cada sesión de práctica debe durar 30 minutos. Las pistas de audio del escáner avanzado duran 15 minutos, de manera que el cliente tendrá que practicar otros 15 minutos en silencio. Pídale que registre su práctica como de costumbre.

### *Comprender la evitación y cómo se generaliza*

Explíquele a su cliente que cuando continuamos evitando las situaciones, comenzamos a identificarnos con este comportamiento evitativo y a tomar decisiones vitales en consecuencia. Entonces comenzamos a justificar la evitación y a desarrollar esquemas sobre quiénes somos y quiénes no somos («No soy una persona madrugadora», o: «No soy un juerguista»).

### *Deseo y aversión*

Explique el papel del apego o del deseo a ciertas ideas (p. ej., debo obtener un ascenso en el trabajo). En este caso, estoy apegado a la idea de que necesito un mejor trabajo o más dinero, y creo que mi sentido del yo y mi dignidad se verán afectados si no me ofrecen el ascenso. Explíquele al cliente cómo el deseo y la aversión se refuerzan entre sí y mantienen el sufrimiento. La ecuanimidad nos ayuda a manejar el deseo y la aversión. Explíquele que durante las técnicas de barrido es probable que experimentemos sensaciones que pueden ser agradables, y que la mente tiende a querer más. Ser ecuánime ante todas estas sensaciones nos permite percibir nuestra experiencia de manera más objetiva y desapegada, sabiendo que por muy agradable que pueda ser, también pasará.

### *Tareas de exposición con los nuevos elementos de la SUDS*

Proporcione aliento y promueva el compromiso preguntándole a su cliente cómo se sentiría si sus dos o tres últimas situaciones evitadas ya no supusieran un problema para él. Pídale que se imagine la cantidad de confianza que podría sentir si ya no tuviera que evitar esas situaciones. Asimismo, pídale que lleve a cabo las tareas de exposición de los últimos elementos de la lista, tal y como hizo la semana pasada con las primeras situaciones que siguieron a la práctica del escáner corporal de 30 minutos. También debe continuar exponiéndose (en vivo) a las situaciones que ya comenzó a abordar la semana pasada, hasta que ya no le ocasionen ningún tipo de ansiedad. Su cliente debería aplicar las mismas técnicas para los elementos restantes de la lista de la siguiente manera:

1. Día 1 y día 2: Use la exposición bipolar (i. e., en la imaginación) para la siguiente situación (p. ej., situación 3) en la Hoja de Registro de Exposición (documento 6.4).

2. Día 3: Comience haciendo frente a esa situación en la vida real lo más a menudo posible; cada día en caso necesario.
3. Día 3 y día 4: Entretanto, comience a usar la exposición bipolar para la situación 4 durante otros dos días, mientras todavía esté haciendo frente a la situación 3 en la vida real.
4. A partir del día 5: Después de dos días (4 sesiones) de exposición bipolar a la situación 4, comience a hacer frente a esa situación en la vida real lo más a menudo posible.
5. El cliente puede añadir otra situación y disminuir aún más los hábitos de evitación esta semana.

No siempre podemos trabajar de un modo tan rápido con las situaciones evitadas, y ello se debe a que su cliente podría no tener la oportunidad de practicar la exposición en la vida real durante la semana (p. ej., miedo a volar). En ese caso, pídale a su cliente que trabaje en ello cuando surja la oportunidad y que, mientras tanto, use otro elemento con un nivel similar de angustia esperada.

### *Explique los deberes*

- Barrido parcial (pistas de audio 11 y 12).
- Continuar aplicando la ecuanimidad en la vida cotidiana.
- Exposición bipolar y en vivo a las siguientes situaciones del formulario de la SUDS.
- Leer los documentos 6.1, 6.2, 6.3 y 6.5.
- Completar el Registro diario de la Práctica de la Meditación *Mindfulness* (documento 6.6).

## Aplicación con grupos

### *Objetivo de la sesión*

El objetivo de esta sesión es introducir el siguiente método avanzado del escáner corporal: el método del «barrido parcial». Los participantes aprenderán a inspeccionar su cuerpo más rápidamente y a neutralizar sus emociones profundamente arraigadas. Esta sesión también revisa y consolida las habilidades de exposición para disminuir la evitación más generalizada y establecida, lo que resulta en un aumento de la autoestima y la autoeficacia. Los clientes logran una mejor comprensión del deseo y la aversión.

### *Materiales*

Pizarra blanca y rotuladores, grabación del barrido parcial en formato MP3, reproductor de MP3, formularios del Registro Diario de la Práctica de la Meditación *Mindfulness*, de la Hoja de Registro de Exposición y del Indicador de Conciencia Interoceptiva. Formularios de medición del resultado, en caso necesario.

### *La práctica durante el período de sesiones*

Dirija una práctica grupal de 15 minutos del escáner corporal simétrico parte por parte, que los participantes deberían haber practicado la semana pasada. No guíe a los participantes por las diferentes partes del cuerpo. En lugar de ello, proporcione instrucciones breves y asertivas tales como, por ejemplo: «Comience inspeccionando todo el cuerpo parte por parte de manera simétrica, permaneciendo alerta, atento y ecuánime con cada experiencia...». Ofrézcale recordatorios intermitentes: «Permanezca consciente, atento y mantenga su atención moviéndose por todo el cuerpo de manera simétrica...».

### *Revise los deberes y el progreso*

Revise el progreso con los miembros del grupo de la forma habitual –«¿Cómo ha ido la semana?»–. Pídales que completen el formulario del Registro diario de la Práctica de la Meditación *Mindfulness* en caso de que todavía no lo hayan hecho. Use esta información para proporcionar *feedback*. Pídales a los participantes que rellenen el Indicador de Conciencia Interoceptiva, introducido durante la sesión 3, ya que les ofrecerá una idea de lo mucho que ha mejorado su conciencia interoceptiva. Comente brevemente los deberes y ofrézcales *feedback*. Si algunos participantes practicaron a diario pero no pueden experimentar sensaciones aproximadamente en el 80% del cuerpo, deberían seguir practicando el escáner simétrico durante algunos días más, sin las instrucciones de audio, antes de comenzar el barrido parcial. También tendrá que evaluar si los participantes fueron capaces de llevar a cabo las tareas de exposición y dar aclaraciones en caso necesario. Pídales a los participantes que revalúen cada elemento de la Hoja de Registro de Exposición posterior a la exposición. Compruebe si las unidades subjetivas del estrés (SUDS) esperadas han disminuido desde la última semana. En caso afirmativo, sus clientes estarán ahora listos para abordar situaciones más significativas.

### *Introduzca el barrido parcial*

Explique la razón de ser del barrido parcial: (1) acelerar la neuroplasticidad interoceptiva, (2) aumentar la ecuanimidad hacia el deseo y hacia los patrones de reactividad emocional profundamente arraigados, y (3) prepararse para el siguiente método de escáner avanzado. Las instrucciones de audio para el barrido parcial se encuentran en la pista de audio 12 de la lista MP3, aunque los participantes deberían escuchar la breve introducción de la pista de audio 11 antes de la primera práctica. Al igual que en las semanas anteriores, cada sesión de práctica debe durar 30 minutos. Las pistas de audio del escáner avanzado duran 15 minutos, de manera que los clientes tendrán que practicar otros 15 minutos en silencio. Pídales a los participantes que registren su práctica como de costumbre.

### *Comprender la evitación y cómo se generaliza*

Explíqueles a los participantes que cuando continuamos evitando las situaciones, comenzamos a identificarnos con este comportamiento evitativo y a tomar decisiones vitales en consecuencia. Entonces comenzamos a justificar la evitación y a desarrollar esquemas sobre quiénes somos y quiénes no somos («No soy una persona madrugadora», o: «No soy un juerguista»).

### *Deseo y aversión*

Explique el papel del apego o del deseo a ciertas ideas (p. ej., debo obtener un ascenso en el trabajo). En este caso, estoy apegado a la idea de que necesito un mejor trabajo o más dinero, y creo que mi sentido del yo y mi dignidad se verán afectados si no me ofrecen el ascenso. Explique cómo el deseo y la aversión se refuerzan entre sí y mantienen el sufrimiento. La ecuanimidad nos ayuda a manejar el deseo y la aversión. Explique que durante las técnicas de barrido es probable que experimentemos sensaciones que pueden ser agradables, y que la mente tiende a querer más. Ser ecuánime ante todas estas sensaciones nos permite percibir nuestra experiencia de manera más objetiva y desapegada, sabiendo que por muy agradable que pueda ser, también pasará.

### *Tareas de exposición con los nuevos elementos de la SUDS*

Proporcione aliento y promueva el compromiso preguntándoles a los participantes cómo se sentirían si sus dos o tres últimas situaciones evitadas ya no supusieran un problema para ellos. Pídales que se imaginen la cantidad de confianza que podrían sentir si ya no tuvieran que evitar esas situaciones. Asimismo, pídales que lleven a cabo las tareas de exposición de los últimos elementos de la lista, tal y como hicieron la semana pasada con las primeras situaciones que siguieron a la práctica del escáner corporal de 30 minutos. También deben continuar exponiéndose (en vivo) a las situaciones que ya comenzaron a abordar la semana pasada, hasta que ya no les ocasionen ningún tipo de ansiedad. Los participantes deberían aplicar las mismas técnicas para los elementos restantes de la lista de la siguiente manera:

1. Día 1 y día 2: Use la exposición bipolar (i. e., en la imaginación) para la siguiente situación (p. ej., situación 3) en la Hoja de Registro de Exposición (documento 6.4).
2. Día 3: Comience haciendo frente a esa situación en la vida real lo más a menudo posible; cada día en caso necesario.
3. Día 3 y día 4: Entretanto, comience a usar la exposición bipolar para la situación 4 durante otros dos días, mientras todavía esté haciendo frente a la situación 3 en la vida real.
4. A partir del día 5: Después de dos días (4 sesiones) de exposición bipolar a la situación 4, comience a hacer frente a esa situación en la vida real lo más a menudo posible.

5. Los participantes pueden añadir otra situación y disminuir aún más los hábitos de evitación esta semana.

No siempre podemos trabajar de un modo tan rápido con las situaciones evitadas, y ello se debe a que algunos participantes podrían no tener la oportunidad de practicar la exposición en la vida real durante la semana (p. ej., miedo a volar). En ese caso, pídales que trabajen en ello cuando surja la oportunidad y que, mientras tanto, usen otro elemento con un nivel similar de angustia esperada.

*Explique los deberes*

- Barrido parcial (pistas de audio 11 y 12).
- Continar aplicando la ecuanimidad en la vida cotidiana.
- Exposición bipolar y en vivo a las siguientes situaciones del formulario de la SUDS.
- Leer los documentos 6.1, 6.2, 6.3 y 6.5.
- Completar el Registro diario de la Práctica de la Meditación *Mindfulness* (documento 6.6).

## Preguntas más frecuentes

Pregunta: Uno de mis clientes se siente frustrado porque sigue siendo incapaz de experimentar muchas sensaciones en el cuerpo. Es bastante evitativo, así que me pregunto si el problema es solamente la evitación o una dificultad real para sentir el cuerpo. ¿Debería avanzar de todos modos?

Respuesta: Aunque recomendamos que hay que adherirse al protocolo de la TCCMi en la medida de lo posible y cubrir todas las tareas en el orden presentado, hemos de ser flexibles por lo que respecta a la aplicación del programa. Esto puede implicar que se permitan pequeños retrasos a la hora de pasar al siguiente conjunto de habilidades. En ocasiones los clientes practican lo suficiente pero tienen dificultades para experimentar las sensaciones corporales. Esto suele ocurrir con clientes ansiosos que se disocian. Esto debe analizarse en términos de la exactitud de la práctica, especialmente con respecto a las dificultades para desconectar de los pensamientos. El examen de los «cinco obstáculos» a todas las prácticas meditativas suele ser la primera parada obligatoria. El uso del diálogo socrático es siempre una buena herramienta. A continuación presentamos un buen ejemplo de cómo uno de nosotros (BC) lo usó recientemente con un hombre evitativo de mediana edad que había tenido ciertas dificultades para comprometerse con la práctica desde el inicio del programa (T = terapeuta, C = cliente):

T: ¿Cómo te ha ido con la práctica esta semana?
C: No muy bien.
T: ¿Crees que en realidad la cantidad de práctica determina lo bueno que eres como persona?
C: Quizá no, pero asumí un compromiso y no he podido cumplirlo.
T: ¿Por qué te comprometiste?
C: Porque quería ser mejor.
T: ¿Por qué es tan importante para ti ser mejor?
C: Porque no quiero estar tan deprimido ni tener miedo de hacer cosas nuevas.
T: Parece una buena razón. Has sido una persona evitativa la mayor parte de tu vida, así que ¿por qué tienes tantas ganas de cambiar ahora?
C: Bueno, supongo que no quiero transmitirles mis problemas a mis hijos; puedo ver que mi hijo pequeño ya se está volviendo un poco como yo.
T: ¿Dices que estás tratando de cambiar por el bienestar de tus hijos?
C: Sí, me sabe fatal que me vean siempre así.
T: ¿Te has dado cuenta de que estás haciendo todos estos esfuerzos por amor y compasión hacia tus hijos?
C: No lo había visto así. Pensaba que lo hacía más por culpa y por deber.
T: Bueno, en este caso no es de extrañar que la culpa y el deber no sean razones muy motivadoras para practicar, pero ¿puedes ver que por debajo de tu culpa y de tu temor existe una motivación más profunda, el amor que sientes por tus hijos?
C: Sí, ahora lo puedo ver, y es muy cierto; les quiero mucho.
T: Entonces, ¿puedo proponer que a partir de ahora tengas presente tu motivación más profunda y verdadera en esta práctica, esto es, tu propio bienestar y el bienestar de tus hijos?

C: Claro, puedo hacerlo.

T: Fenomenal. Así que, de ahora en adelante, haz el favor de tener en mente que cada vez que vayas a practicar lo haces por ti, por supuesto, pero también lo haces por los demás; por la gente que amas, por compasión hacia ellos. ¿Resultaría más aceptable invertir este tiempo en ti si supieras que fue por compasión hacia las personas que te rodean?

C: Sin duda, porque ese es mi problema; me siento mal por emplear todo este tiempo en mí cuando podría hacer más cosas en casa.

T: ¿Te refieres a emplear más parte de tu tiempo para servir a los demás?

C: Sí...

T: ¿Podría el hecho de practicar a diario y de ser mejor servir a los demás?

C: Bueno, eso es lo que dice mi mujer. Lo que más le molesta es mi depresión.

T: Entonces, ¿qué te gustaría hacer al respecto?

C: Vale, ya lo entiendo; hablaré con ella y me comprometeré.

Pregunta: Una clienta me preguntó por qué tenemos que practicar el escáner por todo el cuerpo. Si sabemos que solemos tener estrés y tensión en el estómago, el pecho y la garganta, por ejemplo, ¿por qué no nos limitamos a escanear esas partes?

Respuesta: Si la práctica consistiera solamente en relajarnos, entonces tendría sentido reducir la tensión únicamente en las áreas tensas, pero este no es el propósito de este enfoque. Usamos el método de la exposición interoceptiva (no la relajación) con el objetivo de cultivar la ecuanimidad y la ausencia de ego, que es la capacidad de evitar identificarnos con nuestra experiencia. Esta es la esencia de un enfoque del *mindfulness*.

Advierta también que no todos los maestros del *mindfulness* enseñan a sus estudiantes a escanear del mismo modo. Algunos sugieren que debemos centrarnos en una sensación allí donde podamos experimentarla en el cuerpo, permanecer con ella, aceptarla y, a continuación, pasar a otra. Indudablemente, resulta más sencillo experimentar sensaciones fuertes que sensaciones sutiles, pero ello nos limita. Nuestra mente no se vuelve sutil, como diría nuestro maestro de la tradición *Vipassana* (S. N. Goenka).

En cambio, el hecho de inspeccionar partes que son demasiado sutiles para ser sentidas crea una demanda en el córtex insular del cerebro, algo que, como resultado de ello, produce conexiones nuevas o más fuertes. Aunque esto todavía debe demostrarse empíricamente, hemos observado las diferencias experienciales entre estos métodos. Comúnmente se afirma que el escáner del cuerpo en la forma descrita en la TCCMi propicia el desarrollo de la rápida capacidad de barrer la superficie del cuerpo a la velocidad de una sola respiración. Los terapeutas formados en la TCCMi y que previamente han aprendido a centrarse de golpe en las sensaciones fuertes en todo el cuerpo todavía no han informado que hayan logrado este nivel profundo de conciencia interoceptiva antes de aprender estos métodos de escáner. En la tradición *Vipassana*, estos métodos nos permiten detectar las señales tempranas de estrés y alcanzar etapas más profundas de introspección en nuestra naturaleza impermanente.

Pregunta: Algunos clientes se preguntan por la profundidad de sus sensaciones al practicar el barrido parcial. ¿Deberían experimentar sensaciones en la parte más profunda de su cuerpo, además de en la superficie?

Respuesta: En esta etapa todavía nos centramos en la superficie del cuerpo, pero si sus clientes sintieran algo más profundo, el hecho de experimentar estas sensaciones estaría bien, aunque tuvieran que hacer un esfuerzo para aplicar la ecuanimidad con estas sensaciones más profundas. Dentro de unas semanas usaremos una técnica denominada «escáner transversal» para enseñarles a experimentar las sensaciones en lo más profundo de su cuerpo de manera específica.

Pregunta: ¿Cómo puedo explicarle a mi clienta que no debería bloquear los pensamientos negativos cuando surgen?

Respuesta: Es muy difícil no pensar en un pensamiento que acaba de surgir, sobre todo cuando viene acompañado de cierto grado de emoción. Puede ayudar a su clienta haciéndole ver que cuando surge un pensamiento no deseado puede centrar toda su atención en las sensaciones corporales asociadas a él y permanecer en silencio, en calma y de manera ecuánime. Una vez que haya disminuido la emocionalidad del pensamiento (las sensaciones corporales), su clienta descubrirá que el pensamiento disminuye también. Esto se debe a que los pensamientos evaluadores y las sensaciones corporales coemergen y son interdependientes en lo relativo a su respectiva permanencia. Cuando somos conscientes de las sensaciones corporales asociadas a un pensamiento mientras permanecemos ecuánimes, nos resulta más sencillo deshacernos de los pensamientos asociados.

Pregunta: Uno de mis clientes comenzó el barrido parcial y casi de inmediato empezó a sentir el antiguo anhelo de fumar y de beber alcohol. ¿Es una mera coincidencia?

Respuesta: Es poco probable que sea una coincidencia, y eso es así porque muchas personas experimentan ciertos deseos al practicar las técnicas del barrido: algunas personas lo hacen antes y otras más tarde. Es normal que al llevar a cabo el barrido surja el deseo, y ello se debe a que cuando barremos sensaciones corporales muy sutiles, la experiencia placentera que estas crean puede ser similar a ciertas experiencias placenteras pasadas. Dado que estas sensaciones surgieron al mismo tiempo que los pensamientos y que otras sensaciones cuando experimentamos esos placeres, más adelante podrían actuar como una señal del recuerdo para esos y para otros acontecimientos placenteros.

Pregunta: Desde que empezó a usar la técnica del barrido, mi clienta afirma tener más pensamientos intrusivos que antes. Le preocupa haber dejado de hacer progresos. Me pregunto si el hecho de que las cosas le vayan bien ahora ha propiciado que pierda su motivación. ¿Algún consejo?

Respuesta: Podría ser una cuestión motivacional, pero esto resulta muy habitual cuando comenzamos esta práctica del escáner, incluso con personas motivadas. Los pensamientos se entrometen más fácilmente ahora porque este tipo de escáner estimula más partes de ellas. Esto se debe a que cuando codificamos y luego almacenamos un recuerdo, el pensamiento y otras percepciones sensoriales se codifican y se almacenan de un modo coemergente, i. e., con algunas sensaciones corporales. Esa es la manera eficiente que tiene el cerebro de acordarse de lo que es importante recordar en la vida, como las formas de sobrevivir –cuanto más fuertemente se asocia una sensación con una memoria, menos probabilidades tenemos de olvidarla–. Como podrá imaginar, hemos creado innumerables asociaciones entre pensamientos y sensaciones corporales. Entendidas de esta manera, las sensaciones corporales suelen ser partes de recuerdos que no podemos recordar de manera cognitiva. Pensemos ahora en este cuestión. Cuando su clienta comenzó a escanear con el método del escáner unilateral parte por parte (un método lento), se centró en una pequeña área cada vez y los pensamientos que coemergieron se asociaron únicamente a ella. En cambio, el hecho de barrer grandes áreas y de una manera mucho más rápida permite que surjan muchos más pensamientos coemergentes en la conciencia. Algunos serán recuerdos claros, mientras que otros parecerán aleatorios.

Pregunta: No sé muy bien qué decirle a mi cliente que haga durante el descanso de un minuto en la tarea de la exposición bipolar. ¿Existen instrucciones específicas?

Respuesta: Pídale a su cliente que se limite a prestar atención a la respiración, tal y como hizo en la meditación de la conciencia plena de la respiración. Con ello se pretende calmar la mente y hacer que descanse, de modo que cuando comencemos la última exposición de cinco minutos a los escenarios agradables seamos capaces de centrarnos sin los efectos excitantes que se sintieron durante los escenarios angustiantes anteriores. Este descanso funciona como un interruptor. Tenga en cuenta que los clientes deben permanecer un poco más en la respiración con los elementos más angustiantes de su lista de la SUDS. Si fuera necesario pueden seguir centrados en la respiración hasta tres minutos entre las dos exposiciones de cinco minutos.

Pregunta: ¿Qué pasa si mi cliente no lleva a cabo la última situación de la lista? ¿Debo seguir adelante y decirle que no se preocupe?

Respuesta: Dependerá de las razones que aduzca para no abordar esta situación. Tenemos que saber si ello se debe a dificultades logísticas o a la evitación. En caso de que su cliente tenga problemas logísticos, convendría ayudarle a encontrar otra situación con un nivel de angustia equivalente, y continuar la exposición con esta nueva situación. Si el hecho de no abordar la situación se debe a la evitación, podría resultar muy fructífero examinar la materia de una manera paciente y empática con su cliente. Al final, usted solo puede ofrecerse a enseñarle las habilidades, correspondiéndole a él la decisión de aprenderlas.

Pregunta: Tengo un cliente que quiere que le ayude a dejar de fumar. ¿Puedo emplear esta exposición para las adicciones?

Respuesta: Sin duda alguna, pero existen ciertos preparativos útiles que aumentarán la probabilidad de éxito. En primer lugar, su cliente tiene que cambiar los contextos del hábito de fumar, porque la adicción también es específica del contexto. El contexto nos ayuda a identificarnos con nuestro hábito, que es la razón por la que los maestros de meditación sugieren practicar en el mismo lugar y a la misma hora. Al usar esta idea en beneficio propio, su cliente podría comenzar la semana practicando la exposición bipolar, seguida de la exposición en vivo, debería cambiar de marca o de tipo de cigarrillos, usar la otra mano para fumar, fumar en lugares diferentes de los habituales (p. ej., no fumar dentro de casa), no fumar mientras toma café o alcohol, mientras conduce o mientras está cerca de otras personas. En esencia, la idea consiste en convertir el contexto básico en menos habitual y menos agradable.

Lo mejor para su cliente sería dividir estos cambios en dos situaciones en su formulario de la SUDS y practicar los cambios más sencillos en primer lugar. En la segunda parte de la semana, el cliente debería acabar con el apego a los demás contextos (los más importantes), como no fumar cigarrillos en el horario habitual o en casa. Los cambios serán más aceptables tras cuatro sesiones de exposición bipolar, y el cliente todavía no esperará disminuir la cantidad o la frecuencia del consumo de tabaco. Sin embargo, a partir de la segunda semana podrá usar la exposición bipolar y en vivo para reducir el consumo. Durante la primera mitad de la semana podría retrasar el hábito de fumar hasta que la «firma» del deseo en el cuerpo haya cambiado y las sensaciones desagradables asociadas al deseo no satisfecho hayan disminuido debido a su ecuanimidad. Solo entonces podrá permitirse fumar un cigarrillo. Básicamente, solo puede fumar cuando deje de sentirse así.

En la segunda parte de la segunda semana, será muy factible usar la exposición para reducir el número de cigarrillos aproximadamente a la mitad. En su tercera semana, podría hacer la exposición a fumar un máximo de dos cigarrillos en los momentos más adictivos (habitualmente por la mañana y por la noche) y durante toda la semana. En los dos últimos días de la tercera semana, su cliente puede comenzar la exposición bipolar a no fumar nada durante la siguiente semana (la cuarta). Debe aceptar abiertamente que esos cigarrillos de la tercera semana serán los últimos. La gente se beneficia al reformular su esfuerzo como «habilidades de renuncia» en lugar de «habilidades de abstinencia». Nos negamos a fumar, en lugar de sentirnos privados por el proceso. Puesto que las personas solo somos adictas a las sensaciones corporales, y no a las sustancias, este método puede aplicarse a la mayoría de los hábitos adictivos. El modo en que este enfoque se ve alterado es más una función de la severidad de la adicción que su tipo.

## Documento 6.1.
## Barrido parcial

Enhorabuena por haber alcanzado esta etapa de la práctica. Hasta ahora ha trabajado duro para aprender a hacer frente a diferentes clases de desafíos, sobre todo aquellos que crean sensaciones desagradables. Es el momento de que tome una mayor conciencia y se vuelva más hábil con las sensaciones agradables. Esto se debe a que ellas son las responsables de nuestro hábito de desear las cosas que queremos y que no podemos tener. Como puede haber advertido a lo largo de los años, esta es una gran fuente de sufrimiento. El barrido parcial es el segundo tipo de método de escáner avanzado y le enseñará a resistirse a la costumbre habitual de desear. También le ayudará a hacer frente a las emociones en general. En esta ocasión inspeccionará ambos lados del cuerpo al mismo tiempo con un movimiento o un flujo de atención continuo, a modo de «barrido». Las instrucciones de audio de las pistas 11 y 12 le guiarán a través de esta práctica.

Comience por la parte superior de la cabeza y «bárrala» toda hasta el principio del cuello y la garganta, sintiendo tantas partes de la cabeza y del rostro como le sea posible al tiempo que dirige su atención en sentido descendente. Es normal que al principio le cueste un poco. A menudo la gente solo puede barrer el cuero cabelludo o el rostro de manera separada. Si este también es su caso, no pasa nada; limítese a barrer su atención a través del cuero cabelludo en primer lugar, luego por la parte frontal del rostro y, a continuación, por los lados, incluidas las orejas. Después de algunos intentos estará en mejores condiciones de sentir toda la cabeza de una vez. Recuerde desplazar su atención en sentido descendente.

Después de haber pasado su atención por toda la cabeza, continúe con el cuello y la garganta, después los hombros, los brazos y las manos se manera simétrica, y descienda hasta la punta de los dedos. A continuación, pase al torso, a los glúteos y a las extremidades inferiores, tanto las piernas como los pies, preferiblemente de manera simétrica, –o de una en una para empezar en caso de que el barrido simétrico no sea posible–. Al ser el torso un área tan grande, a menudo vamos paso a paso. Durante los dos primeros días, inspeccione la parte frontal del torso, comenzando en la base de la garganta. Trate de sentir, con un único movimiento de la atención, el pecho entero y las áreas del abdomen a medida que se desplaza hacia la ingle. Después comience por la base del cuello y, con un único movimiento de la atención, inspeccione las áreas superior e inferior de la espalda a medida que se desplaza hacia los glúteos. Una vez que haya escaneado toda la espalda, comience por las axilas y, con un único movimiento de la atención, sienta ambos lados del torso al mismo tiempo, a medida que la atención se desplaza hacia las caderas. Es posible que consiga hacerlo bastante bien tras dos días de práctica (i. e., cuatro sesiones). Durante las siguientes cuatro sesiones (día 3 y día 4 de esta semana), puede combinar las partes frontal y trasera del torso. Esto implica barrer el pecho y la parte superior de la espalda al mismo tiempo y, a continuación, hacer lo propio con el abdomen y la parte inferior de la espalda. Los tres últimos días de la semana puede combinar la parte frontal, la trasera y ambos lados del torso con un único flujo de la atención.

Cuando barra las piernas, comience por la parte superior de los muslos y barra lenta y progresivamente hacia los dedos de los pies con un único movimiento de la atención, sintiendo por el camino tantas partes como le sea posible. Una vez que alcance la punta de los dedos de los pies, escanee el cuerpo en sentido ascendente hasta la parte superior de la cabeza del mismo modo, barriendo la atención por todo el cuerpo. Trate de completar tantos ciclos como le sea posible en cada práctica de 30 minutos. Puede que al principio se salte varias partes del cuerpo, ya que está desplazando su atención a través de áreas muy grandes del cuerpo. Esto es bastante normal. Sin embargo, limítese a no interrumpir el flujo de la atención y advierta qué partes se ha saltado; más tarde, después de haber completado dos o tres ciclos de barrido, inspecciónelas por separado, parte por parte. Una vez que haya examinado estas partes por separado, reanude el barrido durante algunos ciclos, y así sucesivamente. Si la velocidad de su barrido es muy lenta, inspeccione los espacios vacíos parte por parte tras el primer ciclo de barrido y, a continuación, retome la práctica del barrido. Recuerde siempre la habilidad principal con todas las prácticas del escáner: *sentir, aceptar* y *desplazar.*

**Documento 6.2.**
**Medir el progreso con la desensibilización**

En ocasiones, algunas personas no pueden ver a su terapeuta todas las semanas. Si este es su caso, o si por alguna razón todavía no lo ha hecho con su terapeuta, haga el favor de medir el progreso de la última semana usando la Hoja de Registro de Exposición que completó la semana pasada.

Escriba la fecha de hoy en la «fecha de la 2ª puntuación» del formulario. Hágalo para cada una de las cinco situaciones, aunque haya practicado la exposición a solo dos o tres de ellas. Escriba el nuevo porcentaje de angustia en la misma línea que la fecha de hoy, justo por debajo del valor que anotó previamente. ¿Se ha producido algún cambio debido a la práctica de la exposición?

Si bien puede parecer un poco extraño revaluar las situaciones que todavía no ha abordado, a lo largo de los años hemos visto que cuando nos sentimos más cómodos con las sensaciones corporales desagradables en las primeras situaciones, también empezamos a sentirnos más cómodos con estas sensaciones cuando ocurren en otras situaciones. ¿Está listo para progresar más? Imagine cómo sería su vida y cómo se sentiría si sus dos o tres últimas situaciones evitadas ya no supusieran un problema para usted. Imagine la cantidad de confianza que podría sentir con otras situaciones no enumeradas aquí. Esta semana, tras las prácticas de la meditación de 30 minutos, acepte el desafío y practique las tareas de exposición de los últimos elementos de su lista, tal y como hizo la semana pasada con las primeras situaciones.

**Documento 6.3.**
**Los efectos generalizadores de la evitación y la desensibilización**

Los acontecimientos dolorosos de nuestra vida a menudo pueden llevar a hábitos de evitación. Cuando nuestros hábitos se prolongan, nuestro cerebro aprende a conectarse de un modo que facilita la evitación, y la evitación en un área específica de la vida puede desembocar en una generalización de la evitación a otras situaciones estresantes. También puede traducirse en una evitación del propio estrés y, sobre todo, de las sensaciones en el cuerpo que pueden formar el estrés. Por desgracia, la evitación de las cosas desagradables puede dar lugar a una gran cantidad de problemas y restricciones en nuestras vidas.

En particular, la evitación prolongada conduce a una identificación con el comportamiento evitativo. Este comportamiento no tarda en convertirse en parte de quienes somos, y comenzamos a tomar decisiones en consecuencia; *nos* volvemos evitativos. Poco a poco olvidamos las razones iniciales de nuestra evitación y comenzamos a justificarla de maneras poco útiles. Por ejemplo, podríamos justificar nuestra negativa a las invitaciones a los acontecimientos sociales diciéndole a la gente que no somos personas sociales, incluso si como resultado de ello nos aislamos socialmente y nos deprimimos.

Si podemos generalizar un comportamiento poco útil, entonces podemos generalizar uno útil. Si algo se aprende puede desaprenderse. Descubrirá que si disminuyó su evitación en una situación, se volverá menos evitativo en otras situaciones similares. Por ejemplo, si sus habilidades de exposición le llevan a sentirse menos incómodo pidiéndole ayuda a un miembro de su familia, es probable que también se sienta menos ansioso al pedirle ayuda a un compañero de trabajo. Si el malestar que ha experimentado tiene un determinado patrón o una «firma» de sensaciones (i. e., si parece similar en cuanto a su temperatura, su pesadez, su movimiento y su densidad), es probable que descubra que no necesita evitar otras situaciones que ocasionen sensaciones similares.

El miedo se encuentra en la mayoría de los hábitos evitativos y tiene su propia firma en el cuerpo. La exposición nos desensibiliza de reaccionar con miedo, con ira y con otras emociones reactivas, y no solo de las situaciones que evitamos. Esto se debe a que la ecuanimidad funciona en el núcleo. Es la estrategia más poderosa para hacer cambios rápidos y fiables y ha de practicarse a diario. Por consiguiente, usted usará un método de exposición que empleará las sensaciones de su cuerpo para desensibilizarle.

## Documento 6.4.
## Hoja de Registro de Exposición:
## Escala de Unidades Subjetivas de Angustia (SUDS)

Escriba en una hoja de papel diez acontecimientos o situaciones que sean angustiantes y que es probable que esté evitando. A continuación, en el espacio de abajo, enumere cinco de ellas en orden ascendente de dificultad –estando la más angustiante y la menos manejable en último lugar–. Escriba la fecha en la «Fecha de la puntuación inicial», y la cantidad de angustia que le provoca cada situación, en una escala del 1% al 100%. El resto de fechas y de puntuaciones se usarán una vez que se hayan detectado los problemas. Su terapeuta será el encargado de hacer las revisiones pertinentes en cada sesión.

Acuérdese de redactar una lista de entre diez y doce situaciones antes de seleccionar las cinco que incluirá en el siguiente formulario.

Situación 1: ______________________________
Fecha de la puntuación inicial: ________ ¿Qué porcentaje de angustia le provocaría esta situación? ___%
Fecha de la 2ª puntuación: ________ Porcentaje de angustia que provoca esta situación en usted: ___%
Fecha de la 3ª puntuación: ________ Porcentaje de angustia que provoca esta situación en usted: ___%
Fecha de la 4ª puntuación: ________ Porcentaje de angustia que provoca esta situación en usted: ___%

Situación 2: ______________________________
Fecha de la puntuación inicial: ________ ¿Qué porcentaje de angustia le provocaría esta situación? ___%
Fecha de la 2ª puntuación: ________ Porcentaje de angustia que provoca esta situación en usted: ___%
Fecha de la 3ª puntuación: ________ Porcentaje de angustia que provoca esta situación en usted: ___%
Fecha de la 4ª puntuación: ________ Porcentaje de angustia que provoca esta situación en usted: ___%

Situación 3: ______________________________
Fecha de la puntuación inicial: ________ ¿Qué porcentaje de angustia le provocaría esta situación? ___%
Fecha de la 2ª puntuación: ________ Porcentaje de angustia que provoca esta situación en usted: ___%
Fecha de la 3ª puntuación: ________ Porcentaje de angustia que provoca esta situación en usted: ___%
Fecha de la 4ª puntuación: ________ Porcentaje de angustia que provoca esta situación en usted: ___%

Situación 4: ______________________________
Fecha de la puntuación inicial: ________ ¿Qué porcentaje de angustia le provocaría esta situación? ___%
Fecha de la 2ª puntuación: ________ Porcentaje de angustia que provoca esta situación en usted: ___%
Fecha de la 3ª puntuación: ________ Porcentaje de angustia que provoca esta situación en usted: ___%
Fecha de la 4ª puntuación: ________ Porcentaje de angustia que provoca esta situación en usted: ___%

Situación 5: ______________________________
Fecha de la puntuación inicial: ________ ¿Qué porcentaje de angustia le provocaría esta situación? ___%
Fecha de la 2ª puntuación: ________ Porcentaje de angustia que provoca esta situación en usted: ___%
Fecha de la 3ª puntuación: ________ Porcentaje de angustia que provoca esta situación en usted: ___%
Fecha de la 4ª puntuación: ________ Porcentaje de angustia que provoca esta situación en usted: ___%

**Documento 6.5.**
**Deberes**

## Tareas de exposición

Siga las instrucciones de la semana pasada y aplíquelas a las situaciones que todavía no ha abordado. A continuación figura un resumen de la tarea, asumiendo que ya ha practicado la exposición a las dos situaciones evitadas que se enumeran en su Hoja de Registro de Exposición. Haga todo lo posible por abordar los elementos restantes esta semana.

1. Día 1 y día 2: Use la exposición bipolar (i. e., en la imaginación) para la siguiente situación (p. ej., situación 3) en la Hoja de Registro de Exposición.
2. Día 3: Comience haciendo frente a esa situación en la vida real lo más a menudo posible; cada día si es necesario.
3. Día 3 y día 4: Entretanto, comience a usar la exposición bipolar para la situación 4 durante otros dos días, mientras todavía esté haciendo frente a la situación 3 en la vida real.
4. A partir del día 5: Después de dos días (4 sesiones) de exposición bipolar a la situación 4, comience a hacer frente a esa situación en la vida real lo más a menudo posible.

También le invitamos a añadir otra situación y disminuir aún más los hábitos de evitación esta semana.

## Implementar las técnicas del barrido parcial (pistas de audio 11 y 12)

Las instrucciones de audio para la técnica del barrido parcial se encuentran en la pista de audio 12 de sus instrucciones de audio. También puede escuchar la breve introducción de la pista de audio 11 antes de su primera práctica. Recuerde que cada sesión debe durar 30 minutos; dado que las pistas de audio del escáner avanzado duran una media de 15 minutos, tendrá que practicar otros 15 minutos de barrido parcial en silencio. Use el documento 6.6 para registrar su práctica durante toda la semana. Acuérdese también de mantener su conciencia de las sensaciones corporales mientras permanece ecuánime durante todo el día. Cuanto más entrene, mejor.

## Documento 6.6.
## Registro diario de la Práctica de la Meditación *Mindfulness*

| Día | Fecha | Mañana *(rodee con un círculo)* | Duración | Calificación de la eficacia *Evalúe de 1 a 10 lo bien que ha advertido las distracciones y ha traído de vuelta su atención al cuerpo. 1=nada bien; 10=extremadamente bien* | Noche *(rodee con un círculo)* | Duración | Calificación de la eficacia *Evalúe de 1 a 10 lo bien que ha advertido las distracciones y ha traído de vuelta su atención al cuerpo. 1=nada bien; 10=extremadamente bien* |
|---|---|---|---|---|---|---|---|
| Lunes | | He practicado Sí / No | | | He practicado Sí / No | | |
| Martes | | He practicado Sí / No | | | He practicado Sí / No | | |
| Miércoles | | He practicado Sí / No | | | He practicado Sí / No | | |
| Jueves | | He practicado Sí / No | | | He practicado Sí / No | | |
| Viernes | | He practicado Sí / No | | | He practicado Sí / No | | |
| Sábado | | He practicado Sí / No | | | He practicado Sí / No | | |
| Domingo | | He practicado Sí / No | | | He practicado Sí / No | | |

# Sesión 7: Desarrollar la introspección interpersonal

*La verdadera sabiduría es ser siempre estacional*
*y cambiar con gracia en circunstancias cambiantes.*

—Robert Louis Stevenson, 1907[1]

## Introducción

Este capítulo le guiará en la implementación de la etapa 3 del programa de la TCCMi, la «etapa interpersonal», que a menudo tarda dos semanas en completarse. El propósito de la etapa 3 es extender el uso del *mindfulness* a las situaciones interpersonales y desarrollar una introspección y una eficacia interpersonal. Mientras que la etapa 1 nos enseñó a no reaccionar ante la propia experiencia, la etapa 3 nos enseña a no reaccionar ante la reactividad de otra persona. Los clientes aprenderán esta semana a exteriorizar su atención consciente y su ecuanimidad hacia los demás. También aprenderán habilidades interpersonales no verbales y reconocerán dónde reside la responsabilidad cuando las personas se sienten agitadas o disgustadas, y aprenderán a establecer límites interpersonales saludables. En la segunda semana de la etapa 3, los clientes harán uso de estas

1. R. L. Stevenson, *Crabbed Age and Youth: And other essays*, Thomas Mosher, Maine 1907.

habilidades para manejar la comunicación compleja y conflictiva con los demás y para desarrollar una forma consciente y asertiva de comunicar sus experiencias y sus necesidades. La práctica de la meditación de esta semana es la siguiente técnica avanzada del escáner corporal: el «barrido en masa». Requiere inspeccionar todo el cuerpo con un flujo de la atención único y cada vez más rápido al tiempo que permanecemos ecuánimes. Este método nos enseña a no apegarnos a las sensaciones agradables, ya que experimentamos de primera mano que todas las sensaciones, sean sutiles o fuertes, son impermanentes e impersonales por naturaleza.

## Comprobar la disposición del cliente

La semana pasada le pidió a su cliente que usara el barrido parcial. Compruebe cómo le ha ido. ¿Fue capaz de mantener el compromiso con su práctica 30 minutos dos veces al día? ¿Puede escanear todas las partes del cuerpo con un único flujo de la atención? Compruebe si a veces siente vibraciones sutiles en algunas partes del cuerpo. ¿Ha sido capaz de abordar las cuestiones más desafiantes de su formulario de la SUDS? Compruebe también cómo le ha ido la semana en general, y asegúrese de que es capaz de compartir con usted preocupaciones personales que hayan podido surgir durante la semana. En esta etapa del programa, los clientes suelen querer compartir su entusiasmo y su gratitud por el hecho de aprender estas habilidades, y para nosotros es bueno que compartan su alegría.

### *Retrasar el siguiente paso*

Si su cliente no puede sentir aproximadamente el 80% del cuerpo con el barrido parcial, debería continuar practicándolo algunos días más antes de comenzar el barrido en masa. Sugiérale que trabaje un poco más en el torso en caso de que esa área precise un mayor trabajo. Aunque es posible que aún no experimenten un flujo libre de sensaciones cosquilleantes muy sutiles por todo el cuerpo, la mayoría de las personas las sentirán en partes separadas del cuerpo. La gente tiende a sentir su rostro, sus manos, sus pies y sus extremidades con mayor facilidad que el torso. Esto se debe en parte a que la enervación en las áreas cerebrales interoceptivas de la cara, las manos y los pies es mayor, y en parte a la costumbre de evitar las sensaciones viscerosomáticas durante la angustia, algo que en el caso de algunas personas es un hecho cotidiano.

Si los clientes no han sido capaces de usar la exposición con ninguno de los desafíos, es mejor posponer el siguiente paso del programa durante unos días o una semana entera y trabajar junto a ellos para encontrar objetivos de exposición más realistas. Esto también les dará más tiempo para abordar la (o las) situación evitada restante. La razón por la cual es mejor ser paciente es que la exposición a los contextos interpersonales en la etapa 3 es más compleja que la exposición a los contextos situacionales en la etapa 2. La exposición de la etapa 3 será más suave si los clientes ya han logrado una cantidad suficiente de confianza y de autoeficacia durante la etapa 2.

## Escáner avanzado: barrido en masa

El principal objetivo del barrido en masa consiste en seguir desarrollando la introspección interpersonal y la ecuanimidad. El cliente continuará desarrollando habilidades para detectar pistas muy sutiles de las emociones potenciales al tiempo que evita sus reacciones habituales, algo que ya comenzó a hacer la semana pasada. Esto le permitirá aceptar los deseos no satisfechos que, naturalmente, surgen en forma de sensaciones corporales a las que reacciona.

Sin embargo, no deberíamos subestimar los poderosos efectos de la persecución del placer. Como examinamos en la sesión anterior, la mayoría de las personas, sean clientes o no, tienen más dificultades para permanecer ecuánimes con las sensaciones agradables que con las desagradables. Esto puede deberse a que la mayoría de ellas están más acostumbradas a experimentar malestar que placer. Por lo general es difícil ser ecuánime con el flujo libre de las sensaciones corporales agradables, y resulta tentador identificarse con la experiencia y dejarse llevar por ella. Valoramos enormemente el placer, y creemos que agrega algo enriquecedor a nuestra vida debido a las sensaciones agradables que experimentamos. Cuando aún no tenemos experiencia con el barrido en masa y nuestra ecuanimidad todavía está dando sus primeros pasos, cedemos fácilmente ante el deseo por miedo a perdernos. Este es el micronivel de procesamiento de la información que subyace a los deseos habituales en la vida cotidiana. Cuando esto se asocia con el miedo y la mala percepción de la impermanencia, sirve para desarrollar la codicia. Este enfoque no es una campaña contra la experimentación de las sensaciones agradables o el placer en general. Sin embargo, es importante comprender los mecanismos del surgimiento del deseo de las experiencias agradables sostenidas. Esta comprensión puede ayudar a que los clientes vean cómo pasan de experimentar sensaciones agradables a desear una mayor cantidad de ellas, lo que les permitirá reconocer las manifestaciones conductuales del deseo con mayor eficacia.

Los clientes también desarrollan una mejor capacidad para permitir que los recuerdos emocionales más antiguos emerjan en la conciencia y se desactiven. El barrido en masa neutraliza los efectos que las reacciones emocionales pasadas, entre ellas las relacionadas con los traumas pasados, pueden seguir teniendo en nuestras vidas actuales. Nos permite experimentar la realidad profunda de la mente y el cuerpo, los pensamientos y las sensaciones corporales coemergiendo y desapareciendo de manera continua y muy rápidamente. Cuantos más clientes puedan tomar conciencia de la impermanencia al experimentar el cambio que se produce en cada momento, más capaces serán de ver que el cambio no es personal. La comprensión progresiva de que no hay un «yo» en este proceso de cambio profundo y continuo cultiva en nosotros una ausencia de ego. Esta comprensión está más alineada con la naturaleza siempre cambiante de nuestra vida y fomenta el desapego de las creencias y los hábitos inútiles con que nos identificamos. Entre ellos figuran los esquemas centrales que mantienen los pensamientos ansiogénicos y depresógenos asociados con los recuerdos autobiográficos. Cuanto más se desprendan los clientes de estos esquemas, más se liberarán de su pasado y menos probabilidades tendrán de recaer.

### *El método*

El barrido en masa requiere que su cliente inspeccione todo el cuerpo con un movimiento de la atención único e ininterrumpido, desde la parte superior de la cabeza hasta la punta de los dedos de los pies, y, a continuación, desde los dedos de los pies a la parte superior de la cabeza. En ciertas ocasiones, la terminología que se emplea con este método puede confundir a la gente. Al igual que a nuestros propios maestros de la meditación, también a nosotros nos resulta útil usar metáforas. Podemos explicar que «el barrido en masa implica desplazar nuestra atención de la cabeza a los dedos de los pies sin interrupción, del mismo modo que el agua derramada sobre la cabeza fluye por el cuerpo sin interrupción»: ahora bien, hay que tener en cuenta que al principio el ritmo del escáner se parece más al de la miel que al del agua.

Es muy probable que su cliente experimente espacios vacíos durante los primeros días. Esto le ofrece la oportunidad de practicar la ecuanimidad cuando no pueda sentir determinadas partes de su cuerpo. Aconséjele que barra su atención por todo el cuerpo dos o tres veces limitándose a advertir los espacios vacíos sin interrumpir su flujo de atención. Puede inspeccionar cada espacio vacío por separado y de manera ecuánime, uno por uno. Debería mantener su atención en el espacio vacío con paciencia, de manera ecuánime, durante un máximo de medio minuto y, a continuación, avanzar al siguiente espacio vacío. Las sensaciones pueden ser demasiado sutiles para experimentarlas durante el barrido, pero podrían sentirse con mayor facilidad al escanear parte por parte. Una vez que el cliente haya inspeccionado todos los espacios vacíos por separado, podría reanudar el barrido en masa y completar otros dos o tres ciclos corporales.

Recuérdele a su cliente que es muy importante mantener el compromiso y la determinación a practicar, que debe comprometerse a hacer que la atención se desplace por todo el cuerpo, al mismo tiempo que permanece tranquilo y ecuánime. También conviene reiterarle la explicación de la coemergencia examinada en la última sesión: al barrer muchas partes rápidamente, es mucho más probable encontrar numerosas sensaciones asociadas con los recuerdos.

### *Extinción de la cadena*

Una de las grandes ventajas del enfoque *Vipassana* (introspección) de la meditación *mindfulness* es su énfasis en «la exposición y la prevención de la respuesta» a las sensaciones corporales, lo que nos da acceso a esquemas profundamente arraigados a través de las dinámicas de la coemergencia. Cuando mantenemos la concentración en las sensaciones corporales y la ecuanimidad durante el barrido y estamos «en la zona», por así decirlo, podemos experimentar una serie de recuerdos asociados con la misma firma interoceptiva y con el mismo tono hedónico. Algunos de nuestros acontecimientos pasados, y el modo en que reaccionamos ante ellos, pasan a procesarse a causa de su coemergencia con las sensaciones que estamos sintiendo actualmente. Si tenemos la sabiduría y la fuerza (control inhibitorio) necesarias para permanecer ecuánimes, la carga emocional de todos esos recuerdos puede neutralizarse. Esto recibe el nombre de «extinción de la cadena»[2] porque la típica necesidad de reaccionar ante una cadena de acontecimientos pasados aparentemente vinculados se está extinguiendo. Esto suele llevar a una introspección repentina de cómo se mantienen y se abandonan los esquemas. Aunque la extinción de la cadena resulta mucho más común durante los retiros intensivos de meditación a causa del profundo nivel de concentración y de ecuanimidad, algunos clientes afirman experimentarla durante el programa, especialmente aquellos que practicaron la meditación regularmente en el pasado.

Sin embargo, cuando se trata de la desensibilización, existe siempre la posibilidad de que la gente refuerce un hábito en lugar de extinguirlo. Si experimentamos una cadena de acontecimientos que emergen de la memoria y reaccionamos de la misma manera que en el pasado, nuestra reactividad se ve reforzada, así como el esquema asociado. Por consiguiente, los clientes deben comprender la importancia y la práctica de la ecuanimidad para beneficiarse. Es habitual que haya cierto grado de refuerzo cuando las personas comienzan a desarrollar las habilidades en los primeros días. Mientras la frecuen-

2. B. A. Cayoun, *Mindfulness-integrated CBT: Principles and practice*, Wiley, Chichester, UK 2011 (trad. esp.: *TCC con mindfulness integrado. Principios y práctica*, Desclée De Brouwer, Bilbao 2013).

cia de la extinción sea mayor que la frecuencia del refuerzo, el esfuerzo seguirá valiendo la pena. A medida que la práctica se vuelve más precisa, la frecuencia de las respuestas de extinción es cada vez mayor que la de reforzarlas. Es importante que, como profesional clínico, sea consciente del daño potencial que los clientes mal informados o confusos pueden ocasionarse a sí mismos[3].

## *Experiencias dichosas*

El flujo libre de las sensaciones puede percibirse como una experiencia dichosa y puede resultar complicado permanecer ecuánime con ella. La dicha forma parte de la vida humana y puede experimentarse a cualquier edad. Por esa razón resulta útil analizarla con los clientes. Sin embargo, debemos hablar de ella con los clientes sin crear expectativas de que podrán experimentarla sin ninguna duda, porque de lo contrario podrían comenzar a desearla y la práctica podría convertirse en una operación orientada a la persecución de la dicha destinada al fracaso. Su cliente no experimentará dicha si no practica la meditación de manera suficiente y precisa, i. e., con ecuanimidad. Sin, embargo, si sus habilidades se desarrollan lo suficiente, podría tener una experiencia en la que no puede sentir solidez en ninguna parte del cuerpo y en la que los pensamientos ya no son intrusivos. Podría sentir una calidez agradable y un hormigueo suave por todo el cuerpo; a veces es solo una sensación de profunda calma y tranquilidad mientras no siente nada en el cuerpo. Por lo que respecta a las cuatro características de las sensaciones examinadas en las sesiones 3 y 4, las predominantes son la masa (ligereza) y la fluidez (soltura).

Esta experiencia recibe el nombre de «disolución», o «*bhanga*» en pali, que era la lengua popular en tiempos del Buda[4]. Es la quinta de las 16 «etapas de la introspección» (en pali *nanas*, pronunciado «nyanas»), que se encuentran en los registros de la psicología

3. A. Grabovac, «The stages of insight: Clinical relevance for mindfulness-based interventions»: *Mindfulness*, 6 (2015), 589–600. doi:10.1007/s12671-014-0294-2; para una breve reseña, véase también W. Van Gordon, E. Shonin y J. Garcia-Campayo, «Are there adverse effects associated with mindfulness?»: *Australian and New Zealand Journal of Psychiatry*, 51 (2017), 977–979. doi:10.1177/0004867417716309
4. S. N. Goenka, *The discourse summaries*, Vipassana Research Publications, Onalaska, WA 2000.

budista tradicional[5]. Este sentido de disolución puede durar segundos, minutos o incluso horas si no interferimos en él moviéndonos, abriendo los ojos o interrumpiendo la práctica. Con independencia del tiempo que dure, esta experiencia proporciona una sensación tangible de «ausencia de ego», una sensación de que no hay un «yo» permanente que podamos asociar a nuestro cuerpo y a nuestra mente efímera. Experimentamos una sensación mucho más profunda de lo que denominamos «realidad» y, si nos inclinamos hacia el crecimiento personal, revaluamos algunos de nuestros apegos al valor superficial. Algunas personas afirman tener la sensación de que su vida está «fluyendo».

Advierta que cuando no están lo suficientemente informadas, algunas personas tienden a apegarse a las sensaciones agradables y a otras les da miedo la experiencia de no sentir el cuerpo del modo en que estaban acostumbradas a hacerlo. Por consiguiente, la dicha solo es específica de cada contexto, en función de la evaluación de cada persona. Algunas podrían anhelar la dicha que no parece regresar, y no tardar en estar resentidas por su falta de progreso imaginario o porque han regresado los espacios vacíos o la incomodidad. A otras podría preocuparles perder el control y descubrir el frágil inicio de la disolución dichosa reemplazada por la experiencia del miedo (sensaciones de movimiento / conmovedoras y densas / restrictivas). Cuando les explicamos a los clientes los «cinco obstáculos» bien documentados de la meditación *mindfulness*, el deseo y la aversión se aplican claramente aquí[6]. El deseo de lo agradable y la aversión a lo desagradable radica en el núcleo del malestar humano y el sufrimiento, tanto en la vida como en la práctica de la meditación. Es conveniente recordarles a los clientes que están aprendiendo a desarrollar la ecuanimidad con *todas* las experiencias y que el apego a *cualquier* experiencia durante la práctica enlentecerá su progreso.

5. S. S. Namto, *Insight meditation: Practical steps to ultimate truth, Vipassana Dhura Meditation Society*, Aurora, CO 1989. Véase también la edición revisada de 2011 en http://www.vipassanadhura.com/PDF/practicalsteps.pdf
6. P. ej., A. Brahm, *Mindfulness, bliss, and beyond: A meditator's handbook*, Wisdom Publications, Boston, MA 2006; W. Hart, *The art of living: Vipassana meditation as taught by S. N. Goenka*, Harper Collins, Nueva York 1987 (trad. esp.: *La Vipassana*, Edaf, Madrid 1994).

No querer lo que tenemos y querer lo que no tenemos durante la meditación, pensar que las cosas *deberían* ser diferentes, es solo un reflejo de cómo nos comportamos en la vida cotidiana. El cultivo de la ausencia de ego promueve la aceptación y alivia la tensión.

En esta etapa de la práctica, los clientes entienden con mayor facilidad que el sentido de las personas que somos cambia momento a momento. Este es un proceso dinámico determinado por nuestro estado mental actual, tanto si somos conscientes del mismo como si no. Será útil que los clientes comprendan que la práctica exacta del *mindfulness* nos ayuda a reducir nuestro apego a un sentido fijo de la propia identidad. Si esto se entiende, el hecho de relacionarse con las personas con una ausencia de ego mejorará la comunicación interpersonal. Si los clientes logran tomar conciencia de que las demás personas también tienen un sentido de la propia identidad ilusorio, podrán integrar la noción de que la reactividad emocional de la gente se basa en su falta de conocimiento. El establecimiento progresivo de este comprensión da lugar a una mayor aceptación interpersonal y sienta las bases para el cultivo de la empatía, algo en lo que nos centraremos en la etapa 4.

## Integrar el *mindfulness* con las habilidades interpersonales

### *La razón de ser del cultivo del mindfulness interpersonal*

La forma en que influimos en nuestras relaciones y en que nos vemos influidos por ellas es importante para la salud mental y el bienestar. Nuestro sentido de la valía depende en gran medida de nuestra relación con los demás. Es bien sabido que una vida social saludable es importante para la supervivencia[7] y que los problemas interpersonales afectan a los niveles de ansiedad y depresión de las personas, entre ellos las tendencias suicidas, y favorecen las recaídas[8]. Los clientes han de comprender que sus emociones afectan continuamente a los demás. Sin una introspección interpersonal y sin la presencia de la

7. R. I. M. Dunbar, «The social brain hypothesis»: *Evolutionary Anthropology*, 6 (1998), 178–190.
8. J. L. Hames, C. R. Hagan y T. E. Joiner, «Interpersonal processes in depression»: *Annual Review of Clinical Psychology*, 9 (2013), 355–377.

ecuanimidad, podrían mantener hábitos interpersonales poco útiles. Dado que las personas comparten de manera voluntaria o involuntaria lo que sienten, es muy probable que el hecho de estar desmotivadas o deprimidas afecte a sus relaciones. Su red social se descompondrá, ya que a los amigos y a la familia les agotará el mero hecho de estar en presencia de esa persona. Diversos estudios han demostrado los efectos claramente beneficiosos del *mindfulness* en la comunicación interpersonal[9]. La neurociencia social también muestra algunos de los correlatos de las habilidades sociales empobrecidas[10] y el modo en que las habilidades del *mindfulness* pueden producir rápidos cambios en estas áreas por medio de la neuroplasticidad[11].

La etapa 3 mejora la introspección interpersonal y reduce la evitación interpersonal y la evitación de la comunicación con las otras personas en presencia de emociones desagradables. Explíquele a su cliente que el hecho de haber aprendido el modo en que la reactividad tiene lugar dentro de sí mismo durante la etapa 1 puede ayudarle a comprender la reactividad de los demás. A su vez, esto puede marcar una gran diferencia en la forma en que entiende sus propias relaciones y en cómo se comporta con los demás. Para quienes hayan estado clínicamente deprimidos o ansiosos, este es un factor importante para evitar las recaídas, dado que la depresión y la ansiedad clínicas a menudo dañan la vida social de las personas y las aíslan. Este aislamiento aumenta las probabilidades de que vuelva a producirse la depresión y la ansiedad.

9. J. K. Burgoon, C. R. Berger y V. R. Waldron, «Mindfulness and interpersonal communication»: *Journal of Social Issues*, 56 (2000), 105–127; D. Huston, E. L. Garland y N. A. S. Farb, «Mechanisms of mindfulness in communication training»: *Journal of Applied Communication Research*, 39 (2011), 406–421; G. Kramer, *Insight Dialogue: The interpersonal path to freedom*, Shambhala, Boston 2007 (trad. esp.: *El diálogo en plena conciencia. El sendero interpersonal hacia la liberación*, Desclée De Brouwer, Bilbao 2018).
10. P. ej., S. J., Lupien, S. Parent, A. C. Evans et al., «Larger amygdala but no change in hippocampal volume in 10-year-old children exposed to maternal depressive symptomatology since birth»: *Proceedings of the National Academy of Sciences of the USA*, 108 (2011), 14324–14329.
11. R. J. Davidson y B. S. McEwen, «Social influences on neuroplasticity: Stress and interventions to promote well-being»: *Nature Neuroscience*, 15 (2012), 689–695; B. K. Holzel, J. Carmody, K. Evans et al., «Stress reduction correlates with structural changes in the amygdala»: *Social Cognitive and Affective Neuroscience*, 5 (2011), 11–17.

Para la mayoría de los clientes, el paso de la etapa 2 a la etapa 3 solo requerirá una explicación sencilla y una afirmación que reconozca sus esfuerzos, como: «Has trabajado duro para hacer los ejercicios de exposición; enhorabuena, estás listo para la etapa 3...» y, a continuación, una explicación de por qué sería beneficioso aumentar la eficacia interpersonal. Sin embargo, en el caso de los clientes cuyas habilidades sociales o comunicativas sean escasas a causa de la evitación, es útil proporcionar una razón de ser por medio del enfoque del diálogo socrático examinado en las sesiones anteriores. Esto permite que el cliente se comprometa de una manera más personal en el proceso del aprendizaje, en vez de limitar el compromiso al cumplimiento devocional. A continuación presentamos un ejemplo de un cliente socialmente ansioso y deprimido (T = terapeuta, C = cliente):

T: ¿Puedes recordar situaciones en las que hayas sido feliz en tu vida?
C: En realidad no. La mayoría de los días acostumbro a estar bastante deprimido.
T: ¿La mayoría de los días? Esto quiere decir que no estás deprimido todos y cada uno de los días, ¿no es así?
C: Sí, supongo.
T: Trata de recordar al menos una situación en la que hayas estado realmente feliz o en la que por lo menos te hayas divertido un poco y no hayas estado solo.
C: Vale, recuerdo que con mi anterior pareja era más feliz.
T: ¿Puedes recordar una situación o un momento específico en el que fueras feliz por aquel entonces?
C: Sí, recuerdo estar de vacaciones en el norte del país con toda la familia; todos lo pasamos bien.
T: ¿Te guardaste esa felicidad para ti mismo, o la compartiste con tu familia?
C: Oh no, la compartí con ellos... bueno, estaba feliz de todos modos, así que podían verlo.
T: ¿Crees que les importaba si eras feliz o no?
C: Creo que sí.
T: ¿Crees que eso tuvo algún efecto en ellos?
C: Sí, todos lo pasamos bien.
T: Fenomenal. ¿Puedes acordarte ahora de alguna situación social en la que fueras infeliz?

C: ¡Oh sí, hay muchas! Esa es la razón por la que prefiero quedarme en casa.

T: De acuerdo. ¿Recuerdas alguna situación en la que la gente que realmente se preocupa por ti se estuviera divirtiendo aunque te vieran infeliz?

C: ... No, no puedo recordar una situación así.

T: ¿Estás queriendo decir que tu infelicidad también les afectó a ellos?

C: Sí, por supuesto. De hecho, Jane dijo que quería romper conmigo *porque* siempre parecía tener el ánimo por los suelos.

T: Entonces, ¿estás diciendo que cuanto más infeliz eres más le afecta a la gente que te rodea?

C: Sí, por supuesto.

T: ¿Puedes ver que, del mismo modo en que nuestra alegría y nuestra felicidad afectan a los demás, también lo hace nuestra infelicidad?

C: Sí, eso es muy acertado.

T: ¿Crees que el modo en que tratamos a las personas y el modo en que ellas nos tratan a nosotros es importante para nuestro bienestar?

C: Sí, esa es la razón por la que me encerré en casa durante tanto tiempo antes de comenzar esta terapia, porque estar rodeado de personas me afectaba mucho, pero creo que ya no estoy tan mal.

T: Si te dijera que puedes usar el *mindfulness* y las habilidades de exposición que aprendiste estas últimas semanas para mejorar tus habilidades sociales y comunicativas con otras personas y sentirte mejor cuando estás rodeado de ellas, ¿estarías interesado?

C: ¡Sí, eso sería estupendo!

T: Fenomenal, déjame explicarte cómo podemos comenzar...

## Autoría experiencial

### *Propósito principal*

La razón de ser de la etapa 3 de la TCCMi cuenta con el respaldo de varios estudios. Las investigaciones demuestran que la capacidad de juzgar el estado mental de otra persona con precisión se basa en la capacidad para suprimir la actividad autorreferencial de la Red

Neuronal por Defecto (RND), en particular del córtex prefrontal ventromedial[12]. Para poder conservar una buena salud mental es importante tener una vida social satisfactoria[13]. Durante el primer paso de la etapa 3 enseñamos una técnica denominada «autoría experiencial» para aumentar el conocimiento del cliente de las experiencias internas de otras personas y de la naturaleza de su reactividad. Sobre la base de un conocimiento interpersonal más profundo, los clientes aprenden a aplicar la ecuanimidad a su propia experiencia y evitan reaccionar ante la reactividad de los demás.

También aprenden a responsabilizarse de cómo se sienten y renuncian a la responsabilidad ilegítima de cómo se sienten los demás, comprendiendo que las emociones de cada persona están formadas por sensaciones corporales producidas por los propios pensamientos críticos de la persona. En otras palabras, los clientes aprenden a «poseer» su experiencia (aunque saben que es impermanente) y a «desposeer» la de los demás. Aunque los demás son responsables de sus propios sentimientos, eso no quiere decir que los clientes se vuelvan crueles y descuidados. Se limitan a aplicar la ecuanimidad cuando los demás reaccionan emocionalmente y reconocen que el hecho de sentirse culpables o temerosos de la emocionalidad de otra persona podría dar lugar a comportamientos inútiles en ellos mismos, como la evitación. Aprenden a manejar la comunicación compleja y conflictiva al reconocer dónde reside la responsabilidad cuando las personas están agitadas o molestas y al establecer límites interpersonales saludables. Esto ayuda a reducir la probabilidad de los efectos de la transferencia y a minimizar los conflictos. Por supuesto, este también es un método muy útil para los terapeutas, sobre todo para prevenir la contratransferencia con algunos clientes.

---

12. P. Kang, J. Lee, S. Sul y H. Kim, «Dorsomedial prefrontal cortex activity predicts the accuracy in estimating others' preferences»: *Frontiers in Human Neuroscience*, 7 (2013), 686. doi:10.3389/fnhum.2013.00686
13. D. J. Siegel, *The developing mind: How relationships and the brain interact to shape who we are*, Guilford Press, Nueva York 2012[2] (trad. esp.: *La mente en desarrollo: cómo interactúan las relaciones y el cerebro para modelar nuestro ser*, Desclée De Brouwer, Bilbao 2007).

## *Empoderamiento a través de la instrospección y la revaluación*

Cabe destacar que los clientes también se entrenan para observar la reactividad emocional de los demás como una forma de sufrimiento, más que de maldad, sobre la base de que el sufrimiento es producto de la falta de conciencia. Hacen uso del conocimiento experiencial desarrollado en la etapa 1, cuando se dieron cuenta de que al experimentar sensaciones agradables reaccionamos con deseo, y de que cuando las sensaciones son desagradables lo hacemos con aversión; no reaccionamos directamente a los desencadenantes externos. Su práctica del *mindfulness* se emplea ahora también para comprender los mecanismos que subyacen a la reactividad de los demás. Al recordar por qué su vida era más difícil antes de comenzar este programa (por lo menos hace dos meses), los clientes comprenden que si una persona reactiva recibiera la formación que ellos recibieron, esa persona podría dejar de ser tan reactiva. Esta revaluación útil resulta empoderadora y ayuda a evitar que nos tomemos la reactividad de los demás como algo personal. Como describiremos un poco más adelante, el hecho de asumir toda la responsabilidad de lo que sentimos es una gran fuente de empoderamiento. La siguiente sección explica cómo se adquieren estas habilidades.

## *Escoger las situaciones apropiadas para la exposición*

En esta parte de la formación, pídale a su cliente que piense en situaciones en las que exista la posibilidad de que se produzca cierta tensión interpersonal. Ayúdele a escoger situaciones en las que sea probable que él mismo y la otra persona se sientan incómodos –esto garantizará que su cliente es capaz de practicar la autoría experiencial, como se explica a continuación–. Por ejemplo, podría surgir cierta tensión a causa de un conflicto pasado, de un hábito pasado de evitar a alguien, o quizás porque sabemos que se planteará una cuestión que nos hará sentir incómodos. Las situaciones conflictivas, o al menos incómodas, pueden producirse cuando les recordamos a nuestros hijos que es hora de dormir, cuando le decimos «no» a alguien que amamos o que respetamos, o cuando rechazamos a alguien que no está acostumbrado a ello. Por supuesto, tan solo nos referimos a las cuestiones preexistentes, ya que sería inapropiado pedirles a los clientes que crearan una situación de tensión con alguien.

El hecho de asistir a una reunión en la que dos compañeros de trabajo están en conflicto, o comer en la zona para empleados con personas que se tensan en compañía de la otra, podrían constituir otros ejemplos de posibles situaciones conflictivas. Puede hacerse uso de estas situaciones, pero las que involucren directamente a su cliente serán las mejores. En cualquier caso, en las situaciones que escoja debe sentir malestar (sensaciones corporales desagradables) en torno a otra persona.

### *Usar la exposición bipolar y en vivo*

Cuando haya seleccionado situaciones para la exposición, pídale a su cliente que use la exposición bipolar y que se desensibilice –durante un total de entre dos y cuatro sesiones– imaginándose la situación y visualizando el peor y el mejor escenario posible mientras permanece ecuánime, tal y como aprendió a hacer en las sesiones anteriores. Tras las exposiciones imaginales, estará listo para afrontar la situación en la vida real (en vivo). Si se siente seguro y no necesita usar la exposición bipolar antes de llevar a cabo la tarea, puede afrontar la situación en la vida real directamente. Más abajo explicamos a grandes rasgos los cuatro pasos de la Autoría Experiencial. Pídale a su cliente que los practique lo más a menudo posible durante la próxima semana, y que lo intente al menos dos veces para garantizar que no atribuye un primer intento exitoso a la buena suerte.

### *El método*

#### *Paso 1 – Asumir la responsabilidad de la propia experiencia*

Enseñe a su cliente a escanear su cuerpo muy rápidamente mientras esté en la situación tensa. Su cliente usará sus habilidades de barrido para barrer todo su cuerpo velozmente, en dos o tres segundos (de ahí la relevancia y la congruencia entre las habilidades del escáner y las dinámicas interpersonales en la etapa 3). Es probable que, hasta esta etapa, su cliente haya estado pensando en lo mismo que piensan la mayoría de las personas que no reciben formación en esta técnica: que otra persona les hace sentir incómodo. En vez de ello, su cliente debe tomar nota de las sensaciones que experimenta mientras permanece ecuánime y asumir *toda la responsabilidad* de su experiencia, *poseyendo* la experiencia aunque sin identificarse con las sensaciones. Una vez más, *su* mente produce la experiencia; *su* mente es la responsable de su experiencia.

Recuérdele a su cliente que las sensaciones corporales surgen a causa de sus pensamientos. Si su cliente percibe una sensación de calor en la cara, explíquele que es su mente la que la produce al evaluar la situación. Si experimenta «mariposas» en el estómago, explíquele que nadie las ha puesto ahí. Esto tiene un efecto empoderador en su cliente, que deja de creer que otra persona tiene poder sobre él y está ocasionándole la ira, la ansiedad y la tristeza. La capacidad del cliente de «poseer» su experiencia y no sentirse victimizado también resulta empoderadora, porque se da cuenta de que puede hacer algo al respecto. Por supuesto, todo esto sucede en cuestión de segundos.

*Paso 2 – Reconocer la experiencia del otro*

Una vez que haya escaneado su propio cuerpo de manera ecuánime, pídale a su cliente que centre su atención en «escanear» el cuerpo de la otra persona, advirtiendo su lenguaje corporal –incluidos los movimientos físicos y la postura, el ritmo, el tono y el volumen de sus palabras–, el tipo de palabras que usa, el color de la piel (podría habérsele puesto la cara roja), etc. Esta sigue siendo una técnica basada en el *mindfulness*, así que, en la medida de sus posibilidades, la observación de su cliente debe estar libre de juicios de valor (por ejemplo: «¡Está muy estresada!»). Aunque su cliente sea incapaz de conocer la experiencia del otro con certeza, esta observación cuidadosa le permitirá tener en cuenta el tipo de sensaciones corporales que la otra persona podría estar experimentando en este momento. Por ejemplo, el rubor puede significar que existe una sensación de calor en las mejillas, el estiramiento del cuello o de los hombros puede indicar una constricción / densidad en esas áreas, y el andar encorvado o sostener la cabeza entre las manos podría representar una sensación de pesadez. Cuando su cliente sabe cómo se sienten estas experiencias en su propio cuerpo, es capaz de percibir el malestar del otro. «Escanea» el cuerpo del otro del mismo modo en que escanea el suyo propio cuando medita –sin juzgar ni reaccionar, permaneciendo ecuánime–. El enfoque de su práctica del *mindfulness* sigue siendo el mismo; lo único que cambia es el objeto de su atención.

A menos que tengan una discapacidad clara (p. ej., trastorno del espectro autista), la mayoría de las personas son capaces de detectar las emociones de los demás, y ello se debe a que el cerebro está equipado con neuronas espejo que le permite reconocer las expresiones faciales y el lenguaje corporal e imitan el tipo de sensaciones que podrían estar experimentando los demás. Los clientes aprenden a centrarse en la *experiencia* de la otra persona, no en su reactividad. Deben percibir la reacción de la otra persona como un manifestación del sufrimiento. La otra persona sufre por cuatro razones principales: (1) experimenta sensaciones corporales que le resultan molestas, (2) no tiene la capacidad para percibir sus propios pensamientos evaluadores que crean las sensaciones coemergentes, (3) no tiene acceso a los mecanismos de refuerzo interoceptivo para comprender que la reactividad refuerza su respuesta presente y futura, y (4) es incapaz de responsabilizarse de su propia experiencia y, por consiguiente, de sentirse aliviada por la comprensión de que nadie más es lo suficientemente poderoso como para crear las emociones que siente. A modo de resumen, su cliente se limita a presenciar el sufrimiento de la otra persona, causado por la reactividad infructuosa y mantenido por la falta de conciencia.

### *Paso 3 – Renunciar a la responsabilidad por la experiencia del otro*

Una vez que su cliente ha comprendido que todos somos responsables de lo que sentimos, es capaz de aplicar compasivamente esta comprensión a la otra persona sin sentirse culpable o reactivo desde el punto de vista emocional. Al haber prestado atención a la experiencia de la otra persona con mayor objetividad, puede aceptarla y «renegar» de ella al mismo tiempo, comprendiendo que los demás son responsables de las sensaciones que *sus* propios pensamientos producen en *su* cuerpo. A menos que haya contacto físico o que su cliente contribuya deliberadamente al malestar de la otra persona, su cliente no puede responsabilizarse de ello y de las sensaciones que experimenta la otra persona. Su cliente tendrá que revaluar su punto de vista crítico habitual. Esta revaluación le permitirá mantener la ecuanimidad y la claridad mental y ver el problema que subyace a la tensión desde diferentes perspectivas. Esto permitirá que la otra persona esté más tranquila, que se sienta escuchada y respaldada si se produce un intercambio verbal.

En ese sentido, advierta que la revaluación cognitiva y el *mindfulness* no se excluyen mutuamente, como alguna vez se ha creído. Por el contrario, la revaluación cognitiva generada internamente, la que surge de la propia experiencia, es lo que esperamos de nuestros clientes. A menos que las opiniones malsanas sobre sí mismo, sobre los demás y sobre el futuro se vean reemplazadas por puntos de vista útiles, el cliente continuará sintiendo y actuando obligado por sus hábitos condicionados.

*Paso 4 – Ofrecer una respuesta útil*

La capacidad de sentirnos emocionalmente seguros, de poseer nuestra experiencia y de repudiar la de los demás (aunque preocupándonos de ella) permite que no nos tomemos el tema como algo personal y que no reaccionemos emocionalmente. Sin miedo, sin ira y sin culpa somos más capaces de buscar soluciones con claridad, con creatividad y con la voluntad de hacer valer nuestra comprensión y nuestras necesidades, algo que su cliente aprenderá la próxima semana. Dado que esta semana no se les pide a los clientes que aprendan y apliquen la comunicación asertiva, su respuesta puede seguir siendo no verbal o mínima, empleando declaraciones respetuosas y apropiadas. Por ejemplo, si su cliente cometiera un error en el trabajo y el gerente expresara su ira, su cliente aplicará los tres pasos anteriores y, a continuación, podría decir: «Siento que esté enfadado; he cometido un error claro y he aprendido de él, así que puedo asegurarle que prestaré más atención y que no volverá a suceder». En el contexto de una interacción con un amigo o con un familiar, un ejemplo de respuesta del paso 4 podría ser: «Cuando te pregunté qué había pasado, no quise que te irritaras; no tienes que responderme ahora si no quieres». Por supuesto, esto no es más que una admisión de la responsabilidad de la tarea y la ética del trabajo mientras permanecemos ecuánimes, y no significa que el cliente se sienta culpable o sumiso. En otras situaciones, su cliente será capaz de responder a una cuestión de un modo más global, especialmente una vez que haya completado la formación de la próxima semana, combinando la autoría experiencial con la comunicación asertiva. Usar este enfoque contribuirá a que su cliente se relacione con la reactividad de los demás de un modo consciente y ecuánime.

### *El investigador y el preso*

En un contexto poco común, la experiencia de un antiguo cliente puso estas habilidades en perspectiva. Hace algún tiempo, un investigador de policía de rango superior inició el programa de la TCCMi para abordar sus síntomas del TEPT. Hacia el final del programa, compartió la siguiente historia (desidentificada y escrita aquí con permiso). Como necesitaba información adicional para una investigación, fue a la prisión local de alta seguridad para interrogar a un testigo encarcelado, con la esperanza de que pudiera aclarar su comprensión del caso. Sabía que el preso era un hombre irascible y que no cooperaría fácilmente, pero no esperaba que le saludara inmediatamente con una diatriba de insultos. El preso le dijo al investigador: «¡Eres un p...o perro de ojos azules!» y quedó sorprendido ante la respuesta del investigador: «Pero, señor Smith, si yo no tengo los ojos azules». Fue una respuesta sincera y no pretendía «hacerse el listo». El investigador se limitó a practicar la autoría experiencial y vio el sufrimiento del preso en vez de tomarse el insulto como algo personal. El preso se calmó durante un breve lapso de tiempo, y el investigador les pidió a los guardias que permitieran que el preso se tranquilizara en una habitación más cómoda durante aproximadamente 15 minutos, antes de retomar el interrogatorio. Los guardias, que se esperaban un resultado más dramático, quedaron sorprendidos ante esta interacción.

Su objetividad sobre la experiencia del preso le llevó a un acto compasivo porque *vio* el sufrimiento y no se vio afectado por su sentido de sí mismo. En caso de que el lector tenga interés en la psicología budista, el Buda explicó en su enseñanza de las «Cuatro Nobles

Verdades» (*Sutta Dhammacakkappavattana*) que cuando una persona comprende que el sufrimiento es una condición universal, esta comprensión se convierte en una «noble verdad» –la primera noble verdad– [14]. Esto se debe a que el conocimiento nos permite asociar la reactividad de la gente a la experiencia universal del sufrimiento, en vez de limitar nuestra percepción al sufrimiento de una persona basado en el ego; i. e., una insatisfacción debido a la personalidad única de la persona. El investigador vio aquí que «la angustia era angustia», y no «la angustia del señor Smith». La comprensión de que todo el mundo sufre a causa de nuestro apego a los fenómenos que son condicionales es un gran alivio y lleva a una mejor capacidad para aceptar las cosas del modo en que son. Esto reduce, de manera consecuente, la cantidad del «debe» en nuestros pensamientos, como en «este preso *debe* ser más respetuoso», y nos permite desarrollar la empatía.

## Aplicación con clientes individuales

### *Objetivo de la sesión*

El objetivo de esta sesión es introducir la tercera etapa del programa de la TCCMi, incluido el siguiente método de escáner avanzado (el barrido en masa) y el primer conjunto de habilidades interpersonales basadas en el *mindfulness*. Su cliente aprenderá a usar la exposición consciente a determinadas situaciones interpersonales y a establecer límites interpersonales razonables a través de la ecuanimidad combinada con la revaluación cognitiva.

### *Revise los deberes y el progreso*

Su cliente habrá practicado el barrido parcial durante esta última semana. Compruebe su capacidad para adherirse a una práctica de 30 minutos dos veces al día y para escanear de una manera amplia y fluida todas las partes del cuerpo. ¿Está mejorando su nivel de ecua-

14. B. Bodhi, *In the Buddha's words: An anthology of discourses from the Pali Canon*, Wisdom Publications, Boston, MA 2005.

nimidad? Cuando su cliente pueda sentir aproximadamente el 80% del cuerpo, estará listo para continuar con el barrido en masa de esta semana. Si todavía no puede experimentar suficientemente las sensaciones, debería dedicar algunos días más al barrido parcial antes de seguir adelante. El terapeuta también tendrá que evaluar si su cliente fue capaz de hacer las tareas de exposición usando el último de los elementos de la SUDS, y proporcionar aclaraciones en caso necesario. Pídale a su cliente que revalúe cada elemento de la SUDS en la Hoja de Registro de Exposición tras la exposición. Compruebe si las unidades subjetivas del estrés (SUDS) esperadas disminuyeron aún más desde la última semana. En caso afirmativo, su cliente estará ahora listo para abordar situaciones interpersonales tensas con ecuanimidad.

### *Introduzca el barrido en masa*

Explique el procedimiento y la lógica del barrido en masa: (1) acelerar aún más la neuroplasticidad interoceptiva, (2) aumentar todavía más la ecuanimidad hacia el deseo y los patrones profundamente arraigados de la reactividad emocional, y (3) contribuir al método de la autoría experiencial. Examine la posibilidad de que surjan sensaciones muy agradables y la necesidad de la ecuanimidad (véase, en este mismo capítulo, la sección sobre la dicha). Las instrucciones de audio para el barrido en masa se encuentran en la pista de audio 14, y la introducción en la pista 13. Al igual que las semanas anteriores, cada sesión de la práctica debe durar 30 minutos. Las pistas de audio del escáner avanzado duran aproximadamente 15 minutos, así que el cliente tendrá que practicar durante otros 15 minutos en silencio. Pídale a su cliente que anote su práctica como de costumbre.

### *Cultivar la conciencia plena interpersonal*

Analice la importancia de las relaciones y de los límites interpersonales efectivos para el bienestar psicológico. Explique que la etapa 3 mejora la introspección interpersonal y reduce la incomodidad y la evitación, preparando el camino para la empatía y para unas mejores relaciones.

### *Introduzca la autoría experiencial*

Pídale a su cliente que seleccione un mínimo de dos situaciones adecuadas para practicar la autoría experiencial. Examine los cuatro pasos de la técnica:

1. Barrer su cuerpo y asumir toda la responsabilidad de la propia experiencia.
2. Escanear el cuerpo de la otra persona y reconocer la experiencia del otro.
3. Renunciar a la responsabilidad de la experiencia del otro mientras permanece con una actitud empática.
4. Siempre que sea apropiado, ofrecer una respuesta clara y empática.

Pídale a su cliente que use, entre dos y cuatro veces, la exposición bipolar con la situación interpersonal elegida y que, a continuación, afronte la situación en la vida real.

### *Explique los deberes*

- Barrido en masa (pistas de audio 13 y 14).
- Autoría experiencial por lo menos en dos situaciones, precedida de la exposición bipolar.
- Leer los documentos 7.1, 7.2 y 7.3.
- Rellenar el «Registro diario de la Práctica de la Meditación *Mindfulness*» (documento 7.5).

## Aplicación con grupos

### *Objetivo de la sesión*

El objetivo de esta sesión es introducir la tercera etapa del programa de la TCCMi, incluido el siguiente método de escáner avanzado (el barrido en masa) y el primer conjunto de habilidades interpersonales basadas en el *mindfulness*. Los participantes del grupo aprenderán a usar la exposición consciente a determinadas situaciones interpersonales y a establecer límites interpersonales razonables a través de la ecuanimidad combinada con la revaluación cognitiva.

### *Revise los deberes y el progreso*

El grupo habrá practicado el barrido parcial durante esta última semana. Compruebe su capacidad para adherirse a una práctica de 30 minutos dos veces al día y para escanear de una manera amplia y fluida todas las partes del cuerpo. ¿Está mejorando el nivel de ecuanimidad? Si algunos clientes no se adhieren a la práctica regular, use el cuestionamiento socrático para ayudarles a volver a comprometerse. Cuando los participantes puedan sentir aproximadamente el 80% del cuerpo, estarán listos para continuar con el barrido en masa de esta semana. Si todavía no pueden experimentar suficientemente las sensaciones, deberían dedicar algunos días más al barrido parcial antes de seguir adelante. El terapeuta también tendrá que evaluar si todos los participantes fueron capaces de hacer las tareas de exposición usando el último de los elementos de la SUDS, y proporcionar aclaraciones en caso necesario. Pídales que revalúen cada elemento de la SUDS en la Hoja de Registro de Exposición tras la exposición. Compruebe con cada participante si sus unidades subjetivas del estrés (SUDS) esperadas disminuyeron aún más desde la última semana. En caso afirmativo, sus clientes estarán ahora listos para abordar situaciones interpersonales tensas con ecuanimidad.

### *Introduzca el barrido en masa*

Explique el procedimiento y la lógica del barrido en masa: (1) acelerar aún más la neuroplasticidad interoceptiva, (2) aumentar todavía más la ecuanimidad hacia el deseo y los patrones profundamente arraigados de la reactividad emocional, y (3) contribuir al método de la autoría experiencial. Examine la posibilidad de que surjan sensaciones muy agradables y la necesidad de la ecuanimidad (véase, en este mismo capítulo, la sección sobre la dicha). Las instrucciones de audio para el barrido en masa se encuentran en la pista de audio 13 y 14. Al igual que las semanas anteriores, cada sesión de la práctica debe durar 30 minutos. Las pistas de audio del escáner avanzado duran aproximadamente 15 minutos, así que los participantes tendrán que practicar durante otros 15 minutos en silencio. Pídales que anoten su práctica como de costumbre.

### *Cultivar la conciencia plena interpersonal*

Analice la importancia de las relaciones y de los límites interpersonales efectivos para el bienestar psicológico. Explique que la etapa 3 mejora la introspección interpersonal y reduce la incomodidad y la evitación, preparando el camino para la empatía y para unas mejores relaciones.

### *Introduzca la autoría experiencial*

Pídales a los participantes que seleccionen un mínimo de dos situaciones adecuadas para practicar la autoría experiencial. Examine los cuatro pasos de la técnica:

1. Barrer su cuerpo y asumir toda la responsabilidad de la propia experiencia.
2. Escanear el cuerpo de la otra persona y reconocer la experiencia del otro.
3. Renunciar a la responsabilidad de la experiencia del otro mientras permanece con una actitud empática.
4. Siempre que sea apropiado, ofrecer una respuesta clara y empática.

Pídales a los participantes que usen, entre dos y cuatro veces, la exposición bipolar con la situación interpersonal elegida y que, a continuación, afronten la situación en la vida real.

### *Explique los deberes*

- Barrido en masa (pistas de audio 13 y 14).
- Autoría experiencial por lo menos en dos situaciones, precedida de la exposición bipolar.
- Leer los documentos 7.1, 7.2 y 7.3.
- Rellenar el «Registro diario de la Práctica de la Meditación *Mindfulness*» (documento 7.5).

## Preguntas más frecuentes

Pregunta: Le aconsejé a mi cliente que barriera todo el cuerpo dos o tres veces y que, a continuación, lo escaneara parte por parte, como en el barrido parcial. No estoy seguro de si debería escanear todo el cuerpo parte por parte o solo los lugares que no puede sentir durante el barrido.

Respuesta: Después de barrer el cuerpo dos o tres veces, su cliente debe desplazar su atención parte por parte para inspeccionar solo los espacios vacíos, por separado. Esto es así para favorecer que los lugares que no sentimos se vuelvan más obvios. Al centrarnos de manera separada en los espacios vagos o confusos, damos más tiempo para que las áreas interoceptivas del cerebro conecten las neuronas de un modo más eficiente para permitir una mayor prominencia. Su cliente debe permanecer más tiempo –hasta un minuto más o menos– en las áreas en las que no puede sentir nada en absoluto y, a continuación, barrer todo el cuerpo dos o tres veces, e inspeccionar una vez más los espacios vacíos por separado.

Pregunta: Esta semana, una de mis clientas dijo que al practicar advertía algunos recuerdos tristes. Uno de los participantes del grupo dijo lo mismo. ¿Es algo habitual?

Respuesta: Sí, es algo bastante habitual. Cuando escaneamos el cuerpo rápidamente, experimentamos oleadas de sensaciones corporales. En ocasiones, el flujo libre de sensaciones que experimentamos puede desencadenar el recuerdo de un acontecimiento pasado en el que notamos sensaciones similares. Estos *flashbacks* pueden parecer completamente aleatorios y, en otras ocasiones, ser sorprendentemente significativos. En función de las sensaciones que experimentamos podemos recordar experiencias agradables o momentos de miedo, de tristeza o de ira. Recuerde que lo que está ocurriendo no es más que la interacción entre los pensamientos y las sensaciones de los que su clienta toma conciencia al desplazar su atención por el cuerpo. Dígale que haga todo lo posible por no identificarse con estos pensamientos y con estas sensaciones y que no reaccione a ellos. Recuérdele a su clienta que ella *no* es sus pensamientos o sus sensaciones. Si permanece ecuánime con los recuerdos tristes durante la meditación podrá reducir gran parte de esta tristeza en la vida diaria.

Pregunta: ¿Cómo nos libramos de las obsesiones durante la práctica? Tengo un cliente que dice que se queda atascado en los recuerdos sexuales con las mujeres y que, en ocasiones, le llevan a fantasías futuras. Es también una persona que da muchos detalles, y como mujer no estoy segura de cuánto debo permitirle revelar.

Respuesta: Las fantasías sexuales son muy habituales, sobre todo cuando los clientes comienzan con los métodos de barrido. Esto es un «efecto de coemergencia», en el que las sensaciones corporales se convierten en una señal del recuerdo. Si el flujo libre de las sensaciones de hormigueo placenteras que su cliente siente durante el barrido del cuerpo es lo bastante similar a las sensaciones que experimentó cuando se excitó sexualmente en el pasado, puede tener un *flashback* asociado con el acontecimiento, aunque haga mucho tiempo que haya tenido lugar. Existe un efecto similar con los recuerdos relacionados con las drogas. En ocasiones, el flujo extático de las diminutas ondas que oscilan por todo el cuerpo puede ser lo suficientemente similar a una experiencia de felicidad previa inducida por las drogas que hace que se dispare un recuerdo.

Sería razonable explicarle esto a su cliente en primer lugar y, a continuación pedirle que retire su atención de las imágenes y se centre únicamente en la sensación que coemergió en el cuerpo durante su práctica. Esto debe convertirse en una tarea de exposición en sí misma a fin de evitar el refuerzo del deseo. Su cliente tiene que fijar su atención en las sensaciones inicialmente placenteras de manera ecuánime y objetiva (con las cuatro características interoceptivas en mente: masa, temperatura, movimiento y fluidez). Esta exposición interoceptiva provocará un cambio en los primeros 60 segundos, y le mostrará a su cliente lo impermanentes que son las sensaciones, incluso las más agradables. En la siguiente sesión, puede usar esta evidencia para ayudarle a revaluar otras áreas de deseo que obstaculicen su progreso en la vida.

Pregunta: Una clienta de mi grupo dijo que estaba practicando el barrido en masa y que sus dedos, y en ocasiones sus dos manos, se levantaron de su regazo por su cuenta. Le pareció muy extraño, pero continuó con su práctica, y dejó de sucederle unos días después. Lo describió como una especie de levitación. ¿Es esto normal?

Respuesta: Estas experiencias suelen comunicarse y a menudo dejan de producirse al poco tiempo durante este programa, pero en cualquier caso no hay nada de malo en ellas. Algunas personas afirman que sus pies tratan de levantarse por su cuenta. En realidad, hay fenómenos aún más notables que se producen cuando nuestra práctica se profundiza, incluidos los cambios en las habilidades mentales, pero es importante no darles mucha importancia o los clientes comenzarán a desearlos y practicarán la meditación con motivaciones poco saludables. Esto resultaría inútil, porque no podemos desarrollar habilidades saludables usando medios poco saludables. En caso de que esto vuelva a suceder, pídale a su clienta que se limite a advertir su experiencia con curiosidad, ecuanimidad y apego, teniendo en cuenta que también es impermanente.

Pregunta: Mi clienta no ha completado los elementos de la SUDS las dos últimas semanas. Dice que no ha tenido tiempo de hacerlo, pero cuando examinamos aquello en lo que podría trabajar vemos que ha habido algunos problemas importantes; evita a sus amigos porque ha aumentado de peso en estos últimos seis meses, no puede hacer frente a la carga de trabajo y evita la intimidad con su pareja.

Respuesta: ¡Parece que a su clienta se le da bien la evitación! Una vez que haya confirmado que el problema era la evitación y no los meros desafíos logísticos, puede usar el cuestionamiento socrático con cuidado para animarla a intentarlo esta semana. Podría preguntarle: «Entonces, ¿qué crees que te impidió hacer las tareas de exposición esta semana? ... ¿De qué manera te lo impidió? ... Echando la vista atrás, ¿qué crees que podrías haber hecho de una manera diferente para superar tu evitación y llevar a cabo la exposición? ... ¿Cómo crees que te sentirías si fueras capaz de hacerlo y de superar tu evitación?». Si este enfoque no resulta fructífero, remítase al contrato terapéutico y pregúntele a su clienta si sigue estando interesada en completar su lista de indicadores del éxito. Lo más probable es que si su clienta es evitativa, algunos indicadores del éxito estén relacionados con los problemas de la evitación, como: «Quiero ser capaz de socializar sin tener que preocuparme por lo que la gente piensa de mí». El hecho de recordarle a su clienta por qué ha emprendido el programa suele ser efectivo para reestimular su motivación.

Pregunta: Mi clienta quería usar una situación con su nuevo novio porque necesita que entienda que quiere conocerle mejor antes de irse a vivir con él. Ha estado posponiendo la mudanza y quiere usar la exposición bipolar antes de llevar a cabo la técnica de la autoría experiencial. ¿Está eso bien?

Respuesta: Sí, su clienta puede usar la exposición bipolar en primer lugar en caso de necesitarlo. La semana que viene agregará algunas habilidades de comunicación conscientes para mejorar la asertividad, algo que también puede ser útil.

Pregunta: Tengo un cliente que dice que una de las situaciones interpersonales en las que eligió trabajar con la exposición bipolar no parecía tan real cuando se la imaginó, que no produjo las mismas emociones. Se pregunta si lo está haciendo bien.

Respuesta: Esto podría suceder por varias razones. Su cliente podría haber sobrevalorado la dificultad de la tarea y, por consiguiente, no sentirse tan incómodo como pensaba que se sentiría al imaginársela. Desde una perspectiva de la funcionalidad del cerebro, puede que haya desarrollado la suficiente ecuanimidad como para inhibir fácilmente la activación de la amígdala. Esto es lo que habitualmente sucede con este tipo de meditación. Esto puede neutralizar la excitación que habitualmente se asocia a estas u otras imágenes que producen la misma firma interoceptiva, de modo que imaginarse la situación ya no crea la suficiente ansiedad para la tarea. Si este es el caso de su cliente, es probable que practique la autoría experiencial en esta situación sin completar la exposición bipolar en primer lugar.

Otra posibilidad es que su cliente tenga problemas para imaginarse y «adentrarse» en el escenario. Esto podría requerir un mayor esfuerzo, dado que su cliente podría estar tratando de evitar experimentar las sensaciones. Alternativamente, podría escoger otra situación con un nivel similar de angustia. Más adelante puede retomar este elemento inicialmente evitado con mayor confianza. También puede ocurrir que cuando su cliente visualice la situación, esta le ocasione una gran angustia. Puede que en el pasado evitara estas sensaciones angustiantes disociándose. De ser este el caso, podría no ser capaz de notar fácilmente las sensaciones porque haya aprendido a suprimirlas. Es muy probable que esto cambie si continúa practicando de manera precisa.

**Documento 7.1.**
**Barrido en masa**

Enhorabuena por haber llegado a la etapa 3 de este programa; ¡hace falta mucho coraje! La etapa 3 consiste en un entrenamiento de las habilidades sociales y en una práctica de la meditación más avanzada. Este documento examina únicamente el aspecto de la meditación. El lector ya ha comenzado a barrer su atención en grandes áreas de su cuerpo y ha experimentado algunas sensaciones vibrantes o de hormigueo suaves. Ahora está listo para aprender el tercer tipo de método de escáner avanzado, denominado barrido en masa. «En masse» es un término francés que significa «en masa» o «completo». Usamos este término porque así se tradujo de los textos antiguos y porque nuestros propios maestros también lo usan. Esta técnica le enseñará a deshacerse de los apegos y los deseos inútiles. También puede ayudarle a lidiar con las emociones fuertes que aparecen de repente, como la tristeza, la ira y el miedo.

Las instrucciones de audio para el barrido en masa se encuentran en la pista 14 de la lista MP3. Escuche la breve introducción de la pista de audio 13 antes de la primera práctica. Acuérdese de practicar por su cuenta el barrido en masa durante otros 15 minutos cuando haya acabado la pista de audio, de manera que cada sesión tenga una duración de 30 minutos. Como de costumbre, use el Registro diario de la Práctica de la Meditación *Mindfulness*» (documento 7.5) para registrar su práctica diaria de la semana.

El barrido en masa implica desplazar su atención de manera continua por todo el cuerpo sin interrumpir el «flujo» de la atención. Como siempre, tendrá que escanear el cuerpo en sentido descendente, desde la parte superior de la cabeza hasta la punta de los dedos de los pies y, a continuación, en sentido ascendente, desde los dedos de los pies a la cabeza. Inspeccione el cuerpo de este modo de forma ininterrumpida dos o tres veces y, a continuación, desplace su atención separadamente, parte por parte, a los espacios vacíos o a las áreas que resulten vagas o muy débiles. Es normal encontrar espacios vacíos, así que continúe barriendo y trabajando en esos puntos poco claros más adelante, concéntrese en ellos durante aproximadamente medio minuto, y pase luego al siguiente espacio vacío. Cuando haya trabajado en cada uno de los espacios en blanco, vuelva a desplazar su atención por todo el cuerpo a modo de barrido. Como es habitual, los pensamientos pueden interrumpir el flujo. Esto es de esperar. Limítese a recentrar su atención en la parte del cuerpo que está escaneando, permanezca con una actitud paciente, tolerante y ecuánime, ¡y manténgase firme en su determinación de prestar atención a la tarea!

**Desarrollar su ecuanimidad con deseo**

Esta práctica le ayuda a desarrollar la «ecuanimidad», esto es, la capacidad para mantener la calma en cualquier situación. Acuérdese de permanecer ecuánime incluso cuando experimente sensaciones muy sutiles y agradables. Dado que el hecho de notar un flujo de sensaciones muy agradables (en ocasiones maravillosas) nos trae a la mente acontecimientos pasados en los que experimentamos las mismas sensaciones, nuestro reflejo consiste en tener la misma actitud. Queremos más; ¡lo deseamos! Por desgracia, esto entrena a la mente para desear las cosas que no puede tener, lo que crea insatisfacción en la vida. Entre otros ejemplos podemos citar un trabajo con el que disfrutábamos y que ya no tenemos, una pareja a la que amamos y que ya no vemos, los éxitos o placeres que disfrutamos y que ya no existen, o un estilo de vida que no podemos tener desde que decidimos formar una familia.

Después de haber entrenado durante un tiempo para no desear las sensaciones agradables durante la práctica, ¡su cerebro recibirá el mensaje! Comenzará a conectarse dependiendo de cómo lo haya entrenado durante la práctica de la meditación, y usted comenzará a notar que puede aplicar fácilmente esta habilidad a todo tipo de situaciones de la vida. Será capaz de advertir los deseos como meras sensaciones. Por ejemplo, cuando piense: «Realmente necesito un café (o un cigarrillo, una copa o un aperitivo) ahora mismo», será capaz de experimentar las sensaciones en su cuerpo, de permanecer ecuánime y de evitar el comportamiento que realmente no quiere llevar a cabo. Se familiarizará con el hecho de que todas las sensaciones cambian, incluso las agradables, de modo que no tendrá que tomárselas tan en serio o como algo personal. Espere un rato y cambiarán, como el tiempo. Es posible que experimente sensaciones extremadamente agradables durante alguna de sus sesiones de la práctica. Si todavía no las ha sentido, puede que aparezcan con la práctica regular. Si está notando estas sensaciones muy agradables, no se enganche a ellas, porque también son impermanentes; pasarán, al igual que las demás sensaciones. La naturaleza de todas las sensaciones consiste en surgir y desaparecer.

## Documento 7.2.
## Autoría experiencial

El segundo aspecto de la etapa 3 de este programa le enseña a aplicar sus habilidades del *mindfulness* en compañía de otras personas y a interactuar con ellas de una manera más armoniosa. Como habrá advertido, cuando está estresado u otra persona está tensa no resulta sencillo comunicarse de un modo fructífero, porque todo el mundo está reaccionando; existe una falta de ecuanimidad en nuestras interacciones. En la etapa 1 del programa aprendió a no reaccionar ante su propia experiencia desagradable. Ahora, en la etapa 3, está listo para aplicar su nueva sabiduría a las interacciones con otras personas no reaccionando a *su* reactividad. Esta habilidad no solo resulta muy útil por sí sola, sino que también sentará una base muy importante para desarrollar una comunicación asertiva en nuestra siguiente sesión. Así pues, las habilidades que aprenderá esta semana son necesarias para el aprendizaje del siguiente conjunto de habilidades.

Cuando experimente una emoción esta semana, continuará advirtiendo el pensamiento que podría haber creado y evitando su propia reactividad, pero también observará la reactividad de las otras personas y permanecerá ecuánime al respecto. Se entrenará para ver la reactividad de la gente, incluso hacia usted, como expresión de su propio sufrimiento. Recuerde experiencias en las que usted mismo reaccionara emocionalmente mientras estaba enfadado; ¿resulta agradable? ¿Está feliz? Nadie está triste, avergonzado, enfadado, feliz y tiene miedo al mismo tiempo. Simplemente sufrimos y expresamos nuestra insatisfacción a través de nuestra reactividad. Esto se debe a que, en el fondo, estas emociones están hechas de sensaciones corporales muy desagradables, y la gente que no recibe formación en *mindfulness* reacciona a la situación externa en un intento por sentirse mejor. Por consiguiente, si alguien reacciona emocionalmente con usted, en realidad está reaccionando a causa de sus propias sensaciones y asume que se siente así por culpa de usted. También usted lo hizo... ¡todos lo hicimos! Ahora bien, esta persona solamente está sufriendo.

Nuestras reacciones suelen incluir algunos hábitos de evitación. Por desgracia, evitar hablar mal, decir no o evitar a las personas por completo es tan destructivo como el tipo de evitación con el que ha estado trabajando en las últimas semanas. Las investigaciones demuestran que el modo en que nos relacionamos con los demás tiene una gran importancia en nuestra salud mental. Cuando esta manera de relacionarnos resulta poco hábil, contribuye a la depresión y la ansiedad. A esto se añade el hecho de que las personas no son conscientes de lo que realmente está sucediendo dentro de sí mismas cuando reaccionan las unas frente a las otras. No son capaces de buscar en el lugar correcto para aumentar su conciencia y cambiar sus hábitos. Ahí es donde las nuevas habilidades que aprenderá esta semana pueden marcar una gran diferencia para usted y para los demás.

El lector aprenderá a aplicar su ecuanimidad en situaciones moderadamente desafiantes con otras personas, y para ello empleará un método denominado «autoría experiencial». Este método le ayudará a reconocer dónde recae la responsabilidad cuando las personas están agitadas o enfadadas, en lugar de sentirse culpables, temerosas o de tener la necesidad de evitar una discusión. Aprenderá a establecer límites saludables con las emociones de las personas, y para ello tendrá en cuenta que la gente es responsable de sus emociones. Por eso, si pensamos: «Ella *hizo* que me enfadara», en realidad esto no es cierto. Como habrá aprendido en la formación anterior, es el modo en que *interpretamos* una situación el que causa las sensaciones en nuestro cuerpo, y cuando las sensaciones son muy desagradables, habitualmente reaccionamos para sentirnos mejor.

La autoría experiencial le enseña a responsabilizarse de lo que siente, y evita que se responsabilice de lo que sienten los demás, de una manera amable y sensata. Esto implica «poseer» su experiencia y «desposeer» la experiencia de los demás mientras permanece ecuánime. Esta semana se le invita a practicar la «autoría experiencial» tan a menudo como sea posible, pero al menos en dos situaciones diferentes, ya que el hecho de hacerlo una sola vez podría llevarle a creer que su éxito se debió únicamente a que ha «tenido suerte esta vez». El documento 7.3 explica cómo practicar este método y le prepara para ello.

## Documento 7.3.
## La práctica de la autoría experiencial

### Escoger las situaciones apropiadas

Ahora que sabe cómo usar la exposición como una técnica para aprender a lidiar de manera diferente con las situaciones, puede aplicar el mismo enfoque para lidiar de manera diferente con las personas allí donde pueda haber algo de tensión. Piense en algunas situaciones tensas que pueda usar. Por ejemplo, quedar con un amigo que dijo o hizo algo que le molestó en el pasado, tomar un té o un café con compañeros de trabajo que ha estado evitando en la zona de empleados, permitir que su suegra le visite a pesar de su costumbre de decirle cómo debe criar a sus hijos, o pedirles a sus hijos que dejen el ordenador, la tableta o el teléfono móvil y que vengan a cenar. Deben ser situaciones en las que usted y la otra persona probablemente se sientan incómodas. El hecho de enumerar algunas de ellas en una hoja de papel y de puntuar cada situación con un porcentaje de angustia esperada, del mismo modo que hizo con los otros elementos en la sesión 5, cuando aprendió la exposición bipolar, resulta útil.

### Practicar la técnica

*Paso 1 – Responsabilizarse de su propia experiencia*

Mientras se encuentre en una situación tensa, escanee su cuerpo muy rápidamente barriéndolo en dos o tres segundos –tal y como practica ahora al barrido en masa, pero más rápido–. Advierta las sensaciones mientras permanece ecuánime y asuma *toda la responsabilidad* por su experiencia. Esto implica asumir la «autoría» de la experiencia sin presuponer que las sensaciones son suyas o son usted. Tenga presente que nadie le pone «mariposas en el estómago» o le hace sentir calor cuando está enfadado o avergonzado. Por fortuna, nadie tiene el poder de hacer eso. Incluso aunque alguien sea rudo con usted, solo su mente puede crear estas experiencias y, por consiguiente, nada más que su mente es responsable de ellas. Esto, por sí solo, resulta tranquilizador y reduce nuestra reactividad.

*Paso 2 – Reconocer la experiencia del otro*

Centre ahora su atención en la otra persona y «escanee *su* cuerpo», por así decirlo. Advierta de manera discreta lo que podría estar sintiendo esa persona. Para ello, observe aspectos como su postura, su respiración, su contacto visual, el nivel y el tono de su voz, la velocidad y la elección de las palabras, el posible rubor en su cara, su inquietud o el estiramiento de su cuello o sus hombros. Sea discreto o parecerá un poco extraño, lo que podría hacer que la otra persona se irritara. Trate de no juzgar lo que ve (p. ej., «¡está muy estresada!»). En lugar de ello, limítese a advertir que su cerebro reacciona de manera automática a las sensaciones corporales que esta persona está experimentando. Si observa cuidadosamente y no juzga, podrá adivinar qué clase de sensaciones está experimentando. Después de todo, por lo general sentimos lo mismo cuando reaccionamos. El cerebro está conectado para ayudarnos con este tema. En la parte frontal superior del cerebro existen unas células nerviosas denominadas «células espejo» que nos hacen saber qué les pasa a las otras personas. No podríamos haber sobrevivido socialmente sin ser capaces de reconocer cuándo alguien está feliz o enfadado. A medida que nos quedamos menos atrapados en nuestras propias emociones, nos damos cuenta de lo que les pasa a los demás y vemos que se sienten muy incómodos cuando son sensibles; están sufriendo. Una vez que haya reconocido el sufrimiento de esa persona, acéptelo como lo que es. Véalo como un reflejo de lo que todos experimentamos a partir del desconocimiento de cómo funcionan las cosas dentro de nosotros mismos. Véalo como una parte de la condición humana, y no como la «malicia» de esa persona. De hecho, estará practicando «*el arte de ver el sufrimiento*», no el mal.

*Paso 3 – Renunciar a la responsabilidad de la experiencia del otro*

Advierta rápidamente que como nadie le pone «mariposas en el estómago» o le hace sentir calor cuando está enfadado en avergonzado, usted no es quién para hacérselo a otra persona. A menos que exista un contacto físico o que usted contribuya deliberadamente al malestar de la otra persona, no puede responsabilizarse de ello y de las sensaciones que experimenta. Solo esa persona es responsable de las sensaciones que experimenta en su cuerpo, del mismo modo que solo usted es responsable de las sensaciones que experimenta en el suyo. Trate de no enfadarse o sentirse culpable por cómo se siente la otra persona.

*Paso 4 – Ofrecer una respuesta útil*

Por supuesto, el hecho de no responsabilizarse de la experiencia del otro no significa que no le importe. Al contrario, cuando no se ve afectado por las emociones fuertes y permanece ecuánime puede permanecer lúcido y tranquilo, y hay lugar en su corazón para algo de compasión. No es sencillo ser compasivo cuando experimentamos emociones negativas. Es su capacidad de ver cómo los demás crean su propio sufrimiento y de no identificarse con su experiencia ni reaccionar a sus sensaciones la que le llevará a mantener una actitud amable ante la situación, manejándola de manera más efectiva. Esto puede implicar ofrecer afirmaciones empáticas sencillas, como: «Solo quería saber qué había pasado y no pretendía que te irritaras, pero no tienes que responderme ahora si no quieres», o: «Lamento que te sientas así; solo te pedí que te fueras a la cama porque me preocupo por ti». La próxima semana trabajaremos en la comunicación asertiva, así que siga formulando respuestas sencillas esta semana.

*Resumen de los pasos*

1. Escanee su cuerpo rápidamente; advierta y acepte (posea) cualquier sensación que esté experimentando.
2. «Escanee» el cuerpo de la otra persona y adivine el tipo de sensaciones que podría estar experimentando (si siente que la otra persona está tan enfadada que podría adoptar una actitud agresiva, quizá lo prudente sea alejarse de la situación y dejar que se calme).
3. Recuerde que usted no es responsable de los sentimientos de la otra persona; solo ella puede crear sensaciones corporales en su cuerpo. Acepte que está teniendo una experiencia difícil y que sus sensaciones desagradables son consecuencia de sus pensamientos.
4. Haga un simple comentario si lo cree apropiado. Puede que sea mejor no decir nada mientras las sensaciones de la otra persona comienzan a calmarse.

*Usar la exposición bipolar a modo de preparación*

Use ahora el mismo método de exposición bipolar que empleó anteriormente: imagínese la situación y piense, en primer lugar, en el peor escenario posible; haga una breve pausa y, a continuación, piense en el mejor escenario posible. Permanezca ecuánime durante todo el ejercicio. Lleve a cabo al menos dos sesiones de exposición bipolar (puede que necesite más para las cuestiones más intensas) y, a continuación, haga frente a la situación en la vida real, como explicábamos antes. Intente abordar diferentes situaciones durante la semana. Tal vez descubra que puede hacer frente a algunas situaciones sin la exposición previa.

**Documento 7.4.**
**Deberes**

1. Practicar el barrido en masa dos veces al día.
2. Enumerar diferentes situaciones en las que el cliente podría sentirse tenso con una persona. Elegir algunas de ellas para usarlas en la exposición de esta semana y enumerarlas según el nivel de angustia.
3. Practicar la autoría experiencial en un mínimo de dos situaciones esta semana.
4. Usar la exposición bipolar entre dos y cuatro veces antes de hacer frente a la situación más difícil en la vida real. Puede que el cliente no necesite la exposición bipolar en las situaciones más moderadas.
5. Completar el Registro diario de la Práctica de la Meditación *Mindfulness* (documento 7.5).

## Documento 7.5.
## Registro diario de la Práctica de la Meditación *Mindfulness*

| Día | Fecha | Mañana *(rodee con un círculo)* | Duración | Calificación de la eficacia *Evalúe de 1 a 10 lo bien que ha advertido las distracciones y ha traído de vuelta su atención al cuerpo. 1=nada bien; 10=extremadamente bien* | Noche *(rodee con un círculo)* | Duración | Calificación de la eficacia *Evalúe de 1 a 10 lo bien que ha advertido las distracciones y ha traído de vuelta su atención al cuerpo. 1=nada bien; 10=extremadamente bien* |
|---|---|---|---|---|---|---|---|
| Lunes | | He practicado Sí / No | | | He practicado Sí / No | | |
| Martes | | He practicado Sí / No | | | He practicado Sí / No | | |
| Miércoles | | He practicado Sí / No | | | He practicado Sí / No | | |
| Jueves | | He practicado Sí / No | | | He practicado Sí / No | | |
| Viernes | | He practicado Sí / No | | | He practicado Sí / No | | |
| Sábado | | He practicado Sí / No | | | He practicado Sí / No | | |
| Domingo | | He practicado Sí / No | | | He practicado Sí / No | | |

## Referencias adicionales

Lacoboni, M., «Imitation, empathy, and mirror neurons»: *Annual Review of Psychology*, 60 (2009), 653–670.

# Sesión 8: Habilidades de comunicación conscientes

*El ingrediente más importante en la fórmula del éxito*
*es saber cómo llevarse bien con las personas.*
—Theodore Roosevelt

## Introducción

Este capítulo ofrece orientación para implementar la segunda parte de la etapa 3, durante la cual el terapeuta le enseñará al cliente a aplicar sus habilidades del *mindfulness* para mejorar la comunicación interpersonal. La semana pasada, su cliente aprendió a responsabilizarse de su propia experiencia mientras seguía siendo consciente de las experiencias de los demás, de sus señales no verbales. Esta semana, su cliente mejorará sus habilidades de la comunicación verbal. Aprenderá a superponer su nueva capacidad para «ver el sufrimiento de los demás» con un enfoque verbal tolerante y asertivo para ayudarle a abordar las situaciones desafiantes que ocasionan un malestar mutuo. Los clientes aprenden a tener la suficiente confianza como para expresar su punto de vista y sus necesidades, al tiempo que se sienten menos ansiosos, culpables, avergonzados o incómodos. El hecho de desarrollar habilidades de comunicación conscientes permitirá que su cliente aprenda que el mensaje debe ser más fuerte que el mensajero, y no al revés. Su cliente aprenderá esta semana un modo más profundo de escanear el cuerpo, el «escáner transversal», que proporciona un medio para neutralizar y extinguir los hábitos emocionales complejos e inútiles más arraigados.

## Comprobar la disposición del cliente

Su cliente lleva practicando el barrido en masa durante una semana. Compruebe cómo le ha ido la práctica, si puede ocuparse de las sensaciones de todo el cuerpo en un único flujo y si es capaz de experimentar sensaciones sutiles –vibraciones hormigueantes, por ejemplo– por todo el cuerpo. En tal caso, ¿será capaz de ser ecuánime ante estas experiencias agradables? Tal vez haya comenzado a advertir que la vida parece un poco más sencilla. Conviene recordarle que el cerebro que medita es también el cerebro que funciona en la vida diaria, y que, por consiguiente, nuestra experiencia de la meditación refleja o determina nuestra experiencia en la vida cotidiana; un contexto predice el otro, a causa de la neuroplasticidad. Si su práctica meditativa se ha vuelto más fluida, su experiencia de la vida diaria también parecerá más fluida, y viceversa. Compruebe también si su cliente fue capaz de practicar la tarea de la autoría experiencial y cómo le fue. ¿Fue capaz de aguantar situaciones tensas con los demás? ¿Permaneció ecuánime pese a la tentación de escapar o de discutir?

Y, lo más importante, ¿pudo percibir su cliente el sufrimiento de los demás (excitación, retraimiento, etc.) como lo que es –simplemente sufrimiento–? En otras palabras, ¿pudo percibir la reactividad de alguien como un reflejo del sufrimiento *universal* debido a su falta de conocimiento, en lugar de juzgarla y atribuírsela a la persona con la que interactuó? En la medida de sus posibilidades, su cliente practicó la «ausencia de ego», que a su vez promueve la aceptación y la empatía. Haga todo lo posible por validar incluso las «pequeñas gotas» de estas cualidades mentales. Estas gotas son como semillas nutridas por la validación del terapeuta; a menudo es el único alimento que reciben.

### *Retrasar el siguiente paso*

Si su cliente no ha sido capaz de practicar lo suficiente usando el método del barrido, deberá continuar practicándolo durante algunos días más, o durante una semana si fuera necesario. No se espera que su cliente experimente un flujo libre de sensaciones cada vez que practica; sentirlo solo parte del tiempo es bastante común. Estas experiencias, como todas las demás, son impermanentes y deberían observarse con ecuanimidad. Merece la pena hablar de ello con los clientes. Si han practicado el barrido en masa y ocasionalmente pueden sentir todo el cuerpo en un único flujo de la atención, pueden avanzar al siguiente paso y comenzar a practicar el escáner transversal.

Por lo que respecta a la tarea de la autoría experiencial, en ciertas ocasiones los clientes se atoran un poco con la logística y afirman no haber tenido la oportunidad de encontrar situaciones tensas. Esto puede ser cierto, pero también puede estar motivado por la evitación, sobre todo si los clientes presentaban inicialmente ansiedad social o rasgos evitativos. Debemos combinar nuestra paciencia y nuestra tolerancia con una posición firme sobre la tarea, o podríamos fomentar de manera inintencionada su evitación. Recuerde que el modo en que enseñamos estas habilidades sirve también de modelo e influye en los clientes; nuestra intervención no se limita a la ejecución de la tarea, de modo que si evitamos abordar su evitación, modelamos su evitación.

Si su cliente todavía no ha sido capaz de practicar la autoría experiencial, tal vez sea preferible que posponga el siguiente ejercicio, que implica una comunicación asertiva. La razón de ello es que es mejor que contextualice en primer lugar su ecuanimidad en situaciones interpersonales tensas antes de agregar la comunicación asertiva, algo que no resultaría efectivo si carece de ecuanimidad.

## Escáner avanzado: escáner transversal

Las técnicas del escáner que se enseñan en la TCCMi se suceden de tal manera que, a medida que se desarrolla la plasticidad cerebral y se establecen nuevas conexiones, los clientes empiezan, de manera natural, a notar sensaciones más sutiles y pueden pasar a practicar el siguiente método avanzado. Cuando los clientes han aprendido un determinado método del escáner, a menudo consideran natural pasar al siguiente método sin ser conscientes de ello. Cuando les pedimos que empiecen a practicar un método más avanzado, a menudo dicen que ya han comenzado a hacerlo de manera «intuitiva» o «natural». Pídale a su cliente que piense en los inicios del programa, cuando empezó el escáner del cuerpo parte por parte. Quizá advirtió sensaciones bilateralmente antes incluso de pasar a la exploración simétrica. Tal vez experimentara sensaciones hormigueantes o fluidas antes de pasar a los métodos del barrido. Puede que fuera capaz de experimentar sensaciones internamente antes de dar comienzo al escáner transversal. Este es un proceso muy «orgánico». Le decimos al cerebro qué tiene que hacer y esperamos a que nos diga que está listo para seguir adelante. La mente y el cerebro trabajan en armonía, como en una buena relación maestro-estudiante.

El escáner transversal permite unos niveles más profundos de conocimiento de las sensaciones más sutiles y de los pensamientos asociados, al tiempo que continúa aumentando la ecuanimidad. Esto permite acceder a toda clase de recuerdos agradables y desagradables y a esquemas que podrían haber resultado inútiles durante algún tiempo. Con esta práctica no debería quedar ningún cabo suelto; la carga emocional que va unida a los esquemas acumulados se neutraliza poco a poco. Los niveles más profundos de ecuanimidad que se desarrollan con el escáner transversal nos permiten hacer frente a las dificultades interpersonales de una manera calmada y consciente y abordarlas con una comprensión clara y una comunicación asertiva.

### *El método*

Este método del escáner requiere que pasemos nuestra atención de manera transversal por todo el cuerpo. Para ello comenzamos horizontalmente en la parte frontal y nos desplazamos a la parte trasera y, a continuación, pasamos de la parte trasera a la parte delantera, centrándonos cada vez en una pequeña área de aproximadamente 8 centímetros de diámetro. Comenzamos por la cabeza y descendemos de modo sistemático por el cuerpo. Comenzamos en la frente y escaneamos lentamente el interior de la cabeza hasta llegar a la parte trasera, notando (sin imaginar ni visualizar) tantas sensaciones como sea posible por el camino. Una vez que alcanzamos la parte trasera de la cabeza, hacemos lo mismo con un área adyacente de la cara de aproximadamente 8 centímetros de diámetro y desplazamos nuestra atención desde la parte frontal hasta la parte trasera, experimentando tantas sensaciones como sea posible por el camino. Inspeccionamos toda el área de la cabeza de este modo.

Una vez que hayamos inspeccionado toda nuestra cara desde la parte frontal a la parte trasera, escaneamos esa *misma área* desde la parte trasera de la cabeza hasta la cara. Cuando hayamos examinado toda la cabeza (de delante hacia atrás y de atrás hacia delante), pasamos a la siguiente área, el cuello, desplazando en primer lugar nuestra atención con cuidado desde la garganta a la parte trasera del cuello y, a continuación, regresando desde la parte trasera del cuello a la garganta, advirtiendo todas las sensaciones por el camino mientras permanecemos ecuánimes. Todo el cuerpo se escanea del mismo modo en sentido descendente hasta los dedos de los pies, en este orden: hombros, brazos y manos, torso, piernas, pies y dedos de los pies. Una vez que hemos inspeccionado todo el cuerpo de manera transversal volvemos a hacerlo en sentido ascendente, desde los dedos de los pies a la cabeza, completando así el ciclo.

Recuérdele a su cliente que adopte una actitud no crítica y ecuánime mientras lleva a cabo el escáner, y que siga siendo consciente de que cada sensación es un indicador de cambio. Su cliente debe entender que el cambio es continuo e impersonal, y no algo que haya que poseer o con lo que haya que identificarse; lo que está cambiando no es «suyo». Vale la pena recordar que no estamos escaneando los músculos ni los órganos, sino que estamos activando las vías neuronales en el córtex somatosensorial y en el córtex insular, áreas en las que el cuerpo está representado, lo que permite experimentar las sensaciones corporales. Un ejemplo de ello lo constituyen las personas que han sufrido una amputación y que todavía pueden sentir dolor «en» un miembro amputado. Esto se describe en la bibliografía como el «síndrome del miembro fantasma»[1]. Aunque la extremidad haya sido extirpada (p. ej., después de un accidente), las células del cerebro asociadas a la sensación de esta parte del cuerpo siguen funcionando y producen señales nociceptivas (dolor) aunque la parte del cuerpo ya no esté ahí. Las sensaciones se experimentan cuando la atención que prestamos a una parte del cuerpo activa las áreas cerebrales somatosensorial e insular[2].

## Comunicación asertiva

### *Propósito de integrar la asertividad*

De acuerdo con el *Diccionario Médico de Dorland*[3], la asertividad es «una forma de comportamiento caracterizado por una declaración de confianza o por una afirmación de una declaración sin necesidad de prueba, lo que afirma los derechos o el punto de vista de la persona sin amenazar agresivamente los derechos de otro (asumiendo una posición de dominio) o permitir de forma sumisa que otro ignore o niegue sus propios derechos o su punto de vista». Existe una relación clara entre una asertividad deficiente y la depresión –cuanto menos asertiva es una persona, más probabilidades tiene de estar más deprimida–, y se ha demostrado que el nivel de asertividad de alguien predice mejor la depresión que su historial de episodios depresivos[4]. Resulta que las personas con depresión suelen temer el rechazo y tienen más probabilidades de ser no asertivas y sumisas[5].

1. V. S. Ramachandran y S. Blakeslee, *Phantoms in the brain: Human nature and the architecture of the mind*, Fourth Estate, Londres, UK 1998 (trad. esp.: *Fantasmas en el cerebro*, Editorial Debate, Barcelona 1999).
2. Para más información sobre este tema, véanse V. Menon y L. Q. Uddin, «Saliency, switching, attention and control: a network model of insula function»: *Brain Structure and Function*, 214 (2010), 655–667. doi:10.1007/s00429-010-0262-0 y L. Q. Uddin, «Salience processing and insular cortical function and dysfunction»: *Nature Reviews Neuroscience* (2014). doi:10.1038/nrn3857
3. Dorland, *Dorland's Illustrated Medical Dictionary*, Elsevier-Saunders, Philadelphia, PA 2011[32] (trad. esp.: Diccionario Dorland enciclopédico ilustrado de medicina, Elsevier España, Barcelona 2005).
4. S. G. Ball, M. W. Otto, M. H. Pollack y J. F. Rosenbaum, «Predicting prospective episodes of depression in clients with panic disorder: A longitudinal study»: *Journal of Consulting and Clinical Psychology*, 62 (1994), 359–365.
5. K. A. Pearson, E. R. Watkins, E. G. Mulla y N. J. Moberly, «Psychosocial correlates of depressive rumination»: *Behaviour Research and Therapy*, 48 (2010), 784–791.

La práctica de la asertividad se emplea para reducir la evitación, así como la agresión, en los programas de manejo de la ira[6]. Existen muchas evidencias de que la asertividad disminuye la angustia en diferentes situaciones[7].

La influencia de las habilidades del *mindfulness* para apoyar la comunicación efectiva también ha quedado bien documentada[8], pero la meditación por sí sola no enseña la comunicación verbal. Si su cliente carece de asertividad (i. e., es demasiado pasivo, agresivo, complaciente y no es lo bastante sincero con los demás) y es un mal comunicador verbal, la probabilidad de recaer en la depresión y en la ansiedad se incrementa. He aquí otro ejemplo de por qué la integración del *mindfulness* y la TCC es más ventajosa que la meditación *mindfulness* por sí sola en los contextos de la salud mental. También nos recuerda que un método transdiagnóstico debe abordar tanto los factores micro (pensamientos y emociones) como los macro (factores interpersonales) que precipitan, refuerzan y mantienen un trastorno.

En esta etapa del programa, su cliente ya ha aprendido a aceptar y a responsabilizarse de cómo se siente y a no reaccionar ante las reacciones de los demás. Ahora está en mejores condiciones de comprender cómo se sienten los demás y de respetar su malestar, pero todavía no ha integrado la habilidad de la comunicación verbal. La asertividad implica ser capaz de decir lo que creemos, necesitamos o queremos de una manera clara y no reactiva. Una persona asertiva actúa con confianza y no tiene miedo de expresar lo que necesita

6. W. C. Huey y R. C. Rank, «Effects of counselor and peer-led group assertive training on Black adolescent aggression»: *Journal of Counseling Psychology*, 31 (1984), 95–98.
7. R. M. McFall y C. T. Twentyman, «Four experiments on the relative contributions of rehearsal, modeling, and coaching to assertion training»: *Journal of Abnormal Psychology*, 81 (1973), 199–218; S. Lee y M. Swanson Crockett, «Effect of assertiveness training on levels of stress and assertiveness experienced by nurses in Taiwan, Republic of China»: *Issues in Mental Health Nursing*, 15 (1994), 419–432.
8. A. Alkoby, E. Halperin, R. Tarrasch y N. Levit-Binnun, «Increased support for political compromise in the Israeli-Palestinian conflict following an 8-week mindfulness workshop»: *Mindfulness* (2017). doi:10.1007/s12671-017-0710-5; S. M. Jones y W. Hansen, «The impact of mindfulness on supportive communication skills: three exploratory studies»: *Mindfulness*, 6 (2015), 1115–1128. doi:10.1007/s12671-014-0362-7

decir. Se asegura de que los demás no ignoran sus necesidades o su punto de vista. Tiende a centrarse en el problema que se está discutiendo, más que en la persona con quien lo está discutiendo. Antes de examinar por qué la asertividad resulta importante para el bienestar psicológico de su cliente, convendría explicar por qué es difícil ser una persona asertiva.

### *Razones de la falta de asertividad*

Una de las razones de una asertividad deficiente es la falta de habilidades verbales y de regulación emocional. Muchas de las personas que vemos en la terapia no tuvieron la oportunidad de aprender a comunicarse de manera hábil. Es probable que luchen por ser asertivas sin conciencia ni ecuanimidad porque tienden a reaccionar para manejar su malestar. Otra razón para carecer de asertividad es la sobreidentificación con nuestros puntos de vista. Esto crea actitudes y estados emocionales que desentonan con la asertividad; podemos ser engreídos y enérgicos, sentirnos derrotados y ser temerosos, o indignos y despreciados. Por ejemplo, podríamos aferrarnos a la creencia de que si alguien se compromete a hacer algo y no lo hace tenemos derecho a enfadarnos. Los clientes se benefician al comprender que cuando más piensan que están en lo cierto (y, por consiguiente, que la otra persona se equivoca), peor se sienten cuando su punto de vista resulta invalidado por los demás, aunque en realidad tengan «razón» sobre una cuestión. No es muy habitual encontrarse con gente que es consciente de que *tener razón no nos hace felices*. El hecho de examinar esto con los clientes resulta útil, en términos del apego a nuestro sentido del yo. La mayoría de las personas, incluso aquellas que presentan un estilo pasivo, tienden a asumir internamente que «yo» estoy en lo cierto, que este es «mi» punto de vista y que, por consiguiente, este punto de vista es parte de «mí». Sobreidentificarse con *cualquier* punto de vista («correcto» o «incorrecto») lleva a la siguiente presunción subconsciente: «Como este punto de vista es *mío* y, por consiguiente, es una parte de *mí*, quienquiera que lo invalide me invalida a mí». Como podrá imaginar el lector, es probable que un niño que crece en un ambiente invalidante o despectivo acumule la exposición a tales suposiciones y desarrolle esquemas de inutilidad.

Cuando se trata de los estilos comunicativos y de los rasgos de la personalidad asociados, no podemos pasar por alto la importancia de las cuestiones psicodinámicas y de los esquemas que ha adoptado la gente durante la infancia (p. ej., «un padre y un marido digno debe ser un macho alfa, y una mujer y una esposa digna debe ser dócil y sumisa»). Si bien esto se reconoce y se considera en la TCCMi, los terapeutas de la TCCMi no limitan su intervención a una mera comprensión de los esquemas cognitivos, y están más interesados en la dinámica del momento presente. Este enfoque resulta coherente con el marco teórico de la TCCMi, i. e., el modelo de coemergencia de refuerzo (véase el capítulo 2).

El modelo de coemergencia que trató con su cliente en la sesión 3 lo deja bien claro: cuanto más pensemos que nuestro punto de vista sobre una cuestión es *personalmente* importante, más intensas serán las sensaciones corporales que coemerjan con este punto de vista. Cuando aplicamos esto a la asertividad, la creencia de una persona de que no debería ser asertiva porque podría molestar a otras personas solo se sostiene por sus sensaciones corporales coemergentes desagradables, que son percibidas como una amenaza. Por asociación, ser asertivo se convierte en la amenaza, por cómo parece crear sensaciones viscerales. Estudios conductuales y del cerebro recientes proporcionan pruebas que apoyan esta conceptualización, demostrando que la experiencia de las sensaciones corporales activa un comportamiento de acercamiento-evitación con independencia de lo que podamos estar pensando de manera consciente[9]. Al no hacer valer sus necesidades, esta persona evita el malestar. Por muy arraigada que pueda estar esta evitación, sigue dependiendo de una reacción aprendida a las sensaciones corporales, y *todas las cosas que se aprenden pueden desaprenderse*.

9. R. Krieglmeyer, R. Deutch, J. De Houwer y R. De Raedt, «Being moved: Valence activates approach-avoidance behavior independent of evaluation and approach-avoidance intentions»: *Psychological Science*, 21 (2010), 607-613. doi:10.1177/0956797610365131; M. M. Rogers-Carter, J. A. Varela, K. B. Gribbons, A. F. Pierce, M. T. McGoey, M. Ritchey y J. P. Christianson, «Insular cortex mediates approach and avoidance responses to social affective stimuli»: *Nature Neuroscience* (2018). doi:10.1038/s41593-018-0071-y

### *Conceptualizar la experiencia de la comunicación*

Resulta útil conceptualizar uno de los casos anticipados o anteriores de su cliente de una deficiente comunicación asertiva usando el Diario de Hábitos Reactivos (véase el documento 3.1). El terapeuta puede agregar el desencadenante (la situación), la experiencia perceptual del desencadenante por parte del cliente (cómo experimentó esa situación), su valoración al respecto (su evaluación y el significado / esquema derivado), cómo le hizo o le hace sentir para pensar de ese modo (qué clase de sensaciones coemergentes surgieron, y dónde), y qué hizo su cliente para sentirse aliviado (su reacción aversiva, como desahogarse o evitar). Esto ayuda al cliente a llevar su atención al presente y a sentirse empoderado ante la posibilidad de desarrollar habilidades, en lugar de culpar a sus males de su pasado o su personalidad.

Imagine, por poner un ejemplo, que tiene una clienta con una baja autoestima, una escasa confianza en sí misma, un estilo pasivo de comunicación y una tendencia a sentirse victimizada. En lugar de asumir que no puede enfrentarse a su marido porque tenía un padre fuerte e intimidante a quien temió durante toda su vida, la conceptualización del caso por medio del modelo de coemergencia podría mostrarle que lo único que verdaderamente teme es la configuración de las sensaciones corporales (la «firma del miedo»). Esto le permitiría comprender que esta situación se puede resolver con entrenamiento (desensibilización), y también le permitiría asumir la responsabilidad del cambio y sentirse empoderada por el proceso.

Para que un mensaje se comunique de manera efectiva debe encerrar un tono emocional mínimo, porque la gente se centrará en la emoción y no en el mensaje. Si un mensaje se comunica de una manera airada o contundente, el oyente podría reaccionar a la ira y no responder al mensaje real. Si «el mensajero es más fuerte que el mensaje», por así decirlo, el oyente no puede escuchar el mensaje. Experimenta sensaciones corporales más intensas y desagradables y se centra en la persona que parece desencadenarle (y no es consciente de que, en realidad, es su propia evaluación la que le está desencadenando), y descuida o pierde el mensaje porque su evaluación del mensaje produce sensaciones más débiles. Las sensaciones corporales que se experimentan con mayor intensidad atraerán una mayor atención[10]. Es más probable que el mensaje se escuche y se comprenda si se aplica de un modo no reactivo y más racional. En otras palabras, *el mensaje debe ser más fuerte que el mensajero.*

Cuando nos tomamos el tiempo necesario para comprender de manera objetiva la situación o el punto de vista del otro, podemos evaluar la situación *tal y como es*, en lugar de como *pensamos* que es. Su cliente ha estado desarrollando este conocimiento desde la última sesión con la práctica de las habilidades de la autoría experiencial. Al darse cuenta de la «corrección» o la «incorrección» de una situación, ahora será más capaz de examinarla de manera calmada, ecuánime y clara. La asertividad consciente ayudará a su cliente a cambiar su comunicación evitativa o contundente y a preservar o mejorar las interacciones sociales. Solo una nota terminológica: con «asertividad consciente» nos referimos a una actitud asertiva que no solo implica mantener nuestra atención en el momento presente durante la comunicación, sino que *también* involucra a la ecuanimidad y la ausencia de ego.

## Asertividad consciente

### *Principios básicos*

Su cliente combinará esta semana el ejercicio de la autoría experiencial (sesión 7) con la comunicación verbal asertiva, e integrará tres elementos: (1) conciencia de, y ecuanimidad hacia, su experiencia interna mientras se responsabiliza plenamente de ella, (2) advertir *y aceptar* las señales de angustia y reactividad en la otra persona sin culparla a ella ni culparse a sí mismo, y (3) usar instrucciones cortas y claras que no juzguen ni sean emocionales sobre su propia experiencia y sus necesidades, *sin reaccionar ante la reactividad de la otra persona*. Puede considerarse una «ecuanimidad interpersonal». Esta sesión se centra en este tercer elemento, para el cual enseñamos siete declaraciones asertivas clave.

10. Para una revisión de la «red de saliencia» del cerebro, véase L. Q. Uddin, «Salience processing and insular cortical function and dysfunction», op. cit.

### *Siete declaraciones asertivas clave*

Su cliente debe examinar el momento adecuado y el contexto favorable para entablar una conversación asertiva. Quizá lo mejor sea preguntarle a la otra persona cuándo es un buen momento para tener una conversación, o, en una situación en el trabajo, concertar una cita. Conviene que su cliente no interrumpa a la otra persona para que esta no se apresure, se distraiga o se irrite. Es importante que su cliente requiera y consiga la atención del otro y tenga la capacidad de optar por recompensarlo por adelantado para conseguir su compromiso.

Introduzca este enfoque estructurado a su cliente:

1. Manifestar el *hecho*.
2. Manifestar cómo *se siente* (valiéndose de una declaración en primera persona).
3. Manifestar cómo/qué *piensa* (valiéndose de una declaración en primera persona).
4. Declarar su posible error de juicio.
5. Manifestar lo que *quiere*.
6. Ofrecer recompensas.
7. Negociar una solución beneficiosa para todos en caso de que no haya cooperación.

#### *1. Manifestar los hechos*

Un hecho es lo que *realmente* sucedió o está sucediendo; no es una declaración crítica. Por ejemplo: «Nunca friegas los platos» solo será un hecho si la otra persona *nunca* friega los platos. Por eso, es mejor evitar el uso de palabras como *nunca* o *siempre*, ya que son absolutas y a menudo son exageraciones de algo que ocurre *en raras ocasiones* o *a menudo*. Las malinterpretaciones también hacen que el oyente se sienta juzgado, y el mensajero está obligado a restarle importancia al mensaje, si es que se escucha. Una declaración más precisa podría ser la siguiente: «Aunque acordamos que tú fregarías los platos si yo cocinaba, esta semana solo lo has hecho una vez». Esto puede ayudar con la comunicación, dado que la otra persona no puede negar los hechos. ¡Recuérdele a su cliente que los hechos son los hechos!

### 2. *Manifestar cómo nos sentimos*

Debemos distinguir nuestra experiencia *personal* de la intención y el comportamiento del otro. La otra persona podría hacerse una idea de nuestra sensación sentida (sus neuronas espejo podrían activarse) y ser capaz de comprender mejor nuestra experiencia. Tenemos que *describir verbalmente nuestra experiencia emocional de un modo no emocional*, haciendo uso de declaraciones en primera persona. Por ejemplo: «Me enfado cuando estoy cansada y tengo que fregar los platos mientras tú ves la televisión», en lugar de: «No es justo que quieras que haga todo el trabajo». Este lenguaje acusatorio hará que la otra persona se sienta culpable o se enfade, en lugar de permitir que piense en el impacto de su comportamiento en los demás. Al permanecer ecuánimes, podemos manejar la conversación de un modo más productivo. ¡Recuérdele a su cliente que tiene derecho a sentir lo que hace!

### 3. *Manifestar el significado / la creencia*

El siguiente paso consiste en decir por qué nos sentimos del modo en que nos sentimos. El modelo de coemergencia de refuerzo demuestra que son nuestros pensamientos y nuestras creencias (el modo en que interpretamos una situación) los que hacen que las sensaciones corporales coemerjan y, en última instancia, se conviertan en emociones; *no* es la situación o una persona. Así pues, las afirmaciones que usamos deben explicarle a la otra persona *qué creencia* nos lleva a sentirnos del modo en que nos sentimos. Esto manifiesta con claridad nuestra responsabilidad de sentir lo que hacemos, lo que es más preciso y evita que la otra persona se sienta juzgada y culpable. Por ejemplo, advierta la diferencia entre: «Estoy enfadada *porque me pides que friegue los platos* de madrugada y no te importa que esté cansada» y: «Cuando me pides que friegue los platos de madrugada me enfado *porque me da la impresión* de que no te importa que esté cansada». Estamos explicando cómo nos sentimos a causa de lo que creemos (i. e., coemergencia), en lugar de atribuir nuestro sentimiento al comportamiento de la otra persona. Esto nos da la oportunidad de responsabilizarnos de nuestro error de juicio en el siguiente paso. ¡Recuérdele a su cliente que tiene derecho a pensar del modo en que piensa!

### *4. Reconocer nuestros errores*

Damos sentido a las situaciones basándonos en muchos filtros: las creencias, la cultura, los valores y las experiencias pasadas. Sin embargo, la otra persona no tiene los mismos filtros y, por consiguiente, puede interpretar la situación de una manera muy diferente a la nuestra. Por ello, es importante reconocer que nuestra evaluación de la situación puede ser parcial e inexacta. Por ejemplo, podríamos decir: «Esta es mi opinión, pero puede que me equivoque y que te estés preocupando mucho», o: «... Mira, eso es lo que pienso, pero esta creencia podría ser errónea porque realmente no conozco tus motivaciones». En este caso, somos ecuánimes ante la posibilidad de habernos equivocado. Sin embargo, avanzamos inmediatamente al paso 5 para indicar lo que queremos. ¡Recuérdele a su cliente que tiene derecho a malinterpretar las cosas y a cometer errores!

### *5. Manifestar lo que queremos*

A estas alturas, podemos afirmar con total seguridad lo que necesitamos y queremos. Puede que no consigamos lo que queremos, sobre todo cuando ese deseo es tan poco realista como querer ser amado por todos, o como querer que nuestra pareja, a la que le encanta comer carne, sea vegetariana. El mero hecho de querer algo que valoramos y expresarlo con respeto no perjudica a los demás ni infringe sus derechos. Tenga en cuenta que resulta más productivo pedir lo que *queremos* que lo que *no queremos*, y ello se debe a que el hecho de decir lo que no nos gusta o no queremos no transmite lo que en realidad queremos. Por ejemplo: «No quiero que veas la televisión después de la cena mientras yo estoy fregando los platos» podría interpretarse de diferentes maneras, pudiendo darse el caso de que ninguna de ellas produzca la respuesta deseada en el oyente. Por el contrario, la afirmación: «Quiero que me ayudes a fregar los platos después de cenar y antes de ver la televisión» manifiesta de manera clara lo que queremos. Aunque tal vez no lo consiga, dígale a su cliente que tiene derecho a expresar lo que quiera.

### 6. *Ofrecer recompensas*

Llegados a este punto, estamos preparados para agradecer a la otra persona su cooperación. La recompensa podría consistir en una declaración de agradecimiento, en una sonrisa o en un abrazo (si es una persona cercana). De este modo, expresamos gratitud y reforzamos positivamente la futura cooperación. Si la persona se niega a cooperar, no premiamos su respuesta, pero sí que podemos darle las gracias por dedicar tiempo a escuchar y por permitirnos decir lo que queríamos decir sin interferir. Por ejemplo, podríamos decir: «Esperaba que esto te resultara aceptable, pero al menos te agradezco que me hayas escuchado; espero que entiendas ahora cómo me siento y lo que quiero».

### 7. *Soluciones beneficiosas para todos*

Es una realidad que las negociaciones asertivas no siempre funcionan. Las personas no siempre están preparadas para cambiar y para satisfacer las necesidades de los demás. Lo importante es no volverse pasivo ni rendirse, sobre todo si la materia tiene cierta relevancia para nosotros. Por lo tanto, debemos encontrar una «solución beneficiosa para todos». Usted tendrá un mayor éxito si su cliente puede permanecer ecuánime durante esta etapa. El objetivo es encontrar una solución intermedia; por ejemplo: «Es una pena, pero estoy convencida de que si nos esforzamos podremos encontrar una buena solución intermedia; ¿qué piensas?», o: «Gracias por escuchar, cariño, pero esto no va a funcionar conmigo. Me preocupo por ti y por mí de igual manera, así que tenemos que ser un poco más creativos y estar seguros de que ninguno de los dos se siente más desfavorecido que el otro. ¿Puedes ayudarme con esto?».

## *Juntarlo todo*

El hecho de examinar cada afirmación usando un ejemplo de interacción del cliente en el que su asertividad fuera escasa y de representar (intercambiar de roles) una interacción más asertiva resulta de utilidad.

Veamos un ejemplo con el escenario que hemos estado usando arriba: John y Sue viven juntos y ambos trabajan muchas horas.

Cuando se fueron a vivir juntos, acordaron que John cocinaría –algo que disfruta haciendo– y que Sue fregaría los platos después de cada comida. Sin embargo, Sue lleva trabajando más horas los últimos días y está agotada, razón por la cual no friega los platos. Esto quiere decir que por la mañana, cuando Jonh y Sue tratan de prepararse el desayuno y la comida, la cocina está desordenada.

1. *Hecho*: Sue, sé que has estado trabajando muy duro y que por la noche estás muy cansada, pero he observado que en los últimos diez días solo has fregado los platos un par de veces.
2. *Sentimiento*: Me enfado cuando estoy cansada y tengo que fregar los platos mientras tú ves la televisión.
3. *Significado*: Cuando me pides que friegue los platos de madrugada me enfado porque me da la impresión de que no te importa que esté cansada.
4. *Error*: Esta es mi opinión, pero puede que me equivoque y que te estés preocupando mucho.
5. *Deseo*: Quiero que me ayudes a fregar los platos después de cenar y antes de ver la televisión.
6. *Recompensa*: Esperaba que esto te resultara aceptable, pero al menos te agradezco que me hayas escuchado; espero que entiendas ahora cómo me siento y lo que quiero.
7. *Negociación*: Es una pena, pero estoy convencida de que si nos esforzamos podremos encontrar una buena solución intermedia; ¿qué piensas?

## Asertividad consciente y el modelo de coemergencia

Ser conscientemente asertivo en la TCCMi implica que el conjunto de habilidades empleado es coherente con los principios del modelo de coemergencia, que examinamos en el capítulo 2 y que explicamos a los clientes durante la sesión 3.

La figura 1 de la sesión 8 demuestra el buen ajuste que existe entre el procedimiento mencionado anteriormente y el marco teórico en que se encuadra.

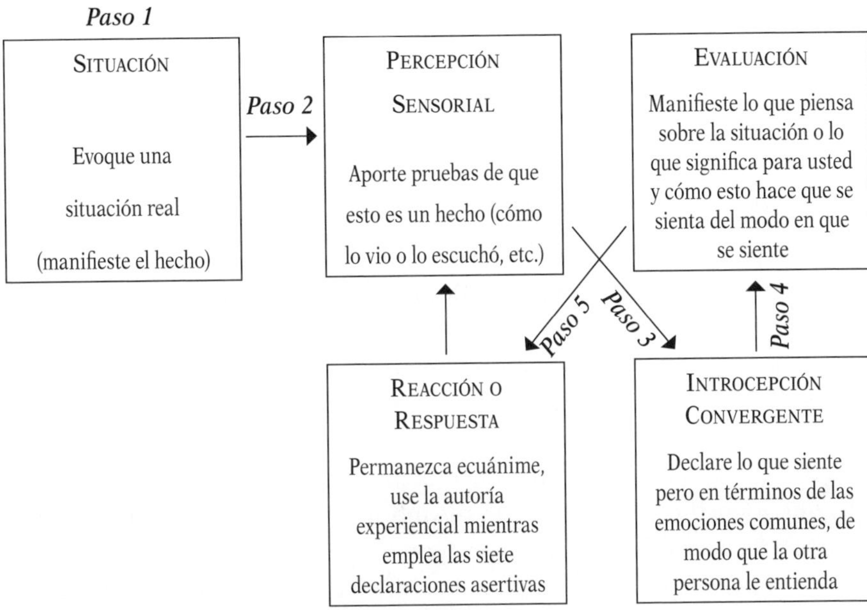


**Sesión 8, figura 1.** Coherencia entre pasos de la comunicación asertiva y el modelo de coemergencia de refuerzo.

Tenga en cuenta que seguimos un orden ligeramente diferente a cuando usamos las siete declaraciones de la asertividad, como así lo indican las flechas del diagrama, que marcan una secuencia diferente entre los componentes. La «Interocepción coemergente» se evoca en la etapa 3, y la «Evaluación» en la etapa 4, porque expresamos *cómo* nos sentimos antes de expresar *por qué* nos sentimos del modo en que nos sentimos.

## Aplicación con clientes individuales

### *Objetivo de la sesión*

El objetivo de esta sesión es introducir el siguiente método de escáner corporal avanzado (escáner transversal) y la segunda parte de la etapa 3, en la que su cliente mejorará sus habilidades de comunicación verbal. Aprenderá a usar la asertividad consciente para abordar cuestiones interpersonales desafiantes, y se sentirá lo suficientemente seguro como para expresar su punto de vista y sus necesidades de manera efectiva, al tiempo que mantiene buenas relaciones con los demás.

### *Revise los deberes y el progreso*

Compruebe cómo le fue a su cliente el barrido en masa la semana pasada. ¿Pudo experimentar el flujo de las sensaciones sutiles? ¿Permaneció ecuánime cuando experimentó sensaciones agradables? Analice cómo fue la exposición y revise (y revalúe) sus puntuaciones de la SUDS en su Hoja de Registro de Exposición. ¿Han disminuido sus puntuaciones aún más? Reconozca el esfuerzo y los éxitos del cliente. ¿Fue capaz su cliente de abordar las cuestiones interpersonales que identificó después de la última sesión? ¿Fue capaz de llevar a cabo la tarea de la autoría experiencial? ¿Pudo advertir cómo parecían sentirse los demás durante las interacciones tensas y se mantuvo ecuánime y libre de juicios? ¿Pudo «ver el sufrimiento» como un mecanismo universal mantenido por la falta de conciencia? Si su cliente ha completado todas las tareas de la semana pasada y ocasionalmente puede experimentar sensaciones que fluyen libremente en la mayoría de las partes del cuerpo, está listo para comenzar el escáner transversal.

### *Introduzca el escáner transversal*

Explique el procedimiento y la razón de ser del escáner transversal: experimentar sensaciones a nivel interno y aumentar la ecuanimidad con niveles más profundos de conciencia de los pensamientos y las sensaciones para neutralizar las emociones duraderas relacionadas con el esquema en contextos de conflictos interpersonales, en los que es probable que se desencadenen los problemas psicodinámicos. Explíquele a su cliente que este método de escáner requiere desplazar la atención «a través del» cuerpo horizontalmente, centrándose en pequeñas áreas (8 centímetros de diámetro) cada vez y llevando la atención de la parte delantera a la parte trasera del cuerpo, y volviendo de la parte trasera a la parte delantera, comenzando con la cabeza, el cuello, etc., descendiendo hacia los dedos de los pies de manera sistemática, y, a continuación, volviendo a la parte superior de la cabeza. Las instrucciones de audio se encuentran en las pistas 15 y 16. La práctica debe durar 30 minutos en total. Pídale a su cliente que registre su práctica como de costumbre.

### *Desarrollar la asertividad consciente*

La asertividad implica ser capaz de expresar lo que creemos o queremos con seguridad, sin pasividad ni hostilidad. Pídale a su cliente que seleccione al menos dos situaciones para llevar a cabo la práctica. Examine los siete pasos:

1. Manifestar el hecho.
2. Manifestar cómo se siente (valiéndose de una declaración en primera persona).
3. Manifestar qué piensa (valiéndose de una declaración en primera persona).
4. Declarar su posible error de juicio.
5. Manifestar lo que quiere.
6. Ofrecer recompensas.
7. Negociar una solución beneficiosa para todos en caso de que no haya cooperación.

### *Explique los deberes*

- Practicar el escáner transversal dos veces al día (pistas de audio 15 y 16).
- Elegir un mínimo de dos situaciones para practicar la asertividad consciente; expresar las necesidades de modo asertivo, de una manera considerada, respetuosa y ecuánime. Es posible que el cliente ya haya enumerado elementos en su Hoja de Registro de Exposición que pueda usar.
- La exposición bipolar puede usarse antes que la exposición en vivo con las situaciones más desafiantes.
- Leer los documentos 8.1 y 8.2
- Rellenar el Registro diario de la Práctica de la Meditación *Mindfulness* (documento 8.3).

## Aplicación con grupos

### *Objetivo de la sesión*

El objetivo de esta sesión es introducir el siguiente método de escáner corporal avanzado (escáner transversal) y la segunda parte de la etapa 3, en la que los participantes mejorarán sus habilidades de comunicación verbal. Aprenderán a usar la asertividad consciente para abordar cuestiones interpersonales desafiantes, y se sentirán lo suficientemente seguros como para expresar su punto de vista y sus necesidades de manera efectiva, al tiempo que mantienen buenas relaciones con los demás.

### *Revise los deberes y el progreso*

Compruebe cómo les fue a los participantes la práctica del barrido en masa la semana pasada. ¿Pudieron experimentar el flujo de las sensaciones sutiles mientras permanecían ecuánimes? Analice cómo fue la exposición y revise (y pídales que revalúen) sus puntuaciones de la SUDS en su Hoja de Registro de Exposición. ¿Han disminuido sus puntuaciones aún más? Reconozca el esfuerzo y los éxitos de los participantes. ¿Fueron capaces de abordar las cuestiones interpersonales que identificaron después de la última sesión? Compruebe si fueron capaces de llevar a cabo la tarea de la autoría experiencial. ¿Pudieron advertir cómo parecían sentirse los demás durante las interacciones tensas y se mantuvieron ecuánimes y libres de juicios? ¿Pudieron «ver el sufrimiento» como un mecanismo universal mantenido por la falta de conciencia? Los participantes que completaron todas las tareas fijadas la semana pasada y que ocasionalmente puedan experimentar un flujo libre de sensaciones en la mayoría de las partes del cuerpo están listos para comenzar el escáner transversal.

### *Introduzca el escáner transversal*

Explique el procedimiento y la razón de ser del escáner transversal: experimentar sensaciones a nivel interno y aumentar la ecuanimidad con niveles más profundos de conciencia de los pensamientos y las sensaciones para neutralizar las emociones duraderas relacionadas con el esquema en contextos de conflictos interpersonales, en los que es probable que se desencadenen los problemas psicodinámicos. Explíqueles a los participantes que este método de escáner requiere desplazar la atención «a través del» cuerpo horizontalmente, centrándose en pequeñas áreas (de entre 7 y 8 centímetros de diámetro) cada vez y llevando la atención de la parte delantera a la parte trasera del cuerpo, y volviendo de la parte trasera a la parte delantera, comenzando con la cabeza, el cuello, etc., descendiendo hacia los dedos de los pies de manera sistemática, y, a continuación, volviendo a la parte superior de la cabeza. Las instrucciones de audio se encuentran en las pistas 15 y 16. La práctica debe durar 30 minutos en total. Pídales a los participantes que registren su práctica como de costumbre.

### *Desarrollar la asertividad consciente*

La asertividad implica ser capaz de expresar lo que creemos o queremos con seguridad, sin pasividad ni hostilidad. Pídales a los participantes que seleccionen al menos dos situaciones para llevar a cabo la práctica. Examine los siete pasos:

1. Manifestar el hecho.
2. Manifestar cómo se siente (valiéndose de una declaración en primera persona).
3. Manifestar qué piensa (valiéndose de una declaración en primera persona).
4. Declarar su posible error de juicio.
5. Manifestar lo que quiere.
6. Ofrecer recompensas.
7. Negociar una solución beneficiosa para todos en caso de que no haya cooperación.

### *Explique los deberes*

- Practicar el escáner transversal dos veces al día (pistas de audio 15 y 16).
- Elegir un mínimo de dos situaciones para practicar la asertividad consciente; expresar las necesidades de modo asertivo, de

una manera considerada, respetuosa y ecuánime. Es posible que los participantes ya hayan enumerado elementos en su Hoja de Registro de Exposición que puedan usar.

- La exposición bipolar puede usarse antes que la exposición en vivo con las situaciones más desafiantes.
- Leer los documentos 8.1 y 8.2
- Rellenar el Registro diario de la Práctica de la Meditación *Mindfulness* (documento 8.3).

## Preguntas más frecuentes

Pregunta: Una de mis clientas reaccionó a la palabra «penetrante» [*piercingly*] en las instrucciones de audio para el escáner transversal. Se imagina que le están perforando [*piercing*] el cuerpo. ¿Se ha encontrado usted alguna vez con personas a las que no les hayan gustado estas palabras?

Respuesta: Puede tranquilizar a su clienta y decirle que no le están perforando su cuerpo físicamente. Esta palabra simplemente describe cómo debemos dirigir nuestra atención: *de forma penetrante*. Solo nuestra *aguda* atención atraviesa el interior del cuerpo. Su clienta debe saber que solo está sintiendo energía en las partes del cuerpo que está inspeccionando. De hecho, en realidad ni siquiera sentimos el cuerpo, aunque esta idea resulta más difícil de comprender en el caso de algunos clientes. Tan solo estamos activando las conexiones neuronales en las partes del cerebro que nos permiten experimentar sensaciones en el cuerpo. Estas partes son el córtex somatosensorial y el córtex insular. Puede explicarle que cuando escaneamos el cuerpo de forma transversal, únicamente estamos activando las neuronas interoceptivas en diferentes redes de estas áreas cerebrales. Puede ilustrar esto evocando ejemplos de lesiones cerebrales; si bien el daño en estas áreas del cerebro evitará que la gente sienta una extremidad intacta, por ejemplo, una persona cuya extremidad ha sido amputada aún podrá sentirla si estas áreas del cerebro está intactas (lo que se conoce como síndrome del miembro fantasma).

Si su clienta reacciona de manera excesiva a estas palabras y sigue necesitando las instrucciones de audio en la siguiente reunión, podría considerar la posibilidad de llevar a cabo la desensibilización usando la MIET (como ya le explicó a su clienta cuando aprendió las habilidades de la sesión 4). Puede que las palabras desencadenen antiguos miedos, lo que crea una oportunidad para la desensibilización inmediata. Durante la sesión con ella, y en caso de que acepte, reproduzca las instrucciones de audio en la sala y pídale que las escuche como de costumbre. Tan pronto como suenen esas palabras, pause la pista de audio y pídale que centre toda su atención, de manera no crítica, en las cuatro características básicas (masa, temperatura, movimiento y fluidez) de la sensación más intensa de su cuerpo mientras permanece ecuánime. El hecho de aplicar esta tarea durante 30 segundos dos veces seguidas debería bastar para reducir significativamente la excitación –enfatice la aceptación incondicional la segunda vez–. A continuación, pídale a su clienta que escuche las palabras una vez más y que repita la exposición durante 30 segundos. Una vez que se haya neutralizado la asociación entre las palabras y la sensación desagradable, estas ya no le afectarán.

Pregunta: Tengo un cliente al que el escáner transversal le resulta más complicado que el barrido, que le gusta mucho. ¿Puede continuar con el barrido en masa?

Respuesta: El escáner transversal es más lento, requiere un enfoque parte por parte, de modo que no experimentamos el flujo radiante agradable de las sensaciones con la misma facilidad. Parece un trabajo más duro, y su cliente está experimentando la separación de una experiencia de la que antes disfrutaba y a la que se sentía apegada, lo que puede crear insatisfacción, inseguridad o incomodidad física. Comenzó a disfrutar de su práctica con el barrido en masa, pero se le pidió que lo dejara pasar. Esto refleja lo que sucede en nuestras vidas de manera habitual. El apego a la tranquilidad y a la comodidad lleva a la decepción cuando cambia. Aprender a deshacerse de las cosas que deseamos y a las que nos sentimos apegados es una lección útil e importante que debe aprenderse por medio de la meditación.

Desde un punto de vista técnico, su cliente debe inspeccionar el cuerpo internamente con paciencia y tolerancia en los lugares que todavía no puede sentir. Al igual que hizo cuando comenzó con el escáner parte por parte, debe pausarse hasta 30 segundos en todos los espacios vacíos, aunque haya muchos. Asegúrele que, siempre y cuando trabaje en ella, la adquisición de habilidades es solo cuestión de tiempo, tanto si esto se refiere a las áreas sensoriales del cerebro como a otras funciones del cuerpo. Sin embargo, también debe saber que si se entretiene con el juicio y la reactividad sobre (y durante) su práctica, estos se verán reforzados tanto durante su práctica como en la vida cotidiana. Recuérdele a su cliente que el propósito de esta práctica consiste en reducir, *y no en aumentar,* la reactividad, dado que también se extiende a la vida cotidiana. Desde un punto de vista clínico, esta es también una oportunidad para que usted detecte las tendencias generales de su cliente en la vida cotidiana –evitación de lo difícil y lo desagradable y apego a lo agradable–, algo que convendría hablar con él.

Pregunta: Mi clienta tiene una pareja verbalmente agresiva y que se comporta de un modo rudo. Aunque le gustaría usar la asertividad en su relación, me preocupa que ello le ponga en una posición difícil. ¿Cómo puedo manejar esto?

Respuesta: Su clienta tendrá que considerar detenidamente este asunto, pero el hecho de implementar la tarea debería ser útil si su pareja no está en estado de embriaguez y/o es físicamente violenta, y si ella está a salvo del abuso físico. Explore con ella si cree que su pareja responderá de un modo razonable si la abordase de un modo calmado, pero no pasivo, sin esperar ningún resultado particular. Al seguir la estructura de las siete declaraciones para la asertividad consciente, su clienta podría quedar gratamente sorprendida por lo bien que va la conversación. Como terapeuta debe estar seguro de que comprende e implementa la autoría experiencial, que amortiguará gran parte de la reactividad esperada de ambas partes. Algunos clientes se olvidan de ello y tratan de ser asertivos pero se ven demasiado afectados por el miedo o por otras emociones. Centrarse en el sufrimiento del otro y aceptarlo de un modo sincero raramente atrae una respuesta agresiva. Estaría bien que practicara la tarea con ella durante la sesión, asegurándose de que intercambian los roles y ofreciendo un *feedback* honesto después de cada intento. Pídale permiso para imitar de un modo genuino en primer lugar la actitud de su pareja, de modo que la simulación sea auténtica y útil. Debe ser honesto sobre la impresión que le causan su enfoque y sus habilidades, o su clienta podría desconfiar de su juicio o evitar llevar a cabo la tarea. Recuérdele que entrene sus habilidades con personas con las que le resulte más fácil hablar.

## Documento 8.1.
## Escáner transversal

Las instrucciones de audio para la técnica del escáner transversal se encuentran en la pista 16, y la introducción en la pista 15. Al igual que con los demás ejercicios, las sesiones deberían durar 30 minutos, así que practique en silencio durante 14 minutos adicionales una vez que haya acabado la pista de 16 minutos. Tome nota de su práctica diaria, como ha venido haciendo las semanas anteriores.

### Escáner transversal

En este método, el escáner se lleva a cabo «a través» del cuerpo de manera horizontal, y para ello es preciso centrar la atención en pequeñas áreas (2-3 pulgadas o 5-8 centímetros de diámetro) cada vez y desplazarla de la parte delantera a la parte trasera del cuerpo, comenzando por la cabeza y descendiendo de manera sistemática por todo el cuerpo. Comience en la frente y escanee lentamente hasta la parte trasera de la cabeza y, a continuación, devuelva su atención a la frente y escanee la siguiente área de delante hacia atrás. Una vez que haya escaneado toda la cara de delante hacia atrás, escanee de la parte trasera de la cabeza a la cara del mismo modo. Por eso lo llamamos «escáner transversal».

Cuando haya escaneado la cabeza, pase a la siguiente área: el cuello y la garganta. Una vez más, desplace su atención cuidadosamente de la parte frontal a la parte trasera en primer lugar y, a continuación, de la parte trasera a la delantera, advirtiendo todas las sensaciones de manera ecuánime, esto es, sin reaccionar y sin tomarse las cosas como algo personal. Todo el cuerpo se escanea de la misma manera: los hombros, los brazos y las manos, el torso y luego las piernas, los pies y los dedos de los pies. Una vez que haya escaneado todo el cuerpo de manera transversal de la cabeza a los pies, escanee el cuerpo transversalmente en sentido ascendente. Cuando llegue a la frente habrá completado un ciclo completo.

Cuando escanee el cuerpo de manera transversal, trate de no juzgar aquello que observe; haga todo lo posible por permanecer ecuánime. Cada sensación es una nueva experiencia y demuestra que las cosas cambian continuamente. Su cuerpo cambia de maneras sutiles a cada momento; podría experimentar las sensaciones que surgen cuando se produce un cambio en la temperatura de la habitación o nada más comer algo. Algunos cambios son muy sutiles, así que gracias a la práctica será capaz de advertir sensaciones cada vez más sutiles.

Por supuesto, también podría experimentar sensaciones relacionadas con emociones recientes o pasadas. Incluso es posible que aparezcan algunos recuerdos al mismo tiempo. Tener esta clase de experiencia, con independencia de que sea agradable o desagradable, es del todo normal. Veamos el ejemplo de lavar los platos. ¿Espera que el agua en la que lava los platos se mantenga limpia si el detergente que usa es bueno? Por lo general, cuanto mejor es el detergente, más sucia acaba el agua, de modo que esperamos que haya suciedad en el agua. Si el agua sigue estando limpia, ¡compró el detergente equivocado! Bueno, cuando escanea el cuerpo mientras permanece ecuánime, su atención *pura* (su atención ecuánime) funciona como un excelente detergente que limpia toda la negatividad pasada y los deseos inútiles. Recuerde que estos cambios no son personales. Trate de no controlarlos cuando sucedan; ocurren en el momento adecuado. Si observa que está reaccionando con deseo o aversión, limítese a advertirlo, *acepte* que está reaccionando, evite los juicios y continúe escaneando el cuerpo con ecuanimidad.

Tenga en cuenta que con el escáner transversal *no* escaneamos a través de nuestros músculos, de nuestros órganos ni de nuestros huesos. Únicamente estamos activando partes del cerebro en un área que se ocupa de recibir información sobre las sensaciones corporales (córtex somatosensorial) y en un área que parece ayudar en la «traducción» de las sensaciones (córtex insular). Esto quiere decir que cuando presta atención a una parte del cuerpo, está activando áreas del cerebro que crean la experiencia de una sensación. El escáner corporal no implica en absoluto «perforar» [*piercing*] ninguna parte física del cuerpo.

## Documento 8.2.
## Tarea de entrenamiento de la asertividad

Los deberes de esta semana incluyen una tarea de la asertividad consciente. Esto implica practicar la técnica de la «autoría experiencial» que aprendió en la última sesión y, al mismo tiempo, comunicarle a los demás y a usted mismo de manera clara y respetuosa cuáles son sus necesidades y sus opiniones. Escoja dos situaciones para practicar. Puede que haya enumerado algunas de ellas en la Hoja de Registro de Exposición. Deben ser situaciones que haya evitado hasta ahora o que quiera abordar pero aún no lo haya hecho. Tenga en cuenta que solo está aprendiendo el modo de hacerlo, así que si no le va tan bien como esperaba, piense qué podría hacer de manera diferente la próxima vez. Los errores no son una señal de fracaso, sino una parte necesaria de todo aprendizaje. A continuación figura una descripción del proceso.

### Asertividad consciente

Escoja un momento y un lugar adecuados para entablar una conversación asertiva. Quizá lo mejor sea limitarse a preguntarle a la otra persona cuándo sería un buen momento para hablar, o, en una situación en el trabajo, fijar una reunión con la persona. Conviene que no interrumpa a la otra persona para que esta no se apresure, se distraiga o se irrite. Deberá emplear los principales aspectos de la asertividad, que figuran a continuación:

1. Manifestar el hecho.
2. Manifestar cómo se siente (valiéndose de una declaración en primera persona).
3. Manifestar qué cree / el significado (valiéndose de una declaración en primera persona).
4. Declarar su posible error de juicio.
5. Manifestar lo que quiere.
6. Ofrecer recompensas.
7. Negociar una solución beneficiosa para todos en caso de que no haya cooperación.

### 1. Manifestar los hechos

Un hecho es lo que *realmente* sucedió o está sucediendo; no es un juicio, una exageración o una asunción de culpa. Por ejemplo: «Nunca friegas los platos» solo será un hecho si la otra persona *nunca* friega los platos. De manera similar: «Siempre soy yo quien lava los platos» solo será un hecho si *siempre* es usted quien lava los platos; ¡no será un hecho si la otra persona ha lavado los platos aunque solo sea una vez en los últimos diez años! Por eso, es mejor evitar el uso de palabras como *nunca* o *siempre*, ya que a menudo son exageraciones de algo que ocurre *en raras ocasiones* o *a menudo*. Es mejor decir: «Aunque acordamos que tú fregarías los platos si yo cocinaba, esta semana solo lo has hecho una vez». Esto puede ayudar con la comunicación, porque es cierto y la otra persona no puede negar los hechos. ¡Los hechos son los hechos!

**2. Manifestar cómo se siente**

Sea claro sobre su experiencia *personal* en lugar de juzgar la experiencia de la otra persona. Describa su experiencia verbalmente haciendo uso de declaraciones en primera persona. Por ejemplo: «Me enfado cuando estoy cansada y tengo que fregar los platos mientras tú ves la televisión», en lugar de: «No es justo que quieras que haga todo el trabajo». De este modo puede conseguir que la otra persona se sienta culpable en lugar de pensar el modo en que su comportamiento le afecta a usted. Si usted no es emocionalmente reactivo, la otra persona será capaz de manejar la conversación de un modo más productivo, y tal vez tranquilo.

**3. Manifestar qué cree / qué significa para usted**

Diga por qué nos sentimos del modo en que nos sentimos. El modelo de coemergencia de refuerzo demuestra que *nuestros pensamientos* y *nuestras creencias* (el modo en que interpretamos una situación) son los que hacen que las sensaciones corporales coemerjan y se conviertan en emociones. Nuestras sensaciones corporales no están causadas por una situación o por una persona fuera de nosotros. Así pues, lo que decimos debe explicarle a la otra persona *por qué* nos sentimos del modo en que nos sentimos. Por ejemplo: «Estoy enfadada porque me parece (o "creo") que no estás respetando nuestro acuerdo y que no te importa que esté cansada». Usted está explicando *qué le hace estar* enfadado, en lugar de atribuirle a la otra persona aquello que está sintiendo. Está responsabilizándose de sus propios sentimientos.

**4. Reconocer su posible error de juicio («Puede que me haya equivocado»)**

Tendemos a asumir que sabemos lo que la gente siente o piensa, o cuáles son sus intenciones, sobre todo si creemos conocer bien a una persona. Muchas veces, la otra persona no piensa ni siente del mismo modo en que usted cree que lo hace. Podría no tener la intención o la motivación que usted cree que tiene. Por consiguiente, la otra persona y usted podrían interpretar la misma situación de maneras muy diferentes, y no saberlo ninguno de los dos. Por ello, cuando use la comunicación asertiva, es mejor que reconozca que puede estar equivocado. Podría decir, por ejemplo:

«Puede que me equivoque, pero me parece que no estás respetando nuestro acuerdo o mis necesidades». En este caso usted está demostrando que no tiene miedo de admitir que podría haber cometido un error de juicio, al mismo tiempo que permite que la otra persona manifieste su punto de vista.

**5. Manifestar lo que queremos**

A estas alturas, ya es hora de que manifieste aquello que quiere. Tiene derecho a querer cualquier cosa y a decirlo, siempre y cuando esté preparado para no conseguirlo. Todavía tiene derecho a pedir. Resulta más útil pedir lo que *quiere* que lo que *no quiere*. Por ejemplo: «Quiero que me ayudes a fregar los platos después de cenar y antes de ver la televisión», en lugar de: «No quiero que veas la televisión después de la cena mientras yo estoy fregando los platos».

**6. Ofrecer recompensas**

Agradézcale a la otra persona su cooperación, ya que esto le animará a seguir cooperando en el futuro –esta persona se sentirá bien consigo misma y por «haberlo hecho bien»–. La recompensa podría consistir en una sonrisa o en un abrazo (si es una persona cercana). Si la persona se niega a cooperar, puede darle las gracias por dedicar tiempo a escuchar, aunque sin premiar su falta de cooperación. Por ejemplo, podría decir: «Gracias por escuchar; espero que ahora comprendas cómo me siento y lo que quiero». Decir esto puede favorecer una futura cooperación.

**7. Soluciones beneficiosas para todos**

Es una realidad que las negociaciones asertivas no siempre funcionan. Las personas no siempre están preparadas para cambiar y para satisfacer las necesidades de los demás. Lo importante es no sentir que se ha rendido, de modo que debe encontrar una solución beneficiosa para todos. Obtendrá mejores resultados si puede permanecer ecuánime y creativo durante esta etapa. El objetivo es encontrar una solución intermedia. Por ejemplo: «Es una pena, pero estoy convencida de que si nos esforzamos y somos creativos podremos encontrar una solución en la que ninguno de los dos sienta que tiene ventaja sobre el otro. ¿Qué piensas?».

**Juntarlo todo**

Veamos un ejemplo con el escenario que hemos estado usando arriba: John y Sue viven juntos y ambos trabajan muchas horas. Cuando se fueron a vivir juntos, acordaron que John cocinaría –algo que disfruta haciendo– y que Sue fregaría los platos después de cada comida. Sin embargo, Sue lleva trabajando más horas los últimos días y está agotada, razón por la cual no friega los platos. Esto quiere decir que por la mañana, cuando Jonh y Sue tratan de prepararse el desayuno y la comida, la cocina está desordenada. John le dice a Sue:

1. *Hecho*: Sue, sé que has estado trabajando muy duro y que por la noche estás muy cansada, pero he observado que en los últimos diez días solo has fregado los platos un par de veces.
2. *Yo siento*: Me siento enfadada cuando estoy cansada y tengo que fregar los platos mientras tú ves la televisión.
3. *Yo pienso*: Cuando me pides que friegue los platos de madrugada me enfado porque me da la impresión de que no estás respetando nuestro acuerdo y que no te importa que esté cansada.
4. *Error*: Puede que me equivoque y que en realidad te preocupes mucho por cómo me siento, pero...
5. *Yo quiero*: Quiero que me ayudes a fregar los platos después de cenar, como acordamos, en lugar de ir directo a ver la televisión.
6. *Recompensa*: Gracias por escuchar; espero que ahora comprendas cómo me siento y lo que quiero.
7. *Solución beneficiosa para todos*: Si ambos nos esforzáramos, estoy segura de que podríamos encontrar una buena solución intermedia; ¿qué piensas?

## Documento 8.3.
## Registro diario de la Práctica de la Meditación *Mindfulness*

| Día | Fecha | Mañana *(rodee con un círculo)* | Duración | Calificación de la eficacia *Evalúe de 1 a 10 lo bien que ha advertido las distracciones y ha traído de vuelta su atención al cuerpo. 1=nada bien; 10=extremadamente bien* | Noche *(rodee con un círculo)* | Duración | Calificación de la eficacia *Evalúe de 1 a 10 lo bien que ha advertido las distracciones y ha traído de vuelta su atención al cuerpo. 1=nada bien; 10=extremadamente bien* |
|---|---|---|---|---|---|---|---|
| Lunes | | He practicado Sí / No | | | He practicado Sí / No | | |
| Martes | | He practicado Sí / No | | | He practicado Sí / No | | |
| Miércoles | | He practicado Sí / No | | | He practicado Sí / No | | |
| Jueves | | He practicado Sí / No | | | He practicado Sí / No | | |
| Viernes | | He practicado Sí / No | | | He practicado Sí / No | | |
| Sábado | | He practicado Sí / No | | | He practicado Sí / No | | |
| Domingo | | He practicado Sí / No | | | He practicado Sí / No | | |

# Sesión 9: Cultivar la compasión y la conexión

*La compasión ilimitada con todos los seres vivos es el más firme y seguro aval de la buena conducta moral, y no precisa de ninguna casuística. Quien está lleno de ella es seguro que no ofenderá a nadie, a nadie perjudicará, a nadie hará daño, no usurpará los derechos del hombre; preferirá tener consideración por todos, perdonarlos, ayudarlos en la medida de lo posible, y todas sus acciones llevarán el sello de la justicia y de la bondad amorosa.*

—Arthur Schopenhauer, 1903[1]

## Introducción

Este capítulo le guiará en la aplicación de la etapa 4, el último conjunto de habilidades de la TCCMi, e introducirá tres elementos centrales, comenzando por el siguiente método de escáner corporal avanzado: el «barrido en profundidad». Este método integra el escáner transversal y el barrido en masa, e implica barrer la atención por la superficie y el interior del cuerpo al mismo tiempo, de modo que todo el cuerpo puede experimentarse de manera simultánea a medida que la atención se desplaza de manera continua en dirección vertical.

1. A. SCHOPENHAUER, *The Basis of Morality*, parte III, cap. VIII, S. Sonnenschein & Co., Londres 1903, 213–214 (trad. esp.: *El fundamento de la moral*, F. Granada y Cia Editores, Barcelona 1906).

El segundo elemento es la combinación de las habilidades avanzadas del *mindfulness* con la práctica de la empatía por medio de la práctica diaria de la meditación de la bondad amorosa. El tercer elemento consiste en aplicar las habilidades del *mindfulness* para mejorar el comportamiento ético e incrementar el sentimiento de valía en nosotros mismos y en los demás, así como una sensación general de conexión. Este capítulo le ayudará a explicar la importancia de la prevención de las recaídas en el caso de su cliente. Como terapeuta será capaz de describir de manera precisa el objetivo principal de dedicar toda una etapa de la TCCMi al desarrollo de la compasión, arraigada en la meditación de la bondad amorosa y en la vida ética: *la prevención de las recaídas*, derivada del cultivo de la compasión, el sentido, la ecuanimidad y el bienestar.

## Comprobar la disposición del cliente

Su cliente trabajó la semana pasada en el escáner transversal. Compruebe si puede notar ahora las sensaciones en su interior a medida que inspecciona todo el cuerpo y desplaza la atención de manera transversal. Pregúntele si puede advertir y aceptar los espacios vacíos con ecuanimidad, a pesar de su posible expectativa de experimentar las sensaciones en todas partes. Esto puede parecer un reinicio del escáner parte por parte, algo que podría desencadenar cierta paciencia y frustración. Gracias al aumento de la ecuanimidad, tanto en la práctica como en la vida cotidiana, ahora es más probable que su cliente advierta que es capaz de ser más ecuánime cuando la vida le decepciona.

Compruebe también si su cliente se las arregló para usar las siete declaraciones de la asertividad a fin de mantener una conversación en la que fuera capaz de expresar sus necesidades. ¿Cuántas veces llevó a cabo esta práctica? ¿Pudo diversificar el contexto de la práctica o fue con la misma persona? Pregúntele si la otra persona cooperó en el diálogo. Incluso en el caso de que no consiguiera exactamente lo que quería, ¿tuvo cierta sensación de logro? De no ser así, asegúrele a su cliente que esta no es una tarea sencilla y que requiere práctica; mucha práctica. Si puede sentir al menos el 20% del cuerpo transversalmente, anímele a que comience a practicar el método del barrido en profundidad y la práctica de la compasión mientras continúa llevando a cabo la comunicación asertiva con la frecuencia necesaria. Para esta práctica, su cliente debería seguir las instrucciones descritas en este capítulo.

### *Retrasar el siguiente paso*

Si su cliente tiene dificultades para percibir las sensaciones dentro del cuerpo, debería seguir practicando el escáner transversal al menos unos días más, pero esta vez sin las instrucciones de audio. Si una de las razones de estas dificultades es una alta distracción, pídale que comience con 10 minutos de práctica de la conciencia plena de la respiración sin instrucciones, y que continúe con 20 minutos de escáner transversal, hasta que comience el barrido en profundidad. De manera similar, si su cliente no fue capaz de practicar la comunicación asertiva la semana pasada, debería posponer la siguiente etapa del programa hasta que lo haya hecho.

Conviene tener en cuenta los efectos de la cultura en la dinámica interpersonal. Por ejemplo, la forma en que nos expresamos en armonía en los países occidentales y asiáticos puede variar enormemente. Si usted ha estado en Japón, por ejemplo, la expectativa de la jerarquía interpersonal y la aparición resultante de la sumisión en la expresión de las persona no resulta necesariamente disfuncional. Por consiguiente, se requiere una evaluación cuidadosa al trabajar con personas de diferentes culturas.

Por supuesto, podría haber también auténticos obstáculos logísticos que justifiquen por qué avanzamos a la etapa 4 pasando por alto la tarea de la comunicación asertiva. Por ejemplo, imagine que su cliente es un estudiante extranjero de primer año ansioso que acaba de llegar al país, que no conoce absolutamente a nadie y que apenas habla el idioma. En la poco probable, pero posible, situación de que se lleve extremadamente bien con todos los miembros de la familia de su país de origen y no haya razones para aplicar la asertividad, podría considerar la posibilidad de omitir la asertividad de la etapa 3 y avanzar a la etapa 4. Si su cliente no está listo para pasar inmediatamente al siguiente método del escáner, puede comenzar el entrenamiento de la compasión esta semana mientras practica el escáner transversal durante algunos días más.

## Escáner avanzado: barrido en profundidad

El barrido en profundidad es la técnica de escáner corporal más avanzada que se emplea en la TCCMi. El propósito del barrido en profundidad es triple: (1) tomar una mayor conciencia de la experiencia emocional y de los esquemas relacionados que operan de forma más profunda y menos consciente, (2) mejorar la ecuanimidad en una gama más amplia de experiencias, y (3) tener un conocimiento cada vez mayor de la impermanencia y la insustancialidad del cuerpo y la mente a fin de reducir la identificación con las experiencias y ayudar a evitar las recaídas. En ese sentido, «en profundidad» se refiere tanto a la profundidad del cuerpo como a la profundidad de la conciencia. Cuanto más capaces somos de sentir la totalidad del cuerpo mientras meditamos, más fácil nos resulta sentirlo en la vida diaria sin meditar. Al final somos capaces de sentir todo el cuerpo sin siquiera intentarlo. Esta habilidad resulta extremadamente beneficiosa porque nos permite estar en contacto con lo que pensamos y sentimos en todo momento, y sentirnos cómodos con ello. Este estado ecuánime de presencia experiencial es el mejor antídoto para las recaídas, dado que, en un trastorno emocional, las recaídas requieren una reactividad emocional.

### *El método*

El barrido en profundidad combina el escáner transversal y el barrido en masa. Este método de escáner ayuda a continuar con el desarrollo del conocimiento y la ecuanimidad. La ecuanimidad se desarrolla más cuando el cliente deja de identificarse con las experiencias en el cuerpo y, en lugar de ello, se limita a advertirlas y a dejarlas marchar. Con práctica, su cliente aprenderá a sentir todo el cuerpo (por dentro y por fuera) con una sola respiración. Conviene explicarle esto a su cliente.

El barrido en profundidad es un barrido interior vertical de todo el cuerpo, de modo que hay un barrido de la atención dentro del cuerpo desde parte superior de la cabeza a los dedos de los pies. Una vez que su cliente haya llevado a cabo el escáner desde la cabeza hasta los dedos de los pies, escaneará en sentido ascendente hacia la cabeza, tratando de sentir todo lo posible. Explíquele a su cliente que debe barrer con un flujo continuo de la atención sin interrupción. En caso de que haya espacios vacíos tras dos o tres barridos, su cliente podrá prestarles atención de manera separada. Hasta que su cliente pueda experimentar sensaciones internas por todo el cuerpo, puede alternar un ciclo del escáner transversal (desplazándose en sentido descendente y, a continuación, en sentido ascendente por todo el cuerpo) y, a continuación, dos o tres ciclos del barrido en profundidad, y así sucesivamente durante la práctica de 30 minutos.

Una analogía común para escanear en profundidad todo el cuerpo consiste en pensar en un bote de tinte cayendo en una botella de agua e impregnándola toda. La atención es como el tinte: impregna todo el cuerpo[2]. La velocidad del escáner será lenta al principio y aumentará a medida que el cliente experimente más sensaciones; al final, su cliente podrá experimentar las sensaciones corporales a medida que surjan durante el día mientras permanece ecuánime. De este modo, podrá conectar con su experiencia emergente y gestionar el modo en que responde hábilmente: con sabiduría, compasión y desapego de un falso sentido del yo.

## Cultivar la conexión interpersonal y la compasión

### *Propósito*

Como examinamos en la sesión 7, una falta de conexión lleva a una sensación de soledad y aislamiento emocional, lo que contribuye a los modos de pensamiento ansiogénicos y depresógenos. La activación de estos esquemas da lugar, a su vez, a las recaídas. Advierta que la desconexión interna también tiene lugar a través de la experiencia disociativa, que puede producir una autoagresión deliberada en los

2. S. N. Goenka, *The discourse summaries*, Vipassana Research Publications, Onalaska, WA 2000.

clientes ansiosos. El propósito de aumentar la sensación de conexión por parte de los clientes consiste en reducir la probabilidad de las recaídas. Por otro lado, los clientes con trastornos emocionales tienen una capacidad deteriorada para experimentar sensaciones corporales comunes, como lo demuestra la activación deteriorada de la ínsula[3], y, por consiguiente, tienen una capacidad reducida para activar la secreción de la hormona de la oxitocina en el córtex insular; por otro lado, las personas que aprenden a aumentar su sensación de conexión con los demás a través de la meditación de la bondad demorosa y del entrenamiento ético desencadenan la secreción de la oxitocina insular cada vez que experimentan sensaciones relacionadas con la bondad y la compasión[4].

La oxitocina también recibe el nombre de «hormona del apego» porque se secreta cuando notamos una sensación de conexión –mientras amamantamos, nos relacionamos socialmente, tenemos relaciones sexuales, acariciamos a un perro y cantamos en un coro– y es un factor protector contra la sensación de aislamiento. Experiencialmente, la secreción de la oxitocina parece manifestarse de manera predominante a través de la experiencia de la interacción de las sensaciones corporales relacionadas con la fluidez, la ligereza y el movimiento (oscilación rápida); todas ellas interactúan para dar una sensación de flujo agradable de sensaciones hormigueantes cálidas (véase la sesión 4). Curiosamente, se ha demostrado que las regiones cerebrales que producen esta experiencia están considerablemente más desarrolladas en los meditadores experimentados que en las personas que no practican la meditación[5]. Una de las razones es que,

---

3. S. S. Khalsa, R. Adolphs, O. G. Cameron, H. D. Critchley, P. W. Davenport, J. S. Feinstein, y participantes de la Interoception Summit 2016, «Interoception and mental health: a roadmap. Biological Psychiatry»: *Cognitive Neuroscience and Neuroimaging* (2018). doi:10.1016/j.bpsc.2017.12.004
4. A. Lutz, J. Brefczynski-Lewis, T. Johnstone y R. J. Davidson, «Regulation of the neural circuitry of emotion by compassion meditation: Effects of meditative practice»: *PloS One*, 3 (2008), e1897; M. M. Rogers-Carter, J. A. Varela, K. B. Grobbons, A. F. Pierce, M. T. McGoey, M. Ritchey y J. P. Christianson, «Insular cortex mediates approach and avoidance responses to social affective stimuli»: *Nature Neuroscience* (2018). doi:10.1038/s41593-018-0071-y
5. A. Lutz, J. Brefczynski-Lewis, T. Johnstone y R. J. Davidson, «Regulation of the neural circuitry of emotion by compassion meditation: Effects of meditative practice», op. cit.

por lo general, los meditadores de *mindfulness* también practican la meditación de la bondad amorosa, pero también podría ser que su capacidad para experimentar un flujo libre de sensaciones les permita sentirse más conectados a su experiencia corporal, algo que, a su vez, puede activar la oxitocina insular –aunque no seamos conscientes de la evidencia empírica existente que respalda esto–.

La compasión puede mejorar con entrenamiento, que afecta a las áreas del cerebro que aumentan nuestro conocimiento de los demás, incluida nuestra capacidad para dar y recibir compasión y para ser autocompasivos[6]. La exploración científica del *mindfulness* ha demostrado que la compasión puede emerger de manera espontánea con el aumento de la conciencia plena[7]. Los participantes de un programa de ocho semanas de *mindfulness* mostraron una mayor compasión y tenían cinco veces más probabilidades de ayudar a alguien con dolor que quienes no asistieron al programa[8].

### *Planteamiento de la lógica*

En esta etapa del programa, la práctica de la conciencia plena [*mindfulness*] de su cliente y el conocimiento interpersonal desarrollado durante la etapa 3 han creado el sustrato psicológico ideal para que este comprenda cómo la bondad y la compasión afectan a su bienestar psicológico. Su mayor capacidad para valorar sus necesidades ha empezado a aumentar su sentido de la autoestima. Esto también ha permitido revaluar la importancia de comprender a los demás, de conectar con ellos y de no emitir juicios. Si su cliente ha practicado la autoría experiencial de manera precisa, ya ha comenzado a percibir la verdadera naturaleza del sufrimiento universal y a comprender que la reactividad de la gente es más una cuestión de

6. H. Jazaieri, G. T. Jinpa, K. McGonigal et al., «Enhancing compassion: A randomized controlled trial of a compassion cultivation training program»: *Journal of Happiness Studies*, 14 (2013), 1113–1126.
7. H. Bradbury, «Collaborative selflessness: Toward an experiential understanding of the emergent "responsive self" in caregiving context»: *The Journal of Applied Behavioral Science*, 50 (2014), 55–79.
8. P. Condon, G. Desbordes, W. B. Miller y D. De Steno, «Meditation Increases Compassionate Responses to Suffering»: *Psychological Science*, 24 (2013), 2125–2127.

desconocimiento que de «ego». Esto incluye el sufrimiento perpetuado por la codicia, el odio y la vanidad.

Su cliente debe percatarse ahora de que *él es el primer destinatario de las emociones que genera*, y tiene que aprender a escoger cuidadosamente qué emociones debe alimentar y cuáles debe abandonar. Ayude a su cliente a aceptar que su propio pensamiento es el que ha causado las sensaciones. Por ejemplo, los pensamientos relacionados con la ira producen sensaciones coemergentes desagradables, que nos gustaría evitar al reaccionar ante la situación. Por otro lado, los pensamientos amables producen sensaciones coemergentes agradables y alegría. Pídale a su cliente que cierre los ojos y se imagine estando enfadado, luego siendo amable y cariñoso, y que compare las sensaciones que surgen. Esto contribuye al aprendizaje experiencial. Con independencia de que su cliente tenga o no razón por lo que respecta a su narración, ¿qué tipo de experiencia es más saludable en su caso? Tenemos cierta tendencia a enfadarnos con los demás a causa de una expectativa no satisfecha, y habitualmente nos sentimos atraídos por la idea de que las cosas *deberían* ser diferentes. Esta no aceptación de la realidad actual causa agitación y malestar. Por el contrario, aceptar la situación tal y como es y generar amor y compasión produce sensaciones agradables. Cuando se explica de esta manera, su cliente es capaz de ver que puede elegir cómo se siente.

En este punto puede ser útil describir la noción de «lo saludable». En la psicología budista, un pensamiento, una intención, una emoción o un comportamiento es poco saludable en la medida en que crea o mantiene la propensión a reaccionar con deseo o aversión o a promover la ilusión de la permanencia (a menudo denominada «engaño»). Dado que el deseo, la aversión y la asunción de la permanencia crean o mantienen el sufrimiento, se considera que son poco saludables. Por otro lado, se dice que cualquier cosa que reduce la probabilidad o el mantenimiento del sufrimiento evitando el deseo, la aversión y la asunción de la permanencia es saludable.

Usar el cuestionamiento socrático para esto es invaluable. A menudo les planteamos a los clientes preguntas como estas: «Cuando te enfadaste porque él impugnó la custodia de los niños, sentiste que tu ira estaba justificada y que él se merecía tu enfado, ¿no es así?... Pero, ¿quién la estaba sintiendo en realidad?... ¿Cómo experimentaste la ira?... ¿Sintió él algo de esto?... Entonces, ¿estás diciendo que a pesar de que él estaba equivocado y de que tú fuiste víctima de su actitud, fuiste *tú* quien sufrió por eso?... Esto quiere decir que no solo experimentaste una sensación de impotencia debido a su decisión, sino también la desagradable consecuencia de tu ira (la experiencia de calor, agitación y constricción en el cuerpo) por encima de todo... ¿Cómo te sentirías si tuvieras pensamientos más amables, y qué clase de sensaciones habrías experimentado?».

Puede explicarle a su cliente que no podemos sentirnos conectados a los demás a menos que nos sintamos conectados a nosotros mismos. Nuestra capacidad para sentir amor y compasión se ve reducida si estamos deprimidos, si tenemos un escaso sentido de la autoestima y si sentimos odio hacia nosotros mismos. Por el contrario, cuanto más conectados nos sentimos con nosotros mismos, más conectados podemos sentirnos con los demás, lo que nos permite mostrar bondad y compasión. Explique que esto puede lograrse a través del entrenamiento. Su cliente no tiene que haber nacido con compasión; «no tiene que tener el gen». Cualquier persona puede volverse compasiva, incluso los psicópatas encarcelados[9], independientemente de su pasado o su presente, siempre que conecte las vías cerebrales correctas a través del entrenamiento.

### *Efectos del conocimiento y de la ausencia de ego en la empatía*

Esto puede resultar un poco filosófico para algunos, pero los clientes se benefician enormemente al comprender que *solo el ego atribuye el sufrimiento al ego de otro*. Nuestra capacidad de no tomarnos las cosas como algo personal también nos permite no asignar la causa de la reactividad de los demás a ellos como personas. Después de todo, todos estuvimos una vez «en el mismo barco», por así decirlo, pero nuestra sabiduría nos cambió. Aprendimos a percibir la realidad

9. G. Domes, P. Hollerbach, K. Vohs, A. Mokros y E. Habermeyer, «Emotional empathy and psychopathy in offenders: An experimental study»: *Journal of Personality Disorders*, 27 (2013), 67–84.

fenomenológica más profunda de cómo se desencadena, se refuerza y se mantiene el sufrimiento. Esta es una realidad universal; no se limita al «vecino desagradable», a la «suegra controladora» o al «jefe de personal evitativo que permite el acoso en el servicio». Nuestra creciente comprensión de la *universalidad del sufrimiento* nos permite aceptar que la falta de conciencia plena y de conocimiento intrapersonal de una persona es el único factor de mantenimiento de su sufrimiento mental y emocional.

Durante esta etapa del entrenamiento, los clientes aprenden, a través de la revaluación, a reducir en gran medida su hábito de tomarse las cosas como algo personal y de evaluar las actitudes de la gente en función de las creencias y los valores idiosincráticos. Esto les permite ampliar el alcance de su conocimiento, comprender y aceptar el sufrimiento de los demás como lo que es, y volverse más empáticos. Esto está ilustrado en un reciente estudio llevado a cabo por un equipo de psicólogos sociales israelís[10] que examinaron el efecto de una intervención que combinaba el *mindfulness* con la revaluación cognitiva para mejorar la regulación emocional en el contexto de los conflictos intergrupales. Los resultados demostraron que los participantes del grupo del *mindfulness*, los del grupo de revaluación y los del grupo combinado estaban más dispuestos a llegar a un acuerdo después de que se les presentara información relacionada con el conflicto israelí-palestino –una información que inducía a la ira– que los participantes que no recibieron formación en *mindfulness* ni en la revaluación. El mayor apoyo para las políticas de pacificación provocó una disminución de las emociones negativas en los tres grupos que habían recibido una intervención. Además, el apoyo del grupo del *mindfulness* a las soluciones pacíficas (soluciones beneficiosas para todos) también se produjo a través de la reducción de las percepciones negativas.

El impacto combinado del *mindfulness* y la revaluación en la vida cotidiana de las personas durante la etapa 4 de la TCCMi es bastante notable. A menudo observamos que los clientes toman decisiones

---

10. A. Alkoby, E. Halperin, R. Tarrasch y N. Levit-Binnun, «Increased support for political compromise in the Israeli–Palestinian conflict following an 8-week mindfulness workshop»: *Mindfulness* (2017). doi:10.1007/s12671-017-0710-5

que les cambian la vida –por ejemplo, iniciar un cambio importante en el estilo de vida relacionado con la salud, decidir divorciarse o contraer matrimonio, tomar la decisión de formar una familia, cambiar de trabajo, comprar una casa o dejar las sustancias adictivas–. Esto se explica mejor a través de la disminución de la ansiedad de los clientes y la comprensión y la aceptación de sus valores. A medida que los clientes han aprendido a ser menos evitativos y aprenden ahora a no juzgarse con dureza y a ser más amables consigo mismos y con los demás, toman decisiones coherentes con aquello que valoran. Aunque no todos los valores son «saludables», las decisiones significativas de los clientes durante la etapa 4 suelen estar impulsadas por el conocimiento, la buena voluntad y la compasión por uno mismo y/o por los demás.

### *Definición de compasión*

Solo podemos ser compasivos cuando *vemos* el sufrimiento, y el hecho de ver el sufrimiento como lo que verdaderamente es trae compasión. La compasión se ha definido como «*la voluntad de ofrecerse uno mismo con el fin de minimizar el sufrimiento propio o ajeno*»[11] (cursiva en el original). Esto contrasta con la empatía, en la que, si bien existe una comprensión y una aceptación de la experiencia del otro, no necesariamente se produce una acción motivada por el deseo de disminuir el sufrimiento. Cuando sentimos compasión por alguien, surge un deseo de responder con una acción. Cuanto más intensas son las sensaciones, más probabilidades hay de que actuemos, de que hagamos algo con respecto a la situación de la otra persona (según el modelo de coemergencia). La compasión trasciende la cultura, y las comunidades compasivas crean una sensación de seguridad y de conexión. Darwin también reconoció que la compasión es un aspecto importante de las sociedades exitosas, ya que implica el cuidado de nuestros hijos, familiares y amigos, y facilita

---

11. B. A. Cayoun, «The purpose, mechanisms, and benefits of cultivating ethics in Mindfulness-integrated Cognitive Behavior Therapy», en L. M. Monteiro, J. Compson y F. Musten (Eds.), *Practitioner's guide to ethics and Mindfulness-Based Interventions*, Springer, Cham 2017, 177. doi:10.1007/978-3-319-64924-5_7

una actitud cooperativa para la resolución de conflictos[12]. Por consiguiente, tiene sentido que promovamos activamente la compasión en las sociedades.

## Meditación de la bondad amorosa

Uno de los dos métodos para desarrollar la compasión en la TCCMi es a través de la práctica de la meditación de la bondad amorosa. La meditación de la bondad amorosa (*metta bhavana* en pali) se basa originariamente en las enseñanzas del Buda sobre la bondad, y se ha impartido como parte de las enseñanzas budistas desde hace más de 2500 años[13]. Ha habido varias adaptaciones entre los maestros[14], principalmente para adecuarse a su población estudiantil, pero los elementos centrales siguen siendo similares a los de los maestros monásticos y laicos[15]. En la TCCMi, la bondad amorosa que se enseña deriva del estilo de S. N. Goenka[16], y está inspirada, además, en otros maestros Theravada influyentes como Ajahn Jayasaro[17].

12. C. Darwin, *The descent of man and selection in relation to sex*, Penguin, Londres 2004 (trabajo original publicado en 1871; trad. esp.: *El origen del hombre y de la selección en relación al sexo*, Edaf, Madrid 1982).
13. W. Hart, *The art of living: Vipassana meditation as taught by S. N. Goenka*, Harper Collins, Nueva York 1987 (trad. esp.: *La Vipassana*, Edaf, Madrid 1994); W. Rahula, *What the Buddha taught*, Grove Press, Nueva York 1974 (trad. esp.: *Lo que el Buda enseñó*, RBA coleccionables, Barcelona 2006).
14. P. ej., B. A. Cayoun, *Mindfulness-integrated CBT for well-being and personal growth: Four steps to enhance inner calm, self-confidence and relationships*, Wiley, Chichester, UK 2015; C. K. Germer, *The mindful path to self-compassion: Freeing yourself from destructive thoughts and emotions*, Guilford Press, Nueva York 2009 (trad. esp.: *El poder del mindfulness: libérate de los pensamientos y las emociones autodestructivas*, Ediciones Paidós Ibérica, Barcelona 2011); P. Gilbert (Ed.), *Compassion: Conceptualisations, research and use in psychotherapy*, Routledge, Nueva York 2005; L. Monteiro y F. Musten, *Mindfulness stops here: An eight-week guide to skillful living*, Friesen Press, Victoria, Canadá 2013; K. Neff, *Self-compassion: The proven power of being kind to yourself*, William Morrow, Nueva York 2011.
15. D. P. Neal, «Confluence: Adoption and adaptation of loving-kindness and compassion practice in Buddhist and secular contexts»: *Dharma Drum Journal of Buddhist Studies*, 16 (2015), 95–121.
16. S. N. Goenka, *The discourse summaries*, op. cit.
17. A. Jayasaro, *On Love*, Panyaprateep Foundation, Tailandia 2010. Este libro está disponible para su descarga gratuita en: http://forestsanghapublications.org/viewBook.php?id=65&ref=vec

A lo largo de la semana, su cliente aprenderá este método además de barrer en profundidad. Explíquele que la bondad amorosa es una práctica de la meditación breve en la que él mismo decide tener sentimientos de amor universal, cuidado, paz y armonía hacia sí mismo y hacia los demás. En esencia, esta práctica está compuesta de afirmaciones relacionadas con la compasión combinadas con un estado emocional coherente. En la TCCMi, añadimos una especial atención a las sensaciones corporales. Se ha demostrado que la meditación de la bondad amorosa mejora la capacidad de estar centrado en el presente y menos centrado en uno mismo[18]. Su cliente mejorará su capacidad para aceptar a las personas sin necesidad de cambiarlas, y aprenderá a conectar con los demás y consigo mismo de un modo compasivo y bondadoso. Dado que esta experiencia de «unidad» es diametralmente opuesta a los estados mentales de angustia emocional de nuestros clientes, puede actuar como un amortiguador contra la tendencia a las recaídas. En otras palabras, los síntomas de los trastornos emocionales y la bondad/compasión (con uno mismo y con los demás) se excluyen mutuamente.

### *La práctica*

Su cliente usará las instrucciones de audio para que le guíen en la creación de sentimientos y pensamientos amorosos y amistosos, en primer lugar hacia él mismo durante los dos o tres primeros minutos. A continuación, creará aspiraciones similares para otras personas. Su cliente comenzará con personas cercanas a él y después, durante los dos o tres últimos minutos, se expandirá sistemáticamente a los demás, incluidas aquellas personas con las que tuvo dificultades, y, en última instancia, a todos los seres. Estos pensamientos dan lugar a la coemergencia de sensaciones corporales sutiles y agradables, que producen una sensación de conexión y de bienestar –suponemos que la secreción de oxitocina–. Tenga en cuenta que, dado que su cliente aprende a emparejar los pensamientos amables y las sensaciones agradables con los recuerdos de personas que podrían haberle disgus-

18. K. A. Garrison, D. Scheinost, T. Constable y J. A. Brewer, «BOLD signal and functional connectivity associated with loving kindness meditation»: *Brain and Behavior* (2014), doi: 10.1002/brb3.219

tado o que podrían crear conflictos futuros, el procedimiento también actúa como contracondicionamiento. La técnica de la visualización resulta útil en esta práctica siempre y cuando las *sensaciones corporales* sean un enfoque clave. La meditación de la bondad amorosa dura alrededor de 9 minutos y se lleva a cabo inmediatamente después de la práctica habitual de 30 minutos. El guion habitual puede incluir afirmaciones tales como: «Ojalá esté seguro», u: «Ojalá sea amable conmigo mismo», u: «Ojalá comparta mi ecuanimidad y mi tranquilidad con todo el mundo». Las instrucciones de audio se encuentran en la pista 18, y hay una introducción en la pista de audio 17.

### *Dificultades habituales con la meditación de la bondad amorosa*

#### *Subestimación*

En ciertas ocasiones, algunos clientes tienen dificultades para pasar de una práctica de conciencia interoceptiva a un ejercicio de afirmación, y subestiman el poder de sus pensamientos. Muchas personas no se dan cuenta de que la meditación de la bondad amorosa se lleva enseñando y practicando desde hace más de 2500 años. Sería bueno que aclarara esto con algunos clientes. El uso de afirmaciones también puede parecer un poco como una oración, especialmente para aquellos clientes que están resentidos con la espiritualidad y las religiones o para quienes son afines a ellas. Mientras que el primero de ellos puede ser un poco reticente en ciertas ocasiones, el último a menudo se sentirá «en casa», por así decirlo. Cada persona tiene una representación mental de estos procesos e interpreta el procedimiento en consecuencia. Su cliente debe comprender que los pensamientos tales como: «Soy una persona inútil», «todo el mundo es estúpido», o: «Nadie se preocupa por mí» también son afirmaciones, solo que estas mantienen la depresión o llevan a ella cuando se repiten, aunque sea de manera subconsciente. Las sensaciones coemergentes asociadas a una afirmación también forman parte de la vida cotidiana a causa de la costumbre del cerebro de conectar las redes correspondientes. Por consiguiente, las afirmaciones negativas pueden ser muy automáticas y subconscientes. La cuestión no es si debemos usar o no las afirmaciones en la vida diaria; la cuestión es *qué* afirmaciones queremos usar.

*Artificialidad*

A algunos clientes les resulta extraño tratar de fabricar la amabilidad y la compasión por medio del entrenamiento. Debe explicarles que su capacidad para sentir amor y compasión en el pasado podría haber dependido de quién fue el destinatario de su bondad, de si estaban cansados o no, de si estaban de buen o de mal humor, o de si el receptor fue amable con ellos o no. Básicamente, puede que su cliente no haya sido el verdadero autor de su bondad, de su amor y de su compasión. Las investigaciones han demostrado que a través del entrenamiento su cliente tiene la oportunidad de *elegir* ser amable y compasivo en cualquier momento, en cualquier lugar y con cualquier persona en la que vea signos de sufrimiento. Su compasión será valiosa y beneficiosa para él porque ya no estará mediada por su sentido del yo, ni dependerá del modo en que su juicio dicta si una persona merece o no su compasión.

*Perdonar*

A medida que su cliente desarrolle la comprensión de cómo las sensaciones corporales coemergen con los pensamientos, podrá ver que las demás personas funcionan de la misma manera. Todos nosotros reaccionamos a causa de nuestro propio malestar interior; buscamos y deseamos sensaciones agradables y tratamos de evitar aquellas que nos resultan desagradables. Esta comprensión hace que resulte más fácil mostrar compasión por los demás, sabiendo que puede que ellos no tengan esta sabiduría y que su falta de conocimiento ha provocado sus acciones perjudiciales. El perdón se vuelve mucho más fácil cuando comprendemos esto. Es lo mismo que perdonar el comportamiento de un niño aduciendo que su comprensión es limitada.

Otro obstáculo para el perdón es el hecho de ver el sufrimiento como algo diferente en diferentes personas, lo que lleva a evaluaciones adicionales y a comparaciones basadas en esquemas. Podríamos pensar: «Mi dolor es mucho mayor que el suyo», o: «Bueno, si mi jefe está deprimido ahora es su problema, pero no es nada comparado con lo que pasé yo cuando él hizo que me estresara». Perdonar es más sencillo cuando nos damos cuenta de que los demás funcionan del mismo modo en que lo haríamos nosotros. El primer paso para ser capaces de perdonar a los demás consiste en ser compasivos con nosotros mismos. Cuando unimos las emociones a las sensaciones, también se vuelve más fácil para los clientes ver que «la autocompasión ayuda a engendrar y es engendrada por la conciencia plena»[19]. Si comprendemos esto seremos capaces de ser compasivos *con nosotros mismos* y dependeremos menos de las disculpas o la aprobación de los demás para ser amables con nosotros mismos.

Sea cual sea el tipo de dolor psicológico o físico, este puede revaluarse y normalizarse. Del mismo modo que su cliente ha aprendido a percibir los pensamientos como *meros* pensamientos y las sensaciones como *meras* sensaciones, también puede percibir el sufrimiento como *mero* sufrimiento. Además, la práctica del *mindfulness* ha ayudado a que su cliente se dé cuenta y acepte que todos estos estados mentales pasan; tanto la felicidad como la infelicidad son estados mentales transitorios. A medida que desarrollamos una mente calmada y pacífica, estamos en mejores condiciones de comprender el sufrimiento y de enmarcarlo en términos de un trastorno humano[20]. Con una mente calmada y ecuánime es posible advertir cómo funcionan el deseo y la aversión en las otras personas. Un estado mental calmado nos permite comprender que todos luchamos y sufrimos de manera muy similar; *mi* sufrimiento no exclusivamente *mío* ni es peor que el de los demás. Este estado mental tranquilo me permite comprender que no soy el blanco del dolor y el malestar, sino que es universal e inevitable para todos. Sin esta comprensión nos sentimos como una víctima, una víctima de nuestra propia debilidad y de las deficiencias de las acciones de los demás.

No es de extrañar que el hecho de perdonar a quienes nos han hecho daño constituya todo un desafío, y puede ser tan difícil como

---

19. K. Neff, «Self-compassion and psychological well-being»: *Constructivism in the Human Sciences*, 9 (2004), 27–37.
20. A. Jayasaro, Framing. Bahn Boon retreat discourse (2008). MP3 gratuito descargable en http://ratanagiri.files.birken.ca/dt/T09-04_A_Jayasaro_Framing.mp3, consultado el 2 de febrero de 2018.

perdonarse a uno mismo. Si su cliente sufrió abusos en el pasado, podría tener dificultades para incluir al culpable de estos abusos en su meditación de la bondad amorosa. En ese caso, su cliente podría dejar a esta persona fuera de la práctica por el momento u optar por desear que esa persona se dé cuenta del daño que causó, que no lo repita y que sea amable. Elija lo que elija, debería hacerlo de una manera genuina; fingir solo causará malestar interno y una discordancia entre los pensamientos y las sensaciones que terminará por socavar la capacidad de dejar atrás el pasado.

## Fundamentar la compasión en la conducta ética

Es importante diferenciar la empatía de la compasión, términos que en ocasiones se emplean de manera indistinta en la literatura. Mientras que la expresión de la empatía y la buena voluntad durante la meditación de la bondad amorosa no se basa necesariamente en la acción cotidiana, la compasión es una intención genuina y una propensión a la acción o a una acción de pleno derecho si la intención es lo suficientemente intensa. Sin embargo, ser compasivo con los propios amigos o con otras personas que probablemente nos devolverán el favor o que nos premiarán con elogios no es un proceso trascendental; incluso podría inflar nuestro sentido del yo y nuestra imagen pública. Ayudar a alguien puede suponer, a buen seguro, un acto compasivo en ciertas ocasiones, mientras que en otras puede estar motivado por necesidades personales, como la validación y la deseabilidad social.

Ayude a los clientes a considerar si es posible ser compasivo y, al mismo tiempo, causar daño. Desear que todos los seres estén bien durante la meditación de la bondad amorosa resulta incompatible con causar daño a sabiendas. La práctica de la bondad amorosa debe aplicarse en la vida cotidiana. En efecto, para que la práctica de la compasión encuentre su base en acciones diarias congruentes, debe estar arraigada en el comportamiento ético. Otros autores y desarrolladores de programas de *mindfulness* sugieren que el hecho de mantener la ética como una parte de la práctica del *mindfulness* tiene una importancia fundamental[21]. Por ejemplo, Kabat-Zinn apuntó:

> El fundamento de la práctica de la atención plena y de toda investigación y exploración meditativa se asienta en la ética y en la moral y, por encima de todo, en la motivación de no causar daño. ¿Por qué? Porque es imposible que nuestra mente y nuestro cuerpo alcancen el silencio y la calma [...] mientras nuestras acciones agitan, enturbian y desestabilizan de continuo el instrumento mismo con el que estamos mirando, es decir, nuestra propia mente [...]. Si estamos continuamente agitando nuestra vida y dañando a los demás y a nosotros mismos, acabaremos encontrándonos con esa misma agitación y daño en nuestra práctica meditativa, porque ese será nuestro alimento[22].

Las acciones éticas intencionales no necesariamente son obvias para los demás, pero emanan de un sentido de conexión, cuidado y compasión. También eliminan la disonancia cognitiva evidente en nuestra inconsistencia entre las intenciones y las acciones. Las intenciones que generamos deben traducirse en acciones reales. Sin esto, la práctica de la bondad amorosa no contribuirá a que su cliente evite las recaídas, porque las buenas intenciones no son más que el comienzo. Las meras intenciones podrían no evitar futuras acciones perjudiciales. ¿No dicen que «el camino al infierno está empedrado de buenas intenciones»? Es importante que hable con su cliente de que esta práctica no trata de alimentar el deseo de ser «una buena persona», ya que esto solo enfatiza el sentido de uno mismo. Se trata de comprometerse genuinamente a minimizar el daño en todas las

21. P. ej., P. Grossman, «Mindfulness: Awareness informed by an embodied ethic»: *Mindfulness*, 6 (2015), 17–22. doi:10.1007/s12671-014-0372-5; G. Kramer, *Insight Dialogue: The interpersonal path to freedom*, Shambhala, Boston 2007 (trad. esp.: *El diálogo en plena conciencia. El sendero interpersonal hacia la liberación*, Desclée De Brouwer, Bilbao 2018); L. Monteiro, «Implicit ethics and mindfulness: Subtle assumptions that MBIs are values-neutral»: *International Journal of Psychotherapy*, 20 (2016), 210–224; L. Monteiro y F. Musten, *Mindfulness stops here: An eight-week guide to skillful living*, op. cit.; E. Shonin, W. van Gordon y M. D. Griffiths, «Teaching ethics in mindfulness-based interventions»: *Mindfulness* (2015). doi:10.1007/s12671-015-0429-0
22. J. Kabat-Zinn, *Coming to our senses: Healing ourselves and the world through mindfulness*, Londres, Piatkus 2005, 102–103 (trad. esp.: *La práctica de la atención plena*, Kairós, Barcelona 2007, 109).

acciones, a cuidarse uno mismo y a cuidar de los demás por compasión[23]. Monteiro, Compson y Musten analizan de manera exhaustiva la ética en las intervenciones basadas en el *mindfulness*, un análisis que incluye una descripción detallada del propósito, los mecanismos y los beneficios de la ética en la TCCMi[24].

### *Razón de ser de la formación ética*

Comprensiblemente, es probable que el hecho de hacerse daño a uno mismo o de hacérselo a los demás aumente la angustia causada por el acto en sí, por los sentimientos de culpabilidad y por los posibles conflictos interpersonales ocasionados por la acción (p. ej., conducir bajo la influencia del alcohol o de otras drogas, abusar de niños, etc.). Como terapeutas, a menudo nos enfrentamos a este tipo de representaciones. Una vez que logramos ayudar a los clientes con sus problemas, esperamos que no caigan en las mismas trampas, pero a menudo lo hacen y recaen. Esto se debe, en parte, a que no consiguen interiorizar un sentido personal de la ética arraigado en la compasión auténtica. Como resultado de ello, se considera que la «ética» son *meras reglas*. A menos que los clientes sean educados en la práctica del *mindfulness*, continuarán deseando lo que promueve la experiencia de placer y evitando lo que promueve la experiencia de aversión (desahogándose).

Por el contrario, prevenir el daño a partir de la conciencia ética requiere el esfuerzo de inhibir nuestras acciones cuando se consideran dañinas. Este tipo de control inhibitorio no está motivado por el deseo y la aversión centrados en uno mismo. Surge del aprendizaje y la inteligencia emocional, del conocimiento de cómo se incrementó el sufrimiento en el pasado y de qué hacer para prevenirlo. En otras palabras, el esfuerzo por respetar los límites éticos emana de la propia compasión y de la propia sabiduría, que cada vez son mayores. Esto promueve, por lo general, una sensación de autoeficacia y de bienestar.

23. A. Jayasaro, *Mindfulness, precepts and crashing in the same car*, Panyaprateep Foundation Bangkok, Tailandia 2011. Este libro está disponible para su descarga gratuita en: http://forestsanghapublications.org/viewBook.php?id=64&ref=vec
24. B. A. Cayoun, «The purpose, mechanisms, and benefits of cultivating ethics in Mindfulness-integrated Cognitive Behavior Therapy», op. cit.

Sin embargo, dada la falta de estudios empíricos que comparen la práctica del *mindfulness* con y sin formación ética, no todos los profesionales clínicos y los investigadores se adhieren a la visión de que la enseñanza explícita de la ética en la terapia resulta importante. Ahora bien, tanto si estamos de acuerdo como si no, tanto si nos referimos a ella como si no, tanto si estamos a favor como si estamos en contra, todos nosotros estamos unidos por alguna forma de ética, sin la que una sociedad no puede sobrevivir. La ética es una parte esencial de la evolución. Los individuos que son menos compasivos e interpersonalmente conscientes tienden a adherirse a directrices éticas porque son reglas impuestas desde el exterior, a menudo basadas en el miedo o la obediencia, mientras que los individuos más compasivos e interpersonalmente conscientes tienden a respetar las reglas basadas en la ética para evitar el daño –la principal razón por la que se establecieron las reglas–.

Un gran número de clientes que buscan asistencia a través de la terapia se encuentran atrapados en un comportamiento no ético que, por definición, es perjudicial para ellos mismos o para los demás. Los profesionales clínicos más experimentados se referirán a la importancia de la ética de los clientes. Para tener un comportamiento saludable (y evitar las acciones dañinas), los clientes deben tener claros sus propios estándares éticos, de manera que sus acciones sean coherentes con sus estándares. Examine la comprensión de su cliente de los tipos de comportamiento que reconoce que pueden causarle daño a los demás o a sí mismo. Esto ayudará a que su cliente actúe con el deseo sincero de evitar el daño, más que por un sentimiento de culpa o por temor a las consecuencias. A medida que lo haga, se dará cuenta de que su comportamiento (ético o no ético) afecta a su conexión social.

## Practicar los cinco desafíos éticos

Como mencionamos anteriormente, existen dos aspectos en la práctica de la compasión de su cliente esta semana. En primer lugar, su cliente desarrollará sus habilidades empáticas con la meditación de la bondad amorosa, experimentando qué se siente en el cuerpo cuando genera buena voluntad hacia sí mismo y hacia los demás. En segundo lugar, aprenderá a permanecer consciente de sus intenciones y de sus acciones, advirtiendo qué acciones aumentan o disminuyen la probabilidad de sentirse calmado y tranquilo (un estado caracterizado por unas sensaciones corporales suaves y agradables) o agitado y tenso (caracterizado por unas sensaciones corporales intensas y desagradables). Con esta tarea, a los clientes se les pide que observen las sensaciones que coemergen con las intenciones dañinas y compasivas antes de emprender una acción verbal o física.

Es conveniente explicarle a su cliente por qué hacemos hincapié en el comportamiento ético en la TCCMi. Aprovechando la comprensión ya adquirida, su cliente entenderá que el hecho de ser capaz de permanecer ecuánime quiere decir que sus acciones provienen de una mente clara y racional. Nuestra reactividad emocional es solo un reflejo de nuestro deseo y nuestra aversión hacia las sensaciones corporales en función de su prominencia (intensidad) y su tono hedónico (véase el capítulo 2). Es más probable que los estados mentales emocionalmente reactivos generen comportamientos dañinos. Los cinco medios de hacer daño abordados en las enseñanzas tradicionales del *mindfulness* son: el discurso pernicioso, tomar lo que no nos es dado, quitar vidas, las conductas sexuales inapropiadas, y tomar sustancias tóxicas (sustancias que alteran la respuesta normal de inhibición, como el alcohol o las drogas ilegales).

Sin embargo, conviene mencionar que las personas también pueden dañarse a sí mismas y entre ellas de muchas otras maneras. Por ejemplo, en la lista de las cinco acciones básicas no se menciona el hecho de descuidar a los niños y a las mascotas –, por ejemplo, olvidándonos de darles de comer o de prestarles atención–, pero ciertamente son comportamientos dañinos. Nuestra tecnología moderna se suma a la gama de posibilidades dañinas. Por ejemplo, un comportamiento como la furia al volante puede provocar daños fácilmente causando un accidente. La lista es larga. Sin embargo, dado que la consideración de la ética en un contexto terapéutico puede ser algo muy nuevo para algunos clientes, limitamos el alcance del esfuerzo a unas pocas pautas usadas tradicionalmente. El desafío de su cliente de esta semana consistirá en evitar practicar los cinco tipos de comportamientos dañinos. Sugiérale que anote en el Registro de Desafíos Éticos (documento 9.4) cómo se sintió o bien al evitar o bien al involucrarse en los comportamientos dañinos. Ayude a que su cliente adopte una postura de principiante en esta tarea y a que no espere ser perfecto en ella. Esto le impedirá sentir que ha fracasado y, en cambio, le animará a percibir esta tarea como un experimento conductual que requiere una actitud «objetiva» y de aceptación.

### *Discurso pernicioso*

Se invita al cliente a prestar una atención cuidadosa a lo que dice desde la perspectiva de lo siguiente: lo que estoy a punto de decir, a) ¿es cierto?, b) ¿es un buen momento para hablar de esto?, c) ¿es amable?, d) ¿es respetuoso?, e) ¿resulta útil? El discurso pernicioso es el resultado de un proceso de evaluación automático y de las sensaciones corporales coemergentes a las que reaccionamos hablando de manera inapropiada. Esto incluye –pero no se limita a– el discurso divisorio, usar un lenguaje duro, murmurar, engañar a los demás, hacer perder el tiempo a los demás con un discurso inútil, etc. ¿Ve el lector el beneficio de prevenir esto? Sugiera que su cliente no debería esperar ser perfecto, pero sí hacer todo lo posible. Si puede ser ecuánime mientras presta atención a lo que está diciendo, es más probable que entable una comunicación constructiva.

### *Quitar vidas*

Cuando examinamos este aspecto del comportamiento ético con los clientes, a menudo dicen que no se dedican a matar. No se identifican como «asesinos», pero eso no quiere decir que no quiten vidas. Al hablar de manera más detenida con su cliente, podría darse cuenta de que probablemente haya matado a pequeños seres vivos –insectos, por ejemplo–. En cualquier caso, de manera implícita somos cómplices de la matanza de animales si comemos carne o pescado, de igual manera que somos cómplices de su sufrimiento diario si consumimos productos lácteos. Sin embargo, no se espera que los clientes sigan una dieta vegetariana o vegana esta semana, a menos que sea algo que ya hayan valorado y que deseen probar. La TCCMi tiene sus propios límites; ¡la compasión hará el resto! Pídale a su cliente que, si esta semana tomara la decisión de matar algo, preste especial atención a sus sensaciones corporales, manteniéndose ecuánime, y que haga todo lo posible por evitar reaccionar (matar) a causa de las sensaciones. Si tiene éxito en ese caso, nuestra hipótesis de trabajo es que su «necesidad» de matar será superflua y que podrá evitarse fácilmente.

### *Tomar lo que no nos es dado*

De manera similar, es probable que los clientes digan que no son ladrones y que no roban. Sin embargo, no solo nos referimos a robar un banco o a blanquear dinero. Invite a sus clientes a considerar que robar es «tomar lo que no nos es dado libremente». Esto permitirá que se den cuenta de que hay ocasiones en que sí que adoptan este comportamiento. Por ejemplo, salir temprano del trabajo o tomar un largo receso para almorzar, cobrar por un trabajo que no se ha hecho, usar la fotocopiadora de la oficina para fotocopiar documentos personales, usar el teléfono del trabajo sin permiso para hacer llamadas personales de larga distancia, o atribuirse el mérito por el trabajo de otra persona (se incluye aquí el plagio). ¡Y mejor no entremos en los asuntos de los acuerdos relacionados con el divorcio! Si somos amables con nosotros mismos y seguimos siendo objetivos y ecuánimes, podremos percibir con mayor facilidad los aspectos de nuestra codicia, por muy sutiles que puedan ser.

### *Conducta sexual inapropiada*

Una vez más, los clientes podrían decir que no son violadores o que no fuerzan a los demás, pero «el diablo está en los detalles», como suele decirse. Pídale a su cliente que use sus habilidades del *mindfulness* para advertir de un modo honesto y ecuánime si podría participar en una conducta sexual inapropiada o si invitaría a alguien más a hacerlo. Pídale que advierta las sensaciones asociadas al deseo. Por ejemplo, si su cliente se sintiera descuidado en su relación y no hubiera abordado esta preocupación con su pareja, podría empezar a coquetear con otras personas. En última instancia, las sensaciones agradables que surgen se refuerzan de manera interoceptiva y pueden llevar a desear un mayor coqueteo. Por desgracia, este es el modo en que las relaciones suelen meterse en problemas; el hecho de sentirnos tranquilos y recompensados en otro lugar puede impedir que tratemos de abordar los problemas de la relación inicial. La inadecuación sexual también puede romper un círculo de amigos o la armonía en la oficina.

### *Tomar sustancias tóxicas*

El hecho de intoxicarnos con sustancias psicotrópicas afecta al estado de alerta de la mente y puede tener un impacto en nuestra capacidad para actuar según nuestros propios estándares éticos. Cuando no somos capaces de controlar lo que decimos o lo que hacemos, nos resulta muy difícil mantenernos ecuánimes y seguir siendo conscientes de nuestras intenciones. Cuando nos intoxicamos, es mucho más difícil mantener el esfuerzo y adherirnos a los otros cuatro compromisos éticos. Además, el consumo de drogas y alcohol también puede desencadenar estados depresivos, ansiosos, delirantes o psicóticos, sobre todo si el cliente los experimentó antes del tratamiento. Al ser el alcohol un ritual social aceptado, podría ser algo valorado entre los miembros de la familia y los amigos. Llevar una botella de vino cara a una fiesta atraerá los elogios, e incluso la gratitud. Por consiguiente, la evitación del alcohol puede resultar difícil teniendo en cuenta que es un reforzador social. Lo mismo sucede con las demás drogas recreativas.

## Aplicación con clientes individuales

### *Objetivo de la sesión*

El objetivo de esta sesión es introducir la etapa 4 del programa: la etapa empática. Hay tres elementos educativos esta semana: (1) el método del barrido en profundidad del escáner corporal, (2) el entrenamiento de la compasión a través de la meditación de la bondad amorosa, y (3) el entrenamiento de la compasión a través de las cinco prácticas éticas, en el marco del debate sobre el impacto de evitar daños en el bienestar psicológico. El barrido en profundidad proporcionará más oportunidades para desarrollar la ecuanimidad con unos hábitos reactivos emocionales profundamente arraigados. El estudio, el respeto y las consecuencias de los límites éticos ayudarán a que los clientes aumenten su sensación de conexión y su compasión.

### *Revise los deberes y el progreso*

Revise el progreso de su cliente con el escáner transversal. Compruebe si puede permanecer ecuánime a pesar de los espacios vacíos. Verifique si empleó con éxito las declaraciones asertivas en sus conversaciones. De no ser así, anímele a hacerlo esta semana. Si es capaz de notar al menos el 20% del cuerpo transversalmente, podrá comenzar a practicar el método del barrido en profundidad y el entrenamiento de la compasión mientras continúa practicando la comunicación asertiva tan a menudo como sea necesario.

### *Introduzca el barrido en profundidad*

Explique el procedimiento y la razón de ser del barrido en profundidad, que es una integración del escáner transversal y del barrido en masa. Explique que el barrido en profundidad requiere barrer el interior del cuerpo verticalmente, desde la parte superior de la cabeza a los dedos de los pies y en sentido contrario, de manera continua. Esta semana no hay instrucciones de audio; la descripción escrita para los clientes se encuentra en el documento 9.1, así que asegúrese de que su cliente dispone de él. Recuérdele que cada sesión debe durar 30 minutos.

### *Razón de ser del entrenamiento de la compasión*

Expliqué por qué el hecho de sentirse desconectado «internamente» y de los demás crea infelicidad y problemas de salud mental, lo que a su vez favorece las recaídas. Explique que la compasión es la manera más propicia y gratificante de desarrollar una sensación de conexión, de alegría y de bienestar. Examine también el modo en que estos estados mentales sirven de protección frente a las recaídas.

### *Introduzca la meditación de la bondad amorosa*

Introduzca la práctica de la bondad amorosa y los motivos en que se fundamenta su utilización. Las instrucciones de audio se encuentran en las pistas 17 (la introducción) y 18 (la práctica). Explíquele a su cliente que la meditación de la bondad amorosa debe practicarse siguiendo la práctica del barrido en profundidad.

### *Introduzca los cinco desafíos éticos*

Describa el objetivo de practicar la ética personal en términos de la minimización del daño motivado por la compasión, en vez del deber o la culpa. Introduzca y examine las cinco áreas del dolor (usar un lenguaje pernicioso, quitar vidas, tomar lo que no nos es dado, intoxicarnos o llevar a cabo conductas sexuales inapropiadas) y el desafío de evitarlas *por compasión* hacia uno mismo y hacia los demás. Pídale a su cliente que mantenga un registro de sus experiencias bien cuando evite los comportamientos dañinos o bien cuando los lleve a cabo.

### *Explique los deberes*

- Practicar el barrido en profundidad.
- Practicar la bondad amorosa: la introducción se encuentra en la pista de audio 17, y las instrucciones en la pista de audio 18.
- Prestar atención a la naturaleza ética de todas las acciones y las intenciones, y tratar de evitar el comportamiento que podría causar daño a uno mismo y a otras personas.
- Leer los documentos 9.1, 9.2 y 9.3.
- Rellenar el Registro de Desafíos Éticos (documento 9.4).
- Rellenar el Registro diario de la Práctica de la Meditación *Mindfulness* (documento 9.5).

## Aplicación con grupos

### *Objetivo de la sesión*

El objetivo de esta sesión es introducir la etapa 4 del programa: la etapa empática. Hay tres elementos educativos esta semana: (1) el método del barrido en profundidad del escáner corporal, (2) el entrenamiento de la compasión a través de la meditación de la bondad amorosa, y (3) el entrenamiento de la compasión a través de las cinco prácticas éticas, en el marco del debate sobre el impacto de evitar daños en el bienestar psicológico. El barrido en profundidad proporcionará más oportunidades para desarrollar la ecuanimidad con unos hábitos reactivos emocionales profundamente arraigados. El estudio, el respeto y las consecuencias de los límites éticos ayudarán a que los clientes aumenten su sensación de conexión y su compasión.

### *Revise los deberes y el progreso*

Revise el progreso de los participantes con el escáner transversal. Compruebe si pueden permanecer ecuánimes a pesar de los espacios vacíos. Verifique si han empleado con éxito las declaraciones asertivas en sus conversaciones. De no ser así, anímeles a hacerlo esta semana. Si son capaces de notar al menos el 20% del cuerpo transversalmente, podrán comenzar a practicar el método del barrido en profundidad y el entrenamiento de la compasión mientras continúan practicando la comunicación asertiva tan a menudo como sea necesario.

### *Introduzca el barrido en profundidad*

Explique el procedimiento y la razón de ser del barrido en profundidad, que es una integración del escáner transversal y del barrido en masa. Explique que el barrido en profundidad requiere barrer el interior del cuerpo verticalmente, desde la parte superior de la cabeza a los dedos de los pies y en sentido contrario, de manera continua. Esta semana no hay instrucciones de audio; la descripción escrita para los clientes se encuentra en el documento 9.1, así que asegúrese de que los participantes disponen de él. Recuérdeles que cada sesión debe durar 30 minutos.

### *Razón de ser del entrenamiento de la compasión*

Expliqué por qué el hecho de sentirse desconectados «internamente» y de los demás crea infelicidad y problemas de salud mental, lo que a su vez favorece las recaídas. Explique que la compasión es la manera más propicia y gratificante de desarrollar una sensación de conexión, de alegría y de bienestar. Examine también el modo en que estos estados mentales sirven de protección frente a las recaídas.

### *Introduzca la meditación de la bondad amorosa*

Introduzca la práctica de la bondad amorosa y los motivos en que se fundamenta su utilización. Las instrucciones de audio se encuentran en las pistas 17 (la introducción) y 18 (la práctica). Explíqueles a los participantes que la meditación de la bondad amorosa debe practicarse siguiendo el barrido en profundidad.

### *La práctica de la bondad amorosa durante el período de sesiones*

Dirija una práctica durante el período de sesiones usando la pista de audio 18. Esta práctica consta de tres partes, cada una de las cuales dura aproximadamente 3 minutos. A continuación figura una descripción, enumerada también en el documento 9.2.

1. La autocompasión se desarrolla cuando nos centramos en la parte central del pecho, al nivel del área del corazón. Advierta las sensaciones que se producen en esta área al inspirar. Al espirar, deje que estas sensaciones se dispersen por todo el cuerpo, como si su corazón se estuviese expandiendo con cada exhalación. Al mismo tiempo, comience a crear pensamientos amables para usted y sobre usted.
2. El siguiente foco de la práctica es la compasión hacia aquellas personas a las que amamos. Continúe notando el flujo de las sensaciones de hormigueo que pueda experimentar en el área del pecho al inspirar; al espirar, deje que esas sensaciones y su compasión se dirijan hacia personas que ama y por las que se preocupa para que reciban sus vibraciones amorosas. Al mismo tiempo, cree pensamientos amables para estas personas cercanas a usted; también podría estar agradecido a estas personas por su contribución a su bienestar o al de otra persona.
3. La tercera etapa de la práctica consiste en continuar centrándose en las sensaciones de hormigueo al tiempo que, en esta ocasión, envía bondad y compasión a todos los seres, a todo el mundo. Aquí se incluyen los conocidos, los compañeros de trabajo, así como la gente que no conoce en absoluto. Trate de incluir a aquellas personas con las que haya tenido problemas. Si le resulta muy difícil, puede omitir a estas personas por ahora o desear que tomen una mayor conciencia de sus acciones y que eviten causarse daño a sí mismas o al resto de personas.

### *Introduzca los cinco desafíos éticos*

Describa el objetivo de practicar la ética personal en términos de la minimización del daño motivado por la compasión, en vez del deber o la culpa. Introduzca y examine las cinco áreas del dolor (usar un lenguaje pernicioso, quitar vidas, tomar lo que no nos es dado, intoxicarnos o llevar a cabo conductas sexuales inapropiadas) y el desafío de evitarlas *por compasión* hacia uno mismo y hacia los demás. Pídales a los participantes que mantengan un registro de sus experiencias bien cuando eviten los comportamientos dañinos o bien cuando los lleven a cabo.

### *Explique los deberes*

- Practicar el barrido en profundidad.
- Practicar la bondad amorosa: la introducción se encuentra en la pista de audio 17, y las instrucciones en la pista de audio 18.
- Prestar atención a la naturaleza ética de todas las acciones y las intenciones, y tratar de evitar el comportamiento que podría causar daño a uno mismo y a otras personas.
- Leer los documentos 9.1, 9.2 y 9.3.
- Rellenar el Registro de Desafíos Éticos (documento 9.4).
- Rellenar el Registro diario de la Práctica de la Meditación *Mindfulness* (documento 9.5).

## Preguntas más frecuentes

Pregunta: Mi cliente me dice que, al llevar a cabo la práctica del barrido en profundidad, en ocasiones experimenta emociones muy intensas. Le preocupa que su práctica no avance y que pueda recaer en la depresión otra vez.

Respuesta: Esta situación debe normalizarse, dado que el hecho de experimentar emociones durante la práctica no es un indicio de recaída. Se espera, y en realidad puede ocurrir, que su cliente esté evitando una recaída a través de los beneficios de la práctica. El barrido profundo a través del cuerpo puede dar lugar a emociones profundamente enterradas, y la aplicación de la ecuanimidad hacia ellas las neutraliza. Explíquele a su cliente que no debe identificarse con estas experiencias o reaccionar a ellas como habría hecho en el pasado y pídale que, en vez de ello, permanezca en el momento presente. Si reacciona, debe darse cuenta de que ha reaccionado y ser ecuánime. Si no reacciona, su ecuanimidad global neutralizará rápidamente la reacción la emoción inicial y su reacción posterior a ella. Del mismo modo que la conciencia de nuestro pensamiento actual recibe el nombre de «conciencia metacognitiva», la conciencia de nuestro estado actual de la ecuanimidad recibe el nombre de «metaecuanimidad». Aplicar esta habilidad a la meditación también contribuirá a que su cliente reduzca su preocupación por la preocupación o, tal vez, la ansiedad por el rendimiento en la vida cotidiana.

Pregunta: A mi clienta le gusta la idea de la *auto*compasión, pero le resulta demasiado indulgente y no puede conciliar fácilmente este concepto con la idea de que no hay un yo permanente real. ¿Cómo puedo explicar esto a los clientes de un modo sencillo?

Respuesta: Ser compasivos con nosotros mismos nos ayuda a desarrollar una mente más compasiva y, por consiguiente, una mayor capacidad para ser compasivos con los demás –usamos el mismo cerebro en ambos contextos–. La confusión viene de lo que se entiende por «yo». La psicología budista identifica tres tipos de visiones sobre el yo: la visión nihilista, la visión materialista y el así denominado «camino medio». El nihilismo afirma que dado que todo es impermanente y no existe un yo sustancial, no tiene sentido valorar ni cuidar de nada a lo que denominemos «yo», «mi» o «mí». El materialismo sostiene que el yo existe, y ello queda demostrado por la independencia del cuerpo, de la mente, de los sentimientos y de la libre voluntad. La ciencia médica moderna contribuye a esta visión, dado que la demencia, por ejemplo, daña la memoria autobiográfica y el sentido relacionado del yo. En cambio, el «camino medio», defendido por el Buda, sugiere que no puede haber un yo o un «ego» sustancial e intrínseco porque todo cambia, pero que sí existe un ser humano. Está la persona, pero la identidad, la singularidad y la sensación de separación de los demás son impermanentes; estas solo existen sobre la base de condiciones que se encuentran siempre en un estado de cambio. Por consiguiente, aunque la suposición de que el yo existe por derecho propio es ilusoria, existe un ser humano real que respira, que siente y que necesita amor y confort. El camino medio recibe este nombre porque no cae en ninguna de las dos formas extremas de conceptualizar el yo y las consecuencias extremas que estos pueden tener en nuestro modo de vida. El camino medio usa un enfoque utilitarista para hacer frente al yo. Nos referimos a nosotros mismos diciendo «yo» para facilitar la comunicación entre nosotros (o, de lo contrario, nos llamaríamos «masa de partículas subatómicas»), pero no asumimos que este «yo» debería quedarse como está. En consecuencia, existe una mayor flexibilidad al cambio porque hay un menor apego. El hecho de cambiar nuestras visiones, nuestros hábitos, nuestras experiencias y nuestras decisiones es posible al tiempo que preservamos una forma de vida plena.

Pregunta: Mi cliente comprende que debe actuar de un modo ético, pero cree que los cinco desafíos éticos son dogmáticos y que suenan un poco prohibitivos. No logra entender cómo todo esto se relaciona con la conciencia plena [*mindfulness*] o con sus problemas con el divorcio. Me ha preguntado si esta etapa es realmente necesaria.

Respuesta: Puede explorar con él qué se siente al actuar de una manera poco ética. También podría preguntarle a su cliente cómo cree que se sentirán las personas con las que él mismo ha actuado de manera poco ética. Por lo general, están de acuerdo en que el comportamiento les ha causado cierto daño o malestar a ellas mismas o a otras personas. Al permanecer consciente de la experiencia interna del impulso a comportarse de manera poco ética, su cliente tiene la oportunidad de pensar bien las cosas y de tomar decisiones de una manera más consciente, con un cuidado genuino y la compasión en mente. ¿Cree usted que su cliente comprendió esto y que, pese a ello, sigue pensando que los cinco desafíos éticos son dogmáticos y prohibitivos? ¿Cree que podría usar los elementos de su divorcio problemático, o las cuestiones que motivaron el divorcio, para ejemplificar las habilidades (o la falta de ellas) que deben aprenderse en la etapa 4?

Pregunta: En ciertas ocasiones, mentir parece ser la acción más útil, y no estoy seguro de lo flexible que podemos ser con las mentiras. A veces, considero que no resulta útil que un cliente diga lo que verdaderamente piensa. Por ejemplo, una de mis clientas tiene un novio cruel con síntomas de personalidad antisocial y de psicopatía, y se está preparando para poner fin a la relación y para mudarse a casa de una amiga en la otra punta del país, donde él no podrá encontrarla fácilmente. El novio, que sabe que ella quiere marcharse, le preguntó a dónde iría si se fuera. Ella dijo no tener ni idea.

Respuesta: ¡Maravilloso! La sabiduría no es un camino dogmático y rígido. Más bien tiene que ver con la acción correcta en el momento adecuado y en el lugar propicio para reducir el sufrimiento. Si bien no se recomienda mentir porque daña a las personas engañándolas, a veces tenemos que juzgar si existe un daño potencial al decir la verdad, tanto a corto como a largo plazo. La ética es un tema complejo y a menudo no existen soluciones de blanco o negro si queremos tener en cuenta el bienestar de todas las partes.

Pregunta: Mi clienta me ha dicho que no cree que el hecho de comprometerse a no beber alcohol durante una semana entera sea algo muy realista. Aunque no bebe en exceso, comparte media botella de vino con su marido mientras preparan la cena, y dice que «es nuestro momento de relax». De hecho, creo que se automedica; ¿cómo le respondería?

Respuesta: Pídale que use sus habilidades del *mindfulness* y que constate que *pensar* que no es realista abstenerse de beber alcohol es también *un mero pensamiento*. Además, el malestar derivado de la abstención es, en sí mismo, un conjunto de sensaciones corporales que puede manejar ahora fácilmente si lo intenta de manera honesta. Yo valoraría su compromiso de crear una atmósfera armoniosa con su pareja y su deseo de estar en paz. A continuación, usaría el cuestionamiento socrático para hacerle comprender que ella misma preferiría estar en paz, en lugar de estar ingiriendo sustancias tóxicas. Le preguntaría con mucho cuidado qué sucedería si no bebiese durante toda una semana. ¿Discutiría con su pareja? ¿Por qué? ¿Sería incapaz de conciliar el sueño? ¿Por qué? ¿Tendría que hacer frente a cierta ansiedad? ¿Puede haber relaciones sexuales sin necesidad de beber alcohol, o acaso ella depende del alcohol para que se produzcan estos encuentros? También es posible que uno espere que el otro beba junto a él, algo que debe aclararse en caso de que su apego a esta costumbre se vea reforzado por la sensación de complacer a su pareja al beber con ella.

Pregunta: Mi cliente tiene problemas para ser compasivo consigo mismo después de haberse comportado de forma cruel con su esposa durante muchos años.

Respuesta: La culpa no es útil o saludable, porque normalmente significa que nos sentimos ansiosos o mal con *nosotros mismos*. El remordimiento saludable, por otra parte, significa que comprendemos el impacto de nuestras acciones en los *demás* y que, por consiguiente, tenemos la capacidad de cambiar. Por lo tanto, resulta más compasivo para su cliente sentirse arrepentido y comprometerse a no repetir el comportamiento dañino o a no culpar a otras personas que cometan los mismos errores. En lugar de culparse a sí mismo, ¿podría generar gratitud hacia su pareja por haber sido tolerante durante todos estos años y por no haber roto la relación? Esto sería, a buen seguro, más productivo, y el hecho de que su cliente se preocupe verdaderamente por su pareja podría brindarle algo de consuelo a ella. A su vez, es probable que el hecho de promover la felicidad de su pareja le ayude a perdonarse a sí mismo. La meditación de la bondad amorosa ayudará a que su cliente busque el bien en sí mismo y en los demás.

**Documento 9.1.**
**La práctica del barrido en profundidad**

Este método de escáner combina el escáner transversal y el barrido en masa. El barrido en profundidad le ayuda a continuar desarrollando su conciencia y su ecuanimidad ante la vieja costumbre de reaccionar emocionalmente. La ecuanimidad se desarrolla más a medida que aprendemos a no tomarnos las experiencias en el cuerpo como algo personal. Simplemente las advertimos y nos deshacemos de ellas. Con práctica, aprenderá a sentir todo el cuerpo (por dentro y por fuera) en una sola respiración. Evidentemente, esto requiere tiempo y práctica, pero cualquier persona puede aprender.

El barrido en profundidad implica desplazar la atención verticalmente por las partes interiores del cuerpo con un solo flujo de atención desde la parte superior de la cabeza hasta los dedos de los pies. Es igual que el barrido en masa, solo que por el interior del cuerpo. Una vez que haya escaneado desde la cabeza hasta los dedos de los pies, escaneará desde los dedos de los pies hasta la cabeza tratando de sentir todas las partes posibles. Barra con un flujo continuo de la atención sin interrupción. Cuando haya barrido el cuerpo dos o tres veces, céntrese en cualquier espacio vacío que haya advertido. Hasta que pueda experimentar sensaciones internas por todo el cuerpo, puede alternar dos o tres ciclos del barrido en profundidad con un ciclo del escáner transversal, y así sucesivamente durante la práctica de 30 minutos.

Un modo de imaginarse el escáner en profundidad por todo el cuerpo consiste en pensar en un bote de tinte cayendo en una botella de agua e impregnándola toda. La atención es como el tinte: impregna todo el cuerpo. La velocidad del escáner será lenta al principio y aumentará a medida que sea capaz de experimentar más sensaciones. Al final podrá experimentar sensaciones corporales a medida que surjan durante el día y permanecer calmado y no reactivo (ecuánime) con respecto a ellas. De este modo, podrá conectar con lo que tiene lugar en su mente en el momento presente y gestionar el modo en que responde hábilmente, con sabiduría, compasión y desapego. Haga el favor de registrar su práctica en el formulario (documento 9.5) y entrégueselo al terapeuta en la próxima sesión.

## Documento 9.2.
## Meditación de la bondad amorosa

Este método de escáner combina el escáner transversal y el barrido en masa. Use las instrucciones de audio para que le guíen en la creación de sentimientos y pensamientos amorosos y amistosos sobre usted mismo y para usted. Esto le llevará aproximadamente tres minutos. A continuación, cree pensamientos amables similares y buenos deseos para otras personas. Comience con la gente más cercana a usted durante tres minutos, y pase después a otras personas –por ejemplo, conocidos o compañeros de trabajo– durante los dos o tres últimos minutos. Trate de incluir a aquellas personas con las que haya tenido problemas en el pasado o con las que podría tenerlos en el futuro (puede que esto le resulte difícil al principio, pero esto también cambia). Por último, envíe sus pensamientos amorosos y amistosos a todos los seres –también a la gente que no conoce–. Cuando piense de esta manera, advertirá las sutiles y agradables sensaciones corporales coemergentes, que le ayudarán a sentirse conectado a las demás personas. La visualización resulta útil en esta práctica siempre y cuando siga centrándose en las sensaciones corporales. Esta meditación de la bondad amorosa durará alrededor de 9 minutos y se llevará a cabo inmediatamente después de la práctica habitual de 30 minutos. Después de un tiempo practicando con las instrucciones de audio, tal vez quiera crear sus propias frases; las más habituales son: «Ojalá esté seguro», u: «Ojalá sea amable conmigo mismo», u: «Ojalá comparta mi ecuanimidad y mi tranquilidad con todo el mundo».

### Perdonar

Ahora que comprende cómo coemergen las sensaciones corporales con los pensamientos, podrá ver que las demás personas funcionan de la misma manera. Todos nosotros reaccionamos a causa de nuestro propio malestar interior; buscamos y deseamos sensaciones agradables y tratamos de evitar aquellas que nos resultan desagradables. Esta comprensión hace que resulte más fácil mostrar compasión por los demás, sabiendo que ellos no pueden tener esta sabiduría y que su falta de conciencia ha dado lugar a sus acciones. El perdón se vuelve mucho más fácil cuando se comprende esto. Es un poco como perdonar el comportamiento de un niño aduciendo que es demasiado pequeño para comprender lo que hace.

Si es usted consciente podrá ver que todos luchamos y sufrimos de manera muy similar; todos nosotros reaccionamos a las sensaciones corporales pensando que reaccionamos a situaciones externas a nosotros, y no tomamos conciencia de esto a menos que entrenemos para ser conscientes. Nos damos cuenta de que *mi* sufrimiento no es exclusivamente *mío*, de que mi dolor no es peor que el dolor de los demás. Usted será capaz de advertir que no es el blanco del dolor y el malestar. Esta es una situación universal que a todo el mundo le sucede: jóvenes o viejos, ricos o pobres, solteros o emparejados, sanos o enfermos; absolutamente a todos. Sin esta comprensión nos sentimos como víctimas, ya sea una víctima de nuestra propia debilidad o de nuestras deficiencias o una víctima de las acciones de los demás. Usted ha aprendido a ver los pensamientos como *meros* pensamientos y las sensaciones como *meras* sensaciones, y ahora puede aprender a ver el sufrimiento como *mero* sufrimiento –y no como *su* sufrimiento–. Ahora puede ver que todos los estados mentales desaparecen; tanto la felicidad como la infelicidad son estados mentales transitorios.

Con esta comprensión seremos capaces de ser compasivos *con nosotros mismos* y dependeremos menos de las disculpas o la aprobación de los demás para ser amables con nosotros mismos. Ser compasivos con nosotros mismos es el primer paso para ser capaces de ser compasivos con los demás.

Como es comprensible, el hecho de perdonar a quienes nos han hecho daño constituye todo un desafío, y en ciertas ocasiones puede ser tan difícil como perdonarse a uno mismo. Si ha sufrido abusos en el pasado, podría tener dificultades para incluir en su meditación de la bondad amorosa al culpable de estos abusos. En ese caso, podría dejar a esta persona fuera de la práctica por el momento u optar por desear que esa persona se dé cuenta del daño que causó, que no lo repita y que sea amable consigo misma y con los demás. Elija lo que elija, debería hacerlo de una manera genuina; fingir solo causará malestar interno y una discordancia entre los pensamientos y las sensaciones que terminará por socavar la capacidad de dejar atrás el pasado.

## Documento 9.3. Cinco desafíos éticos

Nuestra reactividad emocional es un reflejo de nuestro deseo y nuestra aversión hacia las sensaciones corporales. Existen muchas probabilidades de que, al reaccionar emocionalmente, llevemos a cabo comportamientos dañinos.

Esta semana haga todo lo posible por arraigar la compasión que desarrolla a través de la meditación de la bondad amorosa en su vida diaria evitando dañarse a usted mismo y a los demás. Los cinco medios más habituales de hacer daño son el discurso pernicioso, quitar vidas, tomar lo que no nos es dado, las conductas sexuales inapropiadas, y tomar sustancias tóxicas que evitan el autocontrol normal (como el alcohol o las drogas recreativas).

Practique los cinco desafíos éticos esta semana prestando atención a sus intenciones y a sus acciones, y evite hacer daño. Puede considerarlo como un experimento para la semana. Durante este experimento, aprenderá de sus observaciones y advertirá cómo se siente después de haber evitado estas cinco acciones dañinas. Advierta también la diferencia en su cuerpo cuando no puede evitar realizar una acción dañina, pero hágalo sin juzgarse a usted mismo, o perderá su objetividad. Tenga en cuenta que solo es un principiante, y no espere ser perfecto en eso. Esto evitará que sienta que ha fracasado si las cosas no van bien, y le ayudará a aceptar su experiencia tal y como es. Haga el favor de usar el documento 9.4 para registrar su práctica de los desafíos éticos durante esta semana.

Documento 9.4.
Registro diario de Desafíos Éticos

| Día<br>Hora | Situación<br>*(lugar, contexto)* | Comportamiento o deseo<br>*(robar, matar, mentir, intoxicarse, sexo inapropiado)* | Tipo de respuesta<br>*¿Fue capaz de evitar la acción o de detenerla? Evalúe la intensidad de la resistencia (%)* | ¿Cuánto tiempo duró su esfuerzo? | ¿Cómo se siente ahora con respecto a su respuesta a la experiencia? |
|---|---|---|---|---|---|
| Lunes<br>Hora: | | | | | |
| Martes<br>Hora: | | | | | |
| Miércoles<br>Hora: | | | | | |
| Jueves<br>Hora: | | | | | |
| Viernes<br>Hora: | | | | | |
| Sábado<br>Hora: | | | | | |
| Domingo<br>Hora: | | | | | |

## Documento 9.5.
## Registro diario de la Práctica de la Meditación *Mindfulness*

| Día | Fecha | Mañana *(rodee con un círculo)* | Duración | Calificación de la eficacia *Evalúe de 1 a 10 lo bien que ha advertido las distracciones y ha traído de vuelta su atención al cuerpo. 1=nada bien; 10=extremadamente bien* | Noche *(rodee con un círculo)* | Duración | Calificación de la eficacia *Evalúe de 1 a 10 lo bien que ha advertido las distracciones y ha traído de vuelta su atención al cuerpo. 1=nada bien; 10=extremadamente bien* |
|---|---|---|---|---|---|---|---|
| Lunes | | He practicado Sí / No | | | He practicado Sí / No | | |
| Martes | | He practicado Sí / No | | | He practicado Sí / No | | |
| Miércoles | | He practicado Sí / No | | | He practicado Sí / No | | |
| Jueves | | He practicado Sí / No | | | He practicado Sí / No | | |
| Viernes | | He practicado Sí / No | | | He practicado Sí / No | | |
| Sábado | | He practicado Sí / No | | | He practicado Sí / No | | |
| Domingo | | He practicado Sí / No | | | He practicado Sí / No | | |

# Sesión 10: Promover el bienestar y dejar atrás el sufrimiento

*No hay deber que descuidemos tanto*
*como el deber de ser felices.*
—Robert Louis Stevenson, 1903[1]

## Introducción

Este capítulo resume las habilidades que ha aprendido su cliente durante el programa de la TCCMi y describe modos de medir el progreso. Además, le guiará durante el proceso de revisión de la razón de ser del orden de las prácticas de la meditación y de las diferentes técnicas conductuales que se han enseñado semana a semana. Esto facilitará la consolidación de la comprensión y ayudará a que nos comprometamos con la práctica continua, lo que dificultará las posibles recaídas. El enfoque sistémico u «holístico» de la TCCMi enseña el desarrollo de las habilidades de la autorregulación a través de las principales dimensiones de las vidas de las personas, incluidos los sistemas perceptual (etapa 1), conductual (etapa 2), interpersonal (etapa 3) y transpersonal (etapa 4). Este enfoque enseña habilidades específicas de la meditación *mindfulness* ancladas en el marco teórico del

1. R. L. Stevenson, *Virginibus puerisque: An apology for idlers*, Roycrofters, Nueva York 1903. En la página web www.dhamma.org pueden encontrarse los detalles de los Centros de Meditación Vipassana.

modelo de coemergencia de refuerzo. Dado que los clientes a menudo demandan orientaciones futuras para preservar el bienestar y promover el crecimiento personal, esta sesión también proporciona sugerencias para el desarrollo de habilidades de crecimiento personal coherentes con la TCCMi y con sus apoyos teóricos.

## Comprobar el progreso del cliente

¿Cómo le ha ido a su cliente con los desafíos éticos? ¿Fue capaz de advertir las sensaciones corporales asociadas con un desafío ético? ¿Reaccionó a la experiencia del deseo o la aversión, o fue capaz de permanecer ecuánime y de abstenerse del comportamiento dañino? Déjele claro a su cliente que la tarea consiste en estudiar las sensaciones emergentes durante las experiencias de deseo y aversión y en prevenir la respuesta, de tal modo que puedan evitarse las reacciones de naturaleza dañina. Conviene reiterar que el objetivo no consiste en «convertirse en una buena persona», sino en que el cliente desarrolle compasión hacia sí mismo y hacia los demás cada vez que revalúe las consecuencias de las intenciones y las costumbres dañinas y en que evite que sucedan. Compruebe si su cliente reconoció qué intenciones y qué conductas produjeron insatisfacción o felicidad durante la semana pasada, y si aprendió algo o no de esas experiencias. Advertirá que dado que el respeto de la gente por los límites éticos aumenta *en ausencia de culpa y orgullo*, su sentido de la autoestima y su probabilidad del bienestar también aumentan. Como mencionamos en la última sesión, esto puede reflejarse en las decisiones que se toman durante esta etapa del entrenamiento y que cambian la vida.

¿Ha sido capaz su cliente de practicar su meditación de manera regular durante esta semana? ¿Ha sido capaz de barrer en profundidad y, a continuación, de practicar la meditación de la bondad amorosa? ¿Ha podido permanecer ecuánime? Tendrá que examinar los posibles problemas que pueden surgir esta semana al revisar el programa como un todo. Compruebe si su cliente se relacionó con la meditación de la bondad amorosa. Esto puede revelar una gran cantidad de información, entre otras cosas si su cliente valora la bondad y la compasión.

### *Resumen de las habilidades que ha aprendido su cliente*

En la etapa 1, durante las cuatro primeras semanas del programa, su cliente aprendió el modo de prestar atención a las experiencias internas para desarrollar la conciencia y la ecuanimidad. Con la práctica del *mindfulness*, su cliente aprendió a identificarse menos con sus experiencias y a reaccionar menos ante ellas. Al hacerlo, aprendió a usar su propia mente para regular la atención y la emoción. En la etapa 2, su cliente aprendió a aplicar estas habilidades a situaciones estresantes externas. La atención se centró en prevenir el comportamiento evitativo y en aumentar la confianza y la sensación de autoeficacia. Su cliente aprendió a regular el comportamiento. En la etapa 3, amplió su enfoque externo al aplicar su conocimiento a las interacciones con los demás. Su cliente aprendió gradualmente a responsabilizarse de sus propias acciones y a renunciar a su responsabilidad con respecto a las reacciones de los demás. Aprendió a ver la verdadera naturaleza del sufrimiento de la gente y a allanar el camino para la empatía, así como a regular la dinámica interpersonal. En la etapa 4, su cliente aprendió a percibir la relación entre la compasión, la acción ética y la minimización del daño. Desarrolló compasión para evitar las recaídas, partiendo de la base de que la compasión por uno mismo y por los demás es incompatible con la depresión y la ansiedad. Usó la meditación de la bondad amorosa y aprendió a tener en cuenta y aplicar la ética personal para desarrollar una sensación de estar conectado tanto a sí mismo como a los demás. Como parte de la meditación de la bondad amorosa, su cliente aprendió a emparejar los buenos pensamientos y las sensaciones agradables con el recuerdo de las personas que podrían haberle disgustado o que podrían haber creado conflictos futuros, algo que actúo como un contracondicionamiento. El impacto del comportamiento ético y la práctica de la compasión extendieron sus habilidades y su comprensión a un conocimiento transpersonal y más amplio. Aprendió a regular su sentido del yo.

Hacia el final de la etapa 4, su cliente habrá desarrollado un nivel de introspección y de conocimiento experiencial suficiente para reducir la probabilidad de las recaídas. Ahora puede ayudar a su cliente a reformular la noción de «recaída» para que deje de considerarla un «fracaso» y simplemente sea una «reaparición» de una experiencia familiar que es, de hecho, una nueva experiencia a la que uno reacciona de un modo familiar.

## Evaluar los resultados

### *Indicadores conductuales*

Si recuerda la sesión 1, uno de los protocolos de la TCCMi consistía en completar un «contrato terapéutico». Durante este proceso, identificamos los objetivos del cliente para comenzar el programa, que dividimos en «problemas concretos» y en «indicadores del éxito». Es tiempo ahora de revisar esos objetivos evaluando la eficacia con la que alcanzaron los indicadores del éxito. Revise cada indicador del éxito y marque aquellos que haya logrado o puntúelos usando un escala –en la que el 0 indica que no se ha producido ningún progreso en absoluto y el 10 representa la plena consecución de este objetivo–.

### *Mediciones clínicas*

Las mediciones que usted empleó al principio del programa para evaluar la angustia de su cliente u otros resultados personalizados deben volver a aplicarse y revisarse en esta etapa. El hecho de compartir esta información con su cliente puede resultar de gran utilidad. Por lo general anticipamos mejoras significativas en las medidas estándar de la depresión, la ansiedad, el estrés y la conciencia plena [*mindfulness*][2]. En el contexto de la investigación, sería preferible recopilar otro conjunto de datos al menos dentro de tres meses.

### *Indicadores experienciales*

Existen tres indicadores experienciales recurrentes de un programa exitoso basado en el *mindfulness*, donde la ecuanimidad es una habilidad central. Estos indicadores no se ven afectados por el género, la edad, la cultura, el idioma, la religión, el estatus social, la educación, la riqueza o la experiencia pasada con el *mindfulness*, y,

2. S. E. B. Francis, *A study of the relationship between mindfulness and well-being* (tesis de maestría no publicada), Swinburne University, Melbourne 2009.

por consiguiente, son buenas formas de medir fácilmente los beneficios percibidos de los clientes.

### *Ecuanimidad*

El progreso de su cliente en la meditación *mindfulness* puede medirse por su nivel de ecuanimidad. La duración de la reactividad de su cliente es el mejor indicador de su progreso para lograr la ecuanimidad, en lugar del tipo, la frecuencia o la fuerza de la reacción. Por ejemplo, las reacciones a la pérdida de un ser querido pueden continuar surgiendo con gran tristeza, pero la duración de cada repetición debería disminuir progresivamente. Cuanto menos tiempo dure la tristeza, menos probabilidades hay de que contribuya a la depresión. De forma similar, aunque su cliente pueda tener razones para estar enfadado con respecto a una situación, el hecho de conservar esta ira y de desahogarla de manera agresiva puede ocasionarle daños a él y, posiblemente, a los demás. El tiempo que dura la reacción es, así pues, un buen indicador de la ecuanimidad. Refleja la capacidad de su cliente para conseguir un estado de equilibrio en el sistema[3]. Con una práctica continua, su cliente será capaz de deshacerse de la reactividad en cuestión de segundos.

### *Gratitud*

Sobre la base del principio de que «la felicidad es algo más que la ausencia de infelicidad»[4], los clientes deben desarrollar una mejor capacidad de disfrutar del momento presente a pesar de su ecuanimidad cada vez mayor y de sus nuevas habilidades para hacer frente a los agentes estresantes habituales de la vida diaria. La práctica del *mindfulness* desarrolla un conocimiento que nos hace humildes y nos permite darnos cuenta de cuántas oportunidades que hemos tenido en nuestras vidas han sido facilitadas por otras personas. Como consecuencia de esta comprensión, tendemos a sentir gratitud, una gratitud

---

3. B. A. Cayoun y A. Shires, *Co-emergence reinforcement: A proposed transdiagnostic mechanism in emotional disorders and their remediation through mindfulness and cognitive-behavioral interventions*. Manuscrito presentado para su publicación.
4. B. A. Cayoun, *Mindfulness-integrated CBT for well-being and personal growth: Four steps to enhance inner calm, self-confidence and relationships*, Wiley, Chichester, UK 2015, 1.

que su cliente puede experimentar en diferentes aspectos de su vida. En ocasiones, los clientes dicen que sienten gratitud por haber sido capaces de aprender la TCCMi, o incluso por los problemas que les llevaron a aprender las habilidades del *mindfulness* en primer lugar. Tal vez sientan gratitud hacia los familiares o los amigos que les apoyaron mientras llevaban a cabo la práctica diaria de la meditación. Por encima de todo, puede que sientan gratitud hacia usted, su terapeuta y su maestro, por aquello que realmente ha supuesto una auténtica diferencia en sus vidas.

*Compartir los beneficios*

Su cliente podría sentir un fuerte deseo de compartir su entrenamiento con las personas a las que más valora y a las que más quiere. Es comprensible. Si probase un plato y pensase que es el mejor plato que ha comido en su vida, ¿hablaría de ello a los demás, especialmente a las personas de las que más se preocupa? Los clientes suelen querer transmitir esta experiencia. En las enseñanzas budistas tradicionales, esto recibe el nombre de *ehipassiko* en pali, que habitualmente se traduce por «venga y mire» o «venga y pruebe».

*Expectativas poco realistas*

En ciertas ocasiones, algunos clientes tienen expectativas poco realistas de los demás –por ejemplo, esperan que cambien las expectativas que los demás tienen de ellos, esperan obtener la cooperación, la valoración o el elogio de otras personas, ser más amado por alguien–. Si este es el caso de su cliente, explíquele que las habilidades que ha aprendido pueden ayudarle a tener un mayor control de su *propio comportamiento* y a comprender y a relacionarse mejor con las experiencias de los demás, pero este programa no puede ayudarle a controlar lo que las *otras personas* hacen o sienten. El hecho de observar de manera consciente sus propias necesidades con *ecuanimidad* ayudará a que su cliente se autoevalúe de manera más realista y dependa menos de los demás para sentirse digno.

Cuando introducimos cambios importantes en nuestra vida, resulta útil equilibrar los cambios realizados en los contextos externo e interno de la vida diaria. El cambio puede requerir tolerancia y paciencia (contexto interno) o una acción rápida que entrañe cierto nivel de riesgo (contexto externo). Algunas personas desean tomar medidas dirigidas hacia el exterior para que se produzca un cambio rápido y puedan sentirse mejor. Otras prefieren efectuar cambios internamente. Sin embargo, pedirle continuamente a un miembro de la familia o a un compañero de trabajo que cambie podría resultar agotador y decepcionante, mientras que tolerar una relación abusiva será dañino. El hecho de ser intolerantes con nosotros mismos cuando no estamos a la altura de nuestras expectativas es igual de inútil. Los extremos suelen ser poco realistas y poco útiles. Anime a su cliente a que continúe desarrollando sus nuevas habilidades, equilibrando los contextos interno y externo para crear una sensación de armonía y de continuidad que tiene más probabilidades de producir resultados realistas y constructivos.

*Gestionar los cambios en las relaciones*

A medida que su cliente desarrolle sus habilidades del *mindfulness*, es posible que advierta cambios en algunas de sus relaciones. Algunos clientes advierten cambios en su interés por algunas actividades o por la compañía de algunos de sus amigos, de sus conocidos o incluso de sus parejas. Al haberse vuelto más conscientes de las situaciones que promueven los estados mentales perjudiciales, podrían comenzar a cuestionarse por qué continúan estando en estas situaciones. Podrían tener dificultades para conciliar la naturaleza de sus acciones y sus decisiones con sus estándares éticos, y preguntarse si están haciéndose daño a sí mismo o si se lo están haciendo a alguien más.

Algunas relaciones se alimentan de la reactividad emocional, de la vanidad, de la adicción y de otros factores que contribuyen a la infelicidad y a las recaídas. Aunque un cliente pueda tener la impresión de que sus habilidades empáticas e interpersonales recién aprendidas bastarán para abordar esta cuestión, es posible que su relación sea tóxica y favorezca la recaída en un trastorno depresivo o de ansiedad. Esta es una discusión muy útil que podemos tener en este momento, ya que algunos clientes pueden ser poco comunicativos por lo que respecta a los cambios necesarios. Otros podrían sentirse auténticamente empoderados por primera vez en su vida y adoptar una postura algo extrema, o incluso imprudente, con la toma de decisiones. La práctica de la compasión y la realización de acciones éticas aumentará la sensación de autoestima y de autocompasión de su cliente. Esto puede ayudarle, a su vez, a reducir la culpa y a tomar decisiones útiles que puedan transformar sus relaciones existentes, afectar al modo de iniciar otras nuevas y dar forma a cómo vive su vida sin culpa.

## Favorecer el crecimiento personal: diez factores de maduración

Una vez resueltos los problemas que les llevaron a la terapia, los clientes que estén a punto de liberarse del servicio de su terapeuta y se sientan entusiasmados con este programa a menudo preguntarán adónde irán a partir de ese momento y cuál es la mejor manera de apoyar la labor en curso. Existen diferentes formas de vida que respaldarán el bienestar de su cliente y que le asistirán en su vida hacia la maduración psicológica. A continuación figuran las diez más importantes, todas ellas bien documentadas en la psicología budista, donde tradicionalmente han recibido el nombre de «las diez perfecciones»[5]:

1. Decidir ser *generoso* siempre que sea posible –generoso con nuestro tiempo, con nuestro conocimiento o con nuestros recursos–.
2. Estar dispuesto a actuar con intenciones *virtuosas*, respetando los límites éticos, y actuando de modos saludables y que no causen una agitación interna.
3. Ejercitar la capacidad de *renunciar a* (*dejar ir*) las cosas, las personas y los comportamientos que ya no sean saludables y que ya no contribuyan al bienestar.
4. Continuar desarrollando la comprensión, la *sabiduría*, en todas las experiencias de vida, entre ellas la comprensión de que el hecho de aferrarse a ideas fijas sobre *quiénes somos* (nuestro sentido del yo) no resulta útil.

5. Para una descripción detallada de estos diez factores, véase B. A. Cayoun, *Mindfulness-integrated CBT for well-being and personal growth: Four steps to enhance inner calm, self-confidence and relationships*, op. cit.

5. *Esforzarse* permanentemente por mantener las habilidades del *mindfulness*, evitar llevar a cabo actividades poco saludables (dañinas), deshacerse de los comportamientos reactivos cuando se basen en el deseo o la aversión y evitar tomarse las cosas como algo personal.
6. Desarrollar la *paciencia*, un atributo poderoso que apoya los otros nueve factores de maduración. Por ejemplo, la paciencia ayuda a tolerar los aspectos desagradables de la vida; también ayuda con el desarrollo de la ecuanimidad y la sabiduría.
7. Ser capaz de ver y de *defender* la verdad sobre diferentes situaciones (p. ej., ser sinceros con nosotros mismos o admitir que nos hemos equivocado en lugar de defender una mentira).
8. Ser capaz de mantener el compromiso y la *determinación* de trabajar en la consecución de objetivos.
9. Ser capaz de ser *amable* y compasivo.
10. Desarrollar y aplicar la actitud no reactiva y desapegada de la *ecuanimidad* frente a lo que se está desarrollando en el presente.

## Mantenimiento de la práctica del *mindfulness*

Explíquele a su cliente que es necesario un compromiso continuo con la práctica de la meditación *mindfulness* para mantener estas habilidades. Durante este programa, el mantenimiento de la práctica del *mindfulness* permitió que su cliente entrenara un estado mental marcado y, al mismo tiempo, relajado. Ya habrá desarrollado una mejor comprensión de aquello que causa su reactividad y de sus consecuencias negativas en el estado de ánimo a largo plazo. Ahora tiene que mantener su capacidad para detectar señales tempranas de angustia para evitar su proliferación. Nos resulta útil usar el cuerpo como una analogía para la práctica continua: «De igual modo que los ejercicios de *fitness* son necesarios para mantener un buen estado físico continuo, la meditación regular es necesaria para mantener un buen estado mental continuo». Explíquele a su cliente que tendrá que continuar desarrollando y manteniendo las habilidades que aprendió para aceptar lo bueno y lo malo de la vida.

### *Práctica de la evitación: «Siempre me resultó difícil hasta que lo intenté»*

Independientemente de que practiquemos la conciencia plena de la respiración o cualquier otro tipo de escáner corporal, la meditación *mindfulness* es, en esencia, un enfoque de exposición. Como tal, no siempre es una experiencia agradable. Esto puede ser un obstáculo para el mantenimiento de la práctica, sobre todo si los clientes todavía tienen mucho con lo que lidiar. Es por eso que algunos clientes quieran tomarse «un descanso». Explíquele a su cliente de un modo acrítico que cuando carecemos de motivación podemos crear muchas barreras a nuestra práctica regular: nos sentimos demasiado cansados o demasiado enérgicos, estamos muy ocupados o somos muy perezosos, nos sentimos demasiado enfermos o es demasiado tarde, hace demasiado calor o demasiado frío, etc. Es fácil que el terapeuta se pierda en la narración de su cliente y que reduzca su capacidad para ayudar al cliente mediante el cuestionamiento respetuoso de sus creencias obstaculizadoras empleando el método socrático. La práctica parece convertirse en ocasiones en un coro, en un proceso mecánico y en un duro trabajo. Si le sucede esto a su cliente, sugiérale que se tome un minuto antes de cada sesión para preguntarse por qué decidió practicar; ¿cuál es su propósito al practicar? Recordar las intenciones y los objetivos de la práctica también resultará útil en caso de que su cliente sienta somnolencia.

También resulta útil explicar que nos *encanta* la estimulación sensorial. Somos muy adictos a ver, a escuchar, a oler, a saborear, a sentir, a pensar; todas estas acciones son mucho más atractivas que la meditación, durante la cual el cliente se siente desanimado. Una razón básica para desear la estimulación sensorial es que asociamos los sentidos con nuestro sentido del yo. El hecho de estimularlos nos hace sentir «vivos»: un *auto*reforzador básico pero poderoso –un reforzador del consumismo–. Por el contrario, la desconexión de nuestros sentidos evita el refuerzo sensorial y es sinónimo de *auto*-desaparición. Por consiguiente, anhelamos la estimulación hasta el punto de que estamos apegados a nuestro sentido del yo. La búsqueda de la sensación es particularmente importante en la adolescencia y durante los estados de ánimo hipertímico y eufórico. Además, es probable que el hecho de experimentar una depresión o una euforia extremas obstaculice la motivación para practicar, y ello porque la ecuanimidad resulta difícil de mantener con un deseo y una aversión extremos. Esto disuade a los clientes de practicar. Hable de la aplicación del esfuerzo y la determinación, como mencionamos anteriormente, como uno de los modos de promover la resistencia a la práctica del *mindfulness*.

## *Cambio en la salud como factor motivacional*

La perspectiva de mantener o de mejorar la salud física puede ser un poderoso factor motivacional en el mantenimiento de la práctica de su cliente. Existen ahora muchas evidencias que prueban que la meditación *mindfulness* mejora los resultados relacionados con la salud física, así como nuestra salud psicológica. Por ejemplo, se ha demostrado que las intervenciones del *mindfulness* reducen el dolor crónico[6], mejoran la calidad del sueño[7], mejoran la memoria y otras capacidades mentales[8], mejoran el control de azúcar en la diabetes tipo 2[9], reducen la adicción al tabaco[10], mejoran la presión arterial, mejoran la función inmune y protegen los cromosomas y la longevidad al mantener la duración de longitud de los telómeros[11], para citar algunos.

6. B. A. Cayoun, A. Simmons y A. Shires, «Immediate and lasting chronic pain reduction following a brief self-implemented mindfulness-based interoceptive exposure task: A pilot study»: *Mindfulness* (2017). 1–13. doi: 10.1007/s12671-017-0823-x; F. Zeidan, K. T. Martucci, R. Kraft et al., «Brain mechanisms supporting the modulation of pain by mindfulness meditation»: *The Journal of Neuroscience*, 31 (2011), 5540–5548; *PNAS*, 110 (2011), 13971–13975.
7. F. Farrarelli, R, Smith, D. Dentico et al., «Experienced mindfulness meditators exhibit higher parietal-occipital EEG gamma activity during NREM sleep»: *PLoS ONE*, 8 (2013), e73417.
8. E. Luders, P. M. Thompson, F. Kurth et al., «Global and regional alterations of hippocampal anatomy in long-term meditation practitioners»: *Human Brain Mapping*, 34 (2013), 3369–3375.
9. S. Rosenzweig, D. K. Reibel, J. M. Greeson et al., «Mindfulness-based stress reduction is associated with improved glycemic control in Type 2 Diabetes Mellitus: A pilot study»: *Alternative Therapies*, 13 (2007), 36–38.
10. Y. Tang, R. Tang y M. Posner, «Brief meditation training induces smoking reduction»: *Proceedings of the National Academy of Sciences of the USA*, 110 (2013), 13971–13975.
11. E. A. Hoge, M. M. Chen, E. Orr et al., «Loving-Kindness Meditation practice associated with longer telomeres in women»: *Brain Behavior and Immunity*, 32 (2013), 159–163. doi:10.1016/j.bbi.2013.04.005

Las habilidades del *mindfulness* permiten que su cliente tome una mayor conciencia de sus necesidades físicas, entre ellas qué y cuándo comer, dormir, hacer ejercicio, etc. Al tener una mayor capacidad para experimentar las sensaciones corporales, podemos ser conscientes antes y de manera más precisa de los problemas que están por venir y de las primeras señales de los problemas relacionados con la salud. Por ejemplo, resulta más fácil comprender y reconocer los mecanismos de la adicción con mayor claridad, lo que permite un tratamiento más temprano, más posibilidades de recuperarnos y una longevidad potencialmente extendida[12].

### *Práctica del mantenimiento: tipo y programación*

Cuando su cliente haya terminado el programa, la práctica diaria de 45 minutos constituye un buen enfoque para el mantenimiento de las habilidades y para el bienestar. La práctica de mantenimiento estándar en la TCCMi consiste en 10 minutos de conciencia plena de la respiración, 25 minutos de escáner corporal y 10 minutos de meditación de la bondad amorosa al final. Su cliente puede usar las instrucciones de audio de la «práctica de mantenimiento» de la pista de audio 19 a tal efecto. La pista de audio dura exactamente 45 minutos, de modo que el cliente no tiene por qué distraerse controlando el tiempo.

Explíquele a su cliente que puede escoger el tipo de práctica del escáner corporal en función de lo que sea capaz de practicar ese día. Una guía útil consiste en usar un método de escáner que probablemente requiera algún esfuerzo. Esto evitará la habituación y el letargo y será útil para el progreso. A medida que su cliente progrese, recurrirá cada vez más en su vida cotidiana a las mismas habilidades que en la práctica de la meditación; después de todo, ¡usamos el mismo cerebro todo el tiempo! Por ejemplo, si su cliente es ecuánime mientras experimenta pensamientos perturbadores o dolor físico durante su práctica, comenzará a encontrar la misma habilidad en la vida diaria; su práctica de la meditación se refleja en su vida. Convie-

12. E. J. Langer, *Mindfulness*, Addison-Wesley, Nueva York 1989 (trad. esp.: *Mindfulness: la conciencia plena*, Ediciones Paidós Ibérica, Barcelona 2007).

ne recordarle a su cliente que el hecho de rumiar o de divagar la mente a propósito durante la práctica, o de no esforzarse lo suficiente por deshacerse de los pensamientos, será siempre un impedimento para una buena práctica.

Ahora bien, cuando los niveles de estrés son muy altos, se recomienda retomar la práctica dos veces al día, aunque pueda requerir un gran esfuerzo. Es probable que esto ayude con el manejo de la ira y mejore el sueño. Con un estado de estrés extremo, puede que el escáner corporal no sea posible, en cuyo caso debería recomendarle a su cliente que practique solamente la conciencia plena de la respiración. En caso de que le resulte demasiado difícil, su cliente debería practicar la relajación muscular progresiva y la bondad amorosa durante algunos días, hasta que pueda reanudar la conciencia plena de la respiración. Cuando los niveles de estrés son extremos, puede que su cliente tenga que posponer su práctica hasta que desaparezca la crisis. A continuación, puede volver a iniciar la práctica de la meditación con cuidado, comenzando con la conciencia plena de la respiración.

La experiencia de «dicha» o de «disolución» se examinó en un capítulo anterior. Si esto le sucede regularmente a su cliente, puede sugerirle que escanee transversalmente la columna vertebral y luego regrese al escáner estándar. Esto se debe a que los maestros de la meditación saben que los recuerdos más antiguos y las respuestas condicionadas asociadas están vinculados con esta área del cuerpo. Trabajan para barrer en profundidad a través de todo el cuerpo en una sola respiración: en sentido descendente con una inhalación y en sentido ascendente con una exhalación. Hay más cosas que aprender de las tradiciones de la meditación *Vipassana*, pero quedan más allá del alcance de una intervención basada en el *mindfulness* en contextos clínicos. Se puede aprender más durante los cursos intensivos en los centros de meditación *Vipassana*. Los clientes pueden continuar con su formación, por ejemplo, asistiendo a un curso *Vipassana* de diez días o a un curso impartido en los centros de meditación en la tradición de Sayagyi U Ba Khin (www.dhamma.org).

## Aplicación con clientes individuales

### *Objetivo de la sesión*

La sesión 10 consolida la etapa 4 y sirve para recapitular todo el programa, incluida una revisión de los indicadores del éxito del cliente y las mediciones clínicas. También aborda la prevención de las recaídas y los futuros objetivos de la práctica.

### *Revise los deberes y el progreso*

Dirija la sesión de *feedback* sobre los deberes fijados la semana pasada: la práctica del barrido en profundidad, la práctica de la bondad amorosa y los desafíos éticos. Compruebe con su cliente si fue capaz de practicar el barrido en profundidad. Analice cómo le fue con los desafíos éticos. ¿Pudo evitar quitar vidas –por ejemplo, matar una araña o una hormiga–? ¿Pudo abstenerse de decir algo desagradable o de discutir de política en el trabajo? ¿Cómo le ha ido con el alcohol? ¿Cómo se las arregló cuando trató de no beber alcohol? Compruebe también cómo le fue la práctica de la bondad amorosa; ¿fue capaz su cliente de generar pensamientos amables y de amor sobre sí mismo? ¿Fue capaz de controlar las sensaciones coemergentes con las intenciones dañinas y compasivas antes de realizar una acción verbal o física?

### *Revisión del programa*

Resuma los elementos clave de la TCCMi, entre ellos:

Herramientas de la práctica formal:

- Relajación Muscular Progresiva.
- Conciencia plena de la respiración.
- Escáner corporal:
  - Escáner parte por parte.
  - Escáner simétrico.
  - Barrido parcial.
  - Barrido en masa.
  - Escáner transversal.
  - Barrido en profundidad.
  - Bondad amorosa.

Otras herramientas:

- El modelo de coemergencia de refuerzo.
- Exposición bipolar –elementos enumerados en el formulario de la SUDS–.
- Asertividad consciente.
- Desafíos éticos.

### *Evalúe la consecución de los objetivos*

Repita las mediciones clínicas y compare los resultados. Examine los objetivos de su cliente y las expectativas del tratamiento y su progreso en términos de su comportamiento, de su salud general y de sus relaciones. Examine sus niveles de ecuanimidad. Esto indica su sentido de la autoeficacia.

### *Pautas para la prevención de las recaídas y establecimiento de una sesión de seguimiento*

Proporcione directrices para la prevención de las recaídas: mantener las prácticas de la conciencia plena [*mindfulness*] y de la bondad amorosa, mantener los límites éticos, y reformular las recaídas.

Las sesiones de seguimiento pueden resultar útiles para consolidar la práctica y para reducir el riesgo de recaer. Pueden ofrecerse cuatro sesiones repartidas en un período de un año de postratamiento, y comenzar un mes después de la finalización del programa.

### *Grupo de apoyo de la práctica*

Si procede, fomente la posibilidad de unirse a un grupo de práctica regular de *mindfulness* o forme usted mismo uno. Esto contribuye al mantenimiento de la práctica en posición sentada y promueve la interconexión social.

## Aplicación con grupos

### *Objetivo de la sesión*

La sesión 10 consolida la etapa 4 y sirve para recapitular todo el programa, incluida una revisión de los indicadores del éxito de los clientes y las mediciones clínicas. También aborda la prevención de las recaídas y los futuros objetivos de la práctica.

### *Materiales*

Bolígrafos y papel, un «certificado de participación» (si es posible), lista de objetivos recogidos en la primera sesión y cuestionarios de medición de los resultados clínicos (en caso de que se recolectaran los datos desde el principio).

### *Revise los deberes y el progreso*

Dirija la sesión de *feedback* sobre los deberes fijados la semana pasada: la práctica del barrido en profundidad, la práctica de la bondad amorosa y los desafíos éticos. Compruebe con los participantes si fueron capaces de practicar el barrido en profundidad. Analice cómo les fue con los desafíos éticos. ¿Pudieron evitar quitar vidas –por ejemplo, matar una araña o una hormiga–? ¿Pudieron abstenerse de decir algo desagradable o de discutir de política en el trabajo? ¿Cómo les ha ido con el alcohol? ¿Cómo se las arreglaron cuando trataron de no beber alcohol? Compruebe también cómo les fue la práctica de la bondad amorosa; ¿fueron capaces los participantes de generar pensamientos amables y de amor sobre sí mismos? ¿Fueron capaces de controlar las sensaciones que coemergen con las intenciones dañinas y compasivas antes de realizar una acción verbal o física?

### *Revisión del programa*

Resuma los elementos clave de la TCCMi, entre ellos:

Herramientas de la práctica formal:

- Relajación Muscular Progresiva.
- Conciencia plena de la respiración.
- Escáner corporal:
  - Escáner parte por parte.
  - Escáner simétrico.
  - Barrido parcial.

- Barrido en masa.
- Escáner transversal.
- Barrido en profundidad.
- Bondad amorosa.

Otras herramientas:

- El modelo de coemergencia de refuerzo.
- Exposición bipolar –elementos enumerados en el formulario de la SUDS–.
- Asertividad consciente.
- Desafíos éticos.

### *Evalúe la consecución de los objetivos*

Examine los objetivos y las expectativas del tratamiento de los participantes y cómo evalúan su progreso por lo que respecta a su comportamiento, a su salud general y a sus relaciones. Analice sus niveles de ecuanimidad. Esto da una idea de su sentido de autoeficacia. Use la pizarra y analice la consecución de los objetivos de la siguiente manera:

1. Enumere en la pizarra todos los objetivos genéricos iniciales y escriba el número de participantes que los respaldaron en la sesión 1 (a partir de la copia que estos han conservado).
2. Revise los elementos enumerados en la pizarra, uno por uno, y pregunte por aquellos participantes que hayan sido capaces de mejorar sus habilidades (pídales que alcen la mano). Los participantes están midiendo su sentido de la autoeficacia.
3. Pídales a los participantes que marquen qué metas han alcanzado.

### *La práctica durante el período de sesiones*

Dirija una práctica del barrido en profundidad (sin ninguna instrucción) seguida de una meditación de la bondad amorosa de cinco minutos: bien en silencio, bien usando el guion, o bien permitiendo que los participantes creen su propio guion.

### *Certificado de participación*

Preséntele un certificado de participación a cada participante. Este puede funcionar como un reforzador positivo para asistir a las sesiones de seguimiento, lo que a su vez estimula la consolidación de las habilidades.

### *Grupo de apoyo de la práctica*

Si procede, fomente la posibilidad de unirse a un grupo de práctica regular de *mindfulness* o forme usted mismo uno. Esto ayuda al mantenimiento de la cohesión del grupo, al mantenimiento de la práctica en posición sentada y promueve la interconexión social.

Complete los últimos formularios de evaluación de resultados en caso de que necesite más datos.

### *Esquema de las sesiones de seguimiento de la TCCMi*

Las sesiones de seguimiento pueden resultar útiles para consolidar la práctica y para reducir el riesgo de recaer. Pueden ofrecerse cuatro sesiones repartidas en un período de un año, y comenzar un mes después de la finalización del programa.

### *Sesiones de seguimiento*

- Dar la bienvenida a los participantes.
- Práctica durante el período de sesiones:
  - Práctica grupal de *mindfulness* durante 15-20 minutos (un tercio del tiempo en la conciencia plena de la respiración, dos tercios en el escáner corporal).

### *Feedback sobre el mantenimiento de la práctica y el bienestar desde que finalizó la práctica en grupo*

1. Revise los objetivos iniciales establecidos al principio del programa y el modo en que los participantes evaluaron sus logros al final del mismo.
2. Pídales a los participantes que evalúen de 0 a 10 el grado en que han conservado sus logros.

3. Si han tenido dificultades para conservar sus logros, pídales que reflexionen sobre el tiempo y el esfuerzo que han dedicado. Hable de la importancia de mantener una práctica del *mindfulness* continua.

### *Refrescar las cuestiones clave*

1. Cuestiones interpersonales: representar una cuestión interpersonal usando declaraciones asertivas que demuestren ecuanimidad.
2. Hablar de la importancia de la impermanencia.
3. Revisar en profundidad los pasos de la autoría experiencial.
4. Revisar la ética, contextualizada dentro del modelo de coemergencia.

### *Establecimiento de objetivos*

1. Pídales a los participantes que seleccionen objetivos realistas:
   a. que tengan que lograr para la próxima sesión.
   b. objetivos a largo plazo.
2. Sugiera que se visualicen logrando los objetivos.
3. Pídales que evalúen de 0 a 10 lo realistas y factibles que son los objetivos.
4. Visualice los objetivos a corto plazo realistas (para tratar de lograrlos en la próxima sesión).

### *Práctica de la etapa 4*

Insista en la importancia de practicar la etapa 4 como parte de su práctica de mantenimiento: compasión (meditación de la bondad amorosa), adhiriéndose a sus propios estándares éticos y práctica del *mindfulness* continua (un tercio del tiempo en la conciencia plena de la respiración, dos tercios en el escáner corporal).

## Documento 10.1.
## Revisión del programa de la TCCMi

| | Habilidades de interiorización | Habilidades de exteriorización | | |
|---|---|---|---|---|
| **Tarea conductual** | **Etapa 1**<br>*Etapa personal*<br>Práctica del *mindfulness* para niveles profundos de conciencia metacognitiva e interoceptiva; aceptación de la impermanencia y ausencia de ego de los fenómenos; mayor ecuanimidad y sentido de autoeficacia; énfasis en el compromiso con la práctica. | **Etapa 2**<br>*Etapa de exposición*<br>Procedimientos de exposición: «exposición bipolar» (visualizaciones guiadas con exposición interoceptiva a los objetivos de la SUDS mientras nos mantenemos ecuánimes) seguida de una exposición en vivo aplicando la ecuanimidad. | **Etapa 3**<br>*Etapa interpersonal*<br>«Autoría experiencial» (exposición interpersonal para impedir la evitación y los conflictos interpersonales); no reaccionar frente a las reacciones de los demás (ver el sufrimiento); asertividad. | **Etapa 4**<br>*Etapa empática*<br>Conciencia de los límites éticos y compromiso con la ética; compasión por uno mismo y por los demás; prevención de recaídas; mantenimiento de los logros. |
| **Tipo meditativo** | ***Sesión 1***–Relajación muscular progresiva (14 minutos, dos veces al día).<br>***Sesión 2***–Conciencia plena de la respiración (30 minutos, dos veces al día de aquí en adelante).<br>***Sesión 3***–Escáner unilateral del cuerpo parte por parte.<br>***Sesión 4***–Escáner unilateral del cuerpo sin audio y práctica aplicada. | ***Sesión 5***–Escáner bilateral del cuerpo para implicar a redes somatosensoriales más amplias de forma simétrica y rápida; práctica de la exposición bipolar durante 11 minutos después de la meditación de 30 minutos.<br>***Sesión 6***–Barrido parcial pasando la atención de manera continua para «fluir» a través del cuerpo mientras evitamos el deseo de experimentar sensaciones agradables; práctica de la exposición bipolar durante 11 minutos tras la meditación de 30 minutos. | ***Sesión 7***–Barrido en masa con «libre circulación» a través de todo el cuerpo en una sola pasada mientras nos mantenemos ecuánimes con placer.<br>***Sesión 8***–Escáner transversal al pasar la atención transversalmente a través del cuerpo para sentir el interior del mismo con ecuanimidad. | ***Sesión 9***–Barrido en profundidad pasando la atención con un flujo libre vertical por el interior del cuerpo con ecuanimidad; meditación de la bondad amorosa durante 8 minutos; práctica consciente de cinco preceptos éticos.<br>***Sesión 10***–Práctica de mantenimiento (una vez al día durante 45 minutos): 10 minutos de conciencia plena de la respiración, 25 minutos de escáner corporal y 10 minutos de bondad amorosa; revisión del programa. |

## Referencias adicionales

CAYOUN, B. A., *Mindfulness-integrated CBT: Principles and practice*, Wiley, Chichester, UK 2011 (trad. esp.: *TCC con mindfulness integrado. Principios y práctica*, Desclée De Brouwer, Bilbao 2013).

THORNDIKE, E. L., «Animal intelligence: An experimental study of the associative processes in animals»: *Psychological Monographs: General and Applied*, 2 (1898), i–109.

WOODWARD, F. L., *Some sayings of the Buddha: According to the Pali Canon*, Oxford University Press, Londres 1925.

Los detalles de los Centros Internacionales de Meditación pueden encontrarse en línea en: www.internationalmeditationcentre.org/global/index.html

# III Resúmenes y guiones de la TCCMi

# Apéndice 1: Resúmenes del contenido semanal

## Sesión 1: Resumen del contenido semanal – individuos

| *Aplicación con clientes individuales* | *Documentos para los clientes* |
|---|---|
| 1. Explique brevemente que la TCCMi integra las psicologías oriental y occidental y que emplea ejercicios del *mindfulness* muy específicos | |
| 2. Explique el *mindfulness* | **Documento 1.1**<br>¿Qué es el *mindfulness*? |
| 3. Hable y acuerde los objetivos para la terapia –cree y firme un contrato terapéutico– | **Documento 1.2**<br>Contrato terapéutico: expectativas del programa |
| 4. Disposición al cambio | **Documento 1.3**<br>Disposición al cambio y necesidad de esforzarse |
| 5. Explique tres maneras complementarias de aprender sobre nosotros mismos | **Documento 1.4**<br>Tres formas de aprendizaje |
| 6. Explique brevemente que la TCCMi es un programa de cuatro etapas<br>*Mindfulness para la autoconciencia y la aceptación, exposición a las dificultades, mejorar las relaciones con los demás, y empatía basada en la vida ética* | **Documento 1.5**<br>Estructura del programa: las cuatro etapas |

(Continúa)

| *Aplicación con clientes individuales* | *Documentos para los clientes* |
| --- | --- |
| 7. Examine la necesidad de la práctica regular | **Documento 1.6**<br>Por qué es importante desarrollar una práctica regular |
| 8. Presente la RMP y la conciencia plena del cuerpo<br>Breve práctica de la RMP | **Documento 1.7**<br>Relajación muscular progresiva y conciencia plena del cuerpo |
| 9. Lista de pistas de audio | **Documento 1.8**<br>Pistas de audio para el programa de la TCCMi |
| 10. Ponga deberes<br>• Proporcionar el registro de la práctica diaria de la RMP<br>• Leer los documentos y practicar la RMP dos veces al día<br>• Practicar la conciencia plena del cuerpo tanto como sea posible | **Documento 1.9**<br>Registro diario de la Relajación Muscular Progresiva |

## Sesión 1: Resumen del contenido semanal – grupos

| *Aplicación con grupos* | *Documentos para los clientes* |
| --- | --- |
| 1. Presente a los participantes y preséntese usted mismo | |
| 2. Explique brevemente que la TCCMi integra las psicologías oriental y occidental y que emplea ejercicios del *mindfulness* muy específicos –aborda tanto el contenido con el procesamiento de los pensamientos– | |
| 3. Explique tres maneras complementarias de aprender sobre nosotros mismos | **Documento 1.4**<br>Tres formas de aprendizaje |
| 4. Disposición al cambio | **Documento 1.3**<br>Disposición al cambio y necesidad de esforzarse |
| 5. Explique el *mindfulness* –escriba la definición en la pizarra– | **Documento 1.1**<br>¿Qué es el *mindfulness*? |

| *Aplicación con clientes individuales* | *Documentos para los clientes* |
|---|---|
| 6. Explique brevemente que la TCCMi es un programa de cuatro etapas *Mindfulness para la autoconciencia y la aceptación, exposición a las dificultades, mejorar las relaciones con los demás, y empatía basada en la vida ética* | **Documento 1.5** Estructura del programa: las cuatro etapas |
| 7. Use la pizarra para establecer los objetivos y la empatía basada en la vida ética y, a continuación, concentre esa larga lista y haga una de 5-15 objetivos | **Documento 1.2** Contrato terapéutico: expectativas del programa |
| 8. Presente la RMP y la conciencia plena del cuerpo Breve práctica de la RMP | **Documento 1.7** Relajación muscular progresiva y conciencia plena del cuerpo |
| 9. Lista de pistas de audio | **Documento 1.8** Pistas de audio para el programa de la TCCMi |
| 10. Examine la necesidad de la práctica regular | **Documento 1.6** Por qué es importante desarrollar una práctica regular |
| 11. Ponga deberes<br>• Proporcionar el registro de la práctica diaria de la RMP<br>• Leer los documentos y practicar la RMP dos veces al día<br>• Practicar la conciencia plena del cuerpo tanto como sea posible | **Documento 1.9** Registro diario de la Relajación Muscular Progresiva |

## Sesión 2: Resumen del contenido semanal – individuos

| *Aplicación con clientes individuales* | *Documentos para los clientes* |
|---|---|
| 1. Revise la práctica de la semana pasada y compruebe la disposición a avanzar a la conciencia plena de la respiración | **Documento 2.1**<br>Dificultades típicas que nos encontramos en la práctica |
| 2. Práctica de la conciencia plena de la respiración<br>• Facilite una breve práctica y, a continuación, examine la configuración de la práctica (ubicación, programación, postura, ropa) | **Documento 2.2**<br>Consejos para la práctica |
| 3. Analice la conciencia plena de la respiración (tres habilidades)<br>• conciencia de los pensamientos como «meros pensamientos»<br>• aprender a no creerse los pensamientos<br>• ser capaz de volver a la respiración<br>Aplique la tarea del dedo | |
| 4. Explique el pensamiento intrusivo<br>• coemergencia, frecuencia y lo reciente que haya sido el suceso<br>• metáfora del ayuno | |
| 5. Ponga deberes<br>• Proporcionar el registro de la práctica diaria de la conciencia plena de la respiración<br>• Leer los documentos y practicar la conciencia plena de la respiración dos veces al día<br>• Práctica aplicada: monitorización de la respiración y el pensamiento en la vida cotidiana | **Documento 2.3**<br>Deberes<br>**Documento 2.4**<br>Registro diario de la Práctica de la Meditación *Mindfulness* |

## Sesión 2: Resumen del contenido semanal – grupos

| *Aplicación con grupos* | *Documentos para los clientes* |
|---|---|
| 1. Práctica de la conciencia plena de la respiración<br>• Lleve a cabo la sesión práctica y, a continuación, examine la configuración de la práctica (ubicación, programación, postura, ropa) | **Documento 2.2**<br>Consejos para la práctica |
| 2. Revise la práctica de la semana pasada<br>• pregunte a cada miembro del grupo<br>• refuerce la práctica y use el cuestionamiento socrático para investigar las barreras a la práctica | **Documento 2.1**<br>Dificultades típicas que nos encontramos en la práctica |
| 3. Analice la conciencia plena de la respiración (tres habilidades)<br>• conciencia de los pensamientos como «meros pensamientos»<br>• aprender a no creerse los pensamientos<br>• ser capaz de devolver la atención a la respiración<br>Aplique la tarea del dedo | |
| 4. Explique el pensamiento intrusivo<br>• coemergencia, frecuencia y lo reciente que haya sido el suceso<br>• metáfora del ayuno | |
| 5. Ponga deberes<br>• Proporcionar el registro de la práctica diaria de la conciencia plena de la respiración<br>• Leer los documentos y practicar la conciencia plena de la respiración dos veces al día<br>• Práctica aplicada: monitorización de la respiración y el pensamiento en la vida cotidiana | **Documento 2.3**<br>Deberes<br>**Documento 2.4**<br>Registro diario de la Práctica de la Meditación *Mindfulness* |

## Sesión 3: Resumen del contenido semanal – individuos

| *Aplicación con clientes individuales* | *Documentos para los clientes* |
|---|---|
| 1. Revise la práctica de la última semana y examine las cuestiones que se planteen | |
| 2. Presente la razón de ser del escáner corporal usando el Diario de Hábitos Reactivos con un ejemplo | **Documento 3.1** Diario de Hábitos Reactivos |
| 3. Explique la impermanencia y cómo esta permite una nueva relación con experiencias que incluyen las emociones / sensaciones corporales difíciles | |
| 4. Examine la ecuanimidad y cómo el hecho de desarrollarla ayuda a regular las emociones y a desarrollar la autoaceptación | **Documento 3.2** Escáner corporal: comprender los sentimientos y la ecuanimidad |
| 5. Dirija una breve práctica del escáner corporal e introduzca el Indicador de Conciencia Interoceptiva | **Documento 3.3** Indicador de Conciencia Interoceptiva |
| 6. Entregue el Diario de Hábitos Reactivos para que su cliente lo use durante la semana con cualquier situación estresante que tenga lugar | **Documento 3.1** Diario de Hábitos Reactivos |
| 7. Ponga deberes: escáner corporal usando las pistas de audio 7 y 8 | **Documento 3.4** Registro diario de la Práctica de la Meditación *Mindfulness* |

## Sesión 3: Resumen del contenido semanal – grupos

| *Aplicación con grupos* | *Documentos para los clientes* |
|---|---|
| 1. Dirija una breve práctica de la conciencia plena de la respiración | |
| 2. Revise la práctica de la última semana y examine las cuestiones que se planteen | |
| 3. Presente la razón de ser del escáner corporal usando el Diario de Hábitos Reactivos con un ejemplo | **Documento 3.1**<br>Diario de Hábitos Reactivos |
| 4. Explique la impermanencia y cómo esta permite una nueva relación con experiencias que incluyen emociones / sensaciones corporales difíciles | |
| 5. Examine la ecuanimidad y cómo el hecho de desarrollarla ayuda a regular las emociones y a desarrollar la autoaceptación | **Documento 3.2**<br>Escáner corporal: comprender los sentimientos y la ecuanimidad |
| 6. Dirija una práctica del escáner corporal (30 minutos) e introduzca el Indicador de Conciencia Interoceptiva | **Documento 3.3**<br>Indicador de Conciencia Interoceptiva |
| 7. Distribuya copias del Diario de Hábitos Reactivos para que los participantes lo usen durante la semana con cualquier situación estresante que tenga lugar | **Documento 3.1**<br>Diario de Hábitos Reactivos |
| 8. Ponga deberes: escáner corporal usando las pistas de audio 7 y 8 | **Documento 3.4**<br>Registro diario de la Práctica de la Meditación *Mindfulness* |

## Sesión 4: Resumen del contenido semanal – individuos

| *Aplicación con clientes individuales* | *Documentos para los clientes* |
|---|---|
| 1. Revise los deberes y compruebe la disposición al progreso | |
| 2. Aumente la eficacia de la práctica:<br>• Hable de la práctica en silencio, de la inmovilidad, de la ecuanimidad, del ritmo de la práctica y del esfuerzo en la misma | |
| 3. Escáner corporal, ego y desarrollo de la introspección | |
| 4. Aplicar y medir la ecuanimidad:<br>• Introducir la MISS y la MIET. Pídales a los clientes que registren las cuatro características y la severidad de las sensaciones en la MISS cada vez que sientan emociones | **Documento 4.1**<br>Escala de Firma Interoceptiva Basada en el *Mindfulness* (MISS) |
| 5. Examine la necesidad de la práctica regular<br>• Debata con su cliente sobre la importancia de mantener la conciencia interoceptiva y la ecuanimidad tanto y tan a menudo como sea posible a lo largo del día, desde el momento en que se despiertan hasta el momento en que se quedan dormidos | |
| 6. Ponga deberes:<br>• Practicar sin instrucciones de audio, en completa inmovilidad y más rápido<br>• Leer el documento con la tarea<br>• Proporcionar el formulario del Registro diario de la Práctica de la Meditación *Mindfulness*<br>• Proporcionar el formulario del Indicador de Conciencia Interoceptiva (introducido en la sesión 3) | **Documento 4.2**<br>Práctica aplicada<br>**Documento 4.3**<br>Registro diario de la Práctica de la Meditación *Mindfulness*<br>**Documento 3.3**<br>Indicador de Conciencia Interoceptiva |

## Sesión 4: Resumen del contenido semanal – grupos

| *Aplicación con grupos* | *Documentos para los clientes* |
|---|---|
| 1. Dirija una práctica grupal del escáner corporal unilateral | |
| 2. Revise los deberes y compruebe la disposición al progreso | |
| 3. Aumente la eficacia de la práctica:<br>• Hable de la práctica en silencio, de la inmovilidad, de la ecuanimidad, del ritmo de la práctica y del esfuerzo en la misma | |
| 4. Escáner corporal, ego y desarrollo de la introspección | |
| 5. Aplicar y medir la ecuanimidad:<br>• Introducir la MISS y la MIET. Pídales a los clientes que registren las cuatro características y la severidad de las sensaciones en la MISS cada vez que sientan emociones | **Documento 4.1**<br>Escala de Firma Interoceptiva Basada en el *Mindfulness* (MISS) |
| 6. Examine la necesidad de la práctica regular<br>• Debata con los participantes sobre la importancia de mantener la conciencia interoceptiva y la ecuanimidad tanto y tan a menudo como sea posible a lo largo del día, desde el momento en que se despiertan hasta el momento en que se quedan dormidos | |
| 7. Ponga deberes:<br>• Practicar sin instrucciones de audio, en completa inmovilidad y más rápido<br>• Leer el documento con la tarea<br>• Proporcionar el formulario del Registro diario de la Práctica de la Meditación *Mindfulness*<br>• Proporcione el formulario del Indicador de Conciencia Interoceptiva (introducido en la sesión 3) | **Documento 4.2**<br>Práctica aplicada<br>**Documento 4.3**<br>Registro diario de la Práctica de la Meditación *Mindfulness*<br>**Documento 3.3**<br>Indicador de Conciencia Interoceptiva |

## Sesión 5: Resumen del contenido semanal – individuos

| *Aplicación con clientes individuales* | *Documentos para los clientes* |
|---|---|
| 1. Revise la práctica de la última semana | |
| 2. Introduzca el escáner simétrico | **Documento 5.1**<br>Escáner simétrico |
| 3. Introduzca la exposición:<br>• Detecte las situaciones evitadas y complete la Hoja de Registro de Exposición (formulario de la SUDS) durante la sesión o en casa | **Documento 5.2**<br>La naturaleza de la evitación<br>**Documento 5.3**<br>Instrucciones para la exposición bipolar<br>**Documento 5.4**<br>Hoja de Registro de Exposición: Escala de Unidades Subjetivas de Angustia (SUDS)<br>**Documento 5.5**<br>Práctica de la exposición en vivo |
| 4. Explique los deberes<br>• Escáner simétrico<br>• Exposición bipolar y en vivo<br>• Completar la hoja de la práctica del *mindfulness* | **Documento 5.6**<br>Deberes<br>**Documento 5.7**<br>Registro diario de la Práctica de la Meditación *Mindfulness* |

## Sesión 5: Resumen del contenido semanal – grupos

| *Aplicación con grupos* | *Documentos para los clientes* |
|---|---|
| 1. Dirija una práctica durante la sesión del escáner corporal unilateral parte por parte | |
| 2. Revise la práctica de la última semana | |
| 3. Introduzca el escáner simétrico<br>• Dirija una breve práctica | **Documento 5.1**<br>Escáner simétrico |
| 4. Introduzca la tarea de la exposición bipolar<br>• Los participantes detectan las situaciones evitadas y completan el formulario de la SUDS | **Documento 5.2**<br>La naturaleza de la evitación<br>**Documento 5.3**<br>Instrucciones para la exposición bipolar<br>**Documento 5.4**<br>Hoja de Registro de Exposición: Escala de Unidades Subjetivas de Angustia (SUDS)<br>**Documento 5.5**<br>Práctica de la exposición en vivo |
| 5. Explique los deberes<br>• Escáner simétrico<br>• Exposición bipolar y en vivo<br>• Completar la hoja de la práctica del *mindfulness* | **Documento 5.6**<br>Deberes<br>**Documento 5.7**<br>Registro diario de la Práctica de la Meditación *Mindfulness* |

## Sesión 6: Resumen del contenido semanal – individuos

| *Aplicación con clientes individuales* | *Documentos para los clientes* |
|---|---|
| 1. Revise la práctica del *mindfulness* y proporcione *feedback*<br>• Compruebe una cobertura del 80% cuando use el escáner simétrico<br>• Revise el progreso con los elementos de la SUDS y examine los elementos de exposición de esta semana | |
| 2. Introduzca el barrido parcial | **Documento 6.1**<br>Barrido parcial |
| 3. Medición del progreso con la desensibilización<br>• Los clientes revalúan todos los elementos de la SUDS, incluidos los que todavía no se han abordado con la exposición | **Documento 6.2**<br>Medir el progreso con la desensibilización |
| 4. Examine la generalización de la evitación | **Documento 6.3**<br>Los efectos generalizadores de la evitación y la desensibilización |
| 5. Explique los deberes de esta semana<br>• Barrido parcial (pistas de audio 11 y 12)<br>• Tarea de exposición usando los elementos de la SUDS: implementar la exposición bipolar con los elementos restantes<br>• Completar la hoja de la práctica del *mindfulness* | **Documento 6.4**<br>Hoja de Registro de Exposición: Escala de Unidades Subjetivas de Angustia (SUDS)<br>**Documento 6.5**<br>Deberes<br>**Documento 6.6**<br>Registro diario de la Práctica de la Meditación *Mindfulness* |

## Sesión 6: Resumen del contenido semanal – grupos

| *Aplicación con grupos* | *Documentos para los clientes* |
|---|---|
| 1. Revise la práctica del *mindfulness* y proporcione *feedback*<br>• Compruebe una cobertura del 80% cuando use el escáner simétrico<br>• Revise el progreso con los elementos de la SUDS y examine los elementos de exposición de esta semana | |
| 2. Introduzca el barrido parcial | **Documento 6.1**<br>Barrido parcial |
| 3. Medición del progreso con la desensibilización<br>• Los clientes revalúan todos los elementos de la SUDS, incluidos los que todavía no se han abordado con la exposición | **Documento 6.2**<br>Medir el progreso con la desensibilización |
| 4. Examine la generalización de la evitación | **Documento 6.3**<br>Los efectos generalizadores de la evitación y la desensibilización |
| 5. Explique los deberes de esta semana<br>• Barrido parcial<br>• Tarea de exposición usando los elementos de la SUDS: implementar la exposición bipolar con los elementos restantes<br>• Completar la hoja de la práctica del *mindfulness* | **Documento 6.4**<br>Hoja de Registro de Exposición: Escala de Unidades Subjetivas de Angustia (SUDS)<br>**Documento 6.5**<br>Deberes<br>**Documento 6.6**<br>Registro diario de la Práctica de la Meditación *Mindfulness* |

## Sesión 7: Resumen del contenido semanal – individuos

| *Aplicación con clientes individuales* | *Documentos para los clientes* |
|---|---|
| 1. Revise los deberes y el progreso con los elementos de la SUDS | |
| 2. Introduzca el barrido en masa | **Documento 7.1**<br>Barrido en masa |
| 3. Introduzca la etapa 3:<br>• Explique la autoría experiencial: hacernos plenamente responsables de nuestros pensamientos y de nuestras sensaciones corporales y renegar de los de los demás mientras permanecemos empáticos con respecto a su sufrimiento<br>• Pídale a su cliente que seleccione algunas situaciones para la práctica de la autoría experiencial | **Documento 7.2**<br>Autoría experiencial<br>**Documento 7.3**<br>La práctica de la autoría experiencial |
| 4. Explique los deberes<br>• Barrido en masa (pistas de audio 13 y 14)<br>• Exposición bipolar y en vivo a las cuestiones interpersonales usando la autoría experiencial<br>• Completar la hoja de la práctica del *mindfulness* | **Documento 7.4**<br>Deberes<br>**Documento 7.5**<br>Registro diario de la Práctica de la Meditación *Mindfulness* |

## Sesión 7: Resumen del contenido semanal – grupos

| *Aplicación con grupos* | *Documentos para los clientes* |
|---|---|
| 1. Revise los deberes y el progreso con los elementos de la SUDS<br>• Compruebe con los participantes su capacidad para mantener la práctica dos veces al día | |
| 2. Introduzca el barrido en masa<br>• Dirija una sesión de práctica de 15 minutos para introducir el barrido en masa con la pista de audio 14 | **Documento 7.1**<br>Barrido en masa |
| 3. Introduzca la etapa 3:<br>• Explique la autoría experiencial: hacernos plenamente responsables de nuestros pensamientos y de nuestras sensaciones corporales y renegar de los de los demás mientras permanecemos empáticos con respecto a su sufrimiento<br>• Pídales a los participantes que seleccionen algunas situaciones para la práctica de la autoría experiencial | **Documento 7.2**<br>Autoría experiencial<br>**Documento 7.3**<br>La práctica de la autoría experiencial |
| 4. Explique los deberes<br>• Barrido en masa (pistas de audio 13 y 14)<br>• Exposición bipolar y en vivo a las cuestiones interpersonales usando la autoría experiencial<br>• Completar la hoja de la práctica del *mindfulness* | **Documento 7.4**<br>Deberes<br>**Documento 7.5**<br>Registro diario de la Práctica de la Meditación *Mindfulness* |

## Sesión 8: Resumen del contenido semanal – individuos

| *Aplicación con clientes individuales* | *Documentos para los clientes* |
|---|---|
| 1. Compruebe con su cliente su capacidad para mantener la práctica dos veces al día | |
| 2. Revise los deberes y el progreso con los elementos de la SUDS –elementos interpersonales– | |
| 3. Dirija una breve sesión de práctica para introducir el escáner transversal con las pistas de audio 15 y 16 | **Documento 8.1**<br>Escáner transversal |
| 4. Introduzca la asertividad consciente<br>• Explique lo que significa la asertividad consciente; relación entre la depresión y la asertividad<br>• Pídale a su cliente que seleccione una situación para la práctica de la asertividad consciente<br>• Examine las siete declaraciones asertivas: los hechos, cómo me siento, cómo pienso, reconocer al otro, qué quiero, cómo recompensar la cooperación o encontrar una buena solución intermedia | **Documento 8.2**<br>Tarea de entrenamiento de la asertividad |
| 5. Explique los deberes<br>• Práctica del escáner transversal dos veces al día (pistas de audio 15 y 16)<br>• Elegir situaciones para practicar la asertividad, para expresar las necesidades asertivamente, de una manera considerada y respetuosa<br>• Puede que los clientes tengan elementos enumerados en su formulario de la SUDS que puedan usar | |
| 6. Completar el formulario de seguimiento de la práctica del *mindfulness* | **Documento 8.3**<br>Registro diario de la Práctica de la Meditación *Mindfulness* |

## Sesión 8: Resumen del contenido semanal – grupos

| *Aplicación con grupos* | *Documentos para los clientes* |
|---|---|
| 1. Revise los deberes y el progreso con los elementos de la SUDS –elementos interpersonales–<br>• Compruebe con su cliente su capacidad para mantener la práctica dos veces al día | |
| 2. Introduzca el escáner transversal<br>• Dirija una sesión de práctica grupal de 15 minutos para introducir el escáner transversal con las pistas de audio 15 y 16 | **Documento 8.1**<br>Escáner transversal |
| 3. Introduzca la asertividad consciente<br>• Explique lo que significa la asertividad consciente; relación entre la depresión y la asertividad<br>• Pídales a los participantes que seleccionen una situación para la práctica de la asertividad consciente<br>• Examine las siete declaraciones asertivas: los hechos, cómo me siento, cómo pienso, reconocer al otro, qué quiero, cómo recompensar la cooperación o encontrar una buena solución intermedia | **Documento 8.2**<br>Tarea de entrenamiento de la asertividad |
| 4. Explique los deberes<br>• Práctica del escáner transversal dos veces al día (pistas de audio 15 y 16)<br>• Elegir situaciones para practicar la asertividad, para expresar las necesidades asertivamente, de una manera considerada y respetuosa<br>• Puede que los clientes tengan elementos enumerados en su formulario de la SUDS que puedan usar | |
| 5. Completar el formulario de seguimiento de la práctica del *mindfulness* | **Documento 8.3**<br>Registro diario de la Práctica de la Meditación *Mindfulness* |

## Sesión 9: Resumen del contenido semanal – individuos

| *Aplicación con clientes individuales* | *Documentos para los clientes* |
|---|---|
| 1. Revise la práctica de la última semana<br>• Compruebe la disposición a avanzar<br>• Controle la tarea de la asertividad | |
| 2. Introduzca el barrido en profundidad | **Documento 9.1**<br>La práctica del barrido en profundidad<br>**Documento 9.5**<br>Registro diario de la Práctica de la Meditación *Mindfulness* |
| 3. Introduzca la meditación de la bondad amorosa | **Documento 9.2**<br>Meditación de la bondad amorosa |
| 4. Introduzca los cinco desafíos éticos:<br>• Describa los cinco desafíos éticos (evitar mentir, matar, robar, intoxicarse y llevar a cabo actividades sexuales inapropiadas) | **Documento 9.3**<br>Cinco desafíos éticos<br>**Documento 9.4**<br>Registro de Desafíos Éticos |
| 5. Ponga deberes:<br>• Práctica del barrido en profundidad<br>• Práctica de la bondad amorosa<br>• Cinco desafíos éticos | **Documento 9.1**<br>La práctica del barrido en profundidad<br>**Documento 9.2**<br>Meditación de la bondad amorosa<br>**Documento 9.3**<br>Cinco desafíos éticos<br>**Documento 9.4**<br>Registro de Desafíos Éticos<br>**Documento 9.5**<br>Registro diario de la Práctica de la Meditación *Mindfulness* |

## Sesión 9: Resumen del contenido semanal - grupos

| *Aplicación con grupos* | *Documentos para los clientes* |
|---|---|
| 1. Revise la práctica de la última semana<br>• Compruebe la disposición a avanzar<br>• Controle la tarea de la asertividad | |
| 2. Introduzca el barrido en profundidad | **Documento 9.1**<br>La práctica del barrido en profundidad<br>**Documento 9.5**<br>Registro diario de la Práctica de la Meditación *Mindfulness* |
| 3. Introduzca la meditación de la bondad amorosa | **Documento 9.2**<br>Meditación de la bondad amorosa |
| 4. Introduzca los cinco desafíos éticos:<br>• Describa los cinco desafíos éticos (evitar mentir, matar, robar, intoxicarse y llevar a cabo actividades sexuales inapropiadas) | **Documento 9.3**<br>Cinco desafíos éticos<br>**Documento 9.4**<br>Registro de Desafíos Éticos |
| 5. Ponga deberes:<br>• Práctica del barrido en profundidad<br>• Práctica de la bondad amorosa<br>• Cinco desafíos éticos | **Documento 9.1**<br>La práctica del barrido en profundidad<br>**Documento 9.2**<br>Meditación de la bondad amorosa<br>**Documento 9.3**<br>Cinco desafíos éticos<br>**Documento 9.4**<br>Registro de Desafíos Éticos<br>**Documento 9.5**<br>Registro diario de la Práctica de la Meditación *Mindfulness* |

## Sesión 10: Resumen del contenido semanal – individuos

| *Aplicación con clientes individuales* | *Documentos para los clientes* |
|---|---|
| 1. Revise los deberes de la última semana<br>• Práctica del barrido en profundidad<br>• Práctica de la bondad amorosa<br>• Desafíos éticos | |
| 2. Revisión del programa:<br>Etapa 1<br>• RMP, conciencia plena de la respiración y escáner corporal parte por parte<br>• Modelo de coemergencia de refuerzo<br>Etapa 2<br>• Escáner avanzado<br>• Métodos de exposición; desarrollar la ecuanimidad<br>Etapa 3<br>• Escáner avanzado (métodos de barrido)<br>• Comunicación interpersonal consciente<br>Etapa 4<br>• Escáner avanzado (barrido en profundidad)<br>• *Mindfulness* y ética<br>• Meditación de la bondad amorosa | **Documento 10.1**<br>Revisión del programa de la TCCMi |
| 3. Revise los objetivos originales de la sesión 1<br>• Revise en el contexto de las expectativas realistas<br>• Examine la futura práctica de mantenimiento | |
| 4. Completar los últimos formularios de evaluación de resultados | |

## Sesión 10: Resumen del contenido semanal – grupos

| *Aplicación con grupos* | *Documentos para los clientes* |
|---|---|
| 1. Revise los deberes de la última semana<br>• Práctica del barrido en profundidad<br>• Práctica de la bondad amorosa<br>• Desafíos éticos | |
| 2. Revisión del programa:<br>Etapa 1<br>• RMP, conciencia plena de la respiración y escáner corporal parte por parte<br>• Modelo de coemergencia de refuerzo<br>Etapa 2<br>• Escáner avanzado<br>• Métodos de exposición; desarrollar la ecuanimidad<br>Etapa 3<br>• Escáner avanzado (métodos de barrido)<br>• Comunicación interpersonal consciente<br>Etapa 4<br>• Escáner avanzado (barrido en profundidad)<br>• *Mindfulness* y ética<br>• Meditación de la bondad amorosa | **Documento 10.1**<br>Revisión del programa de la TCCMi |
| 3. Revise los objetivos originales de la sesión 1<br>• *Feedback* sobre la práctica y funcionamiento general desde que se puso en marcha el grupo<br>• Discuta en el contexto de las expectativas siendo realistas | |
| 4. La práctica durante el período de sesiones<br>• Barrido en profundidad y bondad amorosa<br>• Examine la futura práctica de mantenimiento | |
| 5. Entregue un «certificado de participación» a cada participante | |
| 6. Completar los últimos formularios de evaluación de resultados | |

# Apéndice 2: Guiones de las instrucciones de audio para los terapeutas

## Directrices para los terapeutas

A continuación figuran los guiones aproximados de las instrucciones de audio del doctor Cayoun que los clientes escuchan durante la práctica. Estas instrucciones son una adaptación de las de los maestros orientales de la tradición *Vipassana* birmana, como Sayagyi U Ba khin, Madre Sayamagyi y S. N. Goenka durante los cursos de meditación de diez días. Advierta que las instrucciones se proporcionan una vez que el cliente está relativamente relajado. En caso de que se encuentre muy agitado, deberá relajarse mínimamente en primer lugar. Un profesional formado proporciona estas instrucciones de manera lenta y tranquila, pero asertiva. Cabe señalar que «...» indica una pausa de aproximadamente 5 segundos, que «... ...» indica una pausa de 10 segundos, y que el guion bajo, «_», indica una pausa de 30 segundos. Estas notaciones aparecen al final de la palabra que precede a la pausa. En cualquier caso, las pausas deberían ser lo suficientemente largas como para permitir que el cliente escanee la parte del cuerpo específica. Algunas palabras están en cursiva, marcando cierto énfasis. El cliente escucha todas las instrucciones con los ojos cerrados y sentado con el cuello y la espalda erguidos.

### *Protocolo de temporización para los guiones de las instrucciones de audio*

«...» = aproximadamente 5 segundos
«_» = aproximadamente 30 segundos

## Introducción general

La duración del guion es de aproximadamente 1,5 minutos.

Sea bienvenido a este entrenamiento de la meditación *mindfulness* basado en la antigua tradición *Vipassana* birmana y que ha beneficiado a miles de personas de todas las condiciones sociales. Es una forma maravillosa de deshacernos de los hábitos inútiles de pensamiento, de sentimiento y de comportamiento. En caso de que actualmente esté experimentando una angustia psicológica severa o de que haya sido diagnosticado con una enfermedad mental crónica, es importante que siga este entrenamiento bajo la supervisión de un profesional de la salud mental cualificado y titulado que también haya recibido formación en la meditación *mindfulness*. Si este es su caso, pídale a su doctor un volante o pídale consejo, o hable directamente con su psiquiatra, con su psicólogo o con su consejero, si tiene uno. Si este no es su caso, la orientación de estas instrucciones de audio bastarán para ayudarle a desarrollar habilidades del *mindfulness* inestimables.

## Razón de ser del entrenamiento del *mindfulness*

La duración del guion es de aproximadamente 11 minutos.

Antes de comenzar, me gustaría dedicar unos minutos a ofrecer una importante razón para usar la meditación *mindfulness*. No solo se trata de estar en el momento presente *per se*. Un gato situado frente a una ratonera está muy centrado en el presente. Un francotirador listo para matar también está muy centrado en el presente. Sin embargo, ninguno de los dos es consciente. El *mindfulness* es una herramienta, no un objetivo. Es una herramienta que desarrollamos para descubrir cómo procesamos la información en la vida cotidiana, cómo podemos ser más conscientes del *mecanismo* del pensamiento, el sentimiento y la reacción, y recuperar una sensación de control sobre el modo en que dirigimos nuestra vida. Se trata de tomar decisiones conscientes y sabias con respecto a las experiencias diarias, de modo que nuestras intenciones y nuestras acciones resulten hábiles y provoquen una disminución de la insatisfacción y un aumento del bienestar. Echemos un rápido vistazo al modo en que procesamos la información, y consideremos brevemente cómo la práctica del *mindfulness* puede ayudarnos a procesar la información de un modo que promueva una sensación de paz y de alegría.

Una vez que surge una situación en nuestra conciencia, tomamos conocimiento de ella a través de nuestros sentidos. Por ejemplo, en el medio ambiente usamos nuestros sentidos para escuchar, para tocar, para oler y para ver que algo está cambiando; tal vez esté lloviendo. Dentro de nuestro cuerpo podríamos experimentar cierta opresión en el estómago y una sensación de calor en nuestras mejillas; tal vez tengamos hambre o estemos ansiosos. Puede que experimentemos un pensamiento no planeado en nuestra mente, como un recuerdo espontáneo. Lo que nos permite percibir este pensamiento recibe el nombre de *conciencia metacognitiva*. Tanto nuestros sentidos físicos como la conciencia metacognitiva forman el así llamado aspecto de la *percepción sensorial* de cómo procesamos la información. Nos permite entrar en contacto con el mundo dentro y fuera de nosotros. Este paso es extremadamente rápido y, por lo general, subconsciente.

Al producirse una situación, nuestra mente la evalúa rápidamente, en menos de un segundo, para así poder darle un sentido a nuestro mundo y reconocer cosas como las amenazas y otros aspectos importantes de la supervivencia. Clasificamos estas sensaciones y las compartimentamos. La lluvia se convierte en lluvia, y no solo en agua que cae del cielo. Digamos que se pone a llover y que estás planeando una barbacoa: en ese caso no somos meros observadores neutrales de la lluvia. Juzgamos la situación. Podríamos considerarla inaceptable y pensar: «Es terrible, está lloviendo y no podré hacer una barbacoa con mis amigos esta tarde». Vea ahora la diferencia entre *esta* interpretación y la interpretación de un agricultor en un prado seco. Comienza a llover, este hecho se percibe y se clasifica como lluvia y se juzga de inmediato como una bendición. El agricultor podría pensar: «¡Es maravilloso para mi cosecha!». La misma situación produce experiencias muy diversas en dos personas diferentes. Esta es la parte *crítica* de la mente; el así llamado aspecto de la *evaluación* de cómo procesamos la información.

Puede que haya notado que cuando juzgamos que una situación con la que nos encontramos tiene cierta implicación personal, crea una sensación en el cuerpo. Cuanto más juzgamos que la situación es importante desde el punto de vista *personal, más fuerte* se vuelven las sensaciones corporales. En otras palabras, cuando nos tomamos las cosas como algo personal, los elementos básicos para las emociones se estimulan y se sienten en el cuerpo. Esta es la parte «sentimental» de la mente; el así llamado aspecto de la *interocepción* de cómo procesamos la información.

Si no recibimos formación en la práctica del *mindfulness*, estas experiencias corporales no se sienten con facilidad y no podemos manejarlas de manera hábil. Suponemos que sentimos lo que hacemos debido a la situación, al desencadenante. Entonces reaccionamos automáticamente a la situación para sentirnos mejor. Esta es la parte reactiva de la mente, el así llamado aspecto de la *reacción* del procesamiento de la información. Si las sensaciones corporales son agradables, tendemos a desear más. Si son desagradables, tendemos a reaccionar con aversión, con resentimiento hacia esas sensaciones. Por lo general, tratamos de evitar experimentar sensaciones desagradables, bien distrayendo nuestra mente o bien reaccionando de un modo que ayude a reducir esas sensaciones. Nuestra reacción hace que nos sintamos algo mejor, porque distraemos nuestra mente con actividades o sustancias tóxicas –beber alcohol, por ejemplo–, o que nos sentimos un poco aliviados porque reaccionamos a la situación externa para obtener una sensación de control. La próxima vez que surja este tipo de problema usaremos el mismo método de afrontamiento. Esto recibe el nombre de refuerzo. Nuestro comportamiento se ve reforzado, de modo que hay muchas posibilidades de que lo repitamos en situaciones futuras similares. Se convierte en un patrón habitual, e incluso pasamos a considerarlo parte de quienes somos.

Por otro lado, si recibimos formación en *mindfulness*, cada vez somos más capaces de advertir la naturaleza hábil o ineficaz de nuestros pensamientos y de *experimentar* las sensaciones corporales, incluso las más sutiles. Tan pronto como pensamos que la lluvia es inaceptable, podemos notar fácilmente las sensaciones corporales desagradables causadas por el pensamiento. Como resultado de ello, podemos ser más conscientes de que estamos a punto de reaccionar a causa de esas sensaciones, y no a causa de la lluvia. La lluvia no es una experiencia para nosotros. Nuestra experiencia *solo* pueden ser las sensaciones que experimentamos en el cuerpo. Por consiguiente, nuestras reacciones se deben *siempre* a las sensaciones corporales, que a menudo son el resultado de nuestra *interpretación* de la situación, y no la situación en sí misma. Lo que produce nuestra reacción instantánea es la costumbre de reaccionar a las sensaciones corporales.

En la práctica del *mindfulness*, aprendemos a no juzgar y a no reaccionar. Centramos nuestra atención todo lo posible con una actitud y una mente objetivas, con una percepción imparcial de cómo son las cosas. Observamos lo que se presenta, sin juzgarlo, momento a momento. Cuando aprendemos a evitar la reactividad, entrenamos a nuestro cerebro para que reduzca las conexiones responsables de la producción de hormonas del estrés. Nuestro sistema nervioso aprende de forma progresiva a cambiar su hábito de procesar la información. Se vuelve menos crítico, menos reactivo, más objetivo, proporcionándonos más oportunidades de afrontar de forma saludable la vida, independientemente de los problemas que se presenten. En resumidas cuentas, el propósito de la práctica de la meditación *mindfulness* consiste en desarrollar un grado de conciencia y de aceptación hacia nuestra experiencia, de modo que podamos tomar decisiones más informadas sobre nuestro comportamiento. Cuando las cosas parecen aceptables desde dentro, parece que las personas también las encuentran más aceptables en la vida diaria. El mundo se convierte en un lugar mejor.

Pasemos ahora al entrenamiento en sí mismo. Este entrenamiento requiere un fuerte compromiso por su parte. Si decide darle una oportunidad real, tendrá que comprometerse durante al menos una semana entera para el primer ejercicio. En caso de que le resulte beneficioso, comprométase con el siguiente ejercicio durante toda una semana, etc. El éxito dependerá de tres condiciones: una frecuencia de la práctica suficiente (dos veces al día), una duración de la práctica suficiente (30 minutos por sesión), y una precisión de la práctica suficiente (siguiendo estas instrucciones de audio). Sin un fuerte compromiso con estos tres aspectos de la práctica, su sistema nervioso no aprenderá a reconectar por sí solo y a cambiar los hábitos inútiles que han estado ahí durante años, y en ocasiones durante décadas. Para cambiar años de hábitos, debe garantizarle un juicio justo a este entrenamiento.

## Guion de la introducción de la Relajación Muscular Progresiva (sesión 1)

La duración del guion es de aproximadamente 2,5 minutos.

La relajación muscular progresiva, o RMP, no es una práctica del *mindfulness*, pero se emplea en la TCCMi para preparar y enseñar a nuestro sistema nervioso a relajarse antes de comenzar la práctica del *mindfulness*. Este método ha sido objeto de numerosas investigaciones desde la década de 1970, y hay pruebas empíricas que demuestran su efectividad como técnica independiente y a corto plazo para abordar el malestar asociado con el estrés, con la tensión muscular, con los dolores de cabeza y con la ansiedad. Es el método preferido de relajación porque le afianza en la «realidad» presente de su experiencia, en lugar de enseñarle a disociarse del cuerpo y a usar su imaginación para encontrar un lugar pacífico. La RMP le relaja mientras restaura la conexión entre su mente y su cuerpo.

La RMP requiere que contraiga y relaje los principales grupos musculares sucesivamente. La práctica de la RMP durante esta semana producirá varios beneficios. Además de la capacidad de relajarse, puede que se sienta más afianzado y presente, y más comprometido con el autocuidado. Comprometerse a cuidar de usted mismo dos veces al día mientras practica un método de relajación inmediatamente gratificante le preparará para el próximo paso, para la próxima semana.

Para ello, siéntese cómodamente en una silla o en un sillón y cierre suavemente los ojos. La postura sentada le ayudará a realizar los estiramientos, que son difíciles de desempeñar en posición tumbada. Por consiguiente, evite tumbarse. Esto también impedirá que se quede dormido. Es importante que aprenda a estar relajado mientras permanece despierto y atento, de modo que pueda llevar esta capacidad a su vida diaria. Recuerde, permanezca siempre con los ojos cerrados, nunca tumbado.

## Guion de la Relajación Muscular Progresiva (sesión 1)

La duración del guion es de aproximadamente 14 minutos.

Relájese mientras respira de manera lenta y profunda dos o tres veces, mientras respira profundamente en su estómago ... respire profundamente ... haga una pausa ... Ahora, a medida que deja que el resto de su cuerpo se relaje, apriete los puños y dóblelos hacia las muñecas, tensándolos cada vez más ... siga respirando y sienta la tensión en sus muñecas y en sus antebrazos ... Relájese ahora ... Sienta la soltura de sus manos y sus antebrazos. Advierta el contraste entre tensión y relajación ...

Doble ahora los codos y tense sus bíceps, ténselos ... ténselos con firmeza y observe la sensación de tensión ... Deje que sus brazos caigan ahora y se relajen, sienta la diferencia entre la tensión y la relajación en sus bíceps ...

Desplace ahora su atención a la cabeza y arrugue la frente ... apriétela todo lo que pueda, apriétela, sienta la tensión, y siga respirando. Sienta la tensión en la frente y en el cuero cabelludo ... y relájelos y suavícelos. Sienta toda su frente y su cuero cabelludo suavizándose y descansando ...

Frunza el ceño ahora y advierta la tensión extendiéndose por toda su frente ... Siga respirando y libérese, relájese, deje que su entrecejo se vuelva liso de nuevo.

Cierre ahora los ojos apretándolos, ciérrelos apretándolos, cada vez con más fuerza, siga respirando ... y relaje los ojos, pero deje que permanezcan cerrados de una manera amable y cómoda.

Abra ahora la boca completamente y sienta la tensión en su mandíbula ... y relaje su mandíbula. Cuando la mandíbula está relajada, los labios se separan ligeramente. Advierta el contraste entre tensión y relajación en la mandíbula.

Presione ahora su lengua contra el paladar. Experimente el dolor en la parte posterior de la boca ... Siga respirando a través de la nariz ... y relájese.

Apriete los labios ahora, frúnzalos y haga la forma de una «o» ... y relaje ahora los labios. Sienta la relajación en la frente, en el cuero cabelludo, en los ojos, en la mandíbula, en la lengua y en los labios ... Libérese más y más ...

Haga giros lentos ahora con su cabeza; es posible que tenga que sentarse un poco más recto para esto. Sienta cómo el punto de tensión se desplaza a medida que se va moviendo la cabeza ... y gire ahora su cabeza en el otro sentido ... Siga respirando, relájese ahora, permitiendo que su cabeza vuelva a una posición cómoda ...

Encójase ahora de hombros, llévelos hacia las orejas ... manténgalos apretados ... ahora siga respirando, baje sus hombros y sienta la relajación extendiéndose por el cuello, la garganta y los hombros ... Pura relajación, siéntase cada vez más relajado, profundamente relajado mientras permanece despierto.

Respire ahora, llenando sus pulmones por completo y mantenga la respiración ... experimente la tensión ... ahora exhale y deje que su pecho se afloje ... Inténtelo de nuevo, llenando sus pulmones por completo y aguantando la respiración, experimentando la tensión ... podría incluso experimentar sensaciones en las mejillas y en la cara ... ahora exhale. Continúe relajándose, permitiendo que su respiración venga de manera libre y suave ... Observe la tensión que sale de sus músculos con cada exhalación ...

A continuación, tense el estómago y aguante ... siga respirando, sienta la tensión ... y relájese ...

Coloque ahora las manos sobre el estómago, respire profundamente y presione su estómago ... aguante ... y relájese ... Experimente la sensación de relajación en el área abdominal ...

Arquee ahora su espalda, estírela sin crear tensiones, y mantenga el resto del cuerpo tan relajado como le sea posible. Concentre su atención en la tensión en la parte inferior de la espalda ... relájese ahora, deje que la tensión desaparezca ...

Apriete ahora los glúteos y los muslos ... fuerte ... más fuerte ... Siga respirando, sienta la tensión ... y relájese y sienta la diferencia. Vuelva a intentarlo. Tense los glúteos y los muslos fuerte, siga respirando ... sienta la tensión y relaje.

Enderece ahora un poco la espalda y tense las piernas, doble los dedos de los pies hacia abajo ... siga respirando, experimente la tensión ... y relájese ...

Una vez más, estire y contraiga las piernas, pero en esta ocasión doble los dedos de los pies hacia su cara, doble los dedos de los pies hacia su cara ... más fuerte, siga respirando, sienta la tensión ... y relájese. Sienta la calidez agradable y la pesadez de la profunda relajación por todo su cuerpo, mientras continúa respirando lenta y profundamente ...

Puede relajarse aún más a medida que asciende por su cuerpo, dejando ir el último fragmento de tensión de su cuerpo. Comience con sus pies ... y relaje sus pies.

Suba ... y relaje los tobillos ... relaje las pantorrillas, relaje las espinillas ... las rodillas ... los muslos y los glúteos ... Deje que la relajación se extienda por su estómago a la parte inferior de la espalda ... al pecho ... Libérese más y más ...

Sienta que la relajación se vuelve más profunda en los hombros, en los brazos y en las manos, cada vez más profunda ... Advierta el sentimiento de soltura y relajación en el cuello, en la mandíbula, en la cara y en la cabeza ... Continúe respirando lenta y profundamente, con el estómago. Deje que todo su cuerpo se suelte y se relaje de manera cómoda, que se calme y descanse.

## Guion de la introducción de la conciencia plena de la respiración (sesión 2)

La duración del guion es de aproximadamente 2,5 minutos.

Ahora que ha aprendido a relajarse, tenga en cuenta que el hecho de *cambiar* nuestra experiencia, que es lo que a menudo tratamos de hacer cuando intentamos relajarnos, es muy diferente de *aceptar* nuestra experiencia. Cuando nos sentimos estresados o experimentamos una emoción desagradable, no siempre podemos *cambiar* la realidad desagradable que tiene lugar en nuestra mente y en nuestro cuerpo. De hecho, tratar de hacerlo es a menudo poco práctico y en ocasiones puede empeorar las cosas, ya que es fácil evitar habitualmente las experiencias desagradables ... La respuesta es la aceptación. Cuando somos capaces de aceptar una experiencia no deseada, ya no nos molesta. Sentirse relajado se convierte en una consecuencia de la aceptación, y no en una forma de escapar del malestar.

Está usted a punto de aprender habilidades que le ayudarán a aceptar las experiencias a medida que surjan momento a momento ... Comenzará aprendiendo a prestar atención a la respiración. Este es un ejercicio relacionado con la *atención*, no un ejercicio de *respiración*. Forma parte de lo que se conoce como *práctica del mindfulness*, que le enseña a observar las cosas de manera objetiva, tal y como son, sin añadir nada a la experiencia o sustraer nada de ella. Esto resulta beneficioso en sí mismo, pero también allanará el camino para el siguiente método. Nuestra mente suele estresarse y pensar en exceso, y repite una y otra vez los pensamientos que resultan poco útiles. La conciencia plena de la respiración le enseñará a tomar una conciencia inmediata de lo que está haciendo su mente y le ayudará a no quedar atrapado en actitudes y pensamientos poco útiles. Este ejercicio le proporcionará una sensación de control sobre su propia mente, ayudándole a centrarse en lo que elija y a deshacerse de todo lo demás.

## Guion de la conciencia plena de la respiración (sesión 2)

La duración del guion es de aproximadamente 20 minutos.

Comencemos ahora con la práctica ... Siéntese cómodamente, bien en el suelo con las piernas cruzadas, si está acostumbrado a ello, o bien en una silla, sin apoyar su espalda contra el respaldo. Las rodillas deben quedar por debajo de los glúteos, por lo que es posible que tenga que sentarse sobre uno o más cojines. El cuello y la espalda deben mantenerse erguidos. El cuello erguido, la espalda erguida;

permanezca cómodamente sentado y centre toda su atención en la entrada de las fosas nasales. Sea consciente de la respiración que entra, de la respiración que sale ... respiración simple ... respiración no controlada ... respiración natural ... respire cuando necesite respirar, sin controlar la respiración _ .

Si el aire del ambiente es muy cálido o muy frío, en ocasiones podría sentir la temperatura del aire al entrar en contacto con el anillo exterior o las paredes interiores de las fosas nasales, y en otras ocasiones no. Eso está bien. A continuación, limítese a ser consciente de que el aire fluye continuamente por la entrada de las fosas nasales ... Advierta si entra más por la fosa izquierda o por la derecha ... si la respiración es profunda o superficial ... rápida o lenta _ . Cuando usted es consciente de la entrada y la salida de la respiración, no hay pasado ni futuro ... está en el momento presente, momento a momento ... El tiempo prácticamente no existe _ _ .

Su mente no está acostumbrada a permanecer en el momento presente. Está acostumbrada a vagar por el pasado ... a vagar por el futuro ... pero en muy raras ocasiones permanece en el momento presente ... Esto ocurre por diferentes razones. Cuando las partes del cerebro se activan constantemente, bien sea por costumbre o porque existe un recuerdo más o menos estresante, la fuerza de esta activación en el cerebro es tal que tendemos a repetir el pensamiento o el recuerdo. Y a causa de esa repetición, estas vías en el cerebro se ven facilitadas y los pensamientos relacionados con estas vías continúan entrometiéndose. Continúan entrometiéndose una y otra vez hasta que usted deja de alimentarlos no *pensando* en ellos ... Su gran desafío durante este ejercicio consiste en apartar su atención de un pensamiento continuo, comprendiendo que *tan solo* es un pensamiento _ .

Continúe respirando conscientemente _ . Muy alerta, muy atento ... Cada vez que surja un pensamiento, obsérvelo como lo que es: solo un pensamiento. No es la verdad, no es usted. Aunque el pensamiento puede estar cargado de verdaderos problemas, el pensamiento es solo un pensamiento ... Aprenda a ver los pensamientos como lo que son. Practique ahora durante algunos minutos para ver los pensamientos como lo que son, sin reaccionar ni comprometerse con ellos, sin identificarse con ellos ... con cierto grado de desapego. Y observe la respiración que entra y sale, a medida que entra, a medida que sale. Dé lo mejor de usted _ _ _ _ .

Siga centrándose de manera constante en la respiración que entra y sale ... tratando de mantener su atención en la respiración tanto tiempo como pueda _ _ _ . No hay ninguna necesidad de contar o de poner ninguna estrategia en su mente, porque se centraría en la estrategia y se olvidaría de la respiración ... Podría comenzar diciendo: «Uno dos, uno dos», o: «Dentro fuera, dentro fuera» y olvidar todo lo que está haciendo ... Así pues, debe limitarse a *observar* lo que sucede realmente más que *pensar* en lo que sucede _ . Aprenda sobre su mente centrándose en la respiración, momento a momento, sin juzgar, evaluar o reaccionar frente a la experiencia ... Siga practicando. Cuanto más tiempo practique, más cambios advertirá en las actividades diarias o más capaz será de centrarse mejor, de ganar tiempo en el trabajo, de molestarse menos por los pensamientos intrusivos y de desarrollar un grado de confianza en sí mismo y de autocontrol _ _ .

Siga practicando de manera constante, centrándose en la respiración que entra y sale ... Cada vez que deambule su mente, no se sienta decepcionado o derrotado. Devuélvala a la conciencia de la respiración con una sonrisa, a la entrada de las fosas nasales ... y siga desarrollando su conciencia de la respiración ... dominando su propia mente, poco a poco, de manera progresiva ... Siga practicando con confianza _ _ _ .

Puede que sea capaz de experimentar una sensación de frío en las paredes interiores de las fosas nasales al inspirar, puede que note una ligera sensación de calor al espirar, y puede que advierta el aire entrando en contacto con la parte inferior de las fosas nasales, el área situada por encima del labio superior, el área del bigote ... Si no siente nada de eso, respire un poco más fuerte durante unos segundos para sentir el contacto de la respiración y, a continuación, regrese rápidamente a la respiración normal, a la respiración natural. Recuerde que no estamos tratando de regular la respiración, sino que simplemente estamos observándola y aceptándola tal y como es _ _ .

Su mente deambulará en ciertas ocasiones porque no le gusta permanecer en el momento presente; no está acostumbrada a ello ... Vagará por el pasado o por el futuro. Llévela de vuelta al momento presente ... con una sonrisa ... sin resentirse por el hecho de que ha deambulado pese a su esfuerzo por mantenerla firme ... Cada vez que deambule, devuélvala suavemente a la conciencia de la respiración _ _ .

Siga centrándose en la respiración que entra y sale, tratando de mantener su atención tanto tiempo como pueda _ _ _ .

Siga respirando conscientemente ... muy alerta, muy atento ... Cada vez que surja un pensamiento, obsérvelo como lo que es: tan solo un pensamiento ... en el momento presente, momento a momento ...

Puede que algunos de ustedes ya experimenten sensaciones en algún lugar alrededor de la nariz, de la cara o en otras partes del cuerpo. Es algo normal. Tanto si son agradables como si son desagradables, notar estas sensaciones es absolutamente normal ... Cuanto más relajado esté, más sensible será a sus procesos, porque no está distraído ...

Muy alerta, siga centrándose conscientemente en la entrada y la salida de la respiración tanto tiempo como pueda _ . Si está usando la versión en formato MP3, continúe practicando en silencio hasta que suenen las campanas. Cuanto más practique, más beneficios obtendrá.

## Guion de la introducción al escáner corporal parte por parte (sesión 3)

La duración del guion es de aproximadamente 1,5 minutos.

En la vida diaria, por lo general tratamos de deshacernos de las experiencias desagradables y de atraer las agradables. El propósito de la siguiente práctica, comúnmente denominada escáner corporal, consiste en enseñarle a darse cuenta y a aceptar la naturaleza impermanente e impersonal de todas las experiencias, de manera que quede menos atrapado en la reactividad emocional en su vida cotidiana. Para esto, desarrollará la conciencia del pensamiento, la conciencia del cuerpo y la *ecuanimidad*, que quiere decir equilibrio o uniformidad mental, calma, estabilidad. Implica no tomarse la experiencia actual como algo personal. Esto incluye no reaccionar con deseo ante lo que es agradable, o con aversión ante lo que no lo es. La ecuanimidad es una forma de aceptación de la situación, una aceptación incondicional ... La relajación se convierte en una consecuencia de eso, porque está en mejores condiciones de aceptar su experiencia; se relaja. Se relaja pero no se queda dormido o duerme mejor. Usted lo hace para permanecer alerta, atento y lo más objetivo posible.

## Guion del escáner corporal parte por parte (sesión 3)

La duración del guion es de aproximadamente 31,5 minutos.

Mantenga los ojos cerrados, siga respirando de forma tranquila, calmada y atenta _ . Comience centrando toda su atención en las fosas nasales, en la respiración que entra y sale, que entra ... y sale ... sin cambiar nada, volviendo a entrenar a la mente para que se relaje. Aprendemos a ser ecuánimes, no reactivos, neutrales _ . Desplace ahora *toda* su atención, *toda* su atención, a la parte superior de la cabeza, a lo más alto e la cabeza, y observe cualquier sensación que experimente en la parte superior de la cabeza ... Puede que todavía no note ninguna sensación ... Al no haber entrenado lo suficiente la mente, al no estar concentrada y al no ser lo suficientemente sutil, esta no podrá experimentar las sensaciones sutiles, a pesar de que hay millones de sensaciones en la parte superior de su cabeza ... Con el tiempo, y siempre que persevere, esto le resultará más sencillo ... Por ahora, tal vez experimente algunas sensaciones más toscas, como los picores o el hormigueo, la presión y la temperatura ... cualquier cosa ... o puede que no sienta nada. No tiene importancia, dado que no sentir nada es también una experiencia, así que limítese a observar ... No reaccione. Permanezca ahí, en la parte superior de la cabeza ... Si está observando la parte superior de su cabeza y no siente nada, puede que advierta algo en otra parte de su cuerpo ... no se deje distraer. *Usted* es «el dueño de la casa» ... de modo que *usted* decide dónde poner su atención ... En estos momentos tiene el control de su atención ...

Una vez que se haya asegurado de que no hay más sensaciones que pueda percibir en la parte superior de su cabeza, empiece a moverse y a inspeccionar toda el área del cuero cabelludo, poco a poco, parte por parte ... Si siente que tiene dificultades para experimentar alguna sensación, use partes más amplias de su cabeza, de manera que pueda sentir algo en caso de escanear una porción más grande ... quizá pueda escanear áreas con un diámetro de entre 10 y 15 centímetros. Si permanece en un área y no siente nada aproximadamente durante medio minuto, avance y, tan pronto como experimente una sensación, vuelva a avanzar enseguida ... evite quedarse atascado en *ninguna* sensación, con independencia de que sea agradable o desagradable ...

En caso de que un pensamiento le abrume, tal vez un pensamiento recurrente, regrese a la conciencia de la inhalación y la exhalación durante unos segundos, e incluso durante medio minuto si puede. Si sigue abrumándole, respire un poco más fuerte, aunque no demasiado o podría hiperventilar ... y, a continuación, tan pronto como vuelva a ser consciente de su respiración y el pensamiento haya desaparecido, comience a ralentizar su respiración y a regresar a la sensación corporal allí donde lo dejó y continúe escaneando toda el área del cuero cabelludo ...

Avance ahora a la frente e inspeccione toda el área de la frente. Inspeccione las cejas; comience con una y continúe con la otra ... A continuación, desplace su atención a la nariz. Observe cualquier sensación que se produzca en la nariz ... Avance en sentido descendente hacia la boca e inspeccione los labios en busca de alguna sensación ... sienta la lengua; ¿experimenta alguna sensación en la lengua? ... Por supuesto, su boca está cerrada o los labios están ligeramente separados, pero respira a través de la nariz ... Desplace su atención a la mejilla izquierda, y más tarde a la mejilla derecha ... Si experimenta alguna sensación, evite apegarse a ella de alguna manera, y limítese a seguir avanzando ... No se apegue a nada ... Suba a la oreja izquierda, y pase después a la oreja derecha ... Inspeccione ahora el área de la garganta. ¿Nota alguna sensación en el área de la garganta? ...

Puede ser cualquier cosa: dolor, tensión, hormigueos, picores, punzadas, latidos, sudores ... cualquier sensación es una experiencia; por consiguiente, nos limitamos a observarla ... objetivamente ... sin juzgarla ni reaccionar a ella ... No es *suya*, no es *usted*. Simplemente surge para desaparecer, *únicamente* para desaparecer. Lo mismo ocurre con los pensamientos: surgen y desaparecen si no los alimenta, si no los nutre con más pensamientos ...

Cuando termine de inspeccionar el área de la garganta, avance e inspeccione toda el área del cuello ... ¿alguna sensación en el cuello? Siga avanzando y trate de notar sensaciones en el hombro izquierdo ... parte por parte, sin reaccionar a ningún tipo de sensación, independientemente de que sea sutil, tosca, agradable, desagradable ... El hecho de advertir cierto malestar es absolutamente normal, así que limítese a observar con una sonrisa y de manera tranquila, descendiendo gradualmente al brazo izquierdo, inspeccionando todo el brazo izquierdo y el codo izquierdo ... Inspeccione con paciencia y calma toda la muñeca izquierda y la mano izquierda ...

... A continuación, avance al hombro derecho, al *hombro derecho*, e inspeccione *todo* el hombro, avanzando tan pronto como experimente una sensación ... Si no nota ninguna sensación durante aproximadamente medio minuto, prosiga en cualquier caso ... Es posible que, cuando regrese a este hombro en la siguiente ronda, sienta algo ... No hay ninguna necesidad de sentirse derrotado o molesto por aquello que experimenta. Todo el ejercicio consiste en desarrollar la ecuanimidad, el equilibrio de la mente, lo contrario a la reactividad ... Descienda ahora al brazo derecho y al codo derecho _ . Pase al antebrazo derecho y descienda hasta la muñeca derecha y la mano derecha _ . A continuación, desplace su atención al pecho, desde la parte superior al área inferior del mismo, y trate de experimentar sensaciones en esta área parte por parte ... Trate de llevar a cabo el escáner en orden vertical _ _ . Siga el mismo orden cada vez que escanee las partes de su cuerpo ...

Si siente que su corazón late y lo interpreta como que su corazón late, no solamente está experimentando sensaciones, sino que está *interpretando* sensaciones. Es importante que trate de permanecer con la tarea de la *pura* observación ... *sin* evaluar ... *sin* interpretar ... *solo* observando ... Es una tarea *muy* específica ... *mera* observación. La *experiencia* básica del latido del corazón es simplemente una sensación corporal ... No importa que sea agradable o desagradable, trate de limitarse a observar ... Si no la está evaluando, está abocada a disminuir progresivamente aunque pueda aumentar al principio, simplemente porque es usted consciente de ello ... de hecho, en realidad no aumenta, sino que es su conciencia la que aumenta ... La sensación se desvanecerá y, a continuación, desaparecerá, sin importar el tiempo que tarde, porque esta es la naturaleza de *todas* las sensaciones ... Tan pronto como se refuerce, tan pronto como se reaccione a ella, la próxima vez que surja una sensación similar usted reaccionará de una manera similar, o incluso con más fuerza ... De modo que comenzamos a aprender a no reaccionar a las sensaciones, ni siquiera a las sensaciones benignas o a las que resultan agradables ... cuando no se produce ninguna reacción, la mente se vuelve experta y habilidosa ... y esta habilidad se transferirá a la vida cotidiana, pero primero debe entrenar muy en serio ...

Descienda ahora e inspeccione toda el área abdominal, parte por parte, sin reaccionar lo más mínimo ... trate de no saltarse ninguna parte, ni siquiera los genitales _ _ . Avance ahora a la parte superior de la espalda, a la parte superior de la espalda, y experimente cualquier sensación con que pueda encontrarse en el *área de la parte superior de la espalda* ... siempre de manera muy calmada y ecuánime _ _ . Descienda más tarde a la parte inferior de la espalda _ .

Trate de no quedar atrapado en sus pensamientos ... tan pronto como piense cualquier cosa, algo que le pasará una y otra vez, regrese rápidamente a la conciencia de cualquier sensación que estuviera observando y siga *avanzando* ... puede que no haya experimentado ninguna sensación desde hace tiempo y que, por así decirlo, la mente se aburra ... Siga siendo optimista; esto es solo el principio pero mejorará con la práctica ...

Siga descendiendo ahora hasta los glúteos e inspeccione toda el área de los glúteos. Comience por el glúteo izquierdo y, una vez que lo haya inspeccionado, pase al glúteo derecho _ _ . Pase al muslo izquierdo e inspeccione todo el *muslo izquierdo*, parte por parte, descendiendo hacia la rodilla izquierda _ _ .

Descienda ahora a la pierna izquierda, la *pierna izquierda* ... Aunque pueda haber algunas sensaciones toscas, como la presión, la tensión, o incluso en ciertas ocasiones el dolor, en especial si está sentado con las piernas cruzadas en el suelo, quédese muy quieto, aceptando *cada* experiencia ... Dentro de las sensaciones más dolorosas, en caso de que encuentre alguna hoy u otro día, descubrirá que existe una corriente subyacente dentro de esa sensación ... es como una sensación subyacente en la que no hay dolor ... un flujo de sensaciones muy pequeñas ... así que trate de permanecer siempre muy quieto e intente sentir esta corriente subyacente _ .

Desplace ahora su atención en sentido descendente al tobillo izquierdo y al pie entero, a la punta de los dedos del pie izquierdo, al pie izquierdo, a la punta de los dedos de los pies _ . Suba ahora al muslo derecho, al *muslo derecho*, e inspeccione toda el área del muslo derecho, parte por parte, del mismo modo _ .

Siga descendiendo a la rodilla derecha, a la pierna derecha, al tobillo derecho y al pie derecho _ _ . Ha inspeccionado todo el cuerpo, desde la parte superior de la cabeza a la punta de los dedos de los pies. Comience ahora desde la punta de los dedos de los pies y ascienda hasta la parte superior de la cabeza. Comience con el pie izquierdo y suba a la pierna izquierda, al muslo izquierdo y al glúteo izquierdo _ . De manera similar, avance progresivamente del pie derecho a la pierna derecha, al muslo derecho, e inspeccione el glúteo derecho _ .

Continúe escaneando el cuerpo de manera calmada y ecuánime, centrándose en la parte inferior de la espalda ... y, a continuación, en la parte superior de la espalda _ _ . Inspeccione ahora las áreas del abdomen y el pecho, con paciencia y con calma _ _ . Avance desde la parte superior del pecho al área de la garganta ...

Suba de la mano izquierda al hombro izquierdo ... A continuación, suba de la mano derecha al hombro derecho ... Inspeccione después toda el área del cuello y, más tarde, la cara ... parte por parte ... y haga lo mismo con toda el área del cuero cabelludo _ _ .

Y, una vez más, descienda desde la parte superior de la cabeza a la punta de los dedos de los pies y escanee todo su cuerpo, siempre y cuando pueda dedicarle tiempo ... Cuando practica correctamente, su mente se desconecta cada vez más y de manera profunda, en el plano de las sensaciones corporales ... Recuerde, la cosa más importante que debe tener en cuenta es que todas las sensaciones corporales y todos los pensamientos son impermanentes por naturaleza ... La impresión de que se mantienen es porque reaccionamos a ellos, porque los reforzamos ... Cada vez que se encuentre con una sensación, sobre todo aquellas que resulten muy agradables o muy desagradables, limítese a recordar su naturaleza, su naturaleza *impermanente*. Reaccionar a las sensaciones solo aumenta el refuerzo de nuestros hábitos en la vida diaria ...

Lo que haga usted durante este entrenamiento se reflejará en su vida diaria ... es una técnica muy efectiva ... Como es natural, en ocasiones reaccionará durante la práctica, pero advierta que cada vez reacciona menos, y los resultados en la vida cotidiana serán sorprendentes ... Ahora puede practicar sin instrucciones, en silencio, si dispone de tiempo ... Cuanto más practique, más se beneficiará _ .

## Guion – Apartarse de las instrucciones de audio (sesión 4)

La duración del guion es de aproximadamente 3,5 minutos.

He proporcionado las instrucciones que necesita para esta primera parte de su entrenamiento; sin embargo, a medida que desarrolle las habilidades del *mindfulness*, estas instrucciones se convertirán en una distracción. Serán un obstáculo para su progreso. Por consiguiente, es importante que no se apegue demasiado a las instrucciones. Por lo general, la gente se beneficia del uso de las mismas cuando practica dos veces al día durante una semana. Después de una semana practicando el escáner corporal con instrucciones, continúe escaneando el cuerpo parte por parte durante al menos otra semana sin instrucciones, en silencio. Advertirá que cuando no se ve distraído por las instrucciones, puede experimentar más pensamientos intrusivos durante la práctica. Esto es muy normal, pero en ocasiones puede resultar desafiante. Esto se debe a que su mente no está ocupada escuchando la instrucción, de modo que nada evita que los pensamientos salgan a la superficie de la conciencia. Aprenda a ocuparse de ellos. De hecho, estos pensamientos también son útiles porque cuando aprendemos a dejarlos ir durante nuestra práctica, aprendemos la habilidad de dejar la práctica fuera de nuestra vida diaria. Las nuevas conexiones cerebrales que hemos creado hasta ahora durante la práctica pueden usarse ahora en la vida cotidiana.

También es importante no usar las instrucciones una vez que hemos aprendido las técnicas, y ello se debe a que no podemos reproducir las instrucciones en nuestra vida diaria mientras interactuamos con las personas en el trabajo o en acontecimientos sociales; es importante volverse autosuficiente y aplicar las habilidades en las situaciones diarias. Las habilidades deben ser portátiles, fáciles de usar.

Así pues, el calendario es el siguiente: una vez que haya practicado el escáner corporal con instrucciones durante toda una semana, repita la misma práctica de 30 minutos dos veces al día durante otra semana, pero en esta ocasión sin instrucciones de audio. Durante esa semana, asegúrese de que puede aplicar sus habilidades, su conciencia de las sensaciones y la ecuanimidad, todo el día, tanto y tan a menudo como le sea posible con todas las situaciones. Después de una semana de práctica sin instrucciones, tan pronto como sienta aproximadamente el 80% de la superficie del cuerpo durante el escáner corporal, comience el escáner avanzado con instrucciones.

## Guion de la introducción al escáner avanzado (sesión 5)

La duración del guion es de aproximadamente 3 minutos.

Hasta ahora se le ha pedido que use un método de escáner unilateral parte por parte. Aunque es muy profundo y beneficioso en sí mismo, el escáner unilateral es el primer paso para prepararse para métodos más avanzados. Estos métodos nos ayudan a desarrollar una capacidad para sentir más y más partes del cuerpo simultáneamente, lo que a su vez nos permite detectar señales muy tempranas y sutiles que indican que una emoción está a punto de surgir. Por lo tanto, estos métodos son herramientas extremadamente útiles para regular nuestras emociones. Está listo para aprender el primer método de escáner avanzado, siempre y cuando, por supuesto, pueda experimentar sensaciones en la mayoría de las partes del cuerpo sin demasiada dificultad y sin demasiado esfuerzo. Para comprobar de nuevo que está listo para comenzar el escáner avanzado, preste atención a aquello que siente en el hombro derecho en este preciso momento. ¿Nota alguna sensación? ... Observe si puede sentir algo inmediatamente ... Haga ahora una verificación al azar, por ejemplo en su muslo izquierdo ... hacia la rodilla ... ¿advierte alguna sensación ahí? ... En el tobillo derecho ... el codo izquierdo ... la frente ... el centro del abdomen ... Si puede experimentar sensaciones con relativa facilidad, comience a practicar los métodos de escáner avanzados. El primero recibe el nombre de escáner bilateral, o escáner simétrico. Como ya hizo con el escáner unilateral, inspeccionará cada parte del cuerpo, pero en esta ocasión prestará atención a ambos lados del cuerpo al mismo tiempo. Para ello, haga el favor de seguir las instrucciones de la siguiente pista de audio.

## Guion del escáner simétrico (sesión 5)

La duración del guion es de aproximadamente 13 minutos.

### *Instrucciones para la práctica*

Una vez que esté sentado tranquilamente y en silencio con los ojos cerrados y el cuello y la espalda erguidos, comience su práctica. Centre su atención en ambos lados del cuerpo al mismo tiempo mientras escanea su cuerpo en sentido descendente, y luego ascendente, parte por parte, concentrándose en focos de atención de aproximadamente 5 centímetros de diámetro. Comience por la parte superior de la cabeza, centrándose en ambos lados de su cuero cabelludo al mismo tiempo, parte por parte _ _ . Preste la misma atención a los dos lados del cuerpo simétricamente, continúe inspeccionando el resto de la cabeza ... las dos orejas al mismo tiempo ... ambos lados de la frente ... ... las dos cejas y los dos ojos a la vez ... toda la nariz y la boca al mismo tiempo … … la barbilla … las dos mejillas, parte por parte … … … y, a continuación, escanee la parte derecha y la parte izquierda de la garganta al mismo tiempo … … Haga ahora lo mismo con el cuello y los hombros. Los dos hombros a la vez, parte por parte _ los dos brazos _ los dos codos … … los dos antebrazos _ las dos muñecas y las dos manos el mismo tiempo, parte por parte _ . Vuelva a la base de la garganta a inspeccione toda el área del pecho simétricamente, descendiendo parte por parte hacia el abdomen _ . Siga descendiendo, centrándose en ambos lados, parte por parte, inspeccionando todo el abdomen _ _ . Desplácese ahora a la parte superior de la espalda y escanee en sentido descendente simétricamente, parte por parte _ … … A continuación, avance al área de la parte inferior de la espalda con mucha calma y de manera ecuánime _ … … Continúe ahora en sentido descendente hacia los glúteos e inspecciónelos parte por parte, de forma simétrica _ _ . Continúe desplazando su atención a los dos muslos al mismo tiempo, avanzando hacia la punta de los dedos de los pies, con ecuanimidad … … No reaccione, no juzgue, y avance _ . Una vez que alcance la punta de los dedos de los pies, ascienda exactamente de la misma manera: sintiendo ambos pies, ambos tobillos, ambas piernas, hasta la parte superior de la cabeza _ _ _ _ . No reaccione, no juzgue, y siga desplazando su atención _ _ _ _ . A partir de ahora, practique el escáner simétrico con conciencia y ecuanimidad dos veces al día durante una semana entera. Ahora puede detener esta grabación de audio y practicar en silencio, por su cuenta, durante al menos 30 minutos.

## Guion de la introducción al barrido parcial (sesión 6)

La duración del guion es de aproximadamente 1,5 minutos.

Acaba ahora una semana de duro trabajo en la que ha tenido que intentar y practicar el primer método de escáner avanzado. Hasta ahora, ha estado moviéndose por cada parte del cuerpo, una cada vez, simétricamente. Con el siguiente método del escáner avanzado, centraremos nuestra atención de un modo que hará que una mayor parte del cerebro trabaje al mismo tiempo. A partir de ahora, escaneará el cuerpo a modo de *barrido*, lo que quiere decir de manera continua, en lugar de parte por parte. «Barrerá» las partes del cuerpo, experimentando vibraciones cálidas muy sutiles, como un flujo de sensaciones de hormigueo agradables. Por ejemplo, si es capaz de centrarse en un hombro y, al mismo tiempo, de sentir las partes del cuerpo que lo rodean (como todo el brazo) vibrando al mismo tiempo sin necesidad de escanearlo, es el momento de que se comprometa con la práctica de los métodos de barrido, comenzando por el barrido parcial.

## Guion del barrido parcial (sesión 6)

La duración del guion es de aproximadamente 14,5 minutos.

Una vez que esté sentado tranquilamente y en silencio con los ojos cerrados y el cuello y la espalda erguidos, comience su práctica. Comience centrando toda su atención en la parte superior de la cabeza y escanee el cuerpo en sentido descendente. Si siente que algunas partes vibran libremente, desplace su atención en un flujo continuo, como si estuviera *barriendo* toda esa parte al mismo tiempo, sin interrupción, comenzando con toda el área de la cabeza _ . A medida que escanee en sentido descendente, y más tarde en sentido ascendente, a ambos lados del cuerpo simétricamente, barra libremente las partes vibrantes del cuerpo con un flujo libre de la atención _ . Las sensaciones pueden ser hormigueantes, vibrantes, y podrían parecer ser agradables y cálidas ... Recuerde, con independencia de que sean agradables o desagradables, indican una experiencia de cambio, así que no hay necesidad de apegarse a algo que está cambiando continuamente ... Siga avanzando con ecuanimidad en sentido descendente ... ... Las sensaciones resultarán más agradables en algunas partes del cuerpo, ya que generalmente se asocian con los placeres ... Trate de no asociar ninguna sensación con ninguna actitud salvo la ecuanimidad, la neutralidad, el equilibrio mental ... ... ... No desee el flujo agradable, y no sienta aversión hacia las sensaciones menos agradables o hacia los espacios vacíos con los que pueda encontrarse _ . El flujo de las sensaciones no está dictado por nadie, sino que se produce cuando está listo para producirse. Existen al menos tres razones por las que no podemos sentir libremente el flujo en ciertas partes. Una es que las células del cerebro que nos permiten experimentar las sensaciones todavía no están lo suficientemente conectadas como para permitirnos sentir el flujo libre y simplemente necesitamos entrenar más. Otra es que podríamos sentirnos cansados o no estar muy atentos, y la otra posible razón es que podríamos estar reaccionando con deseo o aversión a estas sensaciones o a causa de los sentimientos que tenemos en este momento ... Por eso, si siente partes en las que puede llevar a cabo la práctica del barrido, barra esas partes en su totalidad ... Puede ser toda la cabeza, o ambos brazos, simétricamente, o ambos glúteos, o las piernas _ . Durante esta semana, barra allí donde pueda barrer, y tras uno o dos barridos de estas partes, vuelva a inspeccionar todo el cuerpo parte por parte de manera simétrica, prestando especial atención a las partes en las que no haya un flujo libre, con ecuanimidad, con una mente calmada _ . No reaccione, no juzgue, y siga avanzando _ _ _ _ . No reaccione, siga avanzando, y siga avanzando _ _ _ _ . A menudo podemos descubrir áreas vacías ... o en ciertas ocasiones puede haber sensaciones más fuertes y desagradables, de modo que el escáner parte por parte también es importante cuando usted se encuentra con estas experiencias ... ... ... Para el resto de sesiones de esta semana, practique el barrido parcial durante aproximadamente dos ciclos corporales, lo que quiere decir de la cabeza a los dedos de los pies y de los dedos de los pies a la cabeza en dos ocasiones, y, a continuación, practique el escáner parte por parte durante un ciclo antes de volver a llevar a cabo la práctica del barrido ... y todo esto con ecuanimidad y siendo consciente de la impermanencia de las sensaciones corporales. Esto significa practicar con sabiduría ... Ahora puede detener las instrucciones de audio y practicar en silencio, por su cuenta, hasta que la duración total de esta sesión de la práctica sea de al menos 30 minutos.

## Guion de la introducción al barrido en masa (sesión 7)

La duración del guion es de aproximadamente 2 minutos.

Ahora que ha practicado el barrido parcial durante al menos una semana entera, ha aprendido a escanear la mayoría de las partes del cuerpo rápidamente en un único flujo de la atención. Es posible que haya notado que cada vez más partes vibran con un flujo libre. Puede que aparezcan ahora sensaciones de hormigueo en muchas partes del cuerpo, aunque es posible que ya las haya sentido hace una semana o dos. Algunas personas sienten este flujo en una primera etapa de su entrenamiento y otras en la parte final. Muchas partes diminutas del cerebro, que denominamos células nerviosas, o neuronas, están ahora lo suficientemente conectadas como para permitirle sentir secciones enteras del cuerpo sin obstáculos. Este es el resultado de su compromiso y del esfuerzo continuo por progresar ... Esta semana, un método de escáner más avanzado requerirá que barra en masa por todo el cuerpo, desde la parte superior de la cabeza hasta la punta de los dedos de los pies, combinando los brazos y el torso. Como sucedió la semana pasada, esta parte del entrenamiento puede resultar agradable en ciertas ocasiones, y las experiencias pueden resultar adictivas a veces. Asegúrese de no apegarse a ningún flujo libre de sensaciones, ya que suelen venir acompañadas de pensamientos agradables, a veces incluso de recuerdos de acontecimientos agradables. Este no es un camino estoico, pero tampoco es un camino de deseo y de apego. Por eso, es importante que siga siendo consciente y realista de la verdadera naturaleza de estas sensaciones. Todas las sensaciones son impermanentes, y ninguna le pertenece a usted; incluso el flujo agradable de energía cambiará en ocasiones. Aparecerá y desaparecerá. Ser consciente de esto durante la práctica conducirá a la sabiduría en la vida diaria.

## Guion del barrido en masa (sesión 7)

La duración del guion es de aproximadamente 13,5 minutos.

Una vez que esté sentado tranquilamente con los ojos cerrados y el cuello y la espalda erguidos, y con la mente tranquila, comience su práctica. Desde la parte superior de la cabeza y hasta la punta de los dedos de los pies, barra en masa ... pasando su atención ininterrumpida a través de todo el cuerpo, con un flujo libre, por tantas partes del cuerpo como pueda al mismo tiempo ... ... y permanezca atento, calmado y ecuánime a medida que barre todo el cuerpo verticalmente, de la cabeza a los dedos de los pies y de los dedos de los pies a la cabeza, de manera continua, en bucle ... ... Algunas personas afirmarán sentirse como si estuvieran vertiendo un cuenco de miel sobre su cabeza. Su atención fluirá de la cabeza a los dedos de los pies a través de todo el cuerpo. Más adelante, podría sentir que su atención fluye más como si le vertieran agua sobre su cabeza. Será capaz de barrer todo el cuerpo en un único flujo muy rápidamente, al tiempo que siente todas las partes del cuerpo simultáneamente mientras desplaza su atención en sentido descendente _ _ . Gracias a su práctica dedicada, no le llevará mucho tiempo examinar todo el cuerpo varias veces durante las sesiones de 30 minutos. Una vez que haya barrido todo el cuerpo en dos o tres ocasiones, desplace su atención por las partes que se haya dejado durante el barrido, de una en una, sin frustración, de manera paciente y ecuánime _ _ . En casa de que no experimente ninguna sensación en algunas partes, haga una pausa de aproximadamente medio minuto, de manera calmada y paciente, y, a continuación, avance a la siguiente parte, parte por parte _ _ _ _ . Muy alerta, muy ecuánime ... Cada vez que surja un pensamiento, véalo como lo que es, un mero pensamiento, y permanezca muy atento _ _ _ _ . Cuando barremos áreas grandes del cuerpo, es habitual que surjan más pensamientos en la mente. Que esto no le suponga un problema. Eso no quiere decir que usted esté perdiendo sus habilidades. Limítese a volver a centrarse en la parte del cuerpo en la que estaba, tratando de barrer todo el cuerpo con un flujo libre, de barrer tantas partes como le sea posible al mismo tiempo _ _ _ _ . Siga desplazando su atención en orden a lo largo del cuerpo, permaneciendo muy alerta, con un grado de desapego _ _ _ _ . No reaccione, no juzgue y siga avanzando _ _ _ _ . Practique con sabiduría, barra en masa con ecuanimidad y sea consciente de la impermanencia de las sensaciones corporales, durante el resto de sus sesiones de esta semana ... Ahora puede detener las instrucciones de audio y practicar en silencio, por su cuenta, hasta que la duración total de esta práctica sea de al menos 30 minutos.

## Guion de la introducción al escáner transversal (sesión 8)

La duración del guion es de aproximadamente 1,5 minutos.

Al haber entrenado el barrido en masa por todo el cuerpo durante al menos una semana entera, su ecuanimidad y su conciencia han aumentado, y sus experiencias en la vida cotidiana podrían haber cambiado en cierta medida. Al ser menos reactivo, puede percibir las cosas un poco más como son, más objetivamente. Ahora va a profundizar su objetividad usando un método de escáner avanzado denominado escáner transversal. Si ha alcanzado la etapa de experimentar el flujo libre de las sensaciones sutiles en la superficie de la mayoría de las partes del cuerpo, y quizás un poco en el interior de algunas partes del cuerpo, verifique en cualquier parte del cuerpo si hay un flujo libre de vibraciones hormigueantes y suaves. Si puede experimentar sensaciones sutiles en la mayoría de las partes del cuerpo que observe de manera aleatoria, está listo para comenzar la práctica del escáner transversal.

## Guion del escáner transversal (sesión 8)

La duración del guion es de aproximadamente 16,5 minutos.

Una vez que esté sentado con los ojos cerrados y el cuello y la espalda erguidos, y con la mente tranquila y calmada, comience su práctica. Empiece escaneando el cuerpo parte por parte una vez más, concentrándose en focos de atención de aproximadamente 5 centímetros de diámetro, pero en esta ocasión desplace su atención al interior del cuerpo, atravesándolo horizontalmente en vez de escanear la superficie de manera vertical. Comience por la frente y desplace su atención de forma penetrante hacia el interior, por toda la cabeza, de manera lenta y progresiva, hasta que alcance la parte trasera ... trate de experimentar cualquier sensación en el interior de su cabeza ... Esto no quiere decir que esté tratando de sentir o de visualizar su cerebro, sus vasos sanguíneos o sus huesos. En absoluto. Únicamente estamos interesados en la experiencia de las sensaciones, que tan solo son energía _ Una vez que haya escaneado la cabeza a la altura de la frente, descienda hasta el nivel de los ojos y escanee hasta el otro lado de la cabeza de la misma manera, con focos de atención de unos 5 centímetros de diámetro. Llegue al otro lado del cuero cabelludo de manera lenta y progresiva _ Inspeccione toda la cabeza, desde la cara hasta la parte trasera de la cabeza _ Una vez que haya completado el escáner de toda la cabeza desde la parte frontal a la trasera, repítalo en sentido opuesto, desde la parte trasera de la cabeza hacia la cara _ A continuación, inspeccione la garganta del mismo modo, desplazando su atención parte por parte a través de la garganta y alcanzando la parte trasera del cuello, en 2 o 3 focos de atención _ A continuación, desplace su atención en la dirección opuesta lentamente, desde la parte trasera del cuello hasta la garganta, experimentando todas las posibles sensaciones que advierta en el medio _ En una fase posterior del entrenamiento también puede escanear de lado a lado ... Escanee ahora los hombros y los brazos, de forma penetrante, llegando al otro lado, con ecuanimidad y cierto grado de desapego _ Después, inspeccione todo el torso y el abdomen. Con una atención penetrante, alcance la parte superior de la espalda, parte por parte _ En ciertas ocasiones pueden surgir toda clase de experiencias, como dolores, emociones o profundos bloqueos que evitan que sintamos algo ... Trabaje con ellas del mismo modo que solía hacer al principio de este entrenamiento, cuando escaneó parte por parte por primera vez ... Practique con ecuanimidad, esto es, sin reaccionar ni juzgar la experiencia, y siga desplazando su atención _ . Cuando escanee el abdomen, alcance la parte baja de la espalda _ . Avance el sentido descendente hasta los glúteos e inspeccione toda el área de los glúteos, de forma penetrante, con ecuanimidad _ . A continuación, descienda al muslo izquierdo, e inspecciónelo de manera transversal, bajando hasta la rodilla izquierda _ . Más adelante, pase a la pierna izquierda. Descienda de forma penetrante hasta el pie izquierdo, inspeccionando toda el área del pie izquierdo, y alcance las puntas de los dedos de los pies _ . Comience ahora con el muslo derecho, e inspeccione toda el área del muslo derecho del mismo modo, de forma penetrante, y continúe después hasta la rodilla derecha _ . Pase a la pierna derecha, al tobillo derecho y al pie derecho con un cierto grado de ecuanimidad y de desapego _ _ . Ahora ha inspeccionado todo el cuerpo, desde la parte superior de la cabeza a la punta de los dedos de los pies ... Comience ahora desde la punta de los dedos de los pies y avance en sentido ascendente hasta la parte superior de la cabeza del mismo modo ... inspeccionando todo el cuerpo de manera transversal _ . No reaccione, no juzgue y siga avanzando _. En las próximas semanas, estará listo para barrer en profundidad, verticalmente, por el interior del cuerpo. Esto requerirá que barra en masa verticalmente, como hizo antes del escáner transversal, pero en esta ocasión por el interior del cuerpo. Pero no ahora. En primer lugar debe estar seguro de que puede experimentar la mayoría de las sensaciones internas cuando escanea el cuerpo transversalmente parte por parte ... Después de unos meses será capaz de barrer y de sentir todo el cuerpo con cada respiración. Dado que esto puede hacer surgir algunas emociones no resueltas, la supervisión de su maestro o de su terapeuta, en caso de que tenga uno, puede resultar muy útil. Ahora puede detener las instrucciones de audio y practicar en silencio, por su cuenta, hasta que la duración total de esta práctica sea de al menos 30 minutos.

## Nota sobre la sesión 9

Tenga en cuenta que la sesión 9 requiere practicar el «barrido en profundidad», que combina el barrido en masa y el escáner transversal. Como el meditador conoce ya ambos métodos, no hay ninguna grabación. Vea las instrucciones específicas en el capítulo de la sesión 9.

## Guion de la introducción a la meditación de la bondad amorosa (sesión 9)

La duración del guion es de aproximadamente 3 minutos.

A medida que aumenta su conciencia de la naturaleza de su reactividad y de la de los demás, usted puede aprender a ver a las personas de una manera diferente, de forma más consciente. También aprende a verse a usted mismo y a ver a los demás con más tolerancia, paciencia y aceptación porque comprende que todos reaccionamos a las sensaciones corporales sin darnos cuenta de ello. Podemos ser irrazonables y reactivos porque somos inconscientes, en lugar de profundamente indignos o malignos. Por consiguiente, es importante que desarrolle un grado de compasión por usted mismo y por los demás en esta etapa del entrenamiento. Para ello, recurrimos a una técnica muy antigua ampliamente practicada en Oriente, denominada meditación de la bondad amorosa, que usa afirmaciones positivas auténticas y significativas basadas en las sensaciones de calma que experimentamos en el cuerpo. Entrenará el cerebro para conectarlo de un modo que facilite pensar hábilmente. En el primer paso, comenzará generando una sensación de aceptación incondicional de usted mismo. A continuación compartirá sus méritos, sus virtudes y su compasión con los demás. En el segundo paso los compartirá con la gente que ama, con la gente que le importa y que aprecia. En el tercer paso, los compartirá con aquellas personas con las que tenga una menor conexión o hacia las que sienta un menor afecto, incluidas las personas con las que pueda haber tenido conflictos, o con las que pueda tener un conflicto en el futuro. Puede que su conciencia y su ecuanimidad no estén tan desarrolladas como las suyas, pero estas personas también cambian, del mismo modo que usted está cambiando. Por consiguiente, usted enviará su buena voluntad a aquellas personas que más la necesiten.

Las afirmaciones empleadas en esta grabación son mías y siguen de cerca los métodos tradicionales. Después de una semana o dos practicando de esta manera, puede que continúe usando estas palabras o puede que prefiera usar sus propias palabras, aquellas que mejor concuerden con su situación actual. Este es un estado mental hábil, calmado y compasivo, y no un pensamiento ilusorio, por lo que deberá ser sincero y querer decir realmente lo que piensa al sentirlo en su cuerpo. Comencemos la meditación de la bondad amorosa, que le animo a practicar cada día durante aproximadamente 10 minutos después de cada práctica en posición sentada.

## Guion de la meditación de la bondad amorosa (sesión 9)

La duración del guion es de aproximadamente 8 minutos.

Mantenga los ojos cerrados, relaje su postura y cualquier tensión que pueda sentir en el cuerpo ... y comience a centrar su atención en el centro del pecho, el área que denominamos corazón, con cada inhalación ... Puede que sienta un flujo libre de sensaciones en el pecho, así que céntrese en esta parte del cuerpo, en el corazón ... Si tiene dificultades para centrarse en el pecho, céntrese entonces en cualquier parte del cuerpo que vibre con un flujo libre y calmado de sensaciones, como las palmas de las manos ... y con cada exhalación experimente el agradable flujo de sensaciones expandiéndose y ocupando un espacio cada vez mayor en el cuerpo ... ... Cuando sienta todo el cuerpo al espirar, comience a generar pensamientos amables y amistosos sobre usted mismo y buenos deseos para usted ... Ojalá esté tranquilo ... Ojalá esté libre de la agitación ... Ojalá esté seguro y libre de los pensamientos y las emociones poco útiles ... de modo que desarrolle una paz real, una armonía real en mi vida ... paciencia y tolerancia hacia mí mismo ... Ojalá sea amable conmigo mismo y me acepte a mí mismo tal y como soy ... Ojalá continúe creciendo en ecuanimidad y sabiduría ... Ojalá me sienta alegre y contento _ .

Continúe sintiendo el área del pecho al inspirar, pero ahora, al espirar, deje que el flujo libre de las sensaciones de hormigueo emanen de su cuerpo y alcancen a las personas más importantes para usted, aquellas a las que ama y de las que se preocupa ... Visualice a estas personas y envíeles buenos deseos. Comparta sus méritos y su buena voluntad con ellas. Si le resulta más sencillo, también puede visualizar las sensaciones que les envía o limitarse a experimentarlas, pero asegúrese de que su intención es que las reciban y que se benefician de ellas ... Ahora puede abordarlas directamente: ... Ojalá desarrolles ecuanimidad y sabiduría ... Ojalá aprendas a ver las cosas del modo en que son ... Ojalá experimentes la paz *real*, la tranquilidad *real* ... Ojalá comparta mis méritos, mi amor y mi compasión contigo ... Ojalá seas feliz _ .

Siga experimentando las sensaciones en el pecho al inspirar, pero ahora, al espirar, deje que estas sensaciones de tranquilidad se trasladen fuera de su cuerpo, propagándose en todas direcciones, alcanzando a todos los seres, humanos y no humanos, cerca y lejos ... ... Comparta ahora sus méritos y su buena voluntad con todos los seres, incluidas aquellas personas que no sean tan cercanas a usted, y aquellas que podrían haber mantenido un conflicto con usted o con otras personas en el pasado ... o aquellas con las que podría surgir un conflicto en el futuro ... Debe comprender que la falta de conciencia conduce al sufrimiento para todos, lo que constituye la verdadera causa del conflicto ... Ojalá desarrollen una mejor conciencia de sus pensamientos y de su comportamiento ... Ojalá desarrollen ecuanimidad ... paz ... y tranquilidad ... Ojalá comparta mis méritos y mi compasión con ellos ... ... Ojalá comparta mi buena voluntad, mi alegría y mi compasión con todos los seres ... con *todos* los seres ... Ojalá todos los seres estén libres de todo sufrimiento ... Ojalá todos los seres experimenten una paz real ... Ojalá todos los seres estén contentos _ .

# Índice de términos


Aceptación 37, 44, 51, 52, 53, 54, 58, 61, 63, 91, 98, 161, 168, 194, 198, 202, 250, 292, 355, 389, 422, 443, 460, 463, 474, 512, 517, 519, 543, 548, 552, 567, 568
Aceptación experiencial 231, 235
Adecuación 105
Amor 61
Asertividad 431, 436, 448, 507, 509
Autoría 59, 60, 393, 394, 399, 401, 402, 403, 404, 408, 413, 414, 417, 422, 423, 431, 437, 438, 440, 444, 448, 459, 511, 530, 531

Barrido en masa 14, 111, 156, 382, 383, 384, 385, 400, 401, 402, 403, 407, 410, 414, 417, 422, 423, 438, 440, 443, 453, 456, 477, 479, 486, 487, 530, 531, 562, 563, 564, 567
Barrido en profundidad 453, 455, 456, 457, 476, 477, 478, 479, 480, 481, 486, 506, 508, 509, 534, 535, 536, 537, 567
Barrido parcial 14, 111, 156, 345, 346, 348, 350, 352, 358, 359, 361, 362, 363, 368, 369, 373, 378, 382, 400, 401, 403, 405, 528, 529, 560, 561, 562
Bondad amorosa 111, 156, 506, 509
Buda 27, 34, 39, 40, 174, 211, 213, 266, 278, 387, 399, 464, 482

Caminos inhibitorios 315
Capacidades 78, 117, 503
Características de las sensaciones corporales 212, 213, 231, 232, 234, 255, 267, 271, 274, 315, 318
Compasión 25, 97, 145, 182, 188, 399, 415, 465, 467, 469, 485, 501, 568
Comunicación asertiva 12, 426
Conciencia 51, 110, 130, 156, 232, 233, 235, 236, 251, 252, 257, 272, 274, 275, 287, 302, 312, 320, 323, 324, 327, 362, 506, 508, 512, 522, 523, 524, 525
Conciencia interoceptiva 53, 54, 55, 56, 73, 79, 214, 227, 230, 233, 252, 262, 264, 271, 284, 286, 287, 301, 302, 303,

304, 320, 323, 324, 329, 362, 368, 466, 524, 525
Conciencia plena de la respiración 51, 110, 156, 506, 508, 512
Conciencia plena del cuerpo 130
Contracondicionamiento 466, 495
Contrato terapéutico 117, 147, 517, 519
Controlar la respiración 549
Control inhibitorio 181, 186, 284, 302, 386, 471
Córtex 571
Cuatro características 85, 212, 213, 214, 231, 232, 234, 242, 245, 255, 263, 267, 271, 273, 274, 276, 281, 291, 295, 313, 314, 315, 318, 329, 387, 406, 443, 524, 525
Cuestionamiento socrático 99, 145, 182, 187, 216, 231, 234, 256, 308, 403, 407, 460, 484, 521

Desarrollo de la personalidad 58
Desensibilización 57, 82, 105, 194, 199, 242, 259, 260, 307, 311, 312, 320, 321, 322, 325, 326, 349, 354, 355, 356, 357, 375, 376, 386, 430, 443, 528, 529
Diario de hábitos reactivos 200, 221, 225, 230, 232, 233, 234, 236, 247, 267, 357, 430, 522, 523
Ecuanimidad (*upekkha*) 36
Enfoque del aprendizaje 42
Enseñanzas budistas 61, 464, 498
Entrenamiento 24, 25
Equivalencia 311, 312, 322, 326
Escala de firma interoceptiva basada en el *mindfulness* (MISS) 267, 273, 276, 290, 292, 295, 301, 320, 324, 524, 525
Escala de Unidades Subjetivas de Angustia (SUDS) 51, 310, 316, 318, 322, 323, 324, 326, 327, 340, 347, 354, 359, 360, 361, 363, 364, 365, 370, 371, 377, 382, 401, 403, 407, 438, 440, 507, 509, 512, 526, 527, 528, 529, 530, 531, 532, 533
Escáner avanzado 14, 111, 156, 303, 304, 305, 321, 325, 334, 345, 348, 359, 363, 373, 378, 383, 400, 401, 402, 403, 410, 423, 456, 536, 537, 558, 559, 560, 565
Escáner corporal 110, 156, 248, 506, 508, 522, 523, 524, 525
Esfuerzo 36, 37, 52, 54, 63, 87, 96, 100, 119, 120, 127, 128, 131, 143, 148, 155, 164, 180, 185, 190, 193, 194, 195, 237, 243, 273, 276, 300, 321, 324, 346, 348, 368, 372, 387, 409, 438, 440, 471, 473, 476, 490, 503, 504, 505, 511, 524, 525, 551, 559, 563
Esquema 510
Etapa empática 51, 60, 126, 512
Etapa interpersonal 51, 58, 126, 512
Etapa personal 51, 52, 125, 512
Ética profesional 107

Evaluación intelectual 123
Exposición bipolar 323, 327, 338, 361, 365, 507, 509, 526, 527, 530, 531
Exposición en vivo 339
Exteriorizar 273, 276

Fluidez 85, 213, 214, 232, 242, 245, 263, 267, 268, 269, 270, 273, 276, 281, 292, 293, 313, 314, 348, 387, 406, 443, 458
Formación profesional 45, 171

Guiones 14, 539

Hábitos de evitación 55, 55, 336, 336, 361, 361, 364, 364, 376, 376, 378, 378, 412, 412

Indicador de conciencia interoceptiva 232, 233, 235, 236, 257, 272, 274, 275, 287, 302, 320, 323, 324, 327, 362, 522, 523, 524, 525
Interocepción 70, 71, 77, 79, 80, 81, 177, 225, 226, 437
Introspección 60

Locus de refuerzo 53, 57, 77, 80, 321, 325
Los cinco desafíos éticos 472, 478, 481, 483, 489, 534, 535

Maestros 21, 34, 37, 39, 40, 42, 47, 122, 124, 149, 179, 215, 243, 329, 367, 371, 385, 410, 464, 505, 539
Masa 14, 51, 85, 111, 156, 213, 232, 242, 245, 263, 267, 273, 276, 281, 313, 314, 382, 383, 384, 385, 387, 400, 401, 402, 403, 404, 406, 407, 410, 414, 417, 422, 423, 438, 440, 443, 453, 456, 477, 479, 483, 486, 487, 506, 509, 512, 530, 531, 562, 563, 564, 567
Mecanismo de cambio 80, 94
Medir el progreso 356, 375, 528, 529
Meditadores 64, 95, 166, 243, 277, 349, 458, 459
Modelo de coemergencia de refuerzo 44, 45, 47, 67, 69, 72, 73, 76, 77, 82, 86, 100, 177, 199, 200, 209, 218, 221, 223, 230, 233, 234, 288, 307, 316, 321, 325, 330, 429, 430, 433, 436, 437, 449, 463, 494, 507, 509, 511, 536, 537
Modelos esquemáticos 71

Objetivo 23, 36, 39, 46, 47, 54, 70, 126, 132, 138, 185, 190, 193, 198, 221, 227, 228, 242, 243, 250, 258, 320, 323, 334, 354, 358, 361, 367, 383, 400, 402, 435, 437, 440, 450, 454, 476, 478, 481, 494, 496, 540, 543, 552

Pali 49, 400, 513
Percepción 70, 75, 77, 79, 80, 81, 85, 221, 225, 226, 227, 231, 234, 247, 288, 437
Percepción sensorial 70, 75, 77, 79, 80, 81, 85, 221, 231, 234, 288
Pérdida de control 143
Pistas de audio 156, 518, 519
Progreso del cliente 13, 494
Protocolo 540

Rasgos 71, 79, 98, 99, 103, 128, 307, 395, 423, 429
Recursos 109
Reducción del estrés basada en la atención plena (REBAP) 24, 38, 53, 107
Registrar la ecuanimidad 274, 277
Regulación de la atención 52
Regulación de la emoción 53, 94, 209, 217, 255
Relajación muscular progresiva (RMP) 14, 52, 110, 128, 130, 134, 135, 136, 137, 139, 140, 141, 143, 144, 154, 156, 157, 160, 161, 165, 167, 186, 191, 197, 506, 508, 518, 519, 544, 536, 545

*Sati* 34
*Satipatthana* 49
Sensación 221, 226, 227, 247, 288
Sensación corporal 221, 226, 227, 247, 288
Sensación de control 125, 134, 140, 541, 542, 548
Sensaciones de dolor 142, 195, 213, 282
Señal del recuerdo 218, 352, 369, 406

Tarea de exposición interoceptiva basada en *mindfulness* (MIET) 85, 86, 105, 262, 263, 271, 273, 274, 276, 277, 281, 300, 303, 443, 524, 525
TCBAP 24, 37, 40, 41
TEPT 88, 89, 142, 143, 197, 218, 261, 399
Tradición 15, 18, 25, 37, 55, 97, 303, 367, 368, 505, 539, 540
Trastornos 16, 18, 25, 37, 38, 46, 48, 49, 50, 52, 53, 58, 67, 73, 79, 80, 81, 92, 100, 103, 105, 108, 128, 179, 197, 260, 306, 307, 333, 458, 465

Validación 31, 422, 469
*Vipassana* 15, 18, 21, 25, 27, 28, 34, 37, 39, 49, 53, 55, 61, 95, 107, 162, 179, 212, 215, 262, 263, 303, 349, 367, 368, 386, 387, 388, 457, 464, 493, 505, 539, 540
Visualización 169, 280, 318, 354, 355, 466, 487

# BIBLIOTECA DE PSICOLOGÍA
## Dirigida por Vicente Simón Pérez y Manuel Gómez Beneyto
### Últimos títulos publicados

234. LA DEFUSIÓN COGNITIVA EN LA PRÁCTICA. Guía clínica para valorar, observar y apoyar el cambio en tu cliente, por John T. Blackledge
235. TERAPIA DE ACEPTACIÓN Y COMPROMISO PARA PAREJAS. Guía clínica para utilizar Mindfulness, Valores y Consciencia de los Esquemas Mentales para reconstruir las relaciones, por Avigail Lev - Matthew Mckay
236. EL TRATAMIENTO DE LA DISOCIACIÓN RELACIONADA CON EL TRAUMA. Un enfoque integrador y práctico, por Kathy Steele - Suzette Boon - Onno Van Der Hart
238. TU YO RESONANTE. Meditaciones guiadas y ejercicios para desarrollar la capacidad de curación de tu cerebro, por Sarah Peyton - Prólogo de Bonnie Badenoch
239. TERAPIA NARRATIVA CENTRADA EN SOLUCIONES, por Linda Metcalf
240. EL NIÑO SUPERVIVIENTE. Curar el trauma del desarrollo y la disociación, por Joyanna L. Silberg
241. TRATAMIENTO BASADO EN LA MENTALIZACIÓN PARA NIÑOS. Un abordaje de tiempo limitado, por Nick Midgley, Karin Ensink, Karin Lindqvist, Norka Malberg y Nicole Muller
242. EL APEGO EN LA PRÁCTICA TERAPÉUTICA, por Jeremy Holmes y Arietta Slade
243. ACT EN LA PRÁCTICA CLÍNICA PARA LA DEPRESIÓN Y LA ANSIEDAD. Una guía sesión a sesión para maximizar los resultados, por Michael P. Twohig y Steven C. Hayes
244. COMUNICAR EL TRAUMA. Criterios clínicos e intervenciones con niños traumatizados, por Na'ama Yehuda
245. MINDFULNESS SENSIBLE AL TRAUMA. Prácticas para una curación segura y transformadora, por David A. Treleaven - Prólogo de Willoughby Britton
246. MANUAL CLÍNICO DE TERAPIA CENTRADA EN LA COMPASIÓN. Una guía paso a paso, para ayudar a los clientes, por Russell L. Kolts -Prólogo de Paul Gilbert - Epílogo de Steven C. Hayes
247. EL TRAUMA Y LA LUCHA POR ABRIRSE. De la evitación a la recuperación y el crecimiento, por Robert T. Muller
248. CUADERNO DE TRABAJO DE MINDFULNESS Y AUTOCOMPASIÓN. Un método seguro para aumentar la fortaleza y el desarrollo interior y para aceptarse a uno mismo, por K. Neff y C. Germer
249. TERAPIA PSICODINÁMICA PARA LA PATOLOGÍA DE LA PERSONALIDAD. Tratamiento del funcionamiento intrapsíquico e interpersonal, por E. Caligor, O.F. Kernberg, J.F. Clarkin y F.E. Yeoman
250. LA PRÁCTICA DE LA TERAPIA DE PAREJA FOCALIZADA EN LAS EMOCIONES. Creando conexione, por Susan M. Johnson
251. MANUAL CLÍNICO DE TERAPIA COGNITIVO CONDUCTUAL CON MINDFULNESS INTEGRADO. Guía paso a paso para terapeutas, por B. A. Cayoun, S. E. Francis y A. G. Shires
252. LA CONSTRUCCIÓN DEL CAMBIO TERAPÉUTICO. Terapia Constructivista Integradora en la Práctica Clínica, por Luis Botella García del Cid

## Serie PSICOTERAPIAS COGNITIVAS
## Dirigida por Isabel Caro Gabalda

196. TERAPIA DE SOLUCIÓN DE PROBLEMAS. Manual de tratamiento, por Arthur M. Nezu, Christine Maguth Nezu y Thomas J. D'Zurilla
202. MANUAL DE INTERVENCIÓN CENTRADA EN DILEMAS PARA LA DEPRESIÓN, por Guillem Feixas Viaplana y Victoria Compañ Felipe
205. TRABAJANDO CON CLIENTES DIFÍCILES. Aplicaciones de la terapia de valoración cognitiva, por Richard Wessler, Sheenah Hankin y Jonathan Stern
209. MANUAL PRÁCTICO PARA LA ANSIEDAD Y LAS PREOCUPACIONES. La solución cognitiva conductual, por David A. Clark y Aaron T. Beck
221. CONCEPTUALIZACIÓN COLABORATIVA DEL CASO. Trabajar de forma eficaz con los clientes en la terapia cognitivo-conductual, por Willem Kuyken, Christine A. Padesky y Robert Dudley
237. TERAPIA METACOGNITIVA PARA LA ANSIEDAD Y LA DEPRESIÓN, por Adrian Wells